Cubierta:
Monasterio de Batalha, detalle del claustro.

PORTUGAL

Itinerarios-Exposición *Museum With No Frontiers (MWNF)*
LOS GRANDES MECENAS DEL ARTE

EL MANUELINO

EL ARTE PORTUGUÉS EN LA ÉPOCA
DE LOS DESCUBRIMIENTOS

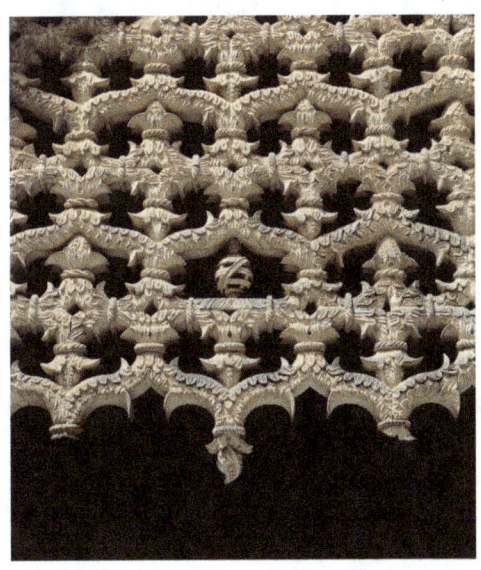

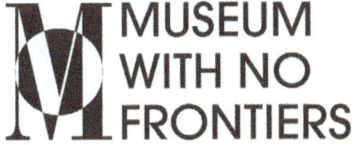

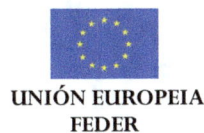 La realización del Itinerario-Exposicón "EL MANUELINO. El arte portugués en la época de los Descubrimientos" ha sido cofinanciada por la Unión Europea a través del Programa Operacional de Economía

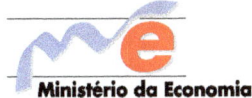 Secretaría de Estado para el Turismo de Portugal.

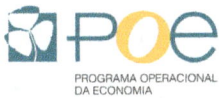 Programa Operacional de Economía.

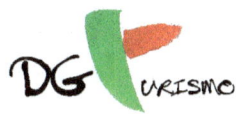 Realizada por el Programa de Fomento del Turismo Cultural con el apoyo de la Dirección General de Turismo de Portugal.

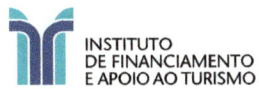 La exposición ha contado también con la contribución económica del Instituto de Financiación y Apoyo al Turismo de Portugal.

Primera edición
© 2002 Museum Ohne Grenzen | Museum With No Frontiers (MWNF) & Programme for the Development of Cultural Tourism, Lisbon, Portugal
(texts and illustrations)
© 2002 Museum Ohne Grenzen | Museum With No Frontiers (MWNF) & Electa (Grijalbo Mondadori S.A.), Madrid, Spain

Segunda edición
© 2017 Museum Ohne Grenzen | Museum With No Frontiers (MWNF), Vienna, Austria
All rights reserved / Todos los derechos reservados.
ISBN: 978-3-902782-00-7 (libro de bolsillo)
ISBN: 978-3-902782-92-2 (eBook)

Information: www.museumwnf.org
                www.mwnfbooks.net

Aunque se ha hecho todo lo posible para asegurar que la información contenida en este libro es exacta, MWNF no hace ninguna garantía, representación o compromiso expresado o implícito, ni asume ninguna responsabilidad legal, directa o indirecta, incluida la responsabilidad por la exactitud, integridad o utilidad de cualquier información contenida en este libro.

Idea y coordinación general del programa
Museum With No Frontiers
Eva Schubert

Dirección del proyecto
Flávio Lopes
Coordinador del Programa de Fomento del Turismo Cultural

Coordinador científico
Pedro Dias

Comité Científico
Dalila Rodrigues
Fernando Grilo
Nuno Vassallo e Silva

Catálogo

Introducción
Pedro Dias

Autores de los recorridos
Pedro Dias, Coimbra
Dalila Rodrigues, Viseu
Nuno Vassallo e Silva, Lisboa
Fernando Grilo, Lisboa

Textos técnicos
Maria José Machado Santos, Lisboa

Personajes históricos
Maria João Bonina

Fotografía
António Cunha, Beja (A.C.)
Jorge Barros, Lisboa (J.B.)
Maurício Abreu, Setúbal (M.A.)
Rui Cunha, Lisboa (R.C.)
Laura Castro Caldas e Paulo Cintra, Lisboa (L.C.C. – P.C.)

IPM
Abreu Nunes (A.N.)
Carlos Monteiro (C.M.)
Delfim Ferreira (D.F.)
Francisco Matias (F.M.)
José Pessoa (J.P.)
José Rubio (J.R.)
Luís Pavão (L.P.)
Manuel Palma (M.P.)

Concepción gráfica de los recorridos
José Russo, Lisboa

Traducción
Miguel García López, Madrid

Revisión de textos
Rosalía Aller Maisonnave, Madrid

Diseño
Agustina Fernández, Madrid

Coordinación editorial
Sakina Missoum, Madrid

Coordinación técnica

Dirección de Producción, área de Patrimonio Cultural
Teresa Gamboa, Lisboa

Dirección de Producción, área jurídica
Isabel Menezes, Lisboa

Dinamización cultural y coordinación de eventos
Rita Morgado, Lisboa

Supervisión técnica
Miguel García López, Madrid

Agradecimientos

El PITC quiere expresar su agradecimiento a las siguientes entidades, que han hecho posible la realización de este proyecto:

Ayuntamientos de Alcochete, Almeida, Alvito, Angra do Heroísmo, Arraiolos, Barcelos, Batalha, Beja, Braga, Bragança, Calheta, Caminha, Castro Marim, Celorico da Beira, Coimbra, Condeixa-a-Nova, Évora, Faro, Freixo de Espada à Cinta, Funchal, Golegã, Guarda, Guimarães, Lamego, Lisboa, Machico, Mafra, Meda, Miranda do Douro, Mogadouro, Montemor-o-Novo, Montemor-o-Velho, Moura, Palmela, Pinhel, Pombal, Ponta Delgada, Portimão, Oporto, Praia da Vitória, Ribeira Brava, Santa Cruz, Santarém, Santiago do Cacém, Serpa, Setúbal, Silves, Sines, Sintra, Tarouca, Tavira, Tomar, Torre de Moncorvo, Torres Novas, Torres Vedras, Viana do Alentejo, Viana do Castelo, Vidigueira, Vila do Bispo, Vila do Conde, Vila Franca do Campo, Vila Nova da Barquinha, Vila Nova da Cerveira, Vila Nova de Foz Côa y Viseu;

Instituto de Financiación y Apoyo al Turismo, Confederación de Turismo, Dirección General de Edificios y Monumentos Nacionales, ICEP – Inversiones, Comercio y Turismo de Portugal, Instituto Portugués de las Artes del Espectáculo, Instituto Portugués de Museos, Instituto Portugués de Patrimonio Arquitectónico y Regiones de Turismo.

Indicaciones prácticas

El itinerario-exposición *EL MANUELINO. El arte portugués en la época de los Descubrimientos* abarca todo el territorio portugués, incluidas las islas Azores y Madeira.

La propuesta de visita se despliega en 14 recorridos, independientes unos de otros y que se extienden por áreas geográficas determinadas. El orden de la visita lo elige, pues, el interesado.

Para cada recorrido se sugiere un tiempo de uno o dos días, dependiendo de las distancias que haya que recorrer o del número y características de los lugares que se visitan.

Este libro ofrece datos prácticos, principalmente sobre formas de acceder, horarios de visita y números de teléfono. Recomendamos, no obstante, el uso de mapas de carreteras y planos de las ciudades para llegar a los lugares, así como la confirmación de las condiciones en que puede hacerse la visita, ya que pueden cambiar sin previo aviso.

Las palabras que aparecen en cursiva en el texto, salvo las acompañadas por su definición o explicación, se encuentran en el glosario.

Se recuerda que, actualmente, los museos nacionales y los grandes monumentos portugueses están cerrados los lunes. Recordamos así mismo que los domingos y festivos tienen lugar oficios religiosos en muchas de las iglesias incluidas en los recorridos. Se invita a los visitantes a realizar la visita fuera de las horas dedicadas al culto.

Los monumentos, conjuntos arquitectónicos, lugares y obras de arte seleccionados para integrar el programa de visita permiten un conocimiento en profundidad del tema presentado. Sin embargo, y como no se ha buscado la exhaustividad sino la coherencia temática de cada recorrido, son varios los vestigios manuelinos no incluidos en esta guía. Al visitante más curioso y detenido le aconsejamos que se procure información adicional sobre otros monumentos manuelinos en las oficinas de turismo.

El equipo de MWNF

SUMARIO

15 **D. Manuel I y los descubrimientos de ultramar**
Pedro Dias

22 **El arte manuelino**
Pedro Dias

39 **Recorrido I** (dos días)
La Playa de la Aventura
Pedro Dias, Dalila Rodrigues, Nuno Vassallo e Silva, Fernando Grilo
  D. Manuel I
  Pedro Dias

69 **Recorrido II** (dos días)
Tierras de la Orden de Cristo
Pedro Dias, Dalila Rodrigues, Nuno Vassallo e Silva, Fernando Grilo
  La Orden de Cristo y los descubrimientos
  Pedro Dias

93 **Recorrido III** (dos días)
Tras las huellas de Boytac
Pedro Dias, Dalila Rodrigues, Nuno Vassallo e Silva, Fernando Grilo
  La leyenda de Inés de Castro
  Pedro Dias

121 **Recorrido IV**
Al descubrimiento de Grão Vasco
Pedro Dias, Dalila Rodrigues, Nuno Vassallo e Silva, Fernando Grilo
  Grão Vasco, el pintor-héroe
  Pedro Dias

137 **Recorrido V** (dos días)
Los vizcaínos en el norte de Portugal
Pedro Dias, Dalila Rodrigues, Nuno Vassallo e Silva, Fernando Grilo
  La leyenda del gallo de Barcelos
  Pedro Dias

163 **Recorrido VI**
Mirando a Galicia
Pedro Dias, Dalila Rodrigues, Nuno Vassallo e Silva, Fernando Grilo
  Torres señoriales de Alto Minho
  Pedro Dias

177 **Recorrido VII**
Las tierras del Sabor y del Duero
Pedro Dias, Dalila Rodrigues, Nuno Vassallo e Silva, Fernando Grilo
  El *Livro das Fortalezas* de Duarte D'Armas
  Pedro Dias

195 **Recorrido VIII** (dos días)
Iglesias y castillos de la Raya
Pedro Dias, Dalila Rodrigues, Nuno Vassallo e Silva, Fernando Grilo
  Techos mudéjares
  Pedro Dias

215 **Recorrido IX** (dos días)
Évora, ciudad de la corte
Pedro Dias, Dalila Rodrigues, Nuno Vassallo e Silva, Fernando Grilo
  Pintura mural de la casa de Vasco da Gama o "Casas Pintadas"
  Pedro Dias

237 **Recorrido X** (dos días)
Villas blancas
Pedro Dias, Dalila Rodrigues, Nuno Vassallo e Silva, Fernando Grilo
  La reina D.ª Leonor
  Pedro Dias

265 **Recorrido XI** (dos días)
Algarve
Pedro Dias, Dalila Rodrigues, Nuno Vassallo e Silva, Fernando Grilo
  El infante D. Henrique
  Pedro Dias

283 **Recorrido XII**
La Orden de Santiago
Pedro Dias, Dalila Rodrigues, Nuno Vassallo e Silva, Fernando Grilo
  Vasco da Gama
  Pedro Dias

301 **Recorrido XIII** (dos días)
Isla de Madeira: entre Portugal y Flandes
Pedro Dias, Dalila Rodrigues, Nuno Vassallo e Silva, Fernando Grilo
  Porto Santo
  Pedro Dias

325 **Circuito XIV** (dos días)
Las Azores en las rutas de Occidente y de Oriente
Pedro Dias, Dalila Rodrigues, Nuno Vassallo e Silva, Fernando Grilo
  La fabricación de muebles en la isla Terceira en el siglo XVI
  Pedro Dias

343 **Glosario**

347 **Reyes de Portugal**

349 **Cronología**

354 **Personajes históricos**

362 **Orientación bibliográfica**

365 **Autores**

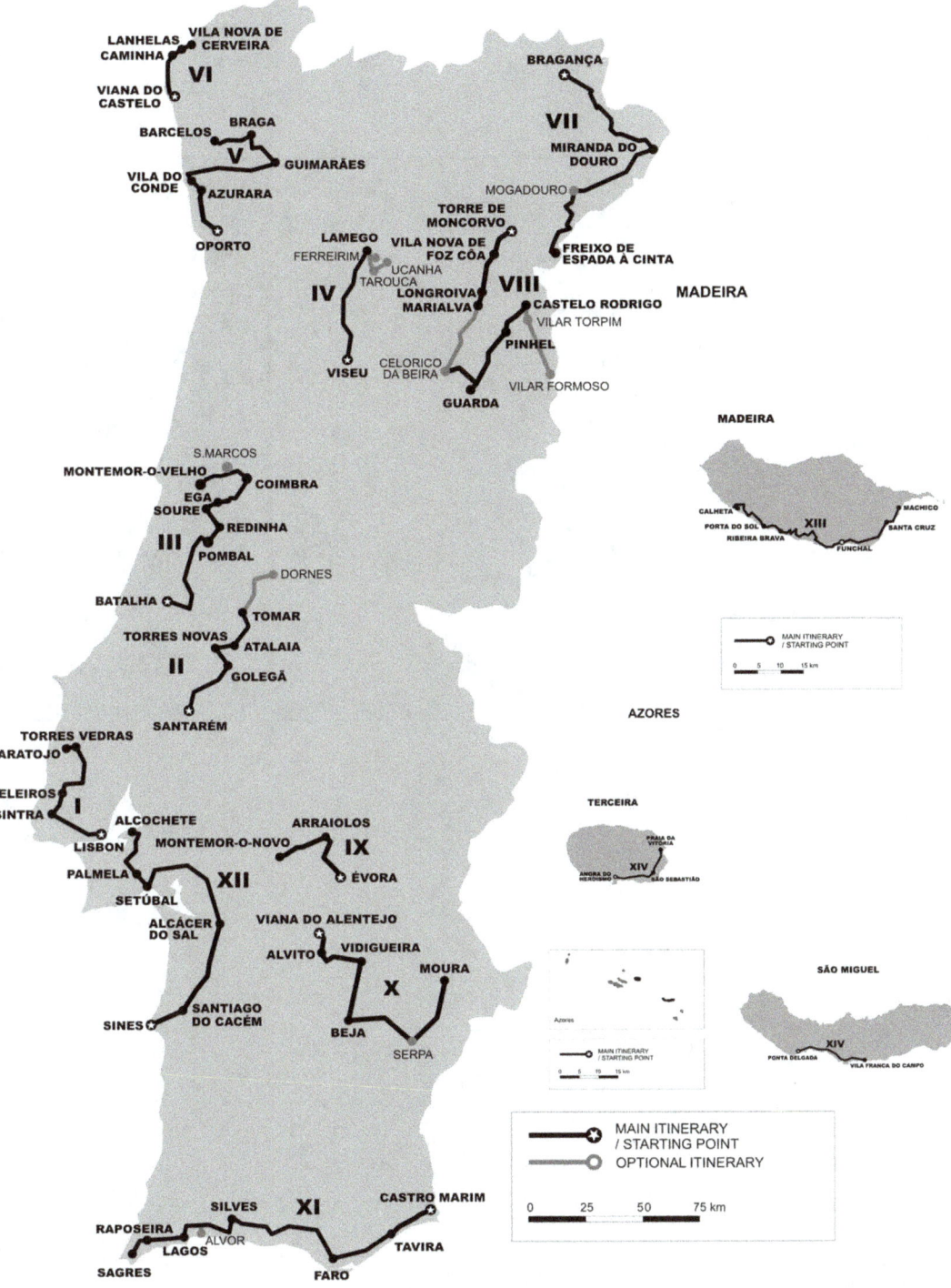

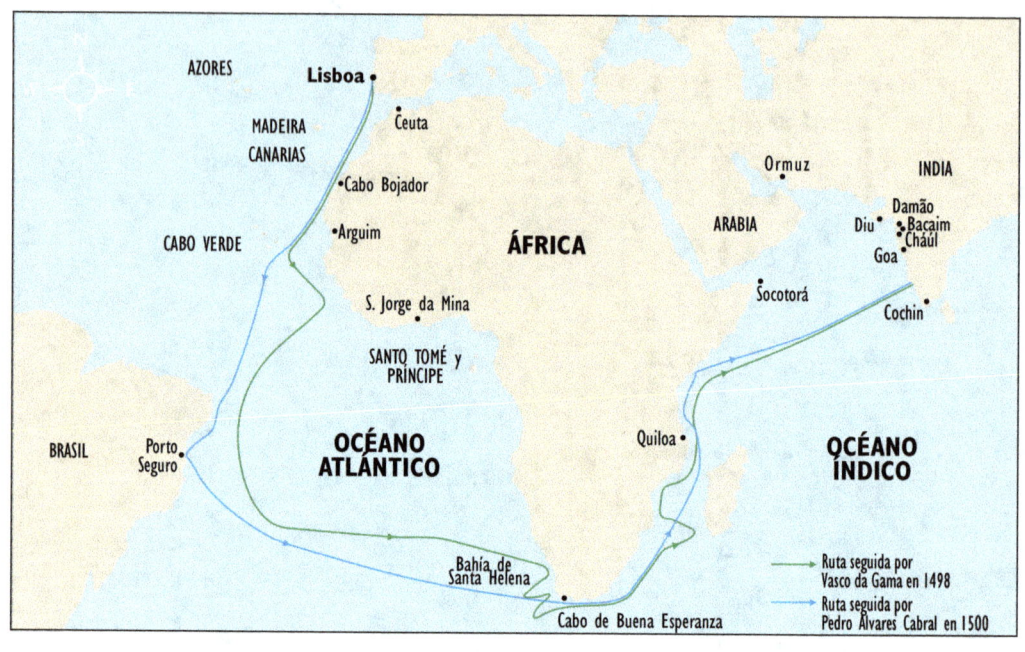

Viajes de los descubridores portugueses.

D. MANUEL I Y LOS DESCUBRIMIENTOS DE ULTRAMAR

Pedro Dias

El reinado de D. Manuel I, conocido en los manuales escolares de historia como *o Venturoso* ("el Afortunado"), fue de los más fecundos entre los de todos los monarcas de Portugal y, ciertamente, también de los demás países europeos; con él, la nación dejó atrás la Edad Media y entró definitivamente en la Edad Moderna. Exteriormente, gracias a sus acciones de gobierno se estableció la ruta marítima que unió Europa y el Lejano Oriente, soñada mucho tiempo atrás por el infante D. Henrique, su tío abuelo, y esto cambió radicalmente la vida de los pueblos del Viejo Continente y de muchos de los que habitaban América, África y Asia.

Lo importante es que los descubrimientos portugueses constituyen una de las más notables epopeyas de la humanidad, gracias a la cual entraron en contacto pueblos de todos los continentes que hasta entonces no se conocían o solo tenían de los otros vagas, cuando no fantasiosas, noticias. Fueron el germen de los tiempos modernos, de la era de la globalización, que ahora parece estar mudando de contornos. Arnold Toynbee escribió que la historia del mundo se divide en dos grandes eras, la *pregámica* y la *posgámica*, es decir, la que antecede a los viajes oceánicos y aquella cuyo vértice fue el viaje del almirante Vasco da Gama en 1498.

Portugal gozaba de una posición privilegiada: situado en el extremo suroeste de Europa, mirando a África y América, era tierra de paso en la navegación antigua entre el norte de Europa y el Mediterráneo, con una costa larga e interrumpida por innumerables estuarios, muy frecuentados desde los tiempos en que los fenicios se aventuraron en alta mar y traspusieron el estrecho de Gibraltar, o quizá desde antes. Primero la pesca y después el comercio convirtieron a los portugueses en un pueblo ducho

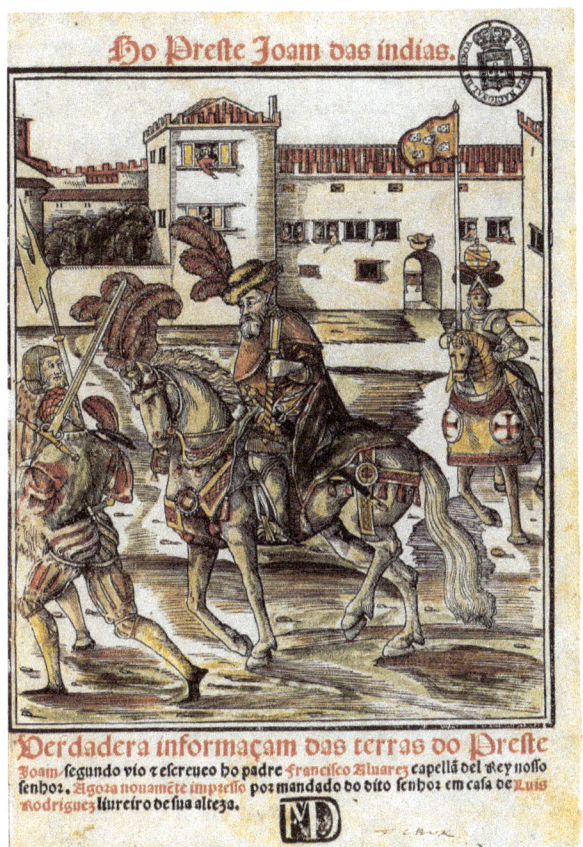

"Verdadeira Informação das Terras do Preste João", Padre Francisco Álvares, Lisboa, Luís Rodrigues, 1540.

en las cosas del mar y en los viajes, lo que vino a potenciar su expansión cuando las condiciones fueron propicias. Ya en el siglo XII, las embarcaciones portuguesas buscaban los puertos del norte de Europa con cargamentos de productos de la tierra y del mar, sobre todo la sal, ese bien precioso que podemos considerar el cimiento de la independencia económica del joven reino.

Su proximidad al Magreb, tierra de enemigos tradicionales que hacían incursiones a aldeas, villas y ciudades costeras donde mataban y raptaban, obligó a la creación de una armada permanente que recorría la costa y prevenía esas sangrientas embestidas. Ya era importante su presencia en el mar en tiempos del primer rey, D. Afonso Henriques, cuando al frente de ella estaba el mítico almirante Fuas Roupinho.

La política de desarrollo de la Marina fue una preocupación constante de la Corona. En 1317, el rey D. Dinis llamó al almirante genovés Pessagna, quien, junto con dos docenas de hombres de mar que traía consigo, vino a dar mayor consistencia a su estructura y organización. Esta presencia extranjera en Portugal se acentuó durante el siglo XV, en el que se reunió a especialistas peninsulares, italianos y del norte de Europa, fuesen cristianos o judíos, que trabajaron conjuntamente en la creación de una verdadera ciencia náutica. Pero, si vinieron hombres de otras naciones a Lisboa y Lagos, también se registró el camino inverso y, así, técnicos y pilotos portugueses se establecieron en otros reinos y fueron determinantes en la evolución de sus respectivas flotas.

Acuerdos internacionales de comercio marítimo y de pesca, plantación de bosques para emplear la madera en la construcción de barcos, facilidades económicas y hasta la creación de una bolsa de seguros entre 1370 y 1380: todo esto se dio en un Portugal razonablemente estable y cohesionado, mientras más al norte otros países europeos libraban guerras interminables.

Solo en esta situación fue posible que, en 1341, los portugueses alcanzaran las islas Canarias por iniciativa del rey D. Afonso IV. Después, resuelta la crisis dinástica de 1383-1385 con la subida al trono de D. João I, la Corona portuguesa volvió enseguida sus ojos a la expansión ultramarina, cuyo acto inaugural fue la ocupación de Ceuta —o su reconquista cristiana— en 1415.

A veces se ha considerado el espíritu proselitista de la aventura portuguesa como la reedición de las cruzadas medievales en Tierra Santa instigadas por el Papado. Es verdad que el peligro de las fuerzas turcas era real y que habían devastado ya, en parte, el este de Europa, pero no fue este hecho el motor o la causa principal de la expansión portuguesa. Está bien documentado el espíritu religioso del infante D. Henrique, de D. Afonso V, de D. João II y de los príncipes sucesores suyos, que deseaban coaligarse con el Preste Juan de las Indias, cuyo reino se suponía poderoso y cristiano y, por tanto, aliado predestinado para cerrar el cerco al enemigo musulmán. Su objetivo final era establecer el Imperio Cristiano, en cuyo seno habrían de integrarse los indios cristianos de Santo Tomé y los de la Isla de las Siete Ciudades, que vivían en los confines de levante y de poniente. Pero si esta causa no es desdeñable, hubo otras más relevantes. Una de ellas fue el cambio de mentalidad, de filosofía, que la disputa entre *realistas* y *nominalistas* ilustra. Con la victoria de los últimos y la acción de los franciscanos, nació en las conciencias europeas la necesidad imperiosa de conocer el mundo y de basar ese conocimiento en la observación directa y en la experiencia, sembrándose así la semilla que elevaría la curiosidad a verdadero motivo de la acción portuguesa.

A partir de la reconquista cristiana de Ceuta en 1415, los horizontes de Portugal se extendieron a toda la costa norte atlántica de África, cuya conquista se completó en 1514, en tiempos ya de D. Manuel I. El Atlántico más cercano fue el paso siguiente, y los hombres de la casa del infante D. Henrique alcanzaron las islas de Porto Santo en 1418, de Madeira en 1425 e inmediatamente después, hacia 1427, el archipiélago de las Azores. Luego, la continuación por la costa del África subsahariana fue una campaña sistemática y permanente. Tuvo particular importancia el paso del cabo Bojador por Gil Eanes en 1434, después de 15 tentativas fallidas.

Para que todo esto fuera posible, la corte portuguesa reunió en Lisboa a gran número de matemáticos, cartógrafos y técnicos navales portugueses y extranjeros, que desarrollaban saberes ancestrales y recibían constantes noticias traídas por nuestros marineros. Las matemáticas, la cartografía, la astronomía y, naturalmente, la construcción naval conocieron un progreso sin precedentes que hizo posible la navegación en mar abierto con embarcaciones cada vez mayores y más sofisticadas, seguras y rápidas. De pequeños barcos se pasó, en cien años, a las carabelas —que, gracias a la vela latina, navegaban contra el

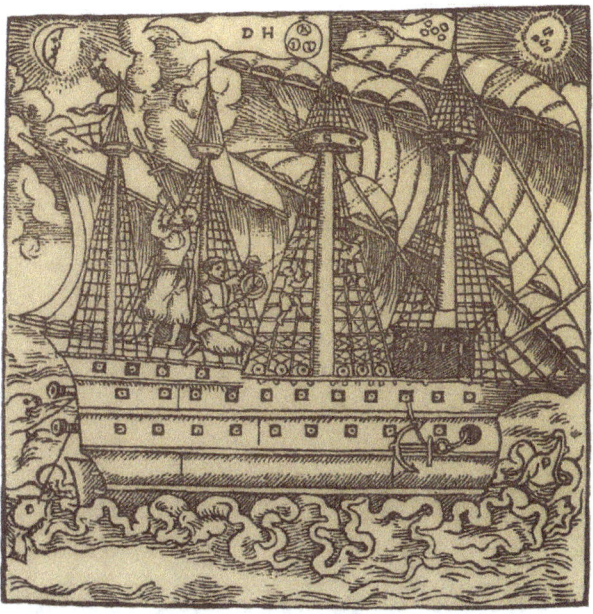

Representación del uso del astrolabio y la ballestilla, grabado perteneciente a "Wahrhaftige Historia und Beschreibung eyner Landschafft der wilden nacketen grimmigen Menschfresser Leuthen", de Hans Staden, Marburgo, 1557.

"Livro das Traças de Carpintaria com todos os Modelos e medidas para se fazer toda a navegação, assi d'alto bordo como de remo", Manuel Fernandes, 1616.

"Guia Náutico de Évora", Germão Galharde, Lisboa, h. 1516.

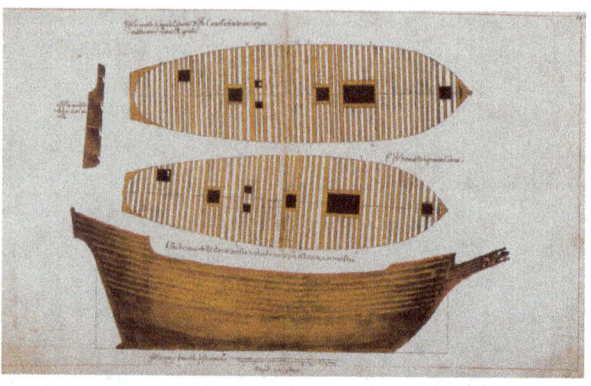

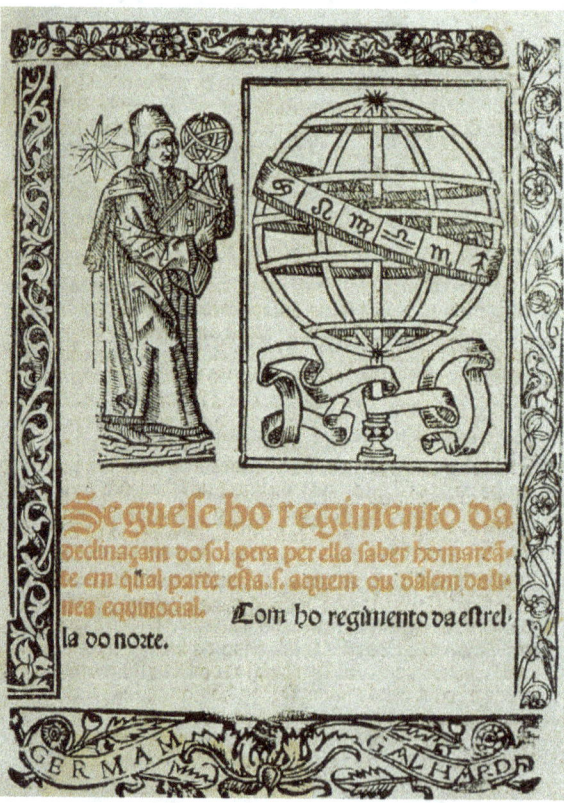

viento—, a las carabelas redondas y a las enormes naos y galeones de la futura "Carrera de las Indias".

Se concibieron instrumentos que permitían saber dónde estaba un barco en cada momento, y así nacieron la navegación por altura para determinar la latitud y, más tarde, la declinación magnética para conocer la longitud. Se estudiaron y determinaron los regímenes de vientos, corrientes y mareas, se cartografiaron costas, *barras*, ríos e incluso la propia superficie del mar para escoger las rutas más convenientes y seguras y para establecer las épocas propicias para los viajes. Todos estos conocimientos se registraron por escrito y se recopilaron en almanaques, *regimientos, derroteros* y tratados, no pocos de ellos impresos y de difusión universal.

El apoyo a la navegación obligó a la creación de diversas industrias, sobre todo en las ciudades y villas de la costa, para el aprovisionamiento de pertrechos y víveres, al tiempo que se intensificó el comercio con el interior de la península, con Flandes y los Estados germánicos, trocándose utensilios, armas y manufacturas por productos autóctonos y ultramarinos. Por sí solo, Portugal no tenía capacidad para suministrar todos los pertrechos de sus navíos, ni siquiera para financiarlos, y es una de las razones de la participación de tantos europeos en su aventura ultramarina. En Lisboa y otras ciudades costeras se establecieron comerciantes, mercaderes de toda clase, artistas y artesanos, simples mercenarios y banqueros italianos y alemanes que, a partir de mediados del siglo XV, fueron socios, muchas veces, en la construcción de los navíos que partían para África, Oriente y Brasil.

Los descubrimientos portugueses permitieron conocer mucho más aún: las dimensiones reales de la Tierra, la diversidad de sus habitantes y de las plantas y animales, la falsedad de los mitos que en los albores de la Edad Moderna poblaban todavía la mente de los europeos. Se pensaba que la zona ecuatorial estaba deshabitada, que no había antípodas, que por tierras y mares pululaban monstruos, etcétera. Las novedades se anotaban rigurosamente y, más tarde, se transmitían a la corte de Lisboa. En su vuelta al Tajo, los navegantes traían animales, especies vegetales, hombres de razas desconocidas y hasta muestras de agua para analizar sus propiedades. La faceta experimental y de ensanchamiento excepcional del saber técnico y científico es, tal vez, la mayor contribución de la aventura portuguesa de los siglos XV y XVI.

En el vientre de barcas, carabelas, *urcas,* naos y galeones llegaron a Lisboa esculturas de marfil, oro y cristal de roca, muebles de maderas raras o desconocidas con incrustaciones de marfil, revestidos de tortuga y madreperla, joyas, tejidos de seda bordada, terciopelos y satenes; preciadísimas obras de arte, en suma, que suscitaban la admiración de quienes las veían y que aguzaron el espíritu de los más cul-

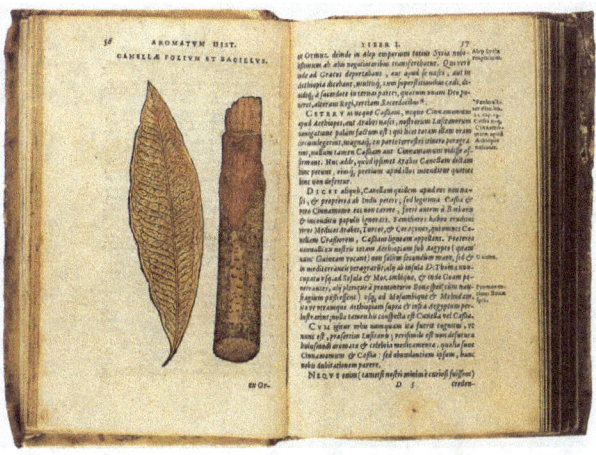

"Tratado de Drogas e Medicinas das Índias Orientais", Cristovão da Costa, Burgos, Martín de Victoria, 1578.

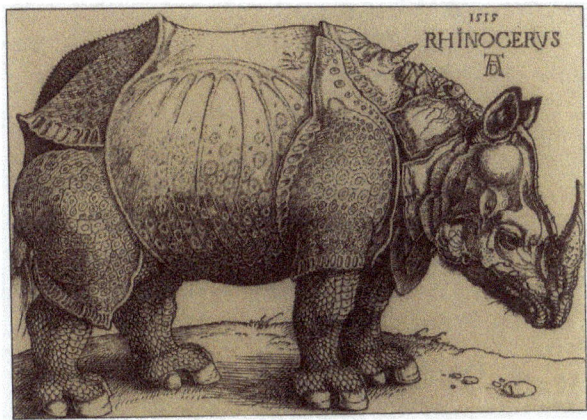

"Rinoceronte", grabado de Albrecht Dürer hecho a partir de un dibujo portugués.

tos, llevando a los poderosos a llenar con ellas sus "salones de las maravillas" que tan típicos fueron de los palacios renacentistas y manieristas de Europa. El infante D. Henrique estuvo al frente de toda la maquinaria política, administrativa y técnica de los descubrimientos hasta 1460, y para él Oriente, y en particular la India, era ya el objetivo principal; no hay duda

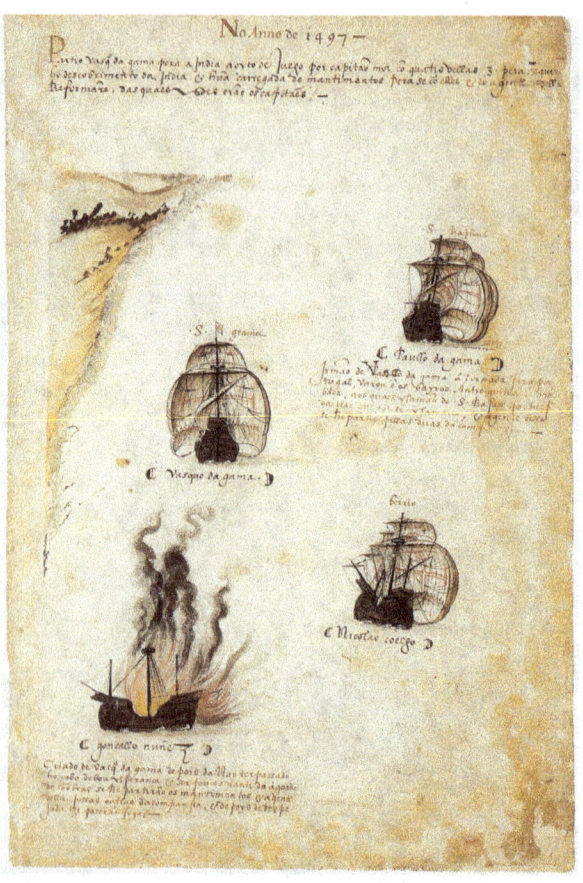

Armada del primer viaje de Vasco da Gama a la India, "Memórias das Armadas", h. 1568, Academia de las Ciencias de Lisboa.

de que planeaba llegar al Índico por la ruta meridional de África. Fue en su época cuando se asentaron los primeros colonos en muchas de las islas desiertas de los archipiélagos de Madeira, Azores y Cabo Verde, y en otras islas como Santo Tomé, Príncipe, Fernando Poo y Annobón, y entre ellos había flamencos y alemanes; se estableció también la primera factoría costera importante, en Arguim, que sería sustituida por la de São Jorge da Mina en 1482.

A pesar de estar al servicio de Castilla, Cristóbal Colón había aprendido el arte de navegar en Portugal, donde se casó con la hija de uno de los más ilustres navegantes, Bartolomeu Presterelo, donatario de Porto Santo. Si bien es cierto que su intento de alcanzar la India navegando hacia el oeste fue un total fracaso, tuvo el mérito de poner a Europa en contacto con tierras de América, cuya existencia, naturalmente, era ya conocida por la Corona portuguesa, como prueban los escritos del científico y navegante Duarte Pacheco Pereira y otros testimonios contemporáneos.

Fue a continuación de este hecho cuando Portugal y Castilla se dividieron el mundo descubierto y por descubrir mediante el Tratado de Tordesillas, suscrito en 1494 y que recibió la indispensable aprobación papal para tener efecto y validez como ley internacional en el seno de la cristiandad. A partir de entonces, las navegaciones de los portugueses se encaminaron definitivamente hacia Oriente, y se preparó el viaje inaugural a la India por la ruta del cabo de Buena Esperanza, que ya había doblado en 1487 Bartolomeu Dias. Hacia occidente, aún tendríamos el hallazgo oficial de Brasil en abril de 1500, cuando la armada que mandaba Pedro Álvares Cabral, camino de Malabar, se desvió al oeste de su ruta predeterminada. Objeto habitual de investigaciones historiográficas, el transporte y el comercio de productos ultramarinos, particularmente orientales, hacen olvidar otro aspecto importante de los descubrimientos portugueses. A decir verdad, las especias, tejidos, maderas y piezas preciosas de Asia comenzaron a llegar a Europa en número y a precio excepcionales, y la busca de su origen, de sus fuentes, fue una de las causas inmediatas de la expansión. Pero nuestros navegantes hicieron algo más: difundieron las especies vegetales propias y su cultivo, dando origen a lo que últimamente se ha llamado "el viaje de las plantas". Los hábitos alimentarios cambiaron no solo en Europa, sino también en África, Asia y América, con plantaciones que permitieron un desarrollo económico inusitado: el maíz, la mandioca, la patata, las judías, el tabaco, etcétera.

Todo esto se tradujo en esplendor y en riqueza más o menos duradera de las naciones del centro y el norte de Europa que no participaron en la acción de domeñar las aguas desconocidas y las tierras inhóspitas o que solo empezaron a hacerlo, y a menor escala, en tiempos mucho más tardíos y en áreas geográficas bien delimitadas. La Corona de Portugal puede reclamar un enorme crédito por la inversión de hombres y bienes, por la extraordinaria aventura de los descubrimientos, cuyo punto más alto se alcanzó, precisamente, durante el reinado de D. Manuel, entre 1495 y 1521.

Con los descubrimientos se vio lo nunca antes visto y se tomó conciencia de que la creatividad, esa característica fundamental del ser humano, ese rasgo que nos distingue de las otras especies con las que compartimos el planeta, no era propiedad exclusiva de los cristianos ni de los europeos, y mucho menos de los blancos.

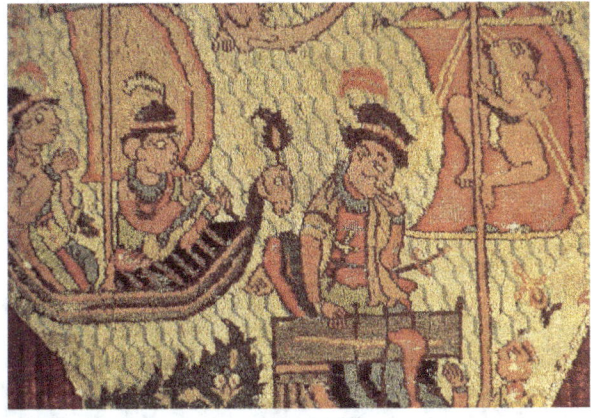

Tapiz persa, figuras portuguesas del s. XVI.

EL ARTE MANUELINO

Pedro Dias

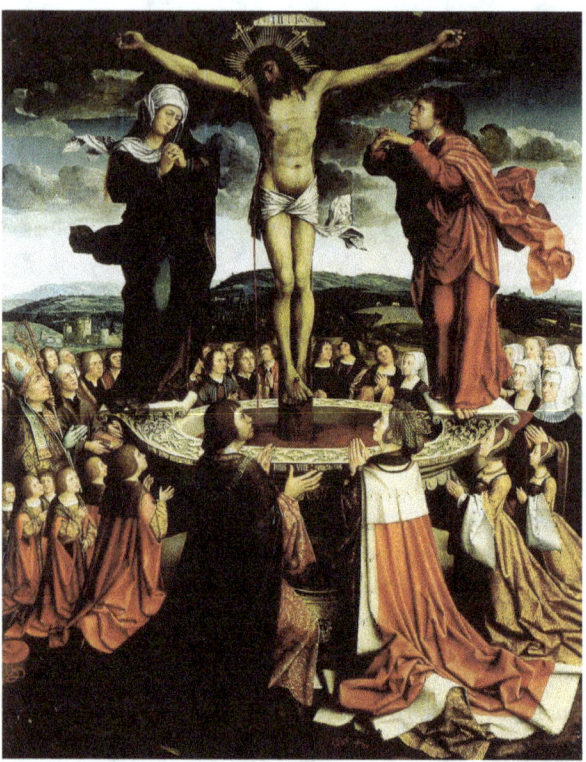

R. C.

D. Manuel I y su familia adorando la "Fons Vitae", taller flamenco, p. s. XVI, Misericordia de Oporto.

El florecimiento del "arte manuelino" se produjo durante el reinado de D. Manuel I, de ahí su nombre, y los primeros años de gobierno de D. João III, por lo menos hasta 1535 aproximadamente, por tanto durante el momento álgido de la evolución del poder imperial lusitano, en la culminación de su potencia, tanto en el contexto europeo como en el mundial. Si tenemos en cuenta el aprecio del rey D. Manuel y de los principales nobles y clérigos del reino por las obras de edificación, entenderemos por qué se considera que ellas son el emblema de toda esta época y del nuevo imperio.

D. Manuel I, trayendo a la Edad Moderna la visión del césar de la Antigüedad clásica, encarnó conscientemente un proyecto político imperial que debía expandir no solo el territorio, sino también la fe verdadera. La idea de imperio, de dominar los vastos territorios del mundo que entonces se estaban conociendo, como hizo Augusto, o incluso sobrepasar a este, fueron propósitos o hechos siempre presentes en las páginas de los panegiristas del Afortunado. Los títulos con que adornó su nombre son una prueba más de sus intenciones. Se hacía llamar, como sus antecesores, Rey de Portugal y de los Algarves de Aquende y de Allende el Mar y, después, señor de Guinea, del Comercio y de las Conquistas y Navegaciones de Arabia, Persia y la India. En la festiva embajada que envió al papa León X en 1514, se mostró como el principal agente de la expansión de la Fe, del Imperio del Espíritu Santo, aunque lo fundamentaba en cosas muy prosaicas, como la potencia de su artillería naval. D. Manuel I se tenía por el brazo activo y visible de la expansión de la Roma cristiana, el sucesor de Constantino, y pretendió encarnar la figura imperial que luego retomaría, con algunas variantes, Carlos V.

El poder y el *imperium* de D. Manuel I de Portugal se asentaban sobre distintos supuestos. Pero el poder sólo existe en la medida en que se ejerce; no es autónomo, es potencia y no acto, y necesita darse a conocer con signos permanentes o acciones, pero estas últimas son siempre de duración limitada. Así, el arte, y en particular la arquitectura, fue y es un vehículo excepcional para comunicar la existencia y características del poder.

La imagen del rey

En el periodo que presentamos, D. Manuel I, Maximiliano de Austria, Carlos V de España y ya antes los Reyes Católicos tuvieron una misma orientación respecto al aprovechamiento del arte: las pinturas, las esculturas, los tapices, los objetos y alhajas de culto en metales preciosos, los edificios religiosos, civiles y militares, los libros y hasta los documentos, fiestas y ceremonias, todo lo que estaba a la vista llevaba su marca. Los símbolos reales de D. Manuel I, o de la misión que Dios parecía haberle encomendado, estaban plasmados en las fachadas y capillas mayores de las iglesias, en los frontispicios de los libros manuscritos e impresos. D. João II, antes de designarlo como su sucesor, le dio por blasón las armas propias de Portugal y, como divisa, la esfera armilar. Así, la *spera* o *sphera* se volvió paradigma de la esperanza y de la universalidad de su misión. También su nombre era, justamente, *Manuel* o *Emanuel* —a imitación del de Cristo—, que quiere decir "Dios en mí", como anuncio de otra redención, la de la cristiandad entonces en crisis, y al mismo tiempo del surgimiento de una nueva y brillante edad de oro, el Imperio del Espíritu Santo.

La representación de la figura física del rey se convirtió en una obsesión. Se ve en la fachada de la iglesia del Monasterio de los Jerónimos (Lisboa), en una escultura orante salida de las manos de Nicolau Chanterene; pintada en el políptico que representaba a toda su familia y que un pintor desconocido hizo para el Palacio de Almeirim, perdido en gran parte; algunas veces aparece incluso como Rey Mago, en retablos salidos del taller de Jorge Afonso y de sus más directos discípulos; en la *Fons Vitae* de la Misericordia de Oporto, arrodillado al lado de la joven reina D.ª Leonor; en el cuadro de la Misericordia de Lisboa en el que se representa su boda con esta misma esposa, la tercera. D. Manuel I se veía retrata-

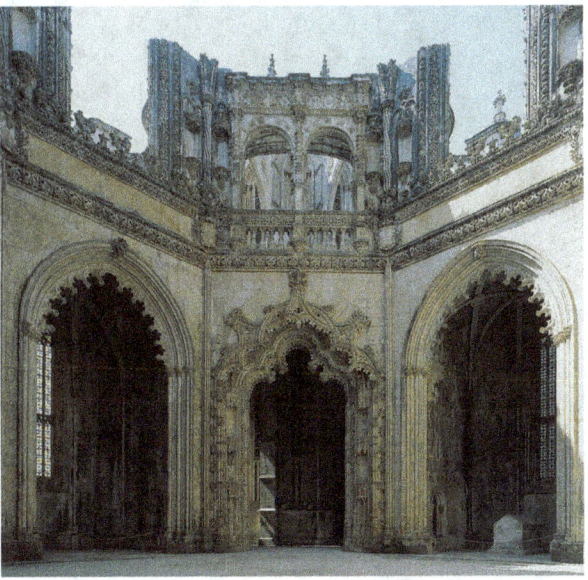

Capillas Imperfectas, Monasterio de Batalha.

R. C.

Antigua Catedral, Elvas.

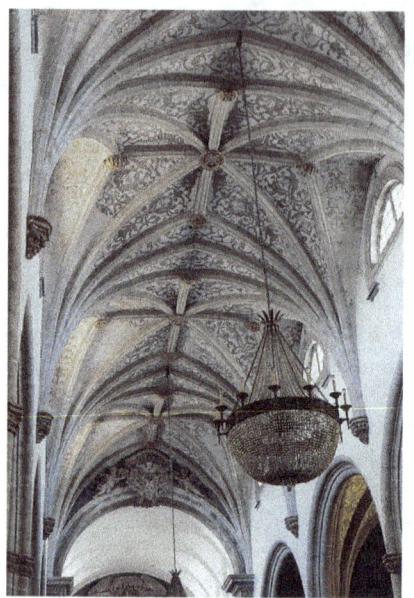

do también en las vidrieras del Monasterio de Batalha, en los frontispicios de algunas crónicas, en las páginas de *Leitura Nova* y en los grabados de las *Ordenações Manuelinas*. Figuraba también en algunas de las 26 escenas de los tapices que mandó hacer en Flandes, que ilustraban los éxitos del viaje de Vasco da Gama y que pasaron a conocerse como "a la manera de Portugal y de la India", destinados a las paredes del claustro real del Monasterio de los Jerónimos.

La arquitectura

La arquitectura fue la disciplina que mereció más atención y cuidado regios, pues, junto con las fiestas públicas, era lo que más se imponía a los ojos del pueblo y de todos aquellos a quienes se quería hacer llegar el mensaje de poder.

El manuelino —y nos limitamos ahora al campo arquitectónico— no fue un estilo ni, a mayor razón, un estilo único y exclusivo de Portugal. En su imaginativa decoración, que cubre partes sustanciales de los edificios, no hay referencias explícitas a la expansión portuguesa ni a los descubrimientos de ultramar. Esas cuerdas que inflamaron la fantasía de los historiadores del arte de otros tiempos se usaban en los carros de bueyes tanto como en los barcos; las anclas que los arquitectos revivalistas del siglo pasado repitieron en tantas fachadas no se encuentran en ninguna construcción verdaderamente manuelina; las velas no están más que en la mente de autores poco atentos a la realidad.

El modo portugués de construir de principios del siglo XVI no se diferenció del de otras tierras europeas como Castilla, Francia, Bohemia o Flandes. Allí lo mismo que aquí, las estructuras del último gótico habían perdurado, aunque el perfil de las bóvedas tendía a la horizontalidad y los pilares internos de iglesias y grandes salones se volvían más delgados, lo que casi permitía una unificación del espacio. La iluminación aumentó con la apertura de vanos cada vez mayores y con la unidad de las bóvedas, en las que aparecían también los nuevos nervios de trazado curvo.

La decoración arquitectónica, en la estela del gótico flamígero del Trescientos, cobró importancia, se volvió más pesada y abundante, y alcanzó una excepcional exuberancia. Por toda Europa surgieron ejemplos de sobrecarga ornamental, de uso de elementos tomados de la naturaleza hacia la cual el hombre se volvía. Esta fase final del gótico tuvo distinto fulgor según las regiones, en consonancia con las condiciones particulares de cada una. Así, en Francia e Inglaterra se asistió al fluir normal de las corrientes y ritmos que venían de atrás, sin que se registraran sobresaltos. En los territorios de la corona de Castilla y del ducado de Borgoña, el número de construcciones fue aumentando paulatinamente, tanto por la acción de mecenazgo de los grandes señores como por la existencia de grupos profesionales, con particular incidencia, en este último caso, en Flandes y los Países Bajos.

No podemos olvidar que fue en este periodo cuando se asistió a una recuperación de formas decorativas de origen islámico, sobre todo de Andalucía. Es cierto que siempre hubo musulmanes trabajando en Portugal, incluso después de la conquista definitiva de Algarve en 1249, hombres que se dedicaban a la carpintería, a la alfarería y a trabajos en yeso, pero el brote *mudéjar* —como hemos de llamarlo— corresponde a una moda que por entonces se estaba imponiendo en el reino de Castilla, especialmente en el círculo de la corte, y que los portugueses importamos de allí. En Portugal, fue en las obras regias de Sintra y Évora donde más se dejó sentir la influencia mudéjar, sobre todo a partir del viaje que D. Manuel I hizo a España en 1498. Los constructores recurrieron a los arcos de herradura, a las superficies decoradas con azulejos sevillanos, a los techos de *mocárabes* y a las *alcatifas* marroquíes para crear ambientes arabizantes.

Los reinados de D. Afonso V y de D. João II no fueron tan fértiles en el campo de la arquitectura civil y religiosa en el territorio europeo portugués, ya que esos monarcas se interesaron menos por esta actividad que el Afortunado, quien antes incluso de llegar al trono dio muestras de apego a las empresas artísticas. Al convertir-

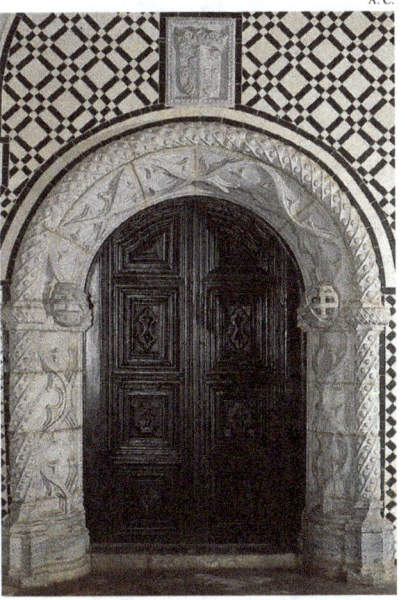

Convento de Nuestra Señora de la Concepción, puerta del refectorio, Beja.

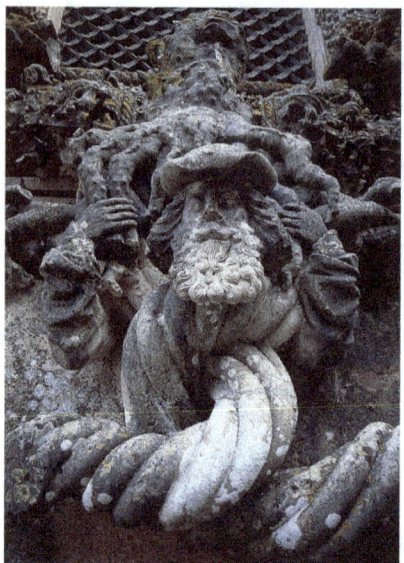

Ventana del Convento de Cristo, detalle, Tomar.

se en rey, para poner en evidencia su majestad, inició un enorme número de obras, tanto de nueva planta como de reconstrucción y agrandamiento. Como en Portugal no había suficiente mano de obra especializada, llamó a centenares de constructores de Castilla, Francia, Alemania y Flandes para que se incorporaran a los equipos, cuya dirección quedó a cargo de portugueses y españoles. De entre estos, destacan hombres como los hermanos Arruda, Francisco y Diogo, hijos del maestro de obras de Batalha João de Arruda, autores de la Casa del Capítulo del Convento de Cristo, en Tomar, y de la Torre de Belém, en Lisboa; Mateus Fernandes, padre e hijo, ambos responsables también de trabajos en el Monasterio de Batalha, vivero de tantos artistas de primera línea. Pero si estos eran portugueses, formados aquí, no se quedaron atrás extranjeros como el francés Boytac, también maestro de obras en Batalha, Coimbra o los Jerónimos, y, particularmente, Juan del Castillo, un vizcaíno que concluyó las formidables obras de Tomar y Belém, y encarnó la figura del arquitecto moderno, al adoptar el lenguaje renacentista e imponerlo en los principales proyectos de D. João III.

El gusto de D. Manuel por las artes tuvo un efecto multiplicador, y los nobles, en una actitud mimética muy común en épocas pasadas, siguieron los pasos del rey construyendo nuevos palacios, mejorando los viejos, rehaciendo y engrandeciendo las iglesias de que eran titulares, fundando capillas en monasterios, etcétera.

Pero esta fiebre constructora no habría sido posible sin la adecuada disponibilidad financiera. El deseo personal del rey, la emulación de los hidalgos y la reacción de las comunidades populares o religiosas no eran por sí solos suficientes para levantar los edificios; la base material, el dinero, era indispensable. A Portugal afluían abundantes riquezas en géneros y en moneda, y fueron esos caudales los que permitieron financiar las empresas artísticas del reinado de D. Manuel I.

La expansión ultramarina no enriqueció solo al rey y su familia, sino también a la población portuguesa en general, por lo que las comunidades de mercaderes y asalariados de las zonas ribereñas también rehicieron y enriquecieron sus iglesias y viviendas, que consideraban símbolos de prosperidad. Los testimonios de esta tendencia son bien patentes en tierras como las de Caminha, Viana, Vila do Conde y Azurara de la región de Minho, Setúbal y Sines de la costa atlántica al sur del Tajo o, en Algarve, Portimão, Alvor, Tavira, Cacela y Loulé, y decenas más de ciudades, villas y simples aldeas.

En el interior de las regiones del norte y en el centro, dejando a un lado las catedrales, las iglesias parroquiales rara vez sufrieron cambios más que en las capillas mayores y en algunas laterales, rehechas por iniciativa de nobles de segunda fila que también se habían enriquecido en las aventuras de ultramar. Sin embargo, en Ribatejo, Baixa Estremadura y Alentejo se irguieron desde los cimientos muchas iglesias, hechas ya, totalmente, conforme al nuevo gusto. Recordemos que correspondía a los titulares hacer, mantener y ornar la capilla mayor, la sacristía, la casa del párroco y los graneros, mientras que los fieles tenían idéntica obligación con el cuerpo de los templos. Por eso se ven en tantas aldeas y villas antiguas del norte y centro de Portugal iglesias con ábsides manuelinos y naves renacentistas o barrocas. Es que la población de esos lugares no experimentó mejorías efectivas en su vida hasta más tarde, cuando comenzaron a dar fruto los nuevos cultivos como el maíz.

Pero esta arquitectura —"manuelina"— fue llevada mucho más allá de Europa; desde muy pronto, en las villas recién creadas de las Azores y de Madeira se hicieron innumerables fortalezas, iglesias, capillas, ayuntamientos, hospitales, casas de misericordia y palacios a la manera del Portugal continental. Aún hoy es enorme la cantidad de estos edificios que se conservan, en todo o en parte, y el mejor ejemplo es la Catedral de Funchal, comenzada a finales del Cuatrocientos. Pero también están las iglesias parroquiales de Machico, Santa Cruz, Ponta do Sol, Loreto, etcétera. En las Azores, el manuelino está presente en la iglesia matriz de Ponta Delgada, en la de Praia da Vitória y en la de São Sebastião de Terceira, por no alargar más la lista. Pero los maestros del manuelino fueron también a las Canarias, a los archipiélagos de Cabo Verde y Santo Tomé y Príncipe, y en 1503 se estaban construyendo ya una fortaleza y una factoría en Cochin.

En Marruecos, los hermanos Arruda, Boytac, Francisco Danzilho y Bastião Luís nos dejaron un rosario de forta-

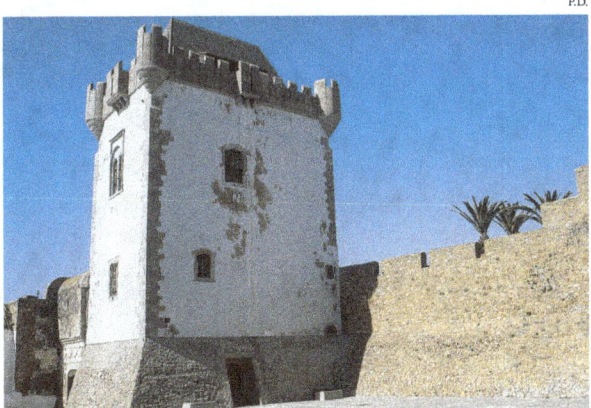

Arcila, Marruecos.

P.D.

Convento de San Francisco, Goa.

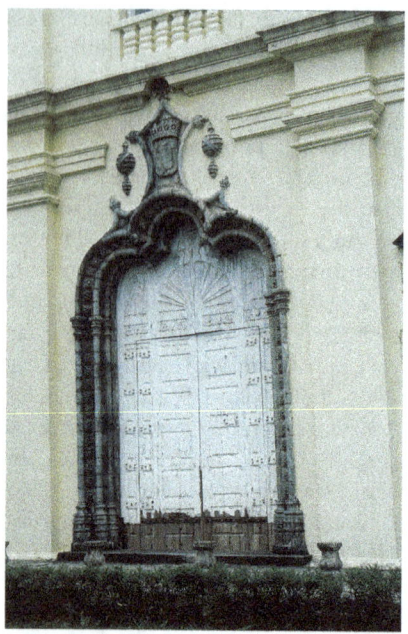

lezas "a la portuguesa" que en nada difieren de las del reino; las encontramos en Ceuta, Arcila, Tánger, Azemmour, Safi, etcétera.

El manuelino de las ciudades indias en manos de portugueses sobrepasó en vigencia al europeo. En las arenas de Ormuz se observa aún toda la estructura de la antigua cisterna de la fortaleza; en Goa es visible la monumental puerta de la iglesia del Convento de San Francisco, que data de 1521; pero las bóvedas de nervios de las iglesias de Chaúl y Baçaim, e incluso la de la capilla del baluarte de la isla de Mozambique, son, como poco, 30 ó 40 años posteriores. El viaje de los maestros constructores, como Tomé Fernandes, y su afincamiento definitivo en tierras del Índico cuando aún eran raros los tratados, hacían que prolongasen la vida del arte que aprendieron y que era novedoso a su partida de Lisboa.

Por todo lo dicho, parece legítimo hablar de "arquitectura manuelina" o, simplificando, "manuelino". No porque esta forma artística fuese un estilo, tuviese unidad y peculiaridades como para ser considerada como tal, sino porque representa un fenómeno delimitado en el tiempo y en el espacio: los inicios del siglo XVI y el territorio nacional europeo y las islas, ciudades y fortalezas ultramarinas.

Hay, no obstante, algo característico que distingue el manuelino de las restantes versiones contemporáneas del gótico tardío: el cariz popular de la ornamentación y hasta de ciertos elementos de las estructuras arquitectónicas. La necesidad de conseguir muchos constructores en poco tiempo para cumplir los deseos de una clientela impaciente originó que maestros secundarios y obreros sin la adecuada formación se encargaran de levantar palacios, residencias, iglesias o dependencias de conventos. Sin haber pasado por los grados que constituían la escala hasta la maestría, se veían enfrentados a problemas que resolvían mejor o peor, pero siempre empíricamente. Daban excesivo valor a los elementos decorativos, abusaban de las formas vistosas, combinaban columnas grandes y pequeñas con *pies derechos* sin ninguna razón funcional, interpretaban mal esquemas comunes, de lo que resultó un arte de claro sesgo antierudito e incluso ingenuo.

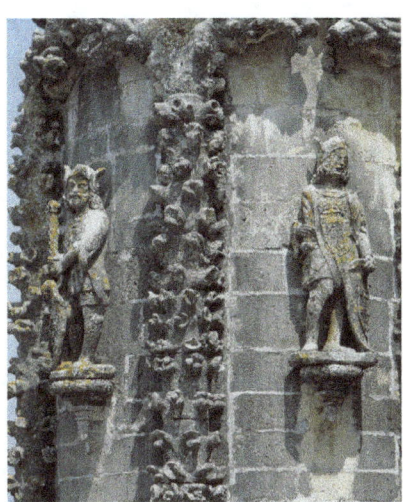

Finalmente, y para desilusión de los amantes de las leyendas, en los edificios manuelinos no aparecen las cuerdas o las velas de los navíos de los descubrimientos, aunque es un hecho que, sin esas cuerdas y navíos, no veríamos hoy tantos y tan peculiares edificios del tiempo de D. Manuel I.

La escultura

También la escultura manuelina, en esencia, es gótica, si bien se empezaran a ejecutar, aún en vida de D. Manuel, obras claramente renacentistas, especialmente por parte del imaginero Nicolau Chanterene, que trabajó en los Jerónimos y en Coimbra, Sintra y Évora. Los principales talleres seguían estando en Coimbra, donde el peso de la tradición gótica apenas dejaba aflorar las innovaciones venidas de Italia o de Flandes. Diogo Pires el Viejo y Diogo Pires el Joven eran los jefes de fila de esa pequeña multitud de hombres que, en las canteras de Ançã o en los cobertizos de la ciudad, se ponían manos a la obra de suministrar casi el setenta por ciento de la producción nacional. Es cierto que después del paso de Chanterene por la ciudad, entre 1518 y 1526, nada fue como antes, y ese último año se instaló también en ella João de Ruão, que dominaría el panorama escultórico nacional hasta cerca de 1580.

Aunque es cierto que las importaciones de Italia eran escasas y se reducían al círculo de la corte, pues eran obras de gran valía estética salidas casi siempre de los talleres florentinos de los Della Robbia, las de Flandes eran ya numerosas y comunes, y por todo el reino y en las tierras de ultramar había estatuaria en madera policromada y

Convento de Cristo, esculturas, Tomar.

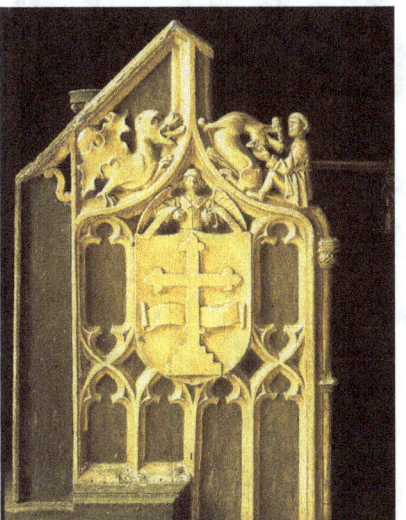

Iglesia de Santa Cruz, detalle de la sillería, Coimbra.

El arte manuelino

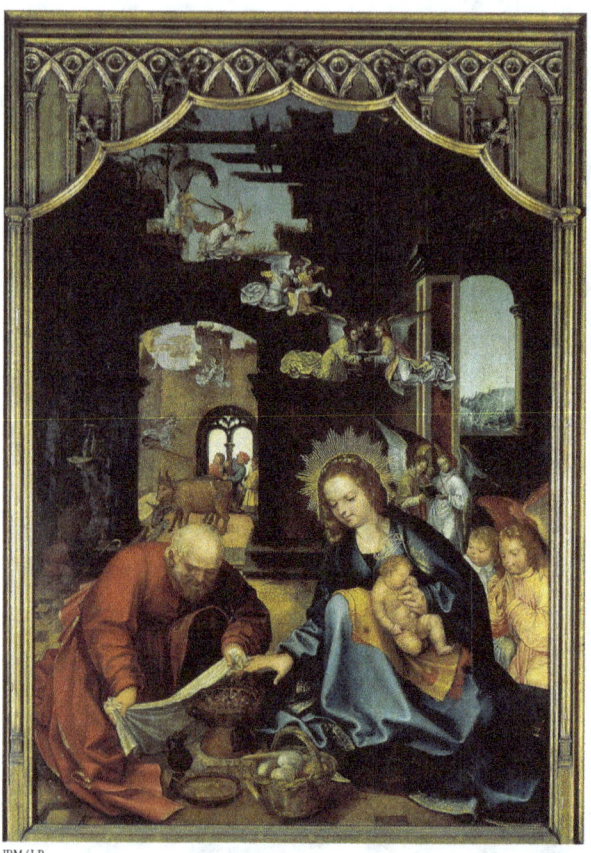

Gregório Lopes y su taller, "Natividad", del retablo proveniente del Convento de Paraíso, óleo sobre madera de roble, s. XVI, Museo Nacional de Arte Antiguo, Lisboa.

retablos de pequeñas dimensiones del norte de Europa. La policromía, el dorado y el dramatismo de estas imágenes se adaptaban a las mil maravillas al sentir de la gente, a su piedad epidérmica, lejos de la racionalidad que imperaría en décadas siguientes, cuando se valoró más el decoro, las proporciones y la norma. La conciencia de que en este extremo de Europa había un buen mercado potencial hizo que muchos maestros acudieran aquí,

donde se establecieron durante años o hasta el fin de sus vidas. Entre todos destaca Olivier de Gand, autor del formidable retablo de la capilla mayor de la Catedral de Coimbra y de las tallas de la *girola* del Convento de Cristo de Tomar. Pero no podemos olvidar a un tal Orte Maginário, que trabajó en los Jerónimos; a João Alemão, que trabajó en Coimbra y Alcobaça; a Arnau de Carvalho, compañero del mítico Vasco Fernandes en los retablos de Beira y Douro.

La pintura, la iluminación y el grabado

Más que cualquier otra, la pintura, en sus diversas variantes, fue la disciplina en que con más fuerza se dejaron sentir los vientos de Flandes. Cuando Van Eyck visitó Portugal, en los albores del siglo XV, Brujas, Gante, Ypres, Malinas, Bruselas y Amberes eran lugares de referencia para la compra de obras de arte, y más aún después del matrimonio de la infanta D.ª Isabel con el duque de Borgoña Felipe el Bueno. Por otro lado, también los talleres de Flandes, Hainaut o Brabante tenían agentes comerciales activos en el norte y el sur de Europa, adonde enviaban la mayor parte de su producción. Portugal, como también hizo España, compró durante siglo y medio millares de pinturas y retablos que, al igual que ocurrió con las esculturas, mandaba también a sus iglesias de África, Oriente y Brasil.
Los pintores flamencos bajaron hasta

Lisboa y Évora, se nacionalizaron, adoptaron nombres portugueses como Francisco Henriques y Frei Carlos, abrieron talleres en los que se ejercitaron jóvenes artistas nacionales, lo que volvió nuestro arte profundamente dependiente del modo gótico, primero de Gante y Brujas y después de Amberes. Al final del primer tercio del siglo XVI, las influencias renacentistas pasaron a dominar los principales talleres, pero incluso el italianismo fue de segunda mano, dado que sus portadores eran todavía flamencos, sobre todo artistas de la segunda generación de Amberes.

Lisboa, Évora, Viseu y Coimbra fueron los centros más activos, y entre ellos destacó evidentemente la corte, donde pontificó en el periodo manuelino Jorge Afonso, después de la tutela abrumadora de una figura como Nuno Gonçalves, que despuntó por encima de los demás en la segunda mitad del Cuatrocientos.

En Évora, el gran artífice de la corriente flamenca fue Francisco Henriques, que compitió con las fantásticas tablas importadas que llenaban muchas de las capillas de la Catedral y demás iglesias de la ciudad. En Coimbra se formó una escuela propia con Vicente Gil y Manuel Vicente y, en Beira, Vasco Fernandes recorrió todo el camino que va del último gótico flamenquizante al naciente manierismo.

Pero si con Garcia Fernandes, Gregório Lopes y Cristovão de Figuereido la pintura en tabla se elevó a cimas de excelencia raras veces alcanzadas en Portugal, con los enigmáticos Mestres —como los llamados "da Lourinhã" o "de Palmela"— y muchos otros, la pintura al fresco fue todavía más impresionante debido a su difusión por todo el espacio nacional. Es un hecho que la gran mayoría de estos frescos han desaparecido, pero aun así tenemos ejemplos datados desde principios del siglo XV que permiten reconstruir hipotéticamente los ambientes de nuestras iglesias y residen-

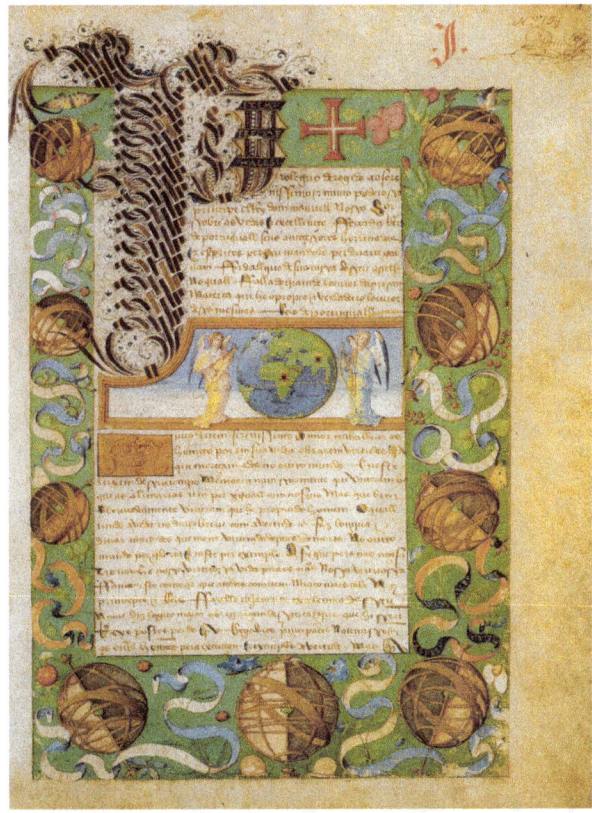

Iluminación, folio recto de la "Crónica" de Duarte Galvão, p. s. XVI, Archivos Nacionales / Torre do Tombo, Lisboa.

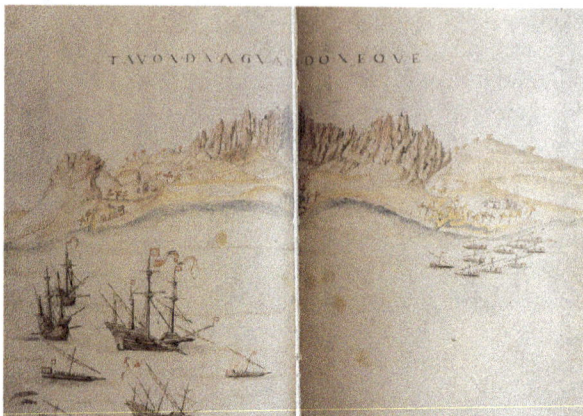

"Roteiro" ("Derrotero") de D. João de Castro.

muestra la evolución desde el gótico hasta el manierismo, las influencias de Flandes y de Italia, y la genialidad de los ejecutantes portugueses.

De características cercanas a las de la iluminación, si bien no siempre hecha exactamente con la misma técnica, tenemos que considerar la decoración cartográfica. No eran objeto de grandes cuidados estéticos las cartas que se llevaban en los viajes, las que iban en los navíos de los descubrimientos o de los mercantes, sino solo las que se guardaban en la corte o se ofrecían a otros príncipes como propaganda política. De la inmensa producción portuguesa quedan solo unas pocas de principios del siglo XVI, pero tenemos noticias que prueban su abundancia. Así y todo, las de mediados y la segunda mitad del Quinientos son suficientemente esclarecedoras de lo que fue la producción manuelina.

Registros importantes, muchas veces no del todo desprovistos de calidad estética, son los dibujos topográficos o vistas de ciudades, reunidos ocasionalmente en códices como el *Livro das Fortalezas* de Duarte D'Armas. Pero la culminación de este arte se alcanzó en ultramar con obras como *Roteiros* de João de Castro y el *Códice Casatanense*, ya de la época de D. João III.

Tampoco encuadrado totalmente dentro de la pintura, pero basado como esta en el dibujo, el grabado empezó entonces su evolución traído y desarrollado por impresores alemanes que, en poco tiempo, abrieron también talleres xilográficos para hacer

cias nobles.

Una subdisciplina de gran esplendor fue la iluminación. Se importaron muchos libros con miniaturas, sobre todo libros de horas, de Francia, Flandes e Italia, es cierto, pero también entre nosotros, en *scriptoria* de Lisboa, Coimbra, Alcobaça, se hicieron ejemplares bellísimos. Con la subida al trono de D. Manuel I y la gran reforma del Estado que emprendió, la iluminación tuvo un auge inopinado, precisamente cuando en los demás países empezaba a perder terreno definitivamente en favor de las artes tipográficas. El rey mandó copiar en lujosos volúmenes, con portadas de exuberante decoración, la legislación, los nuevos fueros, las crónicas de los reyes del pasado y los documentos de heráldica, lo cual llevó a la creación de un activo y gigantesco taller. La *Leitura Nova* ("lectura nueva"), nombre con el que se conoció la letra entonces empleada y también los códices legislativos, principios de volúmenes o viñetas que animasen las páginas de texto. Gradualmente, el grabado se fue independizando y vino a ocupar su lugar como ilustración de libros y, a continuación, como estampa de devoción o propagandística.

La orfebrería y la joyería

Las artes preciosas experimentan siempre un gran desarrollo cuando la sociedad respira bienestar económico. Los siglos XV y XVI fueron uno de esos momentos: hubo posibilidad de encargar piezas en metales preciosos y con valiosa pedrería, tanto para adorno de personas como para reverenciar a Dios. La joyería secular, la orfebrería y la platería profanas y las alhajas para el culto fueron objeto de una atención muy especial, entre otras cosas porque se vivía un periodo de marcada estratificación social en que la ostentación de la riqueza era un imperativo y no solo un acto de simple vanidad.

No podemos olvidar, sin embargo, que los tesoros de las iglesias sufrieron expolios en algunos momentos, como cuando se producía la "requisición de las platas", lo que ocurrió en los reinados de D. João I, D. João II y D. João III. Estos hechos, así como la constante modernización que este vertiginoso periodo histórico potenciaba, hicieron desaparecer las obras más antiguas, pero hubo muchas que, por una u otra razón, se salvaron de la voracidad de los fundidores.

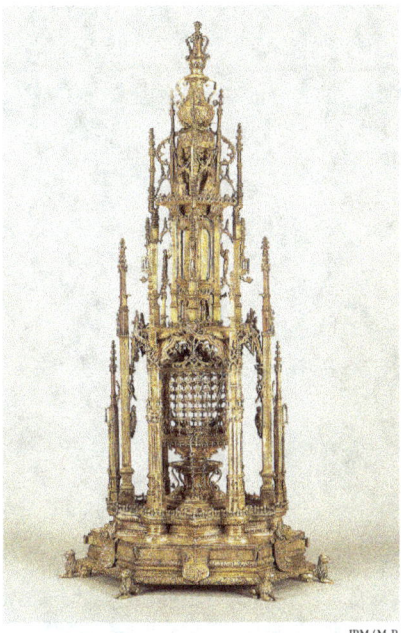

Custodia, plata dorada, producción portuguesa, 1527, Museo Nacional Machado de Castro, Coimbra.

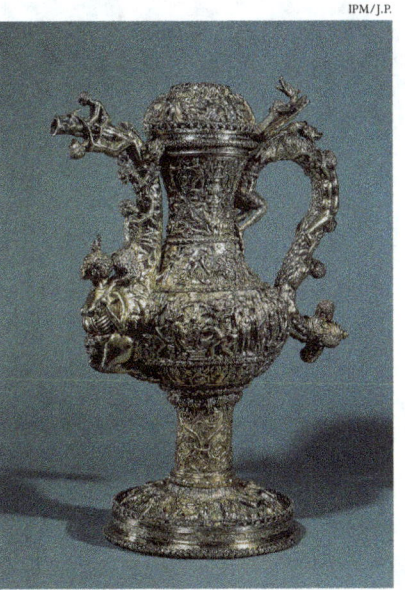

Aguamanil, plata dorada, trabajo portugués, s. XVI, Palacio Nacional de Ajuda, Lisboa.

El arte manuelino

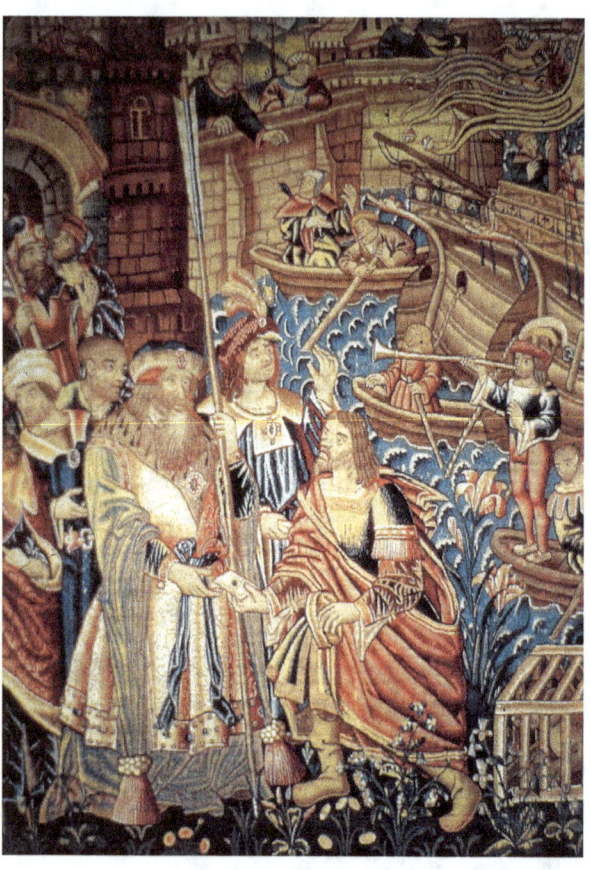

"El desembarco", tapiz "a la manera de la India y Portugal", Museo de Caramulo.

No obstante, a partir de principios del siglo XVI, la corte de D. Manuel conoció un gusto súbito por la joyería oriental, y hasta vino a Lisboa un orfebre indio que encantó al rey con su fino y exótico arte.

D. Manuel I, como titular de centenares de iglesias esparcidas desde Lisboa hasta Malaca, encomendó cientos o miles de obras de orfebrería religiosa, la más emblemática de las cuales es la Custodia de Belém, hecha con las primeras *parias* de Quíloa, cuyo dibujo y ejecución se deben a Gil Vicente, fundador asimismo del teatro portugués.

Los tapices y los tejidos

Los portugueses importaban la mayoría de los tejidos que necesitaban para consumo interno y también para exportarlos a su vez, pues eran moneda de trueque en África y en Oriente y se cambiaban por especias, oro, cobre, marfil, etcétera. De Flandes venían los manteles y frontales de altar en lino blanco o estampado y los tejidos más ricos, como los brocateles, los terciopelos y los brocados de oro y plata, que se empleaban en la vestimenta de los nobles y en los trajes litúrgicos. En esto, Italia y Flandes se disputaban la primacía como proveedores de los comerciantes portugueses. Pero de Tournei, Bruselas, Audenarde y, antes de 1477, también de Arras se exportaron a Portugal centenares o hasta millares de tapices durante los siglos XV y XVI. Todavía en 1580, cuando los embajadores de

En el terreno estético, el arte de la platería y de la orfebrería sacras no se apartó de su hermano castellano, lo que se justifica, en parte, por el origen de muchos de los artistas que vinieron aquí a trabajar y que fueron incluso privativos de la casa real. Por otro lado, la movilidad de las piezas era grande, pues los clérigos que viajaban llevaban consigo las suyas personales, al igual que los señores de mayor alcurnia que tenían capillas propias.

la señoría de Venecia, los caballeros Trom y Lippomani, estuvieron en Portugal, señalaron con admiración que en el país se gastaban anualmente 40.000 cruzados en su compra.

Los tapices se usaban en los interiores de las iglesias de monasterios y conventos y en las catedrales, para dar mayor comodidad y por motivos estéticos; en las calles, para cubrir fachadas y bordeando vías durante cortejos y procesiones; en las corridas, justas de cañas y otros deportes también se solían delimitar los recintos con paños de armar. La documentación sobre encargos directos es abundante, pero también llegaban a Portugal tapices a través de un comercio organizado, sobre todo cuando se trataba de piezas con iconografía común, de la historia sagrada o antigua, o simplemente de "verduras", como entonces se decía.

Cuando Vasco da Gama, en pleno océano Índico, recibió al rey de Melinde en su nao, había engalanado toda la cubierta con tapices. Pocos años después, en 1505, Francisco de Almeida, primer virrey de la India, también recibió al rey de Bisnaga en una sala del trono cuyas paredes eran tapices flamencos. Fue gracias a los regalos a los potentados asiáticos y africanos como los tapices de Flandes alcanzaron los extremos del mundo. D. Manuel I mandó tejer una serie con 26 escenas en que se contaba el viaje inaugural de Vasco da Gama a la India; tuvo tanto éxito, que los talleres de Bruselas hicieron muchas otras con la misma iconografía, que se vendieron por toda Europa y pasaron a conocerse como tapices "a la manera de Portugal y de la India".

Los clientes portugueses buscaban a los mejores artistas del momento para que dibujaran los cartones y, aunque casi siempre recurrían a Flandes, D. Manuel I no dejó de pedir un cartón a Leonardo da Vinci.

El encuentro de estéticas

El arte del reinado de D. Manuel I y, más genéricamente, del tiempo de los descubrimientos, es un arte de encuentro de varias estéticas de Europa, por un lado, y de África y Oriente, por

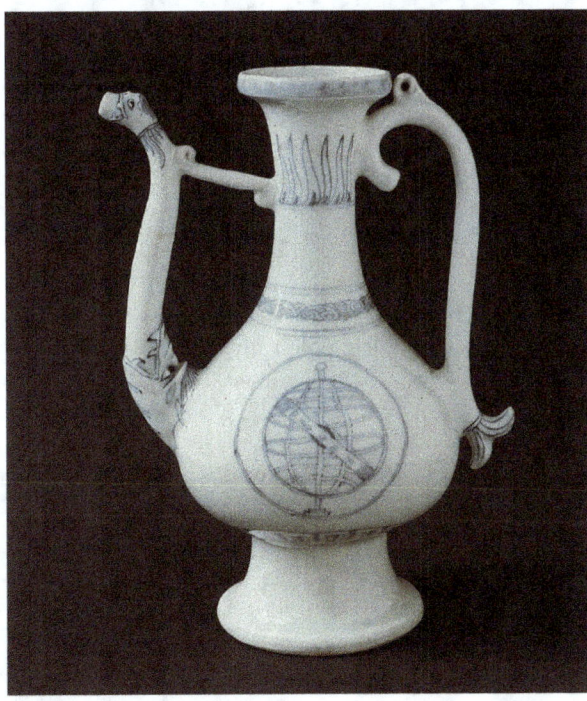

Aguamanil, porcelana blanquiazul con la esfera armilar, China, dinastía Ming, h. 1519, Fundación Medeiros y Almeida, Lisboa.

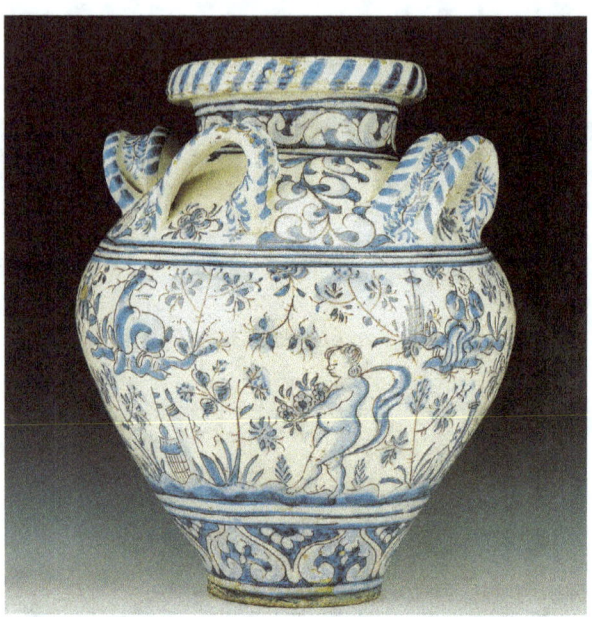

Pote de mayólica con motivos chinos, fabricación lisboeta, s. XVII, colección privada.

Atribuido a Kano Domi, biombo "nanbam", detalle, hojas pintadas al temple sobre papel de arroz recubierto de panes de oro, h. 1600, Museo Nacional de Arte Antiguo, Lisboa.

otro, que en el pequeño territorio del reino produjeron obras que escapaban muchas veces de los cánones occidentales en que siempre se cimentó el arte portugués. Las importaciones de Castilla, del Levante peninsular y de Andalucía eran constantes, como también lo eran las compras a ciudades del norte de Europa, sobre todo de Flandes, Brabante y el sur de la actual Alemania. La venida de artistas de esos lugares, como hemos visto, era más que una simple casualidad.

Con el correr de los tiempos y, sobre todo, con la apertura del camino marítimo a la India, la llegada de objetos y artículos de Oriente inflamó la imaginación de nuestros artistas, que no dejaron de orientalizar disciplinas muy nuestras. No inmediatamente, en el reinado de D. Manuel, pero sí en tiempos de los monarcas siguientes, los alfareros de Lisboa imitaban en la loza vidriada los dibujos de la artesanía china de la dinastía Ming, las tejedoras de Arraiolos hacían alfombras persas y, en Castelo Branco, las colchas adoptaban formas indostánicas.

Al mismo tiempo, hombres y mujeres se cubrían con joyas indias y cingalesas, vestían sedas y brocados chinos y de Oriente Medio, se reclinaban en cojines en medio de fuentes y estanques que recordaban los de Andalucía y el Magreb.

Pero la presencia portuguesa en otros parajes motivó también que los artistas y artesanos de esas tierras realizaran nuevos productos, con otras funciones pero con su cuño tradicional. Así nació el mobiliario que hoy lla-

El arte manuelino

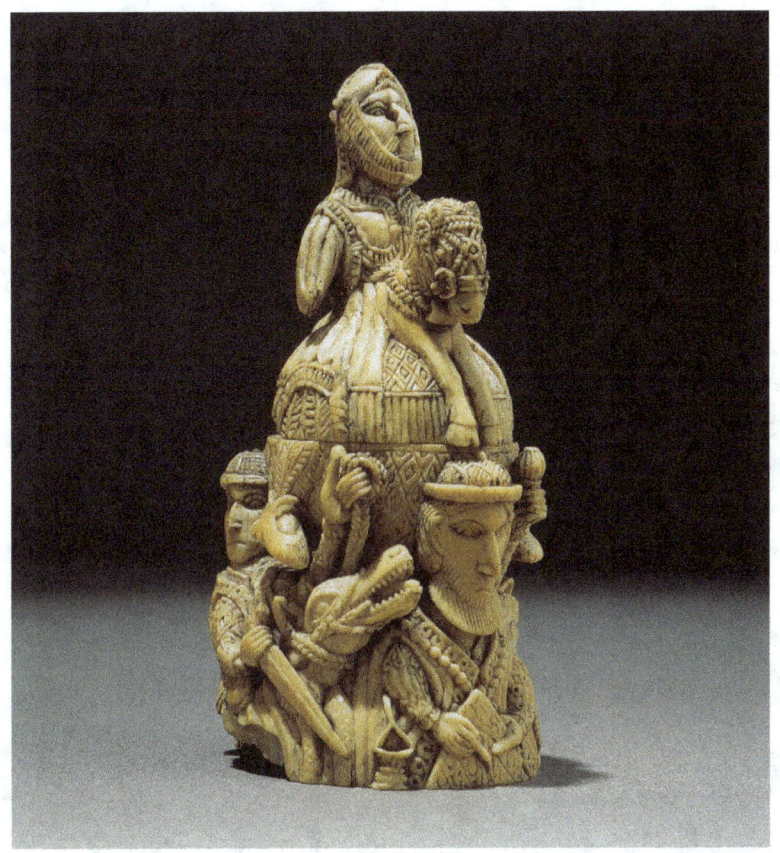

Salero doble incompleto, afroportugués, marfil, s. XVI, Museo Nacional de Arte Antiguo, Lisboa.

mamos "indoportugués" y, seguidamente, el *namban*. Del mismo modo, los pintores de porcelana del Imperio Medio de China comenzaron a adornar los preciosos jarrones blanquiazules con las armas y la empresa de los reyes de Portugal y con frases en loor de la Virgen. En África, los habilísimos artistas de Benín y Sierra Leona inventaron saleros, cucharas, hostiarios y un sinfín de objetos con representaciones de europeos y que se vendían de una manera que anticipó el moderno concepto de *souvenir*.

Si bien en los tesoros de los señores de Persia, de los rajás indios, de los daimios nipones y hasta del Gran Mogol se encontraban las preciosidades de Europa, también es cierto que en las cortes de Europa los salones de las maravillas ostentaban las desconocidas y refulgentes preciosidades que llenaban baúles en los camarotes de los capitanes de las naos participantes en la Carrera de las Indias.

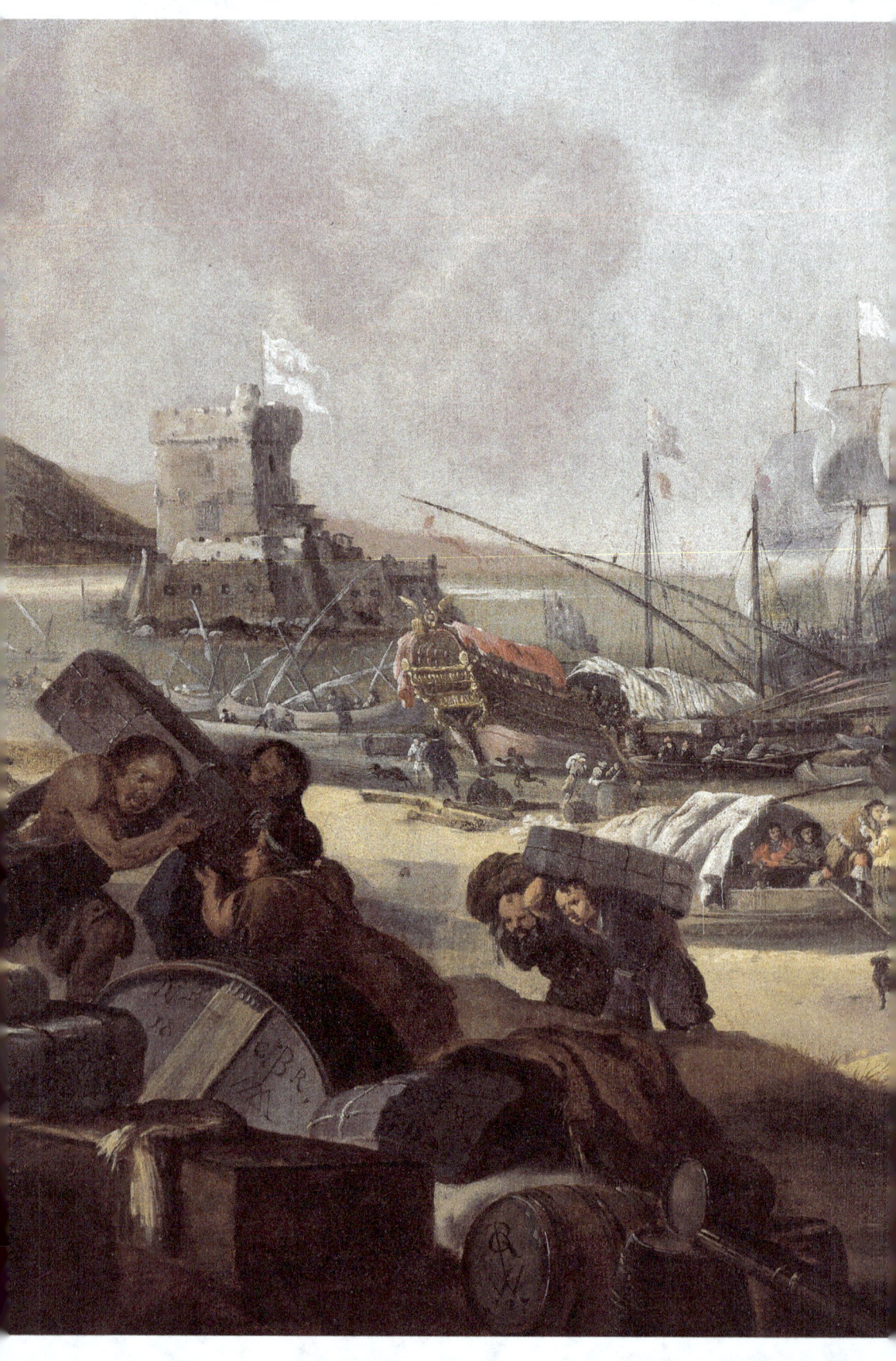

RECORRIDO I

La Playa de la Aventura

**Pedro Dias, Dalila Rodrigues,
Nuno Vassallo e Silva, Fernando Grilo**

Primer día

I.1 LISBOA
        I.1.a Monasterio de los Jerónimos
        I.1.b Museo de Marina
        I.1.c Torre de Belém
        I.1.d Museo Nacional de Arte Antiguo
        I.1.e Puerta de la iglesia de la Concepción Vieja
        I.1.f Casa de los Picos (Casa dos Bicos)
        I.1.g Castillo de San Jorge

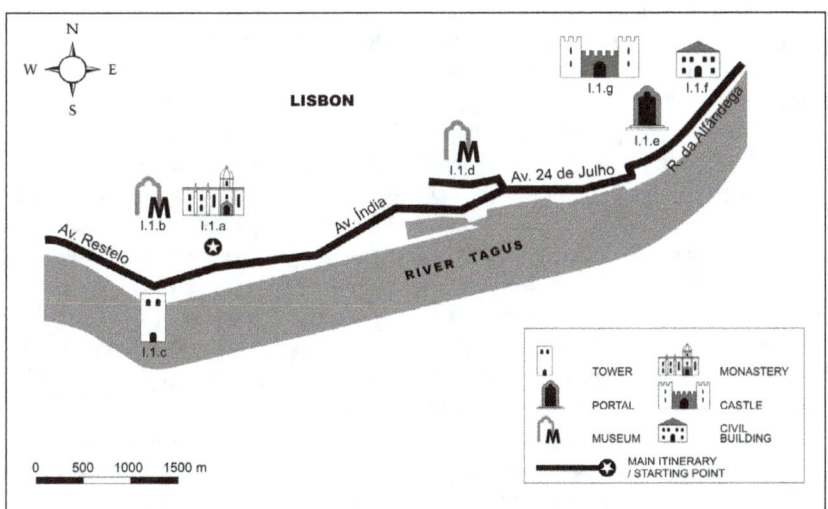

Playa de la aventura, detalle de una pintura de Weenix que muestra la Torre de Belém y el fondeadero de Restelo, colección privada, Lisboa.

RECORRIDO I   *La Playa de la Aventura*

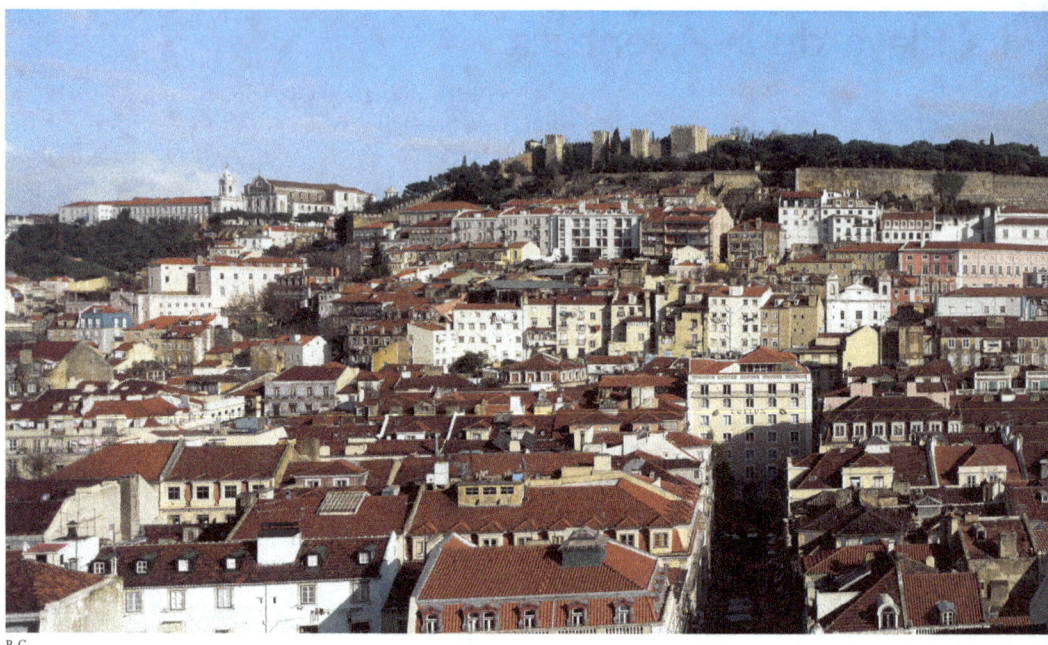

R.C.

Vista general de Lisboa.

Praia do Restelo fue realmente la "playa de la aventura". Aquí fundó el infante D. Henrique una capilla para prestar ayuda espiritual y moral a los navegantes que partían o llegaban. Y si el mar impone aún hoy respeto y temor, ¿cómo sería en aquellos tiempos en que apenas comenzaban a barrerse del horizonte de quienes se aventuraban aguas adentro los monstruos del imaginario medieval?

Todavía en tiempos de su fundador, la pequeña capilla creció hasta convertirse en iglesia parroquial, para transformarse finalmente, con D. Manuel I, en un inmenso conjunto monástico, himno a la gloria del rey pero, ante todo, exvoto a la Virgen de la Estrella o de Belém por el éxito del viaje de Vasco da Gama y las ganancias futuras, en oro y almas, que habría de traer.

Fue aquí donde el inmortal Camões situó al viejo de luengas barbas que reprendía a cuantos se encaminaban a alta mar. El "viejo de Restelo" del poema épico, hecho imagen por el no menos genial pintor Columbano, se hizo mito y acompañó la historia de Portugal como personificación de quienes preferían quedarse a partir.

No es solo en Restelo propiamente dicho donde hay excepcionales monumentos manuelinos o, más genéricamente, de la época de los descubrimientos. En realidad, aquí están el Monasterio de los Jerónimos, la Torre de Belém y el Museo de Marina, pero no muy lejos otros edificios recuerdan aquellos tiempos. Belém, entonces como ahora, era una prolongación de Lisboa, capital del reino y cabeza del gran imperio marítimo del siglo XVI. Con el castillo coronan-

RECORRIDO I *La Playa de la Aventura*
Lisboa

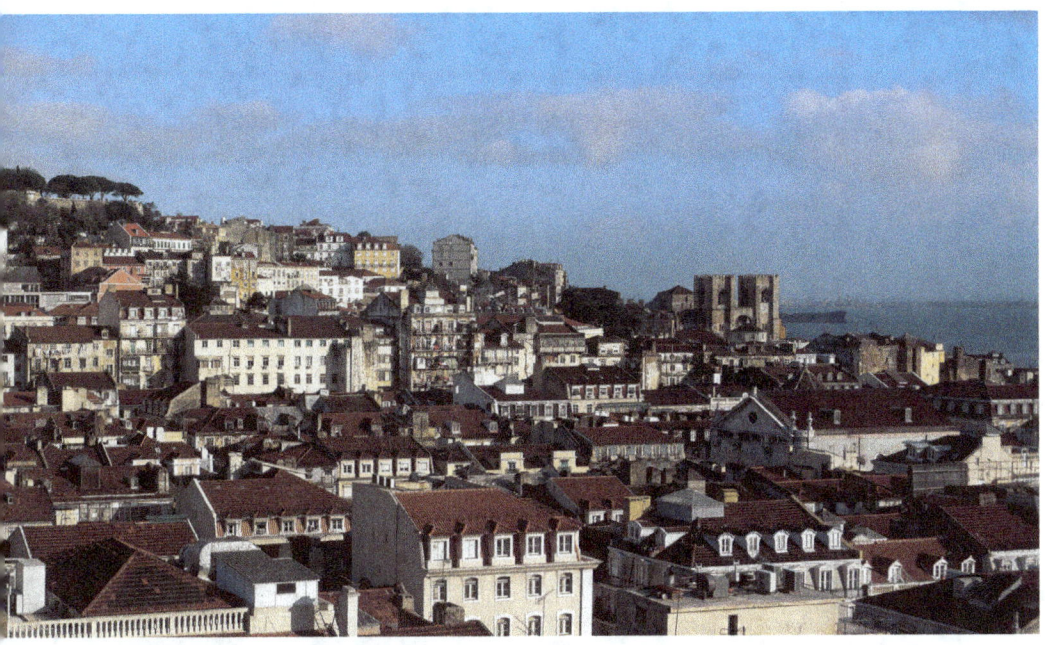

do su monte más alto sobre los sedimentos de las ocupaciones romana, visigoda y árabe, los barrios de cristianos y judíos se desparramaron hasta el río Tajo y subieron después a Alfama, Bairro Alto y otras afueras. El tiempo y las catástrofes naturales han abatido muchos de los magníficos edificios levantados en la época, y el fuego y las aguas se han tragado los tesoros de su interior; quedan aún, pese a todo, algunos vestigios que, con imaginación, nos permiten reconstruir esa tierra de las "muchas y desvariadas gentes".

I.I LISBOA

Lisboa es la capital portuguesa y cuenta, hoy, con cerca de un millón de habitantes.

Ciudad de larga historia, sus orígenes se remontan a muchos milenios atrás. Pero fueron las épocas romana e islámica las que la conformaron y le dieron las estructuras necesarias para convertirse, en los albores de la Edad Moderna, durante el reinado de D. Manuel I, en uno de los principales centros urbanos de Europa y gozne entre el Viejo Continente y las tierras recién descubiertas.

Después de su conquista por los árabes en 711-713, experimentó un acentuado desarrollo, aglutinándose primero en el cerro del castillo y Alfama, y llegando luego hasta la orilla del Tajo, con 30 ha de superficie y una población de unas 25.000 almas.

La reconquista cristiana, que tuvo en la toma de Coimbra en 1064 uno de sus momentos álgidos en el avance hacia el

RECORRIDO I   *La Playa de la Aventura*
Lisboa

Monasterio de los Jerónimos, fachada principal, Lisboa.

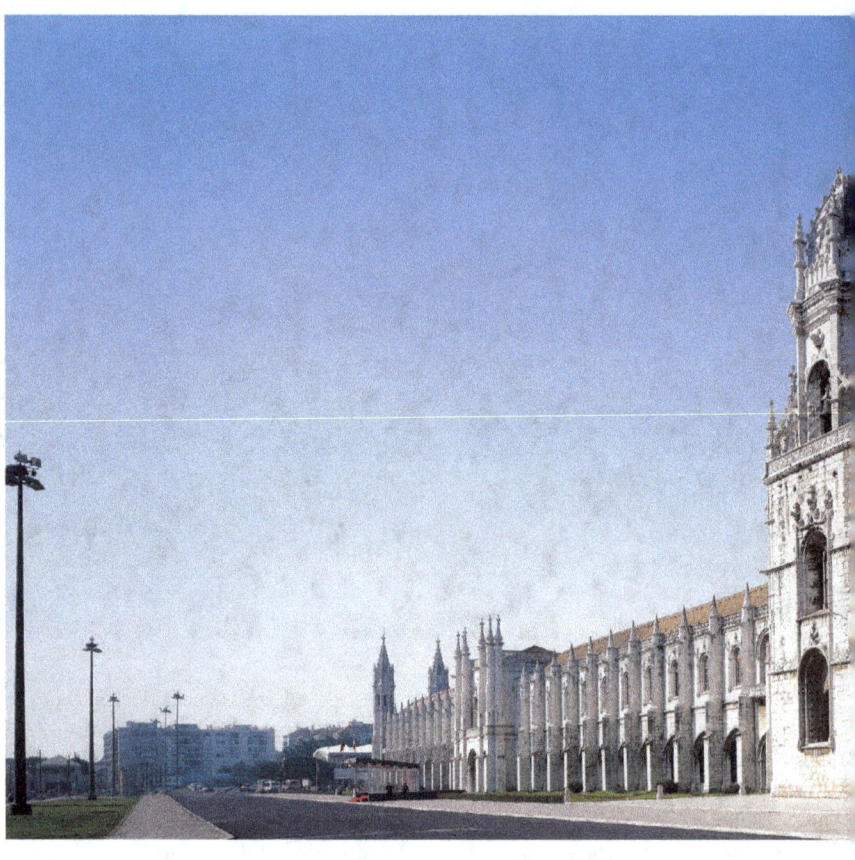

sur, obligó a la creación de grandes dispositivos de defensa, pero la Historia estaba del lado de los cristianos y estos, al mando del primer rey portugués, D. Afonso Henriques, recuperaron la urbe en 1147, con lo que la nueva frontera quedó establecida en la línea del Tajo.
El joven monarca se dio cuenta de la importancia de la ciudad y de la excelencia de su puerto, por lo que se trasladó a ella; fortaleció murallas, rehízo el palacio y construyó iglesias e incluso una nueva catedral. Oficialmente, no obstante, Coimbra siguió siendo la capital siglo y medio más.
Los mercaderes, los establecimientos de órdenes religiosas y una actividad portuaria constante hacían crecer Lisboa. D. Afonso III llevó la corte al castillo de la alcazaba y la ciudad no perdió ya su condición de cabeza del reino. Al final de la Edad Media era ya la ciudad de las "muchas y desvariadas gentes", en expresión del historiador decimonónico Oliveira Martins, con una vida que giraba en torno al palacio de Ribeira, al que D.

RECORRIDO I *La Playa de la Aventura*
Lisboa

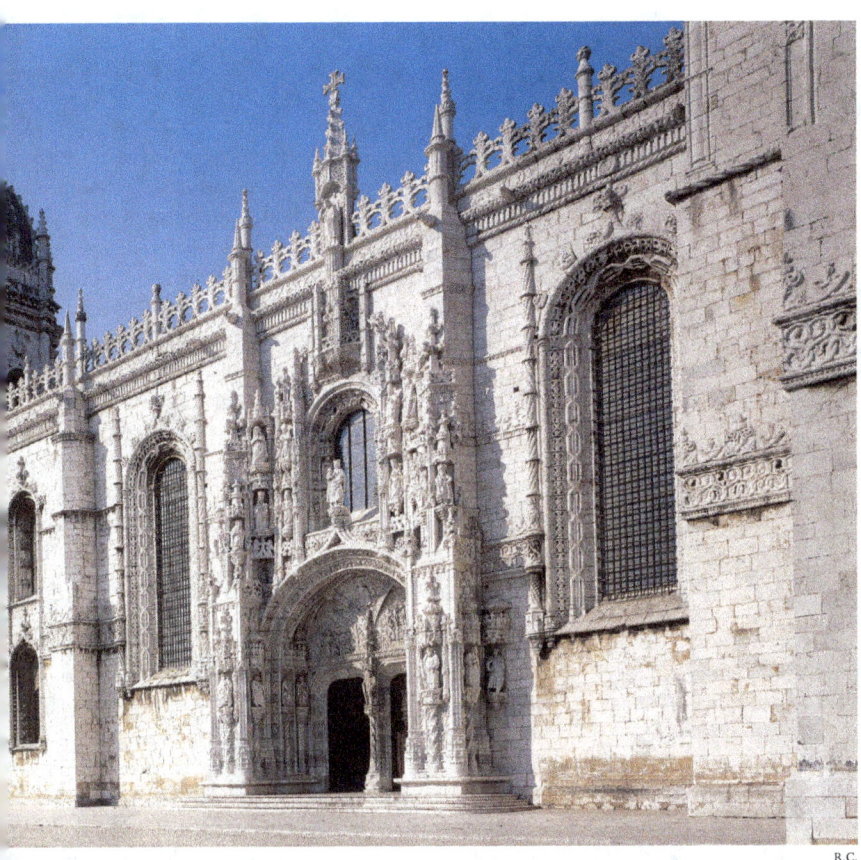

R.C.

Manuel I se trasladó en 1498 y junto al cual se levantaron los almacenes de la Casa de la India, el Arsenal y la Ribera de las Naos; desde allí salían las carreteras principales que unían Rossio con los barrios circundantes de Alfama, Mouraria, Castelo y Vila Nova de Andrade, más conocido como Bairro Alto. Después, la ciudad se extendió a lo largo del río, donde la nobleza levantó residencias secundarias y fundó quintas y donde monjes y monjas construyeron conventos que poco a poco se fueron uniendo a los crecientes caseríos populares hasta formar un único conglomerado que englobaba diversos concejos, prácticamente de Vila Franca a Cascais pasando por Loures y Odivelas, a un lado del río, y Almada y Barreiro al otro.

I.1.a **Monasterio de los Jerónimos**

Belém, Praça do Imperio, tel. 21 3620034. Catalogado como Monumento Nacional. Inscrito en la Lista del Patrimonio Mundial de la

43

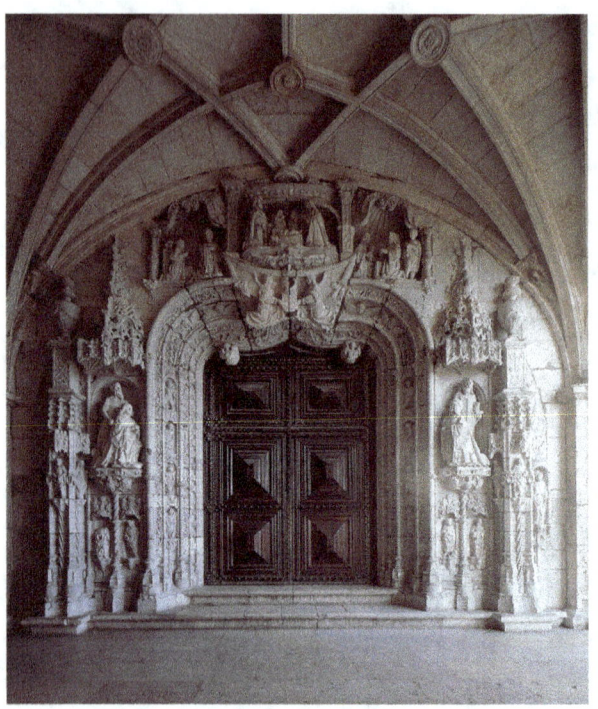

Monasterio de los Jerónimos, puerta sur, Lisboa.

UNESCO desde 1983. Está permitido hacer fotografías.
Acceso con entrada al claustro, el refectorio y el coro alto. Horario: de 10 a 18:30 de mayo a septiembre y de 10 a 17 de octubre a mayo; lunes, Año Nuevo, Pascua y Navidad cerrado. Se permite la entrada hasta 30 minutos antes de la hora de cierre. La iglesia está abierta al culto.

El Monasterio de los Jerónimos ocupa el lugar dominante en la Praça do Império, con una fachada de casi 200 m orientada al río Tajo. Ignoramos quién fue el autor del plano original que posteriormente, por lo menos en 1510 y 1516, sufrió alteraciones. Lo esencial, es decir, la iglesia, el claustro real y el gran dormitorio que da al estuario, se debe a Boytac, pero la cubierta de la iglesia y las grandes obras posteriores a 1517 corrieron a cargo de Juan del Castillo. Es evidente que en épocas posteriores, cuando estaban en vigor otros estilos, desde el renacentista hasta los revivalismos románticos, hubo continuas obras de agrandamiento y modernización.

Al oeste de la iglesia se encuentra el enorme dormitorio de los frailes, de dos pisos, que hoy alberga el Museo Nacional de Arqueología y el Museo de Marina. La estructura es, en lo fundamental, la que el maestro Boytac proyectó y empezó a construir antes de 1514, a la que se hicieron añadidos neomanuelinos a mediados del siglo XIX, cuando se levantaron las dos torres y la cúpula con que el templo propiamente dicho termina por ese lado. La iglesia de los Jerónimos tiene dos puertas principales, de piedra calcárea, que pese a haber sido ejecutadas al mismo tiempo —las dos se comenzaron en 1517— revelan inspiraciones diferentes y distintos modos de comprender el arte de la escultura. Ambas muestran claramente las principales características del arte manuelino. Tal vez por eso, y aunque es posible distinguir el trabajo de varios artistas, la notable uniformidad en concepción y ejecución evidencia la maestría de los artistas de diferentes nacionalidades que el maestro Juan del Castillo llamó para la obra regia de Belém.

La puerta sur, orientada al Tajo, ha sido descrita sistemáticamente como una joya de la escultura portuguesa del Quinientos, a lo cual sin duda contribuye la profusión de imágenes y de motivos decorativos que ostenta.

Sin escapar a las influencias patentes de otras puertas anteriores, como la del Convento de Cristo (Tomar) o incluso ejemplos de más allá de nuestras fronteras, de los cuales refleja un modo general de organización, la puerta sur se estructura, a una escala que no tiene parangón en el arte portugués de la época, como un auténtico retablo que celebra a Nuestra Señora de Belém asistida por apóstoles, sibilas y evangelistas, pero que entroniza igualmente la figura emblemática del infante D. Henrique el Navegante, representado en el parteluz central.

La puerta axial, canónicamente la más importante, fue la primera obra ejecutada en Portugal por el maestro francés Nicolau Chanterene. Artista polifacético, hombre de gran cultura y, desde su llegada a nuestro país, protegido del rey, introdujo aquí algunas de las características más importantes de la escultura renacentista, principalmente en los retratos de D. Manuel I y de D.ª Maria, que aquí aparecen presentados por los santos protectores dispuestos en ménsulas que flanquean el vano central. Es de resaltar también la notable calidad en los relieves de los Apóstoles y las escenas de la infancia de Cristo en el segundo registro.

La iglesia es la más perfecta *iglesia-salón* portuguesa y una de las más notables de toda Europa, con finísimos pilares, recubiertos de *grutescos* renacentistas, que sostienen la bóveda de nervios casi plana proyectada por Juan del Castillo en 1522. En el coro alto, un poco posteriores pero todavía tardogóticas, están las tumbas de Camões y de Vasco da Gama, obras de Costa Mota, ambas neomanuelinas de finales del siglo XIX.

En el transepto se encuentran los dos excepcionales púlpitos tardogóticos realizados por ayudantes de Juan del Castillo. También se abre en el transepto la puerta que comunica con la sacristía, que tiene una bellísima bóveda sostenida por un pilar en medio, cubierto por entero de *grutescos* del primer Renacimiento.

La capilla mayor y los dos brazos del transepto fueron remodelados en estilo manierista por el arquitecto Jerónimo de Ruão. Inaugurada en 1572, la capilla alberga las tumbas de los reyes D. Manuel I y D. João III, y de sus esposas y descendientes. El gran retablo posee un conjunto notable de pinturas manieristas de Lourenço Salzedo. Los reyes D. Sebastião y D. Henrique están en las capillas del transepto, así como otros infantes.

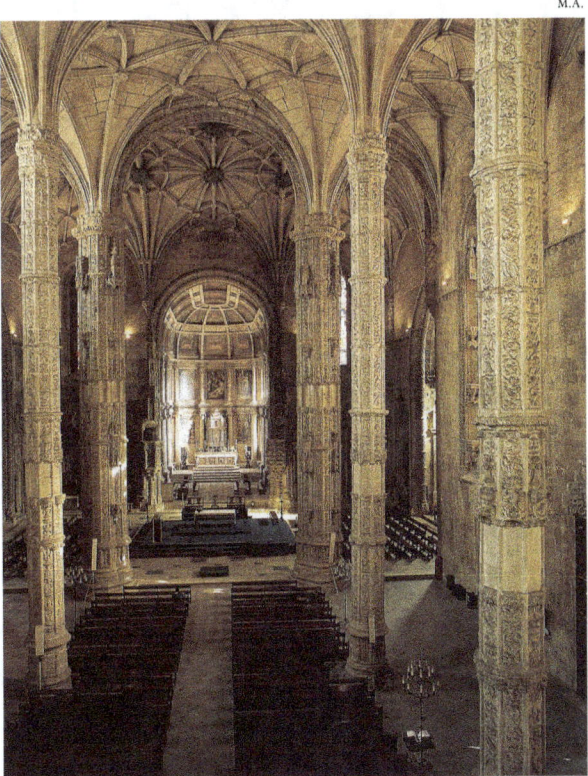

Monasterio de los Jerónimos, interior, Lisboa.

M.A.

RECORRIDO I   *La Playa de la Aventura*
Lisboa

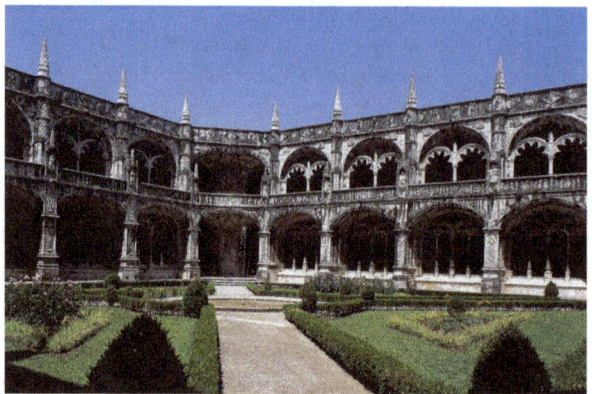

Monasterio de los Jerónimos, Claustro Real, Lisboa.

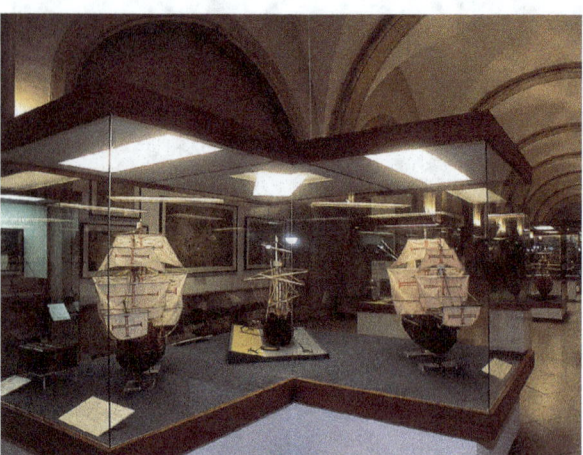

Museu de Marinha, interior, Lisboa.

El claustro real, de dos pisos, es de estructura tardogótica, con decoración naturalista manuelina que alterna con temas ya renacentistas. Se sucedieron las obras de Boytac, Juan del Castillo y Diogo de Torralva, y a este último se deben los motivos renacentistas de la *platabanda* del piso superior.

Desde aquí se accede al coro alto, donde se conservan la sillería hecha hacia 1550 por Diego de Zarza según proyecto de Torralva, la mejor pieza de carpintería manierista portuguesa, y un excepcional y gigantesco *Cristo crucificado,* ofrenda del infante D. Luís que ejecutó el escultor flamenco Philippe de Vries.

Desde el piso bajo del claustro real se llega al refectorio, de estructura gótica final y que fue edificado por el constructor Leonardo Vaz, y a la sala capitular, con una bellísima puerta esculpida por Rodrigo de Pontezilla y en cuyo interior se conserva la tumba neogótica del gran historiador decimonónico Alexandre Herculano.

I.1.b   **Museo de Marina**

Praça do Império, junto al Monasterio de los Jerónimos, tel. 21 3620019. Está permitido hacer fotografías.
Acceso con entrada. Horario: verano de 10 a 18; octubre a mayo de 10 a 17; lunes y festivos nacionales cerrado.

El Museo de Marina ocupa el ala occidental del antiguo dormitorio del Monasterio y otras instalaciones más modernas. En él puede verse un conjunto de maquetas de navíos de la Edad Media a la actualidad, y son de destacar las de los barcos de los descubrimientos. Se conservan muchos instrumentos náuticos, armamento, objetos iconográficos relacionados con el mar, lápidas, padrones y otras piezas originales traídas de plazas fuertes y ciudades de ultramar. Hay también muchos mapas y cartas de marear, así como la imagen de San Rafael que iba en uno de los navíos que hicieron el viaje inaugural a la India, mandado por Vasco da Gama. En la zona nueva se exponen las galeotas reales y otras embarcacio-

RECORRIDO I   La Playa de la Aventura
Lisboa

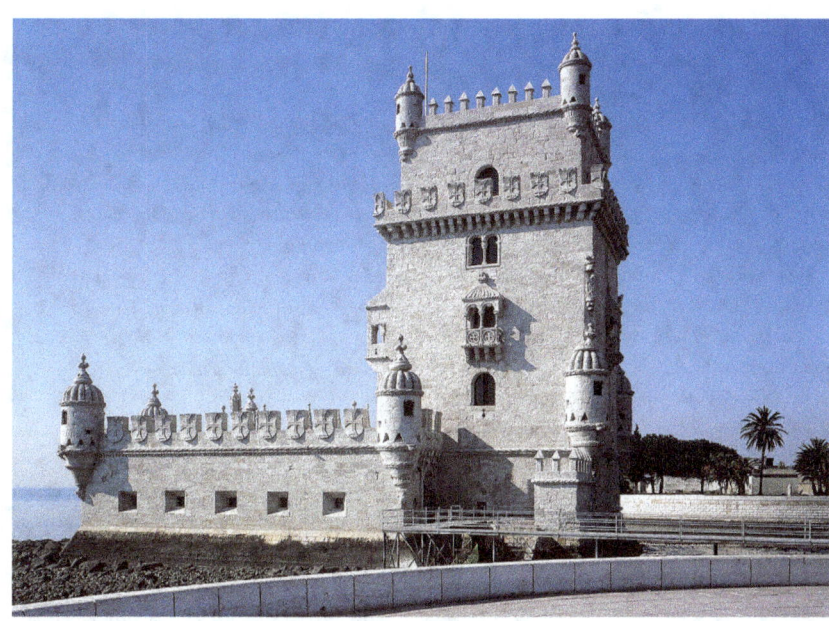

Torre de Belém, vista general, Lisboa.

nes, así como el avión *Lusitânia,* en que Gago Coutinho y Sacadura Cabral atravesaron por primera vez el Atlántico sur.

I.1.c Torre de Belém

Zona de Belém, junto al río Tajo, tel. 21 3620034. Catalogada como Monumento Nacional. Inscrita en la Lista del Patrimonio Mundial de la UNESCO desde 1983. Está permitido hacer fotografías.
Acceso con entrada. Horario: mayo a septiembre de 10 a 18:30; octubre a abril de 10 a 17; lunes, Año Nuevo, Pascua, 1 de mayo y Navidad cerrada. Se puede entrar hasta 30 minutos antes de la hora de cierre.

La Torre de Belém es uno de los monumentos emblemáticos de la arquitectura manuelina. Construida a escasa distancia del Monasterio de los Jerónimos y a menos aún del palacio real que D. Manuel I mandó levantar pero que nunca fue ter-

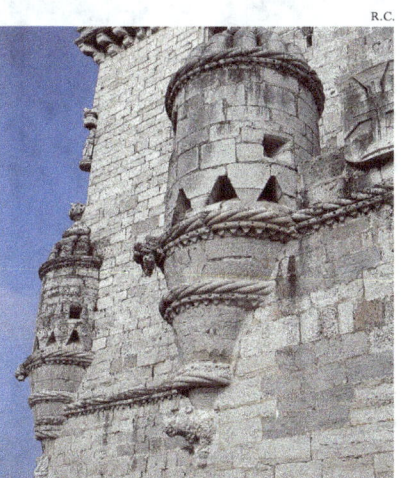

Torre de Belém, detalle con rinoceronte, Lisboa.

minado, servía de defensa de la *barra* del Tajo, combinando su artillería con la de la fortaleza vieja de Outão. Su plano y la dirección de las obras, que tuvieron lugar entre 1515 y 1519, se debieron a Francisco de Arruda. Está formada por un baluarte moderno, poligonal y acasamatado, y por una torre semejante a las antiguas torres del homenaje medievales, que tenía la función de puesto de atalaya y también, sin duda, de lugar desde donde la corte podía asistir a las ceremonias de partida y llegada de las armadas.

Una profunda reforma hecha a partir de 1848 alteró su decoración, confiriéndole un aire festivo que en origen no tenía y dotándola, sobre todo, de merlones en forma de escudos con la Cruz de Cristo, bellas barandas labradas y garitas de gusto árabe que son producto exclusivamente de la imaginación delirante de los restauradores del siglo XIX.

I.1.d Museo Nacional de Arte Antiguo

Rua das Janelas Verdes, tel. 21 3964151. El Museo está instalado en el antiguo Palacio de los Condes de Alvor, edificio catalogado como Inmueble de Interés Público. Dispone de cafetería y restaurante.

Acceso con entrada. Horario: miércoles a domingo de 10 a 18; martes de 14 a 18; lunes, martes por la mañana, y Año Nuevo, Pascua, 1 de mayo y Navidad cerrado.

El Museo Nacional de Arte Antiguo conserva las más importantes colecciones portuguesas de arte manuelino y, en general, de la época de los descubrimientos, así como piezas que son fruto del encuentro de culturas, de la europea con las de los pueblos africanos, americanos y asiáticos.

Nuno Gonçalves, políptico de San Vicente de Fora, técnica mixta sobre madera de roble, 1470-1480, Museo Nacional de Arte Antiguo, Lisboa. a) Panel de los frailes; b) Panel de los pescadores; c) Panel del infante; d) Panel del arzobispo; e) Panel de los caballeros; f) Panel de la reliquia.

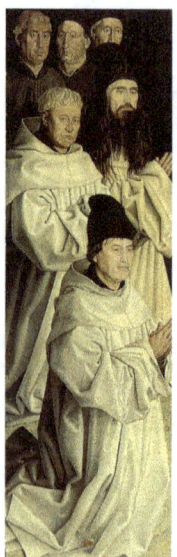
a)

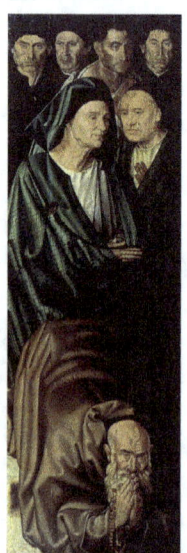
b)

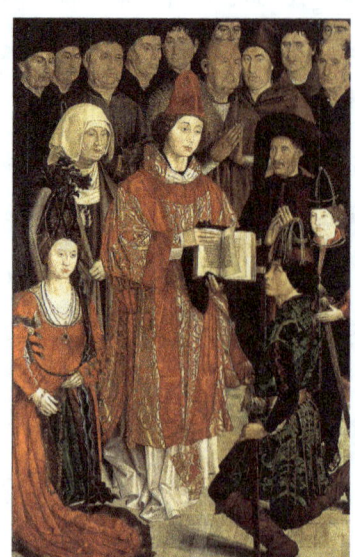
c)

Paneles de San Vicente

Redescubiertos a finales del siglo XIX, pertenecieron originariamente al altar de San Vicente de la Catedral de Lisboa. Se trata de dos de las muestras más extraordinarias de la pintura occidental. Aunque han dado pie, a lo largo de este siglo, a una encendida polémica historiográfica en torno a su autor, su ubicación original, su cronología y, fundamentalmente, la identidad de los personajes representados o su sentido y significado, se han convertido en un emblema de los descubrimientos portugueses.

Toda la información disponible apunta a que Nuno Gonçalves, pintor de D. Afonso V y activo entre 1450 y 1492, fue el autor de este magistral encargo regio destinado, muy probablemente, a enaltecer la protección de San Vicente en los hechos heroicos de los portugueses en Marruecos, en tiempos de aquel rey. El santo aparece en las dos tablas centrales como figura tutelar, a cuyo alrededor se disponen personajes que tuvieron un evidente protagonismo en esta acción colectiva. En planos escalonados, aunque destacándose las dos que ocupan la primera línea y tienen una rodilla en tierra, no es arbitraria la inserción de las figuras dentro de una perspectiva simple en cuadrícula y con fondo oscuro.

En el *Panel del infante* se asiste al tiempo a una escena áulica y a un acto que es lícito entender como el de juramento o veneración de la familia real, ya que San Vicente enseña a uno de los dos protagonistas, muy probablemente el rey D. Afonso V, el libro de los Evangelios. En una muralla de rostros profundamente expresivos, que se prolonga por las restantes tablas, se ve al santo rodeado de figuras que, se supo-

IPM/J.P.

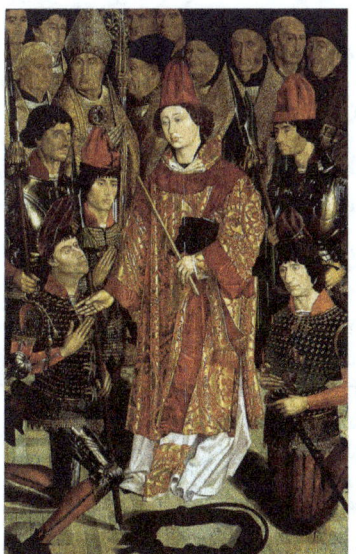
d)

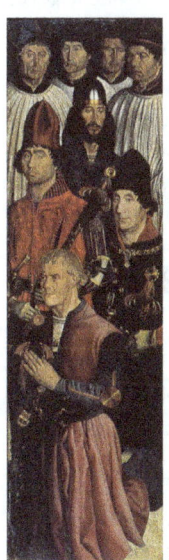
e)

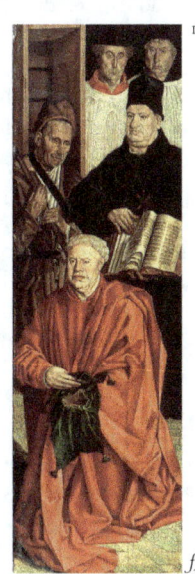
f)

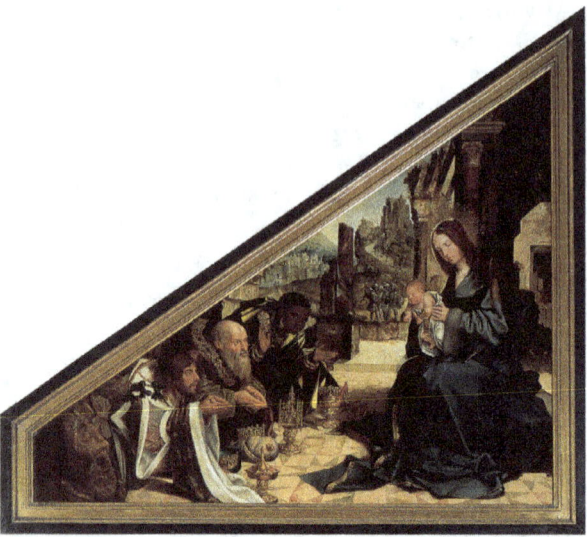

Jorge Afonso, "Adoración de los Reyes Magos", retablo proveniente del Convento de Madre de Dios, óleo sobre madera, h. 1515, Museo Nacional de Arte Antiguo, Lisboa.

ne, corresponden a retratos del infante D. Henrique, D.ª Isabel (duquesa de Borgoña), el príncipe D. João (futuro rey D. João II) y, en directa correspondencia con el rey, la reina D.ª Leonor.

En el *Panel del arzobispo* se aprecia una iconografía de exaltación guerrera. San Vicente tiene asido el bastón de mando, ya con el libro cerrado, mientras que los principales personajes figuran en vestimenta militar y armados con lanzas y espadas, alusión concreta al poder militar y a la guerra con el beneplácito de la Iglesia, cuya jerarquía está ampliamente representada en este y en los demás paneles del políptico.

Los cuatro paneles de menor tamaño, dispuestos a los lados, tienen continuidad con los centrales, tanto en el plano de los valores formales como en el de la significación. Antes que nada, en los dos siguientes, el *Panel de los caballeros,* a la derecha, y el *Panel de los pescadores,* a la izquierda, se refuerza el sentido de representatividad e implicación de la sociedad portuguesa en la acción, que posiblemente corresponde a las campañas militares llevadas a cabo durante el reinado del Africano, en Alcácer Ceguer (Ksar Es-Seghir), en 1458, y en Arcila (Asilah) y Tánger, en 1471.

Coherentemente con este conjunto, y en evidente correspondencia mutua, las dos tablas de los extremos introducen nuevos elementos significativos y dan un sentido distinto a la obra. De hecho, en el *Panel de la reliquia* y en el *Panel de los frailes* figuran elementos iconográficos que, en una lectura que no todos comparten, se relacionan directamente con el culto a San Vicente, principalmente el madero del primero, y la reliquia y el ataúd del segundo.

Los poderosos e innovadores recursos expresivos de Nuno Gonçalves, que se centra en valores de verosimilitud representativa, resaltan en este magistral discurso pictórico, datado entre los años 1470 y 1480.

Pintura del periodo manuelino

Es posible que a mediados del siglo XV tomara impulso una nueva dinámica en la pintura, pero sus resultados visibles, y en un contexto ya manifiestamente distinto, no se hacen patentes hasta el periodo que corresponde al reinado de D. Manuel I.

Además de las pinturas importadas, mayoritariamente flamencas, hechas por encargo o adquiridas en el mercado libre, y de las cuales se pueden ver extraordinarios ejemplos en la colección del Museo —*San Jerónimo* de Albrecht Dürer, *Virgen con el Niño* de Hans Memling y el *Retablo de la Pasión* de Quentin Metsys, al que se puede unir el políptico de la Misericordia de Funchal, de Jan Provost—, fue la venida a Portugal de pintores asimismo flamencos y la formación de portugueses en sus talleres, lo que originó un decisivo giro en los medios expresivos.

De las grandes obras que se realizaron con el patrocinio de D. Manuel, de la reina viuda D.ª Leonor y de altos dignatarios del clero regular y secular, quedan algunos ejemplos importantes en esta colección, expuestos aisladamente o agrupados de acuerdo con lo que se supone fue la primitiva organización en retablos de algunas series, en su mayoría salidas de los talleres del círculo cosmopolita de Lisboa, ya fueran de pintores portugueses o de flamencos que trabajaban en Portugal.

Dirigido por el pintor regio Jorge Afonso, activo entre 1504 y 1540, el gran retablo proveniente del Convento de la Madre de Dios, del que quedan siete tablas, puede servir como excelente ejemplo de la mejor producción de los talleres de Lisboa en el periodo manuelino y de la influencia que las técnicas de la pintura flamenca tuvieron en ellos. En una de las obras más expresivas del conjunto, *Aparición de Cristo a la Virgen*, encontramos la fecha de 1515.

Del mismo convento, y realizadas con el patrocinio de la misma mecenas, la reina D.ª Leonor, aunque de autor incierto, proceden los paneles del retablo de Santa Auta, que perteneció a la capilla que guardaba sus reliquias. En la tabla que representa la *Llegada de las reliquias a Lisboa* se reproduce con aparente verosimilitud el hecho histórico: el escenario real y todo el ceremonial del recibimiento, al que asiste la propia mecenas, situada en el palenque, a la izquierda. Paradójicamente, es la seductora figura de la mártir Santa Auta, tratada con pleno realismo, la que ocupa el primer plano.

Los pintores portugueses que alcanzaron mayor notoriedad en aquel periodo, y de quienes esta colección cuenta con obras importantes, guardan relación con el influyente maestro Jorge Afonso, en cuyo taller se formaron muchos de ellos: Cristovão de

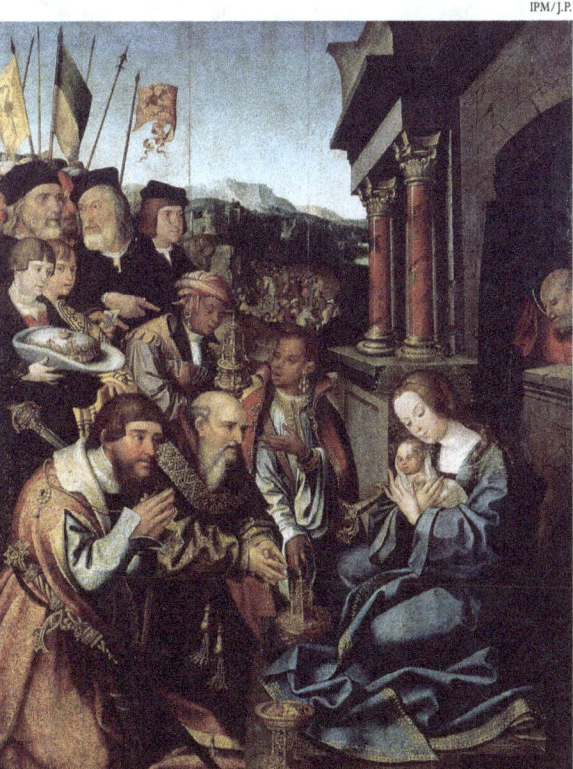

Jorge Leal y Gregório Lopes, "Adoración de los Reyes Magos", del retablo de San Benito, óleo sobre madera de roble, h. 1524-25, Museo Nacional de Arte Antiguo, Lisboa.

IPM/J.P.

RECORRIDO I   *La Playa de la Aventura*
Lisboa

Autor desconocido, "Infierno", óleo sobre madera de roble, s. XVI, Museo Nacional de Arte Antiguo, Lisboa.

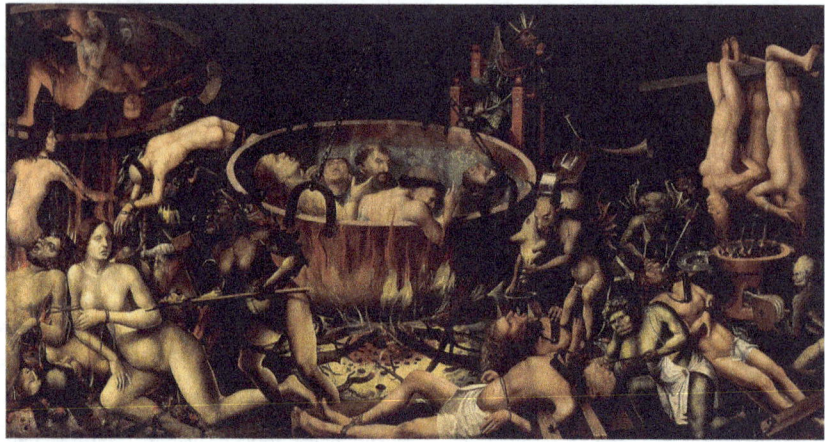

IPM/L.P.

Figuereido, del que se expone una *Deposición de Cristo en la tumba* que perteneció a Santa Cruz de Coimbra; Gregório Lopes, también nombrado pintor real por D. Manuel I y confirmado en su puesto por D. João III, cuyas obras paradigmáticas son el retablo de São Bento y el retablo de Santos-o-Novo; Garcia Fernandes, del que destacamos la *Presentación en el Templo*. Hay que añadir también al prestigioso flamenco Francisco Henriques, representado con dos tablas del retablo de San Francisco de Évora; como los tres anteriores, mantenía con el pintor real relaciones de parentesco y, aunque menos que ellos, de asociación laboral constante. Así, la aparente homogeneidad en los medios expresivos de un elevado número de obras se justifica también a la luz del método habitual de trabajo en equipo.

Señalemos finalmente en esta visita la presencia de obras del fraile pintor de origen flamenco Frei Carlos, que tenía su taller en el Convento de Espinheiro (Évora), sobre todo *Anunciación*, *Resurrección* y *El Buen Pastor;* y de otro pintor más, oriundo del norte de Europa, tradicionalmente conocido como Mestre da Lourinhã, a quien se atribuyen, entre otras obras, el bellísimo *San Juan en Patmos* del Convento de Berlengas y el retablo de la vida de Santiago proveniente de la iglesia del Castillo de Palmela.

Orfebrería

En el campo de la orfebrería, la Custodia de Belém, así conocida por el nombre del monasterio que la conservó tras la muerte del rey D. Manuel, es sin duda una de las obras más celebradas de la época manuelina y del arte portugués en general.

El testamento real, fechado en 1517, permite conocer el nombre de su autor, Gil Vicente, a cuyo taller el Afortunado confió el oro del primer tributo del reino de Quíloa, traído por Vasco da Gama en 1503. El orfebre y sus oficiales trabajaron tres años en esta obra, que se terminó en 1506, como reza la inscripción de la base: O MUITO ALTO. PRICIPE E. PODEROSO.

SENHOR. REI. D'. MANUEL. I. A. MDOU. FAZER. DO. OURO. DAS. PARIAS. DE QUILOA. AQUABOU. CCCCCVI ("El muy alto príncipe y poderoso señor el rey D. Manuel I la mandó hacer con el oro de las *parias* de Quíloa. Acabada en CCCCCVI"). La estructura de la Custodia se integra en la producción ibérica del gótico tardío, caracterizada por el uso de un *viril* cilíndrico vertical. La base es elíptica, con seis lóbulos labrados con mediorrelieves en oro esmaltado, con frutas, flores, caracolas y pavos reales. En el nudo surgen seis esferas armilares, divisa de D. Manuel I. El cuerpo superior, claramente arquitectónico, tiene en su base a los doce Apóstoles arrodillados en torno al cilindro de cristal donde se exponía el Santísimo Sacramento. En las dos pilastras que bordean este grupo se ve, en figuras minúsculas, una Anunciación con el arcángel San Gabriel y la Virgen. En el plano superior, en el triple baldaquín, están la paloma que representa al Espíritu Santo y, más arriba, la figura del Padre Eterno bendiciendo.

Esta custodia, descrita en la propia *Crónica de D. Manuel,* es uno de los testimonios más impresionantes del mensaje político-religioso del monarca. Los símbolos de su poder, como las esferas armilares y la leyenda de la base, se asocian a la temática religiosa que marca la estructura superior. Vale la pena destacar otras piezas de gran calidad de la época manuelina, sobre todo el reloj de arena en plata con las armas reales y la esfera armilar, el gran *portapaz* del Convento de Espinheiro de Évora, que lleva la fecha de 1515, y el relicario del Santo Leño de D.ª Leonor, en oro, esmaltes y piedras preciosas, y con forma

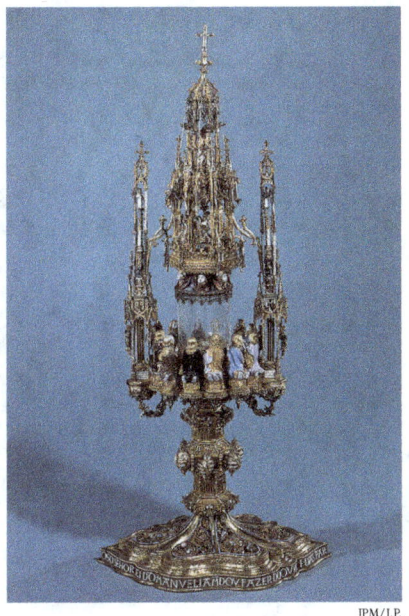

Taller de Gil Vicente, Custodia de Belém, oro y esmalte en altorrelieve, 1503-06, Museo Nacional de Arte Antiguo, Lisboa.

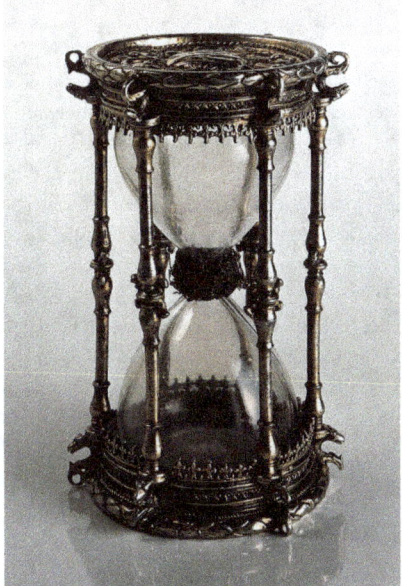

Reloj de arena manuelino, Museo Nacional de Arte Antiguo, Lisboa.

RECORRIDO 1   *La Playa de la Aventura*
Lisboa

Atribuido a Kano Domi, biombo "nanbam", hojas pintadas al temple sobre papel de arroz recubierto de oro, 1593-1600, Museo Nacional de Arte Antiguo, Lisboa.

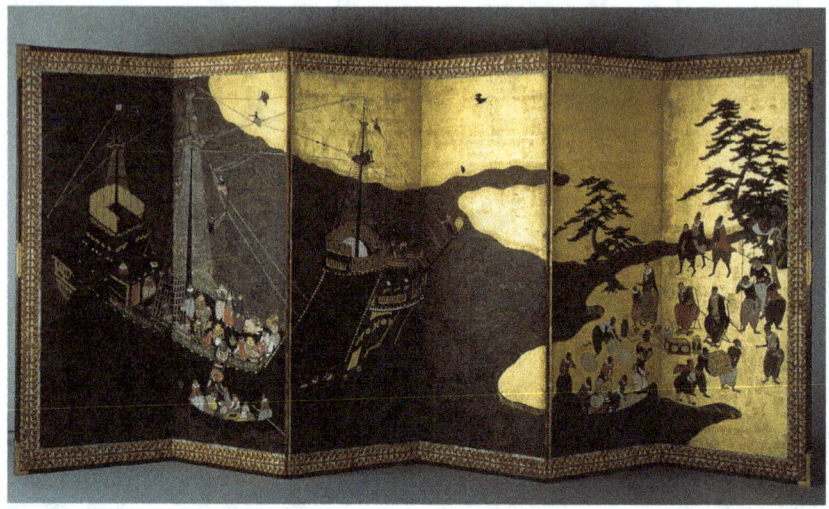

de templete, ya de estilo renacentista y ejecutado seguramente por Mestre João.

Escultura

De las colecciones de escultura manuelina destacamos las obras de los talleres de Coimbra, sobre todo las de Diogo Pires-o-Velho (Diogo Pires "el Viejo"), como el hermoso *Santiago* en piedra de Ançã polícroma; de Diogo Pires-o-Moço (Diogo Pires "el Joven"), un fantástico *San Miguel;* obras flamencas de gran calidad, como el *San Mateo,* firmado por Cornelis de Holanda; y, sobre todo, las esculturas de los Della Robbia, un conjunto de *tondos* y el frontal de sagrario que pertenecieron al Convento de la Madre de Dios y a la colección de D.ª Leonor, y sus estatuas *San Leonardo* y *Nuestra Señora de la Estrella,* regaladas por el papa León X a D. Manuel I y que estuvieron en el Monasterio de los Jerónimos.

Arte luso-africano y luso-oriental

Destinatario de bienes desamortizados por la ley de "conventos extintos" de 1834 que prohibía las órdenes religiosas, el Museo Nacional de Arte Antiguo posee un notable conjunto de obras importadas de África, India, China y Japón después de los descubrimientos portugueses. Las adquisiciones y donaciones varias completaron este núcleo, uno de los más importantes del Museo, que no deben pasar por alto quienes deseen conocer el arte de África y Oriente.
Los contactos de los portugueses con Sierra Leona están atestiguados por tres obras en marfil: dos *olifantes,* uno de ellos adornado con la cruz de la Orden de Cristo, y la base de un salero, donde destacan figuras de portugueses, una de ellas a caballo y que sirve de tapadera a la pieza.
El arte realizado en la India es, sin duda, el conjunto más nutrido y rico del Museo.

Joyas religiosas de plata y oro, cofres de filigrana y tortuga, muebles de todas clases, una imagen de marfil, y paramentos pintados y bordados ilustran la evolución de un arte a lo largo de cuatro siglos. Dentro de las obras más antiguas e importantes destaca el Tesoro del Convento de Vidigueira, constituido por un oratorio-relicario, un atril de misal y un *portapaz*, todos de plata, y donado a este convento alentejano por el padre André Coutinho, que trajo las piezas de la India a finales del siglo XVI. De procedencia india también, destacan el mobiliario de maderas exóticas con incrustaciones de marfil, contadores, escritorios, mesas, etcétera, y la estatuaria en marfil, en que sobresalen varias figuras del Niño Jesús el Buen Pastor.

Las porcelanas constituyen el conjunto más rico de obras provenientes de la lejana China. Aunque hay un magnífico grupo de porcelanas blanquiazules de la dinastía Ming, es sin embargo de la porcelana polícroma de exportación del siglo XVIII de la que el Museo posee ejemplares de importancia. Se añaden obras lacadas y esmaltes hechos en talleres de Cantón expresamente para clientes europeos.

De Japón, de cuyos contactos con los portugueses resultó una hermosa manifestación artística, el arte *namban*, sobresalen un par de biombos que documentan la llegada de los navegantes. Datan de finales del siglo XVI y describen la partida de las naos de Goa y su llegada a Japón. Además de estos biombos, el Museo posee un buen conjunto de lacas *namban* (cofres, escritorios, bandejas, etcétera), nombre que hace referencia a los Namban-yin, o sea "bárbaros del sur", que era como se designaba a los portugueses.

I.1.e **Puerta de la iglesia de la Concepción Vieja**

Rua da Alfândega, en la Baixa Pombalina, tel. 21 8870202. Catalogada como Monumento Nacional. Está permitido hacer fotografías. Horario: días laborables de 8 a 18, sábados de 8 a 13 y domingos de 10 a 13. El servicio religioso tiene lugar a las 12:10 de martes a viernes. Suele estar cerrada en agosto.

La iglesia de la Concepción Vieja perteneció a los Caballeros de la Orden de Cristo, que en el siglo XVI la engrandecieron, convirtiéndola así en una de las más notables de Lisboa. El terremoto de 1755 dejó poco en pie, y de ello lo más destacado es la puerta. Fue ejecutada a partir de 1518, por lo que es muy probable que las obras corrieran a cargo de algunos artistas que antes habían trabajado en el Monasterio de los Jerónimos bajo la dirección de Juan del Castillo. Está formada por un arco central con dos *arquivoltas* finamente esculpidas, que deli-

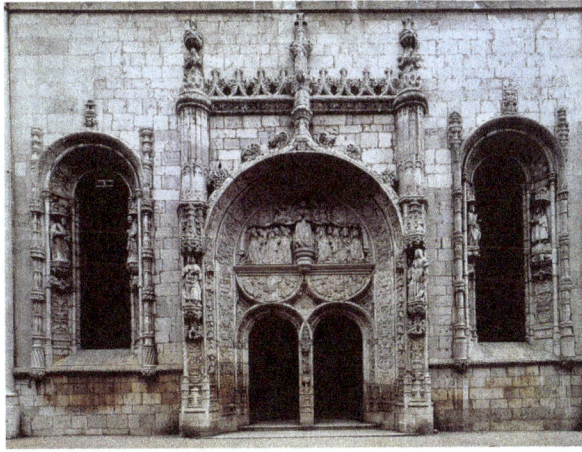

Iglesia de la Concepción Vieja, puerta, Lisboa.

mitan un tímpano y un vano central dividido en medio por un mainel esculpido. A los lados de la puerta, dos pilares típicamente manuelinos albergan nichos con baldaquín donde está representada la Anunciación. No obstante, el conjunto más interesante es la representación escultórica de Nuestra Señora de la Misericordia. Estamos ante la obra de un artista con grandes facultades, cuya identidad ignoramos pero que supo plasmar muy bien lo esencial del tema colocando bajo la protección del manto de la Virgen a diversos tipos sociales: por un lado, los representantes del clero (el Papa, un cardenal y obispos) y, por el otro, el emperador, reyes y miembros de la nobleza.

I.1.f Casa de los Picos (Casa dos Bicos)

Rua dos Bacalhoeiros, tels. 21 8810900 / 21 8884827. Catalogada como Monumento Nacional. Se usa como sala de exposiciones temporales. Horario: días laborables de 9:30 a 17:30.

Caminando hacia el este por el antiguo Terreiro do Trigo encontramos la Casa de los Picos, notable ejemplo de la arquitectura de principios del siglo XVI. La mandó construir Brás Afonso de Albuquerque, hijo del gobernador de la India Afonso de Albuquerque, en el lugar donde había unos saladeros antiguos y adosada a la vieja muralla altomedieval. El revestimiento se hizo con piedras afacetadas en forma de punta de diamante, en pico, como se había hecho en otros lugares de Europa, como Ferrara y Segovia, lo que le dio el nombre por el que hoy es conocida. En 1755 se desplomaron los pisos superiores, que se reconstruyeron en 1983 con ayuda de la iconografía antigua, pero haciendo los marcos de los vanos en metal para no confundir a los observadores menos atentos.

I.1.g Castillo de San Jorge

La entrada al recinto fortificado se hace por la puerta de San Jorge, en la Rua do Chão da Feira. Tels. 21 8877244/21 888283. Catalogado como Monumento Nacional. Dispone de servicios de hostelería. Horario: invierno de 10 a 18 y verano de 10 a 21.

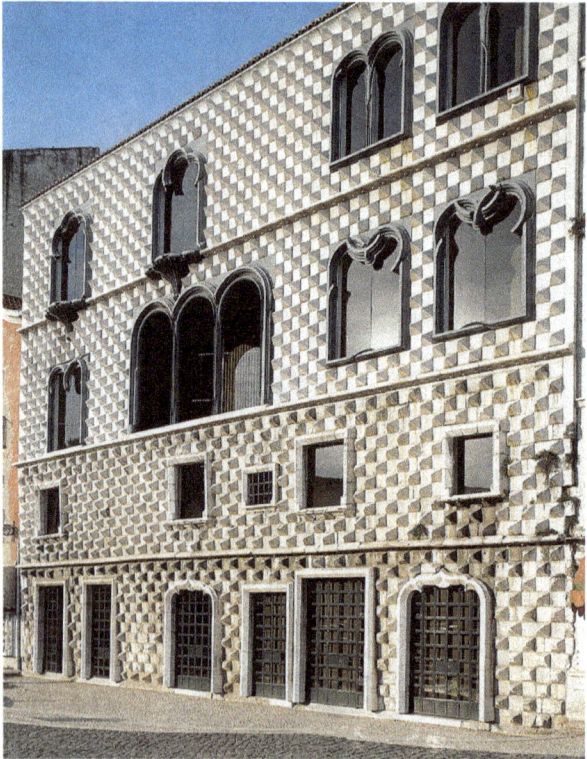

Casa de los Picos, vista general, Lisboa.

RECORRIDO I   *La Playa de la Aventura*
Lisboa

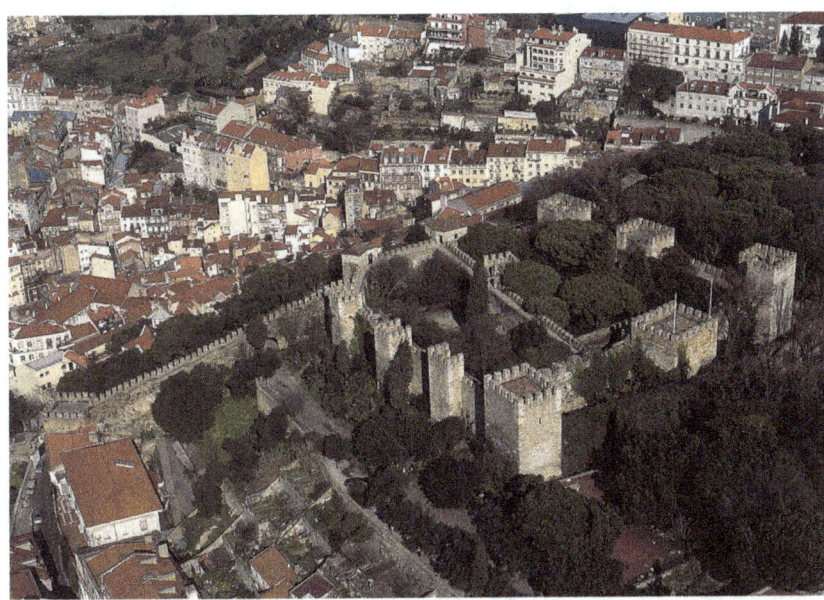

Castillo de San Jorge, vista aérea, Lisboa.

A.C.

En la Olissipónia, situada en el lugar del antiguo Palacio Real, se puede asistir a un espectáculo multimedia en que se cuenta la historia de la ciudad de Lisboa. Horario: todos los días de 10 a 18; Año Nuevo, 1 de mayo y Navidad cerrada.
En el castillo propiamente dicho se encuentra la Torre de Ulises, desde la que, con un periscopio, se puede contemplar la ciudad de Lisboa en un ángulo de 360°. Horario: todos los días de 10 a 16:30; Año Nuevo, 1 de mayo y Navidad cerrada.

El Castillo de San Jorge se remonta al periodo de la Lisboa islámica y se levanta en el lugar de la alcazaba, que ocupaba un área de 4 ha. De ella partían las murallas del complejo defensivo de la urbe, las "murallas moras", como se las conoce, de las que quedan algunos pequeños trechos, principalmente del lado de levante, junto a la iglesia del Niño Dios (Menino Deus). Después de su reconquista en 1147, fue aquí donde vivieron los reyes portugueses, que transformaron profundamente las dependencias; la última gran reforma tuvo lugar ya en tiempos de D. Manuel I, quien, no obstante, en los primeros años del siglo XVI se fue a habitar el Palacio de Ribeira. Aun así, algunos monarcas, como D. Sebastião, siguieron prefiriendo el viejo castillo para pasar en él temporadas más o menos largas.

Para ir a Sintra en coche, seguir la IC19 (25 km). También se puede ir en tren, que sale de la estación de Rossio de Lisboa (45 minutos).

La Playa de la Aventura

Pedro Dias, Dalila Rodrigues,
Nuno Vassallo e Silva, Fernando Grilo

Segundo día

I.2 SINTRA
        I.2.a Palacio de la Villa (Palácio da Vila)
        I.2.b Palacio de la Peña (Palácio da Pena)

I.3 CHELEIROS
        I.3.a Iglesia de Cheleiros

I.4 TORRES VEDRAS
        I.4.a Castillo
        I.4.b Iglesia de San Pedro
        I.4.c Convento de Varatojo

D. Manuel I

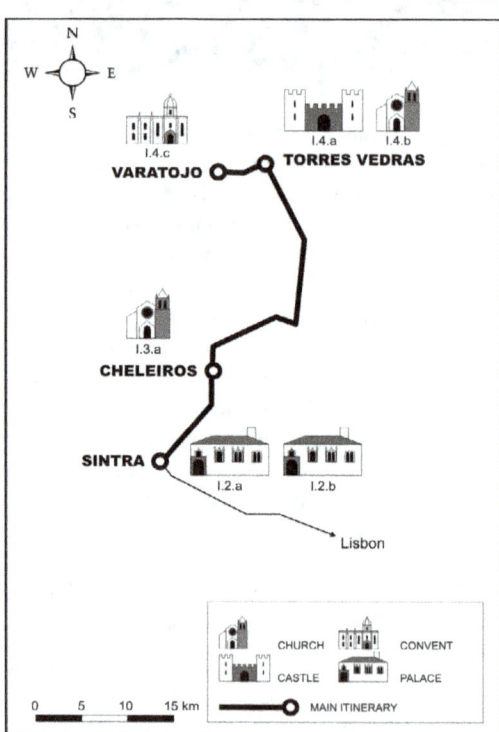

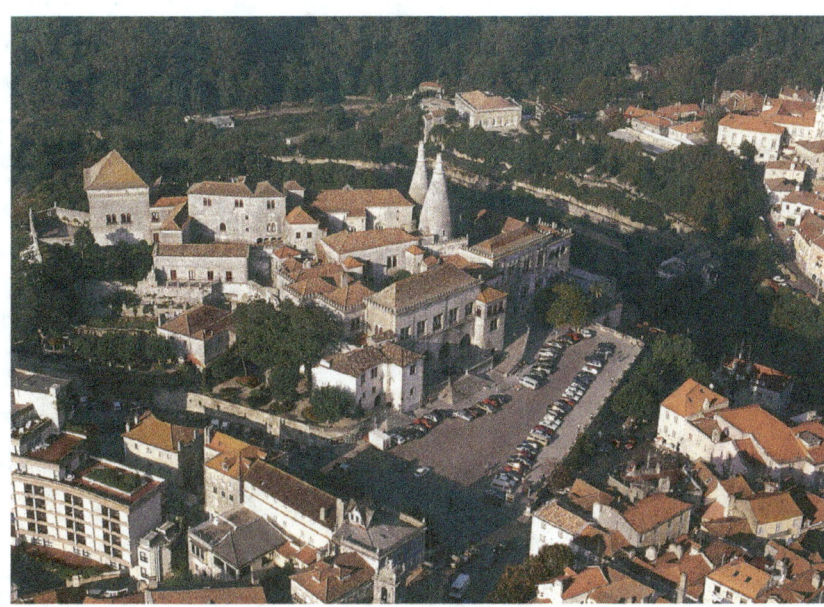

Vista general de Sintra.

I.2 SINTRA

Sintra era una importante población que figura en los principales itinerarios de los geógrafos árabes por *Garb al-Andalus*. En 1147 cayó en poder de los ejércitos de D. Afonso Henriques, que guarneció con hombres de armas el Castillo de los Moros (Castelo dos Mouros), fortificación que databa del siglo XI, y el Palacio de la Villa (Palácio da Vila), una construcción fortificada de la misma época.

La belleza del paisaje de Sintra, lo agradable de su clima y la caza que abundaba en las serranías convirtieron la villa, sobre todo a partir de la Baja Edad Media, en lugar predilecto de los monarcas portugueses, que fueron ampliando poco a poco el Palacio y fomentando también la construcción de edificios de servicio, hasta el punto de hacer de Sintra una villa próspera ya en el siglo XV.

En época manuelina, el Palacio de Sintra estaba considerado ya como un edificio complementario del Palacio de Ribeira de Lisboa y la corte pasaba en él largos periodos; a su alrededor se construyeron o reconstruyeron iglesias y conventos, entre los que destacan el de Peña (Pena) y el de Peña Larga (Penha Longa), sin que faltaran, naturalmente, una casa consistorial, un lazareto y muchos palacios de la nobleza principal del reino.

En el siglo XIX, con la acción de D. Fernando II, el "rey romántico", Sintra recobró impulso, poblándose de construcciones neogóticas o de otros estilos revivalistas que encantaron a viajeros como Byron y a espíritus cultos como la reina D.ª Amélia.

RECORRIDO I   *La Playa de la Aventura*
Sintra

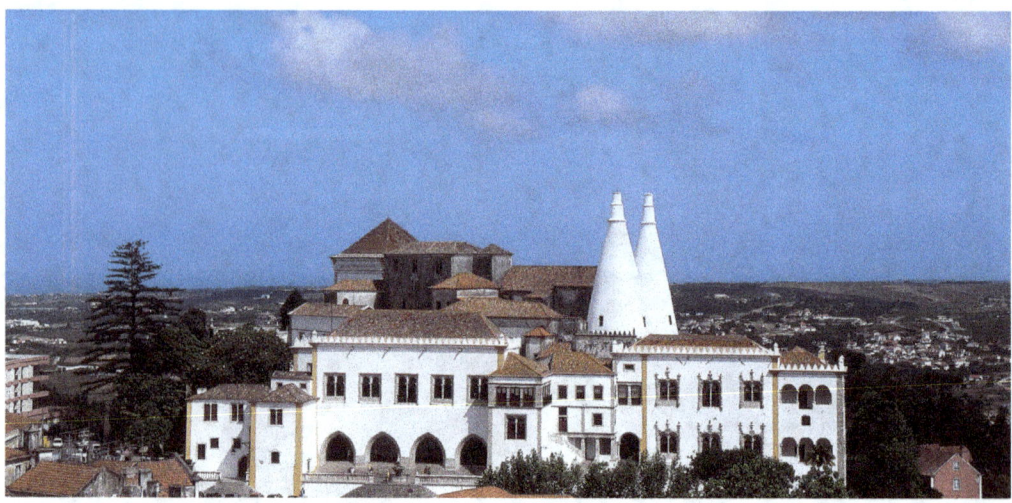

A.C.

Palacio de la Villa, Sintra.

Los tres últimos reyes portugueses volvieron a animar el Palacio de la Villa, haciendo de él una residencia privilegiada.

I.2.a Palacio de la Villa (Palácio da Vila)

Largo Rainha D. Amélia, en pleno centro de Sintra, tels. 21 9106840/2. Catalogado como Monumento Nacional.
Acceso con entrada. Horario: 10 a 17:30; lunes, Año Nuevo, Pascua, 1 de mayo, 29 de junio y Navidad cerrado. Se permite la entrada hasta 30 minutos antes de la hora de cierre.

Esta construcción, de origen musulmán, fue aprovechada por la Corona portuguesa tras la reconquista de 1147. Sabemos que sufrió grandes obras de reforma y ampliación en tiempos de D. João I y en los primeros años del siglo XV, y al menos dos grandes intervenciones ordenadas por D. Manuel I, una de ellas nada más subir al trono. Fueron estas las que le dieron su aspecto actual, pese a las mejoras introducidas por D. João III y las hechas después del terremoto de 1755.

En la fachada que da a la plaza pública destacan el remate con almenas *mudéjares* de gusto cordobés y las ventanas dobles saledizas con molduras del más exuberante manuelino naturalista. Grandes arcos ojivales dan paso a las escaleras que llevan al piso noble.

En el exterior destaca el volumen de las dos grandes chimeneas de las cocinas, y puede percibirse también la complejidad y la evidente falta de orden de la construcción, o mejor, de las distintas construcciones yuxtapuestas a lo largo de los siglos. Unen los bloques patios con estanques y fuentes, jardines y rincones verdes, como el Patio de los Cisnes, el del Mascarón (Carranca) y el Jardín de la Negra (Jardim da Preta), lo cual obedece al deseo de D. Manuel I de hacer aquí un palacio *mudéjar* como los que había visto en Castilla y, sobre todo, en Aragón y Andalucía. Por eso la capilla tiene un techo de lacería y por todas partes las paredes están revestidas de azulejos *mudéjares* de fabricación sevillana, como en la hermosa Sala de la Sirena (Sala da Sereia) y en la Sala de los Árabes, en la que no falta siquiera una pequeña y elegante fuente central.

En el Jardín de la Negra está el Esguicho, un pilar entorchado de piedra con decoración naturalista, rodeado de vegetación exótica. Destacamos también la Sala de las Pegas (o urracas) por el exotismo de su decoración —las aves que le dan nombre en el techo y azulejos de arista formando frisos—, en la que no falta un fogón renacentista italiano en mármol, y en especial el techo de la Sala de los Blasones, un completísimo *armorial* de la nobleza manuelina. Otras construcciones del siglo XVI que merecen destacarse son el atrio y la Sala de las Galeras (Sala das Galés), con el techo decorado de embarcaciones portuguesas pintadas.

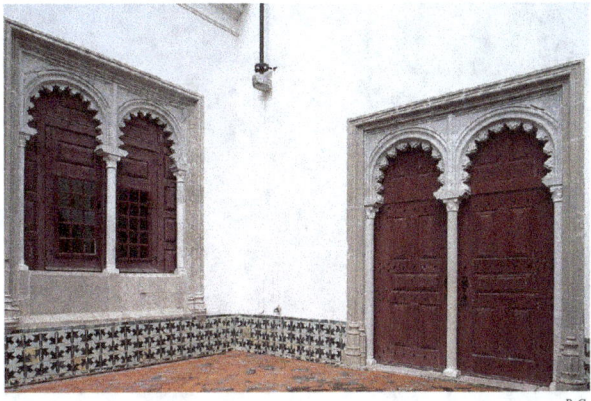

Palacio de la Villa, patio, Sintra.

I.2.b Palacio de la Peña (Palácio da Pena)

Estrada da Pena, en lo alto de la sierra, 2 km al sur de Sintra, tel. 21 9230227. Catalogado como Monumento Nacional. El camino desde el portón de la propiedad hasta el Palacio puede hacerse a pie o en minibús.
Acceso con entrada. Horario: invierno de 10 a 17 y verano 10 a 18:30; lunes, Año Nuevo,

Palacio de la Peña, vista general de las construcciones revivalistas, Sintra.

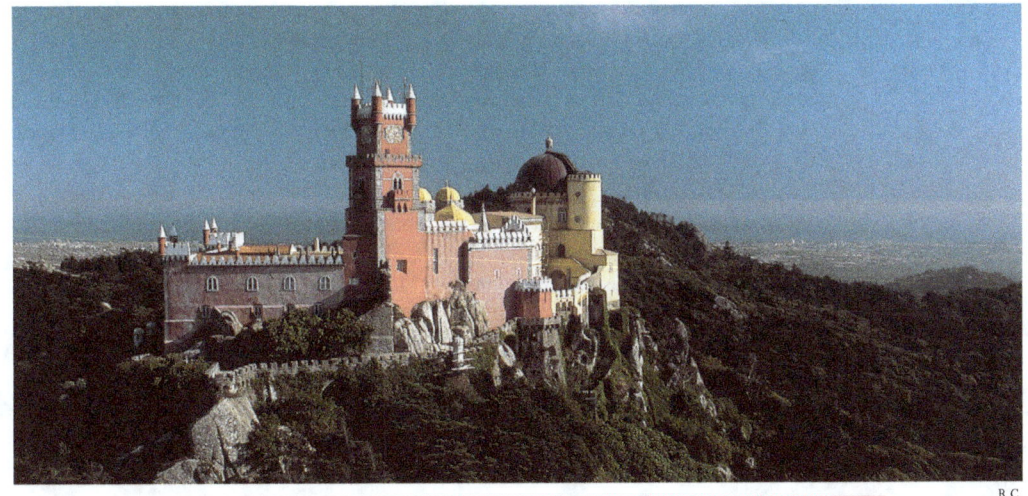

RECORRIDO I   *La Playa de la Aventura*
Sintra

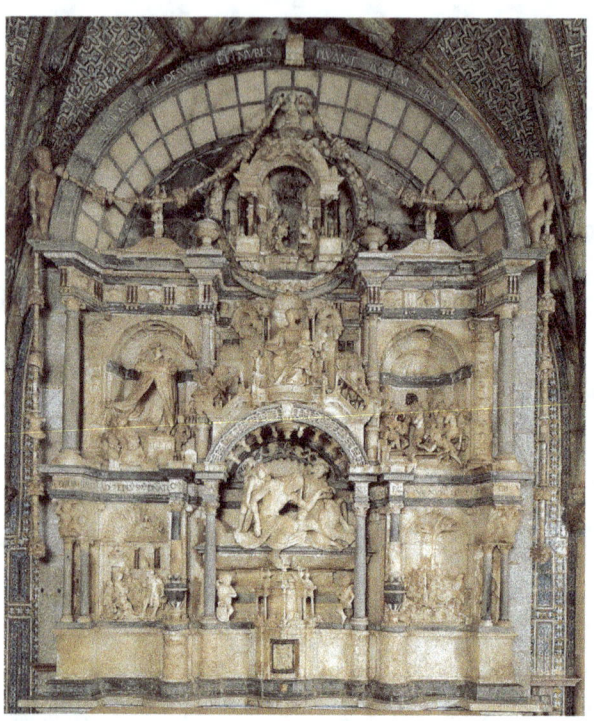

IPM/J.R.

Nicolau Chanterene, retablo renacentista de la capilla del Palacio de la Peña, alabastro, 1529-32, Sintra.

Viernes Santo, Pascua, 1 de mayo, 29 de junio y Navidad cerrado. Todos los días, a partir de las 10:20 y a intervalos regulares de 40 minutos, hay un servicio de autobuses, el núm. 434, que sale de la estación de trenes y pasa por el centro de la villa, el Castelo dos Mouros y el Palácio da Pena, con vuelta a la estación.

El Palacio de la Peña, con su estructura compleja, su vistosa policromía y sus formas extravagantes, fue una invención del rey D. Fernando II y de su fidelísimo brazo derecho el barón Von Eschwege, que lo delinearon y dirigieron las obras dentro del espíritu romántico de su tiempo. Sin embargo, aprovecharon las estructuras manuelinas del convento patrocinado en su tiempo por D. Manuel I. Conservaron la iglesia, el coro, la sacristía y el claustro, construcciones que pueden atribuirse al maestro Boytac y que, en lo esencial, estaban acabadas hacia 1511. El retablo de la capilla se ejecutó a partir de 1528 y constituye una obra maestra de la escultura renacentista. Esculpido por Nicolau Chanterene, protegido de D. Manuel desde 1517, fue objeto de un esmero particular por parte del escultor, que aquí concibió un verdadero discurso formal impregnado de italianismos. El alabastro en que fue tallado se compró deliberadamente en la mejor cantera peninsular y requirió incluso el viaje del escultor hasta tierras aragonesas.

Compuesto en cuatro alturas, sobresale la calidad técnica de los relieves de la *predela*, donde el escultor real talló en un bajísimo relieve la *Última Cena* o el *Descenso al Limbo*, y es de reseñar también la importancia del sagrario, verdadero ensayo de microarquitectura de corte clásico en la que no faltan las columnas, los frontones y hasta una pequeña cúpula. Igualmente notables son los relieves de los niveles segundo y tercero, en especial la *Anunciación* y la *Adoración de los Reyes Magos*, por la profusión de figuras y la sensación de movimiento que consiguen crear. En el medio, *Cristo amparado por dos ángeles* nos revela a un escultor en el mejor momento de su arte, con un dominio perfecto en la representación del cuerpo humano. De excelente calidad plástica es la imagen *Nuestra Señora in sedia*, que consigue mantener al inquieto Niño al cuello.

Para ir a Cheleiros, seguir por la N9.

Región de Mafra y Torres Vedras

Al norte de la Sierra de Sintra, junto a la costa atlántica, con constantes elevaciones entre campos fértiles, queda la región *saloia* o región del oeste, como hoy es común denominarla. Desde el final de la Edad Media tiene gran importancia económica por la fertilidad de sus campos y por la cría del ganado con que se alimentaba Lisboa. Fue esta, por lo demás, la impulsora del desarrollo de las villas de Mafra, Torres Vedras y Ericeira. Aquí se establecieron diversas órdenes religiosas, particularmente los franciscanos, que también contribuyeron decisivamente al bienestar de las gentes de la región, aforando sus propiedades y cuidándolas con rigor de buenos administradores. Así, hasta Alenquer, Caldas y Óbidos, era una tierra de copiosidad, de pan y vino, carnes y pesca abundante.

I.3 CHELEIROS

I.3.a Iglesia de Cheleiros

Junto a la carretera nacional. Catalogada como Inmueble de Interés Público. Para fijar una visita, ponerse en contacto con D.ª Guiomar Baleia, en la Rua do Arco da Ponte, 16, o en el tel. 219 670052, de lunes a viernes de 9 a 12:30 o durante el fin de semana; o también con D.ª Hermenegilda Maria, en la Rua do Chafariz o en el tel. 219 270281 a las mismas horas.
Horario: la iglesia abre para la celebración de la misa los miércoles a las 19:30 y los domingos a las 13.

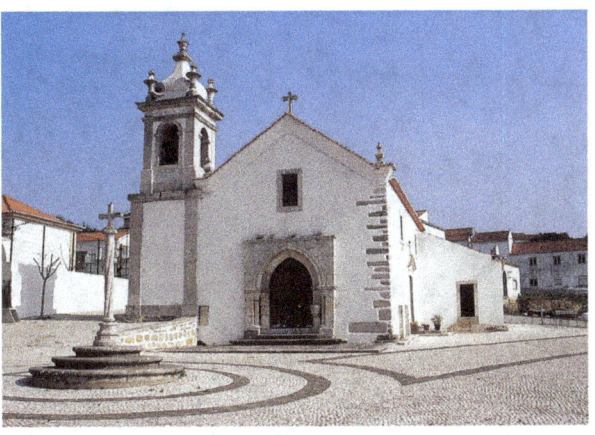

Iglesia de Cheleiros.

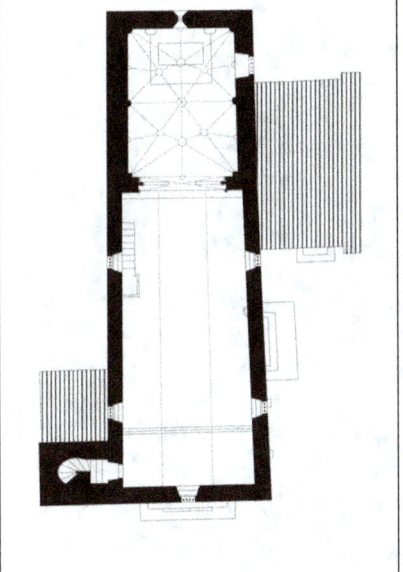

Iglesia de Cheleiros, planta al nivel del coro, Boletim da Direcção-Geral dos Edifícios e Monumentos Nacionais, n.º 48, Lisboa, 1947.

La iglesia de Cheleiros representa el templo típico de las poblaciones de tamaño medio en tiempos de D. Manuel I. Puerta de buena traza, de cantería aparejada,

RECORRIDO I   La Playa de la Aventura
Torres Vedras

Castillo de Torres Vedras.

Iglesia de San Pedro, puerta principal, Torres Vedras.

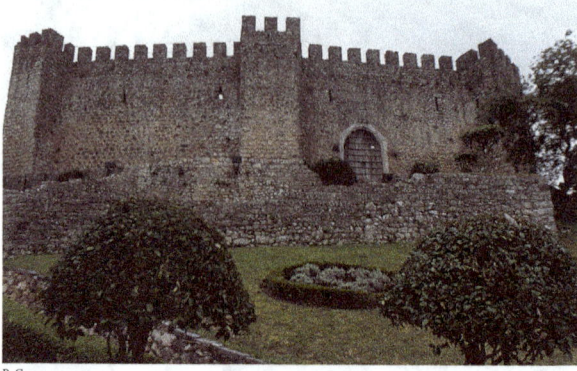

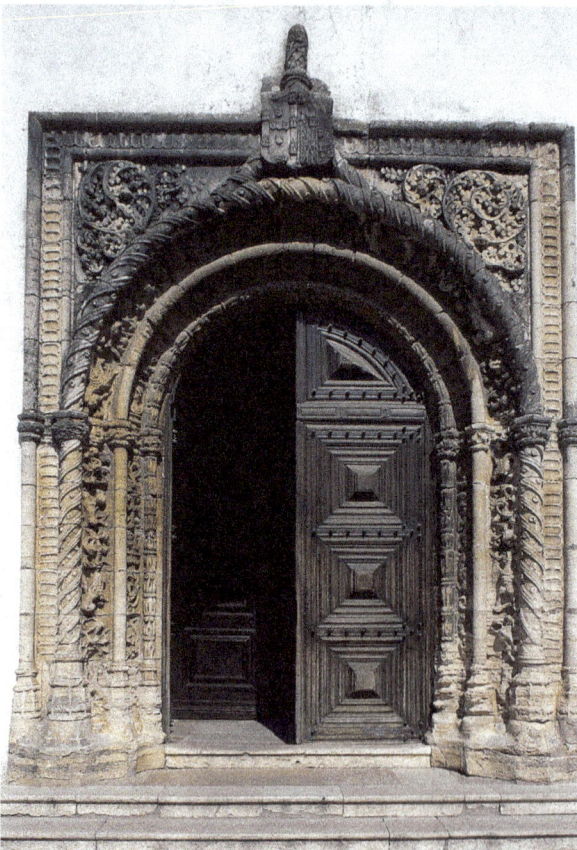

cuerpo largo con cubierta de madera y, al final, la capilla mayor con más primores constructivos, de bóveda bien proyectada con nervios de trazado todavía gótico.

Para dirigirse a Torres Vedras, retomar la N9 en sentido Alcainça / Malveira. Seguir luego por la N8 hacia Gradil / Turcifal hasta llegar a Torres Vedras.

I.4 TORRES VEDRAS

I.4.a Castillo

El Castillo de Torres Vedras, de origen anterior a la constitución de la nación, conserva, en lo fundamental, su estructura manuelina. En 1147 fue conquistado por D. Afonso Henriques, que mandó reconstruirlo. Fue agrandado y mejorado por D. Dinis y por D. Fernando. Destacan los dos bastiones o baluartes redondos que ciñen la puerta de armas, donde se identifican las armas y el emblema del rey D. Manuel I. Las obras manuelinas transcurrieron alrededor de 1516. Dominando la villa, la defendía y era, al tiempo, residencia del alcaide.

I.4.b Iglesia de San Pedro

Largo de S. Pedro, tel. 261 322386. Catalogada como Monumento Nacional.
Horario: de 8:30 a 12 y de 15 a 19.

En la parte baja de Torres Vedras, en la vega, se extendían las casas del pueblo y se alzaban también las iglesias, como la de San Pedro, que todavía conserva importantes vestigios manuelinos, entre ellos la puerta, de un naturalismo exuberante. En el interior se puede admirar un *edículo* tardogótico en el que se encuentra la tumba de João Lopes Perestrelo. Aunque perteneciente aún al siglo XVI, el cuerpo tiene arquería renacentista y motivos decorativos de periodos siguientes, principalmente azulejos barrocos y tallas rococós.

I.4.c Convento de Varatojo

Lugar do Varatojo, tel. 261 314120. Catalogado como Monumento Nacional. Horario: de 9 a 12 y de 15 a 18:30.

Antiguamente en las afueras de la villa, pero hoy casi integrado en el casco urbano, el Convento de Varatojo fue fundado por D. Afonso V, y la primera piedra fue colocada en 1470; en lo esencial, las estancias primitivas se terminaron a los cuatro años. Lo que se conserva de esa época y del periodo manuelino no es mucho, pero aun así son dignos de admiración el atrio, cubierto por un techo de lacería *mudéjar,* y la puerta, del mejor estilo gótico final en la tradición de Batalha.

Dentro ya del establecimiento religioso, es notable el claustro tardogótico, de principios del siglo XVI y seguramente costeado por el propio rey D. Manuel I.

Uno de los elementos más curiosos del conjunto es una ventana esquinera con moldura gótica, a la que se llama "ventana de D. Afonso V" pero que, en realidad, es ya muy característica del manuelino.

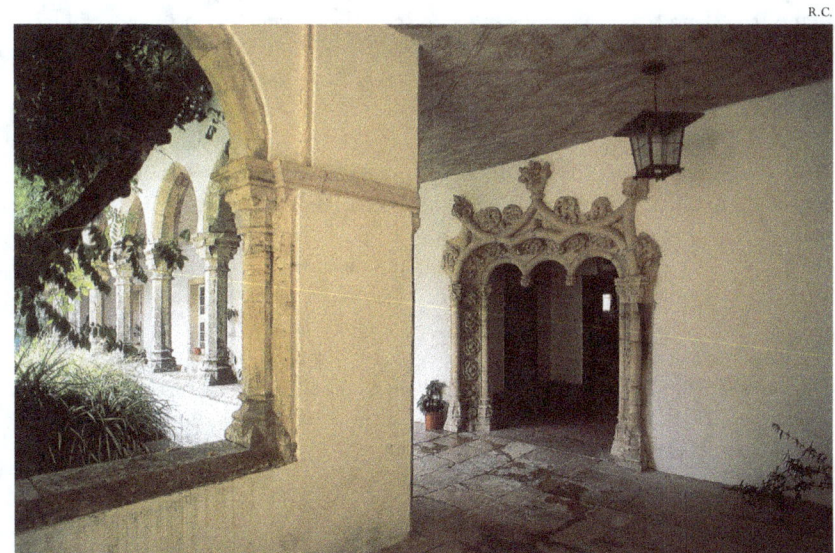

R.C.

Convento de Varatojo, claustro y puerta, Torres Vedras.

D. MANUEL I

Pedro Dias

D. Manuel I subió al trono de Portugal por una de esas casualidades de la Historia en que lo improbable acaba imponiéndose a todas las probabilidades. Fue el noveno hijo de D. Fernando, duque de Beja y hermano del rey D. Afonso V, y de D.ª Beatriz, hija del infante D. João y, por tanto, bisnieta de D. João I. El heredero de D. João II, el príncipe D. Afonso, murió en un estúpido accidente, pues se cayó del caballo mientras paseaba; el hijo natural del rey, D. Jorge, fue apartado por intrigas palaciegas, sobre todo de la reina D.ª Leonor, ella misma hermana de D. Manuel; sus dos hermanos mayores fueron muertos después de que conjuraran contra su primo el monarca, y su padre falleció también prematuramente. Cuando D. João I, el Príncipe Perfecto, pasó a mejor vida con solo 45 años de edad, el joven duque de Beja y Administrador de la Orden de Cristo se vio en posesión de la corona y el cetro. La verdad es que demostró estar a la altura de esos símbolos, honrándolos y dándoles un brillo que nunca habían tenido ni nunca, después de él, volverían a tener.

Nació en Alcochete el 31 de mayo de 1469 y murió en Lisboa el 13 de diciembre de 1521. Cuando ejecutaron a su hermano D. Diogo, fue nombrado duque de Beja, señor de Viseu, Covilhã y Vila Viçosa, condestable del Reino y gobernador del Maestrazgo de la Orden de Cristo. Fue proclamado rey e hizo los juramentos en Alcácer do Sal el 27 de octubre de 1495.

En 1497 se casó con la viuda del príncipe D. Afonso, D.ª Isabel, hija de los Reyes Católicos, que fue declarada heredera de los tronos de León, Castilla y Aragón, con la que tendría un hijo, D. Miguel da Paz, nacido en Zaragoza pero que sobrevivió poco tiempo a la muerte de su madre. Se casó en segundas nupcias con su cuñada D.ª Maria, de la cual tuvo muchos descendientes, entre ellos el heredero y futuro rey D. João III. Viudo de nuevo, en 1517 contrajo matrimonio con D.ª Leonor, hermana de Carlos V.

D. Manuel I fue uno de los más notables políticos portugueses de todos los tiempos. Supo rodearse de hombres cultos y emprendedores que le aconsejaron y ayudaron en la gran tarea de la modernización del Estado y en la reforma de las estructuras administrativas, judiciales y económicas del país. Tuvo la enorme sabiduría de aprovechar sus victorias en ultramar para afirmarse en la política europea, volviéndose par efectivo de las otras grandes coronas del Viejo Continente. Continuó la misión de su tío abuelo, el infante D. Henrique, y de su primo y antecesor D. João II, fomentando las actividades marítimas y apoyando sin reservas las experiencias en este campo. En su época, y bajo su orientación personal, los portugueses llegaron a China y a los confines de América, convirtiéndose en la mayor potencia marítima de la época al tiempo que se establecía una talasocracia como jamás la había conocido la Historia y como nunca volvería a conocerla.

Fue uno de los más entusiastas mecenas y un protector de artistas y hombres de letras, a los que llamó a su corte y que nos legaron un patrimonio notabilísimo.

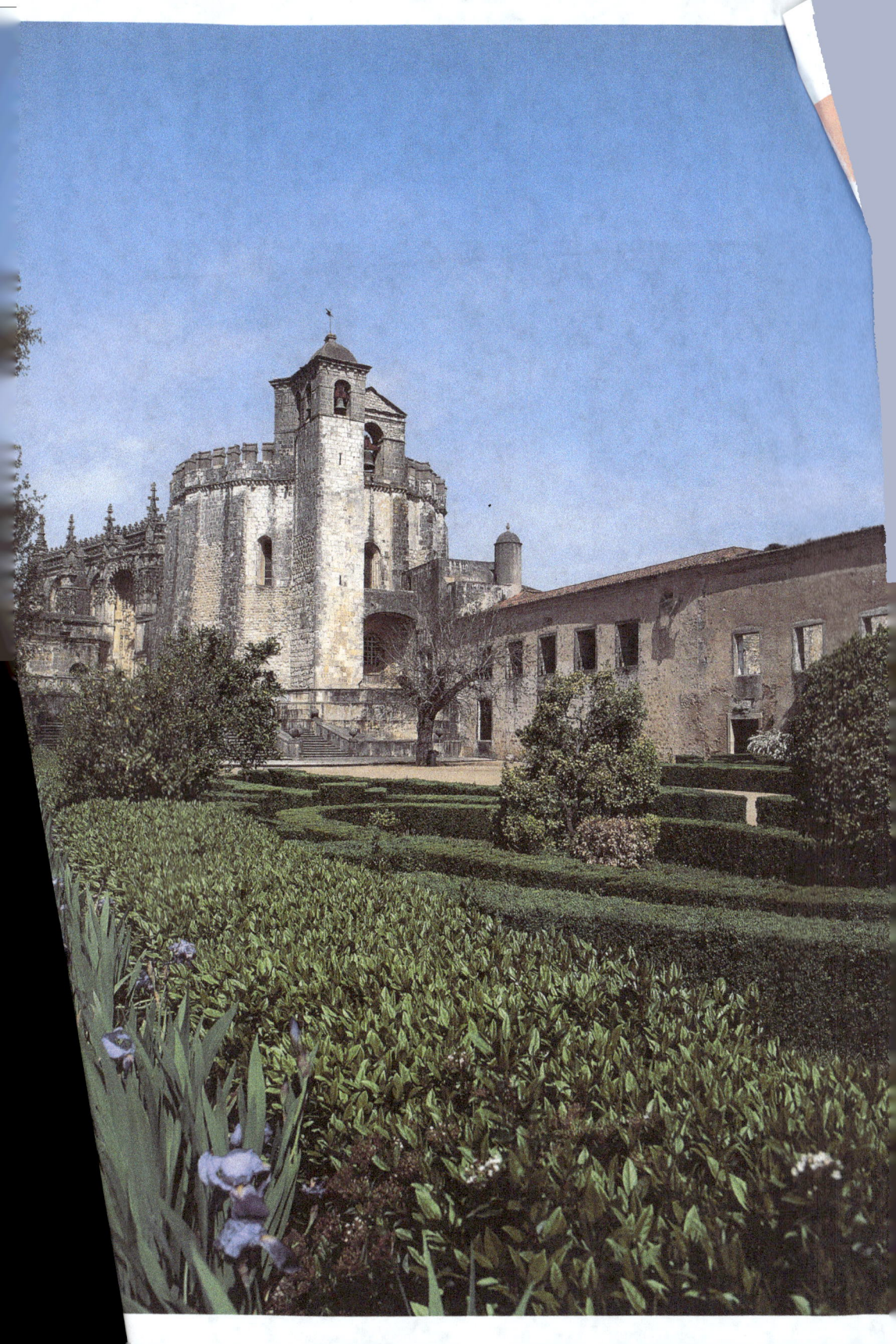

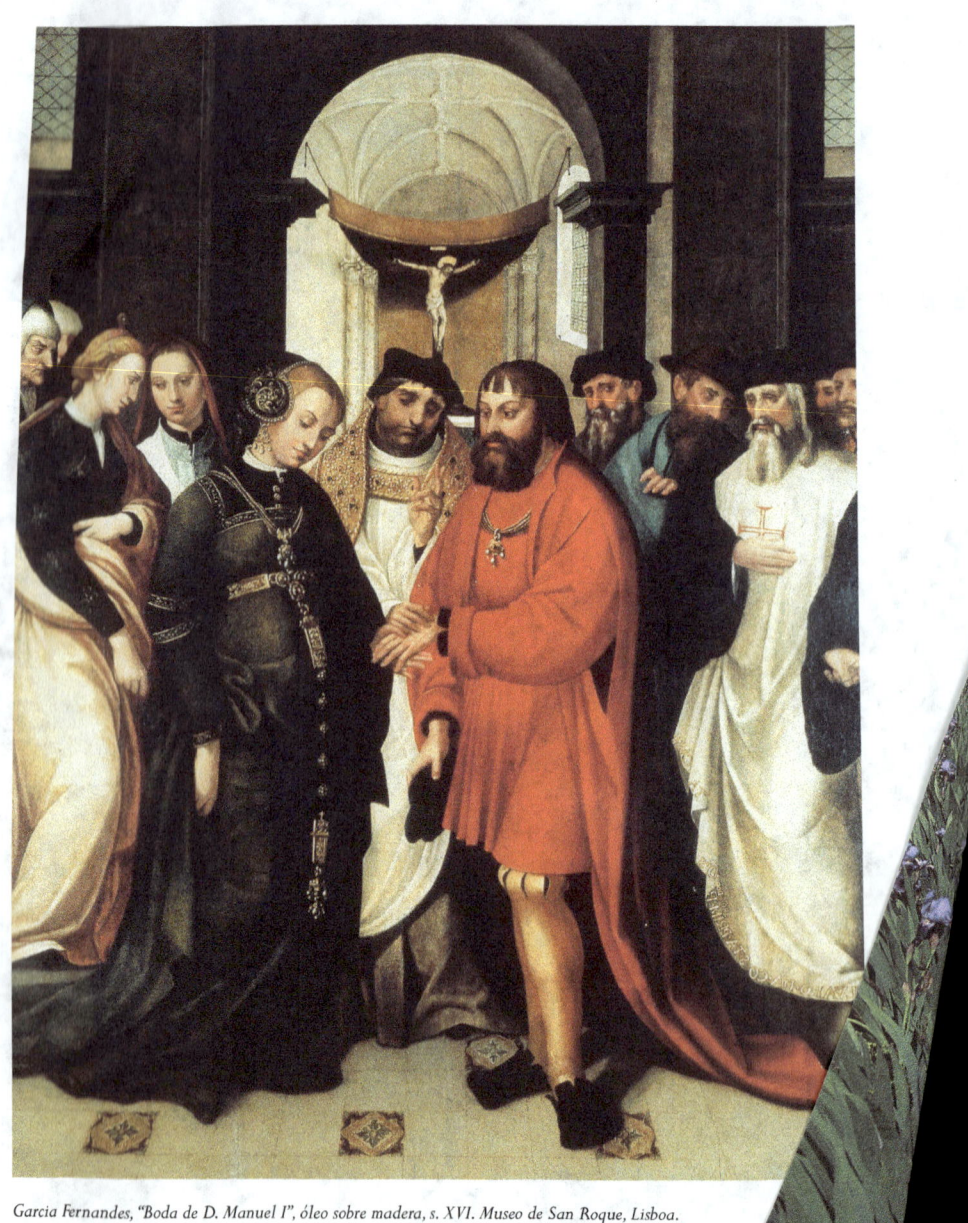

Garcia Fernandes, "Boda de D. Manuel I", óleo sobre madera, s. XVI. Museo de San Roque, Lisboa.

RECORRIDO II

Tierras de la Orden de Cristo

Pedro Dias, Dalila Rodrigues,
Nuno Vassallo e Silva, Fernando Grilo

Primer día

II.1 SANTARÉM
    II.1.a Iglesia de Santa María de Marvila
    II.1.b Museo Municipal de San Juan de Alporão
    II.1.c Torre de las Calabazas (Torre das Cabaças)
    II.1.d Iglesia de Nuestra Señora de la Gracia

II.2 GOLEGÃ
    II.2.a Nuestra Señora de la Concepción, iglesia matriz

II.3 TORRES NOVAS
    II.3.a Castillo

II.4 ATALAIA
    II.4.a Nuestra Señora de la Asunción, iglesia matriz

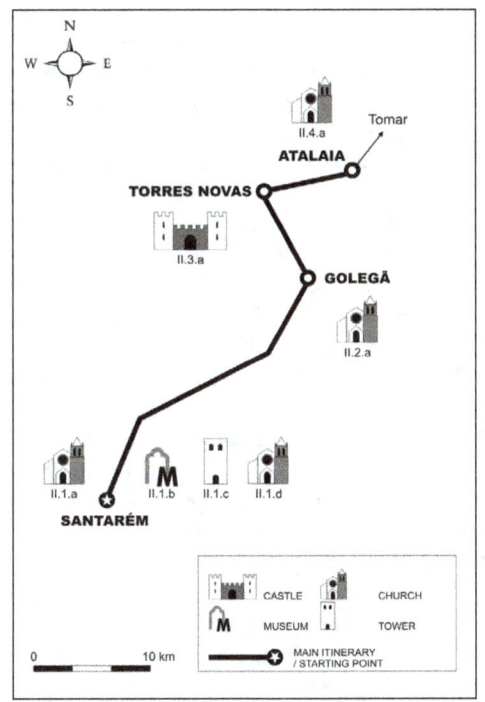

Convento de Cristo, aspecto general de los edificios medievales, Tomar.

La Orden de Cristo fue fundada por el rey D. Dinis después de que el Papa suprimiera la Orden del Temple que tanta ayuda había prestado a Portugal en la reconquista de su territorio. Con los bienes de esta institución, el rey poeta creó una orden jurídica nueva, pero que tenía los mismos fines que la definitivamente desaparecida en toda Europa.

La Orden de Cristo estableció su sede en Tomar, y el viejo convento templario fue enriqueciéndose, sobre todo después de que se hiciera administrador y gobernador al infante D. Henrique. La orden se entregó a la evangelización de todas las tierras de ultramar, y su papel se reforzó aún más cuando D. Manuel, duque de Beja y administrador de la orden, se sentó en el trono por la muerte de su primo hermano D. João II.

Tomar es todavía un lugar mítico en el que resuenan fantásticas historias de presuntos túneles y de fabulosos tesoros de los templarios. Pero sus verdaderos tesoros no están escondidos; antes bien, se muestran en el tupido encaje de piedra de puertas y ventanas, en la audacia de las bóvedas, en la delicadeza de la ornamentación de ménsulas y claves, en la excelencia de las pinturas de la *girola* o en las mágicas vestimentas y la realista carnación de las esculturas flamencas de la rotonda de los caballeros.

Los tiempos posteriores a D. Manuel I fueron también de gran esplendor para el Convento de Cristo, que guarda algunos de los ejemplos más notables de la arquitectura renacentista y manierista.

Además, la Orden de los Caballeros de Nuestro Señor Jesucristo tenía tierras e iglesias en los alrededores, e incluso cuando los edificios no eran de su titularidad no dejaron de influir en ellos los artistas y artesanos que trabajaban en lo alto de la colina fortificada. Por eso, entre viñas y heredades que fueron de los caballeros todavía hoy quedan recuerdos suyos. Es un amplio territorio que se extiende hasta las márgenes del Tajo, hasta las tierras del término de Santarém, considerada, con justicia, la capital de nuestro gótico por los vestigios monumentales que conserva. Será por esta urbe centenaria por donde comenzaremos.

II.I SANTARÉM

Santarém es hoy un importante centro de actividades económicas ligadas a la agricultura, la cría de ganado y las industrias agroalimentarias, pero antiguamente su riqueza era otra, puesto que era cabeza de la vasta comarca de frontera entre el interior y la costa, una barrera natural contra ataques lanzados desde el mar y llave del tránsito entre el norte cristiano y el sur islámico.

Esta situación geográfica privilegiada y la navegabilidad natural del Tajo la hizo ser, ya en tiempos de romanos y musulmanes, la segunda ciudad del país después de Lisboa, posición que mantuvo durante toda la Edad Media. La Scallabis romana, un poderoso *oppidum* fundado por Junio Bruto en 138 a. C., fue sede de un *conventus;* la Xantarim musulmana, populosa y rica, resistió hasta el 15 de marzo de 1147, cuando las tropas de D. Afonso Henriques la tomaron, aunque ya entre 1093 y 1110 había estado en manos cristianas.

En el siglo XVI, Santarém creció más aún, sobre todo con el nacimiento de las industrias textiles, y no es despreciable la importancia de la proximidad de los palacios de Almeirim y Salvaterra. En 1537 era la cuarta población portuguesa, con más de 13.000 habitantes en su término. El periodo manierista (f. s. XVI y p. m. del XVII) fue muy fértil gracias a las encomiendas de la Compañía de Jesús y al mecenazgo de la nobleza y la corte, que no disminuiría apreciablemente hasta mediados del Setecientos.

Lamentablemente, esta riqueza patrimonial decreció considerablemente tras la desaparición de las órdenes religiosas en 1835, pero, a pesar de los desmanes de entonces, todavía es relevante lo que queda de los siglos XIV, XV y XVI, en que se vislumbran también testimonios de un orgulloso pasado árabe y de la persistencia mozárabe.

Todos los lugares propuestos se encuentran en el centro histórico de Santarém. La visita se puede hacer cómodamente a pie, pues las distancias son cortas.

II.1.a Iglesia de Santa María de Marvila

Largo de Marvila. Catalogada como Monumento Nacional. Información: Departamento de Cultura del Ayuntamiento de Santarém, tels. 243 304400/4.
Horario: martes, miércoles, sábados y domingos de 9:30 a 12:30 y de 14 a 17:30; jueves y viernes de 10 a 12:30 y de 14 a 17:30; lunes cerrada.

La iglesia de Marvila fue una de las primeras construidas en Santarém tras la conquista de la villa por D. Afonso Henriques en 1147. No sabemos cómo era ese primer templo, pues su estructura fue completamente destruida para levantar la nueva iglesia en la época de D. Manuel I. De la gran obra manuelina quedaron la cabecera y la hermosa puerta, pues el cuerpo es fruto de nuevos trabajos motivados por su derrumbamiento en el terremoto de 1531.

La puerta es del más exuberante naturalismo, con inclusión de elementos arquitectónicos de un estilo muy cercano al practicado en el Monasterio de Batalha. En el interior sobresalen el *arco triunfal* de la capilla mayor y las bóvedas tardogóticas de esa capilla y de las capillas laterales.

No podemos dejar de llamar la atención hacia las bellísimas arquerías longitudinales de las naves, de un primoroso estilo

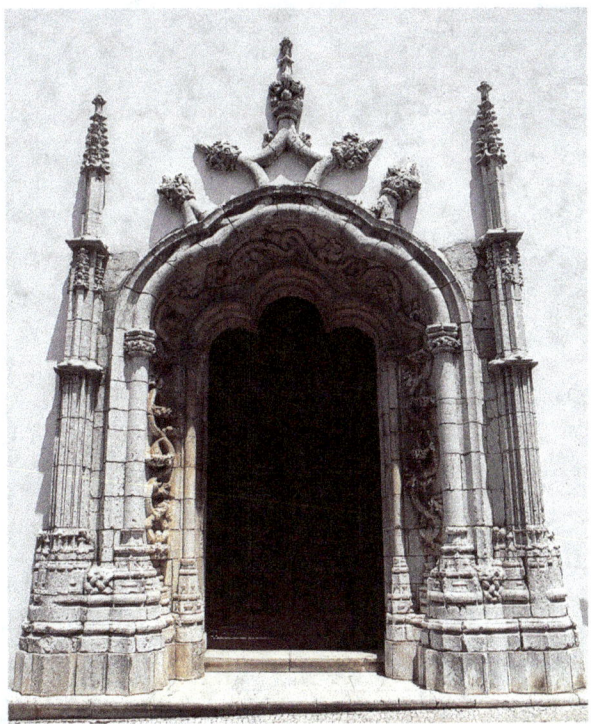

Iglesia de Santa María de Marvila, puerta, Santarém.

RECORRIDO II Tierras de la Orden de Cristo
Santarém

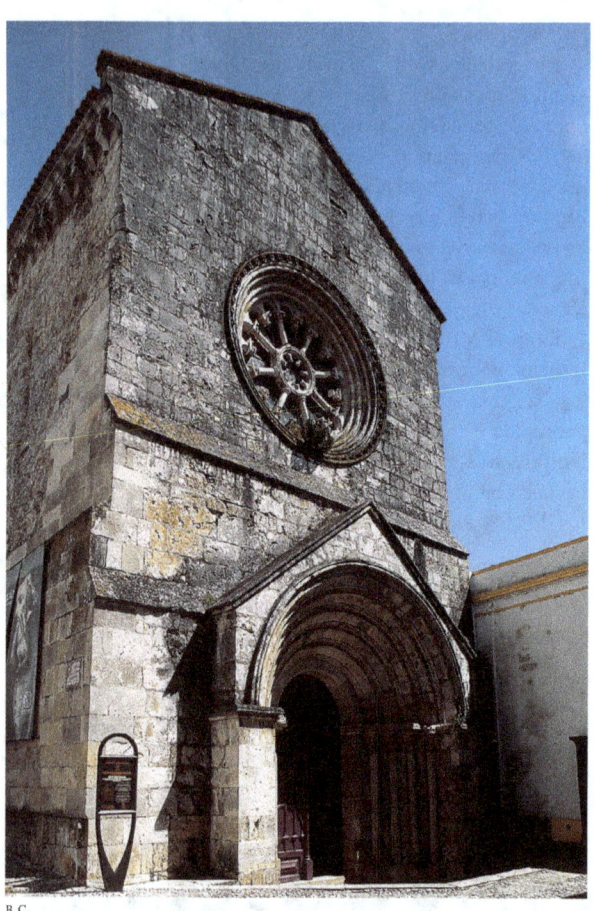

Iglesia de San Juan de Alporão, Santarém.
R.C.

renacentista de la primera época, y el revestimiento de azulejos del siglo XVII, obras salidas de las mejores alfarerías de Lisboa.

II.1.b Museo Municipal de San Juan de Alporão

Instalado en la iglesia de San Juan de Alporão, en el Largo Zeferino Sarmento. La iglesia está catalogada como Monumento Nacional. Información: tel. 243 304400.
Acceso con entrada. Horario: martes, miércoles, sábados y domingos de 9:30 a 12:30 y de 14 a 17:30; jueves y viernes de 10 a 12:30 y de 14 a 17:30; lunes cerrado.

La iglesia de San Juan de Alporão se remonta al periodo románico, cuando se empezó a construir el edificio que hoy podemos ver. Seguramente de esa época son las bases de las paredes laterales y la parte baja del frente, donde se abrió una de los primeras puertas góticas portuguesas, aquí con *gablete*. La zona alta de la iglesia creció ya en el siglo XIV y en el XV, época en que se hizo la *girola* de la capilla mayor. Las reformas de época manuelina se destruyeron todas, por lo que no queda nada de ese periodo.

Es interesante también por el material de expolio, ya que alberga el Museo Lapidario o Arqueológico. Aquí se trajeron piezas de edificios destruidos o desamortizados, entre las que destaca la tumba de Duarte de Meneses, capitán de Alcácer Ceguer, y las tumbas, también del siglo XV, de João y Martim Docem. Consérvanse aquí también capiteles árabes, góticos y manuelinos, algunos genoveses importados a principios del siglo XVI y muchos elementos sueltos del mejor manuelino naturalista.

II.1.c Torre de las Calabazas (Torre das Cabaças)

Avenida 5 de Outubro.
Acceso con entrada. Horario: todos los días de 9:30 a 12:30 y de 14 a 17:30; lunes y festivos nacionales cerrada.

Situada junto a la iglesia medieval de San Juan de Alporão, la Torre de las Calabazas o Calabacera (Cabaceiro) fue erguida en el siglo XIV, época asimismo en que el Ayuntamiento le colocó un reloj de sol. Alcanza una altura de 22 m, pero es más que probable que en el lugar existiese ya otra torre perteneciente a la muralla y erigida en tiempos de D. Afonso, que se aprovecharía en todo o en parte. Es seguro que en 1462 ya existía, y hay referencias documentales explícitas, pero podemos dar por cierto que hubo una reforma en época manuelina, de la cual deriva la equivocación entre los escritores antiguos de remontar a principios del siglo XVI su construcción desde los cimientos.
Tiene planta cuadrangular y está coronada por una armazón de hierro para colocar ocho vasijas o calabazas de barro y así amplificar el sonido de la campana.

Un agradable paseo es ir andando hasta Portas do Sol dejándose guiar por las indicaciones existentes, atravesar el parque y, desde lo alto de las murallas, contemplar una vista sorprendente del río Tajo y las marismas de Ribatejo.

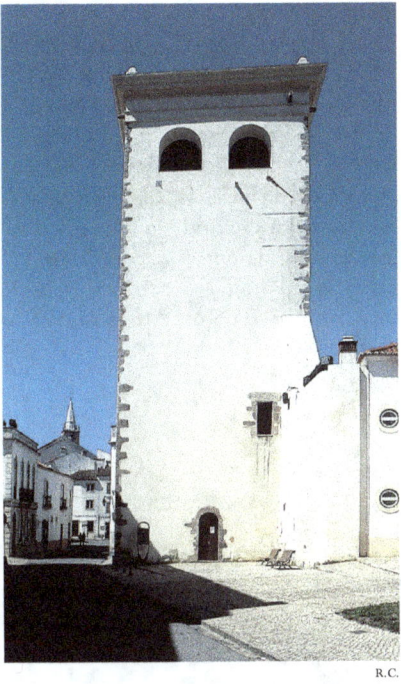

Torre de las Calabazas, Santarém.

tectura gótica de los siglos XIV y XV, particularmente la fachada gótica flamígera, sino también por las tumbas que guarda. Aquí está la gran arca fúnebre de Pedro de Meneses, primer capitán y goberna-

Iglesia de Nuestra Señora de la Gracia, perspectiva axionométrica, Santarém, Catálogo da XVII Exposição de Arte, Ciência e Cultura "Os Descobrimentos Portugueses e a Europa do Renascimento", Lisboa, 1983.

II.1.d Iglesia de Nuestra Señora de la Gracia

*Largo Pedro Álvares Cabral, también conocido como Largo da Graça. Tels. 243 304400/4. Catalogada como Monumento Nacional.
Horario: martes, miércoles, sábados y domingos de 9:30 a 12:30 y de 14 a 17:30; jueves y viernes de 10 a 12:30 y de 14 a 17:30; lunes cerrada.*

Nuestra Señora de la Gracia es interesante no solo por su característica arqui-

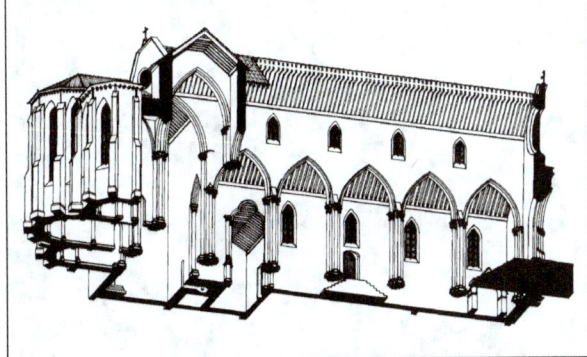

dor de Ceuta, y también la tumba de Pedro Álvares Cabral, el comandante de la armada que camino de la India arribó a Brasil y dio comienzo a la fase histórica de la Tierra de la Vera Cruz y a la construcción de la moderna nación brasileña. Hemos de destacar la depurada arquitectura del interior de la iglesia, claramente influida por el arte del Monasterio de Batalha y de su primer maestro constructor, Afonso Domingues.

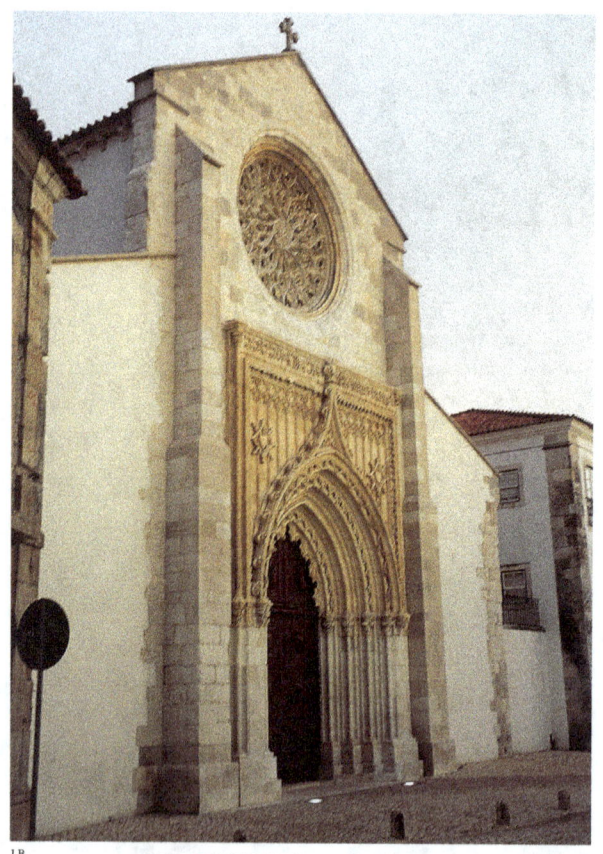

Iglesia de Nuestra Señora de la Gracia, fachada, Santarém.

Para ir a Golegã, tomar la N365 y pasar por Alcanhões, Vale de Figueira, Pombalinho y Azinhaga antes de llegar (32 km).

II.2 GOLEGÃ

II.2.a Nuestra Señora de la Concepción, iglesia matriz

Largo da Imaculada Conceição. Catalogada como Monumento Nacional. Información: Casa Parroquial de Golegã, tel. 249 976193. Horario: todos los días de 8:30 a 17. El oficio religioso tiene lugar los martes y viernes a las 19, los sábados a las 19:30 y los domingos a las 12.

Golegã fue, desde tiempos remotos, lugar de paso obligado del tráfico de Ribatejo. Fue desarrollándose, alcanzó importancia ya en tiempos de D. Manuel I y hoy es una villa famosa por las actividades ligadas a los caballos y los toros. Su monumento más destacado es Nuestra Señora de la Concepción, la iglesia matriz, obra paradigmática de lo que fueron los templos manuelinos de tamaño medio. No existen documentos que atestigüen el origen del arquitecto y los constructores, pero el edificio habla por sí mismo y puede filiarse claramente con el estilo del Monasterio de Batalha en tiempos de Mateus Fernandes y de Boytac, principios del siglo XVI.
Tanto la fachada como el cuerpo de tres naves y la cabecera, lo que es raro, se han conservado íntegramente, aunque adornadas con obras del periodo barroco, en especial la magnífica decoración de azulejos.

RECORRIDO II *Tierras de la Orden de Cristo*
Torres Novas

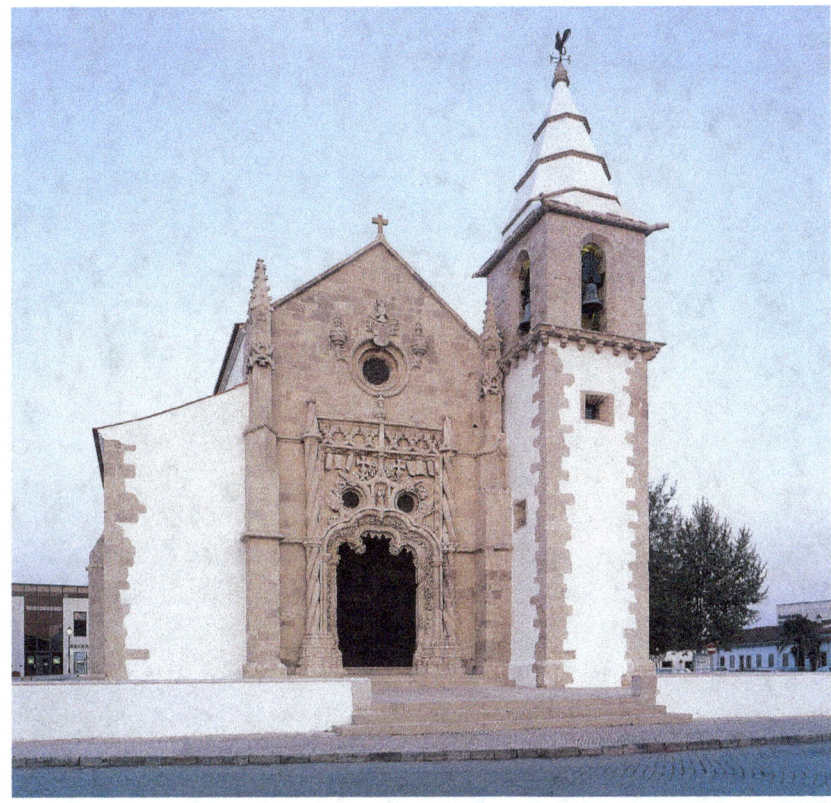

Iglesia de Nuestra Señora de la Concepción, Golegã.

La puerta es de un pujante y rico naturalismo, con pilares entorchados, pergaminos esculpidos y las inevitables referencias a D. Manuel I, concretamente la cruz de la Orden de Cristo. En el interior destacan las arcadas de las naves, de pilares muy sencillos y desnudos, y la capilla mayor, de bien trazada bóveda de nervios. En una ménsula se colocó una escultura de la Virgen con el Niño salida de los talleres manuelinos de Coimbra.

Para ir a Torres Novas, retomar la carretera 365. Continuar luego por la 243 en dirección a Riachos y seguir luego la N3 hasta Torres Novas (10 km).

II.3 TORRES NOVAS

II.3.a Castillo

El castillo tiene la entrada por la Rua do Conde de Torres Novas. Catalogado como Monumento Nacional. Información: Ayuntamiento, tel. 249 839430.
Horario: todos los días de 9 a 17.

RECORRIDO II   Tierras de la Orden de Cristo
Atalaia

Castillo, vista general, Torres Novas.

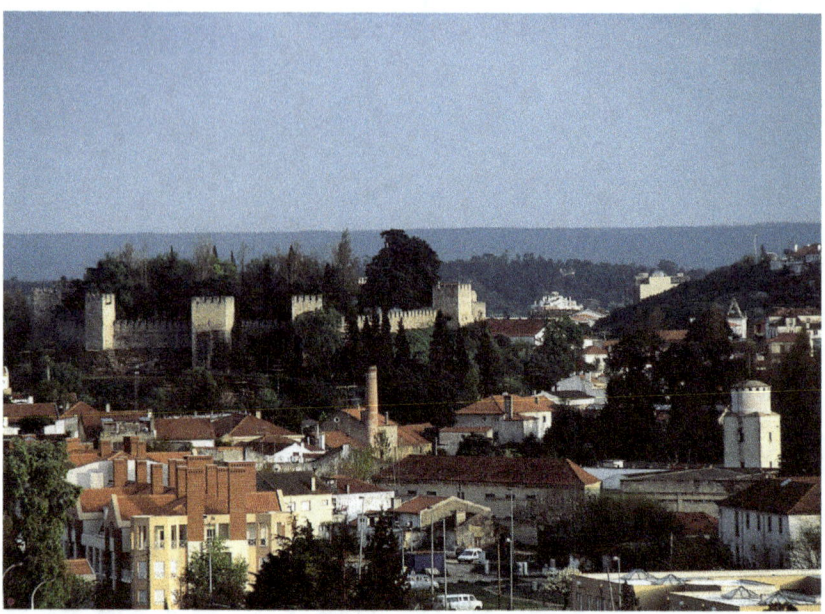

R.C.

La villa de Torres Novas tiene en su castillo el principal motivo de interés dentro de un recorrido como este. Era una defensa musulmana que D. Afonso Henriques conquistó. En los siglos siguientes se hicieron diversas obras de agrandamiento y modernización, entre ellas el aumento de la muralla y la construcción de muros y torres. Lo que hoy puede verse estaba más o menos así en época manuelina, cuando mejoró con las últimas grandes reformas. Domina la villa que creció alrededor de la alcazaba y que alcanzó la zona baja, por donde se esparció.

Todas las construcciones tardomedievales fueron sustituidas por otras más modernas y solo se conservan parte de la antigua ermita de San Jorge, hoy integrada en la iglesia de San Salvador, la primera que se fundó, todavía en el siglo XII, y algunos arcos de la iglesia de San Pedro.

Tomar la N3 hasta Entroncamento y seguir allí la IC3 hasta Atalaia.

II.4 ATALAIA

II.4.a **Nuestra Señora de la Asunción, iglesia matriz**

Rua Patriarca D. José. Catalogada como Monumento Nacional.
Horario: abre para la celebración del oficio religioso diariamente a las 15 y los domingos a las

RECORRIDO II Tierras de la Orden de Cristo
Atalaia

9:15. Fijar la visita con antelación poniéndose en contacto con D.ª Silviana Vital, tel. 249 710201.

Todo indica que la actual iglesia matriz de Atalaia fue edificada por orden de Pedro de Meneses, señor de Cantanhede y de Tancos, pues su blasón aparece en uno de los remates interiores de la bóveda. La fecha media de las obras, 1528, aparece registrada en una de las pilastras que flanquean la capilla mayor.

Tiene una sola nave, con cabecera abovedada, como era corriente en la arquitectura manuelina de la época, en un estilo muy similar al del Convento de Cristo de Tomar, y su realización puede atribuirse a Juan del Castillo o a uno de sus ayudantes más próximos en la década de 1520.

En la puerta, primera obra que el francés João de Ruão ejecutó en Portugal, priman las cualidades plásticas y la presentación de un conjunto de soluciones compositivas que fueron una constante en su obra futura. En el arco de medio punto, decorado con *casetones,* sobresalen las imágenes en relieve de San Pablo y San Pedro.

Hay que resaltar igualmente el dominio estilístico y técnico de la decoración de estilo italiano y la notable calidad de los bustos en relieve dentro de molduras redondas, buena prueba de la capacidad plástica del escultor, patente en obras posteriores como el retablo de Nuestra Señora de Varziela, ejecutado para el mismo señor.

Para ir a Tomar, continuar por la IC3 hasta Asseiceira y retomar la N110 en dirección a Tomar.

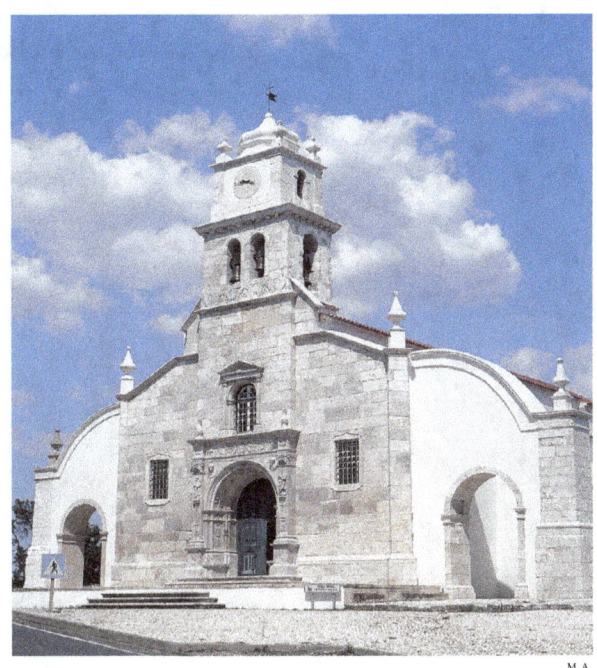

Iglesia de Nuestra Señora de la Asunción, fachada renacentista, Atalaia.

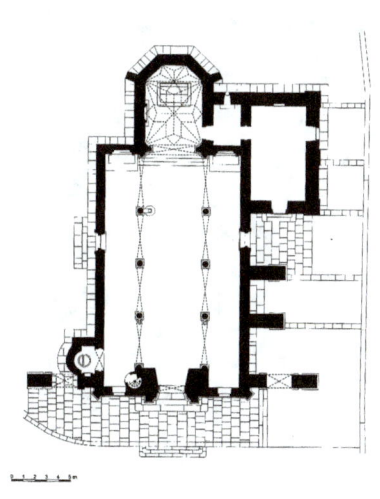

Iglesia de Nuestra Señora de la Asunción, planta, Atalaia, Boletim da Direcção-Geral dos Edifícios e Monumentos Nacionais, n.º 24, Lisboa, 1941.

RECORRIDO II

Tierras de la Orden de Cristo

Pedro Dias, Dalila Rodrigues,
Nuno Vassallo e Silva, Fernando Grilo

Segundo día

II.5 TOMAR
  II.5.a Núcleo urbano antiguo
  II.5.b San Juan Bautista, iglesia matriz
  II.5.c Ermita de San Gregorio
  II.5.d Sinagoga
  II.5.e Arcos de los Estaus
  II.5.f Convento de Cristo

II.6 DORNES (opción)
  II.6.a Torre de Dornes

La Orden de Cristo y los descubrimientos

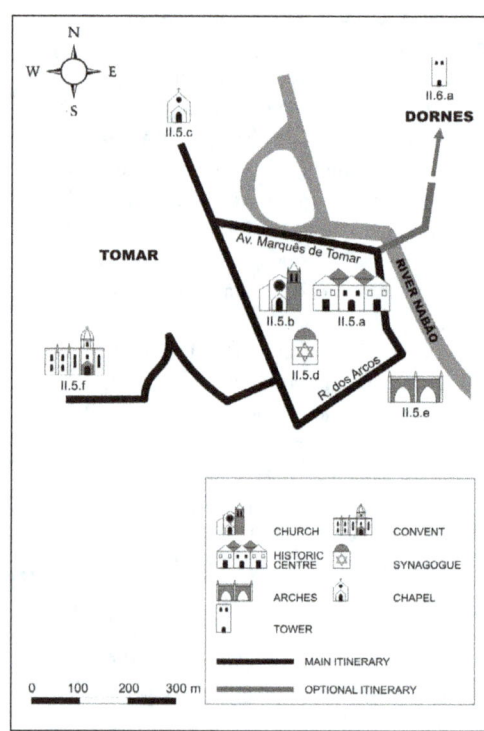

II.5 TOMAR

Información: Oficina de Turismo, tel. 249 322427.

El origen de Tomar como importante ciudad romana lo prueban no solo la información del *Itinerario de Antonino*, del siglo III, sino también los muchos hallazgos arqueológicos. Se llamaba Sellium, era un conglomerado preurbano situado en mitad del camino imperial que unía Olisipo con Bracara Augusta —es decir, Lisboa con Braga— y formaba parte del *conventus scallabitanus*. La tradición prefirió el nombre de Nabância, y está confirmada la existencia de una población importante en época sueva, hacia 570, e inmediatamente después, durante la monarquía visigótica. Tras su conquista por los árabes, probablemente en 716, hasta la época de D. Afonso Henriques, a partir de 1147, no cobró relevancia, acentuada después de que en ella se establecieran los caballeros templarios. Gualdim Pais se instaló en lo alto del cerro, donde hoy se encuentra el Convento de Cristo, que pasó a la nueva orden en 1319 después de la desaparición de la del Temple, con cuyos bienes se quedó. Fueron estas instituciones las que dieron vida a la entonces villa, que creció a orillas del río Nabão y que en pleno siglo XV formaba un núcleo estructurado y bastante regular entre la margen del río y la falda del monte del castillo. En esta zona se instalaron los frailes —con casa propia en muchos casos—, los servidores, las clases trabajadoras y una importante comunidad judía. Con la reforma de la Orden de Cristo, en 1529, los frailes-caballeros de Cristo se hicieron conventuales, con lo cual la villa se convirtió en residencia casi exclusiva de legos. El Convento de Cristo, no obstante, marcó para siempre su aspecto.

M.A.

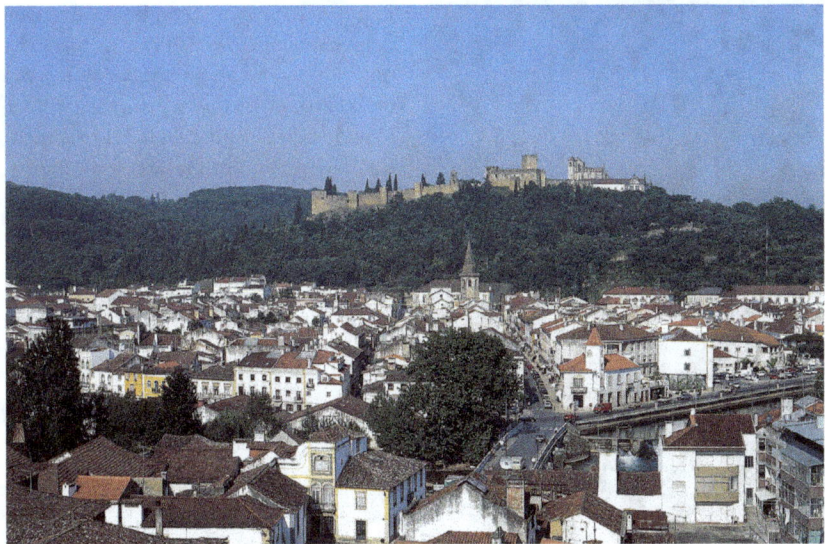

Vista general de la parte antigua de Tomar.

RECORRIDO II Tierras de la Orden de Cristo
Tomar

Es aconsejable dejar el automóvil en alguno de los aparcamientos que rodean el casco viejo y visitar Tomar a pie (salvo el Convento de Cristo). Por su proximidad, sugerimos el aparcamiento que hay junto a la parte trasera del Ayuntamiento y al que se accede por la Praceta do Infante D. Henrique o, desde el Largo do Pelourinho, por la Rua do Dr. Sousa (antigua Rua do Pé da Costa de Baixo). Se encuentra señalizado.

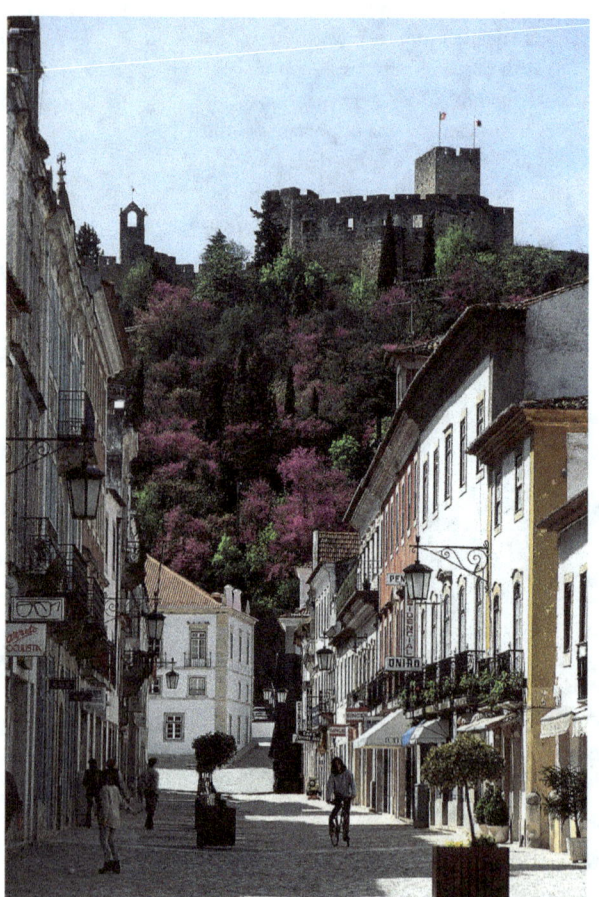

Núcleo urbano antiguo de Tomar.

II.5.a Núcleo urbano antiguo

La ciudad de Tomar conserva, entre el cerro del castillo templario y la margen del río Nabão, una estructura viaria que se remonta a la Edad Media. Nos interesan, sobre todo, las construcciones promovidas por el infante D. Henrique a partir de 1420, como los Palacios de Ribeira, los Estaus, el puente sobre el Nabão, las jaboneras, los graneros y el hospital. Las casas de los servidores de la orden, los trabajadores de las industrias y los comerciantes crecieron en esa red, tupida pero regular, marcada por capillas y por la iglesia de San Juan Bautista, y donde no faltaba una importante sinagoga que ha llegado hasta nosotros. No fue hasta pleno siglo XVI cuando Tomar superó los límites de la urbe de tiempos de D. Henrique y comenzó a extenderse por la vega y por la otra orilla.

La época manuelina representó un nuevo impulso de progreso con la construcción del Ayuntamiento en la Praça de São João, que englobó las viejas boticas de la plaza de la Feria, de un nuevo *pelourinho* y de un bien dotado Hospital de la Misericordia. En 1504 se abrieron lagares y molinos y, poco después, unas herrerías para la fabricación de armamento.

II.5.b San Juan Bautista, iglesia matriz

Praça da República, en el casco antiguo, tel. 249 312611. Catalogada como Monumento Nacional.
Horario: de 9 a 12 y de 15 a 18:30; jueves, viernes y sábados cierra a las 19:30.

RECORRIDO II *Tierras de la Orden de Cristo*
Tomar

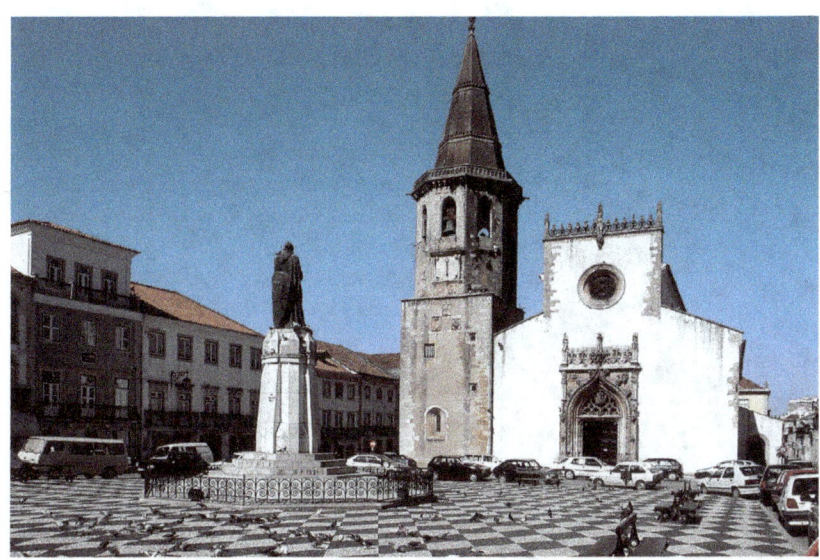

San Juan Bautista, iglesia matriz, fachada principal, Tomar.

San Juan Bautista, iglesia matriz de Tomar, perspectiva axionométrica, Catálogo da XVII Exposição de Arte, Ciência e Cultura "Os Descobrimentos Portugueses e a Europa do Renascimento", Lisboa, 1983.

La iglesia de San Juan Bautista es una de las más antiguas de Portugal, aunque se reconstruyó totalmente a principios del siglo XVI; en 1510 se estaba concluyendo la puerta axial. Pertenece al manuelino flamígero, erudito, vinculado al arte del Monasterio de Batalha de la segunda mitad del Cuatrocientos. Es notable la ya mencionada puerta axial, en el mejor gótico flamígero portugués, al igual que la puerta de la izquierda. En el interior destacan las bien proyectadas arcadas que separan las naves, el púlpito flamígero, uno de los raros ejemplos de este tipo existentes en Portugal, y la capilla mayor con bóveda de crucería ojival.

Del antiguo retablo mayor pintado por Gregório Lopes, con toda probabilidad después de haber realizado la obra de la *girola* del Convento de Cristo, fechada hacia 1538, se conservan seis pinturas, actualmente repartidas por las paredes

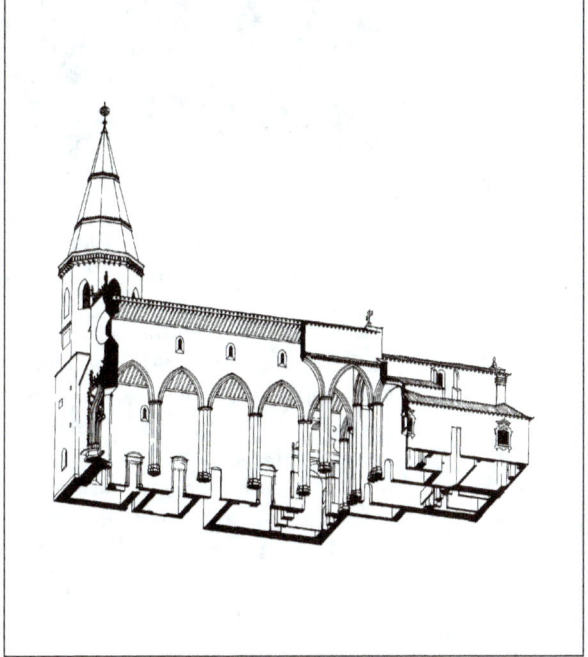

RECORRIDO II   Tierras de la Orden de Cristo
Tomar

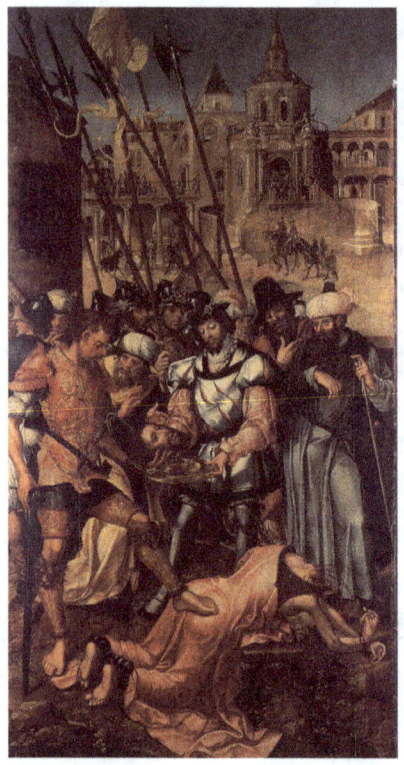

Gregório Lopes, "Degollación de San Juan Bautista", s. XVI, iglesia de San Juan Bautista, Tomar.

IPM/M.P.

época se encuentra bien reproducido en *Presentación de la cabeza de San Juan Bautista,* ya sea por medio de las figuras, concebidas en poses y gestos galantes, incluidos los divertidos pajes de primer plano, como con los escenarios y la decoración. En este valioso conjunto de pinturas proliferan también las arquitecturas renacentistas características de la producción de Gregório Lopes, prestigioso pintor real y caballero de la Orden de Santiago.

II.5.c Ermita de San Gregorio

Estrada do Prado, junto a un establecimiento hotelero. Catalogada como Inmueble de Interés Público. Si se encuentra cerrada, solicitar una visita en la Oficina de Turismo, tel. 249 322427.

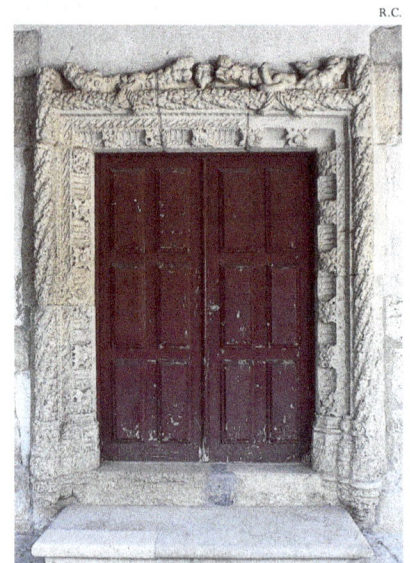

R.C.

laterales. A la izquierda se encuentran tres tablas de temas eucarísticos, *Misa de San Gregorio, Última Cena* y *Abraham y Melquisedec,* mientras que a la derecha figuran *Recogida del maná,* otro tema eucarístico, y dos tablas que aluden al martirio de San Juan Bautista, *Degollación* y *Presentación de la cabeza a Herodes.*

Es en la *Última Cena,* que destaca por notables juegos cromáticos y de luz conseguidos con una paleta de colorido vibrante, donde Gregório Lopes parece lograr los mejores resultados. El ambiente palaciego y cortesano de la

Ermita de San Gregorio, puerta, Tomar.

En la vega pequeña queda la más interesante de las numerosas capillas de la ciudad, la única que conserva en lo esencial la estructura manuelina, su cuerpo octogonal abovedado y la bellísima puerta naturalista de follaje y ramas. Está consagrada a San Gregorio, y más tarde se la dotó de un nuevo, o renovado, *alpendre* ya de estilo clásico, de un manierismo desnudo.

II.5.d Sinagoga

Rua Dr. Joaquim Jacinto, también en el casco viejo. Catalogada como Monumento Nacional. Información: Oficina de Turismo, tel. 249 322427.
Horario: todos los días de 10 a 13 y de 14 a 18.

La comunidad judía, como más arriba se ha dicho, fue importante en Tomar, y se concentró en la Rua Nova y sus inmediaciones, donde está la Sinagoga, que conserva intacta su estructura y cuyos anejos han sido objeto de recientes excavaciones arqueológicas. Con las prohibiciones manuelinas, el edificio fue confiscado y pasó a asumir funciones civiles, siendo, por lo que parece, primero una prisión y luego una capilla, y hasta uno de los graneros de la villa.
Tiene una planta casi cuadrada, de 9,5 m por 8 m, y bóveda de ladrillo en arista viva, sostenida por elegantes pilares con capiteles decorados, igual que las ménsulas laterales; todo recuerda el arte de los maestros de obras de Batalha, y existe una evidente afinidad con la cripta de la Colegiata de Ourém. Hay que datarla

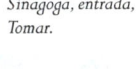
Sinagoga, entrada, Tomar.

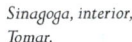
Sinagoga, interior, Tomar.

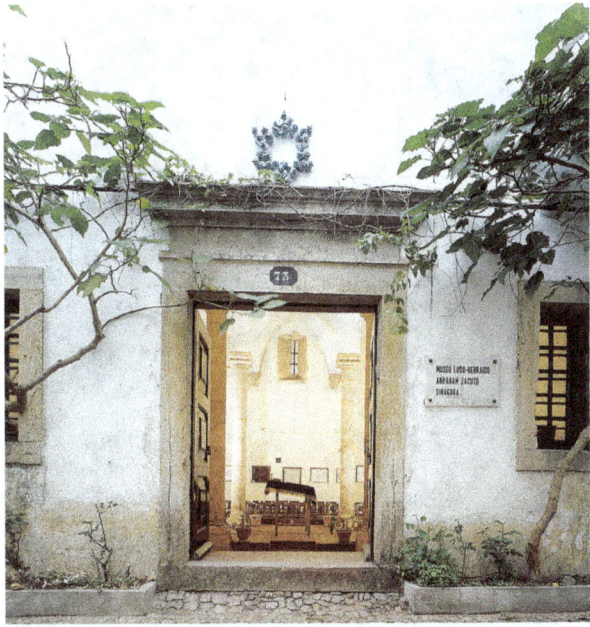

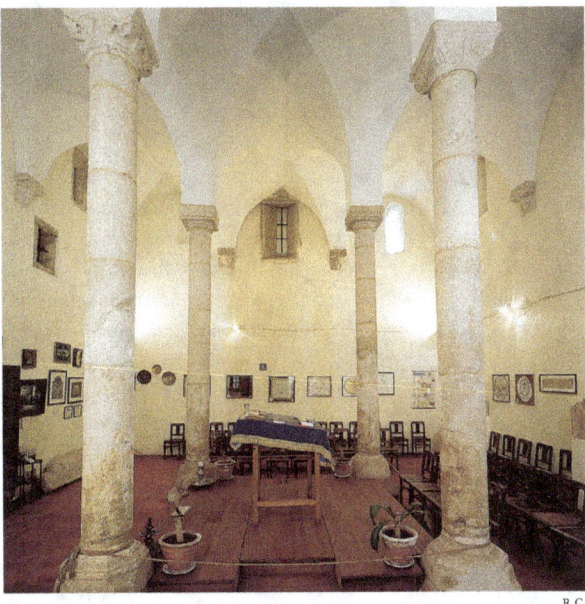

RECORRIDO II   Tierras de la Orden de Cristo
Tomar

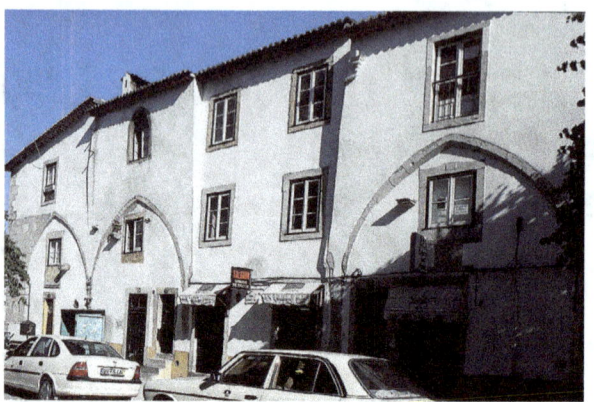

R.C.
Arcos de los Estaus, Tomar.

que llegaban a la villa, particularmente a los que venían acompañados de criados y cuerpo de guardia, para que no fuese necesario alojarlos en las moradas populares. La llegada de gente de fuera era más intensa durante la feria franca instituida por dicho príncipe en 1420. Lo que queda, si bien de aspecto sobrio, habla de un edificio de gran categoría y permite la reconstrucción de su tamaño, muy considerable para la época.

hacia 1460. El suelo está hoy más bajo que el de la calle debido a la elevación de la calzada, y en el interior resalta el sistema acústico con alvéolos en los rincones, donde hubo cántaros que aumentaban el sonido y le daban resonancia. La luz entra por elegantes lucernas de las paredes sur y norte, bien dibujadas y en arco carpanel.

II.5.e Arcos de los Estaus

En la Rua dos Arcos son visibles cinco grandes arcos completos e, integrados en los edificios de la Rua Torres Pinheiro, pueden verse otros tres. En la Rua dos Arcos, por encima del segundo arco, todavía puede observarse una ventana ojival. Catalogados como Inmueble de Interés Público.

La Rua dos Estaus era la principal arteria de Tomar a finales de la Edad Media. Aún hoy se pueden ver junto al río los poderosos arcos ojivales de esta construcción promovida por el infante D. Henrique y que se destinaba a acoger a los visitantes

II.5.f Convento de Cristo

En lo alto del cerro que domina Tomar. El camino está señalizado. Tel. 249 315089. Catalogado como Monumento Nacional desde 1907 e inscrito en la Lista del Patrimonio Mundial de la UNESCO desde 1983. Está permitido hacer fotografías sin flash.
Acceso con entrada. Horario: 9 a 17:30; junio a septiembre de 9 a 18:30; Año Nuevo, Viernes Santo, Pascua, 1 de mayo y Navidad cerrado. Se permite la entrada hasta 30 minutos antes de la hora de cierre.

El origen del Convento de Cristo se remonta a finales del siglo XII, cuando los templarios establecieron aquí su castillo después de abandonar el cercano monte de Ceras. Fue este lugar el que las tropas de Gualdim Pais defendieron en 1190, cuando las invasiones musulmanas de al-Mansur. Sin duda por entonces se empezó a construir la iglesia de planta central en forma de octógono, rodeado por un deambulatorio o nave circular delimitada exteriormente por un polígono de 16 lados. En esa primera época sirvió también de torre defensiva, y las restantes

RECORRIDO II   Tierras de la Orden de Cristo
Tomar

construcciones del castillo vinieron a articularse con ella. A su alrededor crecieron las dependencias conventuales, particularmente después de que la nueva Orden de Cristo sustituyera a la Orden del Temple en 1319, y los dos claustros anejos, el del lavadero y el del cementerio, datan de la época en que el infante D. Henrique fue administrador de la Orden de Cristo, a mediados del siglo XV. El primero tiene dos pisos sobrepuestos y se edificó en un estilo desnudo; el segundo es más pequeño y de un solo piso, y tiene una decoración más cuidada, pese a que tanto uno como otro fueron hechos por maestros de obras formados en el Monasterio de Batalha; en la base de una de las columnas está grabado el nombre del maestro Fernão Gonçalves seguido de la palabra *fez* ("hizo"). Aquí está la hermosa tumba, de un lujuriante estilo manuelino, del capellán del rey Diogo da Gama.

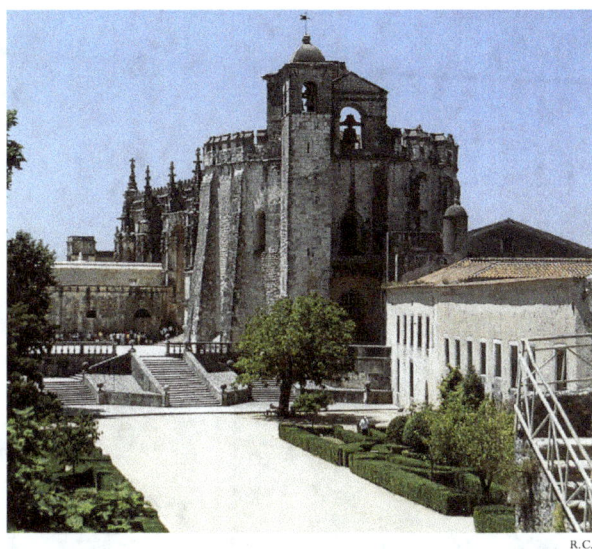

En época manuelina, la *girola* fue muy alterada siguiendo un plan decorativo que incluyó pinturas y esculturas, pero también se varió su relación con la plaza y se abrió un arco que da a una

Convento de Cristo, aspecto general de los edificios medievales donde se ve el exterior de la girola, Tomar.

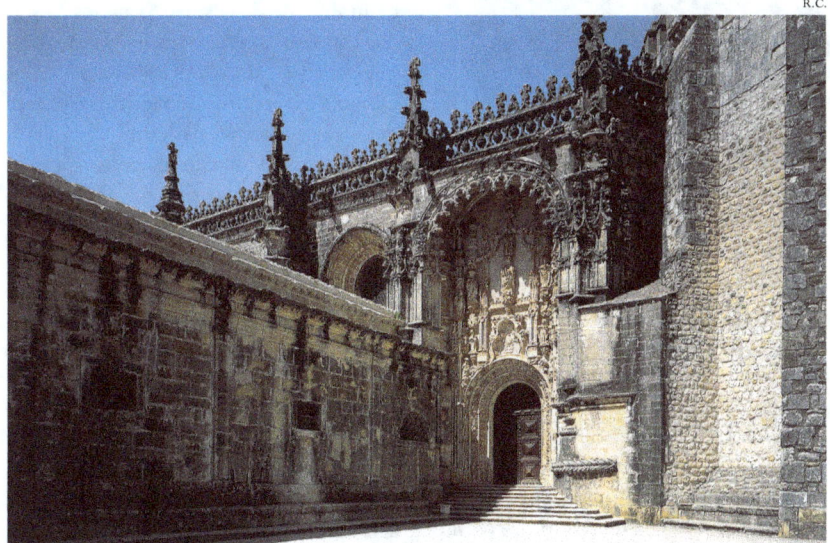

Iglesia del Convento de Cristo, entrada, Tomar.

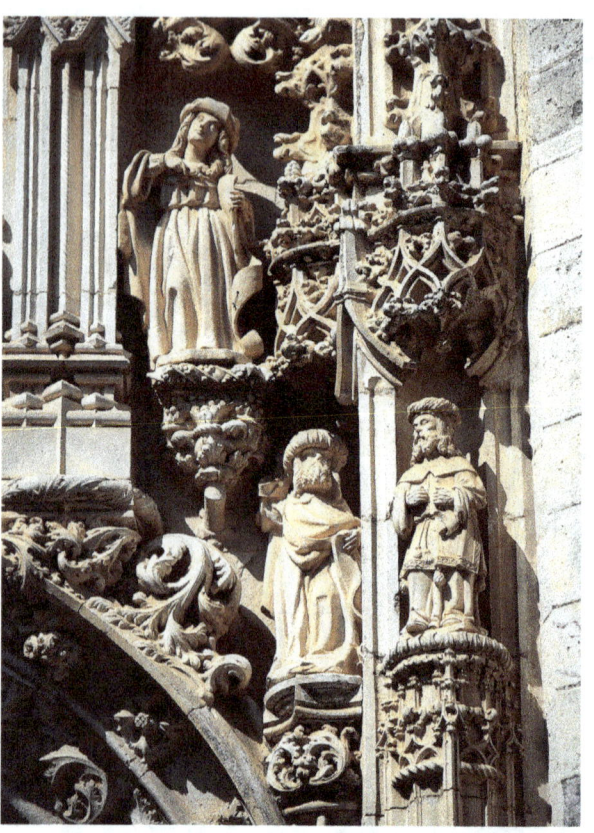

Convento de Cristo, detalle de la puerta, Tomar.

enorme construcción comúnmente llamada "coro". Fue Diogo de Arruda quien, hacia 1510, empezó este cuerpo ancho y profundo, del que destaca la fachada de un naturalismo barroco nunca antes visto y, a decir verdad, jamás repetido. Es un volcán de formas arrancadas a la naturaleza y elevadas a la categoría de elementos arquitectónicos, entre los que sobresale la moldura de la ventana frontal. Arriba, cuatro reyes de armas recuerdan los atributos y la majestad del rey D. Manuel I, aunque la tradición popular identifique esas figuras con D. Afonso Henriques, D. Dinis, el infante D. Henrique y el propio D. Manuel.

También la ventana del lado del claustro real es de imaginativo trazado y con marco hipernaturalista, aunque menos exagerado, y quizá se deba al propio Arruda la bóveda que divide este espacio en dos niveles.

Diogo de Arruda, no obstante, no terminaría la obra; fue Juan del Castillo quien ocupó su lugar en 1515: hizo la bóveda de nervios curvos que parten de ménsulas naturalistas y a menudo con motivos heráldicos y emblemas, y también la puerta que da al exterior, muy semejante a lo que entonces se hacía en Castilla y en la que colocó un admirable conjunto de esculturas de la Virgen, profetas y santos.

A Juan del Castillo tenemos que atribuirle también la incompleta sala capitular y, naturalmente, los claustros anejos a estas dos construcciones, ya que el claustro real que sustituyó al suyo primitivo se debe a Diogo de Torralva y constituye la obra maestra de nuestro clasicismo.

Fruto de muchas acumulaciones, la *girola* reúne un extraordinario patrimonio pictórico que viene redescubriéndose y conservándose en los últimos años. El empeño en llenar las superficies parece derivar de un horror al vacío, pero los contenidos significantes de las sucesivas intervenciones apuntan también a la función esencial de la pintura: dar valor simbólico al espacio arquitectónico. Los patrones geométricos —repintes sucesivos de una decoración orientalizante, "a la bizantina", seguramente realizada en el periodo manuelino— se conjugan con los temas figurativos más diversos, que se adaptan a la difícil estructura de los muros y del techo de la rotonda de los caballeros.

De las obras llevadas a cabo a principios del siglo XVI, hay que señalar en primer lugar la impresionante decoración de la bóveda que circunda el cuerpo octogonal central. Ejecutada en *grisalla* a gran escala figurativa y cubriendo los 16 tramos de la bóveda, la pintura imita elementos arquitectónicos en conjunción con temas recurrentes en la decoración de este periodo, algunos con la función manifiesta de promocionar la imagen del rey. Así, la heráldica —fundamentalmente el escudo real, la cruz de la Orden de Cristo y la esfera armilar— y algunas expresivas figuras humanas y animales aparecen en las más variadas y fantásticas formas arquitectónicas, que surgen ligadas por cuerdas, ramas y cintas. Pasando a las paredes del tambor central, en la parte superior puede verse un programa temático cristocéntrico formado por los instrumentos de la Pasión de Cristo que 16 ángeles muestran al observador.

También para los grandes cuadros que se hallan en los arcos ciegos de las paredes opuestas se concibió un plan decorativo con temas de la vida de Cristo, aunque ejecutado con la técnica del óleo; son obras realizadas, asimismo, en tiempos de D. Manuel, entre 1510 y 1515.

Más tardías, de 1536 a 1538, y a cargo del pintor real Gregório Lopes para el mismo espacio, aunque para un nivel inferior al de los grandes cuadros manuelinos, quedan en el convento las tablas *San Antonio predicando a los peces* y *San Bernardo*, mientras que la *Virgen de los Ángeles* y el *Martirio de San Sebastián* pueden verse en el Museo Nacional de Arte Antiguo.

La *girola* del Convento de Cristo posee también un conjunto de esculturas quinientistas de madera policromada de calidad absolutamente singular en el panorama europeo. Se trata de 17 estatuas de bulto de casi 2 m de altura que representan a Nuestra Señora y San Juan, los Apóstoles, doctores de la Iglesia y profetas, realizadas por Olivier de Gand y Fernán Muñoz entre 1511 y 1514.

De este conjunto formaba parte también una sillería, destruida en la época

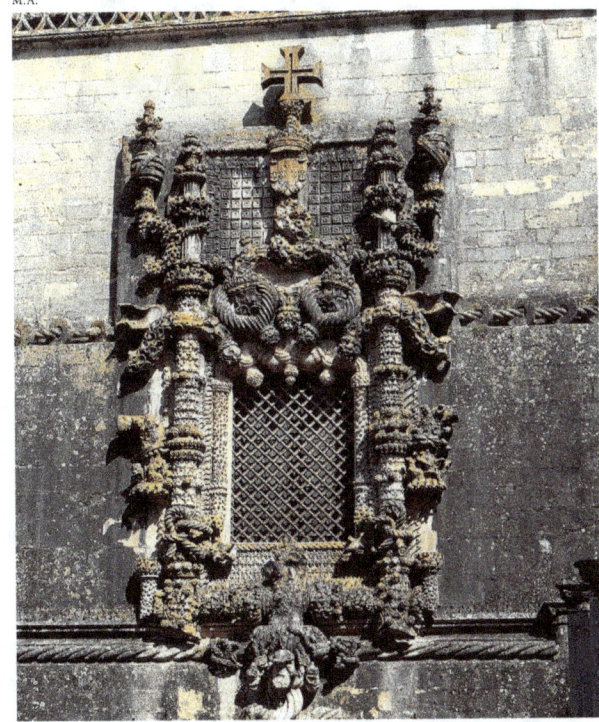

Convento de Cristo, ventana manuelina, Tomar.

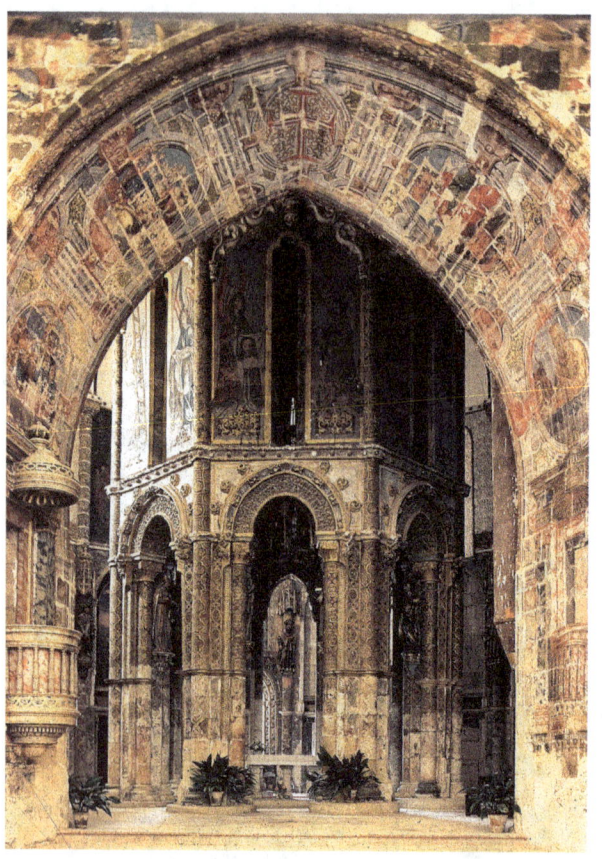

Convento de Cristo, interior de la girola (antes de las obras de restauración), Tomar.

ra el espacio central del edificio. Todos estos aspectos se armonizan en un discurso grandioso e iconográficamente significante. Las estatuas que se distribuyen a lo largo de las paredes de la girola, en torno a un grupo central formado por Nuestra Señora y San Juan, poseen una dignidad extraordinaria, acentuada por la calidad plástica de cada una y la cuidada policromía que todavía se aprecia.

No solo por la excelencia del conjunto y por el notable estado de conservación en que ha llegado hasta nosotros, sino fundamentalmente por el postulado cultural y artístico que revela, claramente situado en el ámbito de influencia del norte de Europa, esta *girola* y las esculturas que la integran son un testimonio fundamental para la comprensión del universo artístico del periodo manuelino.

Para visitar Dornes, seguir por la N110 en dirección a Pereiro. Torcer a la derecha para tomar la N238 en sentido Águas Belas. Después del cruce de Águas Belas y antes de Casal da Madalena hay dos desvíos a la izquierda; torcer en el segundo para coger la carretera municipal a Dornes.

de las invasiones napoleónicas, de la que subsisten únicamente dos ángeles que sostienen escudos con las armas de Portugal y de la Orden de Cristo. Estas tallas, que pueden contemplarse en la magnífica *girola,* son una demostración de las tres vertientes principales en que los artistas norteuropeos se distinguieron en el Portugal manuelino: la pintura, presente en la policromía de las estatuas, la escultura y la ebanistería, patente en la estructura que deco-

II.6 **DORNES** (opción)

II.6.a **Torre de Dornes**

Junto a la iglesia de Dornes. Catalogada como Inmueble de Interés Público. Información: Oficina de Turismo, tel. 249 366677. Solo puede verse por fuera.

RECORRIDO II *Tierras de la Orden de Cristo*
Dornes

Se ignora el origen de la Torre de Dornes, aunque la tradición diga que en origen fue un puesto de observación romano. Es muy probable, sin embargo, que proceda de una atalaya medieval de los templarios o incluso de la Orden de Cristo, en cuyas tierras se encuentra.

Su ubicación es impresionante, dominando una vasta área y, en especial, el lago artificial de la albufera de Castelo de Bode, por lo que fue aprovechada ya en el periodo manuelino como campanario, pues a su lado se construyó la iglesia. Tiene planta cuadrada y es de pizarra del lugar, con esquinas de cantería; el piso más alto, en el que se abren los grandes campanarios, está cubierto por una bovedilla.

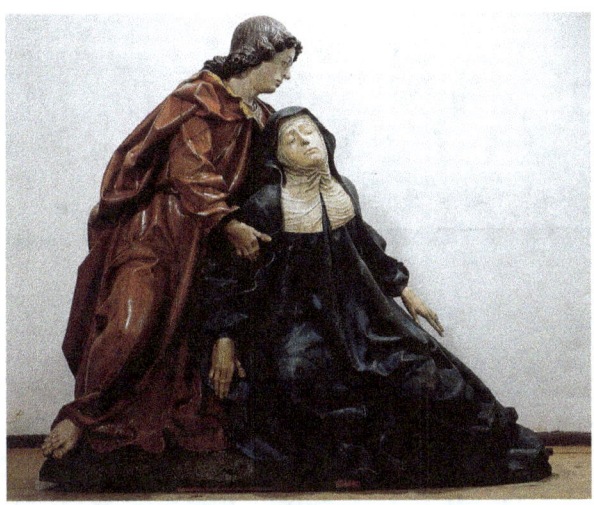

IPM/C.M.

Olivier de Gand, "San Juan y Nuestra Señora", s. XVI, Convento de Cristo, Tomar.

"Santarém es un libro de piedra en que está escrita la más interesante y la más poética de nuestras crónicas. Rico en iluminaciones, en recortes, en florones, en imágenes, en arabescos y encajes primorosos, el libro era el más bello y el más precioso de Portugal. Encuadernado en esmalte verde y plata por el Tajo y sus riberas, cerrado con los broches de bronce de sus fuertes murallas góticas, el magnífico libro debía durar para siempre mientras la mano del Creador no se alargara para extinguir las memorias de la criatura.

Pero esta Nínive no fue destruida, esta Pompeya no fue sumergida por ninguna catástrofe grandiosa. El pueblo de cuya historia ella es el libro todavía existe, mas ese pueblo se infantilizó, le dieron el libro para jugar, lo rasgó, lo mutiló, le arrancó las hojas una a una e hizo papagayos y muñecas, hizo caperuzas con ellas. No de otro modo puede describirse lo que esta gente llamada gobierno, llamada administración, está haciendo y dejando hacer desde hace más de un siglo en Santarém.

Las ruinas del tiempo son tristes pero hermosas, las que las revoluciones traen quedan marcadas con el cuño solemne de la historia. Pero las brutas degradaciones y las más brutas reparaciones ignorantes, los mezquinos arreglos del arte parásito, esos profanan, quitan todo prestigio.

Tal es la impresión general que me produce esta tierra. Almorcemos, que oigo ya llamar a hacerlo, y después iremos a ver si es que estoy engañado.

En el almuerzo la conversación vino a caer naturalmente en su objeto más obvio, Santarém. D. Afonso Henriques y sus bravos, S. Frei Gil y el Santo Milagro, el Alfageme y el Condestable, el rey D. Fernando y la reina D.ª Leonor, Camões, nacido aquí, Pedro Álvares Cabral, los Docens; a casi todas las grandes figuras de nuestra historia se pasó revista. Por fin vino también Santa Iria, la madrina y patrona de esta tierra, cuyo nombre hizo aquí olvidar el de romanos y celtas."

Almeida Garrett, Viagens na Minha Terra, *Lisboa, 1846.*

LA ORDEN DE CRISTO Y LOS DECUBRIMIENTOS

Pedro Dias

La Orden de Cristo tuvo su origen en la Orden del Temple, fundada para combatir a los infieles en Tierra Santa. En el siglo XIII, al volver a sus países de origen, los caballeros templarios entraron en confrontación con varios monarcas, que al final lograron su desaparición, y en ello tuvo parte importante el rey francés Felipe el Hermoso. En Portugal, el rey D. Dinis no tenía las mismas ideas y, para evitar los problemas que le ocasionaba, como la Reconquista había demostrado, la falta de milicia armada, optó por crear una nueva orden, portuguesa, que llamó Orden de Cristo y a la que dotó con los bienes de los templarios. Así nació, en 1319, la nueva orden que un siglo después desempeñaría un papel relevante en la evangelización de los territorios de ultramar. En 1357 su sede pasó definitivamente a Tomar.

Con la llegada del infante D. Henrique al cargo de administrador de la orden, la importancia de esta aumentó, pues por medio del infante se le concedió la titularidad de las iglesias de las islas del Atlántico y, después, de muchas de las tierras conquistadas o descubiertas y de los territorios continentales ultramarinos. Asimismo, la corte portuguesa quiso canalizar las rentas que poseía en el reino hacia la defensa de las plazas del Magreb y, más genéricamente, hacia la lucha contra los moros en el mar. Al heredar D. Manuel I la gestión de la orden, tal como lo hiciera su tío abuelo, la política de vicarías continuó, y el rey dotó a esas iglesias de ultramar de muchas alhajas de culto y obras de arte compradas en los mercados del norte de Europa, especialmente en Flandes.

Muchos de los que participaron en los descubrimientos ultramarinos estaban ligados a la Orden de Cristo —como también a la de Santiago—, mientras que otros, por sus hechos, fueron premiados con encomiendas o con el rango de caballeros, distinción que se extendió a partir del siglo XV a muchos príncipes y personas reales, y hasta a gente más modesta, de etnias no europeas, principalmente de África y la India.

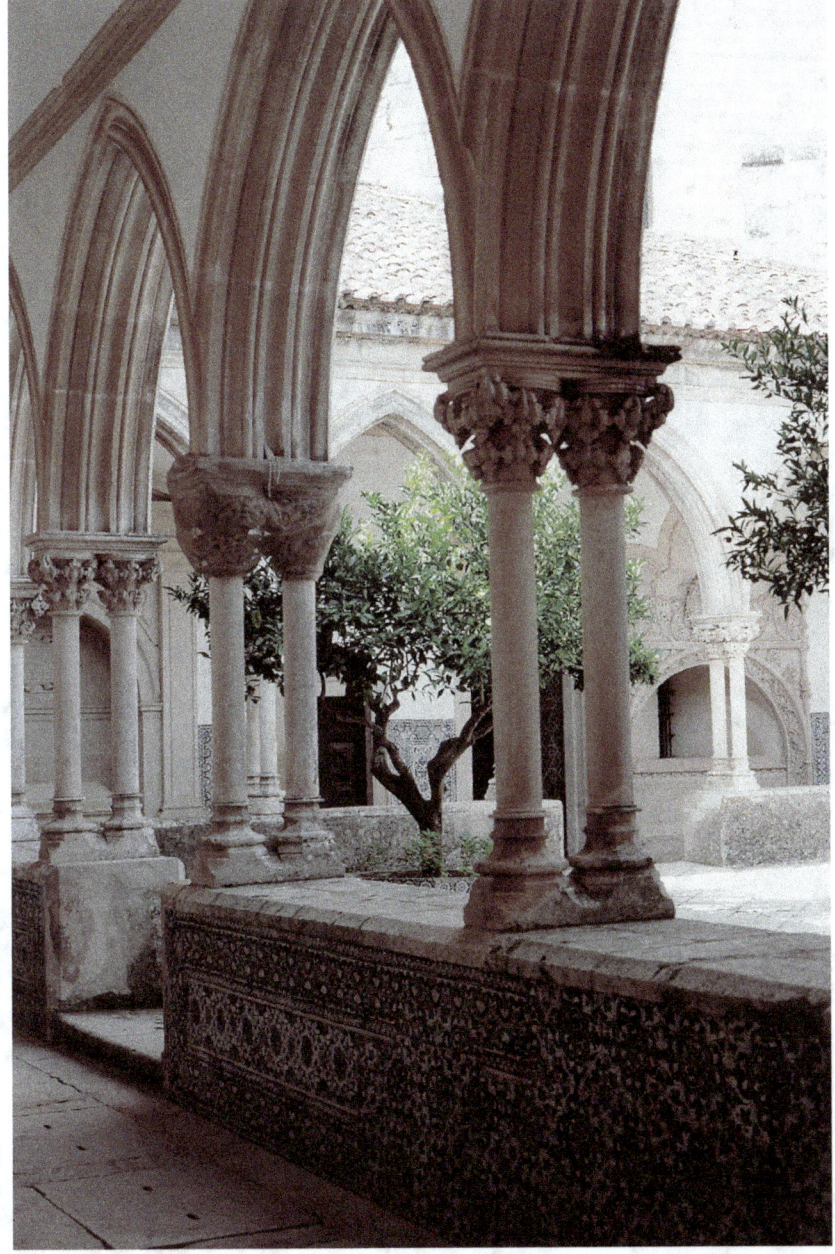

Convento de Cristo, claustro del cementerio, Tomar.

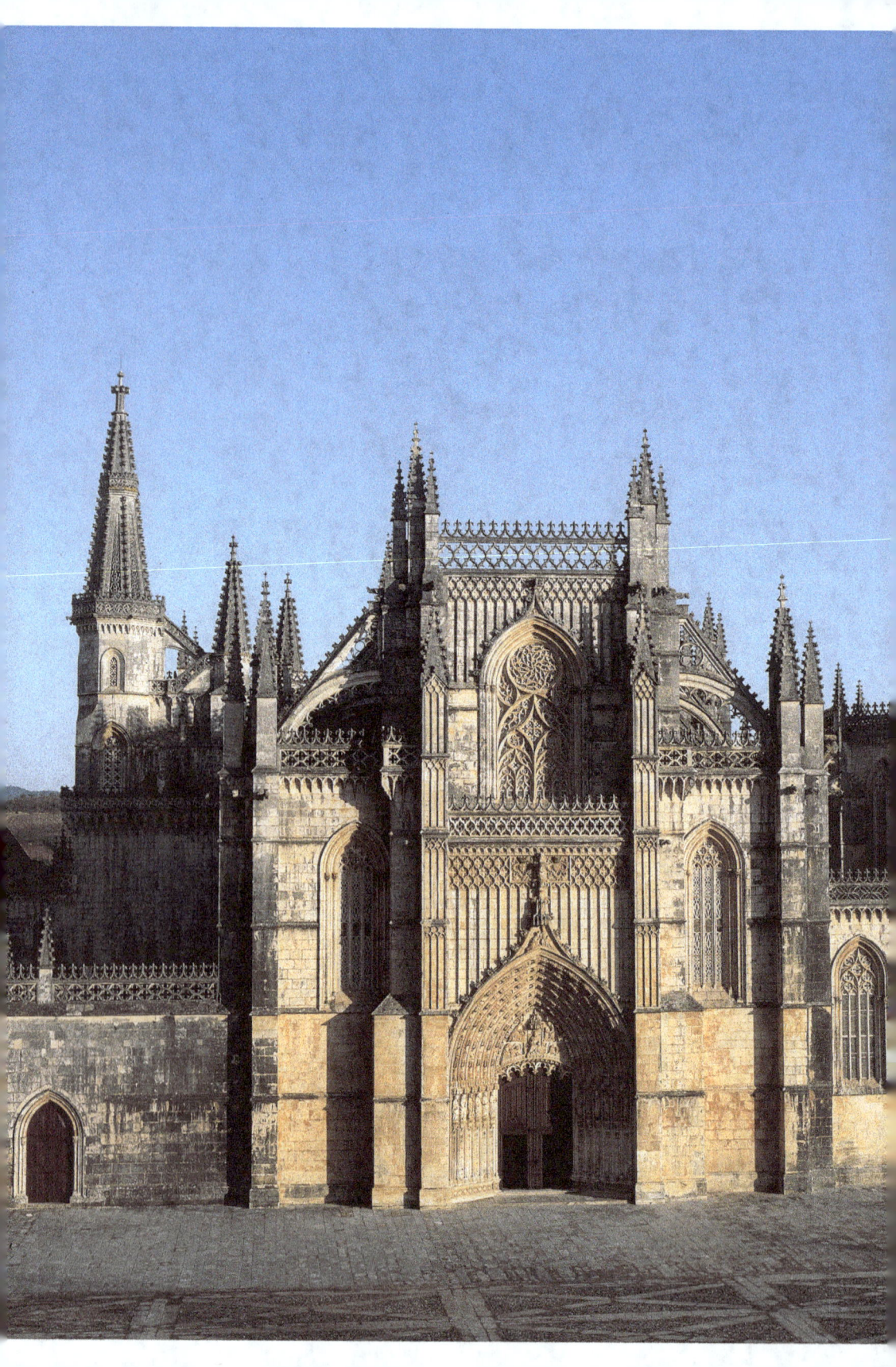

RECORRIDO III

Tras las huellas de Boytac

**Pedro Dias, Dalila Rodrigues,
Nuno Vassallo e Silva, Fernando Grilo**

Primer día

III.1 BATALHA
III.1.a Monasterio de Batalha
III.1.b Exaltación de la Santa Cruz, iglesia matriz

III.2 POMBAL
III.2.a Castillo

III.3 REDINHA
III.3.a Nuestra Señora de la Concepción, iglesia matriz

III.4 SOURE
III.4.a Castillo
III.4.b Santiago (São Tiago), iglesia matriz

III.5 EGA
III.5.a Palacio de los Comendadores
III.5.b Nuestra Señora de la Gracia, iglesia matriz

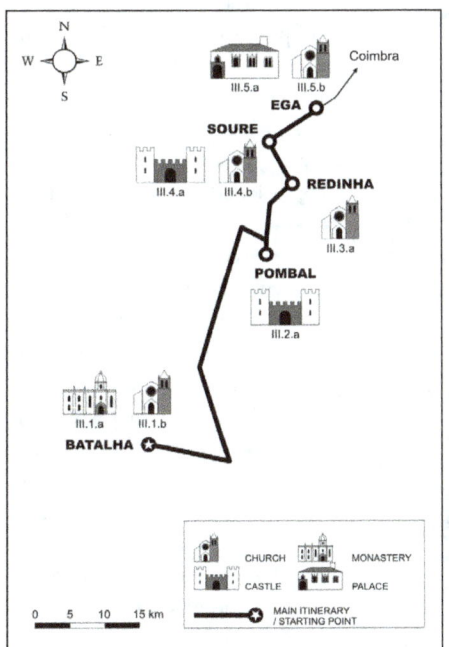

Monasterio de Batalha, fachada principal.

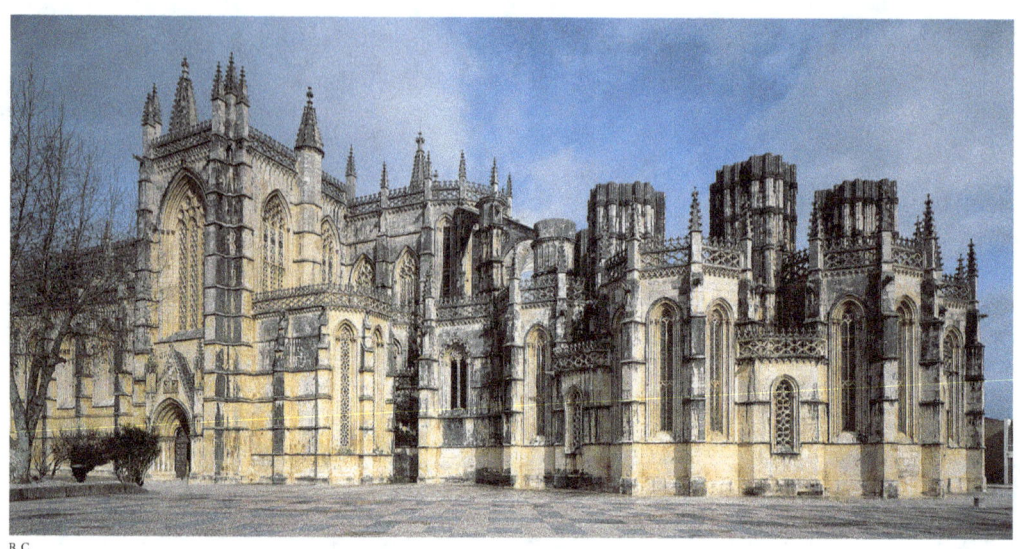

Panorámica de las Capillas Imperfectas, Monasterio de Batalha.

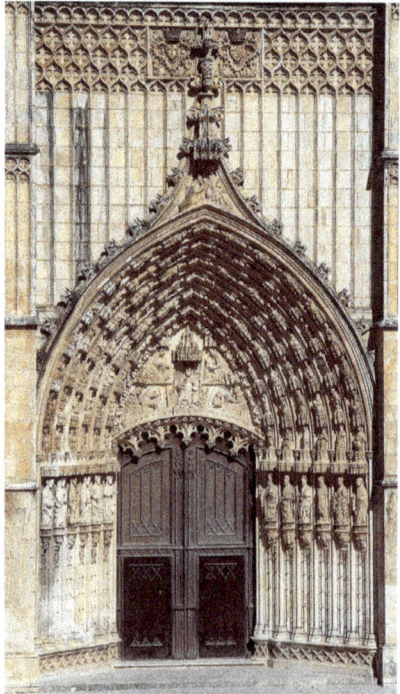

Monasterio de Batalha, puerta principal.

La arquitectura manuelina alcanzó su auge en la segunda década del siglo XVI, cuando el poder de D. Manuel I estaba estabilizado y la expansión ultramarina reportaba claros frutos económicos. Fueron varios los centros artísticos que se crearon entonces y que, de una u otra forma, condicionaron los modos de hacer en cada región. Tomar, Lisboa y Tavira estuvieron entre estos centros, pero el más importante de todos fue Batalha, donde desde 1389 se construía el mayor conjunto monástico que Portugal había tenido, el Monasterio de Santa María de la Victoria. La obra fue una verdadera escuela de construcción en la que se formaron y de la que salieron los principales maestros cuatrocentistas y manuelinos. Allí D. Manuel I reclutaba a los arquitectos que después mandaba a Marruecos, el resto de África y la India. Uno de ellos fue Boytac.

RECORRIDO III   *Tras las huellas de Boytac*
Batalha

Boytac, o Diogo de Boytac, como parece que se llamaba, no era de origen portugués. Vino a Portugal muy joven y aquí hizo su aprendizaje, junto a João de Arruda y Mateus Fernandes. Estuvo al servicio de D. João II y sirvió luego a D. Manuel I, adquiriendo notoriedad como fortificador de las plazas de Marruecos, aunque en el reino hubiese construido también palacios e iglesias.

Si bien es verdad que fue uno de los primeros maestros de obras del Monasterio de los Jerónimos de Lisboa, fue en las regiones de Estremadura y Beira Litoral, particularmente en Coimbra, donde dejó algunas de sus construcciones más importantes, y en esas tierras se encuentran también sus fuentes de inspiración y los trabajos de sus principales discípulos.

III.I BATALHA

III.1.a Monasterio de Batalha

Se encuentra inscrito en la Lista del Patrimonio de la Humanidad de la UNESCO desde 1983 y está catalogado como Monumento Nacional desde 1907. Tel. 244 765497. Está permitido hacer fotografías.
Acceso con entrada. Horario: verano de 9 a 18; octubre a marzo de 9 a 17; Año Nuevo, Viernes Santo, Pascua, 1 de mayo, Nochebuena y Navidad cerrado.

El Monasterio de Santa María de la Victoria, más conocido como Monasterio de Batalha, se fundó y levantó por iniciativa del rey D. João I como agradecimiento a Nuestra Señora por la victoria en Alju-

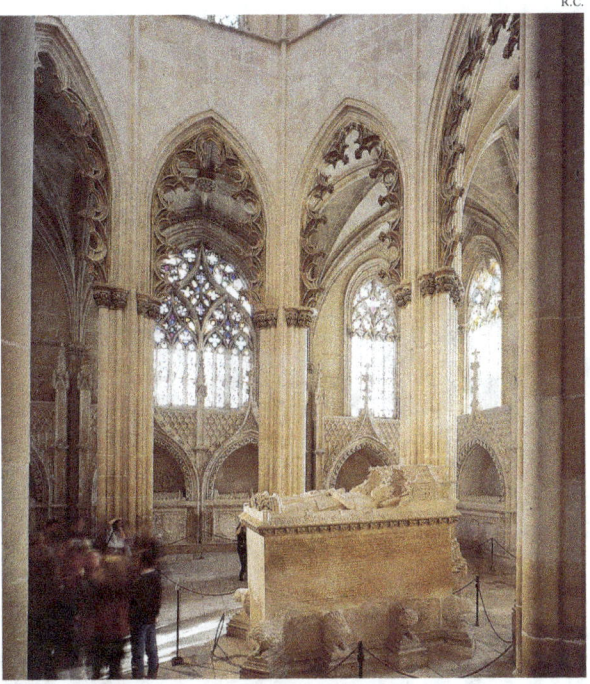

Capilla del Fundador, Monasterio de Batalha.

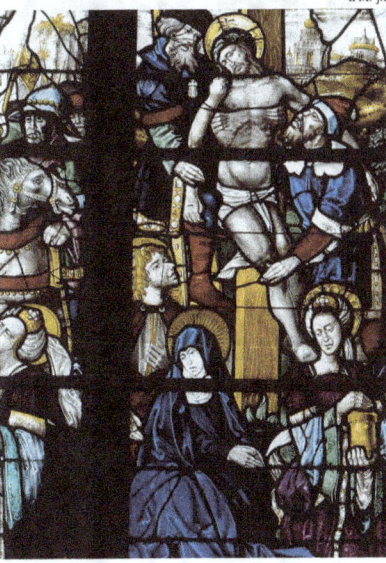

"Descendimiento de la Cruz", vitrina de la Sala Capitular, 1514, Monasterio de Batalha.

RECORRIDO III   *Tras las huellas de Boytac*
Batalha

Claustro del Monasterio de Batalha.

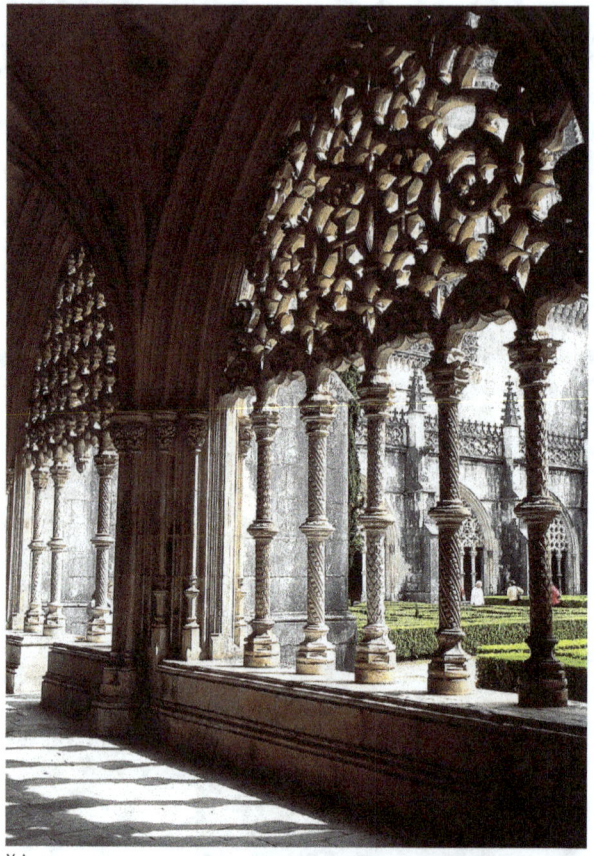

M.A.

Claustro del Monasterio de Batalha, detalle.

J.B.

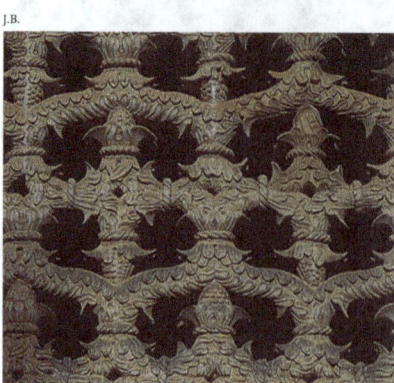

barrota en 1385, con la que quedó decidida la crisis dinástica en que se había visto envuelto Portugal. Entregó el establecimiento a los dominicos, entre los cuales se encontraban muchos de sus colaboradores más próximos, y en 1389, a las órdenes del viejo maestro constructor Afonso Domingues, la obra arrancó desde los cimientos. Otros maestros le sucedieron, y el segundo, Huguet, fue el introductor del estilo flamígero entre nosotros.

En la época manuelina destacaron aquí Mateus Fernandes y Boytac, ambos afincados en la villa que entre tanto había surgido en torno al Monasterio, en la que vieron crecer a sus hijos, también arquitectos. El Monasterio de Batalha es el más importante edificio gótico portugués, nacido en la fase más radiante de este estilo, que pasó por las del gótico vertical y el flamígero y acabó en el manuelino.

En lo esencial, el conjunto que sobrevivió a las invasiones napoleónicas está constituido por la iglesia monástica y por la capilla del fundador, por los dos claustros, el real y el de D. Afonso V, por la sala capitular, el refectorio, el dormitorio y otros anejos menores. Añádanse, aunque todavía de un gótico anterior al manuelino, la capilla de planta central donde está la enorme arca funeraria de D. João y de D.ª Filipa de Lencastre (Lancaster) y en cuyas paredes se encuentran los *edículos* funerarios de sus hijos, los príncipes de Avís, entre ellos D. Henrique el Navegante, el rey D. João II y su malogrado heredero el infante D. Afonso.

La estatuaria fue una actividad importante en la obra de Batalha, y de ello da fe la magnífica puerta axial de la iglesia.

RECORRIDO III   *Tras las huellas de Boytac*
Batalha

Sin embargo, es a la obra de Mateus Fernandes a la que debemos referirnos principalmente, ya que fue este maestro quien introdujo en el gótico final la decoración naturalista hipertrofiada, como la que se ve en la parte superior de los arcos del claustro real y también en la gran puerta de las Capillas Imperfectas. Si esta última obra descansa aún en una estructura flamígera de clara influencia centroeuropea, los arranques de la bóveda inacabada son ya más castizos y uno de los puntos álgidos de esa verdadera orgía naturalista que marcó el periodo y el arte manuelino. Es una pena que la muerte de D. Manuel I, en 1521, ocasionase la cancelación de tan fantástica obra.

III.1.b Exaltación de la Santa Cruz, iglesia matriz

En las proximidades del Monasterio, tel. 244 765140. Catalogada como Monumento Nacional. Horario: todos los días de 10 a 16. El oficio religioso tiene lugar de lunes a viernes a las 8:30, los sábados a las 19:30 y los domingos a las 8 y a las 11.

Como alrededor del Monasterio de Batalha surgió enseguida una villa, fue necesario construir una iglesia parroquial para dar asistencia espiritual a los trabajadores y sus familias. Nació así la iglesia de Santa Cruz, que en la época manuelina se vería profundamente modificada y ennoblecida por obras que duraron hasta 1532. Destaquemos la elegante puerta, hiperdecorada con elementos naturalistas y también con dos escudos que ostentan la esfera armilar y la cruz de la Orden de Cristo, y

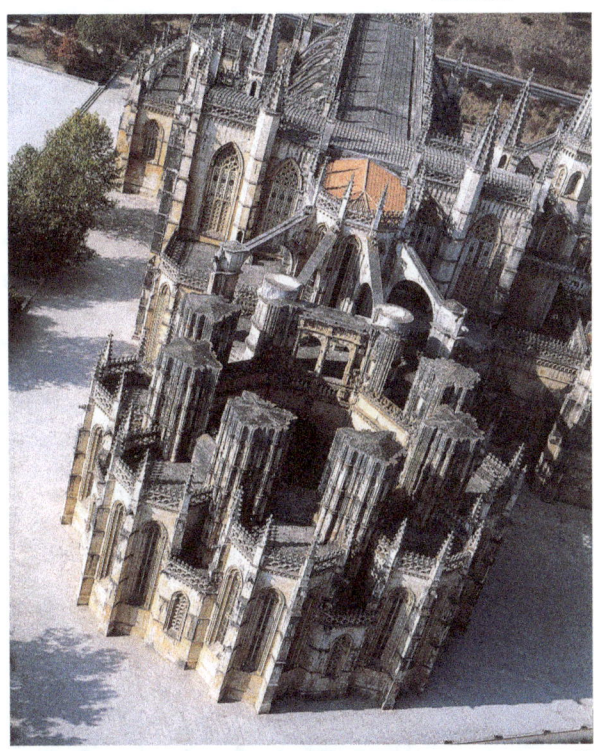

Capillas Imperfectas, vista aérea, Monasterio de Batalha.

Iglesia de la Exaltación de la Santa Cruz, detalle de la puerta axial, Batalha.

97

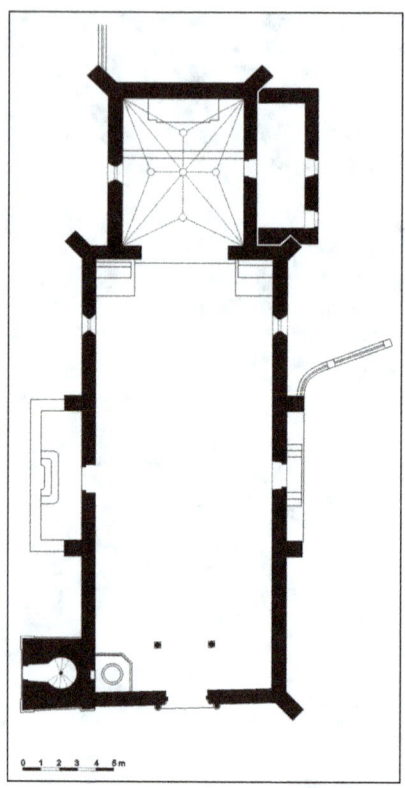

Iglesia de la Exaltación de la Santa Cruz, planta, Batalha, Boletim da Direcção-Geral dos Edifícios e Monumentos Nacionais, n.º 13, Lisboa, 1938.

la capilla mayor, obra en la mejor tradición del gótico tardío nacional. Es posible que el maestro constructor fuera Boytac.

Para ir a Pombal, seguir la N1 en dirección a Oporto (42 km).

III.2 POMBAL

III.2.a Castillo

Monte do Castelo. Catalogado como Monumento Nacional. Información: Oficina de Turismo de Pombal, tel. 236 213230.
Horario: puede visitarse a cualquier hora.

La importancia de Pombal durante los primeros tiempos del reino de Portugal se debió a su situación geográfica, entre la frontera del Mondego y las tierras musulmanas de la línea del Tajo. El castillo lo edificó o reedificó en 1161 Gualdim Pais, y quedó bajo el dominio de los caballeros templarios. En 1319 pasó a la Orden de Cristo, que lo mantuvo como cabeza de una de sus encomiendas. Fue este hecho lo que llevó a que D. Manuel I, administrador de la orden, lo restaurase a principios del siglo XVI y otorgase, asimismo, un fuero a la villa en 1512.

Para llegar a Redinha, seguir la N1. Después de la salida de Pelarga / Verigo hay un cruce, en el que se debe tomar la carretera municipal hasta Redinha (11 km).

III.3 REDINHA

III.3.a Nuestra Señora de la Concepción, iglesia matriz

Largo da Igreja. Catalogada como Inmueble de Interés Público.
Horario: abre solamente los domingos a las 10 para la celebración de la misa. Para verla a otra hora, pedir la llave en la casa del párroco o fijar una visita en el tel. 236 911121.

Se trata de otra de las poblaciones que tuvo su origen en una fortificación de los tem-

RECORRIDO III   *Tras las huellas de Boytac*
Redinha

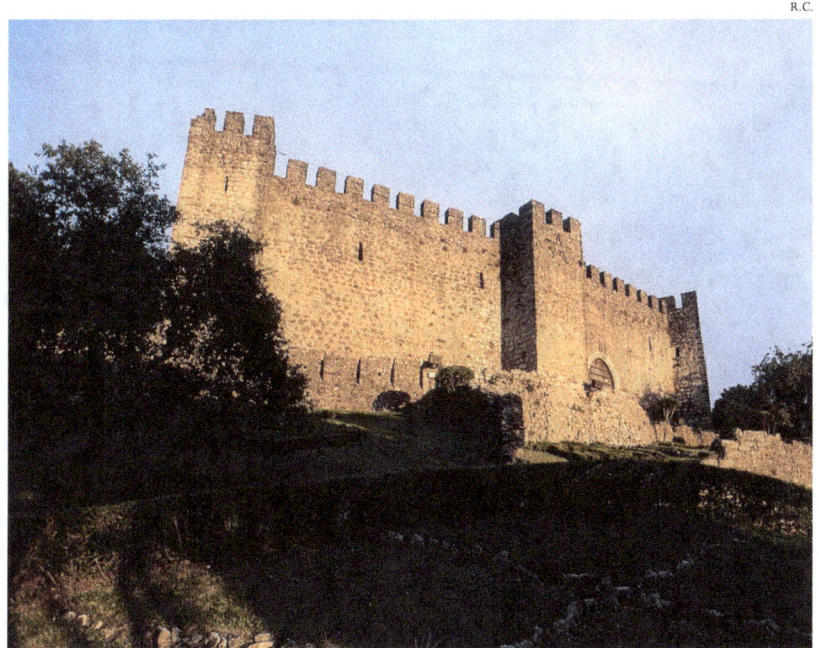

Castillo de Pombal.

plarios y que más tarde, en el siglo XIV, pasó a la Orden de Cristo. Su primer fuero le fue otorgado en 1159 por Gualdim Pais, que también reconstruyó el pequeño castillo existente y promovió la construcción del puente románico que aún pervive.

Esta iglesia matriz de traza románica fue profundamente modificada, no obstante, en época manuelina. De esta obra de principios del siglo XVI ha quedado la estructura general y también las puertas exteriores, sencillas pero con la clara decoración naturalista que marca este tipo de construcciones.

Para ir a Soure, seguir por la N1 hacia Venda Nova y torcer a la izquierda en dirección a Paleão por la N348 hasta Soure (12 km).

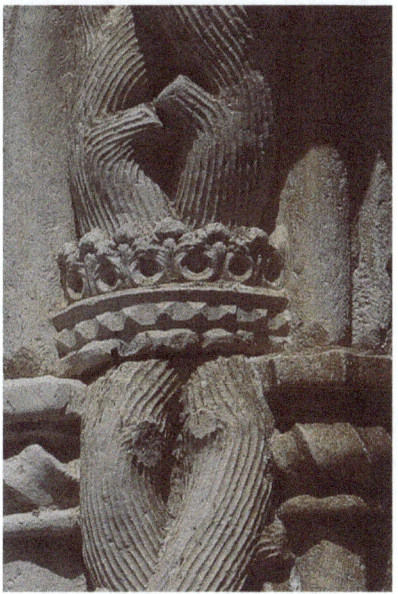

Iglesia de Nuestra Señora de la Concepción, detalle de la puerta, Redinha.

RECORRIDO III   Tras las huellas de Boytac
Soure

Castillo de Soure.

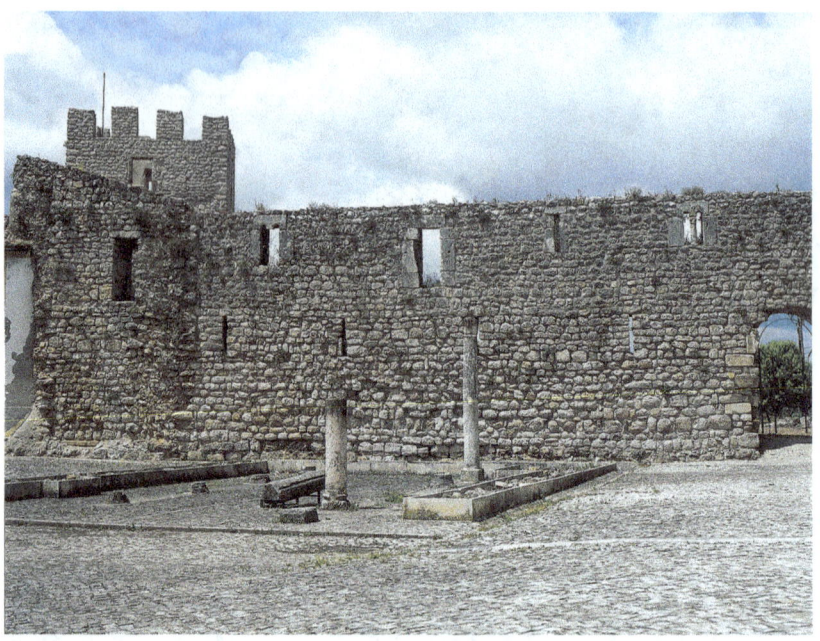

J.B.

III.4 **SOURE**

II.4.a **Castillo**

Entrada por Adro do Castelo. Catalogado como Monumento Nacional.
Horario: puede visitarse a cualquier hora. Para hacer una visita guiada, solicitarla en el Museo Municipal, tel. 239 509190, de 9 a 12:30 y de 14 a 17:30.

En el lugar donde hoy se levanta la villa de Soure existió una importante población romana. Sabemos que hubo también un pueblo en época visigoda, y la localidad cobró importancia en el siglo XII como lugar fronterizo entre el norte cristiano y el sur musulmán. La reina D.ª Teresa le otorgó su fuero en 1111 y, en 1128, la villa fue donada junto con su fortaleza a los templarios. El castillo, que conserva elementos mozárabes, se reconstruyó en el siglo XV a iniciativa del infante D. Henrique y otra vez, medio siglo después, por mandato de D. Manuel I, ya que era cabeza de una encomienda de la Orden de Cristo. Fueron esas obras las que le dieron el aspecto que hoy tiene, descontando, claro está, el estado ruinoso de varias de sus partes.

III.4.b **Santiago (São Tiago), iglesia matriz**

Praça Miguel Bombarda, tel. 239 502226.
Horario: de 9 a 17. Pueden solicitarse visitas

RECORRIDO III   *Tras las huellas de Boytac*
Ega

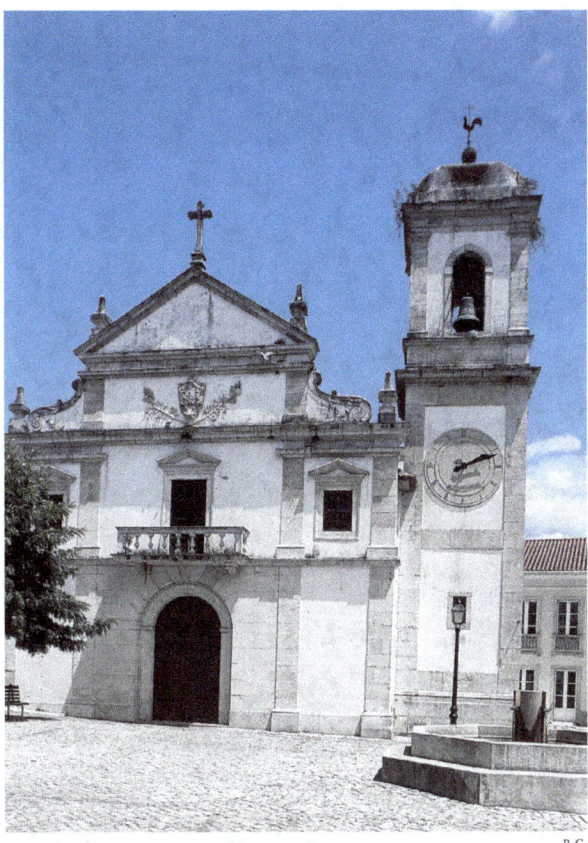

Santiago, iglesia matriz de Soure.

guiadas en el Museo Municipal, tel. 239 509190, de 9 a 12:30 y de 14 a 17:30.

Otro monumento manuelino es la iglesia de Santiago, iglesia matriz de la villa, construida por deseo de D. Manuel I en 1490, cuando era simplemente administrador de la Orden de Cristo y no imaginaba que se convertiría en rey de Portugal. Del templo inicial sólo quedan las arcadas que dividen las tres naves del cuerpo, así como dos placas alusivas a la construcción, con las armas y el emblema del entonces duque de Beja.

Para ir a Ega seguir la N342 en dirección a Condeixa (8 km).

III.5 **EGA**

III.5.a **Palacio de los Comendadores**

Está situado en la carretera de Condeixa a Soure, en Ega, detrás de la iglesia matriz.

Este pueblo era una de las primeras líneas de defensa al sur del Mondego cuando D. Afonso Henriques se lo entregó a los templarios; pasó después, como encomienda, a la Orden de Cristo. Debido a su importancia estratégica, D. Manuel I le concedió un nuevo fuero en 1514.
En lo alto del cerro que domina la antigua aldea se alza el Palacio de los Comendadores, por desgracia en avanzado estado de ruina pero en el que todavía son visibles muchos elementos

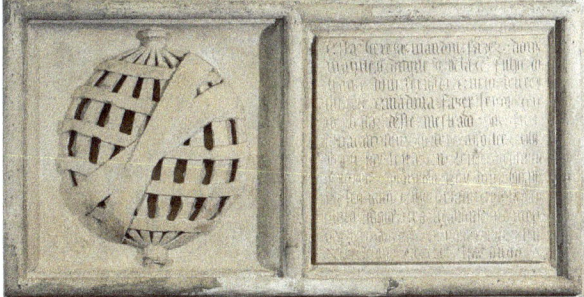

Piedra de armas alusiva a la construcción de la iglesia de Santiago, Soure.

Palacio de los Comendadores, Ega.

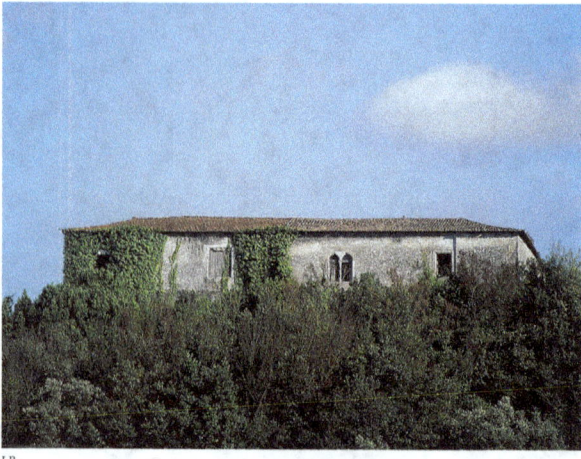

arquitectónicos manuelinos, como puertas y ventanas.
En la zona baja queda el *pelourinho,* con su columna rematada por una piña naturalista.

III.5.b Nuestra Señora de la Gracia, iglesia matriz

Catalogada como Inmueble de Interés Público. Información: tel. 239 944441 (cura párroco). Horario: todos los días a las 19 y domingos a las 12 para la celebración de la misa. Puede solicitarse una visita en la casa que hay junto a ella o en la Casa Parroquial, también en las inmediaciones.

No lejos del Palacio se encuentra la iglesia matriz, totalmente reformada a principios del siglo XVI, cuyas obras fueron concluidas por Diego del Castillo a causa de la muerte en 1521 del primer constructor, Marcos Pires, hombre que venía de Batalha, colaborador y discípulo de Boytac que continuó sus obras del Monasterio de Santa Cruz y del Palacio Real de Coimbra. Destaca la bellísima puerta manuelina con columnas entorchadas, la capilla mayor con un *arco triunfal* naturalista adornado también con columnas y *arquivolta* entorchadas y una elegante bóveda de crucería. El altar ostenta un tríptico pintado por un artista de la corte hacia 1543 y en el que se puede ver el retrato del comendador Afonso de Lencastre.

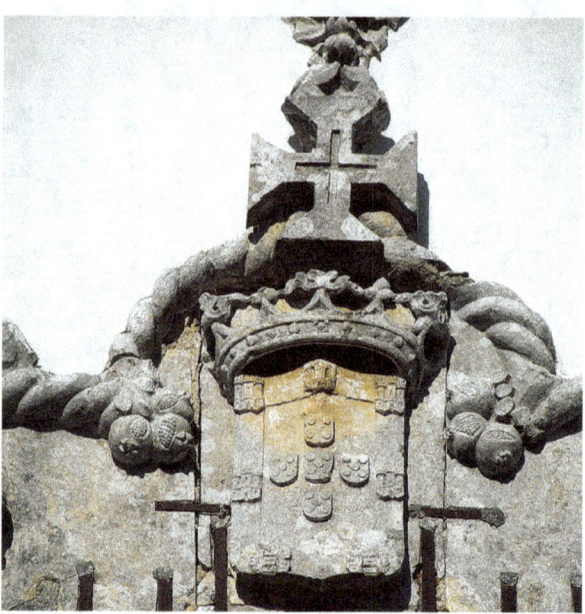

Iglesia de Nuestra Señora de la Gracia, detalle de la puerta, Ega.

Para ir a Coimbra, continuar por la N342 en sentido Condeixa y allí tomar la N1.

RECORRIDO III

Tras las huellas de Boytac

Pedro Dias, Dalila Rodrigues,
Nuno Vassallo e Silva, Fernando Grilo

Segundo día

III.6 COIMBRA
    III.6.a Palacio Real
    III.6.b Museo Nacional Machado de Castro
    III.6.c Catedral Vieja (Sé Velha)
    III.6.d Casa de Sub-Ripas
    III.6.e Monasterio de Santa Cruz

III.7 SÃO MARCOS (opción)
    III.7.a Monasterio de San Marcos

III.8 MONTEMOR-O-VELHO
    III.8.a Castillo
    III.8.b Convento de Santa María de los Ángeles
    III.8.c Antiguo Hospital de la Misericordia

La leyenda de Inés de Castro

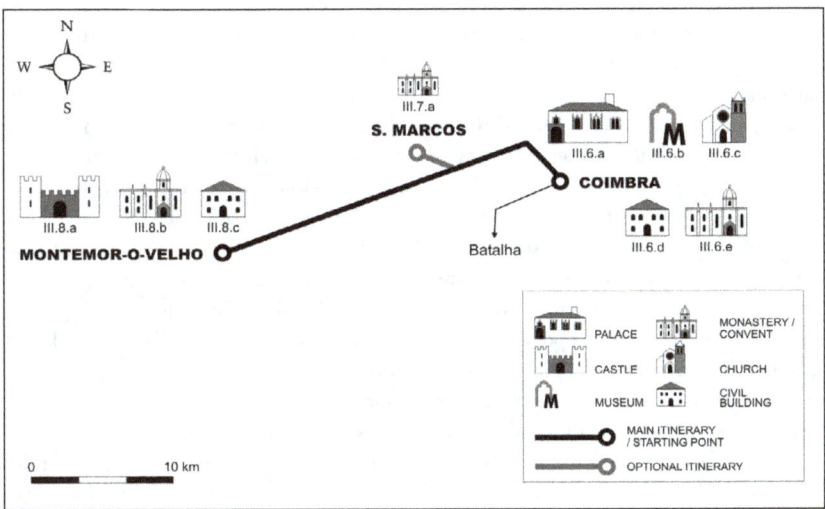

RECORRIDO III Tras las huellas de Boytac
Coimbra

Olivier de Gand y Jean d'Ypres, retablo del altar mayor, detalle, 1499-1500, Catedral Vieja, Coimbra.

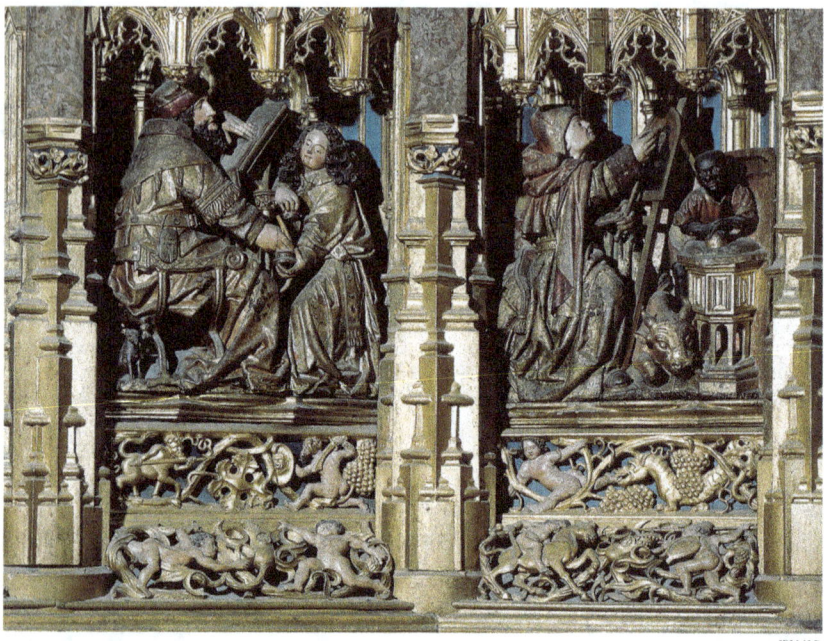

III.6 **COIMBRA**

En época manuelina, Coimbra no tenía la importancia que tiene hoy en el contexto nacional, ni siquiera la que había tenido dos siglos antes. No obstante, desde el periodo romano fue una urbe floreciente, con vestigios arquitectónicos y artísticos de relieve y lugar clave en las relaciones entre el norte y el sur de los territorios occidentales de la Península hasta mediados del siglo XII.

En el año 713 fue ocupada por los árabes, que permanecieron en ella hasta 1064, cuando la reconquistaron las tropas del rey leonés Fernando I el Grande, de las que formaba parte el gran caudillo Rodrigo Díaz de Vivar, el Cid Campeador.

D. Afonso Henriques eligió Coimbra como sede de la corte, y la ciudad se convirtió en capital del joven reino hasta mediados del siglo XIII. Después, en tiempos de D. Dinis, se instaló aquí el Estudio General o Universidad, tras la brillantez alcanzada por los estudios que ya se hacían en las escuelas monásticas, sobre todo la de Santa Cruz.

Por iniciativa regia, a partir de 1505 Coimbra vivió un gran desarrollo: se construyeron o reconstruyeron, a instancias de D. Manuel I, edificios religiosos y administrativos y lo que hoy llamaríamos infraestructuras sociales, como el puente sobre el río Mondego y el Hospital Real. Desde ese momento, la urbe pasó a ser una inmensa obra por la que pasaron los mejores artistas del reino y muchas figuras granadas del panorama artístico europeo.

En arquitectura, pintura y escultura, Coimbra dictó modas y marcó definitivamente toda la cuenca del Mondego, de donde partieron muchos equipos constructores para lugares más distantes, sobre todo para pueblos de Beira Alta y Beira Baixa, y de Alta Estremadura.

Para visitar Coimbra, conviene dejar el vehículo a la entrada de la ciudad, después de pasar el viaducto y junto a la Casa do Sal, en uno de los aparcamientos del lugar. Después, tomar el "Eco Via", un pequeño autobús que conduce a la parte alta, desde donde se puede hacer a pie la visita.

III.6.a **Palacio Real**

Largo da Porta Férrea, en la Universidad de Coimbra. Catalogado como Monumento Nacional. Información: tel. 239 859800. Dispone de cafetería.
Acceso con entrada, salvo para profesores y estudiantes. Horario: todos los días de 9:30 a 12 y de 14 a 17; Navidad cerrado.

El Palacio Real de Coimbra se remonta al periodo del primer rey portugués, D. Afonso Henriques, que aquí vivió y, muy probablemente, murió. No obstante, siglos antes existía ya en el lugar una fortaleza, algunos de cuyos elementos se incorporaron a los edificios manuelinos. De esta época quedaron las torres redondas o *albacaras* del muro exterior del Palacio, el lado orientado a la Catedral Vieja, las grandes ventanas de la Sala del Trono (hoy Sala de los Capelos) visibles en Via Latina e incluso varias puertas y arcadas de la planta baja, que ahora forman parte del Instituto Jurídico.

Pero el edificio más interesante es la Capilla de San Miguel, con su típica puerta y un *arco triunfal* en forma de encordadura. Fue obra de Marcos Pires, el principal discípulo de Boytac, que trabajó aquí entre 1517 y 1521.

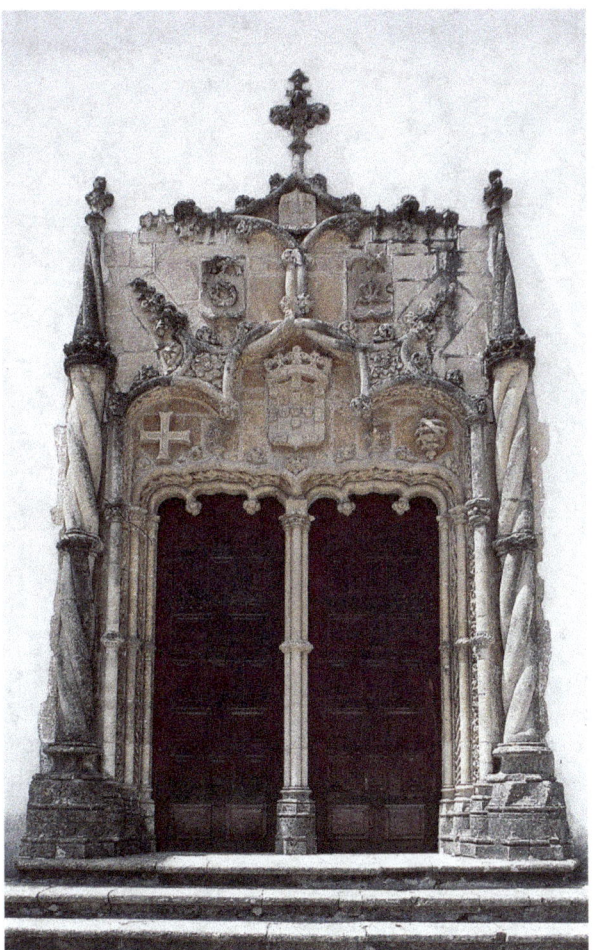

R.C.

Palacio Real, puerta, Coimbra.

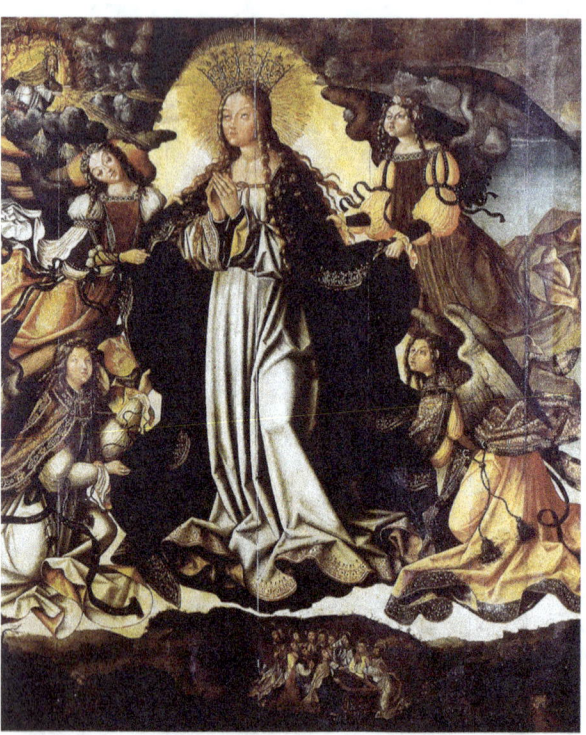

Vicente Gil, "Asunción de la Virgen", óleo sobre madera, h. 1520, Museo Nacional Machado de Castro, Coimbra.

III.6.b **Museo Nacional Machado de Castro**

Largo Dr. José Rodríguez, tel. 239 823727. El antiguo palacio episcopal está catalogado como Monumento Nacional desde 1910.
Acceso con entrada. Horario: de 9:30 a 12:30 y de 14 a 17:30; lunes, Año Nuevo, Pascua, 1 de mayo y Navidad cerrado.

El edificio en que está instalado el Museo es el antiguo palacio episcopal, que a su vez se asienta sobre un enorme e imponente *criptopórtico* romano. Esta plataforma artificial se aprovechó ya en el siglo XII para construir la iglesia de San Juan de Almedina, su claustro privado y los respectivos anejos. La última gran reforma, de la que perviven la entrada y el patio con su gran baranda orientada al río, tuvo lugar a finales del siglo XVI. Las colecciones que guarda son muchas y notables, y comprenden piezas que van desde la Alta Edad Media hasta la actualidad.

De la colección de orfebrería destaca el núcleo que constituye el Tesoro de la Catedral (Tesoro da Sé). Desde el siglo XII se fue enriqueciendo con preciosas alhajas, y otro tanto ocurrió, naturalmente, durante el periodo manuelino. El gótico final típico del reinado del Afortunado perduró en esta y otras disciplinas, y de ello es un claro ejemplo la grandiosa custodia que Jorge de Almeida donó a la catedral en 1527, hecha enteramente en plata dorada. Su estructura recuerda un edificio manuelino de tres alturas que se asienta sobre una amplia base sostenida por leones. A su alrededor hay una leyenda sobre su donación y los escudos de armas del obispo-conde. El hostiario tiene forma de templete y el Santísimo Sacramento se contempla a través de un finísimo enrejado.

Del periodo manuelino tenemos que destacar varios cálices de plata dorada, en especial el del Monasterio de Santa Clara, y el tesoro de Catarina de Eça, abadesa del Monasterio de Lorvão.

De la importante colección de pintura de este museo, en la que sobresalen excelentes ejemplos de pintura portuguesa y extranjera del Quinientos, forman parte algunas obras salidas del taller más tradicionalista del periodo manuelino, con toda probabilidad ubicado en Coimbra.
A partir de la *Asunción de la Virgen,* de *San Bartolomé* y de las seis tablas del políptico

de Celas es posible identificar un conjunto de características que definen toda la producción del taller. Entre otros recursos expresivos, y pese al nivel superior de algunas pinturas como la *Asunción de la Virgen,* hay que citar el rígido esquema de acumulación de las figuras en el espacio figurativo, con dificultades de distribución espacial, la simplificación y el carácter repetitivo de los rostros, en una fórmula que se reproduce con pocas variaciones, o la deficiente estructura anatómica de las figuras, con el recurso a los tejidos quebrados en los tradicionales pliegues angulosos. Por otro lado, hay que señalar un eximio tratamiento de los elementos complementarios, concretamente de los brocados ornados de pedrería y de las piezas de orfebrería, trabajos minuciosos con gran densidad de materia. Este interés parece derivar de una concepción tradicionalista de la pintura, concebida como objeto físicamente precioso.

Los hoy denominados "Maestros de Coimbra" eran conocidos antiguamente como "Escuela del Maestro de Sardoal" debido a que en la iglesia matriz de esta localidad se encuentra un importante conjunto de pinturas que fue origen del agrupamiento de toda la producción superviviente, en total cerca de cuatro decenas de obras. Es muy probable que Vicente Gil, pintor de D. João II y activo en Coimbra entre 1498 y 1525, y su hijo Manuel Vicente, que trabajó en la ciudad entre 1521 y 1530, encabezaran este importante y tradicionalista taller, que recibía encargos de la región de Coimbra principalmente.

El Museo posee una colección escultórica muy importante de piezas pertene-

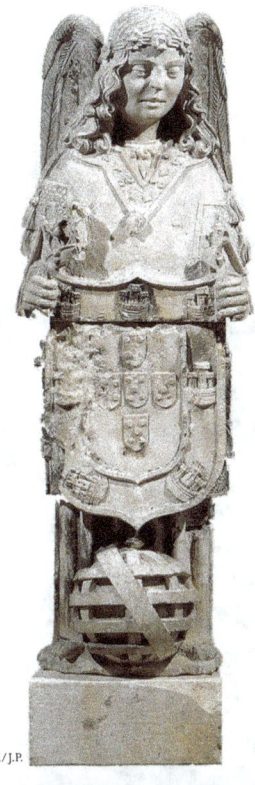

Diogo Pires-o-Moço. "Ángel heráldico", piedra calcárea, 1518-20, Museo Nacional Machado de Castro, Coimbra.

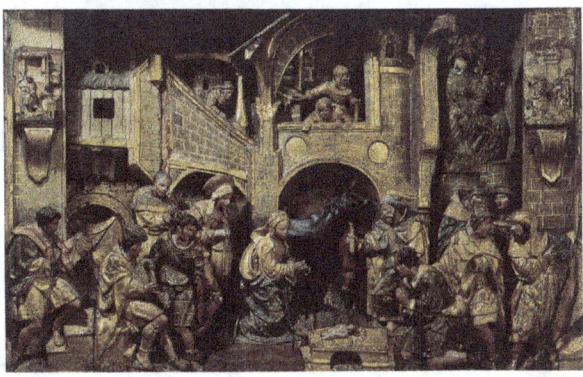

Taller de Amberes, "Retablo de la Natividad", s. XVI, Museo Nacional Machado de Castro, Coimbra.

cientes a la obra del maestro Olivier de Gand y a su círculo de influencia. Esculturas como las de *Santa Bárbara, San Jeró-*

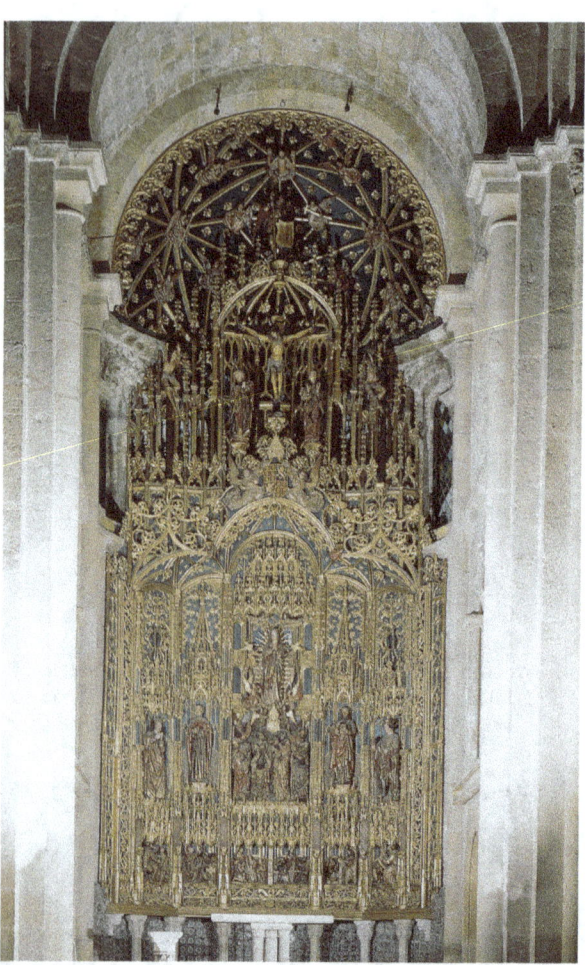

IPM/J.P.

Olivier de Gand y Jean d'Ypres, retablo del altar mayor, 1499-1500, Catedral Vieja, Coimbra.

nimo o *San Gregorio*, pese a su diminuto tamaño y a pertenecer al imponente retablo de la Catedral Vieja, son muy representativas de la estética de este maestro. Un monumental *Profeta*, incompleto, *Nuestra Señora* y *San Juan*, así como un notable *San Mateo*, proveniente de la iglesia matriz de Botão, son otros ejemplos de la influencia de este maestro flamenco en la región de Coimbra. Una muestra del gran movimiento de importación de obras escultóricas del norte de Europa la constituye el retablo de la Natividad, cuya calidad de talla y de policromía apunta a uno de los más importantes talleres de Amberes de principios del Quinientos.

III.6.c Catedral vieja (Sé Velha)

Largo da Sé Velha, tel. 239 825273. Catalogada como Monumento Nacional.
Acceso con entrada al claustro, salvo estudiantes y poseedores de la tarjeta joven. Horario: todos los días de 10 a 13 y de 14 a 18; domingos cerrada.

La primera Catedral Vieja de Coimbra databa del periodo visigótico, el siglo VI, y se levantaba en el mismo sitio donde hoy se puede admirar el edificio comenzado en 1162 por el obispo Miguel Salomão. Fue un lugar siempre sagrado, antes templo romano y mezquita árabe. Terminada, en lo esencial, y abierta al culto en 1184, se fue enriqueciendo, principalmente con un claustro, a principios del siglo XIII y sobre todo con la profunda reforma de 1483-1543 debida al obispo Jorge de Almeida. Durante su etapa al frente de la diócesis de Coimbra, además de las obras arquitectónicas en que trabajaron Pero y Filipe Henriques, hijos del maestro de obras del Monasterio de Batalha Mateus Fernandes, en 1498 empezó los trabajos de renovación del retablo mayor, encargando su ejecución, concluida en 1502, a los imagineros Jean de Ypres y Olivier de Gand. Al año siguiente, para revestir el interior de la Catedral, adquirió en Sevilla los azulejos, unos 10.000, de los que solo algunos se conservan en su lugar original. Son *mudéjares*, polícromos, casi todos de arista, hechos por Fernán Quijarro y Pedro de Herrera, alfareros del barrio sevillano de Triana.

El encargo de un nuevo retablo para la capilla mayor reviste, dentro de todas sus iniciativas, una importancia fundamental. Hacia 1500, el obispo contrata a los artistas flamencos Olivier de Gand, imaginero, y a Jean de Ypres, pintor y dorador, para que ejecuten el nuevo retablo, que enseguida se convirtió en generador de influencias estilísticas que vale la pena destacar.

Obra grandiosa realizada en madera policromada y dorada, representó uno de los puntos más altos del arte tardogótico portugués. La monumentalidad del retablo reside en varios factores esenciales, como la calidad de la escultura que lo compone, la perfecta simbiosis entre las esculturas y la estructura de ebanistería de formas arquitectónicas, la cuidada policromía y el dorado adecuado a la magnificencia deseada. En medio, entre una sinfonía de ángeles, *Nuestra Señora de la Asunción* es elevada a los cielos dejando atrás a los *Apóstoles* inconsolables, que manifiestan gestualmente su dolor y constituyen uno de los muchos momentos notables en la conmoción que este tipo de retablos provoca siempre en el creyente. Naturalmente, el observador recibe este efecto monumental gracias a la escala, pero también a la simbiosis entre la escultura, la policromía y el notable trabajo de ebanistería dorada.

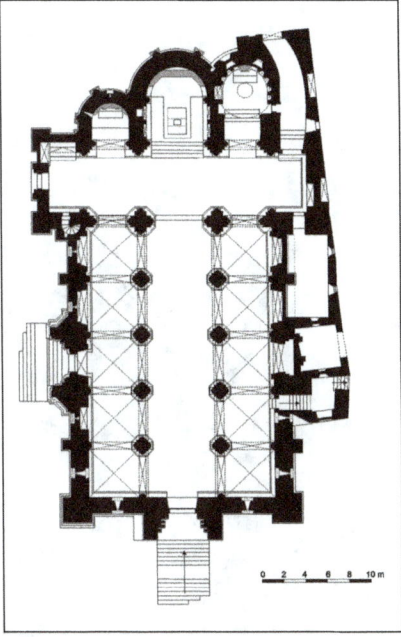

Catedral Vieja, planta al nivel de la entrada, Coimbra, Boletim da Direcção-Geral dos Edifícios e Monumentos Nacionais, n.º 109, Lisboa, 1962.

III.6.d **Casa de Sub-Ripas**

Rua de Sub-Ripas. Catalogada como Monumento Nacional. Solo puede verse por fuera. Información: Oficina de Turismo, tel. 239 832591.

Son pocas ya las casas manuelinas que se conservan en Coimbra, pero esta es, indiscutiblemente, un ejemplo de gran categoría, uno de los mejores de cuantos hay en todo el país. Como tantas otras residencias de la burguesía o de la pequeña nobleza, se construyó sobre el adarve de la muralla e incorporó una de las torres. Las obras transcurrieron a partir de 1515, y el constructor le imprimió ese gusto por el naturalismo exacerbado que tan bien define el estilo de Batalha. Las

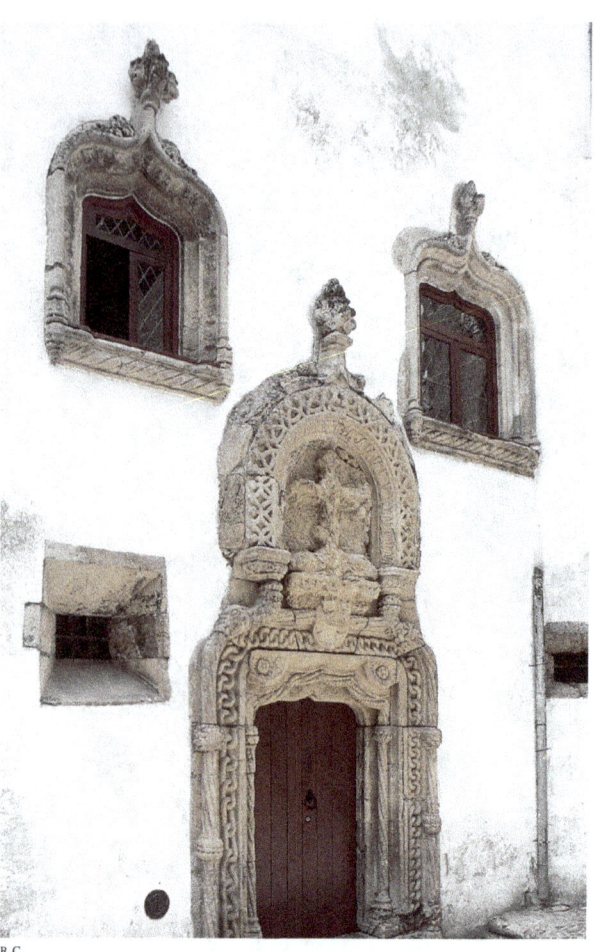

Casa de Sub-Ripas, Coimbra.

ventanas y barandas son todas diferentes, de fuerte sesgo naturalista, y el interior conserva en lo esencial la compartimentación original.

Más tarde, ya en tiempos renacentistas, se construyó la Casa de Encima (Casa de Cima) o del Arco, y a los muros exteriores de ambas se añadieron decenas de medallones y bajorrelieves renacentistas del taller de João de Ruão, situado unos 20 m calle arriba.

III.6.e Monasterio de Santa Cruz

Praça 8 de Maio, tel. 239 822941. Catalogado como Monumento Nacional.
Acceso con entrada a los claustros. Horario: lunes a sábados de 9 a 12 y de 14 a 17:30 y domingos de 16 a 18.

Su construcción comenzó el 28 de junio de 1131, en el lugar donde estaban los Baños Regios, con toda seguridad un establecimiento balneario musulmán o incluso del periodo romano. La iniciativa de su fundación se debió al propio D. Afonso Henriques, y fue aquí donde el joven príncipe reunió a los principales intelectuales y políticos del naciente reino. Entre estos se distinguieron João Peculiar, Miguel Salomão, el arcediano Telo y San Teotonio, el primer prior de este monasterio que se entregaría a los Canónigos Reglantes de San Agustín.

En el periodo manuelino, y a continuación de una visita del propio rey al Monasterio en 1502, empezó una profunda modificación de su estructura: se reconstruyeron desde los cimientos la iglesia, los claustros y las zonas de vivienda. El promotor fue Pedro Gavião, prior y obispo de Guarda, D. Manuel I fue el patrocinador y principal financiador, y Boytac, el maestro de obras.

La actual fachada data de 1507-1513 y sigue las líneas de la época medieval. En 1522 se añadió la puerta, diseñada y construida por Diego del Castillo y que se completó con estatuas de Nicolau Chanterene. El interior de la iglesia es espacioso, pese a que solo tiene una nave. El abovedamiento general corrió a cargo de Boytac y estaba terminado en 1513. Los nervios son los característicos del último gótico, pero las claves y las ménsulas en espiral y muy largas son típicas del arte de este maestro. Sobre la entrada se levanta el coro alto, obra de Diego del Castillo de 1530.

La capilla mayor también está cubierta por una bóveda del mismo tipo que la de la nave, y en las claves se ven las armas reales, la esfera armilar y la cruz de la Orden de Cristo, alusión evidente al mecenazgo del monarca. En las paredes laterales se encuentran las tumbas de D. Afonso Henriques y de su hijo D. Sancho I; en un principio se colocaron en la nave, pero las trasladaron a este lugar más noble en 1535. D. Manuel I quiso valorizar a sus primeros antepasados y encomendó a Juan del Castillo, que por entonces dirigía las obras del Monasterio de los Jerónimos, estos dos formidables monumentos conmemorativos, verdaderos himnos a la ascendencia de la casa real. Quien dirigió los trabajos, que duraron de 1518 a 1522, fue Diego del Castillo, el hermano menor del arquitecto real, y las bellísimas estatuas yacentes corrieron a cargo del francés Nicolau Chanterene; el resto de la estatuaria fue obra de otros artistas venidos de los Jerónimos, entre los cuales se contaban portugueses y españoles: Diogo Francisco, Pêro Anes, Diogo Fernandes, João Fernandes y Juan de la Haya. Chocan aquí la estética del último gótico, patente sobre todo en la estructura y en parte de la decoración, y la renacentista, visible en las estatuas yacentes y en otras esculturas, sobre todo la de *Nuestra Señora* y la de las *Virtudes*.

Otra obra manuelina de gran importancia es el Claustro del Silencio. Fue cons-

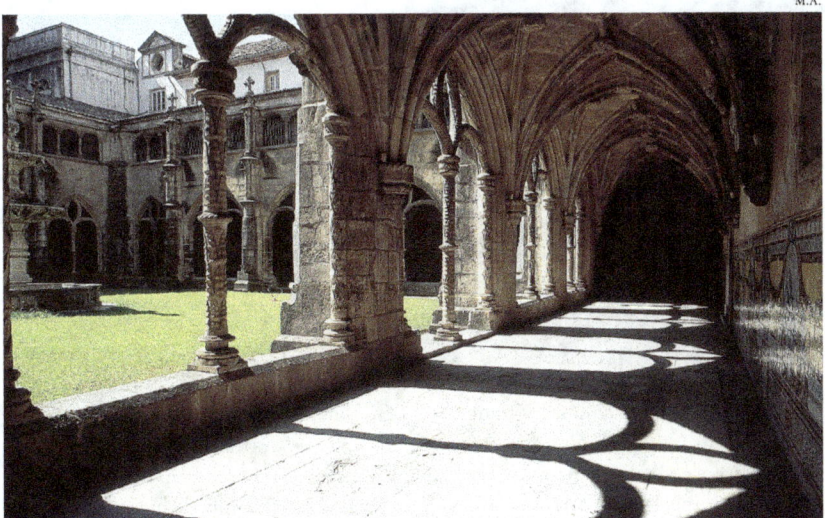

Monasterio de Santa Cruz, Claustro del Silencio, Coimbra.

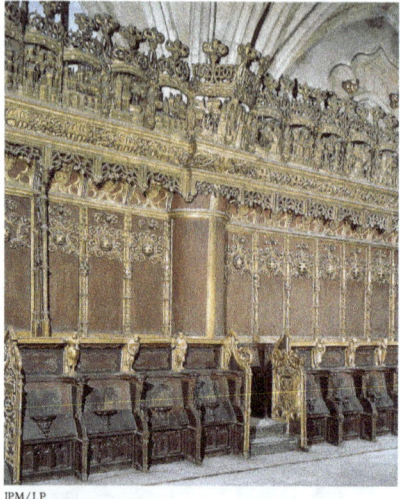

João Alemão Machim e Francisco Lorete, sillería del Monasterio de Santa Cruz, 1513-18, Coimbra.

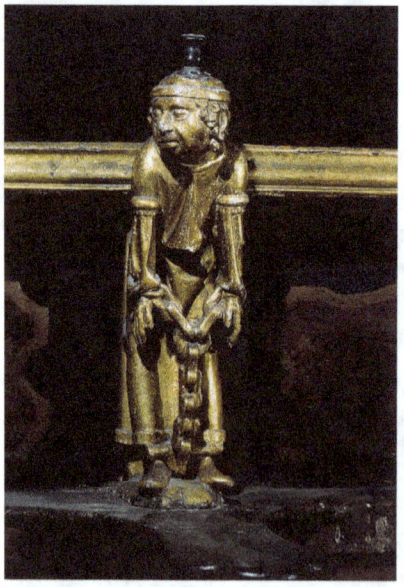

João Alemão Machim e Francisco Lorete, pormenor do cadeiral do Mosteiro de Santa Cruz, 1513-1518, Coimbra.

truido por completo bajo las órdenes de Marcos Pires, aunque no es de extrañar que el diseño corresponda a Boytac, su maestro, quien sin embargo abandonó Coimbra en 1513 para ir a las plazas del norte de África. Es totalmente gótico, tanto en estructura como en decoración, de formas vigorosas y con una exuberante ornamentación naturalista que evoca fundamentalmente el mundo vegetal.

Desde este claustro se accede al coro alto, al que se trasladó en 1531 la sillería que el escultor flamenco Machim había hecho para la capilla mayor. Es una bellísima obra de ebanistería de gusto norteuropeo, con una coronación muy rica, en la que se representan los viajes marítimos de los portugueses y las ciudades a las que arribaron, algunas claramente caracterizadas como orientales o musulmanas. También en las divisorias de las sillas se esculpieron figuras de reyes moros, asiáticos y africanos encadenados, lo que recuerda la soberanía portuguesa en sus tierras.

III.7 SÃO MARCOS (opción)

III.7.a Monasterio de San Marcos

Se encuentra en la Quinta de S. Marcos, en la carretera de Coimbra a Figueira da Foz, a 15 km de Coimbra. Tel. 239 963293.
Horario: lunes a viernes de 8 a 12 y de 13 a 17; festivos y fines de semana cerrado, excepto si, con la debida antelación, se solicita su apertura.

El origen del Monasterio de San Marcos se remonta a 1441, cuando João Gomes da Silva instituyó una misa cotidiana en una capillita que existía en el lugar. Años después, en 1452, Beatriz da Silva la donó a los padres jerónimos, comenzando así la nueva vida de la institución. Se hicieron entonces grandes obras, dirigidas por el maestro Gil de Sousa. Sin embargo, la estructura inicial se alteró profundamente en la época manuelina, cuyo más antiguo testimonio es la puerta de la iglesia, aproximadamente de 1510. Es de estilo gótico final, con un fuerte componente naturalista.

A pesar de los nuevos cambios introducidos a partir de mediados del siglo XVI, se conservan también la capilla mayor y la sacristía de estructura gótica, con bóvedas de nervios y claves muy decoradas, ambas acabadas el año en que D. Manuel I murió, es decir 1521.

De esta misma época datan las tumbas de João da Silva y Aires Gomes da Silva, hechas por Diogo Pires-o-Moço, el principal escultor de estatuas de Coimbra. A pesar del componente tardogótico, de la fidelidad al naturalismo de motivos vegetales, se deja sentir ya el arte renacentista. Este hecho se debe al contacto de Diogo Pires con Nicolau Chanterene, que estaba haciendo en aquellos momentos el bellísimo retablo mayor por encargo del citado Aires Gomes da Silva, una de las primeras obras de raíz clásica entre nosotros.

Pero en la iglesia de San Marcos hay más tumbas de gran interés plástico, desde la de Fernão Teles de Meneses, de estilo gótico flamígero, hasta las de la Capilla de los Reyes Magos, de 1572 y estilo manierista, las últimas grandes obras del escultor João de Ruão.

Para ir a Montemor-o-Velho, seguir la N111.

El bajo Mondego

El curso inferior del río Mondego, a partir de Portela, ya a la entrada de Coimbra, se caracteriza por una planicie aluvial que se va ensanchando. Tras pasar el estrechamiento del valle de Penacova, cuando se encuentran con el Ceira, las aguas que nacen en la Serra da Estrela se ven libres de ese corsé de la media montaña y, antaño, saltaban en invierno las márgenes e inundaban los fértiles campos de Montemor y Vila Verde.

En las últimas décadas, sin embargo, con la construcción de la presa de Aguieira, el panorama ha cambiado, los caudales han pasado a estar controlados y Ereira o Maiorca, antiguas villas que cíclicamente se transformaban en islas, no han vuelto a quedar incomunicadas. Pero el paisaje se conserva: extensas llanuras donde hace mucho tiempo el arroz se convirtió en la principal producción pero donde también se dan otros cultivos de gran valor.

Tierra agrícola, sí, pero también con historia. Ocupada desde tiempos prehistóricos, como lo demuestra el Castro de Santa Eulalia, tuvo en Tentúgal, Montemor-o-Velho y Buarcos las principales poblaciones, tierras que fueron musulmanas y que cayeron definitivamente en poder de los cristianos en 1064 y cuyo progreso inicial se debió a Sesnando, el poblador del bajo Mondego, un mozárabe que levantó castillos, roturó tierras y fundó poblaciones.

La fertilidad de la tierra atrajo a gentes e instituciones y, así, casas como la de los duques de Aveiro o establecimientos como el Monasterio de Santa Cruz y, después, la Universidad poseyeron grandes propiedades que fueron sus principales fuentes de rentas. De esos tiempos nos quedan muchos e importantes testimonios.

Vista general de Montemor-o-Velho.

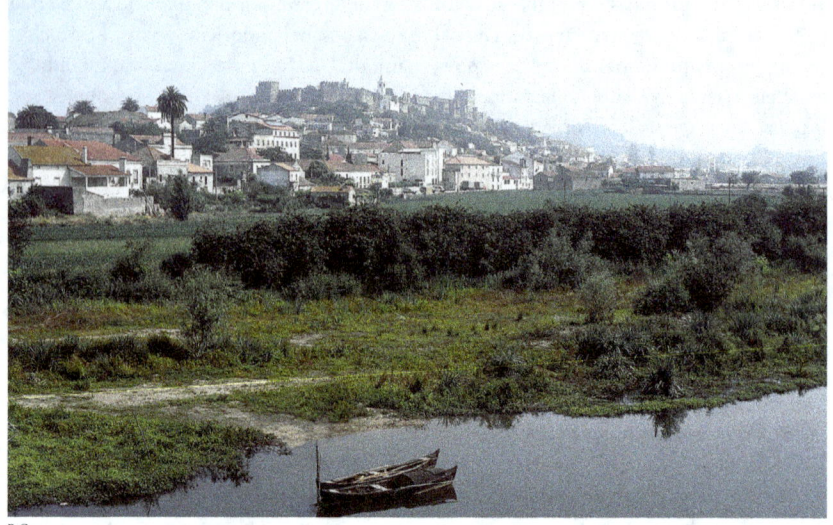

R.C.

III.8 MONTEMOR-O-VELHO

La villa de Montemor-o-Velho tiene documentada su historia desde la época romana, pero la alcazaba se volvió realmente importante en tiempos de la ocupación musulmana, por ser la más importante de la línea del Mondego, pareja a Coimbra. Hubo una primera reconquista en el año 878, aunque se volvió a perder y no se incorporó definitivamente al reino de León hasta 1064, cuando la conquistó Fernando I el Grande.

El recinto amurallado fue agrandado y prolongado en lo alto del cerro que domina toda la campiña y se convirtió en centro de esta rica zona agrícola y en un foco importantísimo de mozarabismo. Incorporada la villa al Condado Portucalense, D. Raimundo, yerno del rey de León y a la sazón gobernador de Coimbra, le otorgó su primer fuero en 1095. Después recibió donaciones regias y finalmente pasó al señorío de D.ª Teresa y D.ª Sancha, hijas del rey Sancho I.

Parece que el palacio construido dentro de la muralla fue muy apreciado por los reyes de la primera dinastía. Fue aquí donde D. Afonso IV dio la orden de ejecución de Inés de Castro, una de las más trágicas y hermosas historias de amor que los poetas de épocas siguientes, como Camões y António Ferreira, no se cansaron de cantar. También residió aquí largas temporadas D. Pedro, duque de Coimbra, uno de los hijos de D. João I, regente del reino durante la minoría de edad de D. Afonso V e impulsor de la expansión y los descubrimientos de ultramar.

En época manuelina sobresale la figura de Diogo de Azambuja, hidalgo que sirvió a tres reyes y cuyo hecho más notorio fue el establecimiento de la soberanía portuguesa en São Jorge da Mina, Safi, Mogador y Aguz. D. Manuel I le otorgó a la villa un nuevo fuero en 1517.

III.8.a Castillo

Para hacer a pie el camino hasta el castillo, seguir la Rua de Coimbra. En coche, seguir por la Rua do Castelo. Tel. 239 680380. Catalogado como Monumento Nacional.
Horario: verano de 10 a 20; invierno de 10 a 12:30 y de 14 a 17; lunes cerrado. Se puede concertar una visita en la Concejalía de Cultura del Ayuntamiento, tel. 239 687316.

La construcción medieval que se conserva se divide en varias partes: el castillo propiamente dicho, la muralla principal, la *coracha* envolvente, el recinto norte y el reducto inferior. Estos dispositivos y lo esencial de la forma que todavía conserva son resultado seguramente de las grandes reformas del siglo XIV, pero hay partes más antiguas, como la torre del homenaje, en cuya base se emplearon sillares romanos. La puerta de la *coracha* es de época manuelina.

Dentro del recinto está la iglesia de Santa María de la Alcazaba. Su origen se remonta al siglo XI y fue fundada por Sesnando. No obstante, a principios del siglo XVI el obispo de Coimbra, Jorge de Almeida, su titular, mandó reconstruirla de nueva planta, encargando la obra al maestro Francisco Pires, uno de los antiguos ayudantes de Boytac en Santa Cruz de Coimbra.

Hay que destacar las tres naves separadas por pilares entorchados, a la manera de las ménsulas de Boytac, el mismo tipo de ornamentación en los arcos de las capillas de la cabecera y la elegante puerta lateral, en cuyo dintel el constructor dejó sus iniciales. En las paredes interiores hay varias lápidas medievales y hace 50 años se pusieron

M.A.

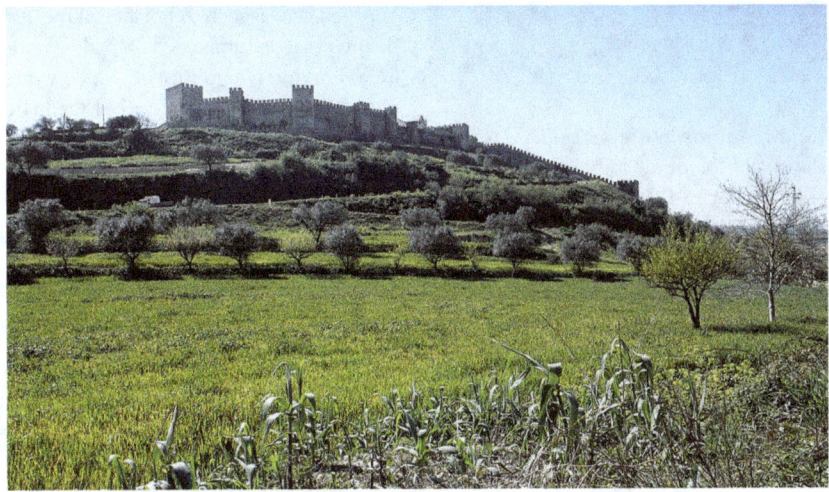

Castillo, vista general, Montemor-o-Velho.

RECORRIDO III   *Tras las huellas de Boytac*
Montemor-o-Velho

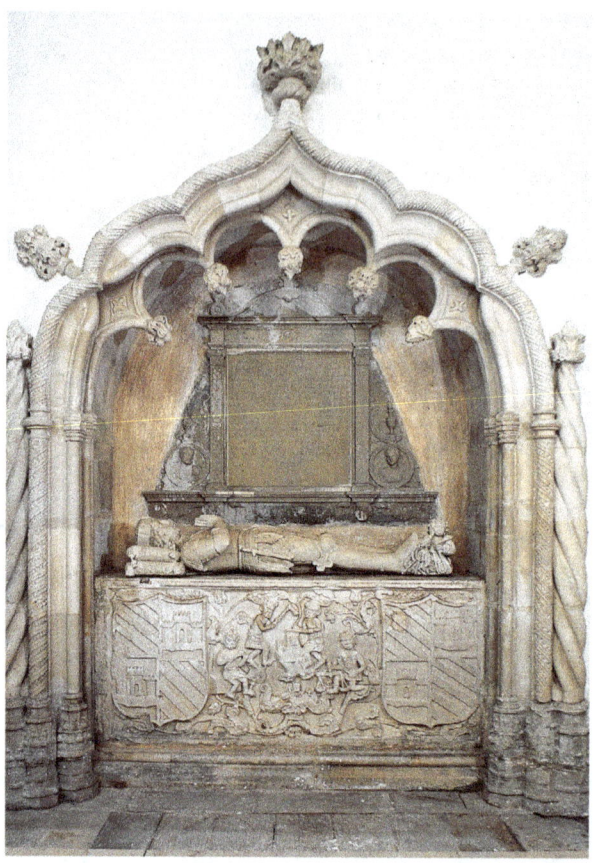

Convento de Santa María de los Ángeles, tumba de Diogo de Azambuja, Montemor-o-Velho.

R.C.

también unos azulejos *mudéjares* sevillanos de los que estaban almacenados tras ser retirados de la Catedral Vieja de Coimbra.

III.8.b Convento de Santa María de los Ángeles

Largo dos Anjos.
Horario: solo abre para ceremonias especiales o para la celebración de la misa los sábados a las 20. Puede fijarse una visita a través de la Concejalía de Cultura del Ayuntamiento, tel. 239 687316.

Este convento fue fundado canónicamente en 1494 por los padres eremitas de San Agustín, más conocidos como "gracianos". Al hidalgo Diogo de Azambuja se debe, al menos, la construcción de la capilla mayor, que se reservó para su panteón y que, según la inscripción de la clave principal de la bóveda, data de 1511. Esta bóveda es de nervios de buen trazado, típicos del último gótico, pero el *arco triunfal* arranca ya de bases naturalistas decoradas que incluyen hasta jarrones de flores evocativas de Nuestra Señora.

El resto de la iglesia se alteró por completo, y se construyeron capillas laterales que, pese a todo, poseen un notable conjunto de esculturas de bulto y decorativas renacentistas y del manierismo de Coimbra, sobre todo las obras de João de Ruão y Tomé Velho.

Pero, en este aspecto, el principal motivo de interés es la tumba de Diogo de Azambuja, obra de Diogo Pires-o-Moço y que se puede datar alrededor de 1518, año de la muerte del hidalgo. Un poco más tarde, ya en la década de los treinta, se añadió una lápida con la historia del fundador de São Jorge da Mina en 1482, obra del primer Renacimiento y que puede atribuirse a João de Ruão.

La tumba está constituida por un *edículo* mural adornado por un *arcosolio* en forma de cuerda y una gran arca sobre la cual está el yaciente. Si esta figura es ya de interés, pues anuncia el conocimiento de la estética renacentista recién llegada, el frontal es más tradicional, aunque no por ello menos interesante. Hay que hacer notar que quien encargó la obra quiso que estuviese representado el trabajo del oro en Costa da Mina, por lo que se ven indígenas ocupados en diversas operaciones, desde la extracción a la venta. Se consagraba así una de las principales contribuciones a la expansión ultramarina portuguesa.

III.8.c Antiguo Hospital de la Misericordia

Praça do Município. Catalogado como Monumento Nacional. Actualmente alberga un hogar de la tercera edad.
Horario: de 10 a 18. También se pueden concertar visitas en la Concejalía de Cultura del Ayuntamiento, tel. 239 687316.

El Hospital de la Santa Casa de la Misericordia de Montemor se fundó en la plaza de la villa a principios del reinado de D. Manuel I y con su patrocinio, y hasta hace pocos años quedaban vestigios arquitectónicos en el edificio central, casi rehecho desde los cimientos en el siglo XVIII.
El retablo que aquí se conserva demuestra que la producción de los "Maestros de Coimbra", pese a una cierta homogeneidad de soluciones derivada del uso de una fórmula básica, es heterogénea en cuanto a los resultados. El trabajo desarrollado en equipo encuentra en esta obra un buen ejemplo, tanto en los diversos paneles de grandes dimensiones como en los más pequeños de las *predelas*, en que figuran los bustos de varios santos y santas con sus atributos. Puede identificarse el trabajo de pintores de desigual capacidad, sobre todo en la concepción de las figuras y en el moldeado de los rostros.
En las escenas narrativas se aprecia también una notoria dificultad en la estructura y organización espacial de la composición, que se vuelve flagrante en el escalonamiento y simplificación de las figuras de la tabla *Adoración de los Magos*. En cambio, en los paneles laterales, que representan respecti-

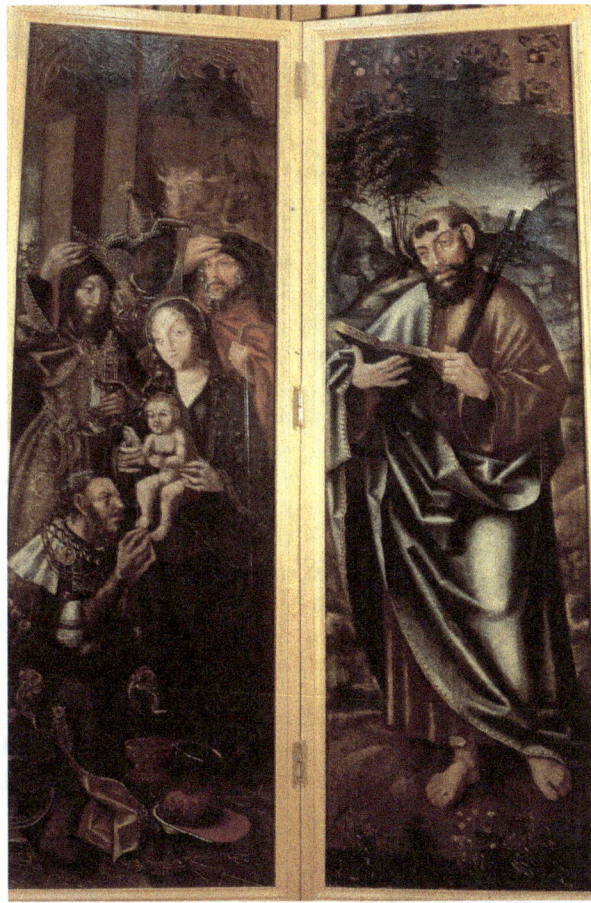

Vicente Gil y Manuel Vicente, retablo del Hospital de la Misericordia, detalle, Montemor-o-Velho

vamente a *San Pedro* y a *San Juan Bautista*, son notorios los valores de verosimilitud representativa, sea en la monumentalidad del volumen, en la delicada modelación de los ropajes, en la tentativa de caracterización de los rostros o en la visión de los elementos vegetales del paisaje.

El elemento de mayor intencionalidad visual del retablo es el cadáver martirizado de Cristo, sostenido y expuesto por las figuras que participan en la escena, con gestos teatrales de gran fuerza emotiva, para estimular la empatía del espectador.

Bosque de Buçaco
El hermoso bosque de Buçaco, de 400 ha rodeadas por un muro de 5.750 m, nació en el siglo XVII y es obra en su totalidad del ingenio humano. De hecho, en 1628 el obispo de Coimbra João Manuel autorizó a los carmelitas descalzos a hacer un desierto en las serranías próximas a Vacariça. Los frailes no solo construyeron un pequeño convento, sino que plantaron el bosque, con especies exóticas en muchos casos, otras raras, y, para que no las cortaran, obtuvieron incluso una bula papal por la que se excomulgaba a los infractores. El texto de la bula protectora de los árboles, que data de 1643, fue colocado en las puertas para que nadie osase atentar contra el patrimonio botánico. Algunos árboles vinieron de España, otros de América y otros más de las islas Azores. Los cedros son aquí la especie más abundante y de mayor tamaño, y los botánicos han identificado varios tipos, desde los originarios de Creta y del Líbano hasta los del Himalaya y Afganistán. Pero en el siglo pasado, concretamente en 1879, se plantaron nuevas especies, como la secoya americana de 46 m de altura que hay junto a la fuente de Santa Teresa.
Las mujeres tuvieron prohibida la entrada al recinto hasta 1835, momento de la extinción de las órdenes religiosas en Portugal.

Al recibir la finca, los carmelitas descalzos quisieron hacer de ella un paraíso terrenal, todo alrededor de un convento que, con todo y eso, fue creciendo a medida que aumentaba el número de padres y también su fama de santidad. Parece que las primeras obras estuvieron dirigidas por los hermanos Antonio de la Virgen y Antonio de las Llagas. En las zonas más aisladas construyeron capillas, a las que se retiraban durante periodos más o menos largos de oración.
En el lugar del viejo convento se construyó un nuevo edificio, destinado primero a pabellón de caza de la familia real y convertido después en hotel. Los trabajos comenzaron en 1898, con proyecto de Luigi Manini, un paisajista italiano, y constituye un himno a los descubrimientos portugueses y a las acciones de D. Manuel I, ya que el estilo elegido es un revivalismo, precisamente del manuelino, en que se pone el énfasis en su simbología y en la vertiente hipernaturalista de la decoración. Quedó como una construcción fantástica en un paraje único, a lo que contribuyó también la habilidad y la técnica de los canteros y escultores de Coimbra.

LA LEYENDA DE INÉS DE CASTRO

Pedro Dias

Motivos políticos y de Estado llevaron al infante D. Pedro, hijo y heredero de D. Afonso IV, a casarse con Constanza, infanta del reino de Castilla. En el séquito de la infanta venía, en 1340, Inés de Castro, de la que se enamoró D. Pedro y con la que viviría una hermosa y tiste historia de amor. Constanza murió en 1345 y D. Pedro se fue a vivir con Inés en Coimbra y llegó a tener cuatro hijos de ella. Sin embargo, las intrigas palaciegas, unidas al desacuerdo del rey con la unión, llevaron a que este mandase matar a Inés cuando corría el año de 1355. Este acontecimiento dio origen a la guerra civil de 1355-1356, que opuso a la facción del infante con la de su padre, D. Afonso IV, y que culminó con la subida al trono de D. Pedro. Ya rey, D. Pedro se vengó de los consejeros de su padre implicados en el asesinato y ordenó que se les arrancara el corazón. A Inés le otorgó la condición de reina a título póstumo. Su cuerpo fue exhumado y coronado, y toda la corte fue obligada a arrodillarse ante el cadáver.

La Historia y la leyenda se confunden, y se dice que en el lugar del encuentro de los dos amantes brotó un manantial, la Fuente de los Amores, en el jardín de la Quinta de las Lágrimas, lugar que actualmente se puede visitar en los alrededores de Coimbra.

Por voluntad expresa de D. Pedro, su tumba y la de D.ª Inés de Castro se encuentran en el Monasterio de Alcobaça, vueltas una hacia la otra, esperando el reencuentro el día del Juicio Final.

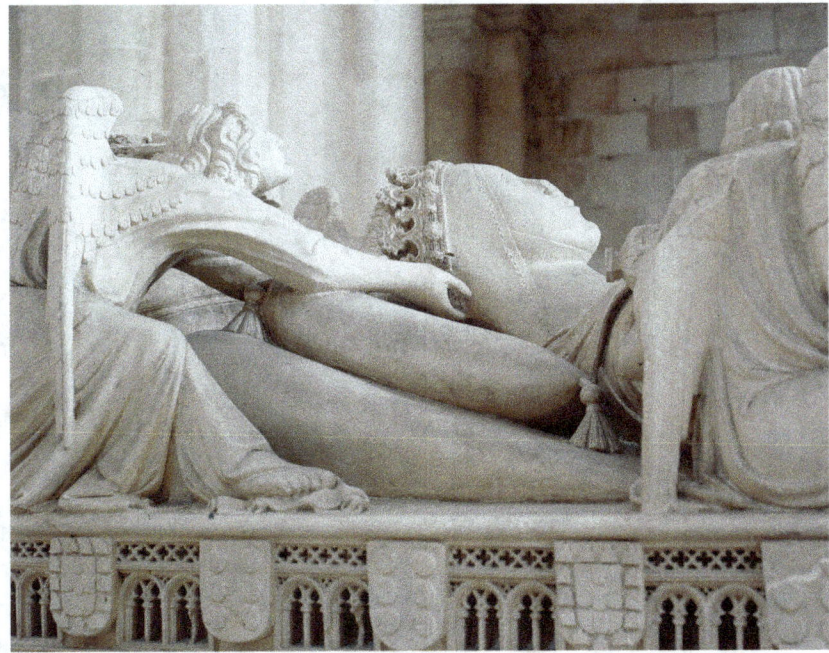

Tumba de D.ª Inés de Castro, detalle, Monasterio de Alcobaça.

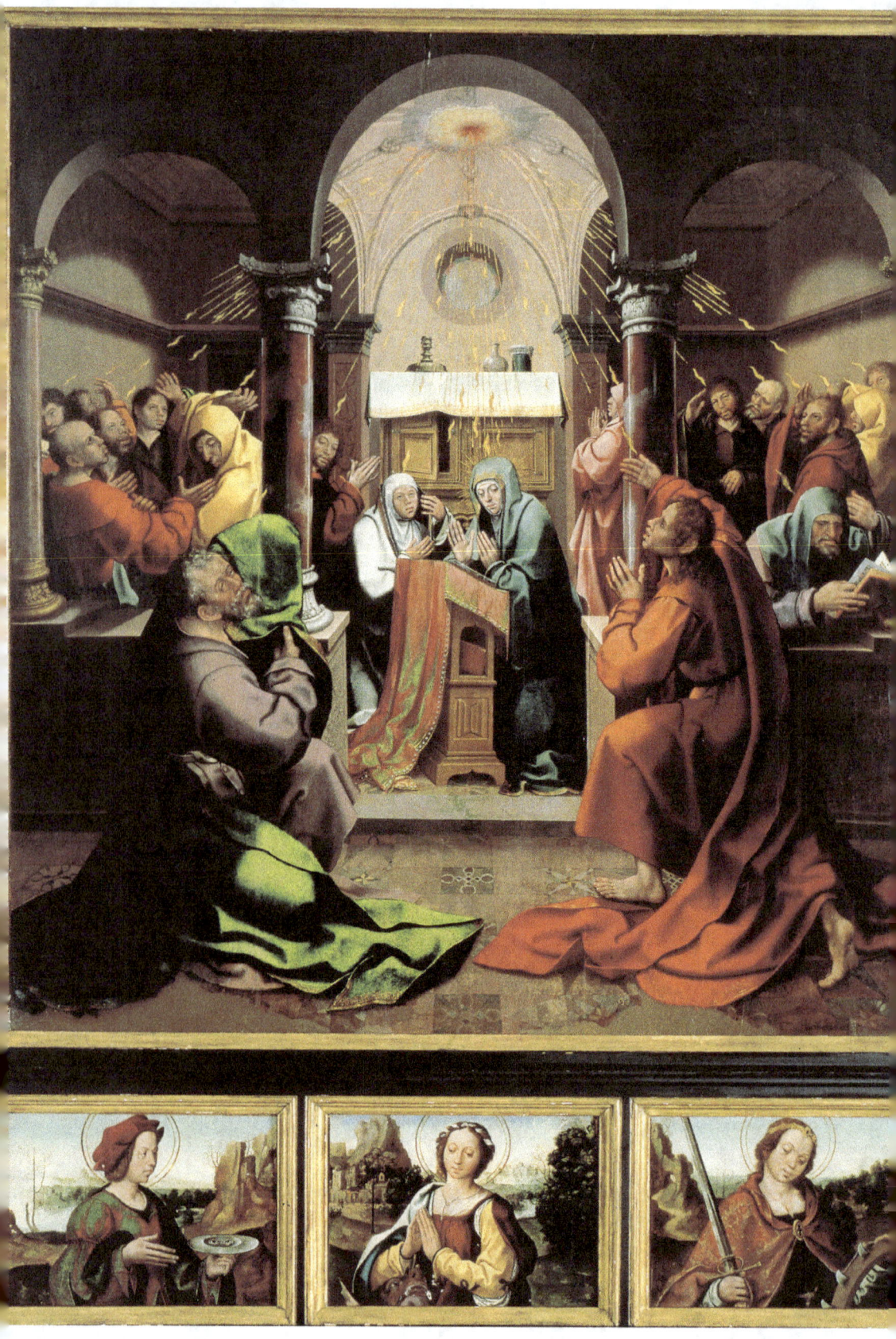

RECORRIDO IV

Al descubrimiento de Grão Vasco

Pedro Dias, Dalila Rodrigues,
Nuno Vassallo e Silva, Fernando Grilo

IV.1 VISEU
    IV.1.a Núcleo urbano antiguo
    IV.1.b Catedral
    IV.1.c Museo Grão Vasco

IV.2 LAMEGO
    IV.2.a Catedral
    IV.2.b Casas de la Rua do Poço
    IV.2.c Museo de Lamego

IV.3 FERREIRIM (opción)
    IV.3.a San Antonio, iglesia matriz

IV.4 TAROUCA (opción)
    IV.4.a Convento de San Juan de Tarouca

IV.5 UCANHA (opción)
    IV.5.a Puente de Ucanha

Grão Vasco, el pintor-héroe

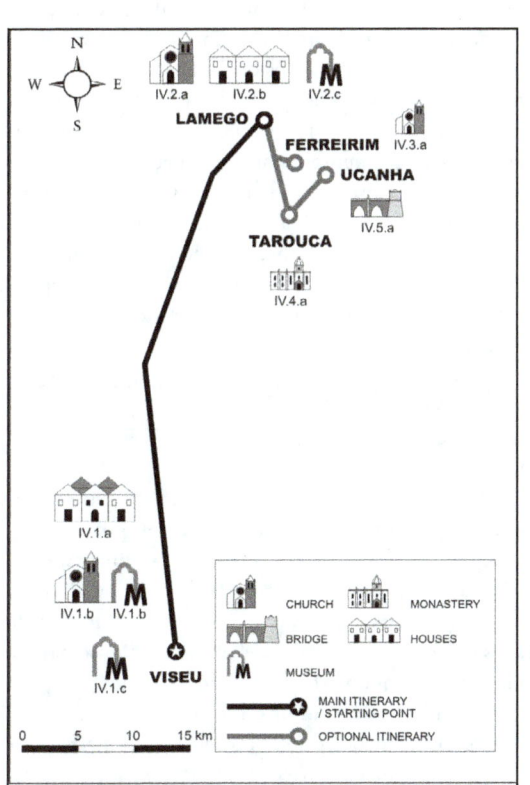

Vasco Fernandes, "Pentecostés" y, en la predela, "Sta. Lucía", "Sta. Margarita" y "Sta. Catalina", óleo sobre madera de castaño 1535-1540, Museo Grão Vasco, Viseu.

RECORRIDO IV *Al descubrimiento de Grão Vasco*
Viseu

Vasco Fernandes, más conocido como Grão Vasco (Gran Vasco), es el pintor mítico de Portugal, el pintor de siempre o simplemente el Pintor. Durante mucho tiempo, y hasta principios del siglo XX, cualquier pintura antigua de gran calidad era de Grão Vasco. Hoy sabemos que esto no se corresponde con la realidad, pero de la leyenda y de la Historia llega un arte superior en que se aúnan la tradición, el regionalismo más pintoresco y los vientos de las novedades de Flandes e Italia.

Vasco Fernandes nació y vivió casi toda su vida en Viseu, aunque sabemos que estuvo en Lisboa trabajando en el taller real de Jorge Afonso. En su ciudad natal y en Lamego, un poco más al norte, encontró mecenas ricos, poderosos, que le hicieron encargos excepcionales, y entre ellos destaca Miguel da Silva, poeta, anticuario, erudito, que después de haberse ido a vivir a Roma recibió el capelo cardenalicio. Él, que ya había sido embajador en la Ciudad Eterna, fue uno de los mayores responsables de la introducción del Renacimiento en las artes portuguesas.

Viseu no era más que un centro regional en el periodo manuelino, pero no por ello dejó de prosperar y desarrollarse. Aunque lejos del mar, se encontraba en medio de una importante red viaria y de una fértil región agrícola.

Duques de Viseu fueron el infante D. Henrique y un hermano de D. Manuel I, y en la villa había nacido el rey D. Duarte. Los vestigios manuelinos son muchos, y junto a sus muros y entre sus calles paseó Grão Vasco; la Catedral, con su fantástica bóveda de nudos, obra del más grande de los arquitectos manuelinos, Juan del Castillo, fue un encargo del obispo Diego Ortiz de Villegas, cosmógrafo de la corte. En el Museo Grão Vasco se hallan unas tablas que pertenecieron al altar mayor y que fueron obra de este pintor y de sus ayudantes lisboetas y flamencos, y también las grandes telas ya renacentistas de las capillas laterales, encomendadas y pagadas por el magnífico prelado Miguel da Silva. En el Museo de Arte Sacro está la custodia manuelina de la Catedral, mientras que en el Museo Grão Vasco se encuentra la preciosa *píxide* de marfil hecha por artesanos de Benín a principios del siglo XVI.

Pero la actividad del pintor Vasco Fernandes se extendió a toda Beira Alta y a Alto Douro, a la Catedral de Lamego, a los conventos de Santa María de Salzedas y Orgens, y a la iglesia matriz de Freixo de Espada à Cinta, donde queda, prácticamente completo, el retablo realizado para la capilla mayor. Obras pictóricas, arquitectónicas, escultóricas, de orfebrería y tapices de la época manuelina convierten a esta región en una de las artísticamente más ricas del país.

IV.1 **VISEU**

Grão Vasco es el más famoso pintor portugués, el pintor que la leyenda ha coronado con un aura mítica e intemporal. Los datos históricos de que hoy disponemos acerca de este fascinante pintor, de nombre Vasco Fernandes, informan de que tuvo abierto en Viseu un próspero taller durante más de 40 años, por lo menos de 1501 a 1543. Los encargos de mecenas ricos y poderosos, que secunda-

RECORRIDO IV   Al descubrimiento de Grão Vasco
Viseu

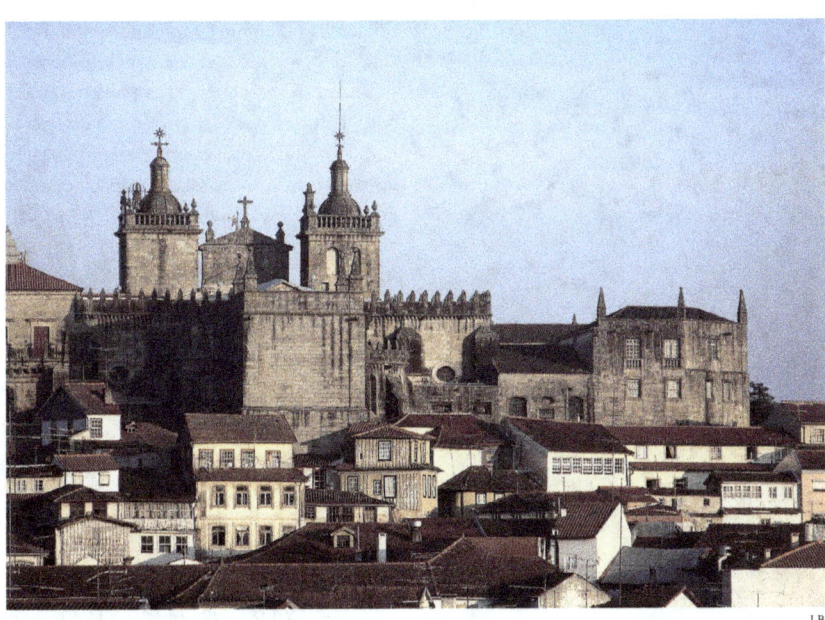

Panorámica del núcleo urbano antiguo de Viseu.

ban el gusto de la corte y promovían amplias reformas en catedrales, iglesias y conventos de las regiones de Beira y Alto Douro, le permitieron realizar excepcionales pinturas de retablos.

De las tres primeras décadas del siglo, y a semejanza de lo que entonces sucedía con los pintores cosmopolitas de Lisboa, con los cuales, además, nuestro pintor estaba en relación, hay que señalar en su trabajo la influencia de la pintura del norte de Europa, el vigoroso realismo figurativo a la manera flamenca. Sin embargo, hacia 1530 se aprecia en su pintura la asimilación de los valores del Renacimiento italiano. Este hecho se debe fundamentalmente a su mecenas, el ilustre humanista Miguel da Silva, que había sido embajador de D. Manuel I en la corte papal antes de ser nombrado obispo de Viseu en 1526 y que fue uno de los mayores responsables de la introducción del Renacimiento en el arte portugués. Hasta 1540, año en que huyó a Roma, donde recibiría el capelo cardenalicio, Miguel da Silva encargó los grandiosos retablos para la Catedral, de los que destaca el célebre *San Pedro*, y para la capilla de la quinta episcopal de Fontelo. En el carácter expresivo de la forma, en su fuerza poética o dramática, en el misterio de su luz, en la intensidad de los colores, en los trazos violentos de las figuras o en los paisajes lejanos, Vasco Fernandes revela su sensibilidad y su visión del mundo. Como prueba del reconocimiento de su habilidad técnica y sus notables recursos expresivos, en 1535 recibió el prestigioso encargo de cuatro retablos para el Monasterio de Santa Cruz de

RECORRIDO IV   Al descubrimiento de Grão Vasco
Viseu

Ventana manuelina, núcleo urbano antiguo de Viseu.

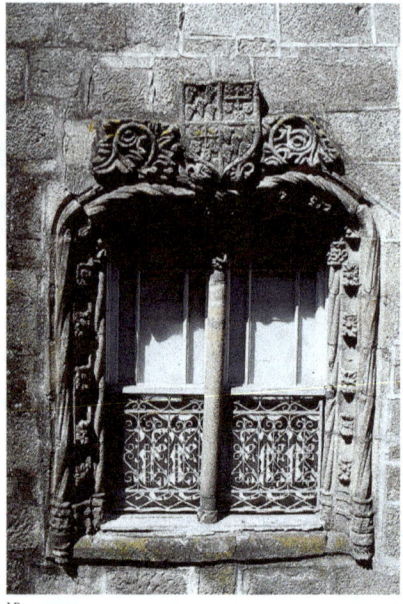
J.B.

Coimbra. De esa serie solo se conserva, actualmente en la sacristía, el excepcional *Pentecostés*, que Vasco firmó bajo la forma latinizada "Velascus".

Dada la cercanía entre los monumentos, todos alrededor de la Catedral, se puede hacer la visita a Viseu a pie. Información: Oficina de Turismo, tel. 232 420950.

IV.1.a **Núcleo urbano antiguo**

Sede de una de las más antiguas e importantes diócesis del país, los diversos planes de renovación artística promovidos en el periodo manuelino se debieron fundamentalmente al mecenazgo de sus obispos. Centrados prioritariamente en la Catedral y en algunos espacios directamente asociados a las necesidades espirituales y temporales del clero, en particular del obispo y del cabildo residente, esos planes marcaron profundamente la fisonomía de la ciudad. Aunque la presencia determinante de las reformas y de las nuevas construcciones emprendidas ya en los siglos XVII y XVIII sea lo más visible, queda todavía un inestimable acervo del arte de la época manuelina, circunscrito, naturalmente, al centro histórico delimitado aún por algunos trechos de la muralla cuatrocentista.

Fernando Gonçalves de Miranda y, fundamentalmente, Diego Ortiz de Villegas promovieron un ambicioso plan de reforma de la antigua Catedral, que incluyó la construcción de una nueva fachada, destruida por una tempestad en 1435, y de la bóveda, una especie de emblema del arte manuelino en la ciudad, y la adquisición de un gran retablo para la capilla mayor, del que se conservan 14 tablas en el Museo Grão Vasco.

Inspirada en estos planes, en un interesante proceso de propagación de formas, la arquitectura civil adoptó idénticas soluciones decorativas. En efecto, en la red urbana que se extiende alrededor de la Catedral perviven, en cerca de una decena de casas del siglo XVI, ventanas, algunas puertas y arcos con la exuberante decoración de la época. La ventana que presenta mayor carga ornamental, situada en la antigua Rua da Cadeia, tradicionalmente se ha asociado por error al lugar de nacimiento del rey D. Duarte, como lo demuestra la presencia de las armas de su propietario, el canónigo Pero Gomes de Abreu. De los antiguos palacios del primer duque de Viseu, el infante D. Henrique, no queda rastro en la ciudad.

Una nueva etapa, marcada por la adhesión al Renacimiento, entonces llamado "el modo italiano", fue inaugurada y patrocinada por el famoso obispo Miguel da Silva. Con el arquitecto italiano Francesco da Cremona a su servicio, promovió un importante plan de construcción en la Catedral, que incluyó, entre otras obras, el hermoso claustro renacentista, el coro alto y la sillería.

IV.1.b Catedral

Largo da Sé, tel. 232 422984. Catalogada como Monumento Nacional.
Horario: de 9 a 12 y de 14 a 17.

Se ignora la identidad del arquitecto que proyectó el alzado, sobre pilares existentes, de la llamada "bóveda de los nudos" que unifica, a la manera de las *iglesias-salón*, las tres naves del templo. A pesar de su osadía constructiva, que justifica la relación con el arte de Juan del Castillo señalada por algunos estudiosos, la peculiaridad más notable es la de los nervios que se transforman en cuerdas con gruesos nudos en medio de los lienzos de la bóveda de cada tramo. En una de las claves se lee una inscripción que indica el año de conclusión, 1513, y la identidad de su promotor, el obispo Diego Ortiz de Villegas.

A la entrada del templo se puede ver la bóveda casi plana del coro alto, todavía perteneciente a la corriente manuelina aunque construida en tiempos de D. João III bajo el patrocinio de otro ilustre prelado, Miguel da Silva. El claustro, que en 1532 estaba ya terminado, es una de las obras más notables y precoces del Renacimiento portugués. El estilo clasicista, el perfecto dominio del lenguaje plástico renacentista, se debe al gusto de aquel mecenas y al arte de su arquitecto, Francesco da Cremona, que lo acompañó en su vuelta de Roma a Portugal.

Perdida la puerta manuelina, de la que se conoce una descripción hecha por un cronista local en 1630, y retirados los grandes retablos del Quinientos de las capillas de la cabecera, obra del famoso Vasco Fernandes, el interior de la Catedral conserva, principalmente, azulejos, tallas e imaginería de los siglos XVII y XVIII. En el altar mayor se encuentra todavía la imagen gótica *Virgen con el Niño*, que pasó al retablo barroco desde el manuelino, en el que estaría ubicada en un nicho central.

En la propia Catedral puede visitarse el Museo de Arte Sacro, que posee, dentro

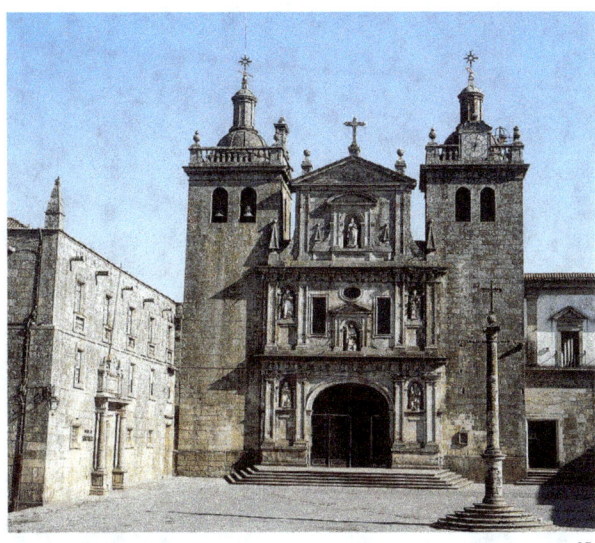

Catedral y antiguo Palacio Episcopal, Viseu.

RECORRIDO IV   Al descubrimiento de Grão Vasco
Viseu

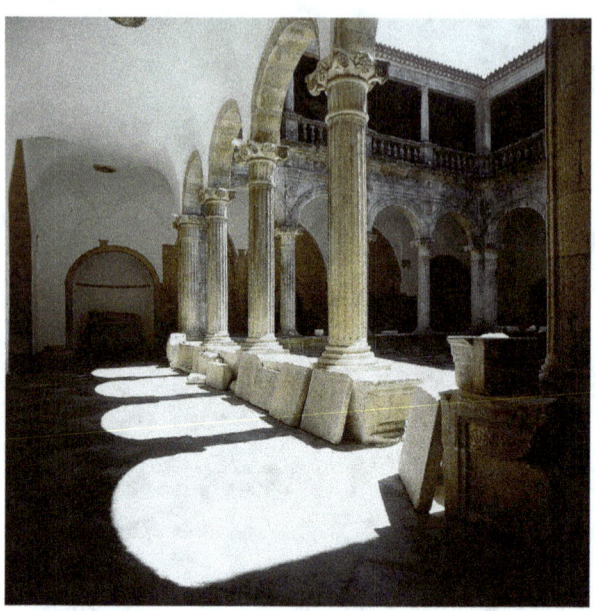

J.B.

Catedral, claustro renacentista, Viseu.

del ámbito del arte portugués, preciosas tapas de evangeliario labradas en plata blanca, las únicas conocidas entre nosotros. Del mecenazgo del obispo Miguel da Silva, humanista y protector de Vasco Fernandes, destaca una bella custodia en plata dorada fechada en 1533. Miguel da Silva, tal como Jorge de Almeida en Coimbra, pese a ser uno de los responsables de la introducción del arte renacentista en su diócesis, nos dejó una joya litúrgica de estilo muy conservador, totalmente ajena a la renovación artística que patrocinaba y de la cual es buen ejemplo el claustro de la Catedral, trazado por Francesco da Cremona.

IV.1.c **Museo Grão Vasco**

Largo da Sé, tel. 232 422049. Catalogado como Monumento Nacional. El Museo se encuentra cerrado hasta el año 2004 por obras de remodelación. No obstante, toda su colección está expuesta al público en el ala norte de la iglesia de la Misericordia, edificio contiguo al Museo en el Adro da Sé (plaza de la Catedral). Acceso con entrada. Horario: de 9:10 a 12:30 y de 14 a 17:30; lunes, Año Nuevo, Pascua, 1 de mayo y Navidad cerrado.

Instalado en un edificio destinado originalmente a seminario, cuya construcción se empezó a finales del siglo XVI, el Museo se ofrece como un complemento obligatorio de la visita a la Catedral, de la que proviene una parte sustancial de su extraordinaria colección, especialmente las pinturas más conocidas de Vasco Fernandes.

Los 14 paneles de igual tamaño que constituyen el primer núcleo de la pintura quinientista de la colección formaron parte del retablo de la capilla mayor de la Catedral, un encargo del obispo Fernando Gonçalves de Miranda concluido en 1506, en tiempos de su sucesor Diego Ortiz de Villegas. En cuanto a los medios expresivos, todas las tablas muestran una relación directa con las técnicas en boga en los talleres flamencos de Gante y Brujas. Tanto en la concepción general de la estructura de cada tabla como en los elementos más diversos y las estrategias figurativas, principalmente en los juegos de perspectiva a veces extraños, en la estructura anatómica (concebida a partir de amplios ropajes) y en la fisonomía de las figuras, en el tipo de indumentaria y adornos, en el virtuosismo técnico con que se transcriben los pormenores, se percibe una apropiación de los "modos" practicados por los pintores flamencos. Este aspecto debe relacionarse no solo con la influencia que esa corriente ejercía en la producción portuguesa, sino con la participación directa de artistas flamencos en la ejecución del retablo. El maestro que asumió el encargo de la obra —y pudo ser Vasco Fernandes, que por entonces ya residía en la ciudad— impuso a dos maestros talladores y escultores también de origen norteuropeo, Arnau de Carvalho y João de Utreque, la estructura en talla dorada que organizaba, unía y remataba el conjunto de los paneles de esta obra de factura colectiva.

El programa iconográfico, con evidentes funciones didácticas y litúrgicas, incluía las más importantes escenas narrativas de la vida de la Virgen y la infancia y la pasión de Cristo. Pero el detalle más relevante, y que más ha contribuido a la popularidad de esta obra, es la presencia del indio "brasileño" que sustituye, en *Adoración de los Magos*, al tradicional rey negro Baltasar. De hecho, se trata de la primera representación occidental de un indígena de las tierras de la Vera Cruz, cuando solo habían transcurrido uno o dos años de su "hallazgo" por los portugueses.

Para valorar los recursos expresivos de Vasco Fernandes en su primera fase de actividad hay que fijarse en una obra muy personal, *Asunción de la Virgen*, cuya realización tendría lugar hacia 1515.

Las dos tablas procedentes de la capilla del Palacio Episcopal de Fontelo, *Cristo en casa de Marta* y *Última Cena*, que pueden incluirse en la producción de su taller durante la década de 1530, revelan una ampliación significativa de los repertorios formales y un progresivo alejamiento de las técnicas flamencas, dominantes en su producción inicial. Si la complejidad iconográfica de la *Última Cena* hace pensar que el autor del plan pictórico fue el propio Miguel da Silva, que encargó la obra, ya el retrato de este mecenas en *Cristo en casa de Marta*, donde aparece sentado a la mesa a la derecha de Jesucristo, presencia reforzada con la reproducción de sus

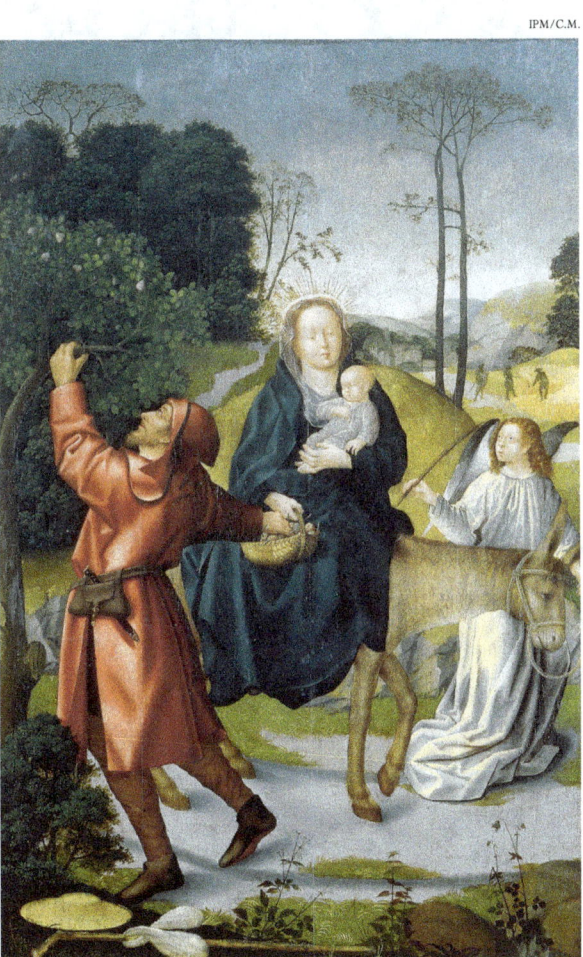

Taller de Vasco Fernandes (Grão Vasco), "Huida a Egipto", del retablo proveniente de la Catedral de Viseu, óleo sobre madera de roble, 1506-10, Museo Grão Vasco, Viseu.

IPM/C.M.

RECORRIDO IV   *Al descubrimiento de Grão Vasco*
Viseu

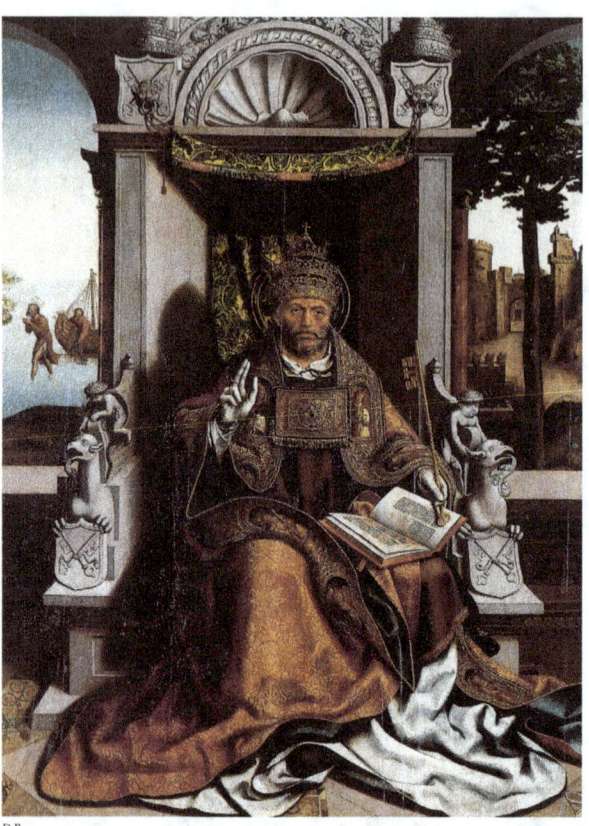

Vasco Fernandes, "San Pedro", óleo sobre madera de castaño, 1530-35, Museo Grão Vasco, Viseu.

armas en los plintos de las columnas, sugiere una relación directa con el pintor.
En las pinturas de gran formato que ejecutó, también con el patrocinio de Miguel da Silva, para las capillas de la cabecera y del claustro de la Catedral de Viseu, de las que quedan los cinco grandes retablos de esta colección, Vasco Fernandes se centra en las posibilidades expresivas de la forma y ensaya nuevas soluciones de organización compositiva y espacial.
En el famoso *San Pedro*, que constituye uno de sus grandes momentos creativos, es la monumental y austera gravedad del santo patriarca, sentado en un trono italianizante, en su mirada absoluta y en su frontalidad casi intimidatoria donde concentró la fuerza expresiva de la obra. La luz que incide desde la derecha tiene un papel determinante en la modelación escultórica de la figura y en su autonomía respecto del trono, que está asegurada sobre todo por la proyección de la sombra y por la vigorosa estructura triangular.
En *Calvario*, con el fin de representar un monumental espectáculo de dolor y dramatismo, y entre otros recursos, eleva significativamente la composición en relación a la visión del espectador, optando por la concentración y monumentalidad teatral de las figuras, distanciándolas con manchas de color aclaradas por la luz.
San Sebastián, con su fuerza poética derivada de la representación del desnudo, es la expresión cabal de su aproximación a los medios expresivos de la pintura italiana.
Hay que resaltar también la tabla *Pentecostés*, que muestra pocas variantes y que se encuentra en la sacristía de la iglesia de Santa Cruz de Coimbra, firmada por Vasco Fernandes pero con el nombre latinizado en "Velascus". Con la representación de la bóveda manuelina de la Catedral se busca acentuar la relación entre el espectador y la pintura, entre el espacio real y el virtual. En las diminutas pinturas de la *predela* de estos grandes retablos en forma de manto, cuya forma permite identificar el paso del modelo retabular del norte de Europa al italiano, se aprecia una síntesis entre un lenguaje que no oculta ni la lección flamenca ni la asimilación de rasgos italianizantes.
De las restantes obras de arte de la época manuelina del Museo destacan algunas

esculturas en piedra de Ançã, de talleres de Coimbra, hoy sin la policromía original; una placa de alabastro en relieve importada de Nottingham, también del siglo XV y, sobre todo, la *píxide* afroportuguesa de marfil, pieza rarísima del Quinientos hecha en Sierra Leona, donde los artesanos locales copiaron un modelo portugués, sin duda de plata. No obstante, la iconografía está tomada de los grabados de un libro de horas impreso en Francia en 1498.

Véanse también las armas reales portuguesas, la cruz de la Orden de Cristo y la inscripción "Ave (Maria) Gratia Plena".

Al salir de Viseu, seguir la N2 en dirección a Castro Daire. Unos 13 km después de pasar esta población, tomar la IP3 hasta Lamego.

IV.2 LAMEGO

La ciudad fue una importante población en tiempos remotos, por lo menos desde la época visigoda, en el siglo VII, hasta el punto de acuñarse moneda en ella durante el reinado de Sisebuto. Sometida la península por los musulmanes en 713, al poco estos ocuparon Lamego, que fue reconquistada definitivamente por las tropas de Fernando I el Grande en 1057. Años después, en 1071, fue elevada a sede diocesana.

Su desarrollo en la Edad Media se debió, en un primer momento, a la acción de Egas Moniz, el ayo del primer rey portugués, D. Afonso Henriques, que tenía una residencia habitual en los alrededores, concretamente en Britian-

de. Su fuero más antiguo data de 1191 y le fue otorgado por D. Sancho I, para que con las medidas que implicaba se estableciera más población en esa zona deprimida.

Hasta el siglo XIX, el núcleo urbano nunca fue muy grande y toda la vida social se desenvolvía en torno a la Catedral.

En lo alto del cerro opuesto queda el castillo, cuyo origen se remonta al siglo XI, aunque fuera objeto de muchas reformas durante la Edad Media y de nuevas obras en el periodo manuelino, estas de consolidación fundamentalmente, que le confirieron más o menos el aspecto que tiene en nuestros días.

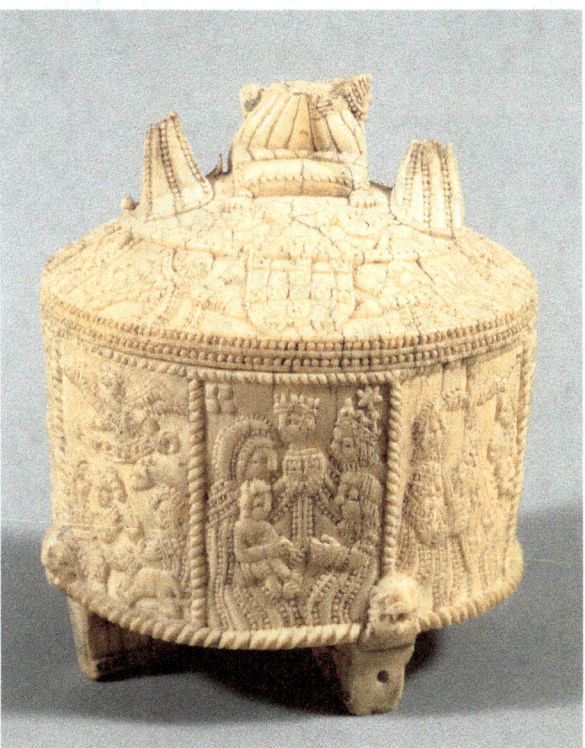

Píxide, Sierra Leona, marfil, h. 1500, Museo Grão Vasco.
IPM/D.F.

RECORRIDO IV   Al descubrimiento de Grão Vasco
Lamego

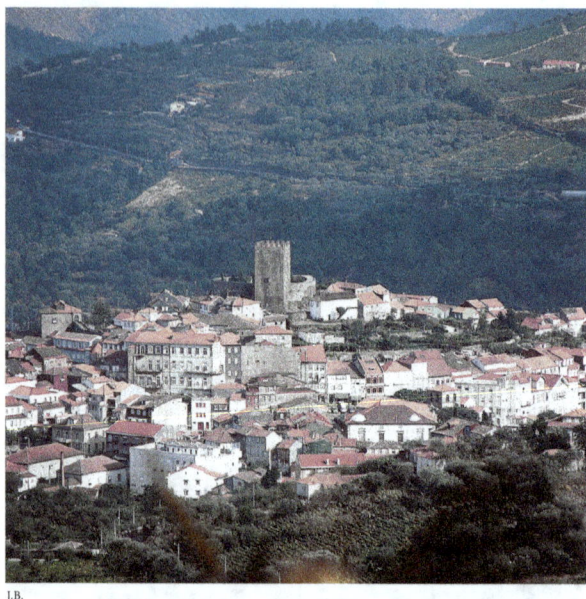

Vista general del centro histórico de Lamego.

IV.2.a Catedral

Largo da Sé, tel. 254 612766. Catalogada como Monumento Nacional.
Horario: todos los días de 8 a 13 y de 15 a 19.

La Catedral lamacense data del siglo XI, pero todo lo que hoy vemos es posterior; la parte más antigua es la base de la torre. Del periodo manuelino queda la nueva fachada con sus tres bellas puertas de traza tardogótica. Datan de 1508 y años posteriores, y su construcción corrió a cargo del maestro de obras João Lopes, que tuvo por ayudantes a los cántabros Juan de Vargas y Juan de Pamenes.
También es de estilo manuelino una parte del claustro, comenzado a finales del año 1524 por Duarte Coelho.

IV.2.b Casas de la Rua do Poço

Junto a la Catedral, en el corazón de la ciudad, en la llamada Rua do Poço, quedan unas casas con las ventanas manuelinas más relevantes de la región, de trazado poco común y con abundantes elementos decorativos naturalistas, además de otros que ya estaban presentes en la zona en edificios tradicionales de bastantes siglos antes.

IV.2.c Museo de Lamego

Largo de Camões, tel. 254 600230.
Horario: de 10 a 12:30 y de 14 a 17; lunes, Año Nuevo, Domingo de Pascua, 1 de mayo y Navidad cerrado.

Son muchas e importantes las colecciones del Museo, pero en este caso nos intere-

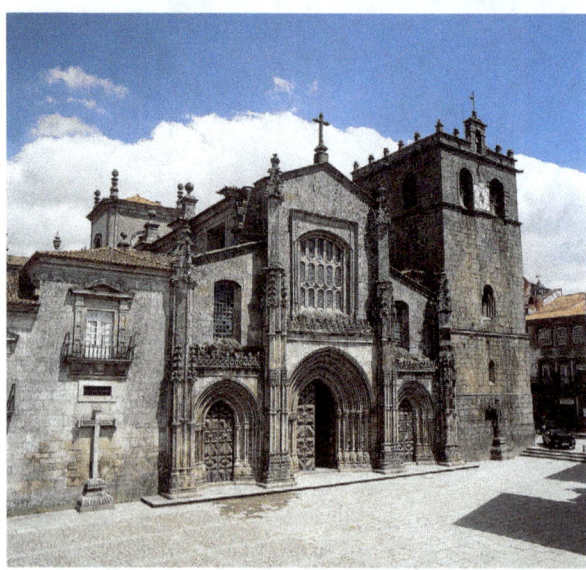

Catedral, fachada principal, Lamego.

RECORRIDO IV   Al descubrimiento de Grão Vasco
Lamego

san las obras de la época manuelina o de los años dorados de la época de los descubrimientos marítimos.

Uno de los conjuntos de relieve es el de tapices flamencos tejidos en lana y seda que pertenecieron al Palacio Episcopal; se pueden datar con seguridad a principios del siglo XVI y atribuirse a los talleres de Bruselas. Representan temas mitológicos y tienen un excelente dibujo: *El Templo de Latona, Layo consultando el Oráculo, Edipo en Corinto, Edipo en Tebas, Edipo y la reina Yocasta* y otro, por lo demás el más espectacular, *Música*, que es una alegoría de este arte. Son evidentes el sincretismo entre la cultura clásica y el paganismo, y la nueva visión humanista de la Iglesia Católica.

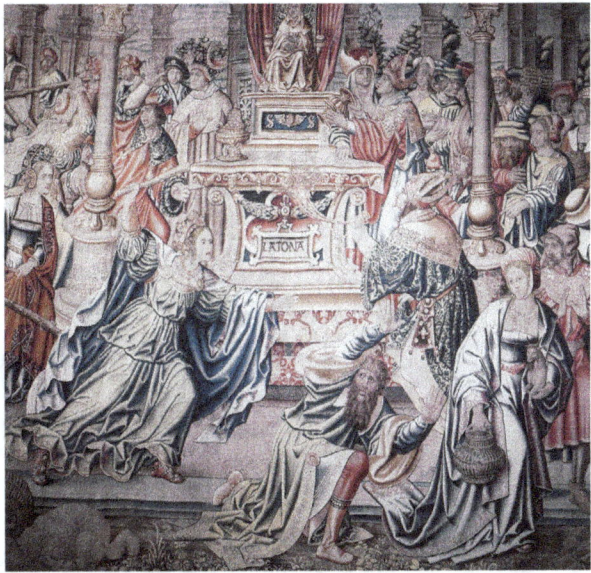

Taller de Bruselas, "El Templo de Latona", tapiz flamenco, s. XVI, Museo de Lamego.

En cuanto a las colecciones de pintura, destacan las obras de Vasco Fernandes. Las cinco tablas que pertenecieron al retablo de la capilla mayor de la Catedral de Lamego, encargado en 1506 por el obispo João Camelos de Madureira y concluido en 1511, son fundamentales para entender su arte o su proceso creativo en una fase inicial de su larga trayectoria.

A partir de las cinco tablas que quedan no es difícil imaginar la suntuosidad del retablo original, constituido por veinte, dos de las cuales ocupaban, junto con una escultura desaparecida, el eje central y eran, por eso, de mayor tamaño.

En la organización espacial de las composiciones, con magistral uso de la luz para

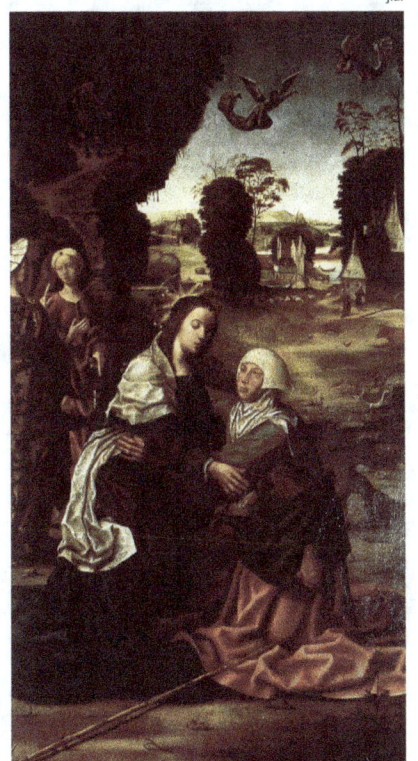

Vasco Fernandes, "Visitación", del retablo proveniente de la Catedral de Lamego, óleo sobre madera, 1506-11, Museo de Lamego.

131

Lamego

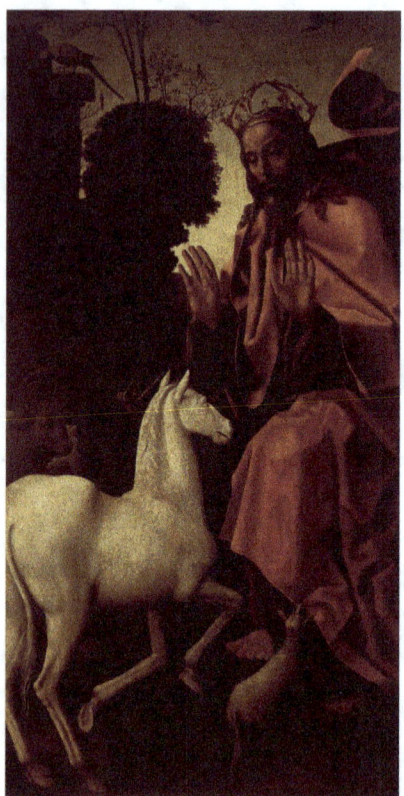

Vasco Fernandes, "Creación de los animales", del retablo proveniente de la Catedral de Lamego, óleo sobre madera, 1506-11, Museo de Lamego.

evidenciar los planos intermedios —obsérvese, a título de ejemplo, el pavimento en *Anunciación* y la estratégica posición del hornillo como fuente de luz—, en la equilibrada distribución del color, en la concepción de las figuras envueltas en ropajes henchidos y modelados con notable plasticidad, se aprecia una preocupación esencial por la armonía formal y el rigor representativo.

El realismo a la manera flamenca se observa también en la visión detallista de las formas, en el modo de representar la textura de los tejidos, la transparencia de los cristales o el reflejo de los metales. El recurso a diversas fuentes de inspiración se evidencia en la presencia de algunos elementos: en *Visitación* representa con minucia un fondo paisajístico con arquitecturas del norte de Europa, mientras que en *Creación de los animales* opta por la figuración del mítico unicornio.

Considerando la importancia que la pintura tenía en la época como medio de promoción personal y social, nótese que la figura que sostiene al Niño Jesús en *Circuncisión* corresponde al retrato del obispo que encargó la obra, cuyas armas estaban también representadas, por indicación expresa suya, en la estructura tallada del retablo.

Al salir de Lamego hacia Ferreirim, tomar la N226.

Región del Duero

Un poco al norte de Lamego, el río Duero corta profundamente la tierra, encajado en un estrecho valle que fue abriendo poco a poco a lo largo de millones de años. Es una tierra dura, caliza, donde la acción del hombre se deja notar en la infinidad de bancales en que crecen las uvas que dan cuerpo al vino de la región, el más famoso de los cuales, ironías del destino, se conoce comúnmente como "vino de Oporto". En la margen izquierda, desde muy pronto surgieron poblaciones en que vivieron y viven gentes laboriosas y con un patrimonio artístico riquísimo. De las órdenes religiosas, fue la del Cister la que antes se interesó por el lugar, donde construyó abadías, algunas de las cuales se conservan y evocan épocas de grandeza. Algunas fueron después dignificadas, con lo que se perdieron los vestigios medievales y manuelinos; otras, felizmente, los conservan.

IV.3 FERREIRIM (opción)

IV.3.a **San Antonio, iglesia matriz**

Lugar del Convento. Catalogada como Inmueble de Interés Público.
Horario: jueves a domingo de 10 a 13 y de 14 a 18. Se puede concertar una visita guiada con el Sr. Fernando Cardoso, tel. 254 699130.

De la iglesia primigenia, en la que sabemos que se hicieron obras en época manuelina, queda poco, pues sufrió grandes remodelaciones posteriores. La torre próxima data del siglo XV, al igual que la estructura general de la iglesia, y de esta época, de estilo gótico tardío, destaca el conjunto funerario del interior, en el que reposan los restos mortales de Francisco Coutinho. Son también muy importantes, aunque un poco posteriores (1533), los cuadros que el cardenal e infante D. Henrique encomendó a los pintores reales Cristovão de Figuereido, Gregório Lopes y Garcia Fernandes y que pertenecieron al convento del que era prior-comendatario. Entre estos cuadros, sobresalen *Anunciación*, *Nacimiento de Jesús* y *Tránsito de Nuestra Señora*.

IV.4 TAROUCA (opción)

IV.4.a **Convento de San Juan de Tarouca**

En S. João de Tarouca. Catalogado como Monumento Nacional. Información: Sr. Caetano, tel. 254 678766.
Horario: de 10 a 12:30 y de 14 a 18; lunes y martes hasta las 14 cerrado.

De la abadía de San Juan de Tarouca, primera fundación de la Orden del Císter en Portugal, quedan únicamente la iglesia románica con toda su riqueza y algunos restos de los arruinados espacios conventuales. Fundada en 1154, debió de concluirse o estaba a punto de hacerlo en 1169, si atendemos al epígrafe que se conserva en el interior, al lado de la puerta axial. La iglesia entronca con las soluciones de las plantas de la orden de Bernardo de Claraval, con cabecera de tres capillas, transepto ancho y saliente, y tres naves cubiertas por bóvedas de arco apuntado. Innovadora dentro de la arquitectura románica portuguesa, tanto en las soluciones estructurales y espaciales como en la austeridad decorativa, debió de ser proyectada por un monje arquitecto, probablemente de origen francés.

El templo guarda en su interior un importante patrimonio, que es resultado de muchas acumulaciones. Además de la imponente arca mortuoria de D. Pedro, Conde de Barcelos, uno de los ejemplos más impresionantes del arte funerario portugués del siglo XIV, de varios e interesantes paneles de azulejos, y de las tallas y la imaginería, conserva también una importante colección de pinturas del Quinientos que pueden datarse en 1530-35 y cuyo autor fue Gaspar Vaz, discípulo de Vasco Fernandes.

Formado en el taller del pintor real Jorge Afonso, este maestro desarrolló su actividad artística en Viseu, por lo menos entre 1522 y 1568. Así, no es extraño que estas pinturas acusen una influencia directa de los modelos de Vasco Fernandes. Estas afinidades son más flagrantes en el *San Pedro* (compárese con el *San Pedro* del Museo de Grão Vasco) que en las graciosas tablas que forman parte de la talla barroca del altar de Nuestra Señora de la Gloria o en el *San Miguel*. Pero, a pesar de la similitud de esta obra de Tarouca con Vasco Fernandes, son evidentes las diferencias en valores formales de las dos tablas en cuestión.

Aparte del lenguaje más tradicionalista y arcaizante en la decoración gótica del trono y en la presencia de elementos vegetales, al contrario que en el pavimento en perspectiva de la obra de Viseu de Vasco Fernandes, son también reseñables las diferencias en la concepción de los volúmenes y en el uso de la luz. La figura abatida del santo, su falta de vigor anatómico, la yuxtaposición simplista de los planos, que minimiza el valor integrador de la luz, nos muestran a un pintor con recursos expresivos diferentes de los de Vasco Fernandes. Es razonable pensar, pues, que se trata de dos versiones de un mismo modelo, hechas por dos pintores con capacidad técnica y recursos diferentes y, aspecto no menos importante, destinadas a distintos lugares.

La búsqueda del equilibrio y de la gracia, un cierto amaneramiento y teatralidad en los gestos, más acentuados en el *San Miguel*, sustituyen en estas pinturas de Gaspar Vaz el vigor y el dinamismo expresivo de las formas que caracterizan la producción de Vasco Fernandes del mismo periodo.

Para ir a Ucanha, retomar la N226. Ucanha se encuentra 2 km después de la salida para Tarouca.

IV.3 **UCANHA** (opción)

IV.5.a **Puente de Ucanha**

Catalogado como Monumento Nacional.

En tierras del Monasterio de Salzedas queda el más hermoso de los puentes medievales portugueses, el de Ucanha, sobre el río Varoza. Fue construido por orden del abad Fernando a mediados del siglo XV y, además de la torre propiamente dicha, de defensa y portazgo, de casi 9 m de altura, tiene tres arcos con tajamares y pavimento en caballete.

GRÃO VASCO: EL PINTOR-HÉROE

Pedro Dias

Hasta finales del siglo XIX era del todo desconocida la verdadera identidad del pintor de Viseu elocuentemente llamado "Grão Vasco" (Gran Vasco) o simplemente Vasco, ya que el apellido se había perdido. Una serie de historias anecdóticas y fantásticas, que parecen tener su origen a principios del siglo XVII, habían convertido al autor de las pinturas de la Catedral en un mítico pintor-héroe a quien se atribuía, también por falta de información sobre otros artistas, casi toda la pintura antigua de Portugal. La tradición oral parece haber desarrollado algunas ideas inspiradas en los cronistas locales, que recurrían a datos biográficos anecdóticos de los pintores griegos Apeles, Zeuxis, Timantes y Parrasio —adaptados a las biografías de los grandes maestros del Renacimiento— para exaltar las cualidades figurativas de las pinturas de la Catedral y la genialidad de su autor. Así, hasta finales del siglo XIX sobrevivió una imagen romántica que hacía del célebre pintor Vasco un pobre pero superdotado hijo de molinero, natural de la ciudad. Por ejemplo, dos de esas historias dan cuenta de lo siguiente:

"Vasco, que desde la infancia dio signos de un raro genio, pintó en la puerta de su casa un burro cargado de sacos, con tal habilidad, que el padre, al volver a casa al anochecer, se confundió hasta el punto de hacer entrar en la cabaña lo que era una vana ilusión."

"Durante su viaje [de acuerdo con la tradición legendaria, Vasco pasó una temporada en Italia] entró en casa de un pintor diciendo que era del oficio y pidiéndole que lo empleara. Las ropas harapientas con que se cubría, su aspecto miserable, hicieron que el dueño de la casa lo despreciara, aunque por compasión le dio tintas para que las moliera. Llegada la hora de comer, todos salieron; nuestro Vasco aprovechó la ocasión para pintar, como venganza, una mosca sobre la cara de una pintura, y lo hizo con tal arte que la gente de la casa, cuando entró, trató muchas veces de espantar la mosca antes de darse cuenta de su error. Mientras tanto, el pintor se había escapado, y toda la gente de la casa exclamó, con voz unánime, que aquello solo podía haberlo hecho el gran Vasco."

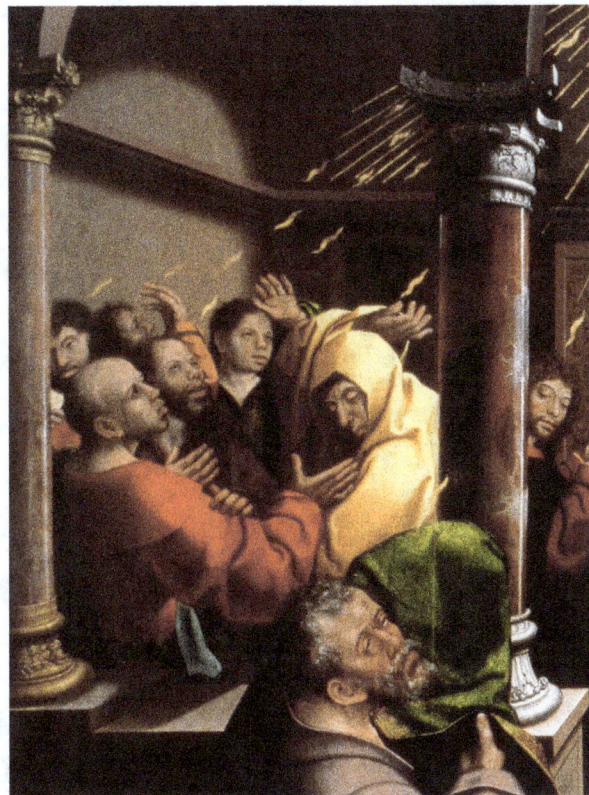

Grão Vasco, "Pentecostés", detalle, óleo sobre madera de castaño, 1535-40, Museo Grão Vasco, Viseu.

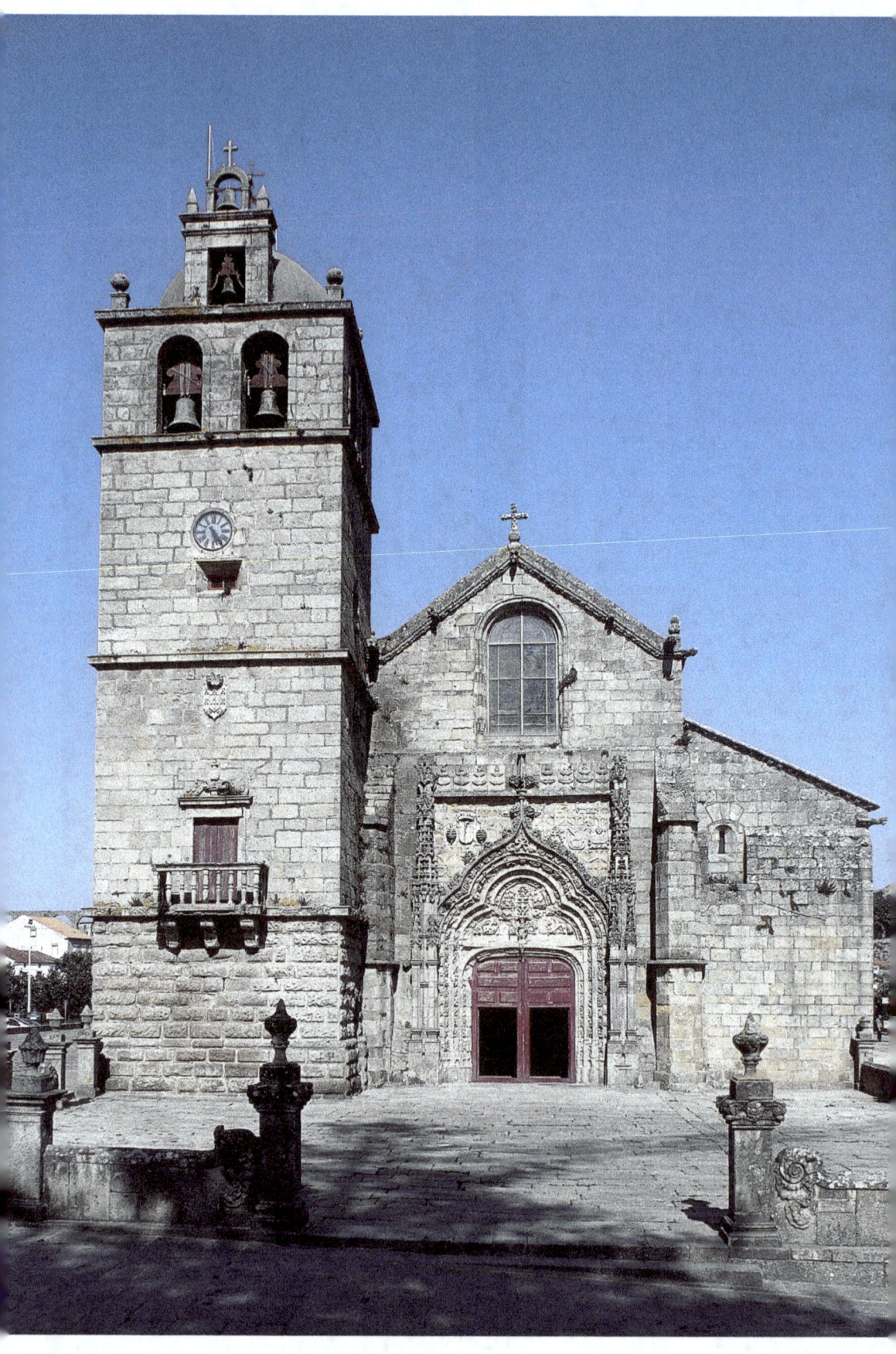

RECORRIDO V

Los vizcaínos en el norte de Portugal

Pedro Dias, Dalila Rodrigues,
Nuno Vassallo e Silva, Fernando Grilo

Primer día

V.1 OPORTO
V.1.a Capilla de João Carneiro, en la iglesia del Convento de San Francisco
V.1.b Tesoro de la Misericordia

V.2 AZURARA
V.2.a Santa María, iglesia matriz

V.3 VILA DO CONDE
V.3.a Centro histórico
V.3.b San Juan Bautista, iglesia matriz
V.3.c Convento de Santa Clara

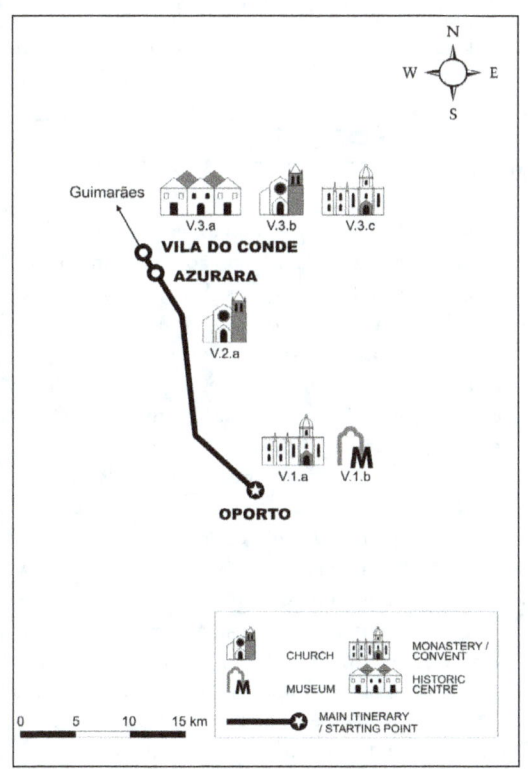

San Juan Bautista, iglesia matriz de Vila do Conde.

137

Oporto

El norte de Portugal desempeñó un papel de gran relieve en la expansión portuguesa. En Oporto, el infante D. Henrique reclutó a muchos de los hombres que participaron en la primera expedición a ultramar, en 1415, y esta ciudad suministró también la mayoría de los pertrechos para la armada; el infante había nacido aquí, en Ribeira, era un hombre del norte. Se sostiene que el hecho de que los habitantes dieran toda la carne y se quedaran solo con las tripas de los animales, que fue lo que tuvieron que comer para sobrevivir, dio origen al más típico de los platos de la gastronomía portuguesa, las *tripas à moda do Porto* ("tripas a la portuense").

Con el paso de los años, los pueblos marítimos, que tenían tráfico comercial desde el siglo XII y estaban volcados en el despacho de los productos de la tierra que se exportaban a Flandes y las Islas Británicas, y en la recepción de las mercancías que venían de esos lugares o del golfo de Vizcaya, tomaron nuevo aliento. Gaia, Vila do Conde, Caminha, Viana do Lima y Valença conocieron una nueva prosperidad, de la que sus habitantes quisieron dejar constancia en obras pías o de simple ostentación.

Los hombres de mar y los de tierra participaban a partes iguales en la aventura ultramarina, pues por cada uno que se embarcaba era necesario que dos o tres se quedasen para preparar las idas y venidas, fabricar el cordaje, las velas y los toneles, mantener a las viudas y cuidar de los huérfanos del océano, cuyas lágrimas tan bien evocó Fernando Pessoa.

La arquitectura reflejó esa prosperidad y, dadas las relaciones privilegiadas con Galicia y Vizcaya, los maestros que construyeron las iglesias, las capillas, las residencias, los puentes y las casas consistoriales eran en su mayoría oriundos de esos lugares. Incluso las obras con patrocinio real, las que D. Manuel I resolvió promover cuando, en 1505, recorrió la región camino de Santiago de Compostela, hablaron estéticamente un lenguaje peninsular, galaico-portugués o vasco. Es una arquitectura que ignora las fronteras políticas y que se prolonga sin rupturas a una y otra margen del río Miño. Si así fue en la arquitectura, lo mismo sucedió en la pintura, la escultura, la orfebrería, etcétera. En la iglesia matriz de Vila do Conde trabajó Juan del Castillo y, un poco más al interior, en Guimarães, Braga o Barcelos, la presencia de esos maestros se ve y se siente, empezando por la más importante de todas las iglesias, la Catedral de Primaz.

V.I OPORTO

La ciudad de Oporto, cuyo centro histórico está catalogado como Patrimonio de la Humanidad, es desde el siglo XII el principal polo de desarrollo de la región norte de Portugal. Gracias a su puerto fluvial, de enorme importancia hasta principios del siglo XX, fue la puerta de entrada y salida de mercancías y personas, y se formó intramuros una población activa, laboriosa, que conquistó para la vetusta urbe el título de "capital del trabajo".

De aquí partieron generaciones y generaciones de portugueses que poblaron los territorios de ultramar, y muy en especial Brasil. Pero la ciudad está ligada a la expansión por muchas otras razones, la primera por ser la tierra natal del infante D. Henrique. Aquí se embarcaban pro-

RECORRIDO V   *Los vizcaínos en el norte de Portugal*
Oporto

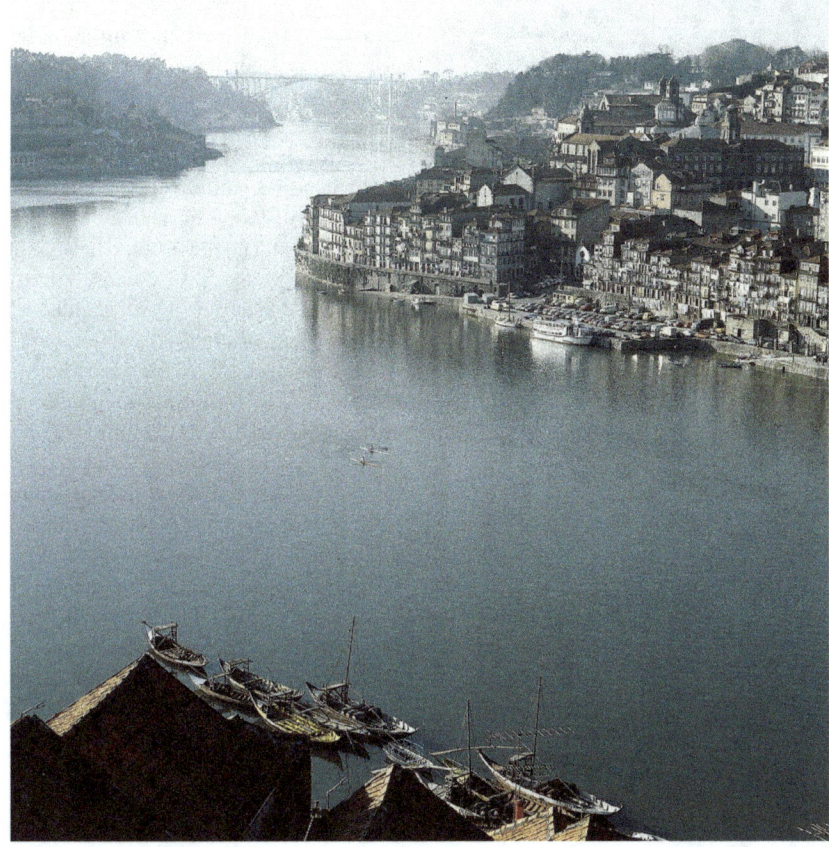

Panorámica de la ribera de Oporto.

M.A.

ductos de la tierra, como el vino, y manufacturas y se aparejaban los navíos transoceánicos; se consolidaron así diversas industrias estrechamente ligadas a los viajes, desde la modesta tonelería a otras más complejas como la orfebrería y la estatuaria, cuyos productos se mandaban a las iglesias de patronazgo portugués en todos los rincones del mundo.

El desarrollo posterior, de principios del siglo XVI, hizo que la ciudad se renovase sustituyendo los edificios manuelinos por otros mayores y más ricos. Dejando a un lado al clero, algunas familias burguesas se ennoblecieron y desempeñaron altos cargos en el gobierno público; a ellas se deben también obras importantes, desde capillas en conventos y monasterios hasta cofradías y la propia Misericordia.

Si los testimonios del arte manuelino no son hoy muchos, los lugares de la Historia permanecen, y las aguas del Duero son testimonio del éxito o el desconsuelo de tanta aventura.

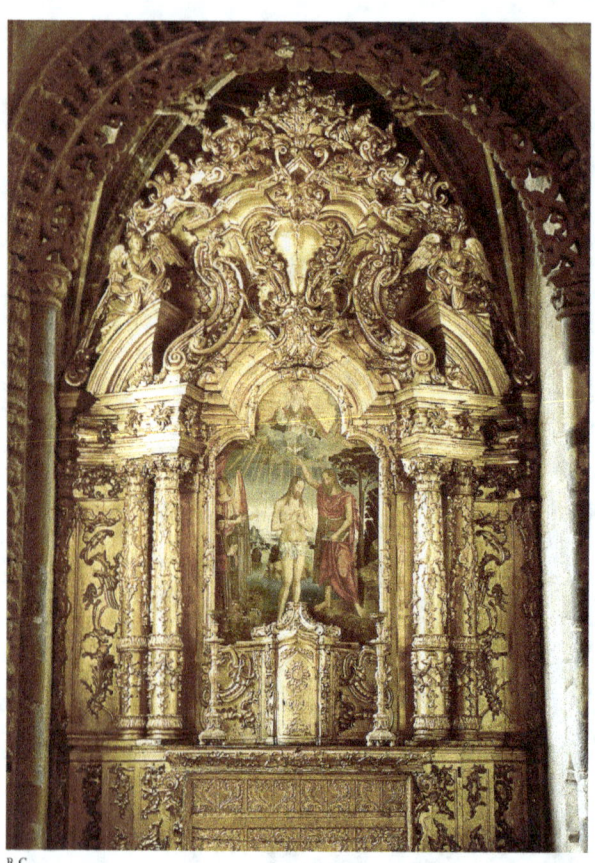

R.C.

Capilla de João Carneiro, iglesia de San Francisco, Oporto.

V.1.a Capilla de João Carneiro, en la iglesia del Convento de San Francisco

Rua do Infante D. Enrique, tel. 22 2062100. Catalogada como Monumento Nacional.
En el precio de la entrada va incluida también la visita a las catacumbas y al Museo de Arte Sacro. Horario: noviembre a febrero de 9:30 a 17; marzo a octubre de 9 a 18; domingos, Navidad y Año Nuevo cerrada.

La iglesia del Convento de San Francisco es uno de los edificios más antiguos del primer gótico portugués, pero su estructura original está cubierta por la masa magnífica de las tallas doradas del barroco y el rococó. Aquí puede admirarse una pequeña pero significativa obra manuelina, una verdadera joya arquitectónica, la capilla funeraria del maestrescuela de la Catedral de Braga, João Carneiro, también conocida después como Capilla del Desagravio. Su institución canónica, según consta en la placa que se conserva, data de 1500, y quedó como testamentario un hermano suyo. Esta familia dio grandes personajes a la política portuguesa del tiempo de los descubrimientos, como António Carneiro, escribano de cámara de D. João II y donatario de la isla de Príncipe, después secretario de Estado del rey Afortunado, y Pêro de Alcáçova Carneiro, también secretario de Estado de D. Manuel I y luego de D. João III, que junto con su hermano Francisco Carneiro tuvo a su cargo los negocios de la India.
Estilísticamente, la obra arquitectónica puede atribuirse al círculo de Diego del Castillo, que hacia 1526 se estableció en la ciudad de Oporto después de casarse con la hija de un rico comerciante en hierro de origen vasco. Vivió en la Rua das Flores y no volvió definitivamente a Coimbra hasta 1535. Este maestro vizcaíno hizo una obra algo anticuada, pero, con todo, elegante y de sólida estructura. De la misma época, y hoy rodeado de tallas barrocas, es el cuadro del altar mayor, una pintura al óleo sobre madera que representa el Bautismo de Cristo, datada hacia 1530. Puede englobarse en un conjunto de trabajos arcaizantes que

salieron de las manos de este maestro y sus ayudantes, activos tanto en la región de Entre Douro-e-Minho como en Galicia. Muestra una fuerte influencia de la pintura tardogótica flamenca, todavía de los talleres de Gante y Brujas, y tiene el valor añadido de representar al donante, el citado João Carneiro, a la izquierda del observador, en actitud recogida ante la escena principal, el momento en que el Precursor vierte el agua lustral sobre la cabeza del Mesías.

V.1.b Tesoro de la Misericordia

Rua das Flores, 5, tel. 22 2074710. La iglesia de la Santa Casa de la Misericordia está catalogada como Inmueble de Interés Público. Acceso con entrada, aunque las visitas de estudio, fijando previamente cita, son gratuitas. Horario: de 9 a 12 y de 14 a 18; domingos y festivos cerrado.

La Misericordia de la ciudad de Oporto, fundada en los albores del siglo XVI y cuya cofradía se reunió a partir de 1502 en la Capilla de Santiago de los claustros de la Catedral, posee algunas obras manuelinas excepcionales que pueden admirarse en la Sala de Despacho del edificio del siglo XVIII donde está su sede, en la histórica Rua de Santa Catarina das Flores.

La obra emblemática de esta institución es un enorme cuadro al óleo sobre madera, de 2,65 por 2,10 m, una *Fons vitae* de origen bruselense cercana al arte de Bernard van Orley. Aparte de la categoría de la pintura, de sus dimensiones y su estructura monumental, de la impresionante calidad plástica de la galería de rostros e incluso de los paisajes del fondo, gran parte de su interés reside en el hecho de que retrata a la familia real portuguesa y al obispo de Oporto Pedro da Costa. Además, fue seguramente este prelado, un amante de las artes y gran mecenas en todas las diócesis por las que pasó, quien encomendó y pagó el cuadro.

El tema central es una gran fuente, la "fuente de la vida", materializada aquí en una copa con la sangre de Cristo, de la cual emerge la cruz donde estaba clavado, muerto, con María y Juan a los lados en actitud serena, a la manera renacentista flamenca. Alrededor de la copa hay dos

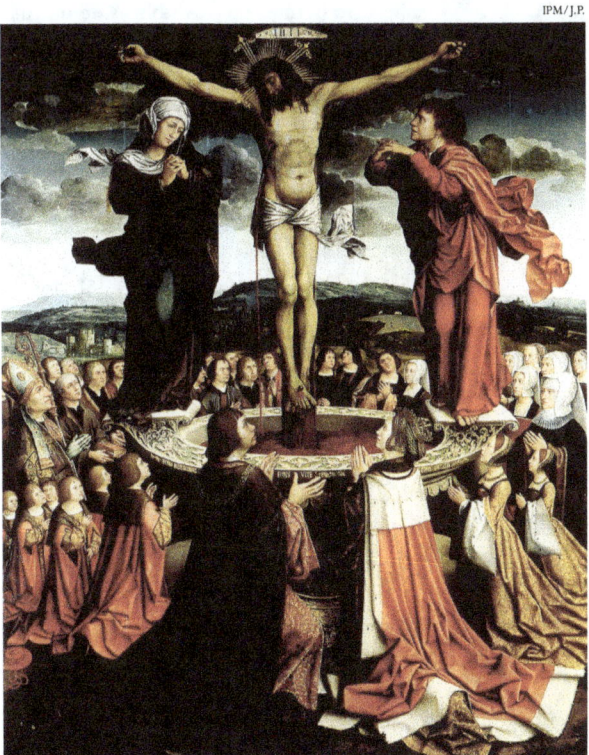

Taller de Bruselas, "Fons Vitae", s. XVI, Santa Casa de la Misericordia, Oporto.

IPM/J.P.

series de personajes: de frente respecto al espectador, hombres y mujeres de facciones y trajes flamencos; de perfil o en tres cuartos está la familia real portuguesa. Se ve a D. Manuel I, la reina D.ª Leonor (su tercera esposa), el príncipe real D. João y los restantes infantes e infantas, además del obispo de Oporto donante del cuadro. La obra debe de ser posterior a 1518 y anterior a 1521.

Una curiosidad estriba en el hecho de que los rostros de los personajes portugueses fueron pintados después, lo que quiere decir que la obra llegó inacabada para que en Portugal se pintasen los retratos del monarca y de su familia, como ocurre, por lo demás, en otras obras de pintura flamenca.

En el campo de la orfebrería tenemos que destacar dos cálices de plata dorada y sus respectivas patenas, que fueron encomendados por la abadesa Melícia de Melo, como lo demuestran las leyendas y blasones, y pertenecieron al Monasterio de Arouca. El cáliz más rico tiene el pie de sección circular con doce lóbulos de extremos semicirculares, seis mayores con la representación de Cristo y cinco apóstoles, y seis menores decoradas con motivos florales y margaritas en plata blanca. Sobre el pie se alza una estructura hueca sextavada y encima una más pequeña que sirve de unión con el nudo de tipo arquitectónico. En unos nichos surgen las imágenes, en plata fundida, de los restantes Apóstoles.

El otro cáliz, aunque más sencillo, no deja de ser una de las piezas más ricas del último gótico portugués. En el pie destacan excepcionales figuras de la Resurrección, de San Juan Bautista y de San Benito.

Ambos cálices datarán de la década de 1520.

De 1500 aproximadamente, y de fabricación portuguesa, tal vez del mismo Oporto, es la bandeja de plata dorada decorada con madroños finamente cincelados, colocada en una estructura posterior constituida por un plato inferior, una orla y un pie.

A época manuelina pertenecen también las dos esculturas, *San Esteban* y *Santo Obispo*, obras en madera policromada de 1,60 m de altura y de clara inspiración flamenca. Es posible que perteneciaran a la primitiva capilla de la cofradía de la Misericordia.

Para ir a Azurara, dirigirse hacia Maia y seguir por la N13 en sentido Vila do Conde. Azurara queda junto al cruce con la N104.

V.2 AZURARA

V.2.a Santa María, iglesia matriz

Rua Mouzinho de Alburquerque, junto a la N13. Catalogada como Monumento Nacional. Información: Centro Parroquial de Vila do Conde, tel. 252 640810.

El templo de Azurara queda en la margen izquierda del río Ave y es de mayores dimensiones que el de Vila do Conde, aunque guarda similitudes evidentes con este, que en parte le sirvió de modelo. El cuerpo es de tres naves y cinco tramos de arcadas longitudinales simples sobre pilares ochavados, cubiertas de madera y de altura desigual, y cabecera abovedada con nervadura tardogótica. Las armas reales, la esfera armilar y la cruz de la Orden de Cristo de la capilla mayor dan fe del patrocinio del rey D. Manuel I.

Una inscripción nos proporciona el nombre del constructor, Gonçalo Lopes, iniciador de una verdadera dinastía de canteros y maestros de obras, y el año de terminación de las obras fundamentales, 1522.

La puerta axial es más sencilla, con elementos naturalistas en los intercolumnios y pilares entorchados que la delimitan lateralmente. El gran campanario, aunque comenzado por las mismas fechas, se terminó cuando ya el siglo XVI tocaba a su fin.

Para ir a Vila do Conde, seguir la N13 en dirección a esta población y Póvoa do Varzim.

V.3 VILA DO CONDE

Esta ciudad condal tuvo su origen en un castro que dominaba el río Ave, pero fue en la zona baja donde se estableció más tarde una gran villa romana, una compleja explotación agrícola que constituyó en realidad la semilla de la población medieval que tanta importancia alcanzó. En el siglo X, en el primer documento que habla expresamente de Vila do Conde, fechado en 953, se dice que la zona más densamente poblada correspondía al actual Monte. En pleno siglo XIII, la villa armaba ya a más de medio centenar de *pinazas*, embarcaciones destinadas a la pesca y el transporte de bienes; la economía estaba centrada en torno a estas dos actividades, en las que la sal y el pescado de mar tenían un peso preponderante.

A principios del siglo XIV, la villa pasó a dominio del infante D. Afonso Sanches, hijo natural de D. Dinis y de su mujer D.ª Teresa Martins, que era hija del Conde de Barcelos.

Con la expansión atlántica primero e índica después, la tradición marítima de la villa se convirtió en una plusvalía decisiva para que se convirtiera en uno de los principales puertos nacionales. Fue en este contexto

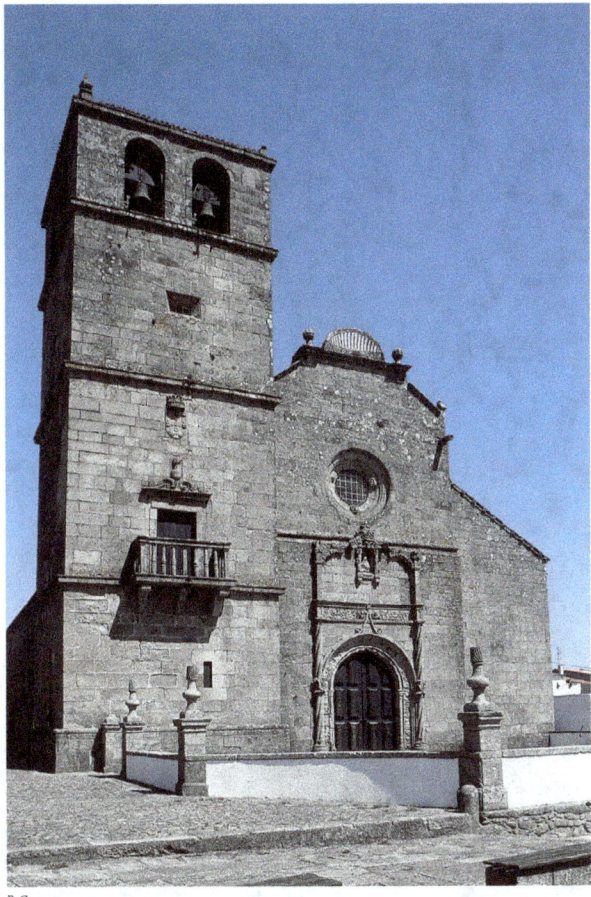

Santa María, iglesia matriz de Azurara.

Vila do Conde

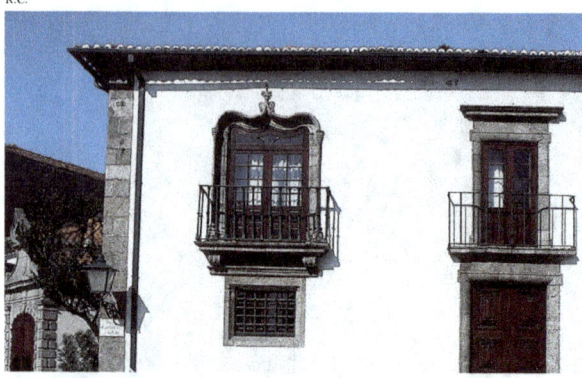

Ventana manuelina, centro histórico de Vila do Conde.

en el que se dio la renovación manuelina de los viejos edificios y la construcción de centenares de casas en la zona baja, junto a la desembocadura del Ave. El 10 de septiembre de 1516, D. Manuel I otorgó su fuero a la villa, consagrando de esta manera la autonomía municipal y poniendo fin al dominio señorial ejercido por las monjas del Convento de Santa Clara.

V.3.a Centro histórico

Información: Oficina de Turismo, tel. 252 248473.

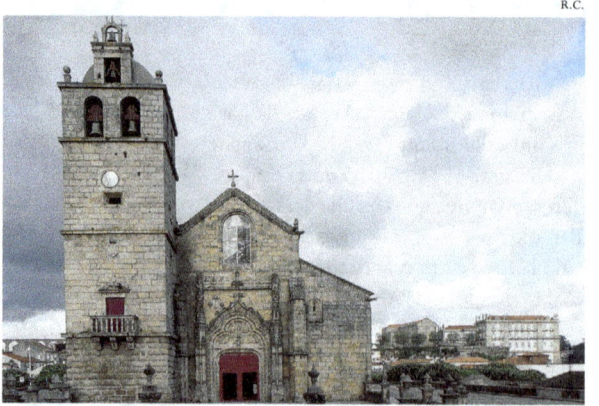

Iglesia de San Juan Bautista, fachada principal, Vila do Conde.

En la zona ribereña hay un importante conjunto de viviendas de estructura quinientista con puertas y ventanas de trazado manuelino, si bien estamos convencidos de que algunas fueron levantadas mediado ya el siglo XVI. El gusto por ennoblecer las moradas burguesas empezó en esta época, y de ello son prueba estas casas, aunque no se aprecie aquí la exuberancia decorativa que hallamos en otros pueblos marítimos.

Los edificios interesantes están dispersos por las calles más antiguas, como las de Igreja, Misericórdia, Costa, Socorro y Largo de São Roque.

V.3.b San Juan Bautista, iglesia matriz

Rua da Igreja, tel. 252 631327. Catalogada como Monumento Nacional.
Horario: todos los días de 9 a 12 y de 14 a 20.

La iglesia matriz es una de las obras arquitectónicas más interesantes hechas por maestros vizcaínos y tiene la ventaja, además, de conservarse casi íntegra y de que se conozcan bien sus autores. No vamos a hablar aquí del templo primitivo, sino solo de lo que hoy se puede admirar y cuya construcción empezó a las órdenes de Juan Riaño. Sin embargo, algunas dificultades llevaron a que la obra pasara en 1500 a manos de su compatriota Sancho García. Los contratistas vascos se sucedieron: vino después Ruy García de Penagós, hasta que en 1511 se hizo cargo definitivamente Juan del Castillo (el hombre que después terminaría el Monasterio de los Jerónimos y el Convento de Cristo), que emprendió la última fase. Costeó esta obra el ayuntamiento de Vila do Conde y, en febrero o marzo de 1514, Del Castillo y los 20 pedreros que le ayudaban estaban terminando ya las naves con sus arcos y la puerta axial. Eran casi todos de Vizcaya: Juan García, Andrés de la Cota, Juan de Quintanilla, entre otros.

Esta puerta, curiosamente, es igual que la de la iglesia de Azuaga, en la Extremadura española, lo que quiere decir que una es copia de la otra o, más probablemente, que Juan del Castillo hizo también, o al menos proyectó, la de la iglesia española. El templo es de tres naves separadas por arcadas simples y con cubierta de madera; solo está abovedado en la cabecera triple —la capilla mayor y las laterales— con bellísimos nervios ya evolucionados dentro del manuelino y del mismo tipo que los de la Catedral de Braga. De la misma época y estilo, con perfiles mucho más rebajados, nervios curvos y claves con fina decoración de elementos vegetales y heráldicos, son las capillas del crucero, que conforman, dadas sus dimensiones, un falso transepto.

V.3.c Convento de Santa Clara

En el cerro que domina la ciudad, Largo D. Afonso Sanches, tel. 252 631016. Catalogado como Monumento Nacional.
Horario: todos los días de 9 a 12:30 y de 14 a 16:30.

Esta importante casa religiosa, que conserva gran parte de su estructura gótica junto a la más moderna e imponente realizada en el siglo XVIII, fue fundada por el hijo natural de D. Dinis, el infante D. Afonso Sanches, y por su mujer, D.ª Teresa Martins. Este príncipe, en el que su padre pensó para sucederle en detrimento de D. Afonso, tuvo en este convento, que domina el río Ave y la villa de que era señor, su principal emblema, ya que lo escogió para que en él estuviera su panteón funerario.

Nos interesa la capilla donde se guardan sus restos mortales y los de su familia en

R.C.

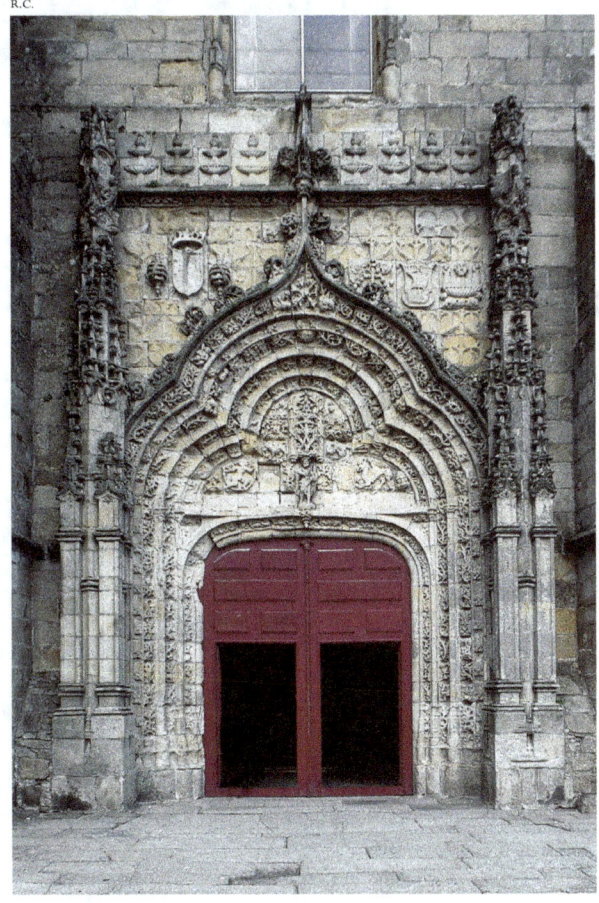

Iglesia de San Juan Bautista, puerta principal, Vila do Conde.

RECORRIDO V   *Los vizcaínos en el norte de Portugal*
Vila do Conde

Convento de Santa Clara, Vila do Conde.

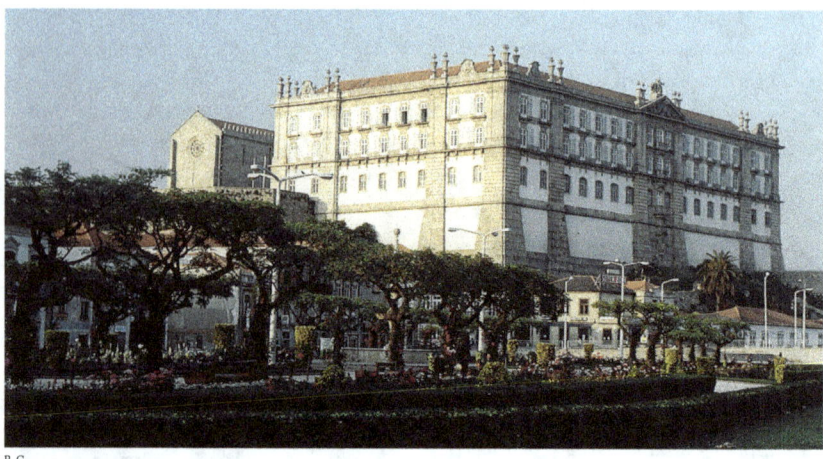

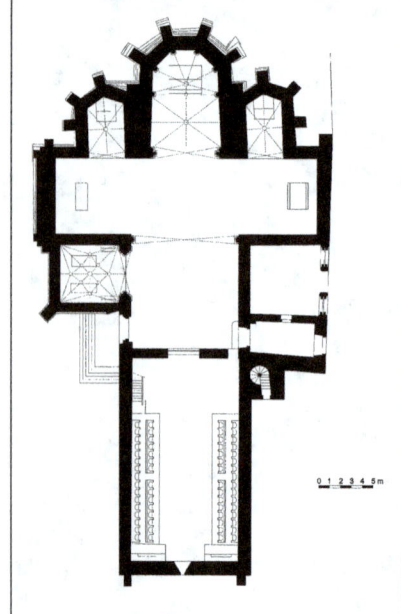

Iglesia de Santa Clara, planta al nivel del coro bajo, Vila do Conde, Boletim da Direcção-Geral dos Edifícios e Monumentos Nacionais, n.º 14, Lisboa, 1938.

arcas mortuorias. Las del infante y su esposa tienen estatuas yacentes y los lados están decorados con escenas hagiográficas y de la vida de Cristo, obras de transición del gótico al Renacimiento que pueden atribuirse, si bien con reservas, al taller de Coimbra de Diogo Pires-o-Moço, entre otras razones porque están realizadas en piedra calcárea local, la piedra de Ançã.

La capilla que alberga estas obras maestras de nuestra estatuaria fue construida en un lateral de la iglesia monástica por iniciativa de las abadesas Isabel de Castro y Catarina de Lima, y puede datarse claramente en el año 1526. Pertenece aún al gótico tardío, en la tradición manuelina, con el arco de entrada adornado con *caireles* como los que se ven en Batalha y bóveda de nervios en cuadrifolio, con segmentos curvos y rectos, y clave central con las armas familiares de D. Afonso Sanches.

Para ir a Guimarães, seguir la carretera 309 hasta Vila Nova de Famalicão. Continuar luego por la N206.

RECORRIDO V

Los vizcaínos en el norte de Portugal

Pedro Dias, Dalila Rodrigues,
Nuno Vassallo e Silva, Fernando Grilo

Segundo día

V.4 GUIMARÃES
    V.4.a Palacio de los Duques de Bragança
    V.4.b Museo Alberto Sampaio

V.5 BRAGA
    V.5.a Catedral
    V.5.b Museo de Arte Sacro de la Catedral
    V.5.c Capilla de los Coimbra

V.6 BARCELOS
    V.6.a Palacio de los Duques de Bragança
    V.6.b Santa María la Mayor, iglesia matriz (Colegiata)
    V.6.c Solar de los Pinheiros

La leyenda del gallo de Barcelos

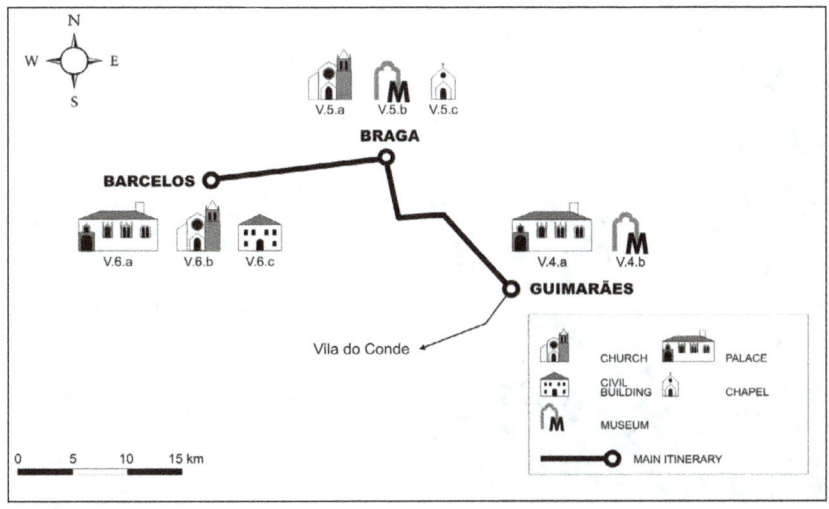

V.4 GUIMARÃES

Guimarães es una de las ciudades míticas de Portugal. Residencia de los primeros Condes de Portugal, D. Henrique de Borgoña y D.ª Teresa, hija del rey de León, aquí debió de nacer nuestro primer rey, D. Afonso Henriques, que en el Campo de San Mamed, en 1128, lograría la independencia de su madre y de los señores gallegos aliados suyos, con lo que comenzó su dominio efectivo sobre el territorio cuna de la nacionalidad portuguesa.
Durante toda la Edad Media, Guimarães desempeñó un importante papel como centro agrícola y manufacturero aprovechando la fertilidad de los campos de alrededor y la proximidad de otras poblaciones, entre ellas Braga, sede de la archidiócesis. De sus instituciones destacó la Colegiata de Nuestra Señora de Oliveira, muy querida por la condesa Mumadona y que después tuvo priores como el Dr. João das Regras y mecenas como el propio rey D. João I.
El desarrollo de Guimarães está unido indisociablemente a otras órdenes religiosas que aquí se instalaron, como fue el caso de los dominicos y franciscanos.
En la época manuelina era notable por el tejido urbano, por el trazado de sus calles y plazas o por sus edificios, como el Palacio Ducal, ya que quedó como posesión de la casa de Bragança.

Ir hacia el Paço dos Duques (Palacio de los Duques). En sus cercanías hay un aparcamiento gratuito. A partir de ahí, se puede efectuar el recorrido a pie. Bajar hasta el Largo da Condessa de Mumadona y seguir por la Av. Alberto Sampaio, donde está el Museo.

V.4.a Palacio de los Duques de Bragança

Rua Conde D. Henrique, tel. 253 412273. Catalogado como Monumento Nacional. Acceso con entrada. Horario: todos los días de 9:30 a 12 y de 14 a 17; Año Nuevo, Pascua, 1 de mayo y Navidad cerrado.

La construcción de este palacio se remonta al año 1401 y se debe a D. Afonso, por entonces solamente Conde de Barcelos y que más tarde ascendió a Duque de Bragança y dio origen a la futura casa real que todavía es la actual representante de la Corona de Portugal. El hijo natural de D. João I quiso levantar un palacio comparable a los de los grandes señores de la Europa goda, alterando varias veces el proyecto inicial y haciendo venir incluso

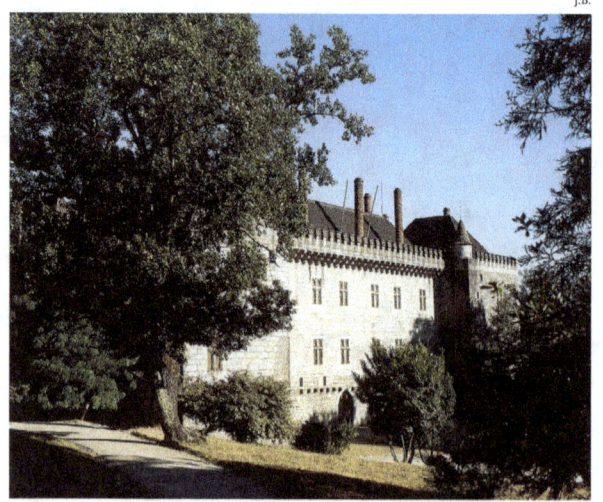

Palacio de los Duques de Bragança, Guimarães.

J.B.

a Guimarães a un constructor francés conocido en la documentación como Mestre Anton.

La dimensión de la obra era tal que el palacio quedó incompleto, y lo que hoy se ve es fruto en gran parte de una obra realizada hace solo 60 años. De muros altos, coronado por almenas y con poderosísimas torres en las esquinas, el palacio se distribuye en torno a un gran patio de arcadas sobrepuestas donde destaca el enorme cuerpo de la capilla privada. En el interior se conservan obras de arte de diversas épocas, compradas expresamente o traídas de otros palacios y museos nacionales: alfombras persas, porcelanas chinas, mobiliario europeo y oriental, tapices flamencos y hasta copias rigurosas de los famosos tapices de Pastrana, hechos en 1471 para conmemorar las conquistas de las plazas marroquíes de Arcila y Tánger.

V.4.b Museo Alberto Sampaio

Rua Alfredo Guimarães, tel. 253 423910. Acceso con entrada. Horario: de 10 a 12:30 y de 14 a 17:30; lunes, Año Nuevo, Pascua, 1 de mayo y Navidad cerrado.

El importante núcleo de pintura del siglo XVI constituye un valioso testimonio de la actividad de pintores regionales, pero también del valor atribuido a la imagen en los lugares de culto público y privado. Sobresalen en este conjunto el llamado *Tríptico de San Blas* y la pequeña tabla *Virgen con el Niño* de la Colegiata de Nuestra Señora de Oliveira, las dos tablas de altar *Virgen de la*

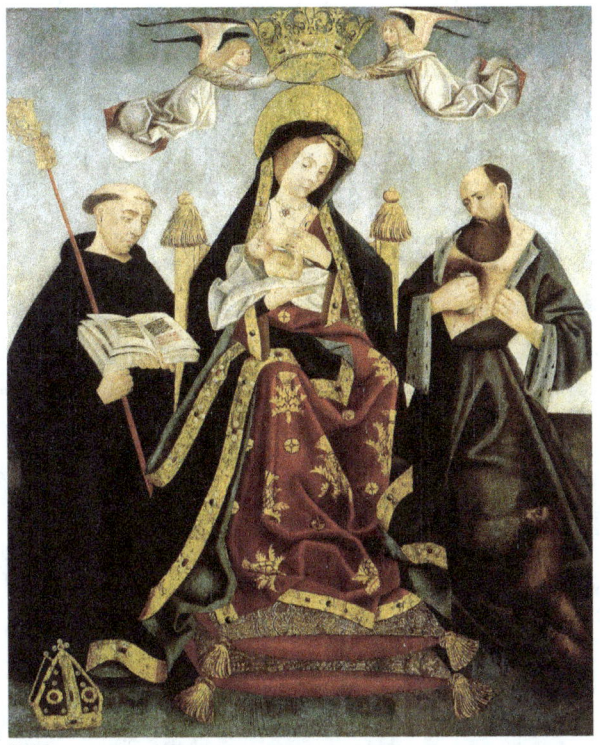

IPM/J.P.

Leche entre San Benito y San Jerónimo y San Miguel y Santa Margarita de la iglesia de San Miguel del Castillo, y el panel en que figuran *San Martín, San Vicente y San Sebastián*, del Monasterio de Santa Marina de la Costa.

Pero, como testimonio de la diversidad de las soluciones técnicas de la época, la colección cuenta también con algunos ejemplos de pintura mural. Por necesidades de conservación según los criterios del momento, hace medio siglo se retiraron de las paredes del Convento de San Francisco de Guimarães, y de las iglesias de Fonte Arcada y de San Salvador de Bravães.

"Nuestra Señora de la Leche entre San Benito y San Jerónimo", proveniente de la iglesia de San Miguel del Castillo, óleo sobre madera de castaño, h. 1500, Museo Alberto Sampaio, Guimarães.

RECORRIDO V Los vizcaínos en el norte de Portugal
Guimarães

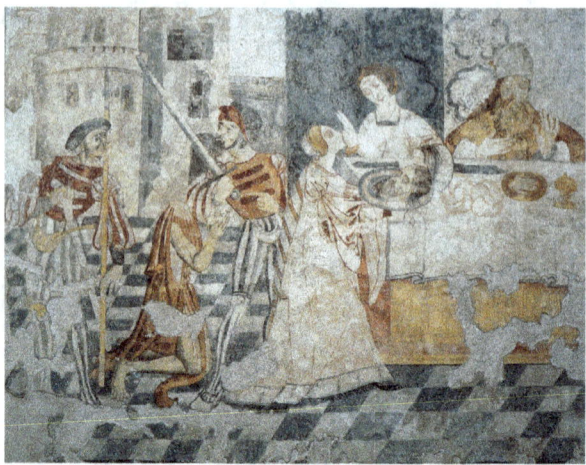

"Degollación de San Juan Bautista", proveniente de la iglesia de San Miguel del Castillo, pintura al fresco, 1510-1530, Museo Alberto Sampaio, Guimarães.

Cáliz, plata dorada, h. 1520, Museo Alberto Sampaio, Guimarães.

A excepción de la pequeña tabla *Virgen con el Niño*, imagen de devoción privada que perteneció a la capilla particular de los priores de la Colegiata, las restantes obras estaban destinadas originariamente a espacios de culto público. En la capilla del claustro de la Colegiata, bajo la invocación de San Blas, estaba colocado en un principio el llamado *Tríptico de San Blas*, cuya tabla central es una *Lamentación de Cristo* de un extraordinario sentido dramático en la escenificación. Su anónimo autor, aunque con un lenguaje pictórico más centrado en la forma estilizada y de valor ornamental que en esquemas de figuración realista, y por consiguiente arcaizante en comparación con lo que se estaba haciendo en otras regiones del país, dio expresión a un espectáculo de dolor por la muerte del Redentor. Su cadáver se presenta al espectador como una ostentosa invitación a compartir emoción y piedad. Ya la presencia de las figuras monumentalizadas de *San Blas* y *San Jerónimo*, en el mismo tríptico, hay que relacionarla con la necesidad sentida por la Iglesia de dar al público ejemplos de conducta moral edificante por medio de la figuración de la capacidad curativa milagrosa del primero y de la manifiesta penitencia corporal del segundo. Cuando está cerrado, el tríptico ofrece a la mirada la imagen de la concepción del Redentor con los habituales protagonistas de la *Anunciación*.

Siendo fruto de una actividad que, con raras excepciones, se ejercía anónimamente, poco se sabe acerca de los autores de este conjunto de obras de la pintura portuguesa regional. Al anónimo autor del *Tríptico de San Blas*, por las profundas afinidades en la concepción de las formas, sobre todo por el recurso a las usuales distorsiones expresivas, hay que atribuirle también las dos pinturas procedentes de la iglesia de San Miguel del Castillo y el fresco *Degollación de San Juan Bautista*.

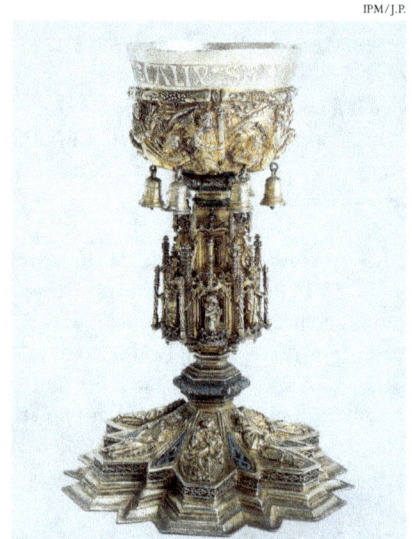

El carácter unitario de este conjunto indica la existencia de un taller radicado en Guimarães, activo en los primeros años del siglo XVI y dedicado a la pintura de retablos en óleo sobre madera y a la decoración mural, ejecutada mayoritariamente con la técnica del fresco. La idea de la existencia de una frontera de especialización entre los pintores de acuerdo con dos modalidades técnicas se va disipando con ejemplos como este.

Es muy probable que el autor de la pequeña tabla *Virgen con el Niño* sea el discípulo de Viseu de Vasco Fernandes, si atendemos al nombre, [ANTO.VAZ], que puede leerse en la pequeña *filacteria* que uno de los pájaros sujeta con el pico. Ya el autor de *San Martín, San Vicente y San Sebastián* recurre a estrategias figurativas semejantes, pero solo con la finalidad de facilitar el proceso de identificación de los tres santos. Por las afinidades con la producción pictórica del monje flamenco Frei Carlos, no hay duda de que se trata de una de las muchas pinturas salidas del taller del convento jeronimiano de Espinheiro de Évora. El Museo Alberto Sampaio posee algunas de las grandes obras de la orfebrería del periodo manuelino conocidas en Portugal, provenientes casi todas del riquísimo Tesoro de la Colegiata de Nuestra Señora de Oliveira. Como ocurrió con los más importantes santuarios portugueses, la Colegiata se benefició de los presentes de D. Manuel. Sabemos que el Afortunado donó ricos candelabros, una pila de agua bendita, un incensario y una *naveta*, piezas que no han llegado hasta nosotros porque, sin duda dañadas, fueron fundidas en el siglo XVII para hacer nuevas alhajas. De la primera década del siglo XVI es el

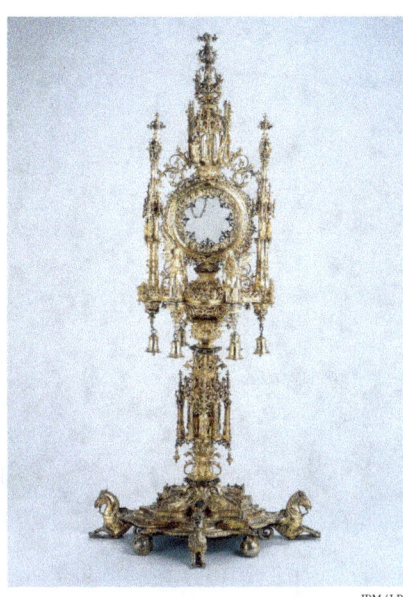

Custodia, plata dorada y esmalte, h. 1530, Museo Alberto Sampaio, Guimarães.

IPM/J.P.

cáliz donado por el chantre Fernão Álvares y que aparece en los inventarios de la Colegiata desde 1527. La custodia en plata dorada, acabada en 1534 y destinada a la capilla del Santísimo Sacramento que mandó levantar el canónigo Gonçalo Anes, ejemplifica bien el gusto de los promotores y de los orfebres de aquel tiempo. Presenta una notable elaboración desde el punto de vista técnico, con una gran reducción material de la plata mediante el recamado típico del periodo manuelino, y un no menos rico repertorio ornamental e iconográfico que la transforman en una obra única.

La producción manuelina tiene todavía en Guimarães una de sus obras finales, totalmente fuera de época. Nos referimos a la cruz procesional realizada en Oporto en 1547, en cumplimiento del testamento del canónigo Gonçalo Anes. Su concepción

Centro histórico de Braga.

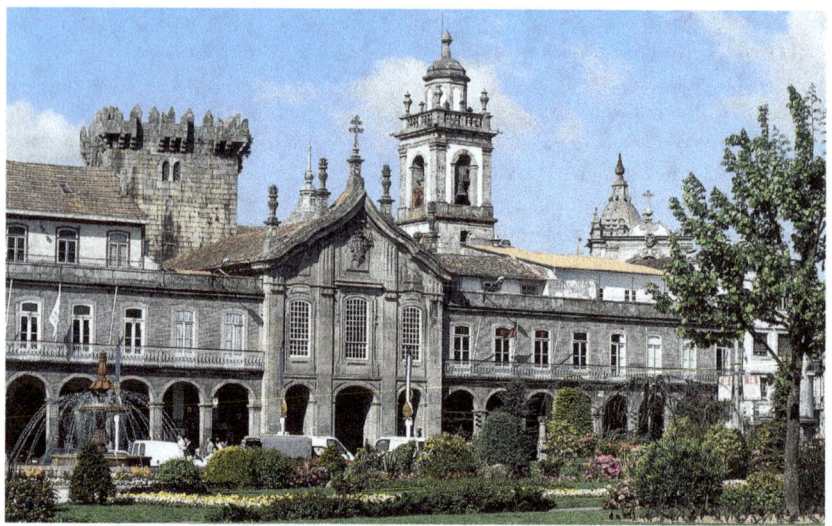

general es fiel todavía a las soluciones del gótico tardío, con profusión de elementos arquitectónicos; su superficie está decorada con motivos renacentistas, y los bajorrelieves del nudo, con pasos de la Pasión, según grabados de Albrecht Dürer.

Para ir a Braga, tomar en Guimarães la N101 en sentido Caldas das Taipas / Esporões (20 km).

V.5 BRAGA

La antigüedad de Braga y de su Catedral son proverbiales en la tradición portuguesa. Ciudad importantísima en el periodo hispanorromano, alcanzó incluso el título de *augusta* en tiempos de César, y en 216, con el emperador Caracalla, pasó a ser sede de la nueva provincia de Galaecia.
Fue también uno de los principales centros difusores del cristianismo, y en el año 400 tenía ya un obispo permanente llamado Paterno. En 448, con Recuario, rey de los suevos, el *conventus* bracarense se convirtió en el primer reino cristiano ortodoxo de Europa.
Tomada por los árabes, fue objeto de constantes ataques asturianos ya antes de 765, pero la repoblación efectiva de la ciudad y de su comarca no arrancó hasta la época del obispo Pedro, que gobernó la diócesis entre 1070 y 1091. De ese tiempo data la construcción de la primera catedral románica, que sustituyó a la anterior de época suevo-visigoda.
Durante toda la Edad Media, la ciudad alternó el señorío real con el de sus arzobispos, poseedores estos del título de primados de España en disputa con los de Toledo.
Si el siglo XV fue de franco desarrollo, incrementado por el arzobispo Fernando da Guerra (en el cargo de 1416 a 1467) con nuevas construcciones dentro y fuera de las murallas y constantes mejoras en la

Catedral, el Palacio Episcopal, las fuentes y las puertas, la época manuelina fue de mayor brillo aún, sobre todo cuando el magnífico Diogo de Sousa, a su regreso de Roma en 1505, se sentó en el trono arzobispal, que ocupó hasta 1532.

Fue él, imbuido del espíritu renacentista del fausto y el lujo, quien proyectó e hizo abrir nuevas calles y plazas, dotó a la urbe de fuentes y otros equipamientos, principalmente sanitarios, como el Hospital de San Marcos. Hizo las *alfândegas* —que eran albergues para los arrieros—, un nuevo lazareto, unos Palacios del Concejo mucho mayores, e innumerables iglesias y monasterios que estaban bajo su patronazgo, intramuros y extramuros, como San Jerónimo de Montelios, Vilar de Frades, etcétera. No olvidó tampoco los estudios públicos ni una imprenta. Pero, entre todo esto, las riquezas de la Catedral y de la Misericordia, que también protegió con gran devoción, convirtieron a estas instituciones en unas de las más ricas en el campo artístico de toda la península.

Se puede hacer a pie la visita a los monumentos de Braga. Es conveniente dejar el coche en el aparcamiento del parque que hay junto al Arco da Porta Nova. Tomar la Rua D. Diogo de Sousa hasta la Catedral. Para ir a la Casa de los Coimbra, rodear la Catedral y seguir por la Rua de S. João.

V.5.a Catedral

Rua D. Paio Mendes, tel. 253 263317. Catalogada como Monumento Nacional.
Horario: todos los días de 8:30 a 19.

Los orígenes de la Catedral Arzobispal de Braga se remontan al periodo de disgregación del imperio romano y a la dominación sueva. No obstante, en los siglos siguientes fue agrandada, no solo la iglesia propiamente dicha, sino también las partes colindantes, desde los espacios claustrales hasta el palacio prelaticio. Cuando Diogo de Sousa tomó posesión de la diócesis en 1505, encontró una iglesia tardorrománica decrépita y un conjunto de edificios que iban de lo bueno a lo modesto. En 1509 estaba aquí el maestro vizcaíno Juan del Castillo, que comenzaba una fulgurante carrera que lo lleva-

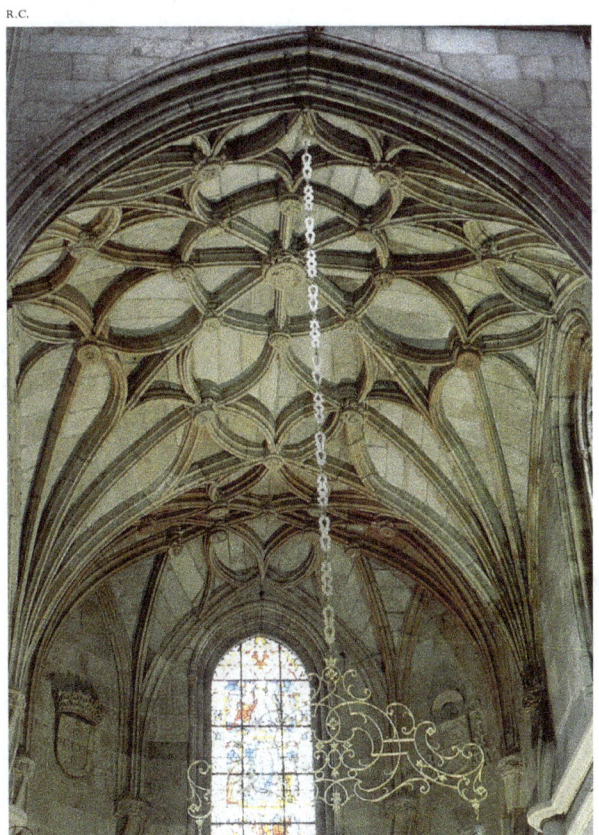

Catedral, bóveda de la capilla mayor, Braga.

R.C.

RECORRIDO V *Los vizcaínos en el norte de Portugal*
Braga

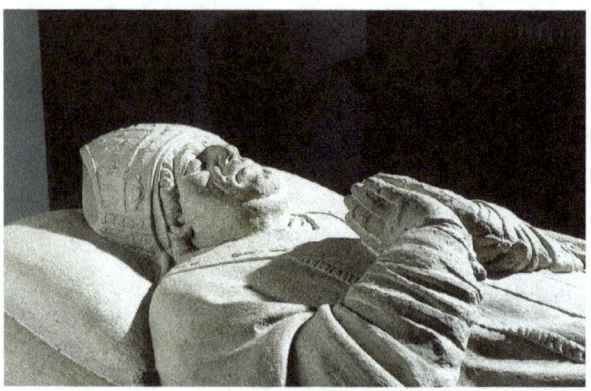

Escultura yacente de Diogo de Sousa, capilla funeraria de la Catedral, Braga.

ría a la cima del escalafón de constructores de Portugal, tanto en el territorio europeo como en ultramar.

Juan del Castillo había trabajado antes en la Catedral de Sevilla, pero no sabemos cómo acabó en Braga. Su trayectoria posterior, sin embargo, es bien conocida: tra-

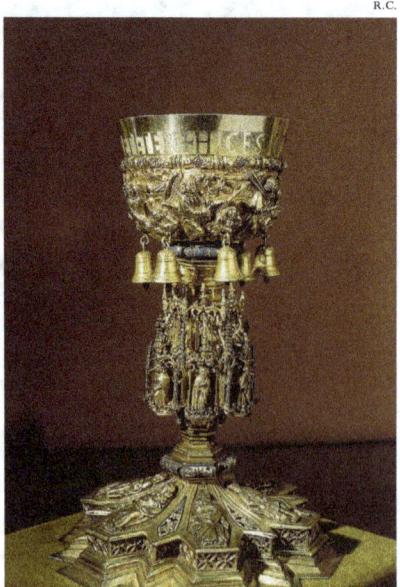

Cáliz manuelino, plata dorada, h. 1520, Museo de Arte Sacro de la Catedral, Braga.

bajó en Vila do Conde en 1511, se estableció en Tomar en 1515 y, al año siguiente, se puso al frente de las cuadrillas del Monasterio de los Jerónimos de Lisboa.

Diogo de Sousa le encargó la modernización del templo, entre otras razones porque no disponía entonces del capital necesario para una nueva construcción. Castillo proyectó y levantó la *galilea*, con tres arcos frontales adornados con *caireles* y bóvedas de nervios cruzados de trazado recto. Pese a todo, hizo una capilla mayor totalmente nueva, alta, fuerte, coronada exteriormente por una guirnalda flamígera; en el extradós de la pared del fondo se ve una escultura conimbricense de Nuestra Señora junto a la fecha de 1509 y las armas del arzobispo mecenas.

En el interior de la capilla mayor, de gran calidad plástica, sobresale el dibujo de los nervios con combados, es decir nervios curvos que conforman grandes pétalos. Fue la primera bóveda de este género que se hizo en Portugal.

Diogo de Sousa encargó también un gran retablo en piedra calcárea blanca, la llamada "piedra de Ançã", obra que fue ejecutada por el escultor flamenco Machim y de la que quedan algunas imágenes, de gran fuerza plástica y rigor anatómico, y la decoración de los nichos, de estilo flamígero.

V.5.b Museo de Arte Sacro de la Catedral

Catedral de Braga, Rua D. Paio Mendes, tel. 253 263317.
Horario: invierno de 8:30 a 17:30 y verano de 8:30 a 18:30.

Poseedora de uno de los tesoros religiosos más antiguos de Portugal, la Catedral de Braga fue enriqueciéndose sucesivamente con donaciones pías, y posiblemente fuera el arzobispo Diogo de Sousa quien más la ennobleció. De la acción de este benefactor de la diócesis bracarense, el Tesoro conserva un monumental cáliz, ofrendado en 1509, para misas solemnes, realizado en plata dorada y con su escudo de armas.

No menos notable, y hasta más célebre, es la piedra del altar en alabastro y plata blanca con un excepcional Calvario grabado en el que, bajo el crucifijo, surgen las armas del donante; entró en el Tesoro en 1527.

V.5.c Capilla de los Coimbra

Largo de S. João do Souto. Catalogada como Monumento Nacional.
Al ser propiedad privada, solo puede verse por fuera. De todos modos, la capilla está abierta al público en Semana Santa; el resto del año, hay que ponerse en contacto con D. Manuel da Silva Macedo, tel. 253 263704.

La capilla de Nuestra Señora de la Concepción fue fundada por el Dr. João Coimbra, Provisor de la Mitra de la ciudad de Braga entre los años 1525 y 1528. La estructura de la torre, con su *alpendre*, es todavía de tradición medieval; por razones estilísticas, en especial por la bóveda interior, puede atribuirse a Diego del Castillo, y debió de ser una de sus últimas obras en el norte. La casa que se extiende a lo largo de la calle posee bellísimas ventanas con molduras de elementos tardogóticos, de un dibujo muy complejo y una decoración naturalista exuberante.

Aquí se pueden admirar obras de dos de los más importantes escultores franceses que residieron en Portugal en el siglo XVI, todas plenamente renacentistas ya. En el exterior, por encima de la cornisa y en la torre, encontramos un conjunto de esculturas de Odart. En el interior, el retablo mayor es una pieza fundamental de João de Ruão.

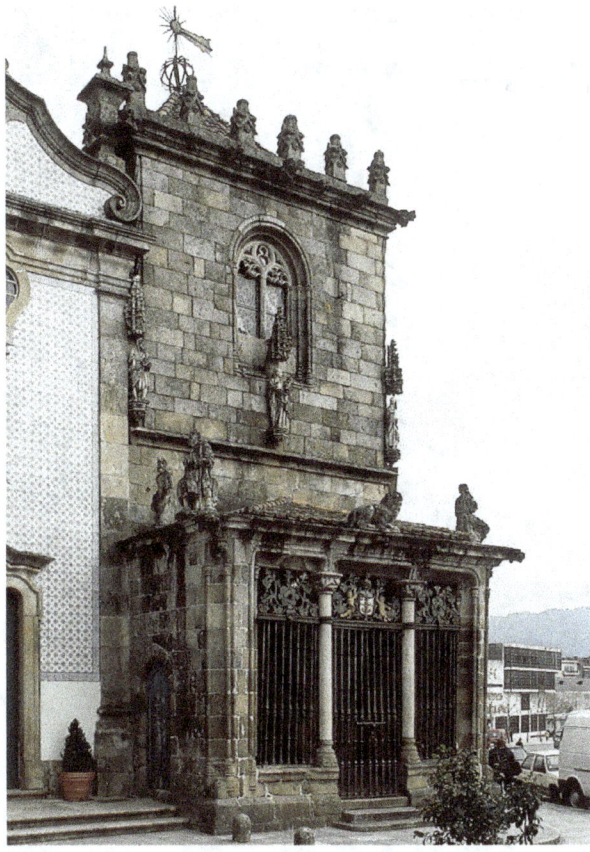

Capilla de los Coimbra, Braga.

Capilla de los Coimbra, detalle del exterior, esculturas de Odart, h. 1530, Braga.

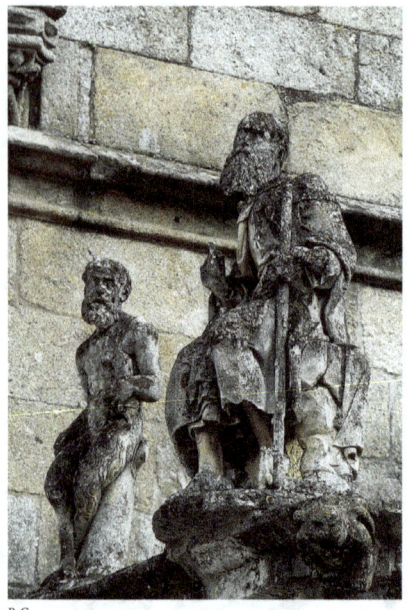

R.C.

Para llegar a Barcelos, seguir 15 km la N103.

V.6 BARCELOS

Un buen cuadro del Barcelos del siglo XIII la retrataría como una villa amurallada en un lugar de paso estratégico en la carretera que unía Douro Litoral con Galicia, dominando las vegas del río Cávado. Señorío regio en un principio, D. Dinis la convirtió en villa condal en 1298, cuando se la otorgó a João Afonso, mayordomo mayor del reino. Sin embargo, el condado entró en la órbita de la familia real en 1314, cuando pasó a propiedad de D. Pedro, hijo natural de D. Dinis, poeta y autor de *Nobiliário*. El título lo pasó después a la casa de Bragança a través de D. Afonso, hijo de D. João I, en cuyo linaje se mantiene todavía hoy.

Al final de la Edad Media, el desarrollo de la villa era considerable, sobre todo gracias a la acción de los duques de Bragança o de sus representantes, y congregaba a familias judías y cristianas que construyeron o rehicieron muchas casas en el interior de las murallas, mientras que en la comarca prosperaban las explotaciones agrícolas. Fue la época en que burgueses y pueblo llano se instalaron también en los nuevos barrios periféricos, los de Porta do Vale, Cruz y Salvador.

Entrar en Barcelos por el lado de Barcelinhos. Pasar el Puente Viejo (Ponte Velha) sobre el río Cávado, desde el que hay una excelente vista del casco viejo de Barcelos. Después, torcer a la izquierda, donde se encuentra el Largo do Munícipio. Se puede aparcar junto a la iglesia matriz o el Palacio de los Duques (Paço dos Duques). Dada su proximidad, la visita a los monumentos de Barcelos puede hacerse a pie.

V.6.a Palacio de los Duques de Bragança

Rua Dr. Miguel Fonseca, tel. 253 824741. Catalogado como Monumento Nacional. Actualmente alberga el Museo Lapidario de Barcelos o Museo Arqueológico.
Horario: de 9 a 17:30; Año Nuevo, Viernes Santo, Domingo de Pascua, 1 de mayo y Navidad cerrado.

El antiguo palacio condal —y después ducal— se alza en la margen derecha del Cávado y, como demuestra la iconogra-

RECORRIDO V   *Los vizcaínos en el norte de Portugal*
Barcelos

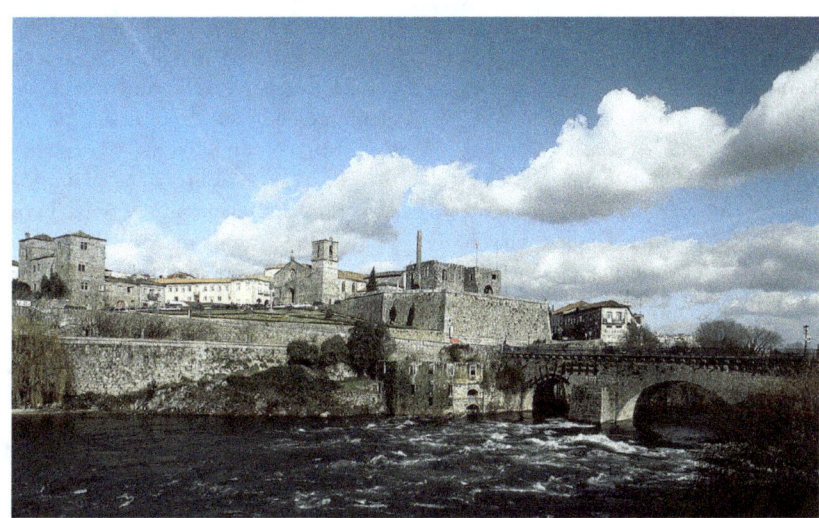

Panorámica del centro histórico de Barcelos.

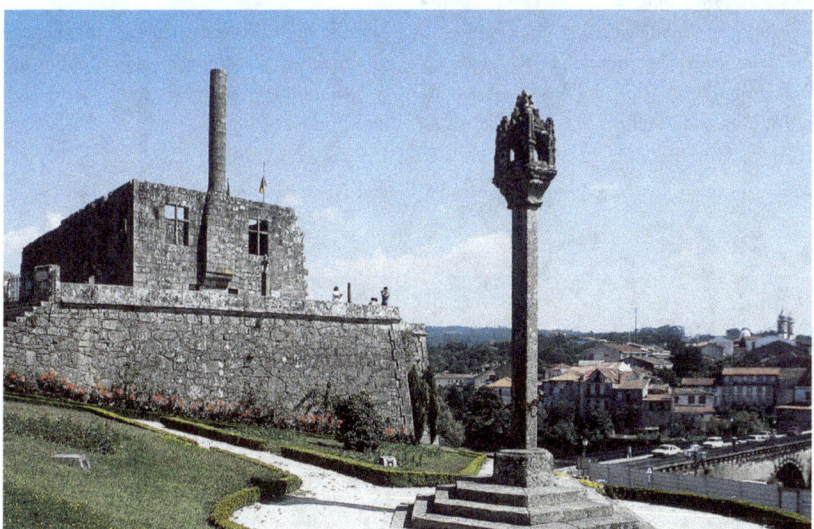

Palacio de los Duques de Bragança y "pelourinho", Barcelos.

fía del siglo XVI, englobaba las defensas del viejo puente. Hacia 1510 formaba parte aún del recinto amurallado, del que era su último refugio. Parece que la parte esencial de las obras se debió a D. Fernando, noveno Conde de Barcelos y Marqués de Vila Viçosa, y también a su heredero homónimo, que más tarde estuvo entre los que atentaron contra D. João II, a causa de lo cual fue muerto en 1483.

Barcelos

Las obras de mejora no cesaron nunca, y por una carta del duque de Braganza D. Jaime al arzobispo de Braga escrita en 1530 se sabe que el titular quería seguir ampliando su residencia.

Hoy quedan la plataforma artificial y el núcleo central del palacio, con ventanas ya de cruceta, lo que demuestra que hacia 1530 ó 1540 continuaban las mejoras.

En el recinto del palacio se han colocado diversas piezas arqueológicas y en él se levanta también el *pelourinho* manuelino, con su piña en forma de jaula.

V.6.b Santa María la Mayor, iglesia matriz (Colegiata)

Largo do Município, tel. 253 811451. Catalogada como Monumento Nacional.
Horario: lunes a viernes de 10 a 12 y de 15 a 20; sábados de 9:30 a 12:30 y de 14:30 a 18; domingos de 9 a 12:30 y de 15 a 18.

Santa María la Mayor, en tiempos Colegiata, se remonta al siglo XIV, pero lo que hoy puede verse es un edificio con elementos de varias épocas. Las partes más antiguas son el frente y la estructura correspondiente a los primeros tres tramos, plenamente góticos, pero la zona de la capilla mayor y del tramo más cercano es ya manuelina, aunque se hizo sobre estructuras del Trescientos. En el remate central de la capilla mayor puede verse la fecha de 1504 y el nombre de Gil da Costa, que debió de ser, por lo que parece, uno de los hombres que costearon la renovación de la iglesia.

V.6.c Solar de los Pinheiros

Rua Dr. Miguel Fonseca esquina a Rua Duques de Bragança. Catalogado como Monumento Nacional. Información: Oficina de Turismo, tel. 253 812135.

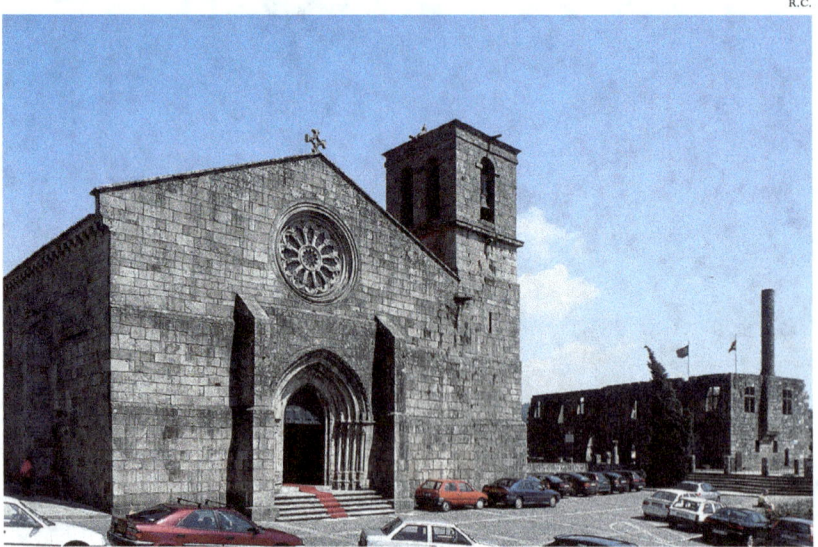

Santa María la Mayor, iglesia matriz de Barcelos.

RECORRIDO V   *Los vizcaínos en el norte de Portugal*
Barcelos

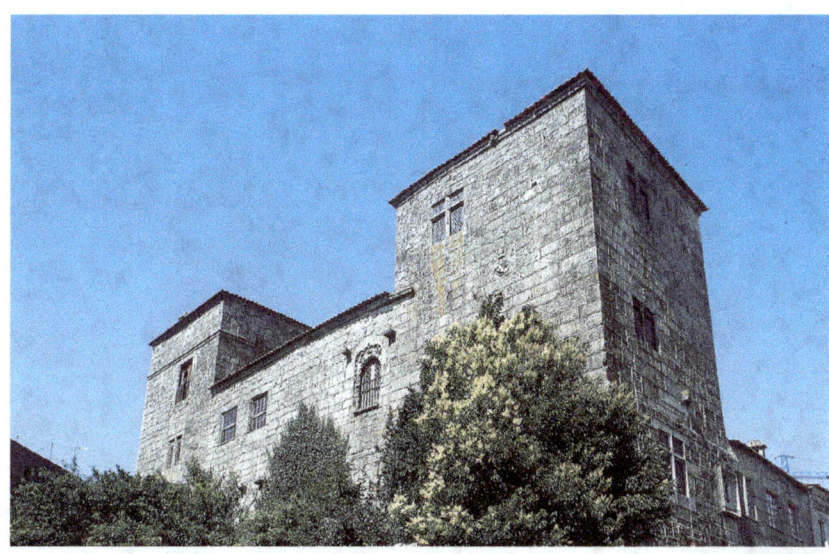

Solar de los Pinheiros, Barcelos.

Esta residencia noble queda junto al palacio condal y la Colegiata, dominando el antiguo Largo do Terreiro. Sus imponentes dimensiones y su ubicación se justifican por haber sido construida por los oidores del Duque de Bragança y alcaides de la villa, seguramente a partir de las casas que Pedro Esteves hizo en 1448. Más tarde, Álvaro Pinheiro amplió la casa paterna y la dejó muy parecida a lo que es hoy en día.

La fachada principal, de dos pisos, está orientada a poniente y delimitada por dos impresionantes torres cuadrangulares que se elevan dos pisos más. A pesar de las reformas que naturalmente sufrió, la estructura es aún la manuelina, con buena cantería aparejada del mejor granito de la región, vanos de puertas y ventanas de diseño regular, pero no siempre simétricos. Por detrás de las torres se extienden dos cuerpos más bajos que forman un patio de servicio.

En la torre sur, cerca del escudo de armas de Álvares Pinheiro, hay una escultura de una figura orante, y en la cornisa se pusieron dos bustos de hombre, uno de ellos de larga barba al que se conoce como *o barbadão* ("el barbudo").

Es este uno de los mejores ejemplos portugueses de arquitectura doméstica de la época manuelina.

LA LEYENDA DEL GALLO DE BARCELOS

Pedro Dias

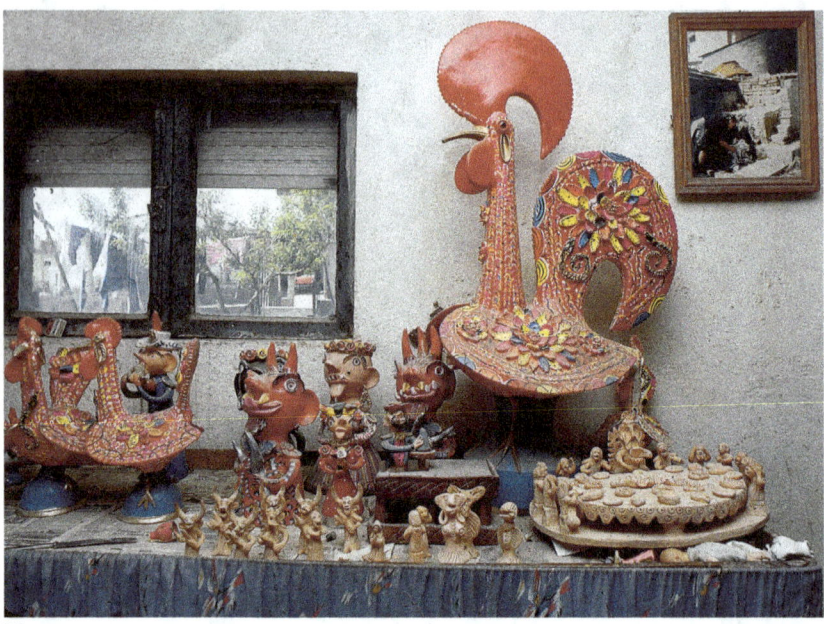

Gallo de Barcelos.

El gallo de Barcelos es el icono popular más conocido de Portugal. Con su aire ingenuo y sus vistosos colores, es también un emblema de la moderna diáspora portuguesa. Su aura de leyenda, sin embargo, viene de lejos. El texto que sigue fue el primero en recoger la tradición oral.

"Por aquellos sitios, a la vera de la carretera vieja, tal vez en el mismo lugar del Señor del Gallo, había una posada muy concurrida por los viandantes, que se deshacían en elogios sobre la hermosura sin par de su dueña, moza gentil cuya fama de bella se extendía a muchas leguas a la redonda, pero en tacha de la cual nada había que decir. Hizo el diablo (¡quién si no él!) que un cierto día acertara a entrar en la posada un peregrino, por más señas gallego, que, acompañado de un gallardo mancebo hijo suyo, iba lleno de fe a cumplir un voto hecho a Santiago. Ver la posadera al mancebo y quedar embrujada por él fue todo uno, si bien al hijo del gallego no le acometiera la misma pasión que llevó a aquella hasta un punto que el lector verá. Cuando ella se convenció de que los viandantes no contaban con demorarse más que el tiempo necesario para reposar un poco, empleó todos los medios que le sugirió su imaginación de mujer para persuadir al peregrino de la conveniencia de quedarse algunos días. Cuando se percató de que era imposible vencer la terquedad del gallego en continuar su camino, empleó todos sus esfuerzos en conseguir que el hijo aguardase allí la vuelta del padre, y cuando su obstinación fue respondida con la indiferencia del mozo, la posadera tramó un plan, genuinamente diabólico, que puso en acción inmediatamente.

Pagaron los peregrinos los gastos, se despidieron de la ventera, que, lejos de manifestar pesar, puso cara risueña y sonrisa de mal agüero, y sin más demora continuaron aquellos santos varones su piadosa jornada. No habían adelantado mucho cuando, en un recodo del camino, apareció una cuadrilla de alguaciles que, dirigiéndose al mozo, le dijeron:

—En nombre del rey, date preso.

Atónitos, padre e hijo lograron preguntar, balbucientes, qué significaba aquello, y calcúlese cómo se quedarían al oír llamar ladrón al mozo y cómo cuando de su saco le sacaron unos cubiertos de plata, el cuerpo del delito que la posadera había denunciado a la justicia.

El peregrino, imperturbable, siguió con su visita a Santiago, después de abrazar a su hijo, quien, conducido a prisión, no tardó en ser condenado a la horca de acuerdo con las leyes que entonces regían.

Ese día y a la misma hora en que debía ejecutarse la sentencia, valiéndose el gallego de su peregrinación y lleno de pesar por la noticia de lo que ocurría, fue a buscar al juez, que en ese momento estaba comiendo, con el fin de convencerlo de la inocencia de su hijo. Deseando el magistrado que no le importunase con peticiones por su hijo, le dijo que, para creerlo inocente, sería preciso que cantase el gallo asado que tenía en la mesa y que se disponía a trinchar. Nada más decirlo, púsose en pie el gallo, se sacudió la salsa y empezó a cantar.

Levantóse el juez aterrado, miró su reloj, era precisamente la hora de la ejecución. Corrió, seguido por el padre, al lugar del suplicio y desde lejos uno y otro vieron que habían llegado demasiado tarde. Veíase al reo colgando de la viga fatal…

Poco importaba todo eso, sin embargo. A la vista del padre, Santiago cogía al hijo sujetando con la cabeza y las manos los pies del ahorcado."

Domingos J. Pereira, *Nova História da vila de Barcelos*, 1817.

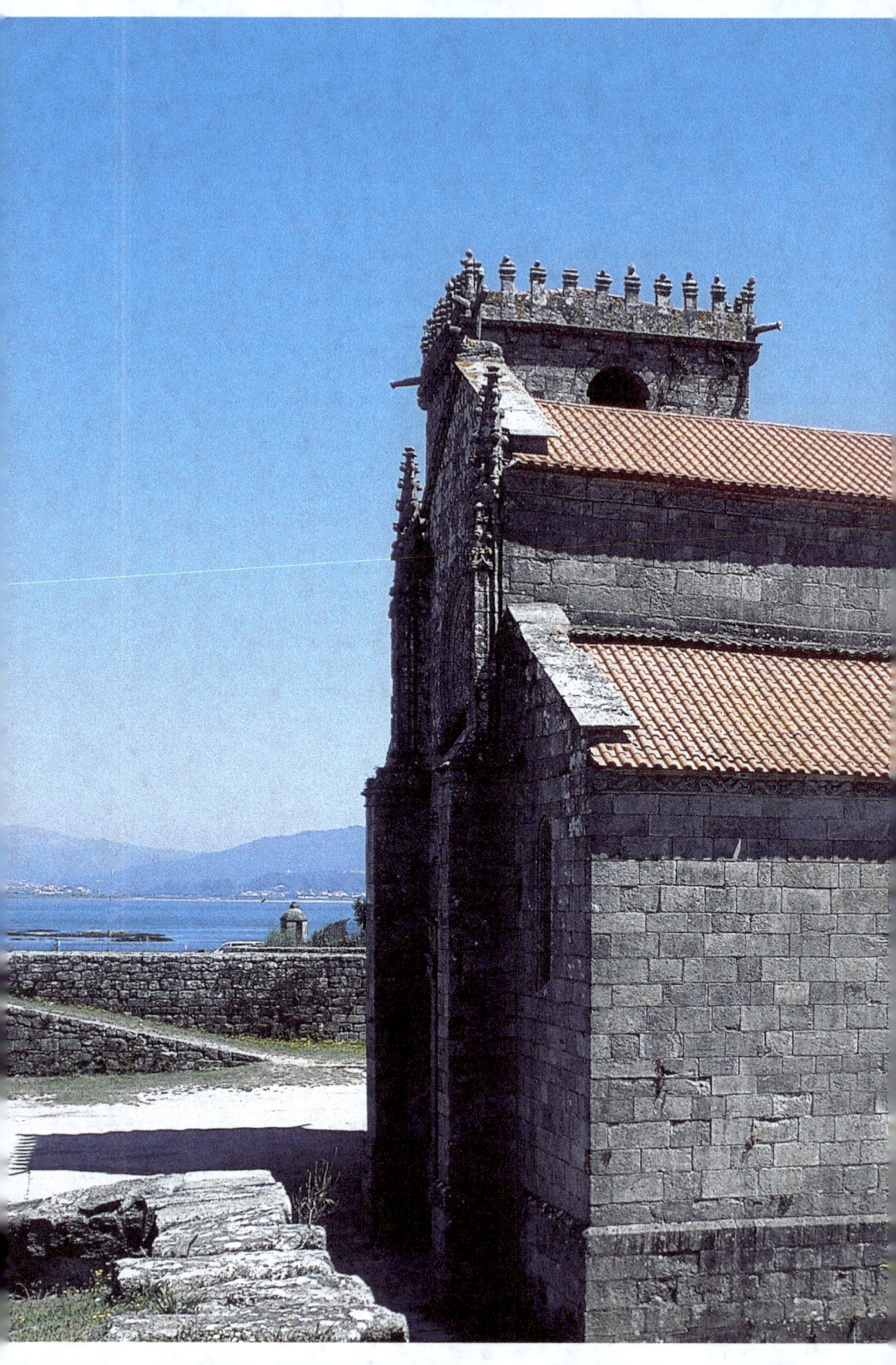

RECORRIDO VI

Mirando a Galicia

Pedro Dias, Dalila Rodrigues,
Nuno Vassallo e Silva, Fernando Grilo

VI.1 VIANA DO CASTELO
    VI.1.a Centro histórico
    VI.1.b Catedral
    VI.1.c Castillo de Roqueta

VI.2 CAMINHA
    VI.2.a Centro histórico
    VI.2.b Nuestra Señora de la Asunción, iglesia matriz

VI.3 LANHELAS
    VI.3.a Casa de la Torre

VI.4 VILA NOVA DE CERVEIRA
    VI.4.a Castillo

Torres señoriales de Alto Minho

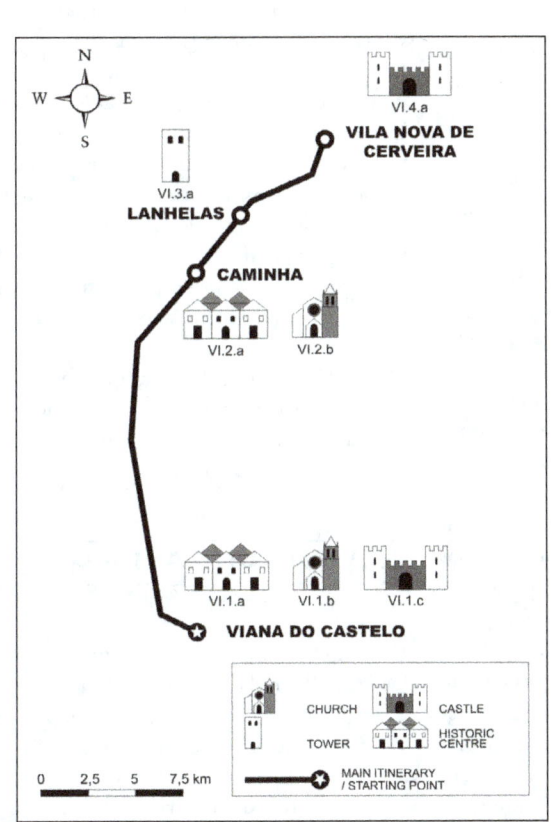

Iglesia matriz con Galicia al fondo, Caminha.

RECORRIDO VI   *Mirando a Galicia*
Viana do Castelo

Más que separar dos tierras y dos gentes, las de Minho y Galicia, el río Miño las une desde hace muchos siglos. Incluso cuando la corriente era fuerte en tiempo invernal, los pueblos de una y otra margen se veían y hablaban, y es más, en una lengua común primero y, en nuestros días, en dos que sin embargo tienen las semejanzas propias de los hermanos gemelos.

Vadear el río era imposible, pero siempre estaba listo algún pequeño barco para llevar y traer personas que iban a comerciar —legal o ilegalmente—, ver familiares o hasta asistir y participar en servicios religiosos a una u otra orilla.

Después de que se constituyera el reino de Portugal en los albores del siglo XII, aún había parroquias de la margen izquierda que seguían dependiendo de la diócesis de Tuy, y los canteros que levantaron su Catedral allá por 1200 habían hecho antes, al otro lado del Miño, las iglesias románicas de Sanfins, Ganfei y Longos Vales, entre otras.

Santiago de Compostela era un polo de atracción muy importante, el principal santuario del extremo occidental de Europa, y el Camino Portugués no conocía fronteras ni guerras entre las Coronas de Castilla y Portugal. En Santiago se rezaba y se cumplían promesas, y era también allí donde se mandaban pregonar las ofertas de obras públicas de las regiones de Minho y Entre Douro-e-Minho.

Siendo así, nada más natural que encontrar en estas tierras vecinas obras de arte gemelas, hechas en el periodo que abordamos en este libro, finales del siglo XV y principios del XVI, es decir, y desde el punto de vista meramente estético, el gótico final y el protorrenacimiento, emblemas de la transición de la Edad Media a la Edad Moderna.

La puerta principal de la iglesia matriz de Viana deriva directamente de las puertas gallegas de tradición protogótica. En la iglesia de Caminha trabajaron Tomé de Tolosa, Francisco Fial, Fernán Muñoz y Pero Galego, este último maestro asimismo de la iglesia del Convento de Santa Ana de Viana. Las semejanzas se extienden a la escultura, gran parte importada de los talleres de Coimbra; a la pintura, cuyo principal artista fue el tragaleguas Andrés de Padilla; y, naturalmente, a la orfebrería y las artes de los tejidos lujosos.

Es una región donde las grandes familias de los "señores de pendón y caldero" de los inicios de la nación mantuvieron sus viejas torres, en esta época agrandadas y modernizadas para convertirlas en alojamientos más confortables, de acuerdo con las nuevas necesidades y gustos. Todavía se pueden admirar, orgullosas entre viñedos o sobre peñascos, las de Lapela, Lanheses y Giela.

Mirar a Galicia, ver, apreciar, ir a comprar o mandar hacer, copiar, vender o hacer allí, tal es la intrincada ecuación de una región, un tiempo y un río.

VI.1 **VIANA DO CASTELO**

Viana do Castelo, o Viana do Lima, como les gusta llamarla a muchos de sus habitantes, tuvo su origen en un pequeño pueblo denominado Atrio en los documentos. Ya existía en el siglo XII, y fue el rey D. Afonso III quien lo rebautizó como

RECORRIDO VI   *Mirando a Galicia*
Viana do Castelo

Viana en 1258, al otorgarle el fuero que posibilitó su desarrollo. Se formaba e instituía así por vía legal y real el pueblo marítimo que crecería en los siglos siguientes y conocería un enorme fulgor en época manuelina. La villa quedó entonces como señorío regio y tuvo relevancia, en la primera fase de afincamiento de nuevos moradores, la acción de João Gonçalves, delegado del monarca y justamente apelado después "el Poblador" de Viana.

El excelente ancladero de la embocadura del río Lima posibilitaba la entrada y el fondeado de los barcos que hacían el comercio intereuropeo primero y, después, el de largas travesías, llevando y trayendo personas y bienes de África, Brasil y Oriente, al tiempo que la vertiente europea continuaba también cobrando importancia. Era este un puerto esencial en el comercio de paños y manufacturas de metal de Flandes, Inglaterra y Alemania. Esta riqueza, sin embargo, atraía también a corsarios, sobre todo vizcaínos y franceses, lo que llevó a D. Manuel I a tomar algunas determinaciones cuando pasó por la villa en peregrinación a Santiago de Compostela, principalmente la de mandar construir una fortaleza en la *barra*.

Las huellas de este tiempo áureo y de imposición de una burguesía mercantil y manufacturera son patentes en el centro histórico de la ciudad; se trata de obras patrocinadas por devoción y piedad, pero también con un claro y justificado deseo de afirmación personal y gremial.

En Viana do Castelo se recomienda hacer a pie la visita al centro histórico, donde se encuentra la iglesia de Santa María. El Castillo de Roqueta está a 1 km en dirección a la desembocadura del río Lima.

R.C.

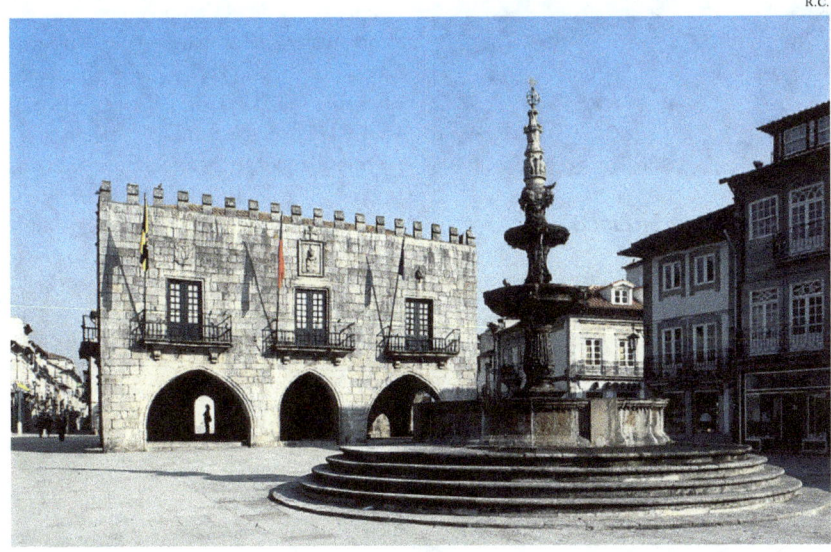

Antigua Casa Consistorial, Viana do Castelo.

RECORRIDO VI   *Mirando a Galicia*
Viana do Castelo

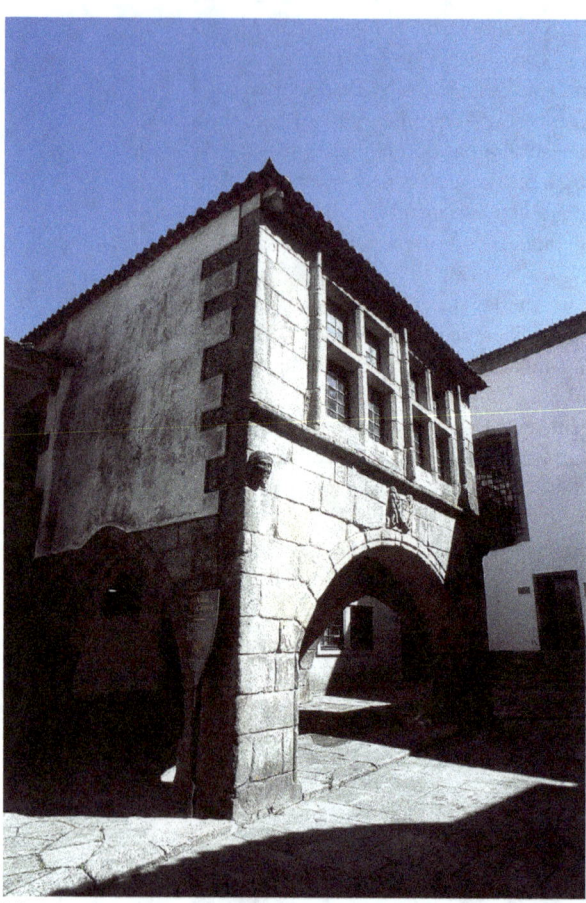

R.C.

Casa de João Velho, centro histórico de Viana do Castelo.

VI.1.a Centro histórico

Se puede empezar el recorrido a pie en la Rua de São Pedro (cerca de la Catedral), donde se encuentra la Casa de los Costa Barros. Seguir luego por la Rua Grande hasta llegar a Viela da Parenta, donde está la Casa de Pedro Tourinho. Desde ahí, continuar por la Rua Sacadura Cabral, en la que se puede ver la Casa de los Medallones o de los Luna y, nada más pasar la Catedral, la Casa de João Velho. Proseguir hasta la Praça da República, donde está la antigua Casa Consistorial, y desde ahí tomar la Rua Cândido dos Reis, en la que se encuentra la Casa de Carreira (actual Ayuntamiento). Información: Oficina de Turismo, tel. 258 822620.

La estructura de la Viana manuelina es todavía fácilmente identificable con solo examinar el trazado viario del centro histórico. En realidad, se observa una forma oblonga que corresponde a la línea de la muralla del siglo XIV, dentro de la cual se alinean barrios rectangulares de trama perpendicular con mayor amplitud en sentido noreste-sureste, es decir el paralelo al río. En este lado se abría la Porta de São Crispim, de la que partía una calle que atravesaba en línea recta toda la villa, la Rua da Praça Velha, que pasaba frente a la iglesia matriz nueva y por la Praça Velha propiamente dicha, y llegaba hasta la Porta do Forno ("horno") o de São Tiago, que comunicaba con el Campo do Forno. Perpendicularmente, todavía se pueden recorrer la Rua de São Pedro y la Rua Grande, que unían la Porta da Ribeira o de São João y la Porta das Atafonas ("tahonas").
La muralla, construida fundamentalmente entre 1263 y 1374, desapareció, pero quedó bien marcado su trazado. Se conocen incluso algunos de los maestros constructores que trabajaron en los últimos tiempos, como es el caso de António Fernandes o de João Domingues.
Quedan algunas casas tardogóticas, como la de los Costa Barros, en la Rua de São Pedro, con las ventanas del piso noble de un manuelino pujante y de sentido profundamente barroco, o como la que está frente a la iglesia matriz, la Casa de los

Medallones o de los Luna, ya de transición al Renacimiento, y sobre todo la Casa de João Velho, que está prácticamente pegada a la iglesia matriz y tiene un *arco carpanel* en el piso bajo y ventanas de cruceta en el piso noble, de un tipo común en el gótico tardío. Fue aquí donde alojaron a D. Manuel I cuando pasó la noche en Viana en 1506.

Dentro del casco antiguo hay casas con historia, o con leyenda, como la de Pero Galego, en la Viela da Parenta, con una carabela en relieve en el arranque del dintel de la puerta, o la de Pedro Tourinho, uno de los primeros donatarios de Brasil, concretamente de Porto Seguro, situada en la calle que lleva su nombre, con arco de entrada y estructura góticos.

Fuera del antiguo perímetro amurallado, pero no lejos de él, hay otros edificios de principios del siglo XVI o que, siendo anteriores, fueron mejorados entonces con grandes obras. Es el caso de la Casa Consistorial, en el antiguo Campo do Forno, con su fachada plana de raíz claramente gótica y piso noble sobre arcadas triples donde se efectuaban las reuniones. Con la explosión demográfica de la época manuelina, pasó a hacerse aquí el mercado, dado el exiguo espacio intramuros.

La mayor de las casas de tipo manuelino, aunque bastante modificada posteriormente, es la Casa de Carreira, en la Rua Cândido dos Reis, empezada a construir ya en 1527 pero en un estilo arcaizante, obra debida a la iniciativa de Fernão Brandão, que había servido en las plazas de África, sobre todo en Safi y Azemmour. Conserva en su fachada principal algunas molduras y ventanas tardomanuelinas.

VI.1.b Catedral

Largo Instituto Histórico do Minho, tel. 258 822436. Catalogada como Inmueble de Interés Público.
Horario: lunes a viernes de 9 a 11 y de 15 a 18, misa a las 12; sábados y domingos de 9:30 a 12 y de 16:30 a 18, misa a las 12 y 18:30 los sábados; 9:30, 11 y 18:30 los domingos.

R.C.

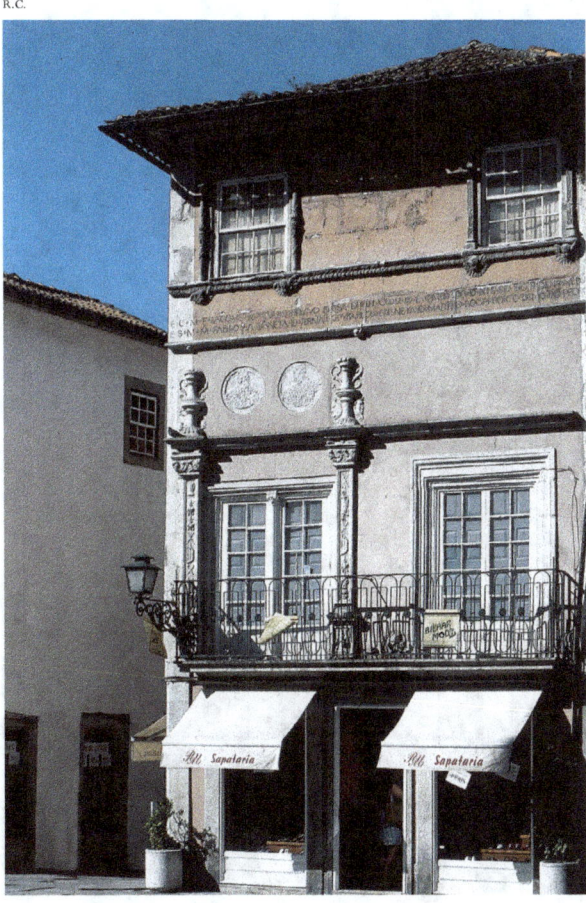

Casa de los Luna, centro histórico de Viana do Castelo.

RECORRIDO VI   *Mirando a Galicia*
Viana do Castelo

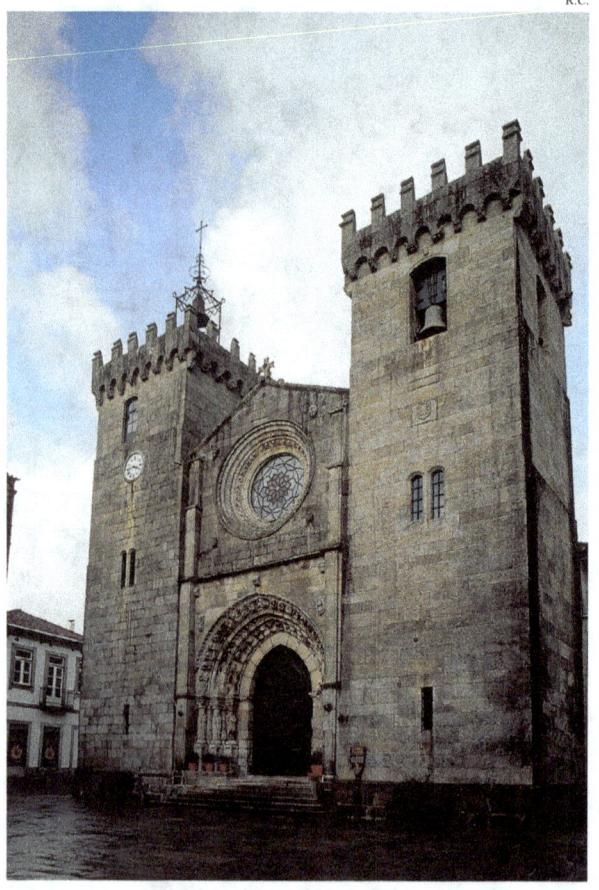

Catedral de Viana do Castelo.

La vieja iglesia de Santa María la Mayor, iglesia matriz de Viana do Lima, que hasta el siglo XIX tuvo el rango de colegiata, se empezó a construir en la década de 1430 y se concluyó, en lo esencial, en tiempos del reinado de D. João II (1481-1495). En la portada son bien visibles las armas y el emblema de este monarca y el escudo de Justo Baldino, obispo de Ceuta que en 1478 fue nombrado administrador de la comarca de Valença, a la que entonces pertenecía

R.C.

Viana. No obstante, las obras no cesaron y en el interior se pueden admirar las capillas manuelinas de los Mareantes, del Santo Cristo, de los Fagundes y de los Camarido. En la fachada, austera y delimitada por dos poderosas torres que semejan torres del homenaje, es de reseñar la puerta de gran vigor plástico aunque arcaizante, con los Apóstoles, obra de finales del siglo XV y con evidentes afinidades con la escultura gallega de Santiago, Tuy y los términos de estas dos sedes diocesanas, por lo que naturalmente sus autores tuvieron que ser gallegos, aunque desconocemos su identidad.

La planta es de cruz latina, con tres naves divididas por arcadas de estructura leve y con techo de madera. En el brazo norte del transepto se encuentra la Capilla de los Mareantes, cedida a la hermandad de marineros por la familia Velho ya en el siglo XV; en el altar hay un conjunto de esculturas flamencas de medio cuerpo formando la escena *Lamento sobre el cuerpo muerto de Cristo*, obra excepcional y salida ciertamente de los talleres de Amberes hacia 1520. La capilla fue totalmente reformada en épocas posteriores, aunque sigue en ella la tumba de João Velho.

La Capilla del Santo Cristo, que tiene también una estructura gótica tradicional, fue fundada en la segunda década del siglo XVI por João Álvares Fagundes, un navegante muy activo en el Atlántico norte que reconoció las costas de Canadá y Terranova.

Otra de las capillas, la de los Camarido, se debe a Martim Fernandes Correia, heredero de Carreira; es notable la entrada, con un arco doble con pequeñas columnas entorchadas y terminadas en *caireles* y bóveda tardogótica de nervios. En el altar de esta capilla está el bellísimo retablo bruselense donado por los titulares, que puede atribuirse al círculo de Jan Provost y datará de 1530. Es de enormes dimensiones, con un precioso paisaje de fondo y las figuras de San Juan Bautista y de Nuestra Señora del Rosario en primer plano, composición algo extraña pero que vendría determinada por el encargo específico de consagrarla a estos santos.

VI.1.c Castillo de Roqueta

Se accede por el Campo o Largo do Castelo y forma parte del Castillo de Santiago de la Barra. Catalogado como Inmueble de Interés Público. Actualmente alberga una instalación pública. Horario: lunes a viernes de 9 a 12:30 y de 14 a 17:30.

Incluida en la gran fortaleza moderna y abaluartada de Santiago de la Barra, en el ángulo suroeste, está la Roqueta o castillo roquero, lo que queda de la obra que en tiempos de D. Manuel I se estaba haciendo en la *barra* del río Lima como defensa contra los corsarios.

Es una construcción muy curiosa, pues, al igual que la Torre de Belém, aúna una torre de tradición medieval con un baluarte o batería baja en su lado sur. Obra de buena traza, de excelente aparejo, es una buena muestra de la evolución —de la que quedan pocas pruebas— del arte de fortificar en Portugal en este periodo de transición de la neurobalística a la pirobalística. Resulta difícil su datación, pero podemos aceptar que sea contemporánea a la construcción de Belém, es decir de la segunda década del siglo XVI, aunque fuera pensada algunos años antes.

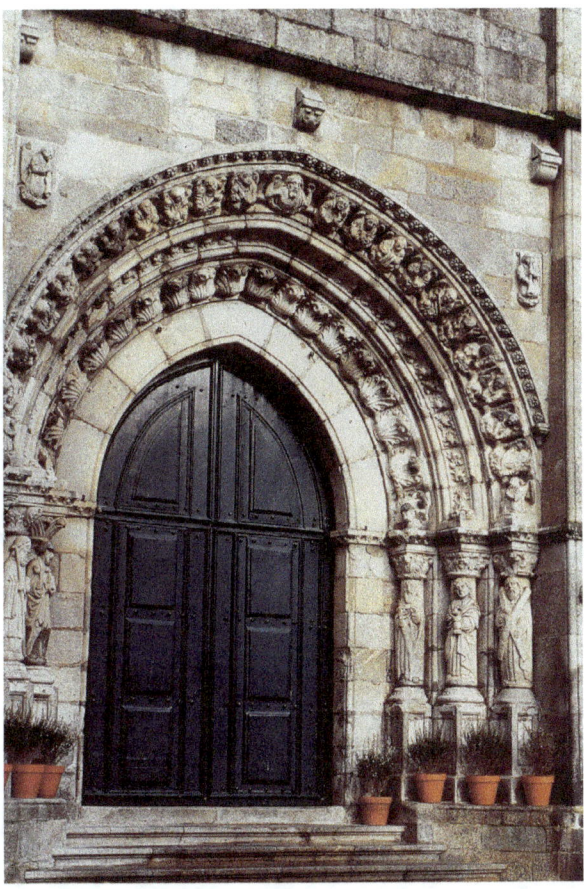

R.C.

Para ir a Caminha, seguir la N13 en dirección a Santa Luzia / Carreço / Vila Praia de Áncora / Vilarinho / Cristelo (22 km).

Catedral, puerta, Viana do Castelo.

VI.2 CAMINHA

La antigua villa de Caminha está situada en la desembocadura del río Miño, orientada a Galicia y al imponente monte de Santa Tecla. Fue un importante pueblo medieval

RECORRIDO VI *Mirando a Galicia*
Caminha

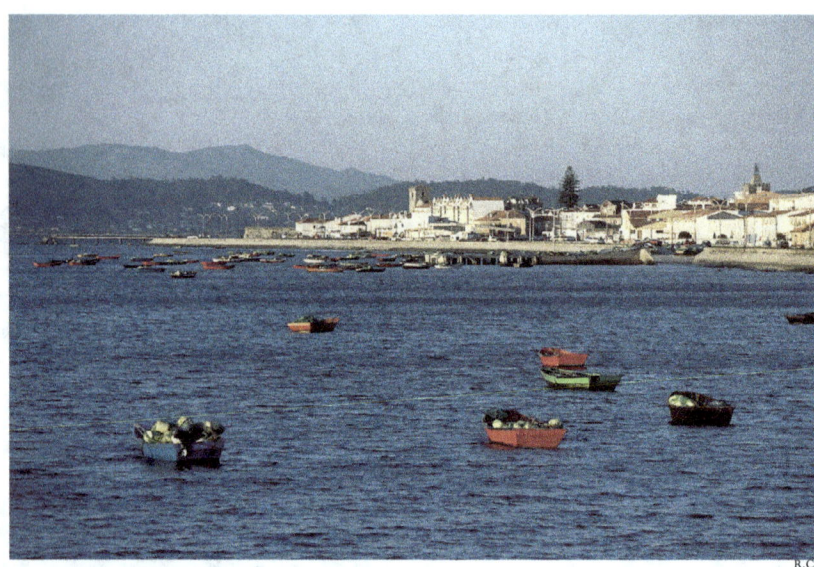

Caminha y desembocadura del río Miño.

que se enriqueció, como tantos otros, durante el periodo de las navegaciones y los descubrimientos. La pequeña población de pescadores que ya existía en el siglo X conoció su primer gran impulso gracias a la política de D. Afonso III, que quiso fortificar las fronteras del reino creando un cordón en el curso inferior del Miño, en el que estarían incluidos Melgaço y Valença. La construcción de una primera muralla data de esta época, y la importancia del pueblo viene confirmada por la concesión de un fuero en 1284 por parte del rey D. Dinis. Por entonces estaba consumada la división entre la primitiva aldea, situada en Vilarelhe, y la nueva villa, que crecería y vendría a dar la Caminha moderna.

Su aspecto en época manuelina es bien conocido gracias a los dibujos que de ella hizo Duarte D'Armas hacia 1507. La villa tenía forma ovalada, con una primera línea de defensas de 12 torres y una torre del homenaje mucho más poderosa y precedida de una *barbacana* baja, que se empezó a construir en tiempos de D. João I. Esta línea de murallas estaba ya dotada de decenas de troneras, lo que confirma el carácter militar y de verdadero punto de defensa fronterizo a que hemos aludido. Fuera de los muros había solo unas cuantas casas de pescadores, y es evidente la relación con la construcción naval, pues el autor dibujó una carabela en construcción o reparación.

VI.2.a **Centro histórico**

Información: Oficina de Turismo, tel. 258 724100.

La distribución del centro histórico no se diferencia demasiado de la de otras pobla-

RECORRIDO VI   *Mirando a Galicia*
Caminha

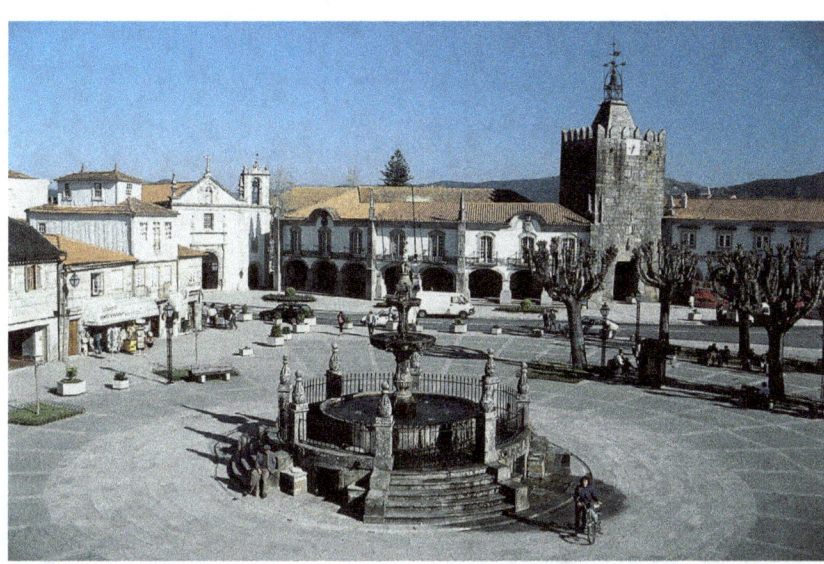

Centro histórico, Caminha.

R.C.

ciones antiguas como Vila do Conde o Viana: es una estructura de barrios rectangulares y calles estrechas pero rectas que se cortan ortogonalmente. La fortaleza abaluartada alteró únicamente la zona situada frente a la iglesia matriz, haciendo que la fachada del templo diera a la plaza de armas cuando originariamente tendría delante una explanada. La vía que estructuraba la población era y todavía es la Rua Direita, que empieza bajo la antigua torre del homenaje y hoy Torre del Reloj, límite sur de la muralla medieval. Al otro lado quedaba la Porta do Sol. Las otras dos calles paralelas son la Rua do Poço y la Rua dos Cavaleiros.
Otro lugar importante es el Campo da Feira, donde se hacía el mercado desde que D. Dinis lo fundara en 1291. Fue el primer lugar por el que se expandió la villa.
De época manuelina se conservan, a lo largo de toda la Rua Direita, varias casas con dinteles de puertas y ventanas con los típicos chaflanes.

VI.2.b **Nuestra Señora de la Asunción, iglesia matriz**

Rua Ricardo Joaquim de Sousa. Catalogada como Monumento Nacional. Información: Oficina de Turismo, tel. 258 921952.
Horario: abre para la celebración de la misa de lunes a sábado a las 18 en invierno y a las 19 en verano, y los domingos a las 12 y las 18 en invierno y a las 19 en verano.

El maestro vizcaíno Bartolomé de Tolosa empezó a construir esta iglesia en 1488. No fue él, sin embargo, quien la terminó, pues siguió al frente de la obra un tal Pero Galego que creemos poder identificar como autor de otras obras relevantes en

171

RECORRIDO VI *Mirando a Galicia*
Caminha

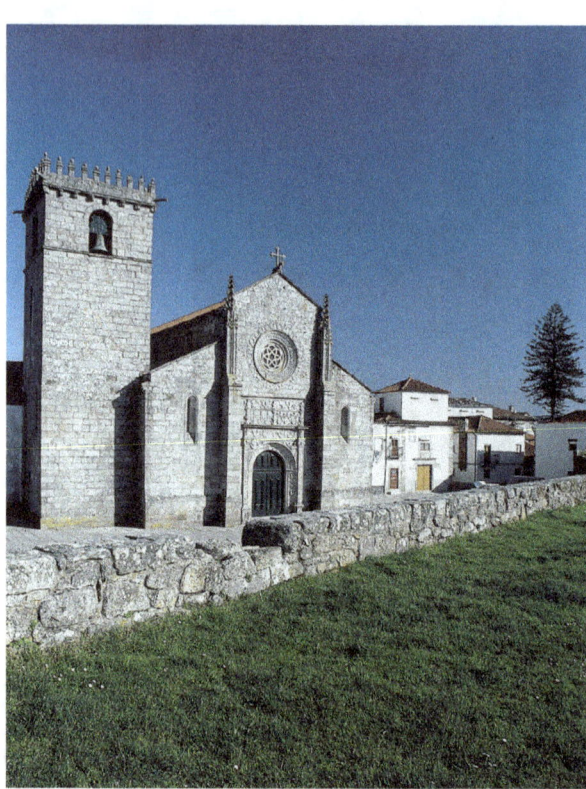

Nuestra Señora de la Asunción, iglesia matriz de Caminha.

Nuestra Señora de la Asunción, iglesia matriz, planta, Caminha, Boletim da Direcção-Geral dos Edifícios e Monumentos Nacionais, n.º 6, Lisboa, 1936.

firmados por Fernán Muñoz de Tuy el año de 1565. El perfil de las arcadas longitudinales es muy meritorio, y hay que destacar también las bóvedas de nervios de las capillas de la cabecera.

En el lado izquierdo se abre la gran Capilla de la Cofradía de los Navegantes, con bóveda de nervios curvos de perfil bajo, la más elegante de cuantas se conservan en Alto-Minho. Datará de finales ya de la década de 1520, o incluso de la década siguiente, tardogótica por tanto, como otras idénticas existentes en iglesias gallegas.

En el exterior destaca también el elegante remate de la cabecera, claramente inspirado en la Catedral de Braga.

Para ir a Lanhelas, retomar la N13 y seguirla en sentido Seixas (6,5 km).

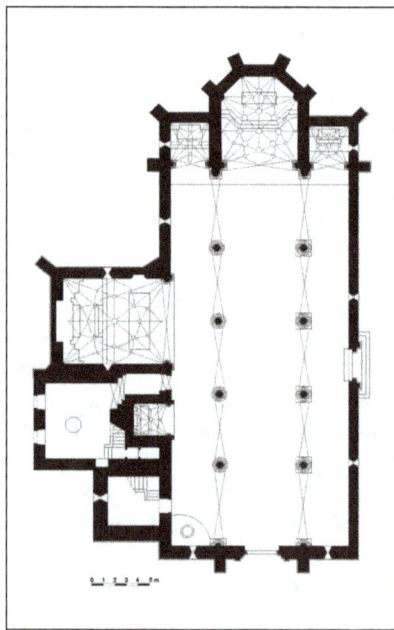

Alto-Minho. Otro español que trabajó aquí fue Francisco Fial.

El templo tardó mucho en levantarse, y las puertas no debieron de concluirse antes de la década de 1540. En los mismos años hay que datar el arco de entrada a la Capilla de los Mareantes, con una fecha, la de 1151, que no puede ser sino un error del cantero, que debería haber esculpido 1551. Es notable el campanario, que seguramente servía también de atalaya, pues su ubicación respecto al mar favorecía esa función.

El interior es de tres naves con techos de madera de tradición *mudéjar*, fechados y

VI.3 LANHELAS

VI.3.a Casa de la Torre

Junto a la carretera N13, en Lanhelas. Catalogada como Inmueble de Interés Público.

En esta población encontramos una de las casas más antiguas de la región, la Casa de la Torre, residencia señorial que se remonta a finales de la Edad Media pero que fue modificada a principios del siglo XVI. En la torre se puede leer la fecha de 1531, que seguramente corresponde a la de una profunda reforma. La planta es sencilla, un simple rectángulo, y debía de haber un patio de muros más delgados como espacio común y dependencias de servidores. Las torres son de tradición medieval, de sección cuadrangular, como todavía se ven con cierta frecuencia a ambos lados del Miño.

R.C.

Para ir a Vila Nova da Cerveira, tomar la IC1 en sentido Gondarém / Loivo (6 km).

VI.4 VILA NOVA DE CERVEIRA

El origen de Vila Nova de Cerveira estuvo en el deseo de D. Dinis de hacer aquí un pueblo marítimo para al menos cien vecinos. Para ello, hacia 1320 le dio orden expresa a su librador de Além-Douro. Al año siguiente mismo, el monarca otorgó su fuero a Cerveira, fuero que renovó D. Manuel I en 1512. Una de las principales preocupaciones del fundador fue la construcción de un reducto amurallado o castillo, que no tardó en hacerse realidad. Se conservaba con su estructura del siglo XIV cuando Duarte D'Armas lo dibujó, mostrando también el artista e inspector de la Corona que la muralla se había quedado

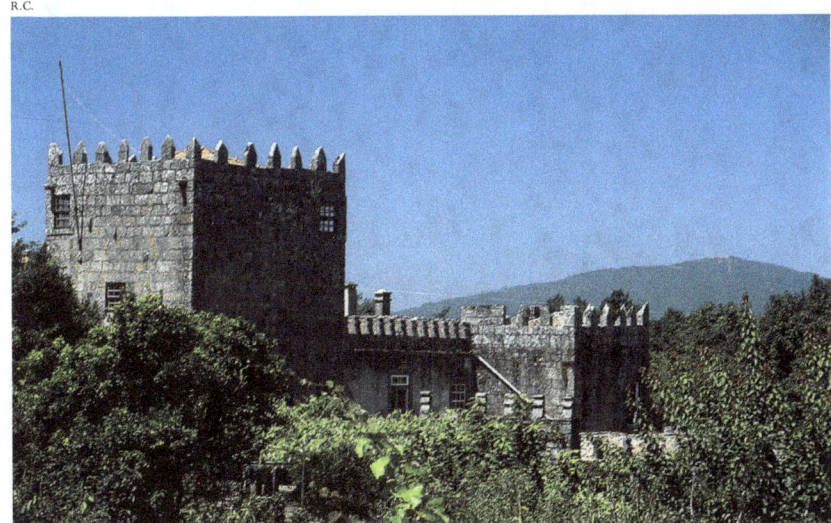

Casa de la Torre, Lanhelas.

Vila Nova de Cerveira

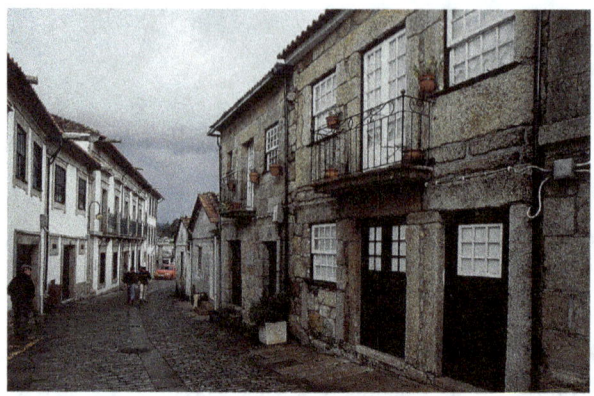

Centro histórico de Vila Nova de Cerveira.

Castillo de Vila Nova de Cerveira.

VI.4.a Castillo

Largo do Terreiro, tel. 251 708120. Catalogado como Monumento Nacional. Actualmente alberga la Pousada D. Dinis.

Si bien es cierto que antes de D. Dinis existía un castillo en Cerveira, no lo es menos que solo han sobrevivido las construcciones comenzadas en la época de su reinado. Fueron sus muros en forma de elipse los que delinearon el casco antiguo de la villa. Subsisten algunos trechos de muralla y la puerta de la villa o de Nuestra Señora de la Ayuda, que comunica con el Terreiro.

pequeña y el pueblo se había desbordado de ella, esparciéndose por los alrededores casas e incluso algunos templos.

La importancia de Cerveira residía en su febril actividad pesquera, en el comercio y también en sus funciones militares, dado que la costa era muy frecuentada por corsarios y piratas.

Las torres que sobresalen del adarve denuncian su origen trecentista en el tipo de aparejo, la planta rectangular y el remate. En el lado norte, la muralla está más libre de construcciones de épocas posteriores, lo que permite valorar su diseño y traza primitivos. De la *coracha* envolvente quedan solo unos trozos.

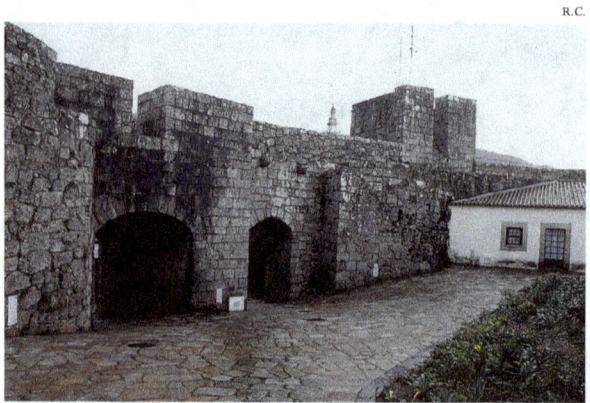

TORRES SEÑORIALES DE ALTO MINHO

Pedro Dias

En las márgenes del río Miño y en toda la región de Entre Minho e Lima encontramos todavía hoy un sinfín de palacios cuyos orígenes se remontan a la Edad Media, a los tiempos de afirmación de la nacionalidad.

Residencias de terratenientes, se limitaban en un principio a sobrias torres cuadrangulares de dos o tres pisos donde esos nobles se defendían de las acometidas de los vecinos que les disputaban las tierras de labranza, las corrientes de agua, los bosques y los siervos, cuando no los favores del rey.

Las inquisiciones y confirmaciones mandadas hacer por la Corona en pleno siglo XIII nos dan cuenta de las hazañas de esa nobleza y de la opresión ejercida sobre el pueblo llano, al tiempo que huía del pago de los impuestos debidos y, más genéricamente, de la autoridad real. Situadas en puntos estratégicos, predominantemente en elevaciones del terreno, esas torres eran atalayas pero también símbolos del poder de quienes las habitaban. Los cuales, sin embargo, vivían en condiciones muy precarias, en una situación impensable incluso para los simples burgueses de los siglos XV y XVI. A pesar de esta modestia, las torres señoriales eran el emblema de la antigüedad de las familias que en esas heredades o quintas tenían sus raíces; alrededor de ellas se aglomeraban con frecuencia casuchas y chozas de siervos y alguna capilla o iglesia.

Así, con la llegada de nuevos tiempos, en que el cuidado del cuerpo y la comodidad empezaron a disputar su primacía al cuidado del alma, los nobles de la región de Minho, lo mismo que los gallegos, ampliaron sus mansiones y les dieron cierta grandeza y comodidad, aunque conservando su fortaleza, porque aquellos eran aún días inciertos; coronaron de almenas los muros de los nuevos salones y cámaras, rememorando su vena guerrera.

Los siglos siguientes fueron nuevamente de engrandecimiento y renovación, pero ni los lujos del barroco fueron suficientes para acabar con esas torres, ahora integradas en verdaderos conjuntos palatinos, y siempre testimonio y garantía de la nobleza de sus dueños.

La casa del Palacio de Geraz do Lima, el Palacio de Courutelo de Freixo, el Palacio de Bertiandos, la Casa de Quintela en Nogueira, la Casa de la Torre de Aguiã, el Palacio de Giela en Arcos, la Casa de la Torre en Lanhelas y la Torre de Lapela son solo algunos ejemplos de una larga lista de edificios tardogóticos que marcan decisivamente el paisaje de Alto Minho.

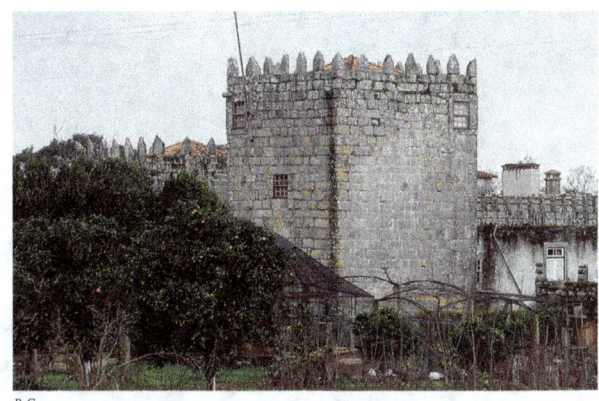

Torre de Lanheses.

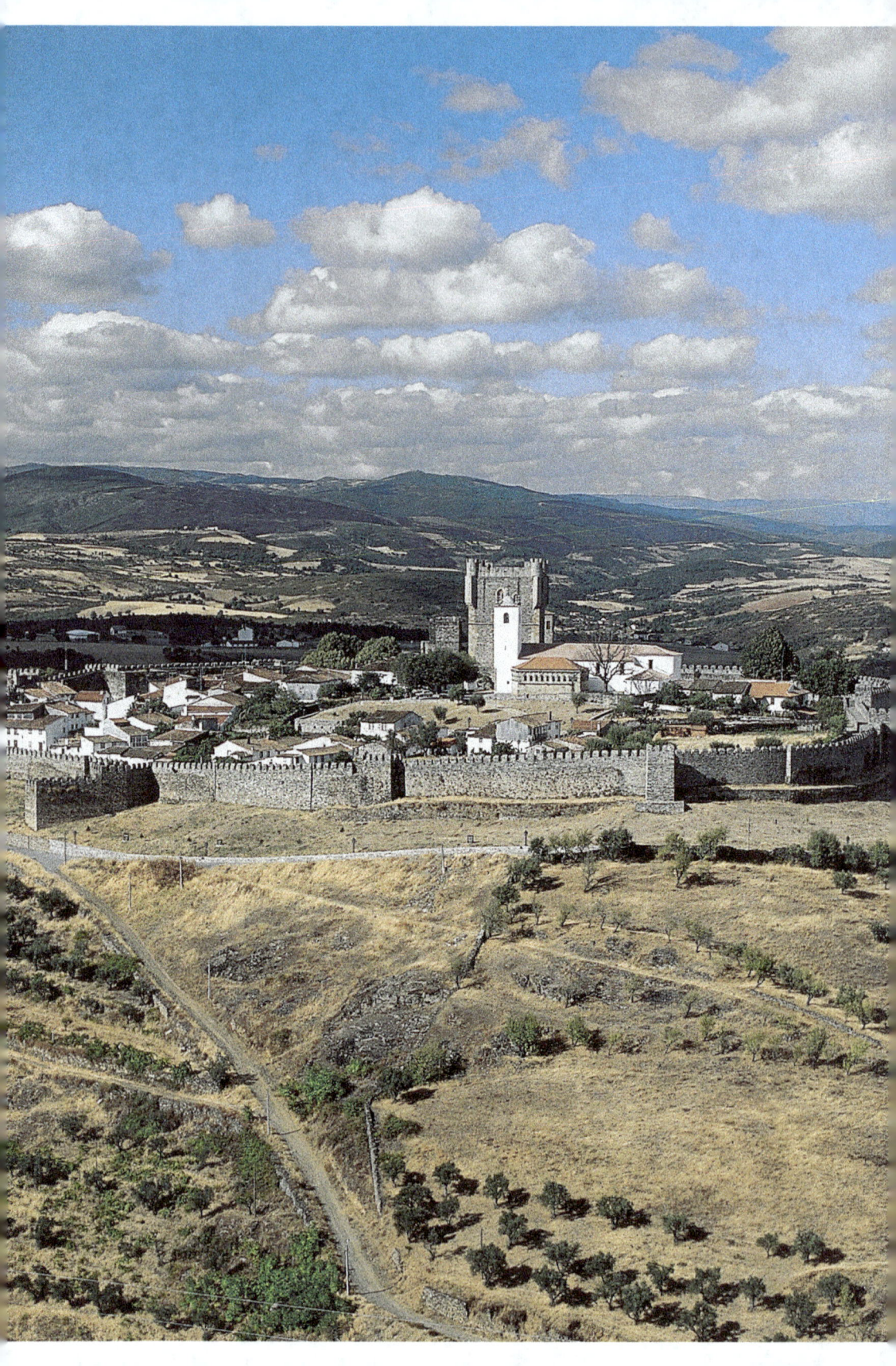

RECORRIDO VII

Las tierras del Sabor y del Duero

Pedro Dias, Dalila Rodrigues,
Nuno Vassallo e Silva, Fernando Grilo

VII.1 BRAGANÇA
    VII.1.a Castillo
    VII.1.b Iglesia de Santa María

VII.2 MIRANDA DO DOURO
    VII.2.a Centro histórico
    VII.2.b Castillo

VII.3 MOGADOURO (opción)
    VII.3.a Castillo
    VII.3.b San Mamed, iglesia matriz

VII.4 FREIXO DE ESPADA À CINTA
    VII.4.a Centro histórico
    VII.4.b Castillo
    VII.4.c San Miguel, iglesia matriz
    VII.4.d Iglesia de la Misericordia

El Livro das Fortalezas *de Duarte D'Armas*

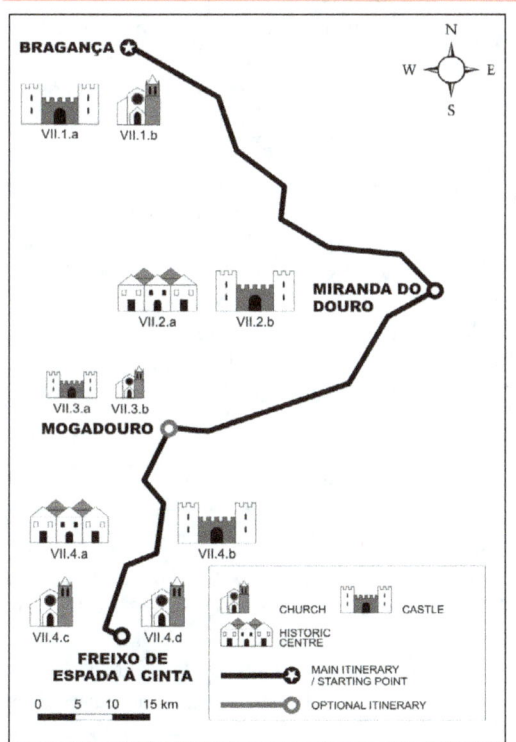

Panorámica del Castillo de Bragança.

Las tierras delimitadas por los cursos de los ríos Sabor al oeste y Duero al este constituyen una unidad con características únicas. Calurosas en verano y capaces de bajar hasta los fríos alpinos con los rigores del invierno, ceñidas por valles ásperos casi imposibles de trasponer, su matriz cultural y social sigue mostrando una sorprendente vitalidad. Solo así se explica que sea aquí, en las faldas montañosas de Miranda, donde se habla la otra lengua del territorio de Portugal, el mirandés, recientemente reconocido como lengua oficial.

Dependiente políticamente de León hasta el siglo XII, lo cierto es que incluso después del Tratado de Zamora firmado en 1143 siguió mirando al este, en comunicación permanente con zamoranos, leoneses y demás habitantes de ciudades y villas importantes, como Toro y Sahagún. D. Sancho I quiso desarrollar la región, para lo que concedió fueros a varias villas, pero el giro decisivo hacia la atracción de la costa hubo de esperar a la época manuelina. Sus puertos secos siguieron siendo, sin embargo, de los más importantes del reino, y D. Manuel I el Afortunado mandó reforzar todo un rosario de castillos para defenderlos y, al mismo tiempo, recordar a sus suegros, los Reyes Católicos, que aquellos eran dominios suyos.

No son muchas las fortalezas de aquella época que se conservan, pero las conocemos bien por los dibujos que hizo en 1507 Duarte D'Armas. A sus pies se formaron pueblos, se construyeron nuevas iglesias y se dio inicio a una urbanización sistemática.

En Bragança se establecieron los monjes benedictinos, y en ella desarrollaron una agricultura más próspera para garantizar su propia subsistencia. A orillas del Duero fue la Orden de Cristo la que se hizo cargo del asentamiento de población y de la administración; aún hoy se pueden admirar muchas referencias plásticas al tiempo de las encomiendas y los comendadores.

Destacan tres poblaciones: Bragança, hoy capital del noreste, Miranda, que fue sede de la primera diócesis de Trás-os-Montes, y Freixo de Espada à Cinta, todas igualmente importantes a principios del siglo XVI pero que en los siglos siguientes corrieron distinta suerte.

Las fortalezas manuelinas marcan todavía el paisaje y, dentro de ellas, se alzan iglesias y capillas que evocan los tiempos del gótico tardío, en las que se respira un aire un tanto extraño, poco común para quien viene de la costa o del sur. De cualquier modo, lo mismo que grandes artistas de León o Castilla, como Gregorio Fernández, o de Vizcaya, como Juan del Castillo, también trabajaron portugueses, como fue el caso del mítico Vasco Fernandes, y el magnífico retablo obra de un discípulo suyo es ahora emblema de Freixo.

VII.1 BRAGANÇA

Como la mayoría de las poblaciones de la región de Trás-os-Montes, Bragança parece llevar poblada desde la Prehistoria, seguramente desde el Neolítico o incluso desde el Paleolítico. Esto no quiere decir que donde hoy está el corazón de la

Braçança

moderna urbe hubiese entonces una comunidad importante, sino solo algunos habitantes congregados en familias o pequeños grupos. En el actual término de Bragança parece haber sido más importante Castro de Avelãs, cuyo desarrollo tal vez diera lugar a la Bragança medieval.

Lo cierto es que, debido a la importancia estratégica del lugar, sobre todo militar, y para controlar el tránsito entre las tierras del joven reino portugués y las de León y Castilla, D. Sancho I le otorgó un fuero en 1187, posteriormente renovado por D. Afonso III, en 1253, y más tarde por D. Manuel I, en 1514.

Su crecimiento durante la primera dinastía puede justificarse, al menos en parte, por la creación, a iniciativa de D. Afonso III, de una gran feria anual en 1272 y de una feria franca de un mes de duración por parte de D. Fernando cuando corría el año de 1383. La verdad es que era difícil atraer población a esta zona alejada de la costa y de clima más agreste, y su complicada situación geográfica, con la frontera tan cerca, la convertía en uno de los primeros lugares de enfrentamiento en caso de desacuerdo entre los gobiernos peninsulares. De todas formas, fue notoria la actividad agrícola y pecuaria, así como el comercio con Castilla.

Con la creación, en 1442, de la casa ducal con el título de Bragança, la villa, después elevada a ciudad, pasó a propiedad de D. Afonso, el primer duque, y así se mantuvo hasta que volvió a la Corona con la subida al trono de D. João IV en 1640.

Como en todas las villas y aldeas fronterizas, la paz manuelina trajo un notable incremento de las actividades económicas

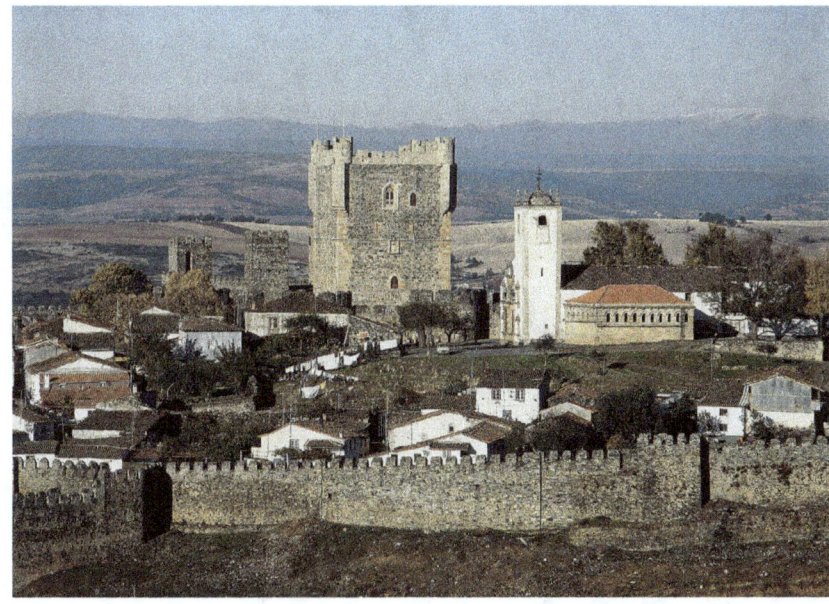

M.A

Bragança.

Bragança

Castillo, panorámica, Bragança.

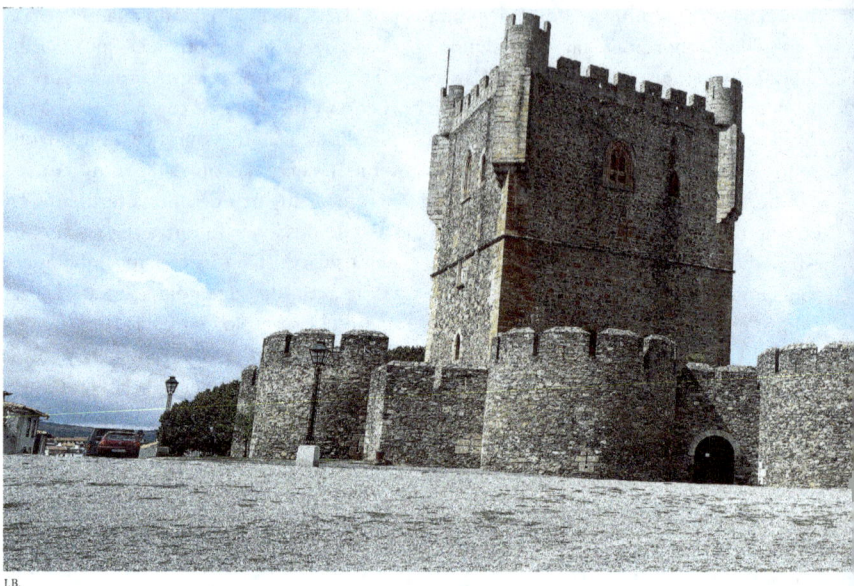

y el consiguiente aumento de población, sobre todo de población de origen judaico, que en 1530 alcanzaba los 2.000 habitantes, repartidos entre la villa intramuros y los arrabales.

VII.1.a Castillo

En la torre del homenaje se encuentra instalado el Museo Militar, tel. 273 322378. Catalogado como Monumento Nacional.
Acceso con entrada. Horario: de 9 a 12 y de 14 a 17; jueves y festivos cerrado.

El castillo medieval sigue siendo el corazón de Bragança y constituye, desde hace más de 700 años, el polo en torno al cual se han congregado los habitantes. Debe su aspecto actual a muchas fases sucesivas de construcción, la más importante de ellas a mediados del siglo XV, pero a continuación de las ordenadas por D. João I. El *Livro das Fortalezas* de Duarte D'Armas resulta precioso, una vez más, para mostrarnos cómo eran el castillo y la población en pleno reinado de D. Manuel I.

El castillo era la parte más fuerte y apta para que vivieran en ella el alcaide y los donatarios cuando estos estaban en la sede de su ducado. Las primeras obras debieron de hacerse en tiempos de D. Sancho I, pero solo se conocen de cierto los trabajos de la época de D. Afonso III. Al lado se extendía el corazón de la ciudad, el núcleo más antiguo, de calles estrechas que formaban una red radial pero atravesada por una calle que unía las dos puertas. Aquí quedaba la iglesia de Santa María, la más importante, y la cisterna,

RECORRIDO VII   *Las tierras del Sabor y del Duero*
Bragança

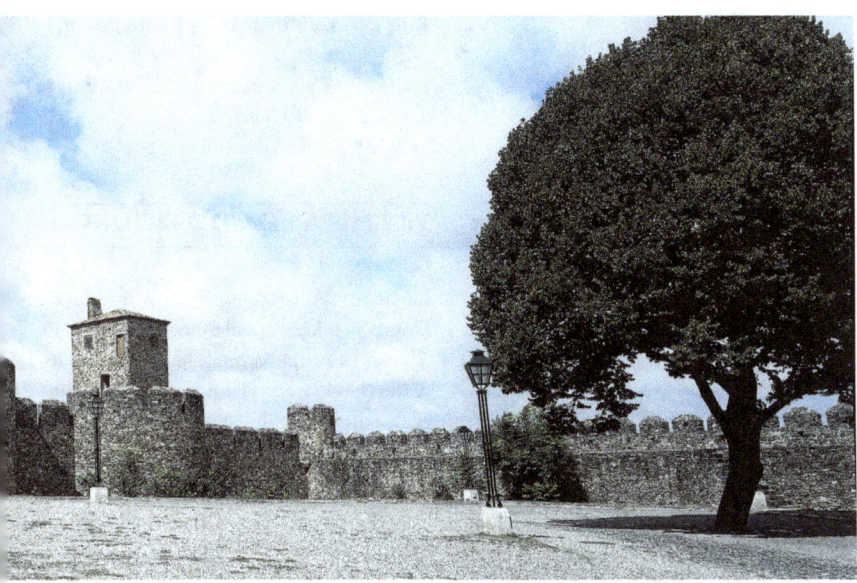

adaptada y bautizada como Casa del Concejo o *Domus Municipalis*.
La gran torre del homenaje del reinado de D. João, de 30 m de altura y 17 m de lado en la base, que se cree construida entre 1409 y 1449, se alzaba tal cual la vemos hoy, como el cuerpo dominante, gigantesco, con amplias salas en sus pisos y una imponente azotea cuyas torres salientes acentuaban los ángulos. Las muchas aberturas de ese último piso denuncian su función residencial. Su comunicación con el primer cerco de murallas se hace a través de pasadizos, que forman así el recinto propiamente dicho del castillo, un polígono de cinco lados pero casi rectangular, con *cortinas* rectas dotadas de cubos o torres bajas semicirculares avanzadas, todas ya con troneras para permitir el tiro rasante con armas de fuego primitivas, los "truenos".

Otra torre importante es la de la Princesa, que ya existía también en 1507, remodelada, alta, muy por encima de los adarves y acondicionada para vivienda cuando perdió sus funciones militares.
La muralla de la villa ocupó el resto del cerro en que había surgido la población, aumentando significativamente el espacio defendido disponible de acuerdo con la tradición medieval. Es una muralla alta, ancha y coronada por un almenado corrido que protege el adarve de cerca de 2 m de ancho, con torres a irregular distancia.

VII.1.b **Iglesia de Santa María**

En el interior de las murallas. Información: Junta Parroquial, tel. 273 322181.

RECORRIDO VII   *Las tierras del Sabor y del Duero*
Miranda do Douro

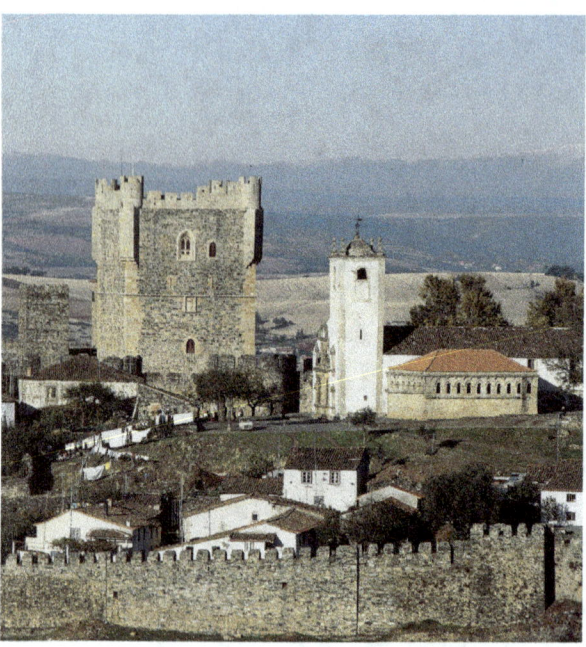

Iglesia de Santa María, Bragança.

Horario: de 9 a 12 y de 14 a 18; jueves cerrada.

Esta es la única iglesia de Bragança que mantiene su estructura manuelina, aunque haya experimentado muchas mejoras en épocas posteriores. Su existencia está documentada desde 1258. De principios del siglo XVI, y como testimonio de unas obras bajo la responsabilidad del Duque de Bragança —muy probablemente el duque Jaime—, quedan las arcadas que caracterizan el cuerpo de la iglesia y lo dividen en tres naves. La fábrica es de ladrillo según la tradición *mudéjar*, antigua en esta zona y venida del otro lado de la frontera, sobre todo de Sahagún, donde fue la estética dominante desde el siglo XII hasta el XVI.

Para llegar a Miranda do Douro, tomar la N217 hasta Izeda; allí torcer a la izquierda por la N317 y seguir en dirección a Santulhão / Carção hasta Vimioso. Continuar luego por la N218 hasta Miranda.

VII.2 MIRANDA DO DOURO

La historia portuguesa de Miranda do Douro se inicia verdaderamente cuando D. Afonso Henriques establece aquí, en 1136, un territorio franco para fugitivos de la justicia con el fin de promover el asentamiento de habitantes en un área agreste y apartada en que solo había un pequeño pueblo. Los comienzos fueron difíciles, y hasta la época de D. Dinis (1286) la población no fue elevada a villa ni tuvo fuero. Su situación fronteriza con el reino vecino potenció el trueque de mercancías y el surgimiento de actividades artesanales, en una progresión que haría que la villa alcanzara el rango de sede diocesana en 1545.

La época manuelina, como tiempo de paz y de relaciones con la Corona castellana, fue un periodo de prosperidad, a la que no debió de ser extraño tampoco el afincamiento de familias judías, conversas o no, tanto portuguesas como españolas. Se construyeron casas, iglesias y edificios públicos como la aduana y, naturalmente, se renovaron por completo las estructuras defensivas. Quedaba así definida la polarización entre Miranda y Bragança, con consecuencias bien conocidas en lo que respecta a preeminencias religiosas y una saludable disputa por primacías, privilegios y desarrollo. Gran parte del patrimonio construido en época manuelina desapareció con la explosión del pañol del castillo, ocurrida el 8 de mayo de 1762.

VII.2.a Centro histórico

Información: Oficina de Turismo, tel. 273 431132.

Más que en cualquier construcción manuelina, el valor de la ciudad está en el conjunto urbano antiguo, que incluye edificios o partes de ellos de la época de D. Manuel I o posteriores pero de tradición tardogótica. En primer lugar tenemos, en la zona más elevada, el castillo, del que queda parte de la muralla. En la Rua da Costanilha, que desemboca en la Praça D. João III, y en las transversales que van a dar a ella hay varias casas del siglo XVI bien conservadas, con puertas y ventanas con molduras manuelinas, *arcos agudos* o de medio punto o simples dinteles rectos, aunque cronológicamente sobrepasen con mucho el año de 1521.

VII.2.b Castillo

Entrada por el Largo do Castelo. Catalogado como Inmueble de Interés Público. Información: Oficina de Turismo, tel. 273 431132. Horario: puede visitarse a cualquier hora.

El origen del castillo se remonta sin duda a los tiempos del ascenso de la población a villa, pero fue creciendo y mejorando a lo largo de la primera dinastía y también

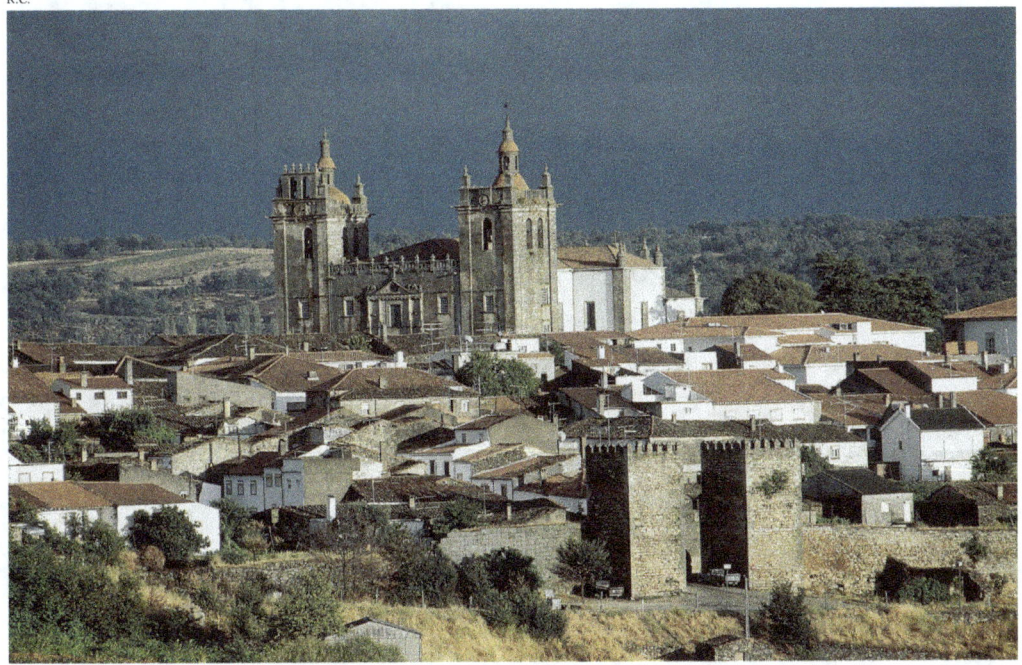

Vista parcial de Miranda do Douro.

RECORRIDO VII *Las tierras del Sabor y del Duero*
Mogadouro

Castillo y centro histórico, Miranda do Douro.

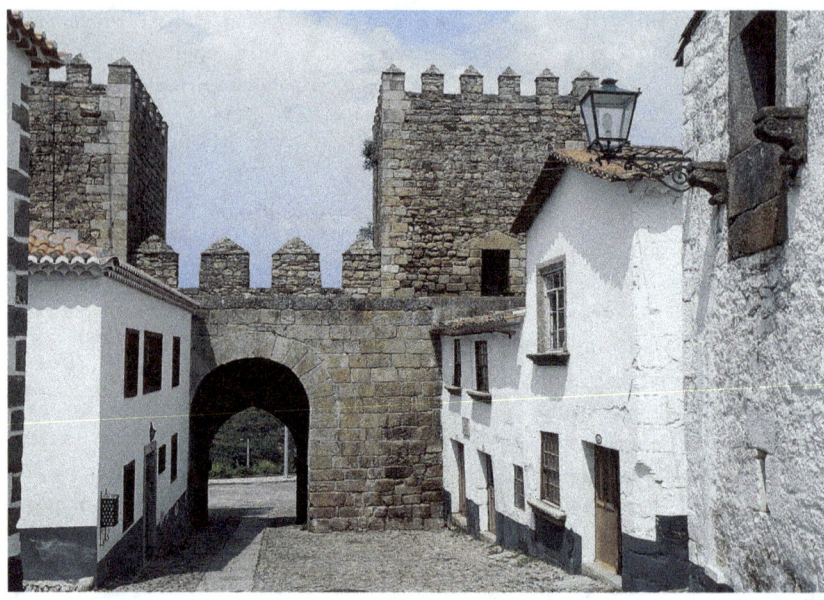

de la segunda, sobre todo en el reinado de D. João I, cuando la estructura, en lo fundamental de la época de D. Dinis, se reforzó considerablemente.

Nuevas y grandes obras se hicieron más tarde como parte de la política manuelina de reforzar la frontera con Castilla, y de ese tiempo es lo principal de las *cortinas* de muralla que aún existen y también la torre del homenaje de la antigua plaza de armas. Observando la planta dibujada por Duarte D'Armas nos damos cuenta de su fortaleza de entonces (con su poderoso núcleo cuadrangular, con torres en las esquinas, ciertamente sobre bases de la época de D. Dinis) y de la creación de *corachas*, pasadizos y hasta un baluarte poligonal con troneras, tal vez el primero que se hizo en Portugal con esta forma y por desgracia también desaparecido.

De las obras manuelinas en el castillo y en las restantes murallas orientadas al río Duero queda la Porta do Amparo, fuerte y bien defendida por dos torres laterales que se yerguen muy por encima de la línea del adarve.

Para ir tanto a Mogadouro como a Freixo de Espada à Cinta, tomar la N221, por la que se atraviesa una parte del Parque Natural del Duero Internacional.

VII.3 **MOGADOURO** (opción)

Mogadouro comenzó a cobrar importancia regionalmente en el siglo XIII, cuando le otorgó su fuero el rey D. Afonso III. A pesar de que la parroquia dependía de

la diócesis de Zamora, se instituyó una encomienda de la Orden del Temple, que tras su erradicación papal pasó a convertirse en la Orden de Cristo por iniciativa de D. Dinis. Parece que fue un periodo importante para su desarrollo, sobre todo con la mejora del castillo y de las murallas.
En el siglo XV la villa pasó a ser dominio de una de las más importantes familias del país, los Távora, que edificaron su palacio dentro de las murallas. Fue también por entonces cuando se establecieron los padres franciscanos, que levantaron un imponente monasterio, lamentablemente destruido por un incendio el siglo pasado. Como sucedió con casi todas las encomiendas de la Orden de Cristo, de la que el rey D. Manuel I era administrador, también Mogadouro experimentó importantes mejoras tras la visita del monarca en 1510.

VII.3.a Castillo

Entrada por el Largo do Castelo. Catalogado como Monumento Nacional. Información: Ayuntamiento, tel. 279 340100.
Horario: se puede visitar a cualquier hora.

Del castillo medieval y manuelino se conserva muy poco, si bien sus vestigios nos permiten adivinar cuál era su aspecto a principios del siglo XVI. Además de restos de *cortinas* de muralla, sigue en pie la torre del homenaje, de planta rectangular y construida con fuerte aparejo. Era el centro y también la parte más antigua de un castillo que albergaba la residencia del comendador, un patio de armas para la guarnición y otras dependencias. A la línea de muros más altos se añadía, a escasa distancia, una *coracha* baja y sin torres.

VII.3.b San Mamed, iglesia matriz

Horario: domingos primero y tercero de cada mes de 11 a 12, para la misa. Para visitarla en otro horario, ponerse en contacto con el Ayuntamiento, tel. 279 340100.

La vieja iglesia matriz manuelina fue reformada en época barroca, pero su estructura inicial se mantuvo, así como otros elementos. Destacan la puerta axial, muy sencilla, y sobre todo la capilla mayor, con una bellísima bóveda de nervios en cuya clave central se ven las armas reales de D. Manuel I.

Saliendo de Mogadouro por la N221 en sentido sur, pasar los desvíos a Figueira, Meirinhos, Fornos y Mazouco. Freixo de Espada à Cinta queda a 6 km de este último pueblo.

VII.4 FREIXO DE ESPADA À CINTA

La villa de Freixo de Espada à Cinta fue, desde los tiempos de formación del reino, un importante polo de atracción de gentes y un lugar privilegiado en el incremento de las relaciones comerciales con las tierras de León y Castilla la Vieja. Su origen es anterior al siglo XII, pues D. Afonso Henriques, al transformar Freixo en un territorio franco para fugitivos de la justicia en 1152, habla ya de la existen-

RECORRIDO VII   *Las tierras del Sabor y del Duero*
Freixo de Espada à Cinta

Vista general de Freixo de Espada à Cinta que abarca el centro histórico.

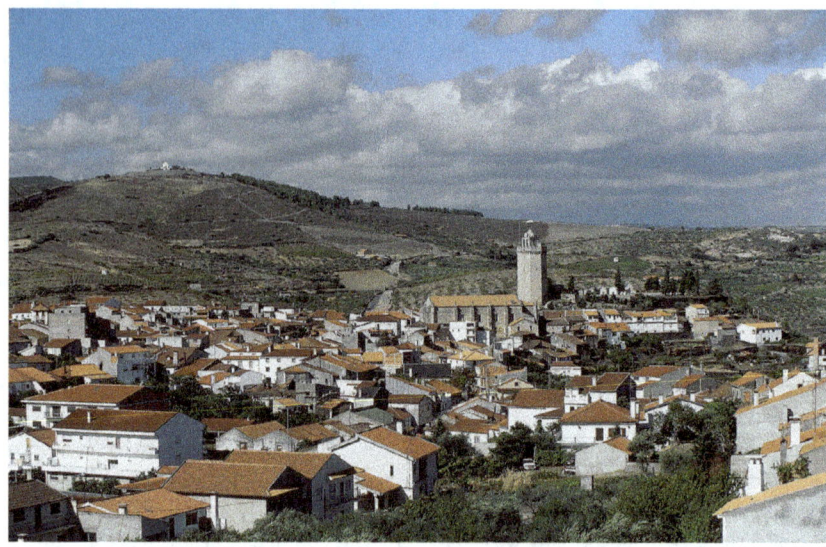

cia de un castillo. Obviamente, tenía que ser una estructura defensiva muy pequeña y no resistió el progreso de los tiempos que siguieron. El aumento de población y la importancia que adquirió llevaron a D. Afonso III a otorgarle un nuevo fuero en 1272.

Las negociaciones de D. Dinis con Alfonso X, que culminaron con la entrada en la órbita portuguesa de las tierras de Riba-Côa, vinieron a dar a Freixo todavía más importancia, y el monarca invirtió abundantemente en la villa para dotarla de un nuevo conjunto de fortificaciones. El castillo, sin embargo, todavía no estaba terminado en 1342.

Aquí y en el término municipal de la villa se producía cereal y se criaba ganado, y dentro de las murallas había un buen conjunto de telares, una floreciente industria de la lana y la seda. Esta actividad productiva potenció, naturalmente, el comercio, que se hacía tanto con otras regiones del reino como con la franja fronteriza de Castilla. En 1527, Freixo era ya la población más importante de la zona, con 447 hogares. En época manuelina hubo varios freixenses que se destacaron en la aventura ultramarina, el más importante de ellos Jorge Álvares, de brillantes acciones en Oriente.

VII.4.a Centro histórico

Información: Ayuntamiento, tel. 279 658070.

La villa de Freixo posee un conjunto notabilísimo de residencias quinientistas en su centro histórico, cuyas calles, como las de Flores y Direita, convergen en la iglesia matriz y el viejo castillo. Es una distribución radial con centro en la plaza, que tiene a un lado la iglesia matriz y al otro la Santa Casa de la Misericordia. Las casas son en general de dos pisos, patio y desván, y la planta baja está dedicada casi siempre a actividades comerciales o artesanales, o a establo. Las ventanas y puertas están muchas veces festoneadas por jambas y dinteles de tradición manuelina, tardogótica, y algunas incorporan incluso elementos naturalistas, pero ciertas fechas, como la de 1552 que figura en la Casa de los Carrascos y otras incluso posteriores, demuestran que este gusto permaneció hasta épocas más modernas. Es más, el estilo perduró también en la arquitectura religiosa, como sucedió con la construcción de la iglesia privada de la Misericordia. Este fenómeno se debe seguramente a las influencias del otro lado de la frontera, donde también persistió y de donde vendrían, por cierto, los constructores que aquí faltarían.

VII.4.b **Castillo**

Praça Jorge Álvares. Catalogado como Monumento Nacional. Información: Sr. Gouveia, de la Biblioteca de Freixo de Espada à Cinta, tel. 279 653445.
Horario: de 8:30 a 16.

De las antiguas murallas, tal como eran en época manuelina, solo tenemos algunas *cortinas* medio derrumbadas y la bellísima torre de siete lados, con parapeto saliente en la azotea. Sobresalía del muro y de la *coracha* manuelina y formaba parte del perímetro amurallado en el lugar de mejor vigilancia de la villa, muy cerca de la iglesia matriz, aunque también se divise todo el territorio de alrededor. La forma del castillo era casi circular, apenas alargada. Aunque su origen se remonta al siglo XIV, sufrió una profunda remodelación y ampliación en tiempos de D. Manuel I.

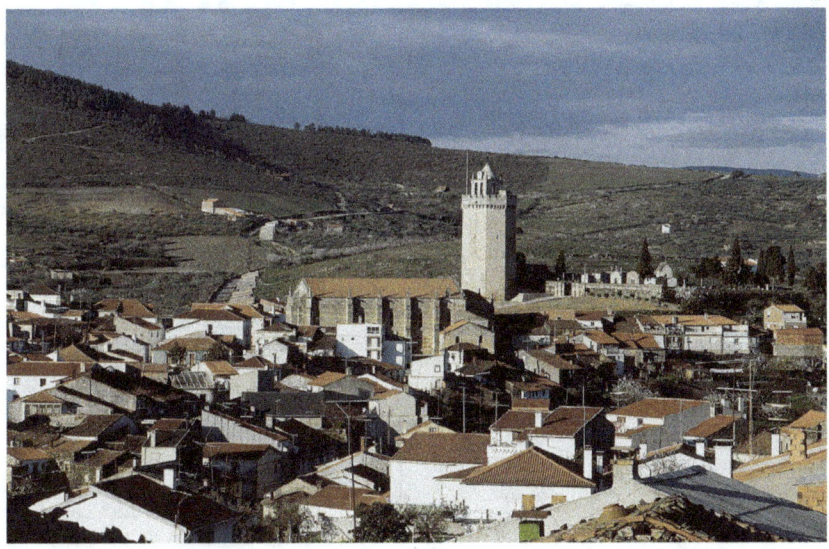

Centro histórico de Freixo de Espada à Cinta.

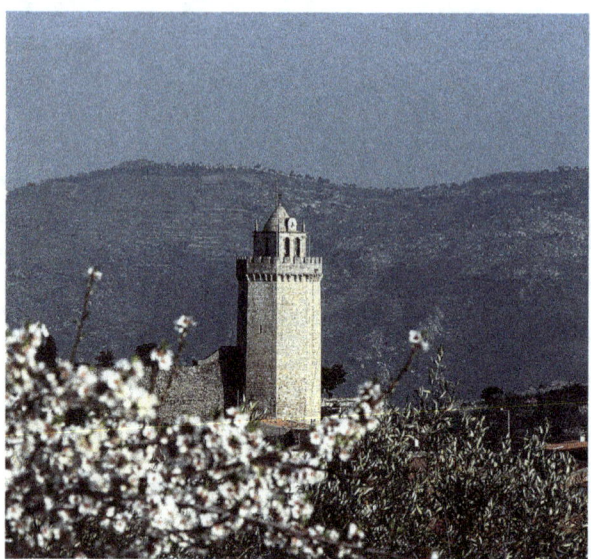

Torre del Castillo, Freixo de Espada à Cinta.

VII.4.c San Miguel, iglesia matriz

Praça Jorge Álvares. Catalogada como Monumento Nacional. Información: Sr. Gouveia, de la Biblioteca de Freixo de Espada à Cinta, tel. 279 653445.
Horario: de 9:30 a 12:30 y de 14 a 17:30; lunes y martes por la mañana, Año Nuevo, Pascua, 1 de mayo y Navidad cerrada.

El monumento de carácter tardogótico que hoy vemos se empezó en tiempos de D. Manuel I, por lo tanto antes de 1521. Su construcción avanzó entre varias campañas de obras y muchas interrupciones, y se terminó, en especial la bóveda, ya en pleno reinado de D. João III.
Su planta, en cambio, es homogénea y no puede descartarse la hipótesis de que su autor fuera un arquitecto o maestro constructor de Vizcaya, tal vez el mismo Juan del Castillo, quien, curiosamente, se casó con una joven de la vecina población española de Quintanilla. Es una iglesia de espacio único, con una gran bóveda casi plana sostenida por delgados pilares, y todo demuestra una gran capacidad de los técnicos responsables. Las puertas y los elementos decorativos son ya mucho más toscos y populares, de hombres con una formación menos erudita.
El interior se divide en tres naves y cinco tramos, y los nervios se unen con los contrafuertes exteriores. La cabecera tiene tres capillas de ejes paralelos; las bóvedas de las laterales son simples, de nervios rectos, mientras que la de la capilla mayor es mucho más complicada, con las armas regias en la clave central y la esfera armilar en los *terceletes* medios.
En la capilla mayor, integradas en la talla barroca, se conservan 16 tablas que per-

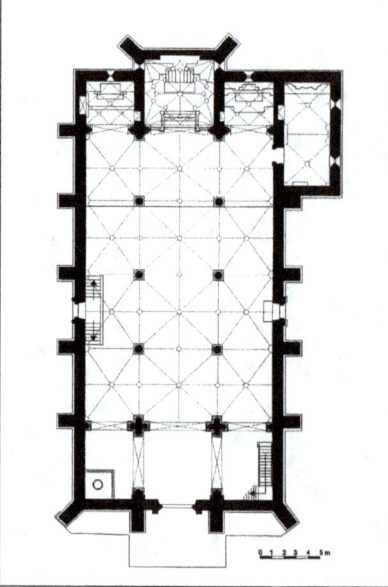

Iglesia matriz, planta, Freixo de Espada à Cinta, Boletim da Direcção-geral dos Eidfícios e Monumentos Nacionais, nº 70.

RECORRIDO VII *Las tierras del Sabor y del Duero*
Freixo de Espada à Cinta

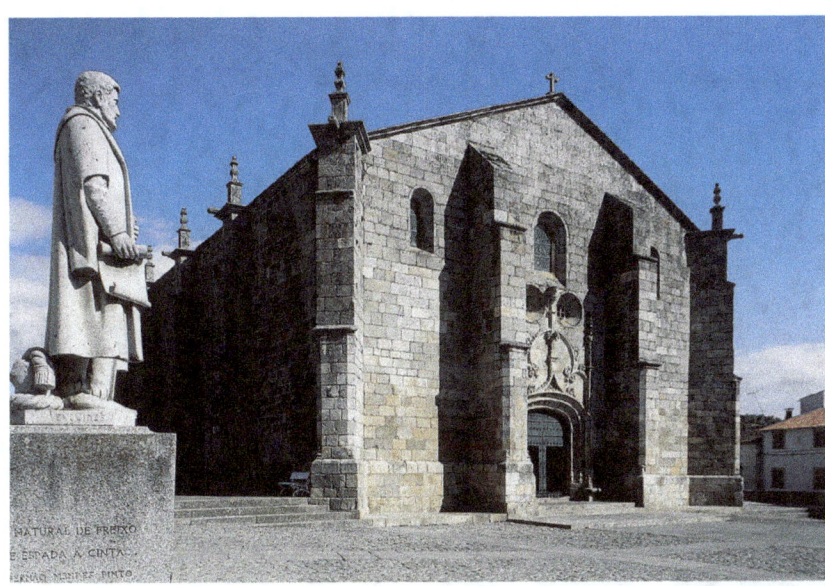

San Miguel, iglesia matriz, fachada principal, Freixo de Espada à Cinta.

tenecieron al retablo del siglo XVI ubicado en esta capilla hasta principios del siglo XVIII. Actualmente se distribuyen de manera aleatoria, sin ninguna relación ya con el orden que guardaban en el retablo original. Las escenas de la vida de la Virgen, de la infancia y pasión de Cristo, de acuerdo con la secuencia narrativa y con sus diferentes dimensiones, se alineaban en hileras y cumplían esenciales funciones pedagógicas y decorativas.

No existen datos históricos relativos a la fecha y el autor de esta obra. Sin embargo, su lenguaje plástico y los modelos figurativos empleados permiten filiarla con la producción del taller de Viseu de Vasco Fernandes y aventurar una fecha en torno a 1535.

A pesar del mal estado de conservación del conjunto y de algunas pérdidas ya

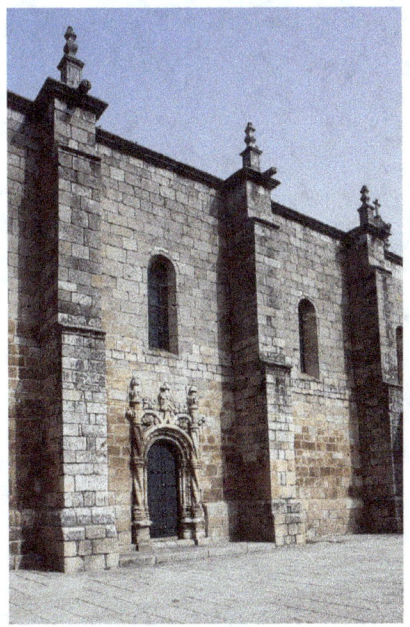

San Miguel, iglesia matriz, puerta lateral, Freixo de Espada à Cinta.

RECORRIDO VII   *Las tierras del Sabor y del Duero*
Freixo de Espada à Cinta

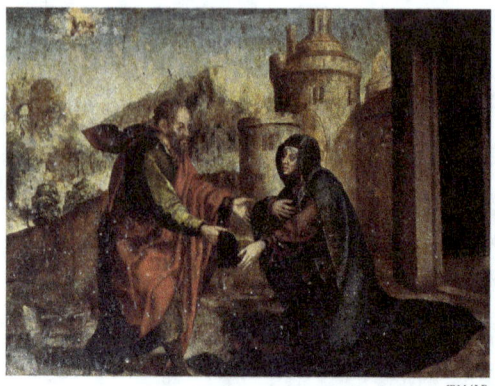

"Santa Ana e San Joaquín", del retablo de la iglesia matriz de Freixo de Espada à Cinta.

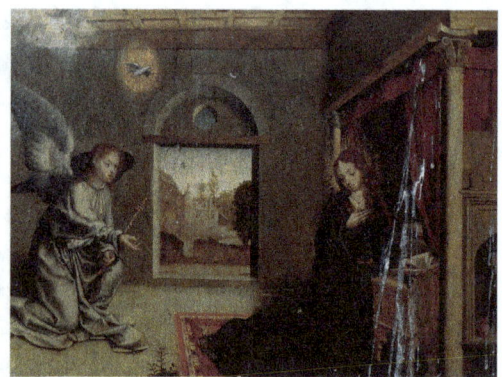

"Anunciación", del retablo de la iglesia matriz de Freixo de Espada à Cinta.

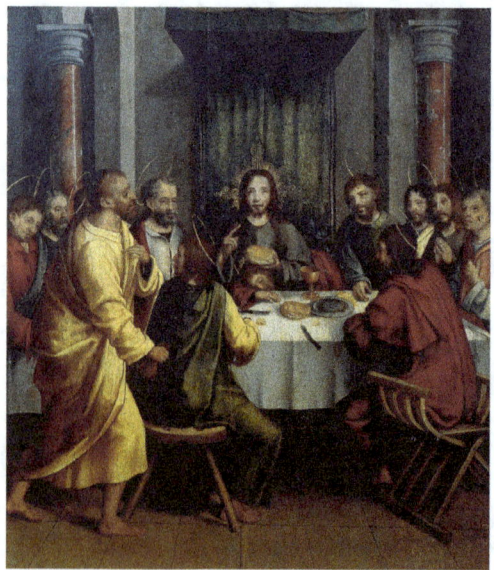

"Última Cena", del retablo de la iglesia matriz de Freixo de Espada à Cinta.

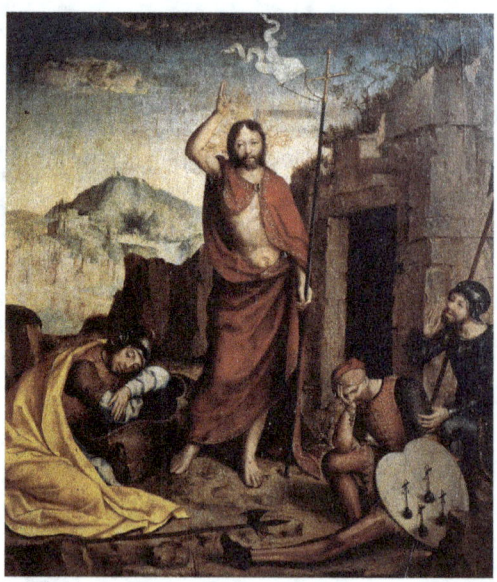

"Resurrección", del retablo de la iglesia matriz de Freixo de Espada à Cinta.

irremediables, como es el caso de la *Asunción de la Virgen,* se identifica una notable sensibilidad en la luz, que se emplea con maestría para situar a las figuras en el espacio, como ocurre, por ejemplo, en la *Presentación en el Templo* y en el *Calvario.* El fragmento en talla dorada que representa a los cuatro evangelistas, actualmente colocado en el altar de la capilla derecha, tal vez formara parte de la estructura del retablo original. Se trata, probablemente, de una pieza del escultor e imaginero de origen flamenco Arnão de Carvalho, que trabajó con los pintores de Viseu e hizo una serie de retablos para iglesias de la región.

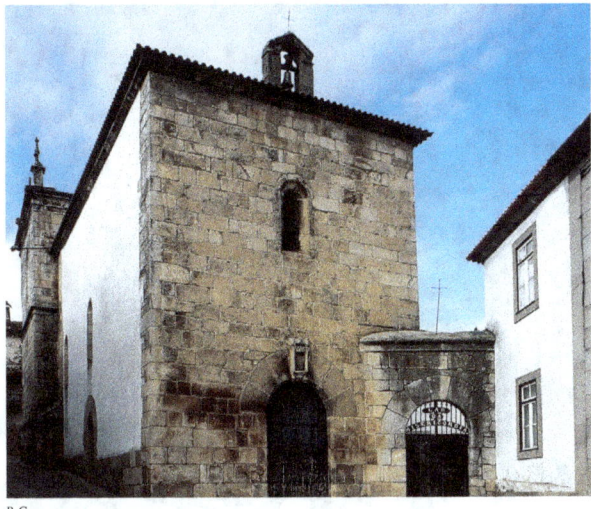

Iglesia de la Misericordia, Freixo de Espada à Cinta.

VII.4.d Iglesia de la Misericordia

En la misma plaza que la iglesia matriz. Catalogada como Inmueble de Interés Público.
Para visitarla, ponerse en contacto con la Santa Casa de la Misericordia, tel. 279 653016.

La iglesia de la Misericordia es uno de los mejores ejemplos de la persistencia del gótico tardío durante la segunda mitad del siglo XVI, con una tipología que había cristalizado en plena época manuelina. Posee un cuerpo simple, con la fachada orientada a la plaza, una gran puerta sencilla de dovelas anchas a la manera castellana y una capilla mayor abovedada. No obstante, la documentación es clara y demuestra que este hermoso ejemplo de nervios curvos y gruesos no se concluyó hasta 1555. Las claves son preciosas, ya de corte renacentista, con motivos meramente decorativos o heráldicos.

EL *LIVRO DAS FORTALEZAS* DE DUARTE D'ARMAS

Pedro Dias

Duarte D'Armas, livro das Fortalezas, *Chaves, detalle, s. XVI.*

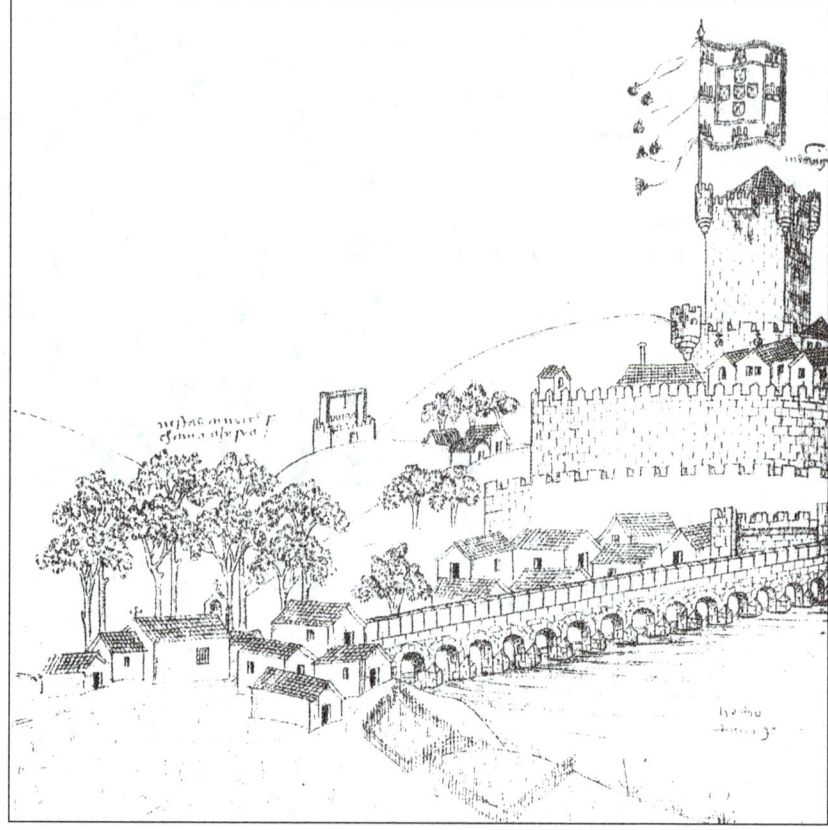

Duarte D'Armas era un escudero de la casa del rey D. Manuel I que tenía gran talento para el dibujo y por ello fue empleado en campañas sistemáticas de dibujos de vistas de pueblos y hasta en levantamientos topográficos e hidrográficos de tierras de ultramar, por lo menos de Marruecos y las Azores. Su fama mereció incluso que el cronista João de Barros hablara de él en su *Crónica de D. Manuel*. Una de sus principales tareas fue levantar el plano de las fortalezas de la frontera y condensar esa información en un libro, al que llamó simplemente *Livro das Fortalezas*, del que se conservan dos ejemplares, uno en el Instituto de Archivos Nacionales / Torre do Tombo de Lisboa y otro en la Biblioteca Nacional de Madrid, conocidos como códice A y códice B, respectivamente. En el códice A hay 110 mapas panorámicos de ciudades y 51 plantas de castillos situados entre Castro Marim y Caminha, y se incluyen también dos villas no fronterizas, Sintra y Barcelos. En este ejemplar el dibujo es más pormenorizado y rico en información que en el códice B, en el que solo hay 57 vistas de 29 fortalezas. Hay que señalar también que el dibujante se representó a sí mismo varias veces en ese viaje que hizo en 1509 y del cual resultó el más perfecto y completo retrato del Portugal rural manuelino.

El pedrero
"El pedrero de Douro pone en su trabajo delectación, se esmera en ser perfecto en el acabado, amontonando piedra sobre piedra como si compusiera un mosaico, esta pizarra que nada más lavada por las primeras lluvias adquiere reflejos metálicos, desde el color caliente del cobre a las tonalidades selénicas de la plata. Estas superficies se extienden kilómetros y kilómetros, sucediéndose unas a otras como olas de un mar empedernido, compuestas siempre con el mismo gusto pero no por eso menos deslumbrantes en la continua uniformidad de su tejeduría, como la belleza de un paño que va repitiendo incesantemente el mismo motivo de color y dibujo, inalterable mas perfecto.
A las necesidades funcionales une el artista el complicado deleite de componer tan vastos lienzos de muralla, con primores de manos hábiles, sensibles, enamoradas, perfectamente conocedoras de los secretos de la piedra. Ya en la manera en que se ajusta, sin la prisión de una argamasa, amontonando laja sobre laja, con el amparo y la seguridad del guijo que la calza, él da evidentes muestras de apreciar los valores y recursos de la materia prima con que trabaja. Pero al escogerla, en la más fina composición y gradaciones del color, ahí, a veces, alcanza manchas verdaderamente encantadoras, de suaves tonalidades, en las que denota su gusto de artista. Se hace patente la complacencia y al mismo tiempo la conciencia del obrero en el respeto conmovedor a la materia con que labra y sobre todo en la ejemplar devoción del oficio. Son lecciones admirables, estos muros, en la humildad y simpleza de su fábrica, y también en el encantamiento de quien siente el orgullo del arte, por más primitivo y rústico que sea. En todo el trabajo el hombre se proyecta, en la pasión o en el desprecio de los sentimientos que lo animan. (...)
La mano amorosa que la trabaja, pese a que la sepa magra en posibilidades, siente que de algún modo la puede realzar en su hermosura. Compone entonces la albañilería como en los telares de las tierras interiores se componen mantas de andrajos, sea al levantar las paredes de la casa, al colocar el tranquero de la puerta o la ventana o al erguir los muros de los socalces; son como vastos tapices de color natural, de un oscuro intenso aquí, a veces desvaído hacia tonos amarillos, otros con venas cenicientas, o hasta de un azul raro, extraño y sorprendente."

Manuel Mendes, Roteiro Sentimental: Douro, *Lisboa, 1964.*

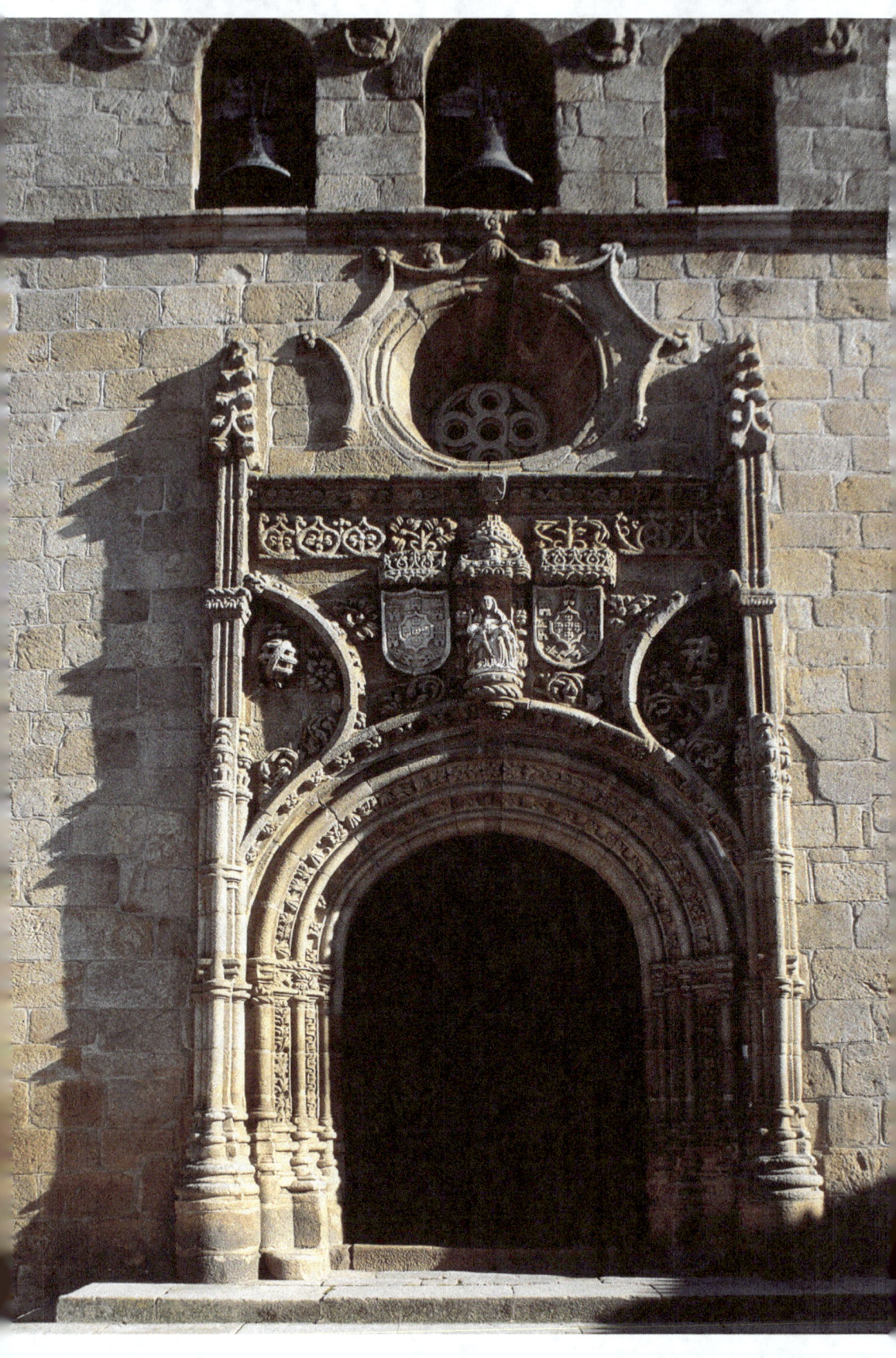

RECORRIDO VIII

Iglesias y castillos de la Raya

Pedro Dias, Dalila Rodrigues,
Nuno Vassallo e Silva, Fernando Grilo

Primer día

VIII.1 TORRE DE MONCORVO
    VIII.1.a Tríptico flamenco de la iglesia matriz

VIII.2 VILA NOVA DE FOZ CÔA
    VIII.2.a Nuestra Señora del Llanto, iglesia matriz
    VIII.2.b Pelourinho

VIII.3 LONGROIVA
    VIII.3.a Castillo
    VIII.3.b Pelourinho

VIII.4 MARIALVA
    VIII.4.a Castillo
    VIII.4.b Pelourinho

VIII.5 CELORICO DA BEIRA (opción)
    VIII.5.a Castillo

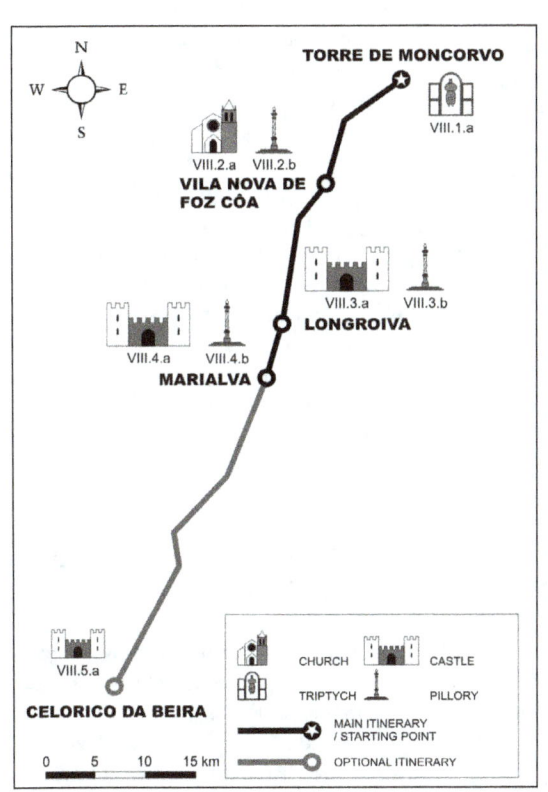

Iglesia matriz, puerta principal, Vila Nova de Foz Côa.

La Raya (Raia) es como vulgarmente se conoce la región situada a lo largo de la frontera de las regiones de Douro y Beira contiguas a las tierras de las antiguas León y Castilla la Vieja, llegando en su límite meridional al norte de la Extremadura española.

Lejos de la costa y de las principales ciudades del reino, todas ellas localizadas en el litoral, vivió periodos de gran depresión y quedó casi desierta después de la reconquista cristiana. Fue difícil fijar allí pueblos, pues la vida era dura, el clima áspero y al otro lado de la frontera tampoco había centros de atracción suficientes, al contrario de lo que ocurría con las aldeas de la margen izquierda del Miño y hasta más allá de los valles de Miranda do Douro. Solo tras la mucha insistencia de la Corona, particularmente en tiempos de D. Sancho I, fue cuando comenzaron a desplazarse hacia aquí algunos colonos, pero casi todos presos que trocaban la cárcel por una libertad dura y esforzada. Pero los tiempos cambiaron. Los negocios con Castilla comenzaron a prosperar, aumentó la urbanización y, a finales de la Edad Media, algunas de estas villas, hoy ciudades, tenían ya un notable movimiento, gente y una actividad económica importante basada en la agricultura, el pastoreo y la artesanía. El rey fundó también notables castillos, sobre todo después de las tres guerras fernandinas y de la crisis dinástica de 1383-85. Fue también una zona escogida por muchas familias judías, que formaron aquí numerosas comunidades a salvo de la intolerancia vigente en las villas del litoral e incluso en ciudades como Lisboa y Coimbra.

Restringidos a su zona norte, delimitada por Torre de Moncorvo y Guarda, son muchos los vestigios artísticos de la época de los descubrimientos, desde barrios enteros, como en Guarda, donde sobresale también la Catedral erigida por los hijos del maestro de las obras reales de Batalha, hasta castillos medievales profundamente reformados en época de D. Manuel I, como los de Castelo Rodrigo y Pinhel. Esta tierra de granito duro y brillante ora guarda ora muestra tesoros que van desde la pintura regional o lisboeta hasta las hermosas esculturas de Flandes y de Coimbra, las tumbas con estatuas yacentes, los *pelourinhos* y los puentes de origen romano entonces renovados.

Las obras de carácter local, o hasta popular, se mezclan con otras más eruditas que seguramente se pueden atribuir a muchos de los mejores artistas que trabajaban en el reino en esos años de finales del siglo XV y principios del XVI.

Si pensamos que es también aquí donde se halla el mayor santuario de arte prehistórico del país, en el valle de Côa, resulta fácil concluir que estamos en una de las zonas más ricas del país, donde tampoco faltan iglesias románicas tardías como la de Mileu, en Guarda, o góticas, como el imponente convento cisterciense de Santa María de Aguiar.

VIII.I TORRE DE MONCORVO

La actual población de Torre de Moncorvo tuvo su origen en un poblado que data, por lo menos, de los inicios de la nación, pero es indudable que tanto aquí como en los alrededores existían antes poblaciones de cierto relieve, sobre todo Santa Cruz, germen de la villa moderna. Su importancia a finales del siglo XIII era evidente, lo que llevó a D. Dinis a concederle un nuevo fuero en 1285. Su primer fuero, de 1062, fue confirmado por D. Afonso Henriques entre 1128 y 1140. En 1512, D. Manuel I le otorgó un nuevo estatuto foral.

En años sucesivos, el desarrollo de la villa se debió fundamentalmente al cultivo de lino y cereales, y también a la minería del hierro. No obstante, dada su situación en la red viaria regional, el comercio fue el tercer pie de estas trébedes. No es extraño, entonces, que D. João I le concediese una feria franca en 1385.

En la época manuelina se desarrolló aquí una cordelería que proveyó a muchas de las embarcaciones de los descubrimientos y la expansión ultramarina, y las viviendas hacía tiempo que habían sobrepasado los muros de la muralla medieval, alcanzando en 1527 los 300 hogares.

VIII.1.a Tríptico flamenco de la iglesia matriz

Nuestra Señora de la Asunción, iglesia matriz de Torre de Moncorvo, está situada en el Largo General Claudino e Dr. Balbino Rêgo. Catalogada como Monumento Nacional. Información: Oficina de Turismo, tel. 800 252289.
Horario: de 9 a 12 y de 14 a 17:30; lunes y martes por la mañana cerrada.

En la notable iglesia matriz de Moncorvo, una de las más imponentes del manierismo portugués, entre otros motivos de interés vinculados a la propia arquitectura del edificio y su decoración, encontra-

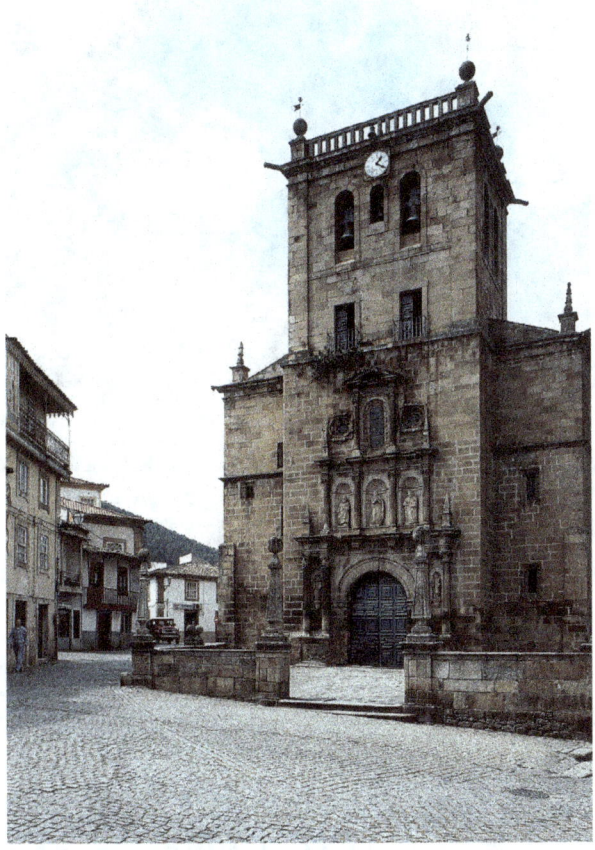

Iglesia matriz de Torre de Moncorvo.

mos un notable retablo flamenco importado de Amberes, que puede fecharse hacia 1520. La presencia de la marca demostrativa del origen —dos manos y la torre— grabada en el reverso no deja lugar a dudas. Este notable tríptico que representa a la familia de Santa Ana debió de pertenecer al oratorio privado de algún miembro de la nobleza local. Las imágenes son de excelente calidad, pequeñas pero bien dispuestas y con la tipología tradicional de este tipo de obras; es de desta-

Nuestra Señora del Llanto, iglesia matriz de Vila Nova de Foz Côa.

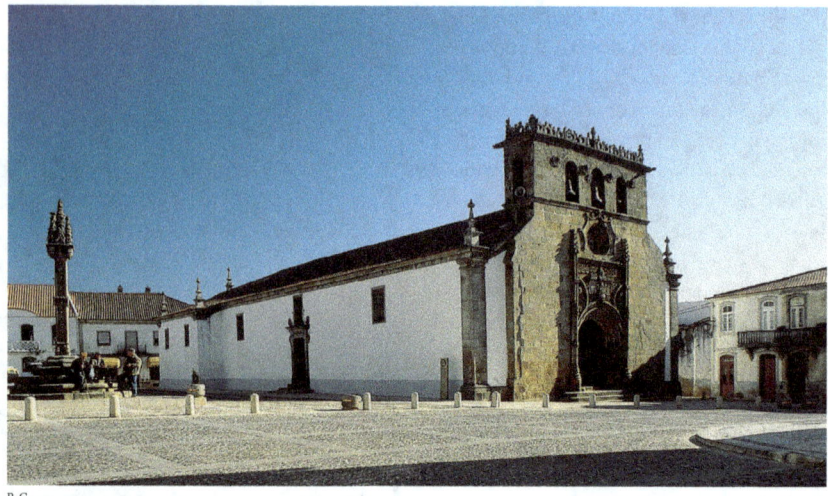

R.C.

car igualmente la policromía rica y cuidadosa que maravillaba al hombre del Quinientos y que todavía produce una poderosa empatía en el observador.

Para ir a Vila Nova de Foz Côa, retomar la N220, pero ahora en sentido Barragem do Pocinho. Al llegar a la N102, torcer a la izquierda y seguirla. Después de atravesar el Duero, Vila Nova de Foz Côa quedará a 7 km.

VIII.2 **VILA NOVA DE FOZ CÔA**

La vida urbana empezó de manera efectiva en el lugar donde hoy está situada Vila Nova de Foz Côa durante el reinado de D. Dinis, el monarca que con un fuero dio a la villa autonomía municipal en 1299. Fue la adquisición definitiva de este territorio a la Corona de Castilla lo que potenció su desarrollo, con el asentamiento de población venida de otros lugares, la construcción de castillos y la reorganización administrativa y eclesiástica. Hay que reseñar que aquí se estableció una importante y activa comunidad judía, verdadera palanca del desarrollo de esta área del país. Se instalaron en el barrio del castillo, que más tarde pasó a conocerse como Judiaria ("judería").

Una de las actividades ligadas a la vida del mar, pese a la lejanía de la costa, fue la cordelería. A fines del primer cuarto del siglo XVI, Foz Côa tenía 44 familias viviendo intramuros y 108 extramuros. La muralla que entonces delimitaba y definía la red urbana se destruyó en el siglo XIX, con lo que se borraron los más notables testimonios materiales de la Edad Media y la época manuelina.

VIII.2.a **Nuestra Señora del Llanto, iglesia matriz**

Largo do Município, tel. 279 762226. Catalogada como Monumento Nacional.

Horario: *todos los días de 8 a 17 en invierno y hasta las 21 en verano.*

La construcción de principios del siglo XVI fue profundamente reformada en épocas siguientes, y de aquel tiempo no se conserva más que la portada. Nótese que esta tiene una fuerte influencia del arte constructor castellano, manifiesto particularmente en la espadaña con tres vanos para albergar las campanas y una guirnalda ya renacentista. Típica de nuestra manera de hacer —nos referimos a la manera manuelina— es la puerta, de tendencia naturalista, con pequeñas columnas laterales enmarcando las *arquivoltas* y su remate, donde están las armas reales y la esfera armilar.

VIII.2.b Pelourinho

Junto a la iglesia matriz, en el Largo do Município. Catalogado como Monumento Nacional.

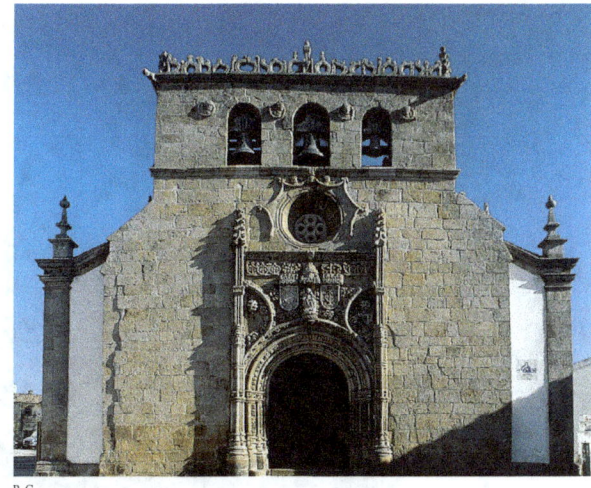

R.C.

El *pelourinho* de Foz Côa es uno de los más vistosos y monumentales de toda la región, con un pilar cuadrangular que se asienta sobre un podio de cuatro escalones, todo coronado por la piña en forma de jaula sobre la que se alza una cruz. Si

Nuestra Señora del Llanto, iglesia matriz, fachada principal, Vila Nova de Foz Côa.

R.C.

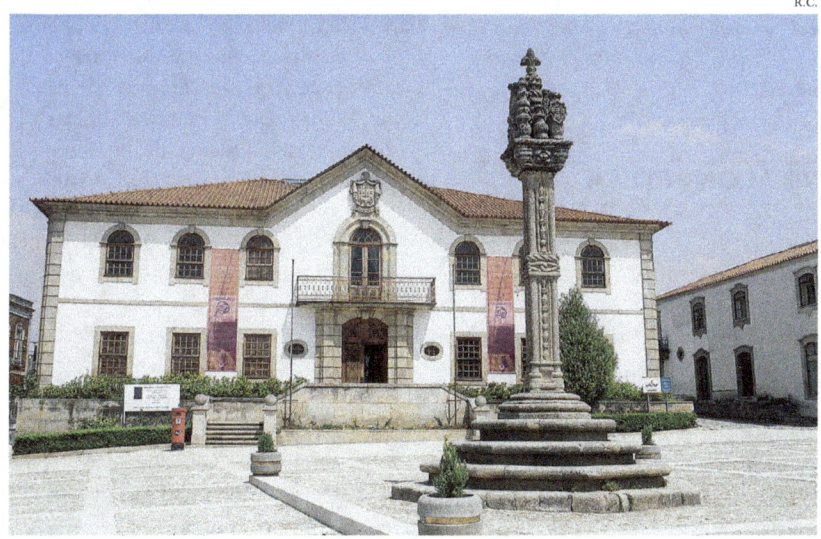

"Pelourinho" de Vila Nova de Foz Côa.

Castillo de Longroiva.

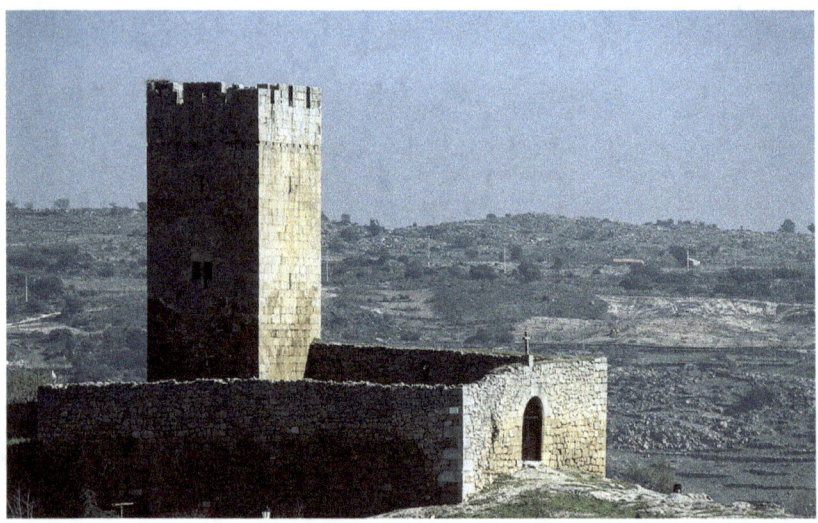

la estructura de carácter arquitectónico impresiona, no menos importante es la decoración voluminosa y de talle grueso, gemela de la que se ve en la puerta de la iglesia matriz.

Para ir a Longroiva, volver a la N102 y seguirla en sentido Celorico da Beira. Pasados 12 km hay un desvío para la N331; seguir esta carretera hasta Longroiva.

VIII.3 **LONGROIVA**

VIII.3.a **Castillo**

Catalogado como Monumento Nacional. Información: Ayuntamiento, tel. 279 883525. Horario: puede visitarse a cualquier hora.

El Castillo de Longroiva es una pequeña fortificación encaramada a un cerro bien situado para dominar los alrededores; su aspecto actual se debe a las obras de reconstrucción llevadas a cabo a principios del siglo XVI, particularmente después de 1510. Como era sede de una encomienda de la Orden de Cristo, D. Manuel I ordenó que se reparase, quedando entonces con una torre del homenaje cuadrada, que también servía de residencia al comendador cuando estaba allí, y una pequeña muralla. Gracias a la documentación manuelina ha sido posible hacer una reconstrucción hipotética. Su primitiva torre había sido edificada por los templarios, muy probablemente en 1170. Junto a esta, extramuros, creció la aldea.

VIII.3.b **Pelourinho**

En el centro de Longroiva, frente a la Capilla de San Pedro. Catalogado como Inmueble de Interés Público.

De época manuelina quedan además en Longroiva un *pelourinho* muy sencillo, constituido únicamente por una columna y una piña con las armas de D. Manuel I, y el arco de entrada de la iglesia parroquial, de tradición gótica, simplemente achaflanado y de dibujo ojival.

Para ir a Marialva retomar la N102, de nuevo en sentido Celorico da Beira. Pasados 7,5 km, torcer a la izquierda para coger la N324. Marialva queda a 3 km.

VIII.4 MARIALVA

VIII.4.a Castillo

Catalogado como Monumento Nacional. Información: Oficina de Turismo, tel. 279 858020. Horario: cualquier hora del día.

El Castillo de Marialva se remonta al siglo XII, sin duda a la época del reinado de D. Afonso Henriques, pues este rey concedió su fuero a la población en 1179. Este fuero fue renovado, como ocurrió con los de todas las demás villas, por D. Manuel I en el año 1512. Sin embargo, en el lugar ya existía un castro romanizado, cuya actividad en los siglos siguientes es todavía una incógnita. Con todo, como estaba en la zona de frontera portuguesa anterior al Tratado de Paz de Alcañices, firmado el 12 de septiembre de 1297, desempeñó un papel relevante como primera línea defensiva.

La muralla conservada ocupa un espacio considerable; aprovecha las eleva-

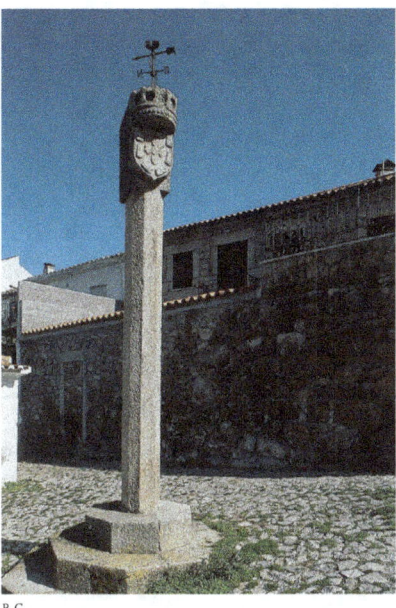

"Pelourinho" de Longroiva.

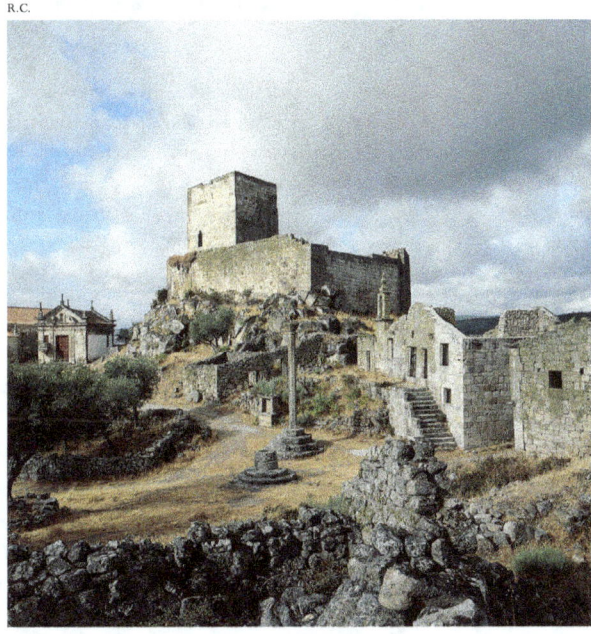

Castillo y "pelourinho" de Marialva.

R.C.

R.C.

ciones de los montes, las *cortinas* son de altura irregular para permitir la creación de un adarve bastante ancho y el levantamiento de almenas. Hay dos puertas, la del Anjo da Guarda (Ángel de la Guardia) y la del Monte, unidas por una calzada, y dos postigos que permitían la salida rápida al campo. La alcazaba y las cuatro torres principales están en ruinas; a finales del siglo XV se hizo la última gran reforma, que creemos se prolongó durante el periodo manuelino.

Dentro de la muralla pueden verse los restos de las antiguas casas, la cisterna, el *pelourinho* y dos iglesias del siglo XVIII.

VIII.4.b **Pelourinho**

Dentro del recinto del castillo. Catalogado como Inmueble de Interés Público.

Este es otro de los elementos manuelinos que se conservan en Marialva. Tiene una columna octogonal sobre un pedestal de cuatro escalones y la piña es del tipo jaula, pero con componentes arquitectónicos mucho menos desarrollados de lo habitual en los *pelourinhos* de las villas vecinas.

Para visitar Celorico, retomar la N102 en dirección sur. Para ir a Guarda, pasar Celorico; 4 km más adelante tomar la IP5.

VIII.5 **CELORICO DA BEIRA**
(opción)

VIII.5.a **Castillo**

Catalogado como Monumento Nacional. Información: Ayuntamiento, tel. 271 742105.

El castillo, ubicado en lugar dominante, ya existía en el siglo XII y fue reformado con posterioridad: a finales del siglo XIII, a instancias de D. Dinis, y en la época manuelina, reforma esta que le dio su forma definitiva.

Se conservan una gran torre de planta cuadrangular que no es la primitiva torre del homenaje, otras torres menores de refuerzo en las esquinas y el perímetro completo de las murallas, asentadas sobre la elevación más alta de la meseta, de unos 550 m de altitud. La comunicación con la villa se hace a través de dos puertas, una orientada al oeste y la otra al sur.

RECORRIDO VIII

Iglesias y castillos de la Raya

Pedro Dias, Dalila Rodrigues,
Nuno Vassallo e Silva, Fernando Grilo

Segundo día

VIII.6 GUARDA
    VIII.6.a Centro histórico
    VIII.6.b Castillo
    VIII.6.c Catedral

VIII.7 PINHEL
    VIII.7.a Castillo
    VIII.7.b Iglesia de la Misericordia y pelourinho

VIII.8 CASTELO RODRIGO
    VIII.8.a Castillo
    VIII.8.b Nuestra Señora del Reclamador, iglesia matriz, y pelourinho

VIII.9 VILAR TORPIM (opción)
    VIII.9.a Nuestra Señora de los Placeres, iglesia matriz

VIII.10 VILAR FORMOSO (opción)
    VIII.10.a San Juan Bautista, iglesia matriz

Techos mudéjares

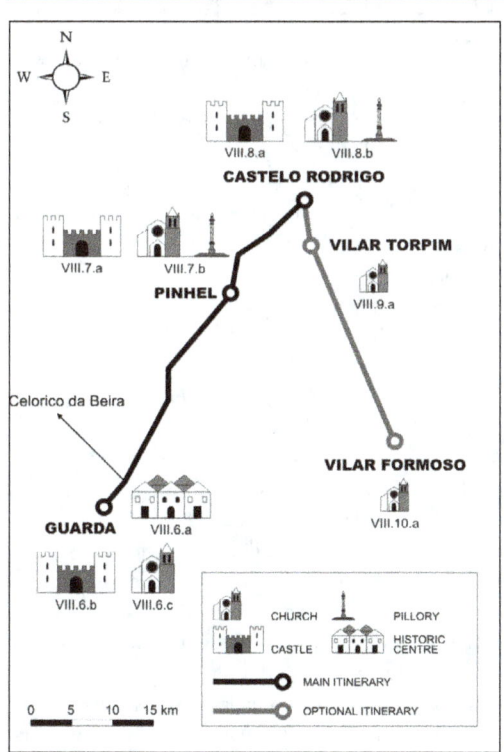

RECORRIDO VIII *Iglesias y castillos de la Raya*
Guarda

Vista general del centro histórico con la Catedral, Guarda.

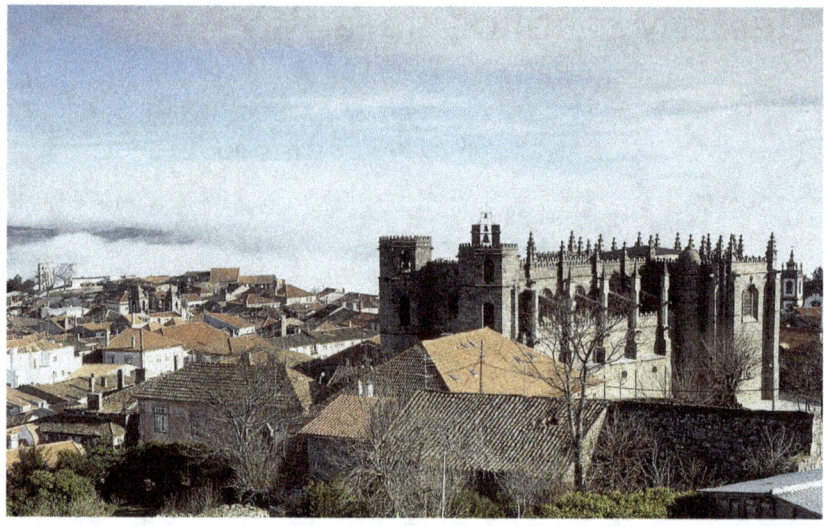

VIII.6 GUARDA

El origen de la ciudad moderna estuvo en la política de D. Sancho I de fortalecer la frontera oriental del reino, dotándola de población y castillos que formaran una línea clara de separación con León y Castilla. Dentro de la reorganización de este territorio, muy poco poblado, creó nuevas villas, una de ellas en lo alto de la meseta donde hoy se encuentra el casco urbano antiguo, y, sobre todo, hacia 1203 trasladó aquí la sede diocesana de Idanha-a-Velha.

Guarda pasó a ser la más importante población portuguesa fronteriza entre el Duero y el Tajo: tenía una considerable guarnición militar y desempeñaba asimismo la función de polo de desarrollo económico, mayormente comercial. Su situación, en el corredor de comunicación entre Portugal y Castilla, le ocasionó varios asedios y combates en épocas de conflicto, los mayores en tiempos de las luchas que llevaron al trono a D. João I en 1385.

Como ciudad episcopal, la acción de los prelados siempre era relevante, y el nombramiento de Pedro Gavião para el cargo de obispo en 1496 fue la causa de mejoras efectivas.

VIII.6.a Centro histórico

Información: Oficina de Turismo, tel. 271 205530.

La zona poblada más antigua de Guarda queda en una pequeña meseta que a fines de la Edad Media estaba bien delimitada por un perímetro amurallado casi circular. Las calles no estaban organizadas racionalmente, sino que se fueron acomodando a la naturaleza del terreno y, sobre todo, a la orientación de las puertas que comunicaban con el exterior, creemos que cinco en el periodo medieval. Son calles estrechas, sinuosas, donde hay algunas casas manuelinas y tal vez anteriores, como en la Rua Direita y en la Rua dos Clérigos. Dentro de la muralla se encontraba también el castillo, en un sitio dominante, pero la línea más clara de tránsito era la citada Rua Direita, que unía las puertas más apartadas, la Porta da Covilhã y la Porta dos Curros. Otro punto urbano congregador era la Catedral, que tenía también funciones parroquiales y de iglesia matriz, y en cuya plaza se encontraba y se encuentra la Casa Consistorial, edificio asimismo de raíz manuelina. A este templo se añadían además dos iglesias parroquiales, centros naturales aglutinadores de comunidades.

Y si hablamos de parroquias y de la comunidad cristiana, no es posible olvidar que aquí vivió también hasta la época manuelina una importante comunidad judía —cuyo "barrio" tenía puertas, como decidió D. Pedro I— que se mantuvo después de la conversión oficial en 1498.

Extramuros quedaban los arrabales, de los cuales el mayor en época manuelina estaba a los lados de la Porta dos Ferreiros, donde quedaban las parroquias de San Pedro y de San Nicolás, y el convento de los padres franciscanos.

Aquí era donde se realizaba la importantísima feria anual, que duraba dos semanas y que se había creado mediante diploma real en 1255.

VIII.6.b Castillo

Catalogado como Monumento Nacional. Información: Ayuntamiento, tel. 271 220220, u Oficina de Turismo, 271 205530.

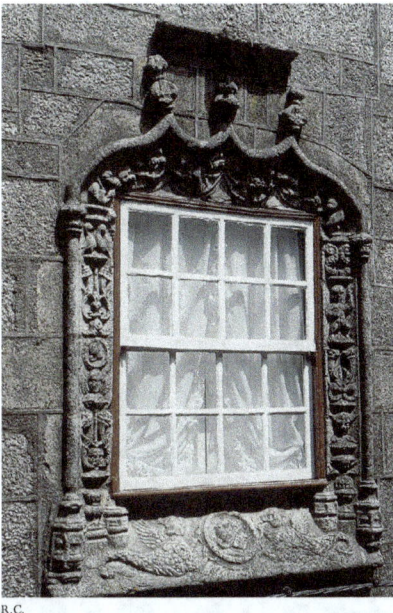

Centro histórico, ventana manuelina, Guarda.

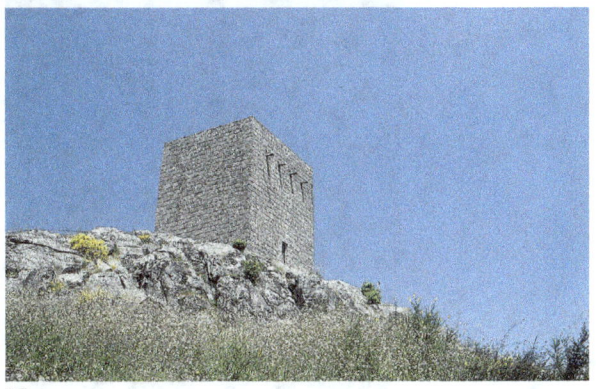

Castillo, torre del homenaje, Guarda.

Del Castillo de Guarda, tal como llegó al reinado de don Manuel, se conservan torres de la muralla, la torre del homenaje, puertas y pequeños tramos de muro. Comenzado por D. Sancho I en los últimos años del siglo XII, por entonces debía de estar formado únicamente por el núcleo

RECORRIDO VIII Iglesias y castillos de la Raya
Guarda

Catedral, aspecto general, Guarda.

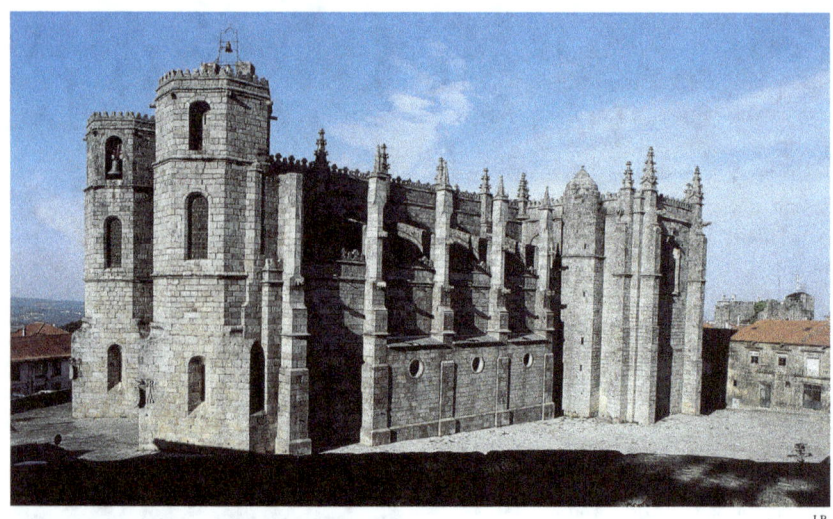

Catedral, puerta, Guarda.

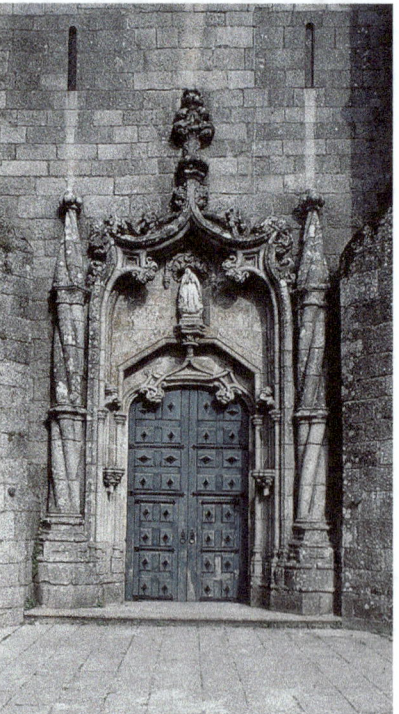

del castillo propiamente dicho, intramuros, donde hoy queda la poderosa torre principal, la del homenaje, aunque aislada. En tiempos de D. Dinis, es decir un siglo después de su fundación, se hicieron obras de ampliación, al igual que con D. Fernando. En las luchas de 1383 a 1385 las murallas se resintieron bastante, por lo que D. João I tuvo que decidir rápidamente su última gran reforma medieval.

Los elementos más imponentes que todavía pueden verse son las torres, como la de los Ferreiros y la Torre Velha, y puertas como la de Erva, la D'el-Rei y la de los Ferreiros, junto a la poderosa torre homónima de clara traza manuelina.

VIII.6.c Catedral

Praça Luís de Camões, también conocida como Praça Velha, tel. 271 211231. Catalogada como Monumento Nacional.

RECORRIDO VIII *Iglesias y castillos de la Raya*
Guarda

Horario: de 9 a 12:30 y de 14 a 17; la misa es de 9 a 10; lunes, el último fin de semana de cada mes, Año Nuevo, Domingo de Pascua, 1 de mayo y Navidad cerrada.

El edificio que ha perdurado hasta nuestros días se empezó a construir ya a finales del siglo XIV, entre 1392 y 1397, pero esa obra, en la línea de nuestro gótico tradicional, no llegó más allá de la cabecera y el transepto; en 1504 se reanudó la obra, que esta vez le daría su forma definitiva. Entre este último año y 1517, los hermanos Pêro y Filipe Henriques, hijos del maestro de las obras reales de Batalha Mateus Fernandes, llevaron a cabo tres campañas sucesivas, durante las cuales levantaron lo que faltaba de las paredes laterales, la portada y los pilares, y cubrieron todo el cuerpo con una poderosa bóveda. La obra fue patrocinada por el obispo Pedro Gavião, cuyas armas pueden admirarse en la portada y en otras partes del edificio.

Se trata de una iglesia pesada, fuerte, con dos torres octogonales en la fachada, donde se abre una puerta ornada con elementos naturalistas. A los lados pueden verse los arbotantes que sustentan las bóvedas. En el interior, el cuerpo posee tres naves de altura desigual, separadas por arquerías de tradición trecentista sobre pilares cruciformes. El transepto es saliente y remata el cuerpo de cinco tramos; las bóvedas son de crucería, con nervios gruesos y perfil redondeado. En cuanto a la cabecera, es triple, con la capilla mayor mucho más saliente que las laterales.

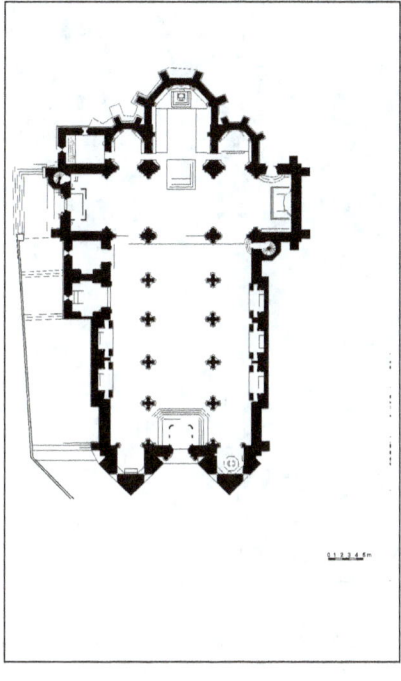

Catedral de Guarda, planta, Boletim da Direccção-Geral dos Edifícios e Monumentos Nacionais, n.º 88.0

Especial atención merece la capilla funeraria de João de Pina que se abre en el lado izquierdo, junto al transepto, con una puerta de estilo renacentista pero de estructura todavía tardogótica de tradición manuelina. En ella está la tumba del que fuera protonotario apostólico y capellán real, además de tesorero de esta catedral, en un *edículo* del mismo estilo y época que alberga su estatua yaciente.

Salir de Guarda por la N221. Unos 3 km después del cruce con la N226 hay un desvío para Pinhel.

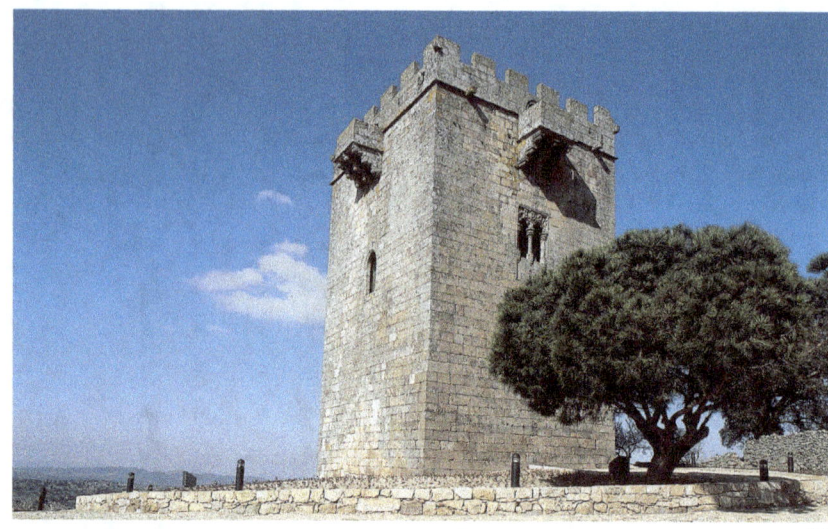

Castillo, torre del homenaje, Pinhel.

VIII.7 PINHEL

La ciudad de Pinhel nació por el mismo motivo que Guarda, a consecuencia de las acciones de D. Sancho I para la demarcación de la frontera con León y Castilla, a finales del siglo XII. Su primer fuero data de 1209, lo que prueba que tenía, si bien incipiente, bastante actividad social para merecer esta distinción y la legislación básica para su futuro desarrollo. Fue fundamental en este proceso la instauración aquí de la Ley de los Sexmos por parte de D. Fernando, que creó también una feria anual para atraer comerciantes de toda la región.
En 1510, D. Manuel I le otorgó a Pinhel un nuevo fuero.

VIII.7.a Castillo

Entrada por la Rua de Santa Maria. Catalogado como Monumento Nacional. Información: Ayuntamiento, tel. 271 410000.

El castillo primitivo se remontaba al tiempo de la fundación de la villa, principios del siglo XII, pero lo que hoy se conserva

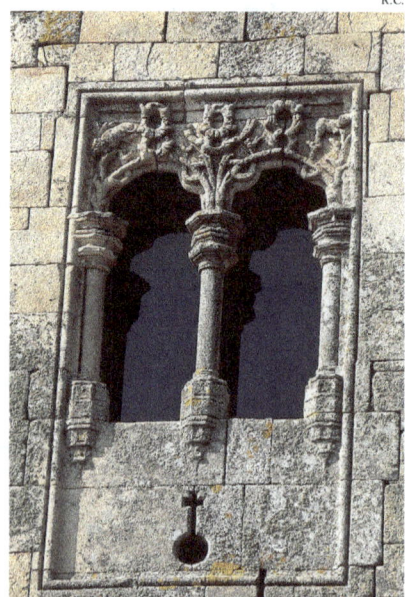

Castillo, ventana manuelina, Pinhel.

son vestigios bastante posteriores, fruto de obras de consolidación y mejora manuelinas sobre las estructuras de los siglos XIV y XV.

En la poderosa torre del homenaje, de planta cuadrangular y puerta de entrada alta, al nivel del primer piso, al que se llegaba por una escalera retráctil, se ve la más bella de las ventanas manuelinas de Beira, saliente, de doble vano, con columnitas de tradición cuatrocentista pero *arquivoltas* naturalistas de ramaje. En el saledizo se abre una tronera con cruceta, más ornamental que funcional. Se aprecia aún el espacio ocupado por el castillo, que tenía otras torres además de las dos supervivientes y que estaba comunicado con la muralla más baja.

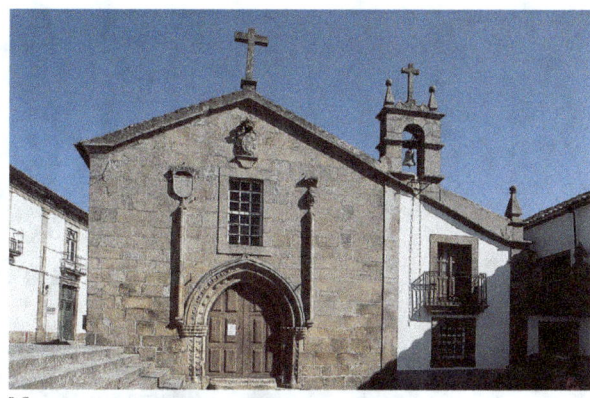

Iglesia de la Misericordia, Pinhel.

VIII.7.b Iglesia de la Misericordia y pelourinho

Praça Sacadura Cabral. La iglesia está catalogada como Inmueble de Interés Público y el pelourinho, como Monumento Nacional.

De fundación manuelina, la Misericordia tenía su iglesia privada, de cuya primera época ha quedado solo la fachada, muy sencilla, y la estructura general del cuerpo del edificio. La puerta es de trazado ojival, con intercolumnios decorados con elementos vegetales.

Al salir de la iglesia, en la misma plaza, se encuentra el *pelourinho* manuelino de Pinhel. Es bastante simple, con una base de solo dos escalones y un fuste ocha-vado que sustenta la piña estriada del tipo jaula y decorada con rosetas en la base.

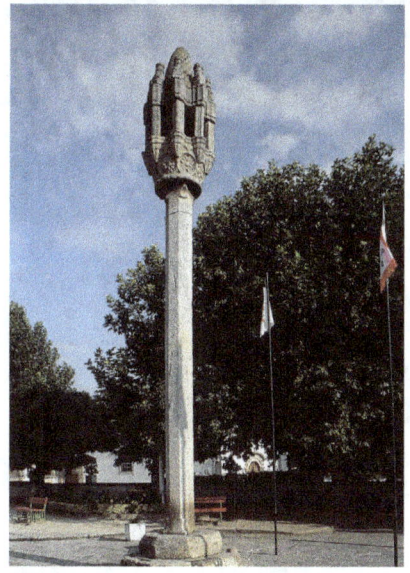

"Pelourinho" de Pinhel.

Tomar la N221 en sentido Figueira de Castelo Rodrigo. Después del cruce con la N332, a la derecha hay un desvío para Castelo Rodrigo.

Castillo y pueblo de Castelo Rodrigo.

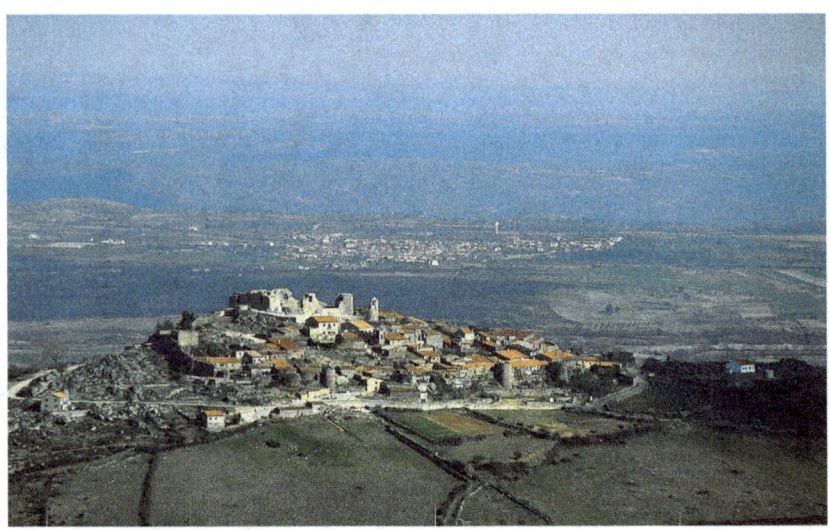

VIII.8 CASTELO RODRIGO

Población típica de zona fronteriza, situada encima de un cerro, tuvo fortificaciones desde por lo menos el siglo XII. Se incorporó a la Corona portuguesa en tiempos de D. Dinis y fue cobrando cada vez mayor importancia, hasta la gran reforma manuelina, que confirió a su zona histórica el cuño que todavía conserva. D. Manuel I le otorgó su fuero en 1508.

VIII.8.a Castillo

A 1 km de la villa. Catalogado como Monumento Nacional. Información: Ayuntamiento, tel. 271 319000.
Horario: se puede visitar a cualquier hora.

El primer castillo portugués se construyó aquí, a instancias de D. Dinis, en los años de transición del siglo XIII al XIV, pero por aquel entonces no debía de ser más que un bastión en lo alto del cerro. En el *Livro das Fortalezas* de Duarte D'Armas se ve bien esta construcción, diferenciada de la muralla, más baja, que rodeaba el caserío de la villa. En los dibujos se aprecia también que las *cortinas* estaban en mal estado, sobre todo en el lado sur, más tarde rehecho. En el lado norte había ya una *coracha* baja con troneras.
A pesar de las destrucciones de que fue objeto, incluso en fechas tan tardías como principios del siglo XIX, todavía se conservan grandes partes de los muros manuelinos, marcados por las fuertes torres redondas.

VIII.8.b Nuestra Señora del Reclamador, iglesia matriz, y pelourinho

Largo da Igreja. Para visitar el interior, ponerse en contacto con el presidente de la Junta

RECORRIDO VIII   *Iglesias y castillos de la Raya*
Castelo Rodrigo

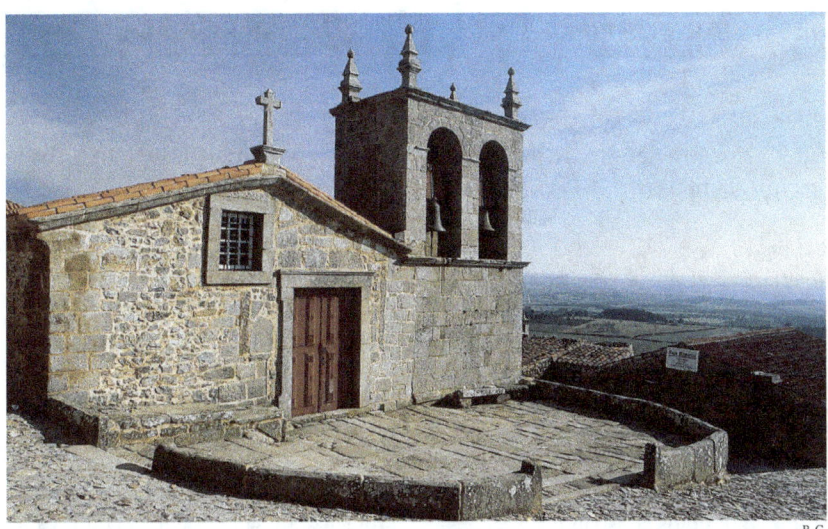

Nuestra Señora del Reclamador, iglesia matriz de Castelo Rodrigo.

Parroquial (Junta de Freguesia), tel. 271 312642. Catalogada como Inmueble de Interés Público; el pelourinho es Monumento Nacional.

La iglesia matriz de la antigua villa fue reformada profundamente en los siglos XVII y XVIII, pero mantiene la estructura que tenía en época manuelina. Es larga, baja, con los tradicionales *arcos diafragma*, característicos de este tipo o grupo regional, que forman seis tramos amplios. Destacan también algunas esculturas de tradición flamenca de principios del siglo XVI —tal vez obra del imaginero Arnau de Carvalho—, el grupo del *Calvario* y un excepcional *San Juan Bautista*.
Junto a la fachada posterior de la iglesia está el *pelourinho* manuelino, del tipo jaula con dos pequeñas columnas, sustentado por un pilar octogonal que, a su vez, se alza sobre una base de cinco escalones.

Para visitar Vilar Torpim, retomar la N221 en sentido Pinhel / Guarda. A unos 600 m se encuentra a la izquierda el desvío para la N332. Seguir esta carretera 6 km.

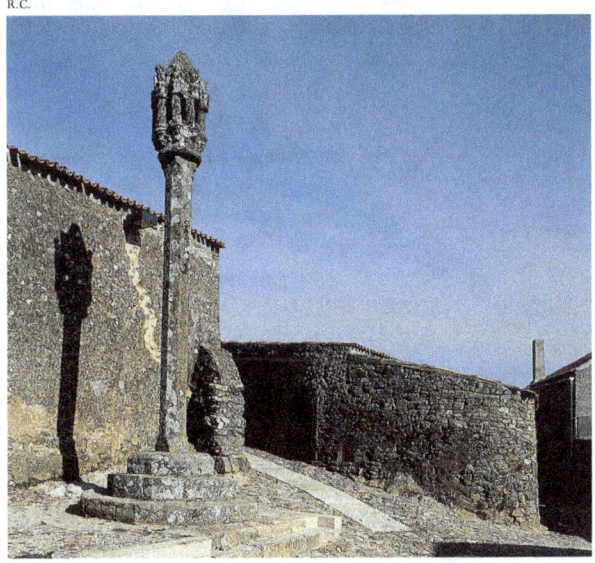

"Pelourinho" de Castelo Rodrigo.

211

VIII.9 **VILAR TORPIM** (opción)

VIII.9.a Nuestra Señora de los Placeres, iglesia matriz

Rua Padre João Mendes Garcia.
Horario: abre para la misa de lunes a viernes a las 20 y los domingos a las 12:30. Para visitarla fuera de estas horas, ponerse en contacto con la Sra. Laurinda, tel. 271 377367, o en su domicilio de la Rua do Meio, o con la Sra. Maria Adelaide en la Rua da Igreja.

Esta iglesia tiene la estructura común al grupo de templos construidos o reconstruidos a principios del siglo XVI, ancha y con una única nave caracterizada por *arcos diafragma*. En el lado izquierdo se abre la capilla funeraria del caballero António de Aguilar, obra tardía pero todavía dentro de la tradición manuelina. Tiene bóveda de nervios y hay una tumba con estatua yaciente de este hidalgo, comendador de la Orden de Cristo. La lápida primitiva del suelo lleva la fecha de 1546. En la capilla mayor se colocó un cuadro del primer Renacimiento que representa a *Nuestra Señora de la Piedad* y perteneció a la capilla funeraria.

Retomar la N332 en sentido Almeida. Pasados 20 km se llega al final de la carretera; allí seguir por la IP5.

VIII.10 **VILAR FORMOSO** (opción)

VIII.10.a San Juan Bautista, iglesia matriz

Largo da Igreja.
Horario: abre para la misa de lunes a viernes a las 18:30 en invierno y a las 19:30 en verano; sábados a las 19 en invierno y a las 20 en verano; domingos a las 11:30. Es posible visitarla fuera de estas horas poniéndose en contacto con el Centro de Acogida, tel. 271 512554.

La iglesia matriz de Vilar Formoso, a semejanza de la de Vilar Torpim, es un ejemplo más del grupo de templos de las villas fronterizas construidos o reconstruidos a principios del siglo XVI. Tiene una sola nave dividida por *arcos diafragma* y es baja y larga. La capilla mayor tiene la originalidad de estar cubierta por un techo *mudéjar* de lacería policromada y sabemos que, décadas atrás, el techo del cuerpo era también así, pero fue destruido en unas obras de reedificación.

TECHOS MUDÉJARES

Pedro Dias

El arte *mudéjar*, tal como lo define la historiografía artística, se caracteriza por la influencia de la estética y la técnica musulmanas en tierra cristiana. Nació, naturalmente, en la España de la Reconquista, pero se extendió a otros territorios como moda adoptada por su brillantez, detallismo, intenso cromatismo y lujo. Así, no extraña ver hoy elementos *mudéjares*, sobre todo obras de carpintería, en zonas altas de Aragón o Trás-os-Montes, pero no deja de causar perplejidad ver inmensos techos de *par y nudillo* y *carpintería de lo blanco* en Bolivia, Colombia y México.

En Portugal, hay un conjunto importante en la región fronteriza de Beira, de clara influencia castellana. Son elementos relativamente modestos, techos o restos de cubiertas, nunca anteriores a finales del siglo XVI pero que denotan un fuerte intercambio entre los dos lados de la frontera en tiempos de D. Manuel I. Basta con recordar las iglesias de Escarigo, Leomil, Castelo Bom, Vilar Formoso, Castelo Mendo, Marmeleiro, Vila do Touro y Sortelha.

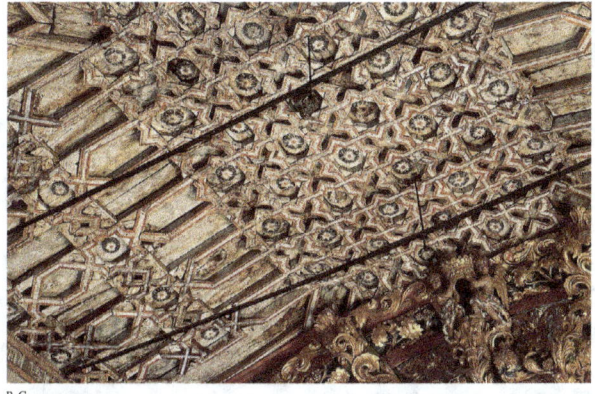

R.C.

Igreja de Escarigo, tecto.

El territorio de Guarda en el siglo XIX
"Su territorio es fértil en maíz, centeno, legumbres, frutas y algún vino; sin embargo, sus extensos pastos, que son magníficos, donde se cría gran cantidad de excelente ganado de diversas especies, constituyen la rama principal de su industria agrícola, y es importantísimo el comercio de exportación de ganado, lanas, quesos y manteca.

También la plantación de moreras se ha desarrollado mucho aquí, y han prosperado la cría del gusano de seda y el hilado de esta, en el que las mujeres se emplean casi exclusivamente; lo cual da ya resultados alentadores, que con el tiempo y el perfeccionamiento vendrán a ser una fuente de prosperidad.

La Serra da Estrela, con sus celebradas lagunas, vistosas cascadas, grutas singulares y roquedos imponentes, hace muy curiosas y pintorescas las cercanías de Guarda.

Hay también en la sierra gran variedad de caza menor y mayor.

El Mondego provee también de bastante pescado."

Pinho Leal, *Portugal Antigo e Moderno*, vol. III, Lisboa, 1871.

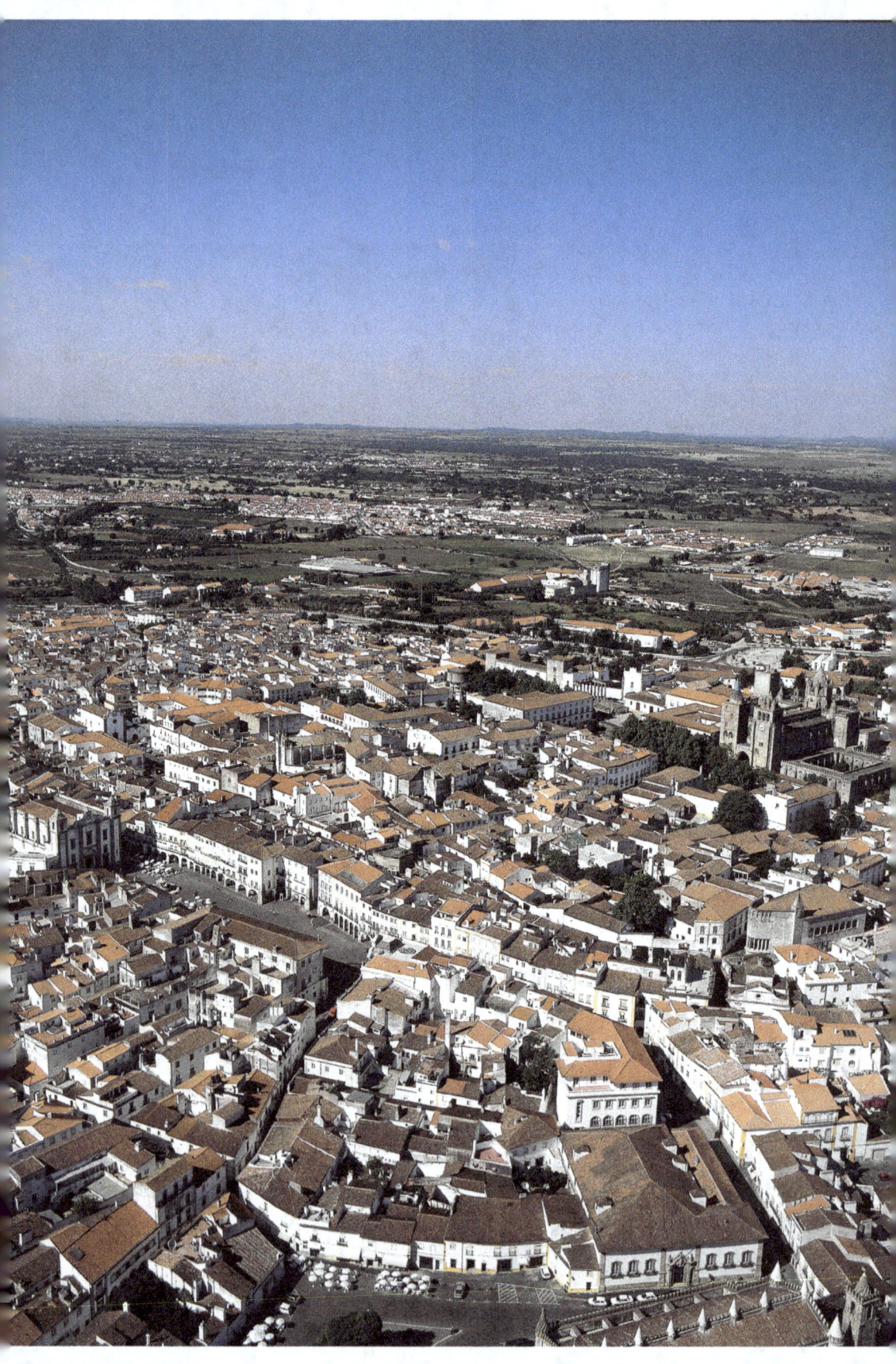

RECORRIDO IX

Évora, ciudad de la corte

Pedro Dias, Dalila Rodrigues,
Nuno Vassallo e Silva, Fernando Grilo

Primer día

IX.1 ÉVORA

    IX.1.a Murallas de la ciudad
    IX.1.b Galería de las Damas del Palacio Real
    IX.1.c Ruinas del Palacio Vimioso
    IX.1.d Iglesia del Convento de San Francisco
    IX.1.e Museo de Arte Sacro de la Catedral
    IX.1.f Museo de Évora
    IX.1.g Convento de Lóios o de San Juan Evangelista
    IX.1.h Convento de San Benito de Cástris (opción)
    IX.1.i Convento de Nuestra Señora de Espinheiro (opción)

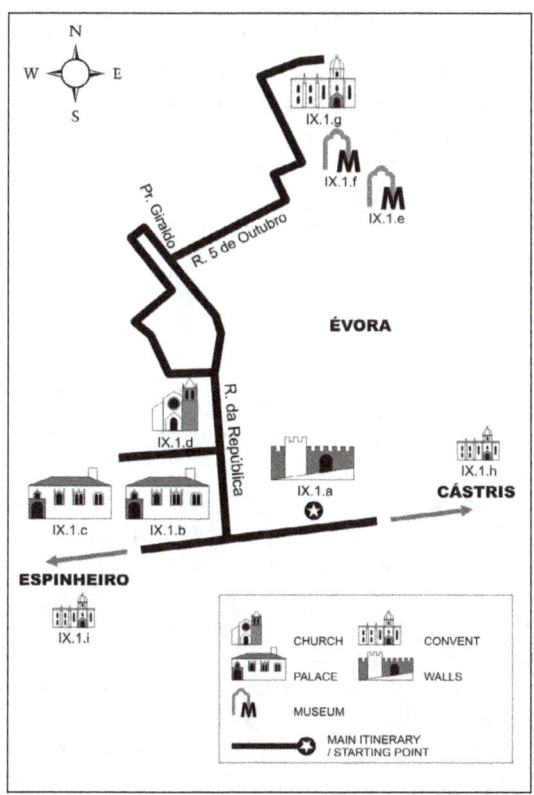

Vista aérea de Évora.

Durante el final de la Edad Media y el principio de la Edad Moderna, periodo que coincide con la época áurea de los descubrimientos y la expansión marítima de los portugueses, la ciudad de Évora vivió un esplendor y un brillo cultural y artístico que la hicieron singular en el panorama portugués y la convirtieron en uno de los principales focos de la cultura europea.

De clima agradable, rodeada de campos fértiles y zonas de excelentes condiciones cinegéticas, los monarcas portugueses de la dinastía de Avis se aficionaron enormemente a la ciudad, como lo prueban los favores que le otorgaron y sus largas estancias en ella. D. João II decidió hacer en la ciudad las fiestas por la boda de su heredero con la hija de los Reyes Católicos, acto que anunciaba la unión ibérica; fueron los mayores festejos conocidos en la Edad Media europea tardía.

Las villas alentejanas en general, y particularmente alrededor de Évora, crecieron gracias a las donaciones a los principales señores del reino y se convirtieron en cabezas de condados, principalmente Arraiolos, Vidigueira y Olivença. Naturalmente, se quiso que allí se asentara población, por lo que se facilitó el cultivo de los campos, se acogió a instituciones religiosas, y los propios señores promovieron la construcción de templos y palacios. La corte, por su lado, no dejó de cumplir con sus obligaciones, principalmente en lo tocante a estructuras viarias y al incremento de los sistemas de defensa.

En Évora y su término se establecieron grandes familias nobles para poder acompañar las constantes visitas de la corte, las de D João II, D. Manuel I y, especialmente, D. João III, que vivió aquí largos años. Querían estar cerca del rey, servirle, beneficiarse de su consideración o amistad, encargar obras de arte o de lujo a los artistas que acudían aquí desde toda Europa. ¿Y qué decir de las obras importadas de Flandes, Italia, España u Oriente? El resultado fue el embellecimiento de la urbe con hermosos palacios, como los de los condes de Sortelha, Basto, Portalegre y Vimioso, y hasta con las bellas casas de Vasco da Gama y la del trágico héroe del *Naufrágio de Sepúlveda* (famosa obra en verso de Jerónimo Corte Real que narra las penalidades de Manuel de Sousa Sepúlveda tras naufragar frente a las costas del cabo de Buena Esperanza). Aquí vivieron grandes artistas como Nicolau Chantarene, Francisco Henriques, Olivier de Gand, Frei Carlos, Antonio y Francisco de Holanda, Francisco y Miguel de Arruda, Gil Vicente o Mateus de Aranda, entre otros.

De los alrededores de Évora, y formando con la capital alentejana un núcleo patrimonial notabilísimo, destacan las villas cercanas de Montemor-o-Novo y Arraiolos, cuyo arte es también una extensión del eborense.

X.1 ÉVORA

La historia de Évora se remonta a varios milenios atrás, y existen testimonios importantes ya de la época de dominación romana, como el emblemático templo bautizado como "Templo de Diana", y también de toda la Edad Media, en que compartieron la ciudad árabes, hispanorromanos visigodos y judíos de variada procedencia.

El antiguo pueblo fue conquistado a los lusitanos por el general Décimo Junio

RECORRIDO IX *Évora, ciudad de la corte*
Évora

Bruto, y en tiempos de Julio César, y después, en plena fase de desarrollo, recibió el título ennoblecedor de Liberalitas. Dependía de Mérida y era una importante encrucijada de caminos del occidente peninsular, con monumentos imponentes en la acrópolis y el foro.

Con el fin del imperio romano, la urbe fue ocupada sucesivamente por visigodos y musulmanes, formándose una élite arabizante entre 713 y 1165, año de la definitiva reconquista cristiana, en tiempos del rey D. Afonso Henriques. Como era la mayor de las ciudades entre Lisboa y Algarve, es natural que varios monarcas la eligieran para pasar largas temporadas, como D. Afonso III, D. Dinis y D. Afonso IV, lo que acentuó su tendencia a la capitalidad. Ya en el ocaso del siglo XIV, el gran jefe militar Nuno Álvares Pereira tuvo aquí su residencia principal durante 26 años. Quien también mostró predilección por la ciudad fue D. João II, que, por lo demás, vivió en ella algunos de los momentos más dramáticos de su reinado. Una muralla formidable salpicada de torres defendía los diversos barrios en que coexistieron musulmanes, judíos y cristianos, murallas que se ampliaron para no dejar fuera los nuevos núcleos de casas y las instituciones religiosas. En la época manuelina la ciudad era una referencia en toda Europa por la belleza de sus edificios y el lujo en que vivían muchos de sus habitantes, laicos y eclesiásticos.

Las grandes iglesias como la Catedral, la mayor de las seos medievales portuguesas, el gigantesco Convento de San Francisco o la modesta ermita de San Blas, todo ceñido por el recinto de las murallas, confieren un interés excepcional a la ciudad, así como a los núcleos de la morería y la judería, o a la hermosa Praça do Giraldo. Los vestigios de estos tiempos de gloria y de otros más recientes son tantos que la UNESCO declaró la ciudad Patrimonio de la Humanidad.

Évora se puede visitar a pie. La mayoría de los monumentos se encuentran en calles a las que es difícil llegar en automóvil. Hay varios aparcamientos junto a las distintas entradas al cen-

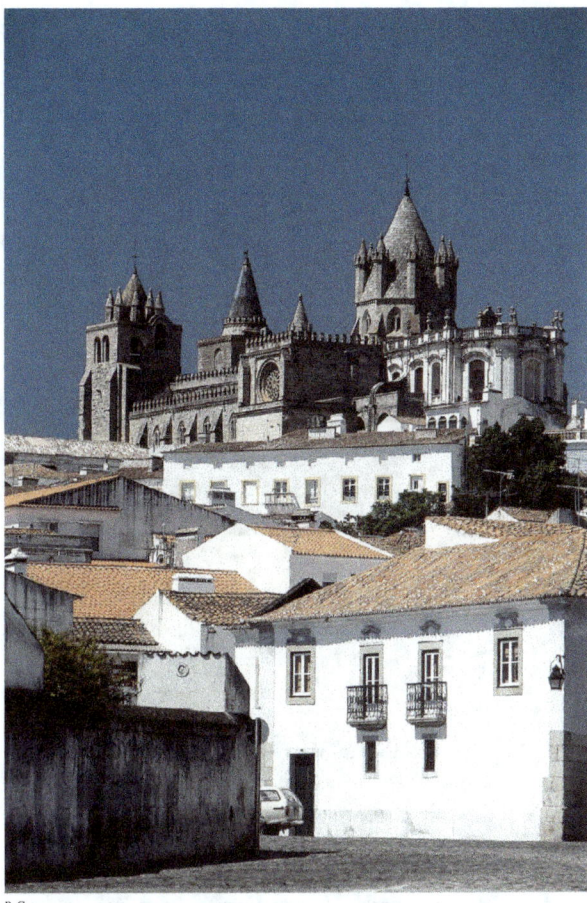
R.C.

Núcleo antiguo con la Catedral al fondo, Évora.

217

Évora

Murallas de Évora.

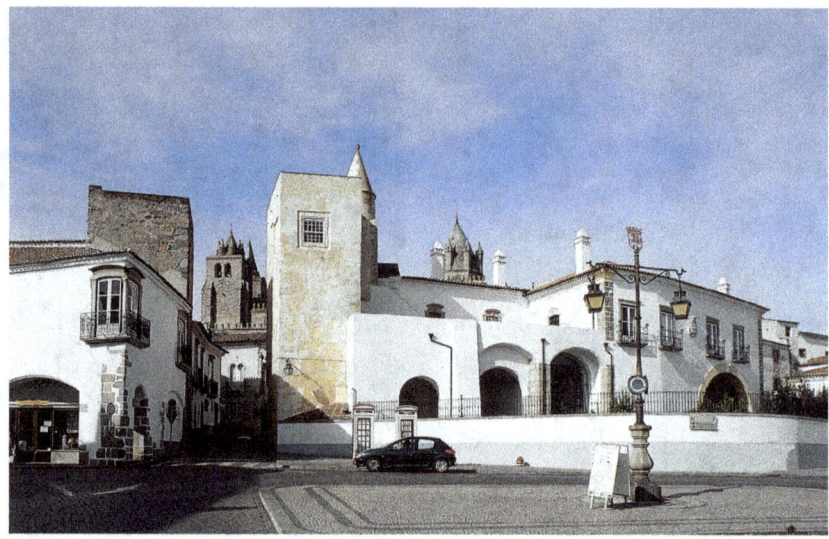

tro histórico, aunque es conveniente dejar el coche por la parte de Rossio de São Brás, donde hay dos aparcamientos gratuitos.

IX.1.a Murallas de la ciudad

Las primitivas murallas tenían una longitud de unos 1.200 m y formaban un círculo cuyo centro era el Largo da Sé. Sus vestigios son poco visibles. La muralla nueva envuelve todo el centro histórico de Évora y se ve ya en todas las entradas de la ciudad. Catalogadas como Monumento Nacional. Información: Oficina de Turismo, tel. 266 702671.

Las primitivas murallas de Évora datan del periodo de dominio romano, si bien experimentaron importantes obras durante la dominación árabe. En el momento de la reconquista de la ciudad por Geraldo Sem-Pavor (Geraldo Sin Miedo) eran las más imponentes de todo el sur del territorio portugués.

A mediados del siglo XIV hubo necesidad de adaptar la muralla al crecimiento urbano, aparte de que muchas torres y *cortinas* estaban demasiado viejas y mermadas. Las obras duraron casi un siglo, y lo que hoy puede verse de estilo gótico es resultado fundamentalmente de aquellos trabajos.

La puerta más antigua debe de ser la Porta de D.ª Isabel, que tradicionalmente se ha tenido por romana. De la muralla nueva destacan la Porta do Moinho de Vento (Puerta del Molino de Viento), reformada en 1517 por decisión del Conde de Tentúgal, la Porta de Alconchel, de principios del Cuatrocientos, y la Porta da Lagoa (Puerta de la Laguna), de finales del siglo XV, ambas con altas torres defensivas adscritas. Los adarves de los muros fueron ocupados en algunos puntos por familias poderosas para construir en ellos sus palacios, como son los casos de los palacios de São Miguel de Freira, de los Cadaval o de los Condes de Basto, con importantes vestigios de las obras de época manuelina.

IX.1.b Galería de las Damas del Palacio Real

El Palacio Real, también conocido como Palacio de D. Manuel, se encuentra en el Jardim Público. Catalogado como Monumento Nacional. Actualmente se utiliza como sala de exposiciones, por lo que su horario depende de estas. Información: tel. 266 704101.

Del gran complejo palatino de San Francisco de Évora no queda más que la llamada Galería de las Damas, obra profundamente alterada a fines del siglo XIX y que sufrió obras de restauración igual de violentas.
Aquí trabajaron los arquitectos Alfonso de Pallos, Duarte de Medina y Pero de Trillo, hombres educados en el *mudéjar* español y que hicieron para D. Manuel I un palacio a la manera de los palacios de los Reyes Católicos que había visto en sus varios viajes al reino vecino.
Tiene dos pisos, el bajo, en que una mitad es solo un espacio cubierto y la otra posee salas de dimensiones medias, y el piso noble, con una baranda encima, amplias ventanas y un mirador con *chapitel* piramidal. Obsérvense los arcos de herradura y los parteluces de puertas y ventanas, y también la doble arcada que divide en tres el primer piso, tan del gusto de la corriente arabizante de principios del siglo XVI.

IX.1.c Ruinas del Palacio Vimioso

En el Jardim Público, junto al Palacio Real.

Integradas en el parque dominado por la Galería de las Damas están las falsas ruinas levantadas sobre parte de la muralla nueva por el paisajista italiano Cinatti, obra comenzada en 1866. Guiado por las maneras románticas, aprovechó ventanas y barandas de traza *mudéjar* del Palacio de

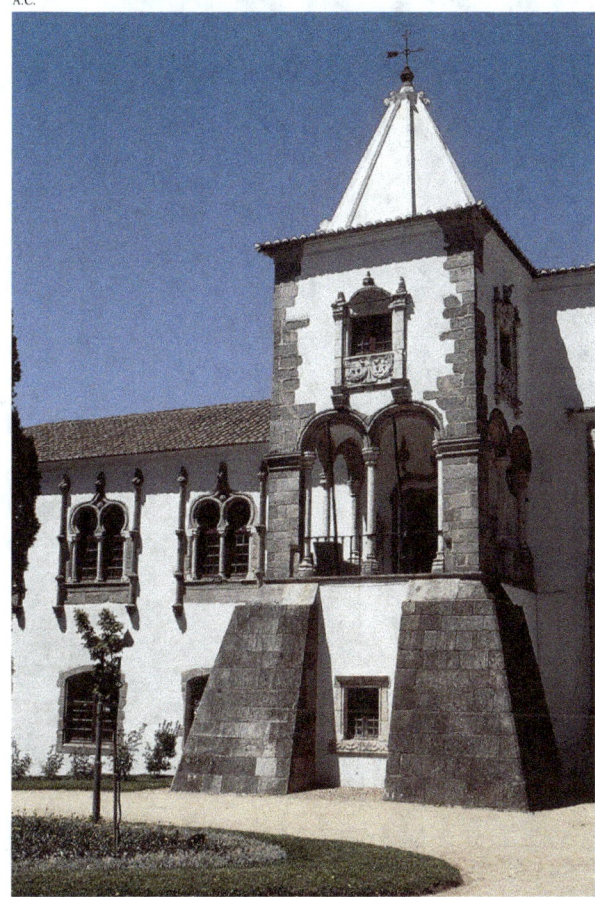

Palacio Real, Galería de las Damas, Évora.

A.C.

Ruinas del Palacio Vimioso, Évora.

Iglesia de San Francisco, Évora.

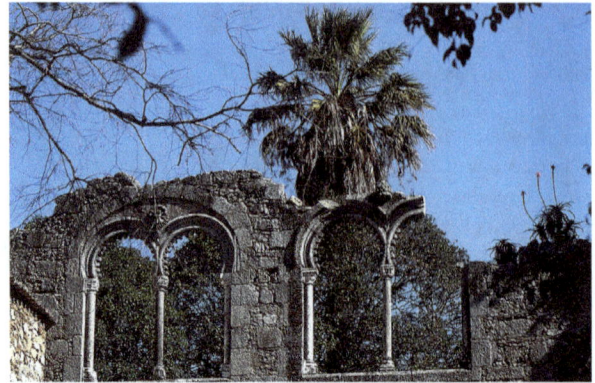

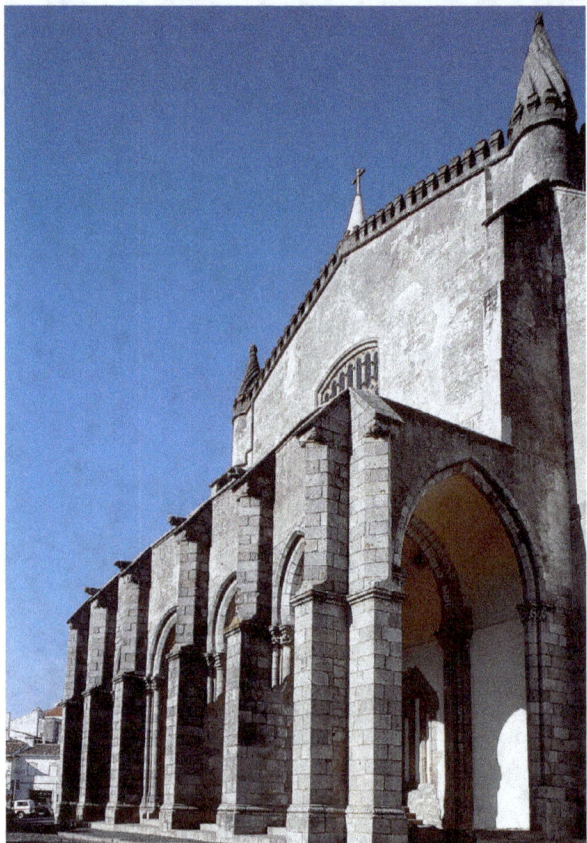

Afonso de Portugal, obispo de Évora y perteneciente a la casa de los Vimioso, que entonces todavía residía en su ciudad natal, frente a la Catedral.

IX.1.d Iglesia del Convento de San Francisco

Praça 1º de Maio, tel. 266 704521. Catalogada como Monumento Nacional.
Horario: verano, todos los días de 8 a 18; invierno de 9 a 13 y de 14:30 a 17:30.

Este convento franciscano data de mediados del siglo XIII y siempre estuvo muy protegido por los monarcas, llegando incluso a levantarse el palacio real en terrenos suyos anejos.

El templo, que en 1508 estaba en obras bajo la dirección del maestro Estevão Lourenço, es uno de los más fantásticos de todos los manuelinos. Está precedido por un *alpendre* de fuerte estructura de cantería y se entra por una elegante puerta de mármol sobre la que se encuentran los habituales símbolos de D. Manuel I, que patrocinó la obra.

El remate general está constituido por almenas decorativas, y los pináculos tradicionales fueron sustituidos por torres cónicas, muy típicas de la arquitectura alentejana en ladrillo.

El interior tiene una única pero inmensa nave abovedada de nervios rectos, con solo tres claves por tramo, ya que los *arcos torales* son de tipo tradicional e independientes, y no se encuentran con los *terceletes* más que en las ménsulas. Estos nervios descargan el empuje de la bóveda en capillas laterales poco profundas, también abovedadas pero con eje perpendicular a la nave para servir de contrafuertes. La bóveda de la capilla mayor es ya mucho más rica, con dos tramos en estrella y claves de finísima decoración naturalista.

En los altares barrocos del crucero se incluyeron pinturas del primer Renacimiento de maestros lisboetas discípulos de Jorge Afonso.

A época manuelina pertenece también la sala capitular, con bóveda muy rebajada de nervios casi planos que se apoyan en pilares hexagonales con capiteles de anillo.

La gran iglesia que se conserva fue levantada durante el reinado de D. Manuel I, pero el claustro es anterior, se conoce incluso el nombre del maestro de obras que lo construyó, João de Alcobaça, probablemente un artista formado en la villa homónima, en la cual continuaban los trabajos en los anejos de la iglesia abacial y las propiedades vecinas. Corría el año de 1376 cuando Fernando Alonso de Morais, comendador de la Orden de Santiago, financió el claustro. Sabemos, asimismo, que en 1443 trabajaba como maestro cantero de la obra el castellano Maestro Pero.

IX.1.e Museo de Arte Sacro de la Catedral

Largo do Marquês de Marialva, también conocido como Largo da Sé, tel. 266 759330. Acceso con entrada. Horario: de 9 a 12 y de 14 a 16:30; lunes y Navidad cerrado.

Comenzada cuando aún estaba vigente el estilo románico, muy probablemente en

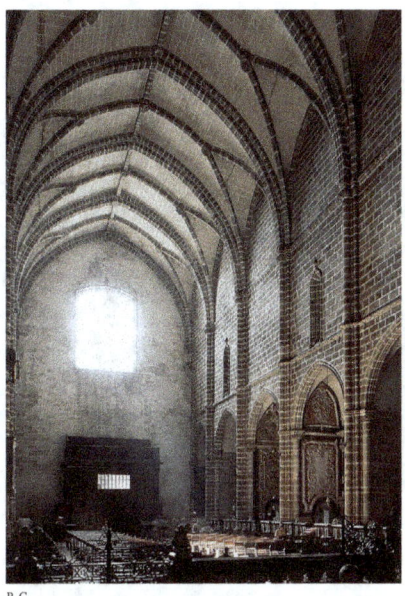

Iglesia de San Francisco, interior, Évora.

1186, en tiempos del obispo de la diócesis Paio, la Catedral fue consagrada en 1204. No era el edificio de nuestros días, que se empezó entre 1267 y 1283, sino otro más pequeño, acorde a las necesidades de entonces. El claustro, de los mejores que se hicieron en Portugal en el siglo XV, es de enormes dimensiones y de un solo piso abovedado, de un estilo gótico evolucionado.

En el brazo izquierdo del crucero queda la Capilla del Espolón (Esporão), con bóveda de nervadura tardogótica y un arco de entrada de transición del manuelino al estilo renacentista. También la capilla bautismal es manuelina, cerrada con una reja de la misma época y estilo, uno de los rarísimos ejemplos existentes en Portugal.

En el exterior destaca, con su terminación manuelina, la torre del crucero, que

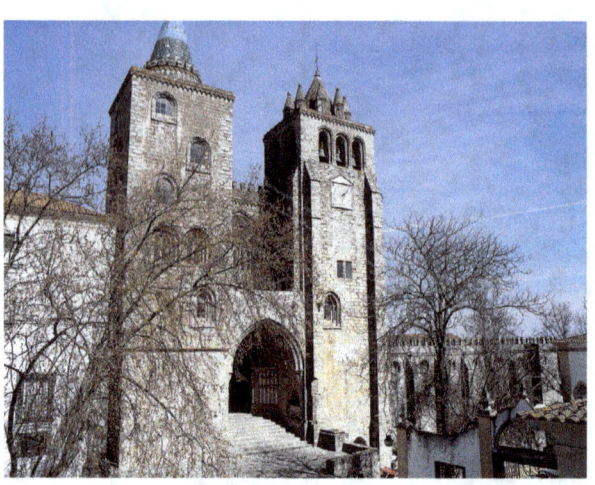

Catedral de Évora.

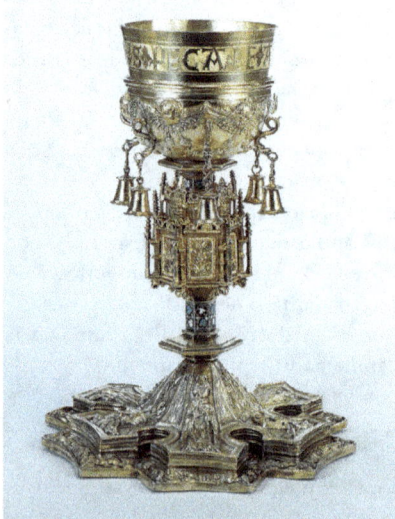

Cáliz, plata dorada, trabajo portugués, h. 1530, Museo de Évora.

se puede emparentar con algunas idénticas aunque más antiguas, como las de las catedrales de Salamanca y Zamora.

El Museo de Arte Sacro se distribuye en tres salas: empieza en la torre norte y se prolonga por la sala que hay encima de la sacristía. Expone obras escultóricas y pictóricas, paramentos sacerdotales y, sobre todo, piezas de orfebrería en orden cronológico desde el siglo XV hasta el XIX. En la primera sala da la bienvenida al visitante la magnífica *Virgen del Paraíso*, escultura francesa de marfil donada al Convento de Paraíso en 1475.

Otra sala alberga obras de orfebrería, campo en que el Museo es riquísimo. Sobresale una gran custodia en plata dorada con un majestuoso cuerpo superior de tipo arquitectónico y esmerada ejecución. Se hizo en la época en que el infante D. Afonso, hijo de D. Manuel I, fue prelado en Évora, es decir entre 1522 y 1540.

La obra más importante es el báculo en plata dorada enriquecido con piedras preciosas, el único que se conoce de la época, muy parecido a los representados en la pintura manuelina. Tiene un imponente nudo con cuerpo arquitectónico que protege figuras del Antiguo y el Nuevo Testamento. La voluta del apoyo presenta una elegante figura de volumen pleno de la Virgen. Debió de pertenecer al infante D. Henrique, también hijo de D. Manuel I y arzobispo de Évora desde 1540.

IX.1.f Museo de Évora

Largo Conde de Vila Flor, tel. 266 702604. Horario: martes de 14 a 17:30; miércoles a domingo de 9:30 a 12:30 y de 14 a 17:30; lunes, Año Nuevo, Domingo de Pascua, 1 de mayo y Navidad cerrado.

La colección del Museo de Évora presenta algunas obras de artes decorativas que pueden fecharse en el periodo manuelino.

Proveniente de Sevilla y atribuido a los talleres de Francisco Niculoso, introductor de la pintura en mayólica en Andalucía, posee el Museo un bellísimo panel de azulejos que representa la Anunciación. Se trata de una preciosa obra con una cuidada figuración de mobiliario de estilo gótico y elementos ornamentales renacentistas, principalmente en el encuadre de la escena, una capilla flanqueada por dos columnas y ornada con *grutescos*.

De la colección de orfebrería destaca el cáliz en plata dorada proveniente de la ermita de San Blas, fechado en 1515-1525. Tiene un nudo de tipo arquitectónico, como era característico en las artes ornamentales de la época, en que se vislumbraban ya algunos elementos clásicos. En el asta se observa el trabajo de esmaltado con la técnica del *cloisonné*, en colores negro, blanco y turquesa; en la copa, pequeños peces sostienen campanas; en la base hay figuras de santos.

Del numeroso e importante conjunto de retablos pictóricos que se hicieron para las iglesias conventuales de Évora en el periodo manuelino, es poco lo que se conserva en la ciudad y en la colección de su museo. Sin embargo, del retablo de la capilla mayor de la Catedral, encargado en el periodo del episcopado de Afonso de Portugal, entre 1485 y 1522, tal vez en los años entre siglos, queda un impresionante conjunto formado por trece tablas. La *Virgen de los Ángeles* o *Nuestra Señora de la Gloria*, de mayores dimensiones, ocuparía el espacio central del retablo original junto con una escultura desaparecida, mientras que las doce restantes se organizarían en tres filas horizontales sobrepuestas, en una estructura simétrica en relación a ese eje central y de acuerdo con tres series iconográficas. Así, los temas relativos al nacimiento e infancia de la Virgen ——*Encuentro de Santa Ana y San Joaquín en la puerta dorada, Naci-*

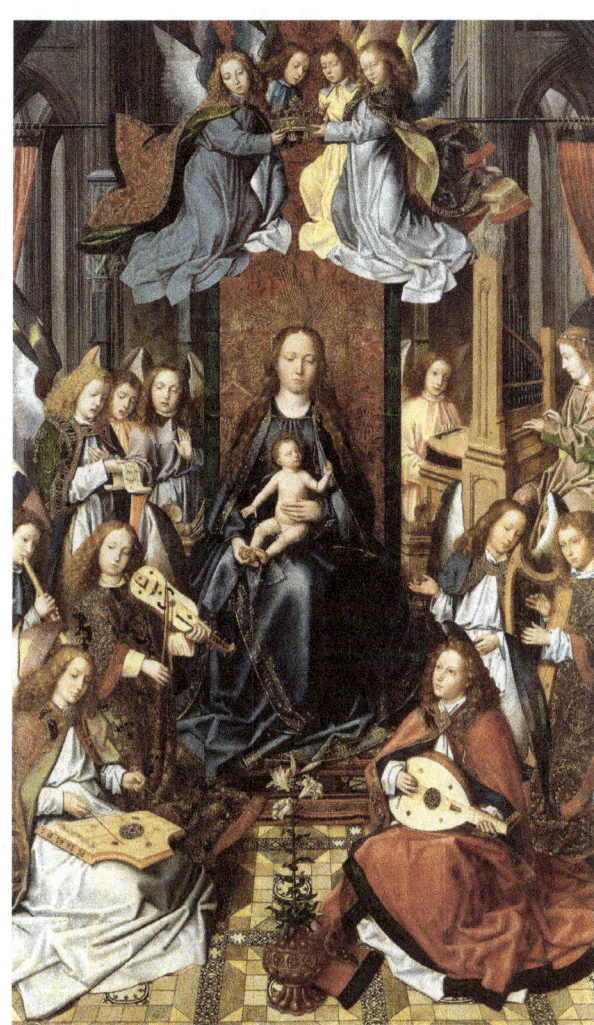

Taller de Gerard David, "Nuestra Señora de la Gloria", del políptico de la Catedral de Évora, óleo sobre madera de roble, 1490-1500, Museo de Évora.

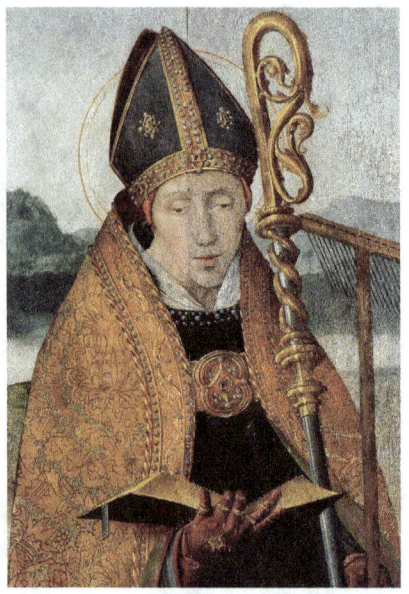

Frei Carlos, "San Blas", óleo sobre madera, h. 1530, Museo de Évora.

miento de la Virgen, Presentación de la Virgen en el Templo y Boda de la Virgen— estarían en la fila superior del retablo. La serie de la natividad de Jesús —Anunciación, Natividad, Circuncisión y Adoración de los Reyes Magos— formaría la fila intermedia, mientras que en la inferior estarían los temas de la infancia de Jesús —Presentación de Jesús en el Templo, Huida a Egipto y Jesús entre los doctores— y terminaría con el tema de la muerte de la Virgen.

Es enorme el tamaño original de la obra, de cerca de 7 m de alto por 6 m de ancho, y consiguientemente también la altura a la que se encontraban las tablas de las filas superiores. En la distribución espacial de las composiciones, sobre todo en el énfasis dado a los personajes en primer término, que adquieren una desmesurada escala figurativa, y en el escalonamiento sucesivo de los planos, se percibe bien el intento de adaptación al ángulo de visión del observador.

En cuanto a la autoría de esta grandiosa obra, y a falta aún de datos históricos que lo confirmen, parece un encargo hecho a pintores de los Países Bajos que se trasladaron a Évora con esta finalidad precisa. Por lo demás, se han señalado las afinidades estilísticas con la obra del pintor Gerard David, que dirigió los talleres más prósperos de la ciudad de Brujas.

Es de destacar en el Museo de Évora la presencia de otra serie de tablas de origen flamenco con el tema de la Pasión de Cristo, de dos pintores que alcanzaron gran notoriedad en Portugal, Francisco Henriques y Frei Carlos, y que desarrollaron una intensa actividad en Évora, de la que el Museo conserva contadas obras.

A Francisco Henriques, que moriría en Lisboa en 1518, se debe la dirección de grandes obras para dotar a la capilla mayor y las laterales de la iglesia del Monasterio de San Francisco de pinturas de retablo, en su mayoría incorporadas a la colección del Museo Nacional de Arte Antiguo (Lisboa) y de las que es muestra en esta colección la tabla-retablo de una de las capillas laterales, que representa a gran escala figurativa *El profeta Daniel juzgando a la Casta Susana*.

A Frei Carlos, que profesó en el Convento de Espinheiro en 1517, se deben las grandes obras para dotar de nuevos retablos a la iglesia de este convento, de los que el Museo conserva la tabla, muy deteriorada, *Adoración de los pastores*.

Hay que señalar también el panel *Dos santos obispos*, con el inconfundible repertorio de formas del taller de Coimbra, que muestra las armas de la reina D.ª Leonor, viuda de D. João II.

IX.1.g Convento de Lóios o de San Juan Evangelista

Largo Conde de Vila Flor, tel. 266 704714 (Sr. Jacinto Evaristo Corregeta). Catalogado como Monumento Nacional. El edificio conventual ha sido convertido en Pousada, pero algunas de sus salas pueden visitarse, tel. 266 704051.
Horario de la iglesia: invierno de 10 a 12:30 y de 14 a 17; verano de 10 a 12:30 y de 14 a 18; lunes y festivos cerrada.

Esta casa religiosa nació en 1485 por deseo de Rodrigo de Melo, primer gobernador de Tánger, que alcanzó el título de Conde de Olivença. A fines de 1491 empezó la vida religiosa regular, al tiempo que continuaban los trabajos de edificación, que en lo esencial, en esta primera fase, acabaron cuando la titularidad del establecimiento correspondía al primer Conde de Tentúgal.
La historia de esta fundación y de los hechos de su instituidor puede leerse en la elegante placa colocada a la izquierda de la puerta axial, bajo el pórtico abierto. Es una obra de gran refinamiento, con un dosel en forma de tienda que dos ángeles entreabren para que se vea el escudo de armas de la familia y la citada inscripción. Tanto la puerta principal como el atrio que la precede son de estructura tardogótica, de gran elegancia y esmerada ejecución, obras claramente inspiradas en el Monasterio de Batalha.
La iglesia tiene una sola nave de cinco tramos, el primero de los cuales coincide con el coro alto, donde se exponen obras de arte del patrimonio de la casa Cadaval, titular actual de la iglesia y del palacio anejo. La bóveda continúa aún el gótico tradicional, con nervios rectos que forman tramos de cinco claves. En la capilla de la cabecera, como era habitual, la trama de nervios es más densa, por motivos exclusivamente estéticos.
Además de varias tumbas renacentistas, la iglesia conserva un conjunto único de lápidas sepulcrales en bronce de origen norteuropeo y expresamente encargadas para las tumbas de los miembros de la familia titular. Otras son de piedra o combinan ambos materiales. Las más antiguas son las de Rodrigo de Melo e Isabel de Meneses, ambos representados con realismo.
En la Capilla de Nuestra Señora del Rosario se hallan las lápidas de Branca de Vil-
R.C.

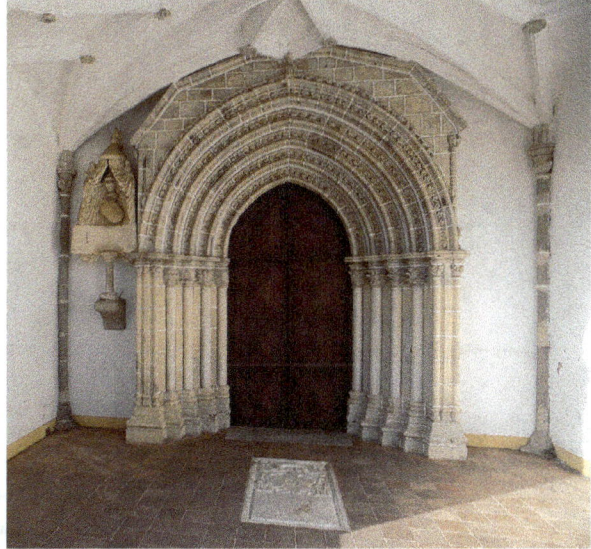

Iglesia del Convento de Lóios, puerta, Évora.

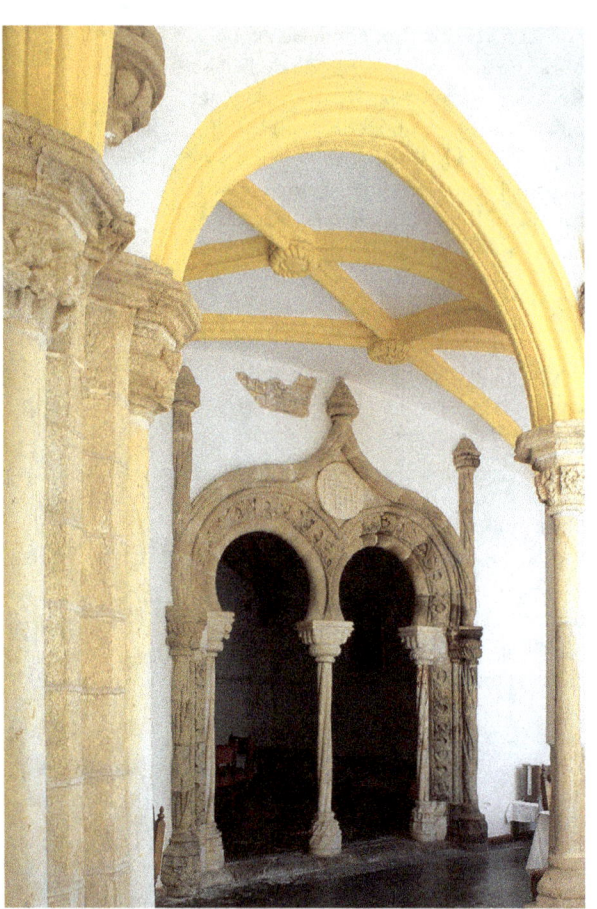

Sala capitular, puerta, Convento de Lóios, Évora.

hena y Rui de Sousa, la primera con una moldura de tipo arquitectónico que imita un nicho tardogótico y la segunda solo con follaje y con la indispensable leyenda alrededor. La lápida de Rui Pais y su mujer, sin duda la más bella y también la de carácter más norteuropeo, hecha seguramente en Hainaut, muestra al matrimonio rezando; actualmente está expuesta en el coro alto. Gran parte del Convento está ocupada por una Pousada. Se estructura alrededor de un claustro construido durante las dos primeras décadas del siglo XVI, de dos pisos y con bóveda completa. En el piso bajo se abre la puerta de la sala capitular, obra emblemática del *mudéjar* alentejano, con entrada de doble arco de herradura. En el vértice se ve una estacada inserta en un medallón, la divisa de Rodrigo de Melo y que recordaba sus campañas guerreras en el norte de África.

Los elementos de estilo *mudéjar* continúan en dependencias anejas, como el lavabo y el refectorio.

IX.1.h Convento de San Benito de Cástris (opción)

A cerca de 2 km de Évora. Se llega por la carretera que va de Évora a Arraiolos; el camino está señalizado. Catalogado como Monumento Nacional. Se puede visitar la iglesia, los claustros y el antiguo refectorio. Información: Sra. Amélia Cambeta, de la Casa Pía, tel. 266 760030.
Horario: lunes a viernes de 9 a 12 y de 14 a 17.

Situado en los alrededores de la ciudad, el Convento de San Benito de Cástris es uno de los más antiguos de Alentejo. La primera iglesia con estructura compleja se concluyó a principios del siglo XIV, pero, a excepción de la entrada a la sala capitular, todo lo que queda es posterior, siendo la organización general de los edificios la resultante de la completa reforma manuelina. Sabemos que Estêvão Lourenço fue el maestro constructor del claustro, que puede fecharse en torno a 1520.
Antecede a la iglesia un gran atrio con arco ornado con una doble columna y

arquivolta, parcialmente entorchadas. Sigue luego un espacio abovedado, pero la puerta no es la original. Dentro encontramos una sola nave, amplia, con bóveda de nervios y tramos centrales, uniéndose *cadenas* y *terceletes* por medio de claves naturalistas, las centrales con motivos heráldicos.

El claustro es de dos pisos, con arcos dobles y rebajados, una construcción peculiar que se asemeja al claustro del Convento de Lóios, quizá del mismo maestro. Tiene enormes dimensiones y sus materiales son pobres, como el ladrillo meramente revocado y encalado, lo que es muy típico de la arquitectura manuelina alentejana.

IX.1.i Convento de Nuestra Señora de Espinheiro (opción)

A 2 km al norte de Évora. Se llega por la carretera que va de Évora a Estremoz. Seguir en dirección al Cementerio de Espinheiro. El convento es propiedad privada y solo se puede visitar con el permiso de sus propietarios. En el recinto del convento se encuentra la capilla funeraria de García de Resende. La capilla y la iglesia están catalogadas como Monumento Nacional.

Este establecimiento religioso fue uno de los que mayor importancia tuvieron en la segunda mitad del siglo XV y en todo el siglo XVI. Creemos que su fundación puede atribuirse al obispo Vasco Perdigão y fecharse en 1458.

Lo que vemos en nuestros días es la estructura resultante de las obras manuelinas, aunque en épocas posteriores muchos arreglos hayan alterado el edificio original.

Nos interesa la zona de vivienda, organizada en torno a un patio claustral abovedado, de características marcadamente regionales, semejante a los claustros de San Benito de Cástris y de Lóios. Las dimensiones, sin embargo, son menores, aunque tiene valiosos elementos decorativos de gran plasticidad, en especial las claves de los nervios de la bóveda.

Las dependencias utilitarias también están abovedadas, con bóvedas de ladrillo y aristas vivas, fábrica característica también de Alentejo. Es el caso de la gran bodega, de alrededor de 1525. Ya en la cisterna, un poco posterior, el techo, más tradicional, se apoya en fuertes pilares de los que salen los nervios de corte simple.

Apartada del conjunto de construcciones conventuales está la capilla funeraria de García de Resende, una de las mayores figuras de nuestro humanismo, que vivió y murió aquí. El contrato para su construcción está fechado en 1521, y las obras debieron de hacerse inmediatamente después. Guarda la forma de las pequeñas iglesias alentejanas, con su atrio abierto que comunica, a través de una puerta de estilo popular, con la nave única abovedada.

En el suelo hay azulejos *mudéjares* de fabricación sevillana, hechos con la técnica denominada *cuerda seca*, y también una hermosa lápida funeraria de estilo renacentista, esculpida sin duda por Nicolau Chanterene en el siglo XVI.

Para Arraiolos, tomar la N114-4 hasta el cruce con la N370, en Valeira, donde hay que torcer a la derecha en dirección a Arraiolos (27 km).

RECORRIDO IX

Évora, ciudad de la corte

Pedro Dias, Dalila Rodrigues,
Nuno Vassallo e Silva, Fernando Grilo

Segundo día

IX.2 ARRAIOLOS
        IX.2.a Centro histórico
        IX.2.b Castillo
        IX.2.c Iglesia del Salvador
        IX.2.d Convento de Lóios

IX.3 MONTEMOR-O-NOVO
        IX.3.a Castillo
        IX.3.b Iglesia de Santiago (São Tiago)
        IX.3.c Ermita de Nuestra Señora de la Visitación

Pintura mural de la casa de Vasco da Gama o "Casas Pintadas""

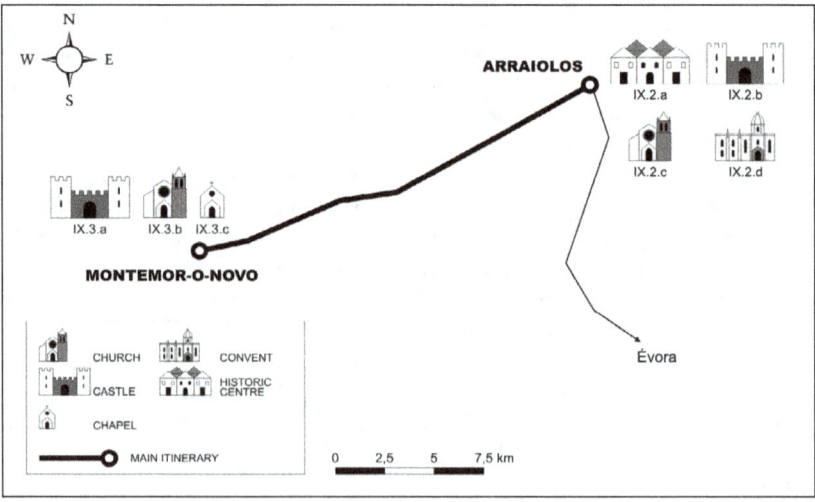

IX.2 **ARRAIOLOS**

La villa de Arraiolos tuvo gran importancia durante toda la Edad Media. Primero fue un señorío regio y pasó después a propiedad de Nuno Álvares Pereira, que en 1422 la donó a su nieto, el futuro duque de Bragança, con lo cual entró en la órbita de esta ilustre casa. D. Manuel I le otorgó su fuero en 1514.

Fue un centro administrativo y económico que marcó toda una vasta zona de Alentejo. Dentro de sus muros se creó una importante industria artesanal, la de las alfombras, que a partir de principios del siglo XVII empezó a incorporar dibujos de gusto oriental, especialmente los inspirados en las alfombras turcas, persas e indias.

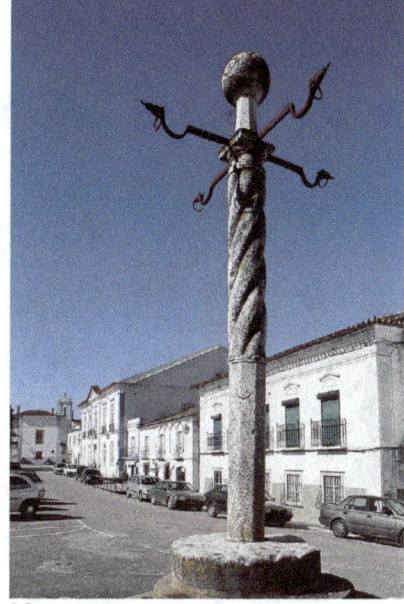

Centro histórico y "pelourinho" de Arraiolos.

IX.2.a **Centro histórico**

En el centro de la villa, en pleno casco antiguo, se pueden apreciar dos elementos manuelinos de gran valor plástico y muy característicos: uno es la puerta del Hospital del Espíritu Santo, fundado en 1409. Sabemos que la obra data de 1525, corrió a cargo del cantero João Marques y la financió el duque Jaime de Bragança; el otro es el *pelourinho*, erigido en 1535, que se alza sobre una peana de cuatro escalones, con el fuste parcialmente en espiral, remate en bola, fruto de la restauración efectuada en tiempos de D. José I, y con cuatro hierros horizontales en cruz.

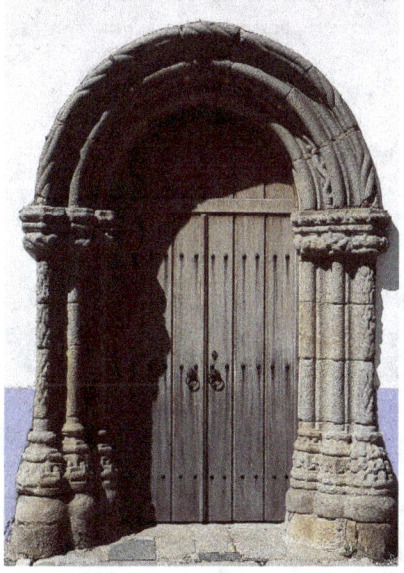

Hospital del Espírito Santo, puerta, Arraiolos.

RECORRIDO IX   *Évora, ciudad de la corte*

Arraiolos

Castillo e iglesia del Salvador, Arraiolos.

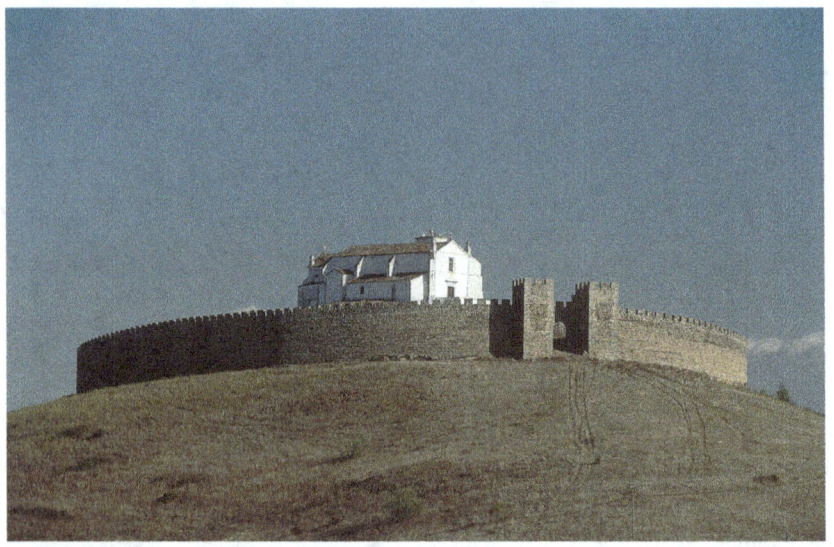

IX.2.b Castillo

Catalogado como Monumento Nacional. Información: Oficina de Turismo, tel. 266 490240. Horario: se puede visitar a cualquier hora.

El castillo data de 1306, época del reinado de D. Dinis, está bastante bien documentada su construcción y se sabe incluso que el responsable de las obras fue un tal João Simão.

Además de la muralla que ciñó el pueblo primitivo, tiene también un palacio de los alcaides que en época manuelina estaba en pleno uso, más o menos con la estructura actual. La torre del homenaje fue remodelada también después de 1485, época de las obras que dieron forma a las *cortinas* de muralla próximas a las puertas, principalmente la de la plaza de armas, ya con almenas de cuerpo ancho.

IX.2.c Iglesia del Salvador

En el interior del castillo. Para visitarla, ponerse en contacto con el Sr. Teodorico Valente en el Ayuntamiento, tel. 266 490240, o con la Oficina de Turismo, tel. 266 490240.
Horario: los viernes abre de 9:30 a 10:30 para la misa.

Iglesia del Salvador, Arraiolos.

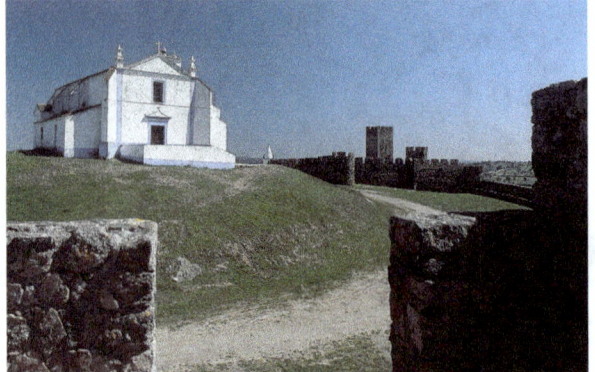

Su existencia está confirmada antes de 1271, pero la estructura que puede verse data de principios del siglo XVI, cuando era su titular Afonso de Portugal, obispo de Évora. Destaca la bella bóveda de crucería gótica de cinco claves, con tramos de nervios que descansan sobre columnas adosadas a la pared, lo que hace pensar que se aprovecharon muros antiguos en la remodelación manuelina. También la sacristía conserva parte de su estructura tardogótica.

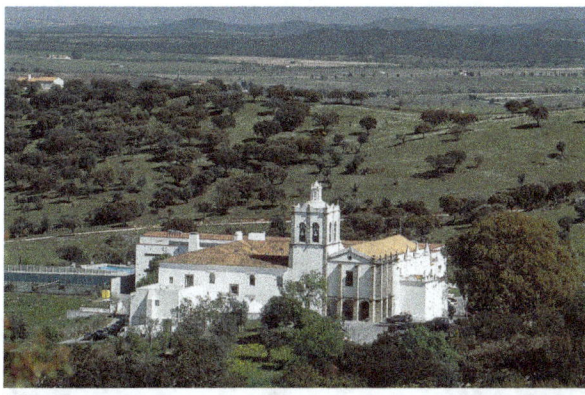

Convento de Lóios, Arraiolos.

IX.2.d Convento de Lóios

En la propiedad Vale de Flores, a las afueras de Arraiolos, a 1 km del centro. Tel. 266 419340. Catalogado como Inmueble de Interés Público. Actualmente alberga la Pousada de Nossa Senhora da Assunção.

La construcción del Convento empezó en 1527, tras la donación del lugar por João Garcês y Leonor de Abreu. Toda la familia real ayudó con aportaciones importantes, como el propio rey D. João III, que costeó enteramente el claustro, y el duque de Bragança, Jaime.

La parte más antigua es la iglesia, a la que se entra por un atrio abierto y una puerta de ornamentación naturalista, típicamente manuelina, con arco de medio punto, *arquivoltas* con bolas en los intercolumnios, capiteles con follaje y cuerdas con nudos bordeando el extradós.

El interior muestra una bóveda poderosa en la nave, del tipo de cinco claves; los nervios rectos arrancan de ménsulas altas también naturalistas. La capilla mayor tiene una bóveda más rica y evolucionada, con dos tramos de cuadrifolios bien delineados que se cruzan en claves primorosamente decoradas con motivos vegetales.

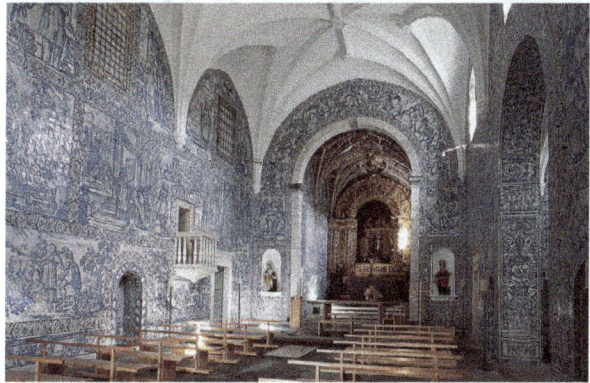

Iglesia del Convento de Lóios, interior, Arraiolos.

Seguir la N4 hasta Montemor-o-Novo (22 km).

IX.3 MONTEMOR-O-NOVO

Como la generalidad de las villas y ciudades alentejanas, también Montemor-o-Novo tuvo origen en un poblado romano, sucesivamente ocupado y ampliado por godos y musulmanes. D. Afonso Henri-

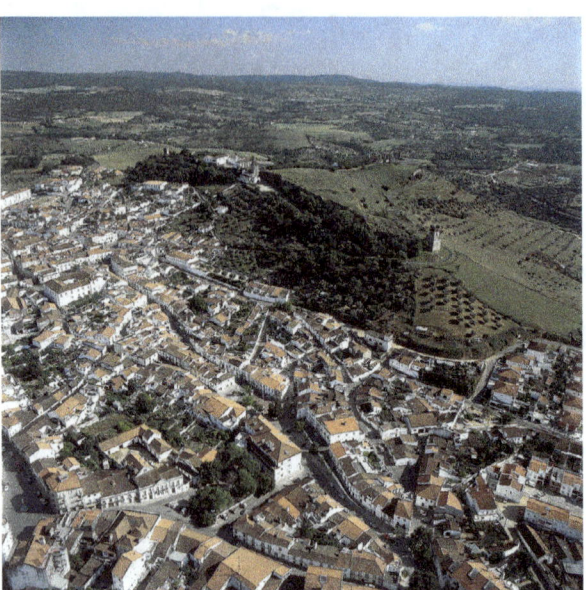

R.C.

Panorámica de Montemor-o-Novo.

ques consiguió conquistarlo en 1160, y se mantuvo integrado algún tiempo en el reino naciente, pero la posesión definitiva solo llegó con D. Sancho I, que le concedió su fuero en 1203.

La importancia de la villa fue creciendo durante toda la Edad Media, y en ella residieron varios reyes; de hecho, aquí se reunieron las Cortes Generales de 1477 a 1481. Fue en la alcazaba donde en enero de 1487 D. Manuel I invistió a Vasco da Gama con el mando de la primera escuadra que partió para la India. El monarca unió definitivamente Montemor-o-Novo a la Corona en 1498 y le otorgó un nuevo fuero en 1503. Se conserva un importante conjunto de construcciones de origen medieval y otras ya del siglo XVI, en las que subsisten estructuras del gótico final, algunas netamente tardías, pertenecientes ya a pleno reinado de D. João III, como el Convento de San Antonio, el de Nuestra Señora de la Salutación (Nossa Senhora da Saudação), el Hospital del Espíritu Santo y hasta la misma iglesia de la Misericordia.

IX.3.a Castillo

Catalogado como Monumento Nacional. Información: Ayuntamiento, tel. 266 898100 (ext. 397).
Horario: está siempre abierto. En el interior del recinto, en el Convento de la Salutación (Saudação), hay un puesto de atención que funciona de miércoles a domingo de 10 a 13 y de 14 a 17.

Las defensas de Montemor-o-Novo se remontan a los tiempos de la dominación árabe, particularmente el castillo propiamente dicho, pero fueron muy alteradas durante el reinado de D. Dinis, entre los siglos XIII y XIV. El perímetro de murallas quedó prácticamente concluido, con más de un 1,5 km de longitud, pero las obras de conservación y reforzamiento se prolongaron hasta el reinado de D. Manuel I. En la zona más protegida se encontraba el alcázar, conocido a finales de la Edad Media como "Palacio Real". En él se hicieron grandes obras a principios del siglo XVI; también es de esta fase la llamada "cisterna de los mataderos", con una magnífica bóveda de nervios en abanico que se apoyan en pilares. Las armas manuelinas son visibles sobre la entrada de la casa de la guardia de la Puerta de la Villa (Porta da Vila).

De las varias construcciones manuelinas, destacamos la Torre del Reloj, de 20 m de altura, cuyo remate piramidal es muy típico del manuelino alentejano.

RECORRIDO IX   *Évora, ciudad de la corte*
Montemor-o-Novo

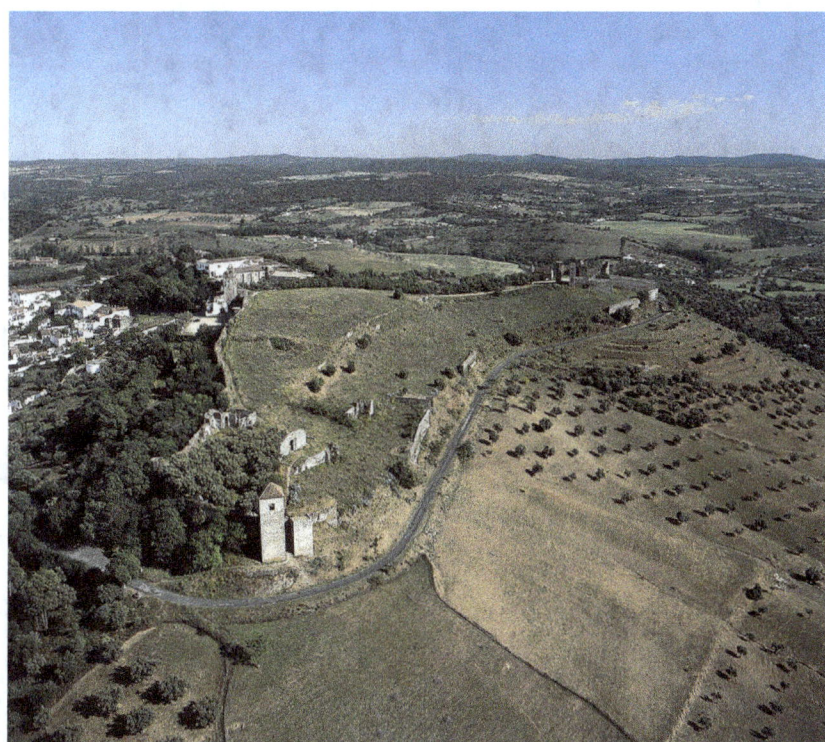

Castillo, vista aérea, Montemor-o-Novo.

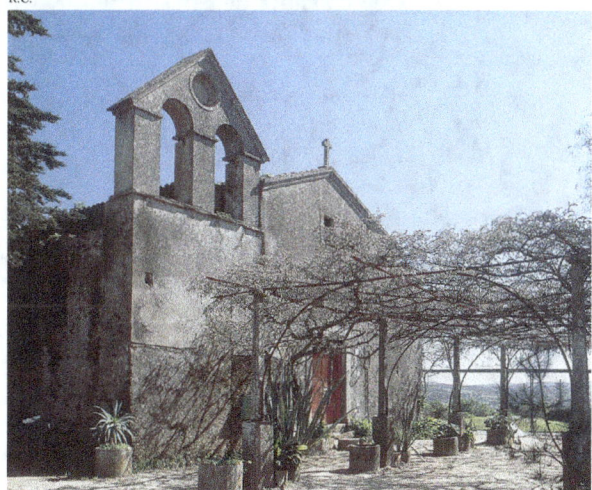

Iglesia de Santiago, Montemor-o-Novo.

IX.3.b **Iglesia de Santiago (São Tiago)**

También dentro del recinto amurallado. Catalogada como Monumento Nacional.

En la zona amurallada de la antigua villa queda la iglesia de Santiago, de estructura gótica pero con importantes añadidos de época manuelina. Fue un encargo de la Orden de Santiago y resulta muy interesante arquitectónicamente, particularmente por la bóveda de la nave, de nervios de ladrillo. Este material es, por lo demás, el que forma la totalidad del edificio, en un arte que solo aparece en el tercio sur del territorio. Una placa fecha-

233

Ermita de Nuestra Señora de la Visitación, Montemor-o-Novo.

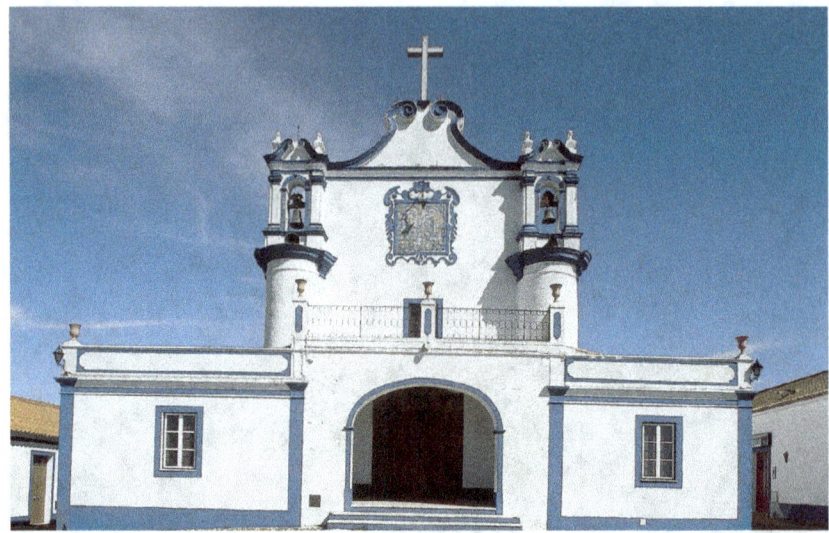

da en 1511, con las armas nacionales y en memoria de Francisco Frazão, juez de Fora, informa sin duda del momento de la nueva reforma de la iglesia.

IX.3.c Ermita de Nuestra Señora de la Visitación

A 1 km al noreste del centro de la ciudad.
Información: Parroquia de Nuestra Señora de la Villa, tel. 266 892127.
Horario: todos los días de 9 a 18.

Se trata de un centro de peregrinación regional situado en origen en el arrabal de la villa pero hoy completamente integrado en el tejido urbano. Si en el exterior no es visible ningún elemento del gótico tardío, aparte de la bellísima puerta de alrededor de 1515, de un acentuado barroquismo, en la estructura interior se aprecia un magnífico conjunto de bóvedas, en especial la de la capilla mayor, de un estilo muy avanzado, con nervios curvos, como se usaron a partir de la tercera década del siglo XVI.

PINTURA MURAL DE LA CASA DE VASCO DA GAMA O "CASAS PINTADAS"

Pedro Dias

Uno de los ejemplos más interesantes de la pintura mural portuguesa del periodo manuelino se encuentra en un edificio eborense del siglo XVI que la tradición asocia a Vasco da Gama. La hipótesis de que tal casa perteneció al famoso navegante, aunque tentadora, proviene de informaciones relativamente tardías, principalmente del relato *Évora Gloriosa* del padre Francisco da Fonseca y del *Livro das Visitações da Cidade d'Évora em 1591*.

Las pinturas murales, resultado de dos intervenciones separadas cronológicamente, se encuentran en una baranda cubierta con bóvedas de nervios y se prolongan en un pequeño oratorio. El fruto de la intervención más antigua, y en una concepción formal de cierta ingenuidad, es un extraordinario registro de temas animales. Sin fronteras entre lo doméstico y lo salvaje, o entre lo real y lo fantástico, y por eso mediante un discurso que subvertía la norma, surgen suspendidas en un espacio neutro, y asimismo ambiguo, figuras de gallos enfrentados, conejos, venados, un leopardo y aves de varias especies, conjugadas de manera más o menos pacífica con seres fabulosos y fantásticos como sirenas con cola de ave o de pez, dragones o la mítica hidra de las siete cabezas.

Relacionado con la problemática imaginaria de los descubrimientos —nótese también la decoración del techo, con el motivo recurrente de las cuerdas en nudos—, este programa iconográfico adquiere también particular valor por lo que revela de los dominios enigmáticos del arte profano de este periodo. En una evidente formulación clásica y erudita, el friso inferior, en forma de rodapié, que corresponde a una intervención más tardía, recurre a motivos fantásticos, pero de acuerdo con esquemas de repetición y estilización característicos del *grutesco*, en una concepción ya conscientemente ornamental.

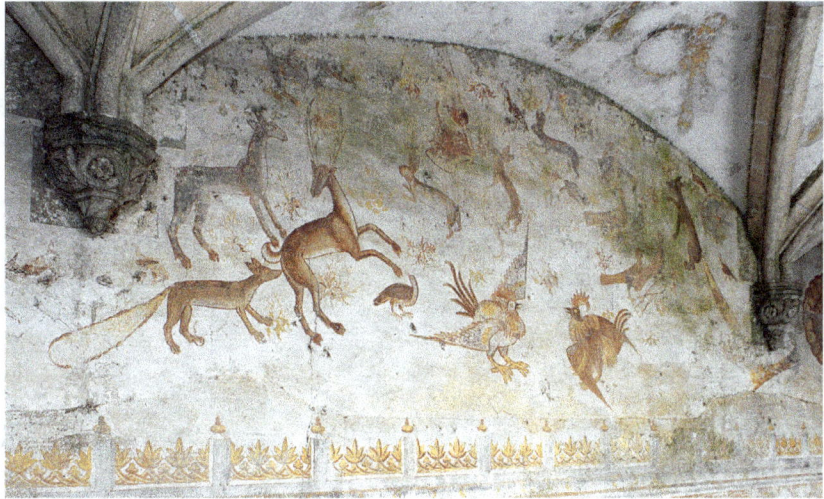

R.C.

Pinturas de la casa de Vasco da Gama, detalle, Évora.

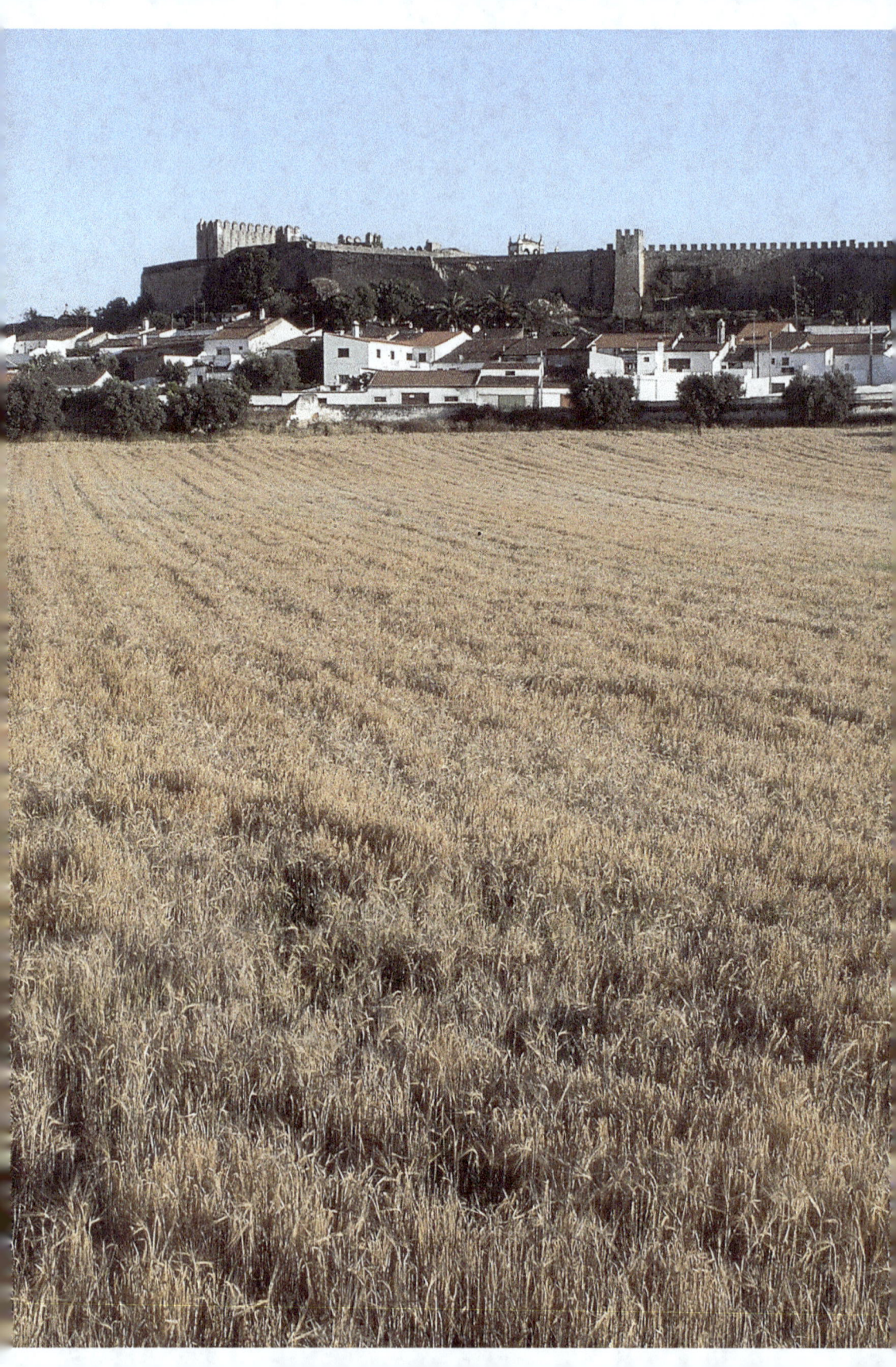

RECORRIDO X

Villas blancas

Pedro Dias, Dalila Rodrigues,
Nuno Vassallo e Silva, Fernando Grilo

Primer día

X.1 VIANA DO ALENTEJO
    X.1.a Castillo
    X.1.b Antigua Casa Consistorial
    X.1.c Nuestra Señora de la Anunciación, iglesia matriz
    X.1.d Iglesia de la Misericordia

X.2 ALVITO
    X.2.a Centro histórico
    X.2.b Nuestra Señora de la Asunción, iglesia matriz
    X.2.c Casa Consistorial
    X.2.d Castillo
    X.2.e Capilla de San Sebastián

X.3 VIDIGUEIRA
    X.3.a Castillo
    X.3.b Torre del Reloj
    X.3.c Ermita de Santa Clara

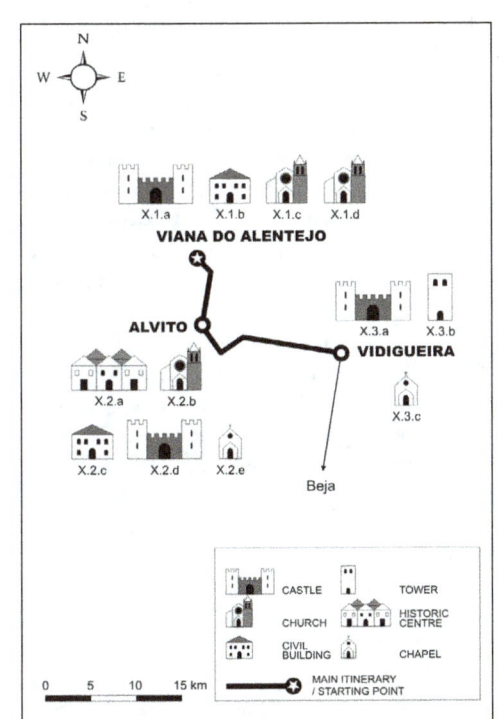

Serpa.

RECORRIDO X   *Villas blancas*
Viana do Alentejo

La planicie de Alentejo, que deja a la mirada explayarse hasta kilómetros y kilómetros de distancia, verde a fines del invierno y en primavera, y dorada en los tiempos calurosos del estío y principios de otoño, es interrumpida, aquí y allá, por manchas blancas, de un blanco que brilla, que casi ciega: el de sus villas de casas inmaculadamente encaladas. Son poblaciones que datan del periodo de dominación romana y surgieron en torno a las grandes explotaciones agrícolas que después fueron musulmanas y que, incluso cuando las tropas del rey D. Sancho I y sus hijos las conquistaron, no perdieron el carácter meridional que el propio clima y la composición de la tierra determinaron. Todavía hoy estas villas viven esencialmente de la producción de bienes de consumo, los frutos de la tierra y la crianza de ganado, pero en algunas se han desarrollado industrias artesanales importantes, como las de la lana y, en particular, el arte de las alfombras, que nació en Arraiolos.

No se puede decir que las gentes de Alentejo prosperaran como en otras partes del reino, pero con el fin del siglo XV y la entrada de muchas de estas villas en la órbita de la familia real, de los señoríos de los duques de Bragança y de las demás casas de origen monárquico, conocieron una nueva vida, destacándose algunas, como Beja, que pese a no ser entonces sede diocesana acabó recibiendo el estatuto de ciudad. En ella vivieron los duques Fernando y Beatriz, progenitores de D. Manuel I y de su hermano el rey D. Afonso V, como se sabe.

Recorrer las villas blancas es pasear por tiempos inmemoriales, encontrar silencios y calmas que creíamos desaparecidos del mundo moderno hace mucho tiempo, es ver y conversar con gente para quien el tiempo cuenta de forma diferente. Solo puertas y ventanas están decoradas en azul u ocre, como para alejar a los malos espíritus.

Hospitalidad, una gastronomía selecta, un patrimonio riquísimo en el que no faltan los recuerdos de los tiempos islámicos peninsulares, con obras de arquitectura *mudéjar*, son los rasgos más acentuados de este recorrido.

X.1 VIANA DO ALENTEJO

Esta villa fue una de las más importantes poblaciones alentejanas del siglo XV, y su posesión pasó del segundo Conde de Barcelos al propio D. Afonso IV y su mujer, para integrarse finalmente en los dominios señoriales de los Condes de Viana, sobre todo de Pedro de Meneses, frontero mayor de Ceuta. Aquí pasaron temporadas más o menos largas varios monarcas portugueses, como D. Fernando I y D. João II, aprovechando los palacios y establecimientos religiosos de la villa.

Centro administrativo, Viana fue también un polo de desarrollo comercial, gracias a su privilegiada situación en la red viaria alentejana y también a las importantes explotaciones agrícolas de su término. D. Manuel I le otorgó un nuevo fuero en 1517.

X.1.a **Castillo**

Entrada por el Largo de São Luís o, desde la Praça da República, por la Rua Cândido dos

RECORRIDO X   *Villas blancas*
Viana do Alentejo

Reis. Catalogado como Monumento Nacional. Para visitar el interior, ponerse en contacto con el padre Manuel, tel. 266 953133.

El origen del Castillo de Viana do Alentejo se remonta al reinado de D. Dinis, cuando este rey decidió, en 1313, mandar hacer un perímetro de murallas de 400 brazas de longitud, es decir cerca de 880 m. Resultó de cinco lados, que todavía perduran, con torres cilíndricas en las esquinas; pero no hay que engañarse en cuanto a la datación, pues todo lo que hoy puede verse, excepto la planta, pertenece a una gran reforma manuelina, dirigida tal vez por alguno de los maestros de obras activos en Alentejo, como Martim Lourenço o los hermanos Arruda.

La plaza quedó con dos puertas, y la torre más alta y ancha hacía las veces de torre del homenaje. Todas tienen cubierta cónica, un *chapitel* de ladrillo revocado de tipo alentejano. Es una fortaleza de llanura más, con muros rectos coronados por almenas de cuerpo ancho y con adarves, con troneras y huecos entre almenas preparados para el tiro escondido de las ballestas, lo que atestigua la datación que aquí proponemos, en torno a 1410. Se añadieron también troneras en las zonas bajas para prevenir cualquier ataque por sorpresa.

X.1.b Antigua Casa Consistorial

Praça da República (con entrada independiente de la del castillo), tel. 266 953106. Actualmente alberga una biblioteca.

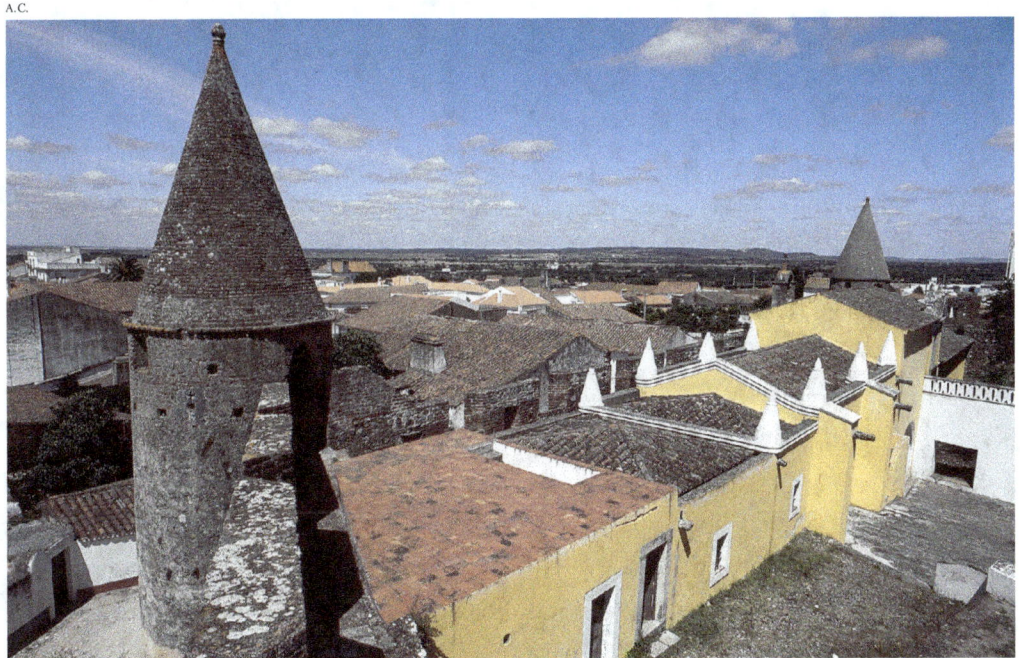

Viana do Alentejo.

RECORRIDO X   *Villas blancas*
Viana do Alentejo

Castillo de Viana do Alentejo.

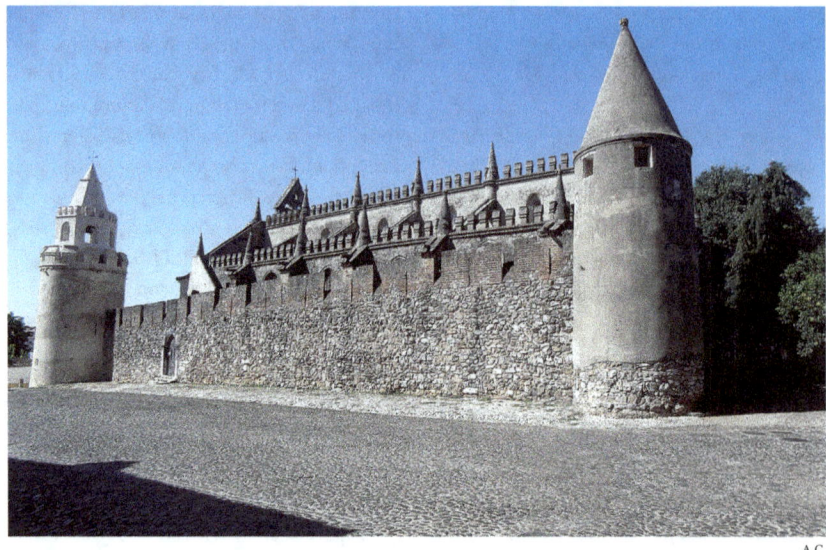

Horario: lunes a viernes de 9:30 a 13 y de 14:30 a 18.

Los antiguos Palacios del Concejo quedaban dentro del castillo, junto a la muralla y a una de las puertas, y estaban ahí desde el siglo XIV. Fueron abandonados y transformados en una capilla consagrada a Nuestra Señora de la Asunción en el siglo XVII, pero todavía se ven algunos elementos manuelinos aislados, restaurados hace unas décadas.

X.1.c Nuestra Señora de la Anunciación, iglesia matriz

También en el interior del recinto del castillo, en el Largo de S. Luís. Catalogada como Monumento Nacional. Información: tel. 266 953133 (padre Manuel).

Horario: abre para la misa a las 8 de lunes a viernes, a las 9 los sábados, y a las 11 y las 13 los domingos.

Este templo manuelino es uno de los más notables de cuantos se conservan al sur del Tajo. Aunque en este lugar hubo uno anterior, cuyos orígenes se remontaban al siglo XIII, el que ha llegado hasta nosotros se puede datar, por similitudes y por las circunstancias históricas que lo envuelven, en la segunda y tercera décadas del siglo XVI.

Como obra de patronazgo regio, es muy posible que los maestros reales de las obras de Alentejo, Diogo y Francisco de Arruda, o incluso Martim Lourenço, tuvieran alguna intervención en él, pero se trata solo de una hipótesis que carece de confirmación.

La estructura de la iglesia es compleja, con tres naves y cinco tramos, cabecera triple

RECORRIDO X   *Villas blancas*
Viana do Alentejo

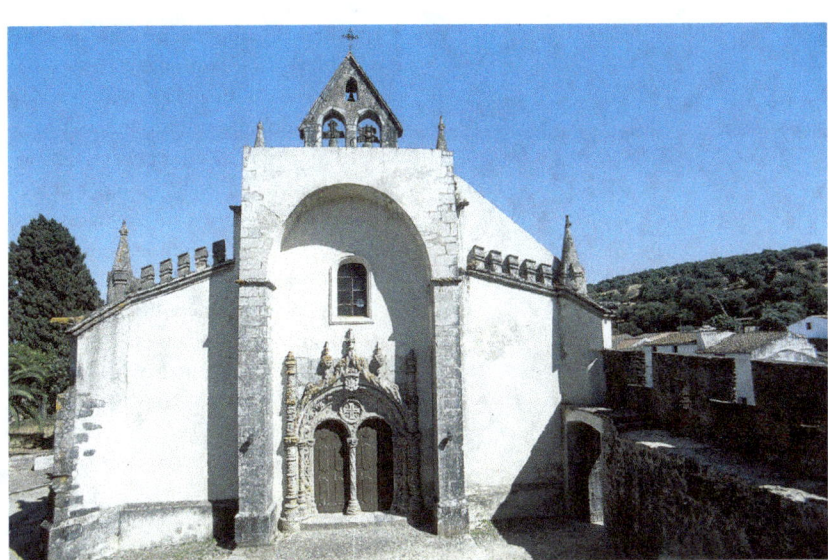

Nuestra Señora de la Anunciación, iglesia matriz de Viana do Alentejo.

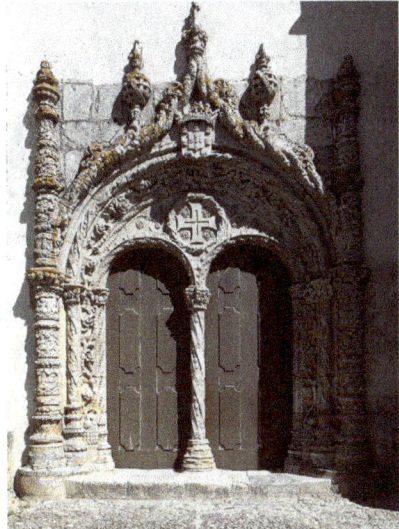

Nuestra Señora de la Anunciación, iglesia matriz, puerta principal, Viana do Alentejo.

con una capilla mayor y dos laterales poco profundas. Está completamente abovedada, con nervios ojivales de trazado recto que se apoyan en pilares octogonales muy decorados, con anillos de follaje en vez de capiteles. Hay también un coro alto sobre arcos rebajados. Solo las bóvedas de la cabecera tienen una red de nervios más densa y plásticamente más rica.

En el exterior, destacan los contrafuertes que soportan los empujes de la bóveda de la nave central y marcan, al tiempo, los refuerzos de las naves laterales. Están coronados por almenas ornamentales y pequeños pináculos cónicos a continuación de los arbotantes. La puerta es una de las obras maestras del naturalismo manuelino, y en ella las estructuras arquitectónicas fueron sustituidas completamente por elementos de carácter vegetal, a los que se añaden la cruz de la Orden de Cristo y el escudo real en el tímpano y en la clave de las *arquivoltas*, y las esferas armilares que rematan los pináculos.

En el interior se hallan también algunas lápidas tardogóticas y un frontal de

241

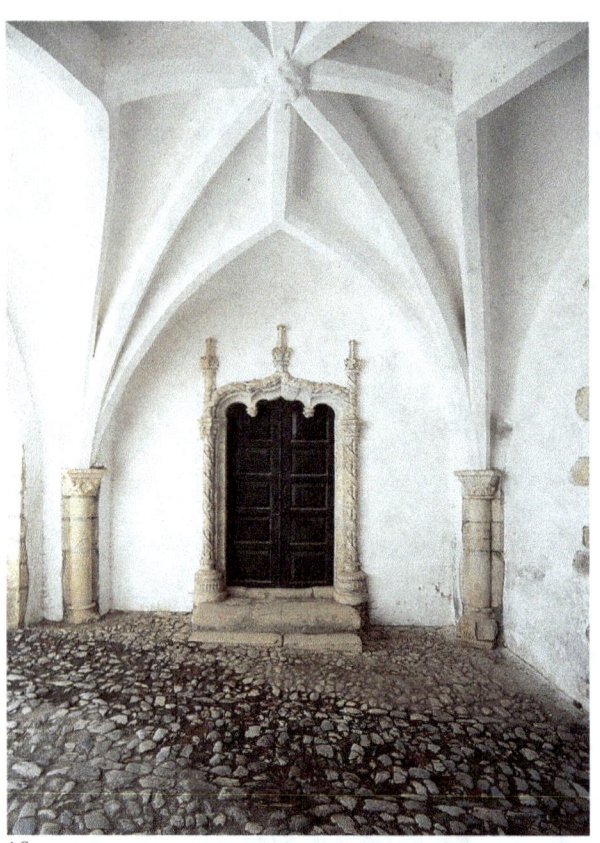

A.C.

Iglesia de la Misericordia, puerta, Viana do Alentejo.

azulejos *mudéjares* de fabricación sevillana.

X.1.d Iglesia de la Misericordia

También dentro del recinto del castillo, junto a una de las puertas. Para visitar el interior, llamar al padre Manuel, tel. 266 953133.

La Santa Casa de la Misericordia de Viana do Alentejo se instituyó en 1516

y las obras de construcción de su edificio debieron de comenzar enseguida, como parece indicar la estructura que ha perdurado, claramente manuelina.

Se alzó junto a una de las puertas del castillo, pegada a la muralla pero por debajo del adarve. Se entra a través de un atrio cubierto, de nervios ojivales, común a la antigua Casa Consistorial, en el que resalta la magnífica puerta polilobulada de un naturalismo vigoroso, con influencias directas de la puerta de la iglesia matriz, si es que no proceden ambas de las mismas manos.

El interior del templo privado de la Misericordia es muy sencillo, con cuerpo de nave única terminado en una capilla a la que precede un *arco triunfal* de medio punto pero con bases de columnas y capiteles de bello trabajo naturalista. La bóveda es simple, de tipo utilitario.

Para ir a Alvito, tomar la carretera N257.

X.2 ALVITO

La actual población empezó a tener cierta importancia a mediados del siglo XII, cuando se convirtió en propiedad de Estevão Anes, yerno de D. Afonso III y canciller mayor suyo. Más tarde, en 1279, pasó a la Orden de la Santísima Trinidad, que desarrolló enormemente la región. A fines del siglo XIV era ya una villa importante, a lo que contribuyó el linaje de sus donatarios, especialmente en el siglo XV, época en que el segundo Barón de Alvito, Diogo Lobo da Silveira, construyó el palacio.

RECORRIDO X *Villas blancas*
Alvito

D. Manuel I le otorgó su fuero a la villa en 1516.

X.2.a Centro histórico

Información: Oficina de Turismo, tel. 284 485440.

El núcleo antiguo de Alvito muestra claramente el desarrollo que tuvo la villa a principios del siglo XVI, tal es la cantidad de vestigios manuelinos que aún se ven en las calles antiguas próximas al palacio acastillado, no solo edificios religiosos, sino también muchas puertas y ventanas de jambas y dinteles de mármol labrado o simplemente achaflanado. Hay que destacar, sin duda, las puertas polilobuladas del Rossio de São Sebastião, las de la Rua de Beja e incluso de la hermosa Rua Nova.

Templos como la iglesia matriz, edificios civiles como la Casa Consistorial y el Palacio marcaban los lugares principales, pero la distribución y regularidad de las viejas casas manuelinas denotan una extensión poco común para aquel tiempo y hasta un nivel de vida superior de una parte significativa de la población.

X.2.b Nuestra Señora de la Asunción, iglesia matriz

Largo da Trinidade. Catalogada como Monumento Nacional. Para ver el interior, fijar una visita a través de la Oficina de Turismo, tel. 284 485440.

La historia de este templo se remonta al siglo XII, pero todo lo que hoy vemos es ya de época manuelina o principios del reinado de D. João III.
El primer o el segundo Barón de Alvito obtuvo autorización canónica para poner en él su panteón familiar, lo que debió de motivar el principio de la gran reforma, de la que resultó la iglesia actual, pese a añadidos ya de época renacentista y otros posteriores, manieristas y barrocos. Por una inspección de 1531 sabemos que en ese año faltaban aún algunas obras de acabado, pero que lo esencial estaba hecho.
La iglesia es de grandes dimensiones, de tres naves levantadas con el sistema, raro en Portugal, de arbotantes que sustentan el cuerpo abovedado de la nave central, de cruce-

Puerta manuelina, detalle, centro histórico de Alvito.

A.C.

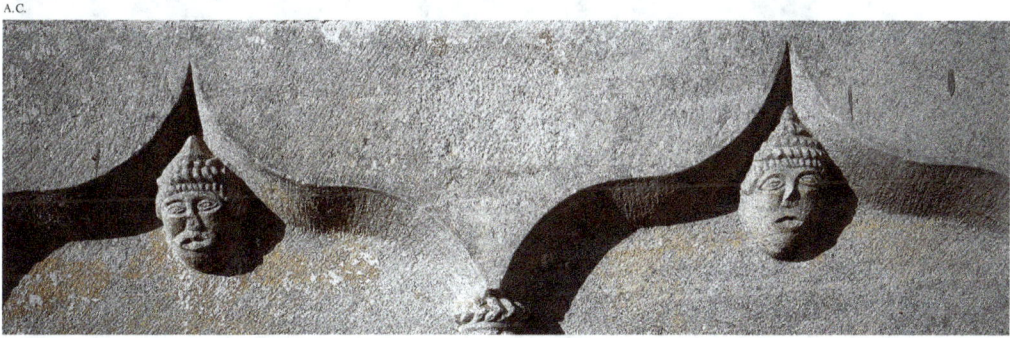

RECORRIDO X *Villas blancas*
Alvito

Nuestra Señora de la Asunción, iglesia matriz de Alvito.

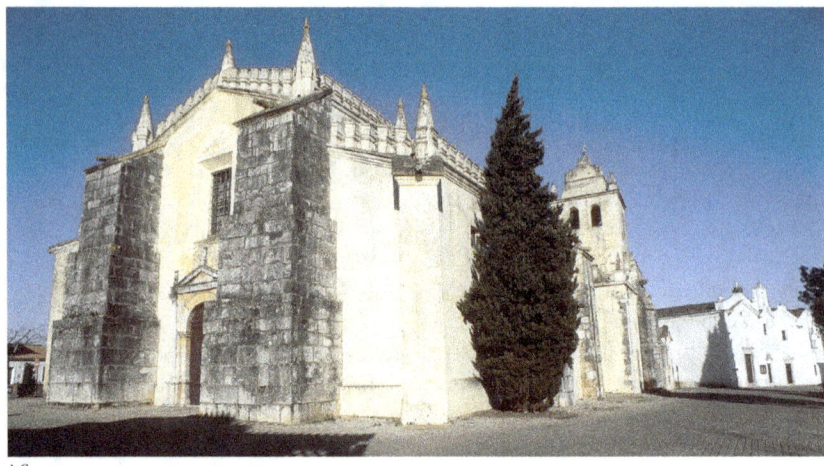

ría de cinco claves. Los pilares que dividen las naves son octogonales, pero sin capiteles, solo con anillos naturalistas en su lugar. La zona más decorada es la del transepto, sobre todo los arcos de entrada, arcaizantes y que seguramente corresponden a la primera fase de la obra, pues se destinaba a albergar tumbas de la familia de los titulares, los Lobo da Silveira, barones de Alvito.

En el exterior destacamos las almenas decorativas y los tradicionales pináculos cónicos típicos del manuelino alentejano. La estructura de la torre es aún la de principios del siglo XVI.

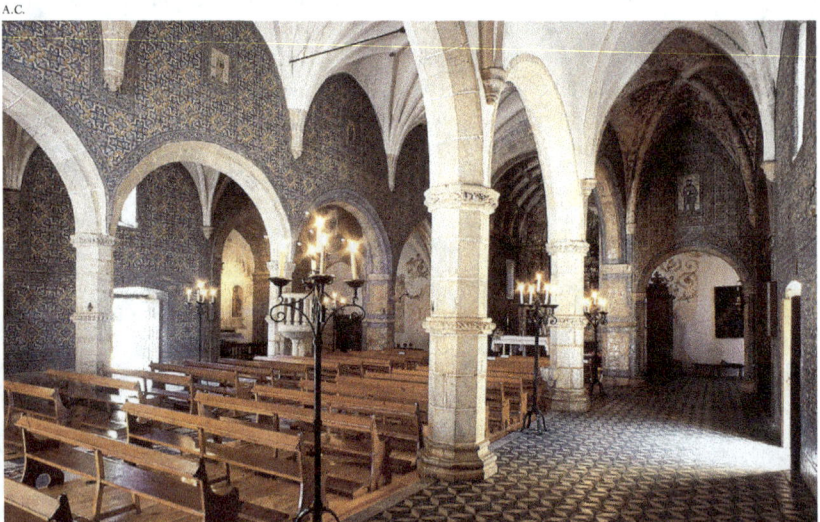

Nuestra Señora de la Asunción, iglesia matriz, interior, Alvito.

X.2.c Casa Consistorial

Rua 25 de Abril, 64, tel. 284 475266. Funcionan actualmente servicios técnicos municipales. Horario: de lunes a viernes de 9 a 12:30 y de 14 a 17:30.

Poco queda de la construcción manuelina aparte de la Torre del Reloj, rematada por un *chapitel* piramidal y cuatro torrecillas en las esquinas, unidas por almenas decorativas típicas de la arquitectura vernácula alentejana de principios del siglo XVI. Una escalera avanzada sobre la calle conduce a la planta alta, el piso noble y de reuniones, mientras que las estancias de la planta baja servirían para otros fines.

X.2.d Castillo

Entrada por el Largo do Castelo. Catalogado como Monumento Nacional. Ha sido convertido en Pousada, tel. 284 485343.

El Castillo o Palacio de Alvito está transformado hoy en un establecimiento hotelero y la adaptación ha mutilado este magnífico ejemplo de arquitectura doméstica manuelina, pues antes de las obras era el único palacio señorial que se conservaba prácticamente intacto desde hacía casi cinco siglos. Pese a todo, todavía es posible apreciar sus características esenciales. La planta es un rectángulo poco alargado, que se organiza en torno a un patio o plaza de armas, con tres lados ocupados por zonas de vivienda y otro libre, sólo con el muro alto que da a las huertas.
La torre del homenaje, de tradición medieval, se alza hacia el exterior; es casi cuadrangular en la base, con cerca de 11 m de lado, y tiene una altura de 25 m.
Fuera destaca también el torreón de la fuente, en uno de los ángulos, que marca la que podemos llamar fachada principal. Las otras tres torres son regulares, cilíndricas, claramente del tipo que se consagró en la arquitectura militar del siglo XV. Palacio señorial de llanura, aunque con elementos defensivos, son muchas las

A.C.

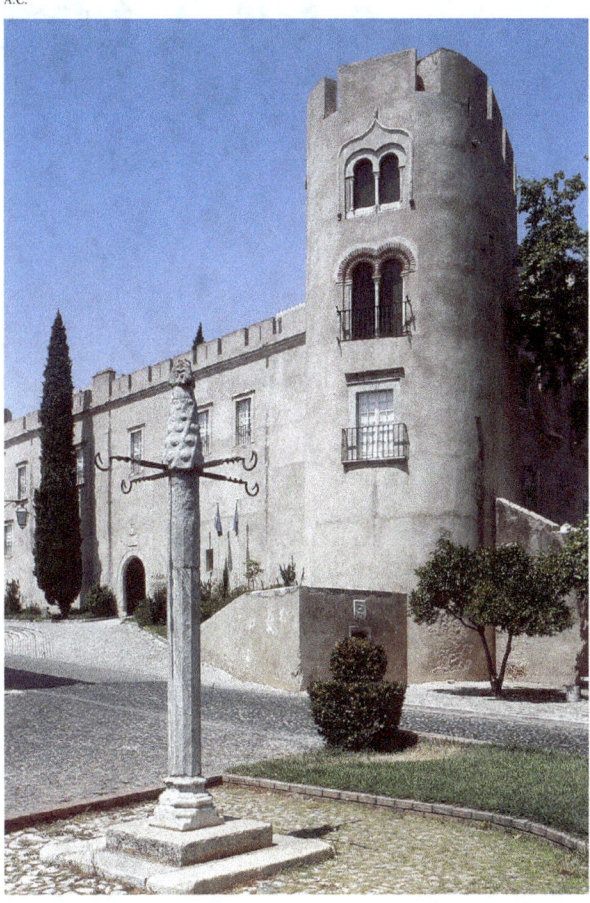

Castillo de Alvito.

RECORRIDO X *Villas blancas*
Alvito

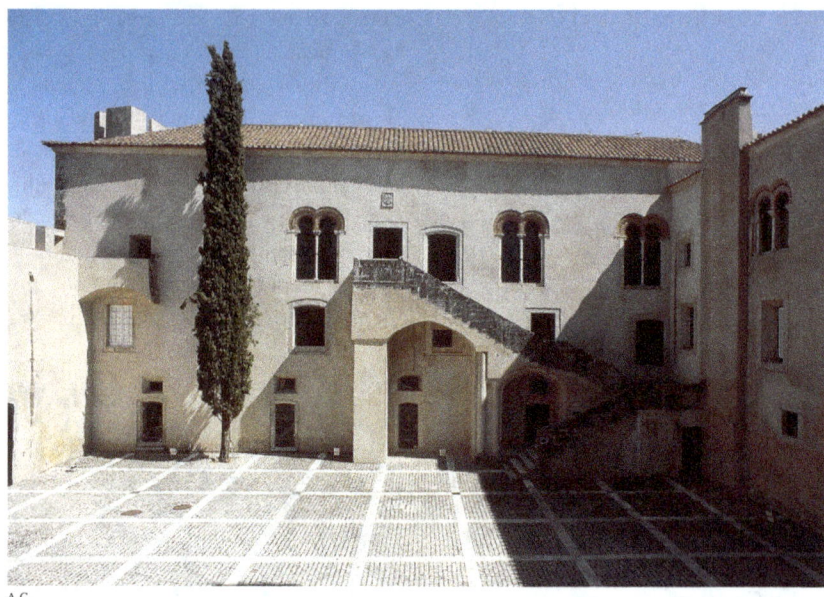
Castillo, interior, Alvito.
A.C.

aberturas al exterior, y entre ellas sobresalen las ventanas altas y las barandas dobles y de arcos de herradura de traza *mudéjar*. Este rasgo es aún más acentuado en el interior del patio, donde las ventanas de parteluz central de mármol y arcos dobles de dovelas de ladrillo remiten a los maestros de la Galería de las Damas del Palacio Real de Évora. Es, en el fondo, un intento de seguir el gusto de la obra regia que marcó la arquitectura doméstica señorial de Alentejo en la época manuelina.

En cuanto a la cronología de la construcción, hasta por la inscripción que está sobre la puerta de entrada se sabe que las obras comenzaron en 1494, a finales del reinado de D. João II, por iniciativa de Diogo Lobo da Silveira. En 1531 debía de estar concluido, pues aquí se alojó D. João III con parte de la corte, e incluso se produjo en él el nacimiento del príncipe D. Manuel, heredero del trono que murió prematuramente.

X.2.e Capilla de San Sebastián

Largo General Humberto Delgado, a la entrada de la villa, en el denominado Rossio de S. Sebastião. Catalogada como Inmueble de Interés Público.
Horario: la capilla suele estar abierta a los visitantes. En caso de que se encuentre cerrada, se puede solicitar una visita en la Oficina de Turismo, tel. 284 485440.

Pequeña capilla de planta simple y forma rectangular, caracterizada por contrafuertes cilíndricos en las esquinas y en mitad de los muros laterales. Toda ella, incluso la capilla mayor, está coronada con almenas decorativas. El interior tiene una

sola nave y capilla rectangular, con bóveda de crucería ojival arcaizante.
Este edificio se integra en un conjunto típicamente alentejano del que quedan las capillas de San Blas de Évora y la de San Andrés de Beja.

Para ir a Vidigueira tomar la N258 en sentido Vila Ruiva; antes de llegar a Vidigueira pasar también por Vila Alva y Vila de Frades.

X.3 VIDIGUEIRA

La villa de Vidigueira empezó a tener auténtica importancia a fines del siglo XIV, importancia que se acentuó con las sucesivas transferencias de titularidad, que acabaron situándola en la órbita de la casa de Bragança hasta 1519, cuando el gran navegante Vasco da Gama fue investido con el título de Conde de Vidigueira y quedó como dueño, naturalmente, del señorío, que más tarde pasó a sus descendientes. Fue en esa época cuando la villa experimentó varias mejoras con el fin de evidenciar la importancia de esta familia, que tuvo también otros miembros destacados en la política oriental, entre ellos Francisco da Gama, quien, como su bisabuelo, fue virrey de la India.

X.3.a Castillo

Con entrada por la Rua da Cisterna. Catalogado como Inmueble de Interés Público. Información: Oficina de Turismo, tel. 284 436564. Solo puede verse por fuera.

Del castillo o palacio acastillado no quedan más que algunos muros de la torre del home-

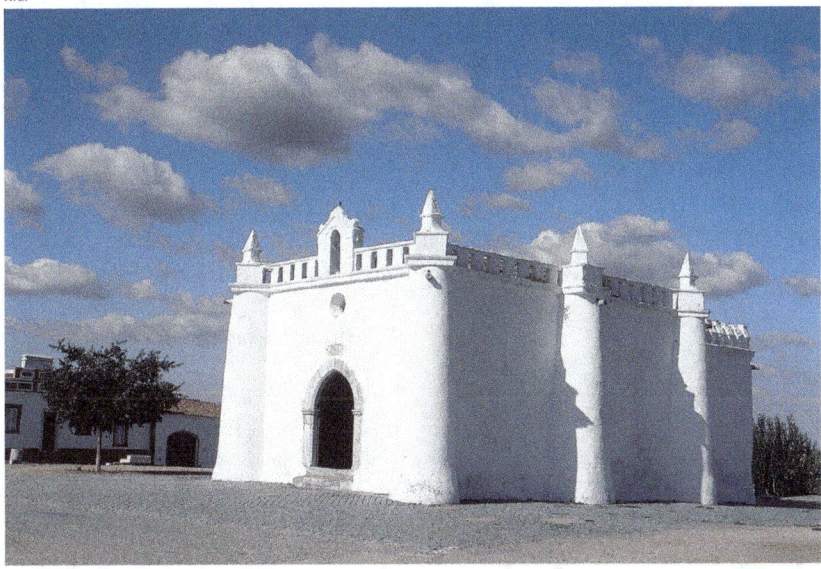

Capilla de San Sebastián, Alvito.

RECORRIDO X *Villas blancas*
Vidigueira

Castillo de Vidigueira.

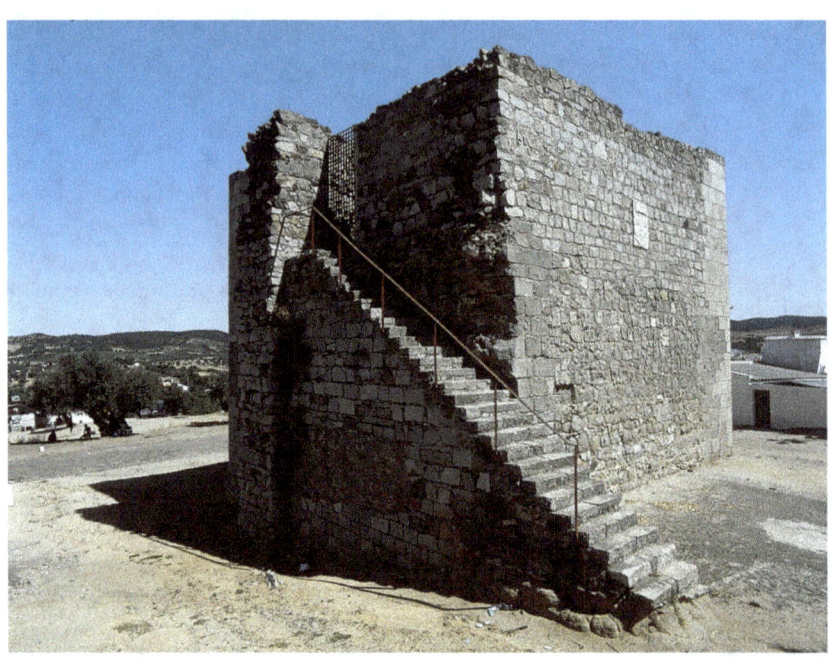

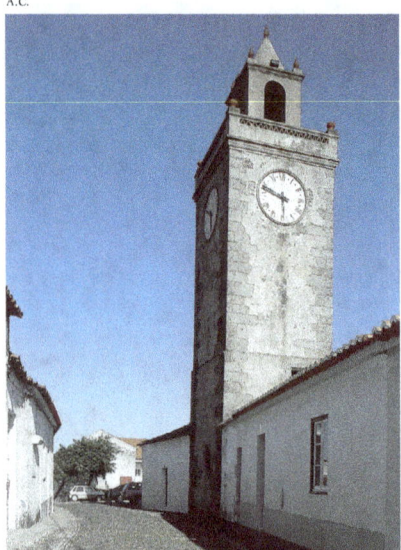

Torre del Reloj, Vidigueira.

naje, en los que son bien visibles elementos de claro corte manuelino. Aunque existiese antes, cuando Vasco da Gama tomó posesión de la villa emprendió varias mejoras, entre ellas la dignificación de su principal residencia, o por lo menos la más emblemática, ya que tenía otra gran morada en Évora.

X.3.b **Torre del Reloj**

Rua Miguel Bombarda.

Esta torre es, con toda seguridad, de origen medieval, pero fue restaurada y tal vez ampliada a principios del siglo XVI. Está coronada por el campanario, en una de cuyas campanas una inscripción atestigua que fue un regalo de Vasco da Gama en 1520.

RECORRIDO X   *Villas blancas*
Vidigueira

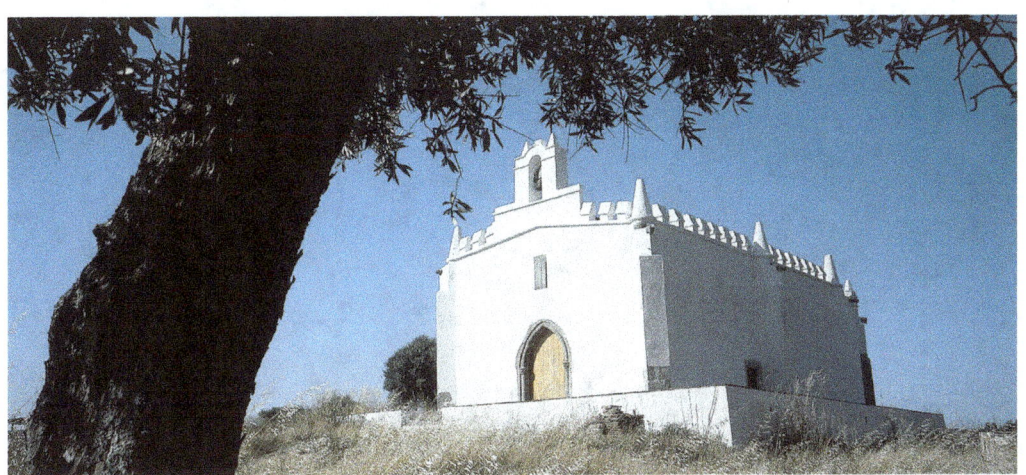

Ermita de Santa Clara, Vidigueira.

X.3.c **Ermita de Santa Clara**

Tanto viniendo de Évora / Portel como de Beja / Cuba, seguir por la calle principal hasta la Rua de Santa Clara. Al llegar a una carretera de tierra batida, seguirla hasta la ermita. Catalogada como Inmueble de Interés Público. Información: Oficina de Turismo, tel. 284 434492.

Este pequeño templo sirvió de iglesia parroquial hasta 1540, fecha en que el donatario de la villa, Francisco da Gama, hijo del almirante Vasco, la mandó reconstruir. En lo esencial, mantiene la estructura manuelina, seguramente de alrededor de 1520, pero el cuerpo fue rehecho posteriormente. Sobresale la bellísima capilla mayor, de tipo manuelino, con arco de entrada de estilo gótico final con capiteles naturalistas y bóveda compleja de nervios ojivales, en radio, con hermosas claves de decoración fitomórfica.

El exterior es también manuelino, con contrafuertes en las esquinas y también en los lados, y coronado con almenas decorativas y pináculos cónicos. La puerta es muy sencilla, con arco apuntado pero asimismo ya manuelino.

Para ir a Beja, tomar la IP2 en dirección sur.

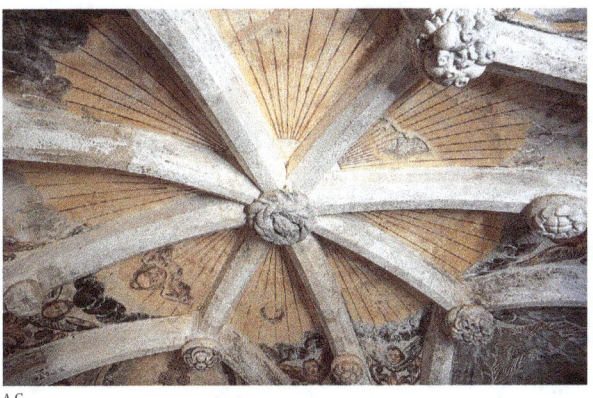

Ermita de Santa Clara, bóveda, Vidigueira.

RECORRIDO X

Villas blancas

**Pedro Dias, Dalila Rodrigues,
Nuno Vassallo e Silva, Fernando Grilo**

Segundo día

X.4 BEJA

X.4.a Capilla de San Andrés
X.4.b Centro histórico
X.4.c Castillo
X.4.d Antiguo Hospital de Nuestra Señora de la Piedad
X.4.e Convento de Nuestra Señora de la Concepción y Museo Regional de Beja Reina D.ª Leonor
X.4.f Convento de San Francisco

X.5 SERPA (opción)

X.5.a Castillo

X.6 MOURA

X.6.a Castillo
X.6.b San Juan Bautista, iglesia matriz

La reina D.ª Leonor

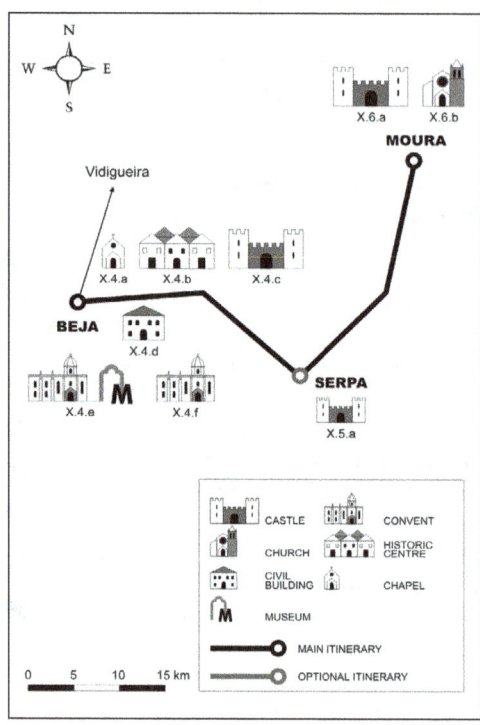

RECORRIDO X   *Villas blancas*
Beja

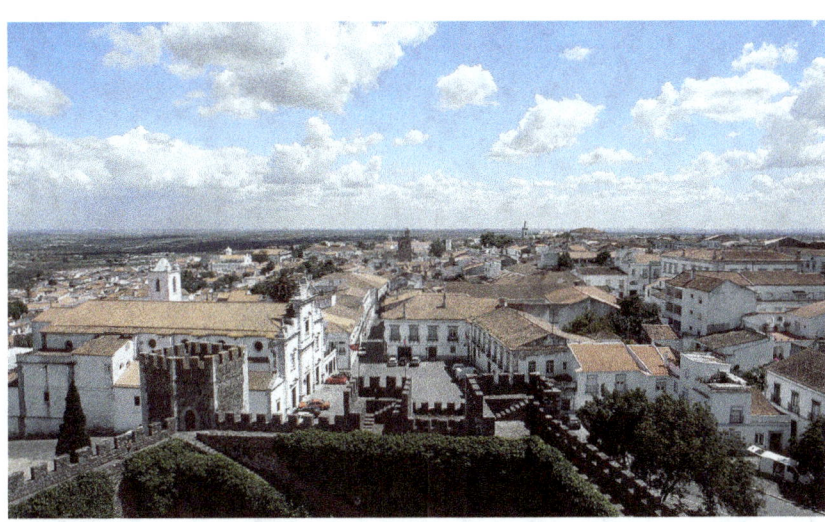

Centro histórico de Beja.

A.C.

X.4 BEJA

Beja fue una de las más ciudades romanas más importantes del occidente peninsular, relevancia que mantuvo durante el periodo de ocupación islámica. Su propio esplendor ocasionó su ruina, pues los reyes asturianos y leoneses la atacaron sucesivamente para recuperarla. El propio D. Afonso Henriques llegó a conquistarla, pero volvió a perderse enseguida, y esa alternancia en el poder no acabó hasta 1232.

Con D. Dinis, Beja empezó a progresar de nuevo: se reconstruyó el castillo y se levantaron varios establecimientos religiosos, y los avances continuaron en los reinados sucesivos. Pero la fortuna de la ciudad comenzó realmente con su donación al infante D. Fernando, casado con D.ª Beatriz, con quien instituyó la casa noble más poderosa del país, en competencia con la de Bragança. D. Fernando y D.ª Beatriz fueron los progenitores de D.ª Leonor y D. Manuel, el futuro rey Afortunado.

Estos nobles de altísima estirpe dotaron a la villa —elevada a ciudad por D. Manuel I— de estructuras urbanas importantes, construyeron residencias imponentes y patrocinaron órdenes religiosas, hospitales, la Misericordia, etcétera. En el reinado del Afortunado, que tenía el título de duque de Beja, fueron interminables las mejoras, muchas de las cuales pueden aún contemplarse.

X.4.a Capilla de San Andrés

En la N121, a la entrada de Beja. Catalogada como Monumento Nacional. Solo puede verse por fuera.

Esta capilla o ermita es una más de una larga serie de capillas hechas en la región

Capilla de San Andrés, Beja.

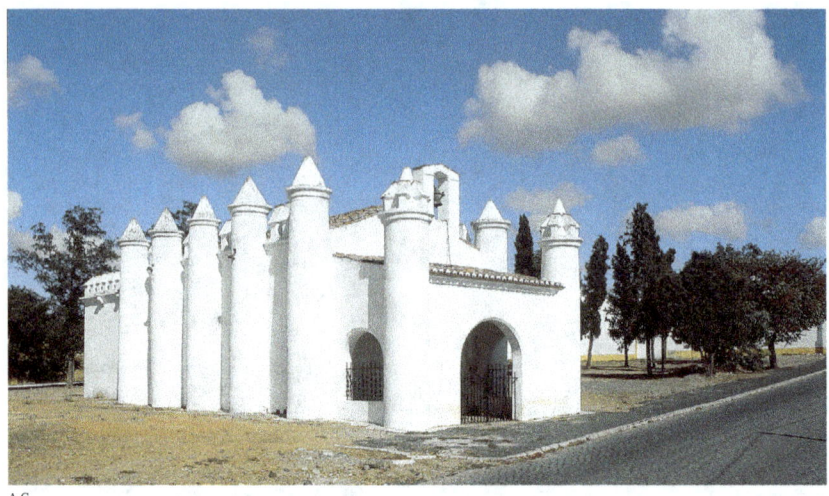
A.C.

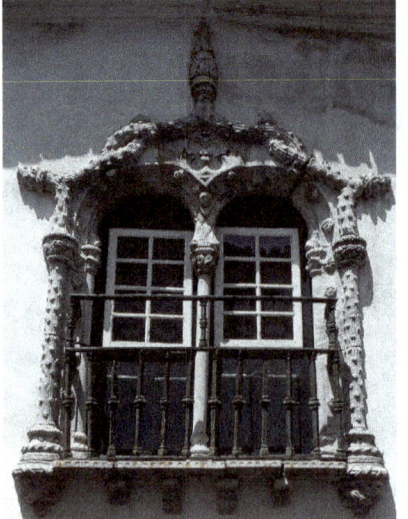
A.C.

Centro histórico, ventana manuelina, Beja.

y que se caracterizan fundamentalmente por el uso de contrafuertes cilíndricos tanto en los lados como en las esquinas. La ermita está precedida de un *alpendre* o atrio cubierto, tiene cuerpo de una sola nave y capilla cuadrangular, coronada exteriormente por almenas decorativas. El interior es muy sencillo, con una bóveda de simples nervios ojivales cruzados en la cabecera.

Después de visitar la capilla de San Andrés, seguir las señales que llevan al castillo. Antes de entrar en el recinto amurallado hay dos aparcamientos gratuitos. A partir de este punto, se recomienda la visita de Beja a pie.

X.4.b Centro histórico

Información: Oficina de Turismo, tel. 284 311913.

En el centro histórico son visibles muchos vestigios de edificios manuelinos que dan fe del desarrollo de la ciudad a principios del siglo XVI. Además de las iglesias de parroquias y órdenes religiosas, los hospitales, las dependencias del ayuntamiento, los tribunales, la cárcel, etcétera, se construyeron o reconstruyeron innumerables residencias de burgueses enriquecidos o de servidores de la casa ducal. No todas las puertas y ventanas tienen una decoración tan rica como la de la gran ventana con parteluz y doble arco de la calle Mercadores, de una exuberancia naturalista insuperable, o la de la portada elegante, de estructura meramente rectangular ornada con una moldura circular y con rosetas en el intradós, que todavía puede verse en el número 24 de la calle Esquível.

Un paseo por el centro histórico nos lleva al encuentro de estas reliquias de nuestra arquitectura en las calles de São Gregório, Guia, Misericordia, y hasta en la rebautizada Praça da República, en cuyo número 43 hay un piso bajo con portadas diferentes, desde dos con simples *arcos conopiales* rebajados hasta otra de doble vano, enteramente festoneada con un cordón y dotada de voluminosos capiteles prismáticos.

También en la Praça da República está el *pelourinho*, erigido en 1521 pero objeto de numerosas modificaciones que han hecho que solo parte de lo que hoy se ve pertenezca al original. No obstante, la reconstrucción permite percibir la elegancia de sus formas y la riqueza de la decoración naturalista que recubre el fuste helicoidal.

X.4.c Castillo

Abarca el Largo do Lidiador, la Rua D. Dinis y la Rua Antero de Quental. Catalogado como Monumento Nacional.
Acceso con entrada a la torre del homenaje.
Horario: invierno de 9 a 12 y de 13 a 16; verano de 10 a 13 y de 14 a 18; lunes y festivos cerrado.

A.C.

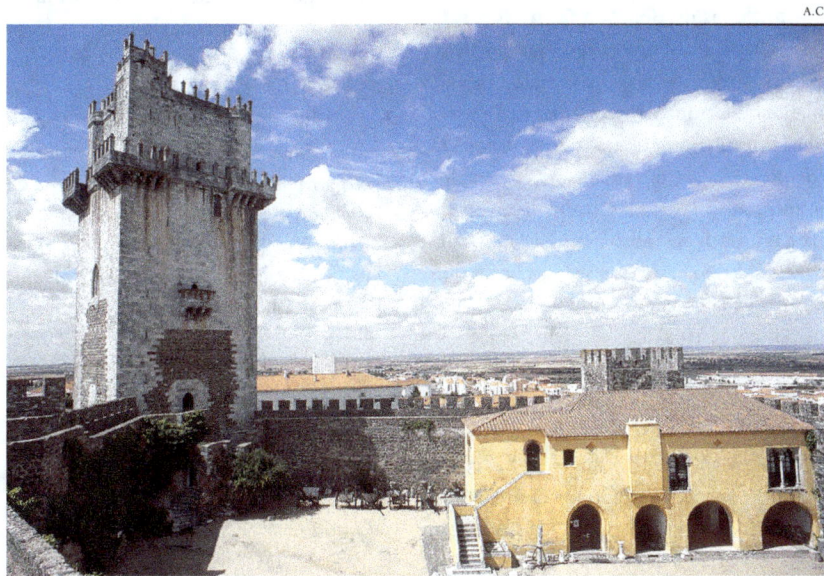

Castillo, torre del homenaje, Beja.

Podemos distinguir dos construcciones: el castillo y la muralla. Esta rodea el núcleo antiguo de la ciudad, las calles que constituían la parte esencial de la Beja manuelina y donde están las principales iglesias, como las de Santa María y Santiago, y el Convento de Nuestra Señora de la Concepción. Tiene una forma casi ovalada, conserva cerca de 40 torres además de fosos secos y varias puertas, como las de Moura, Beja, Avis, Aljustrel y otras, aparte de postigos. Las murallas son de tipo tradicional, altas y fuertes, coronadas por almenas y adarve en todo su perímetro.

El castillo es pentagonal; dentro de la plaza de armas está la antigua morada de los capitanes, muy restaurada y en la que se incluyeron elementos arquitectónicos manuelinos provenientes de demoliciones hechas en otros puntos de la ciudad. Fotografías antiguas, no obstante, permiten percibir que las ventanas y arcadas de la fachada principal son originales.

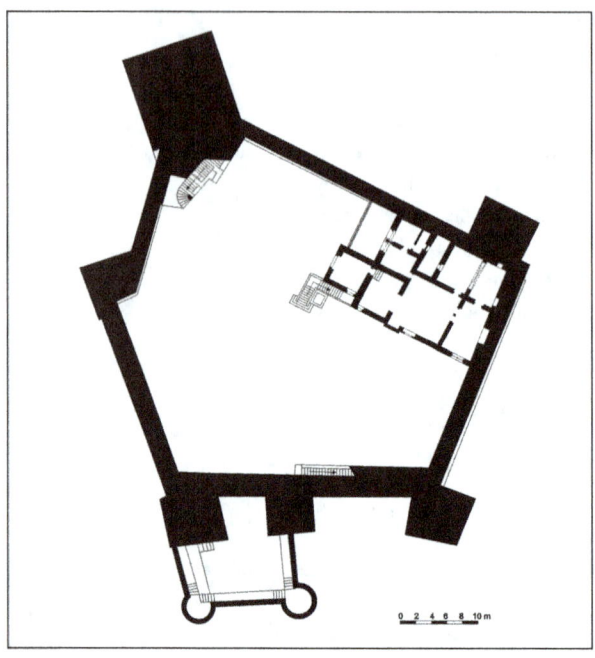

Castillo de Beja, planta, Boletim da Direcção-Geral dos Edifícios e Monumentos Nacionais, n.º 77.

Las murallas de Beja son las mayores de Baixo Alentejo y conservan gran parte de la estructura que tenían en el reinado de D. Manuel I. Campamento romano en su origen, durante la ocupación musulmana la fortificación fue agrandada considerablemente, pero las varias embestidas de las tropas cristianas acabaron por destruir muchas de esas estructuras. Las obras que llevaron a la construcción que ha pervivido hasta nuestros días, y que fue objeto de una gran restauración en 1939, empezaron en el siglo XIV: D. Fernando dio orden de reformarlas en 1372, y en el siglo XV los trabajos alcanzaron su cota más alta, cuando se reconstruyó desde los cimientos el alcázar islámico y se levantó la formidable torre del homenaje, de 40 m de altura.

En uno de los ángulos queda la torre del homenaje, del siglo XV, con sus tres pisos abovedados, en la que destaca particularmente la bóveda estrellada del piso intermedio, una de las más bellas y complejas de todo el gótico portugués. Es también notable el desarrollo de la parte superior de la torre, con su baranda envolvente y el conjunto de amplios balcones de matacanes.

X.4.d Antiguo Hospital de Nuestra Señora de la Piedad

Rua D. Manuel I. Lo utilizan una universidad y el Instituto de Servicio Social. Información: tel. 284 327550.

Horario: días laborables de 9 a 12:30 y de 14 a 17:30.

Es conocido también como Hospital de la Misericordia, por haber pertenecido a esta institución asistencial. Su estatuto data de 1511, aunque desde hacía años vinieran realizándose trabajos, por lo cual esa fecha corresponderá al final de las obras básicas. Se conservan muchas partes del edificio manuelino, empezando por el claustro, de alas altas y estrechas, pero con elegantes bóvedas de nervios, ménsulas prismáticas y claves de decoración naturalista.

La antigua capilla privada, consagrada a San Marcos, es una joya arquitectónica, con bóveda de nervios ojivales y un arco de entrada de fina labor naturalista.

Pero más impresionantes aún son las antiguas enfermerías, también con poderosa bóveda sobre pilares cruciformes y arcos ojivales pero sin ninguna decoración, como convenía a una dependencia con sus funciones. En las claves de las secciones de la bóveda son visibles las armas reales, que indican el patrocinio de D. Manuel I.

X.4.e Convento de Nuestra Señora de la Concepción y Museo Regional de Beja Reina D.ª Leonor

Largo da Conceição, tel. 284 323351. Catalogado como Monumento Nacional.
Acceso con entrada. Horario: martes a domingo de 9:30 a 12:30 y de 14 a 17.15; festivos cerrado.

El Real Monasterio de Nuestra Señora de la Concepción de Beja fue fundado por D.ª Beatriz, mujer del duque D. Fernando, ambos progenitores de D. Manuel I. Su origen se remonta, como mínimo, a

A.C.

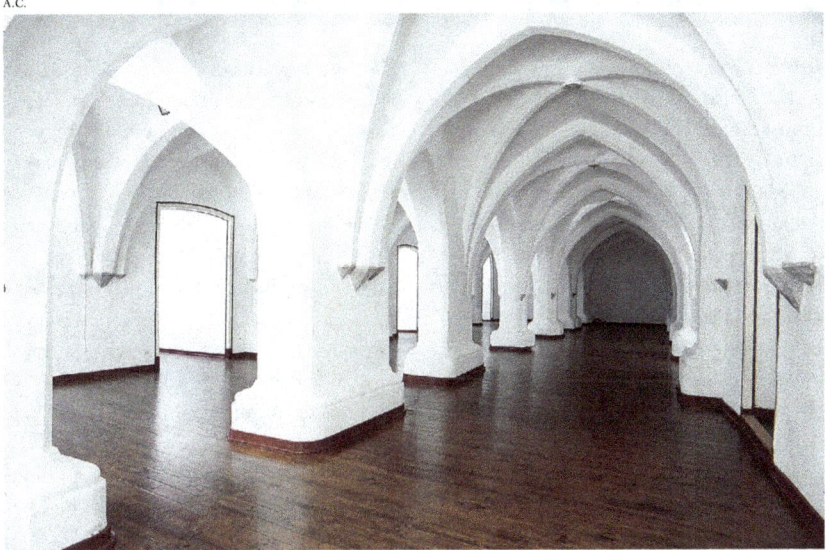

Antiguo Hospital de Nuestra Señora de la Piedad, enfermería, Beja.

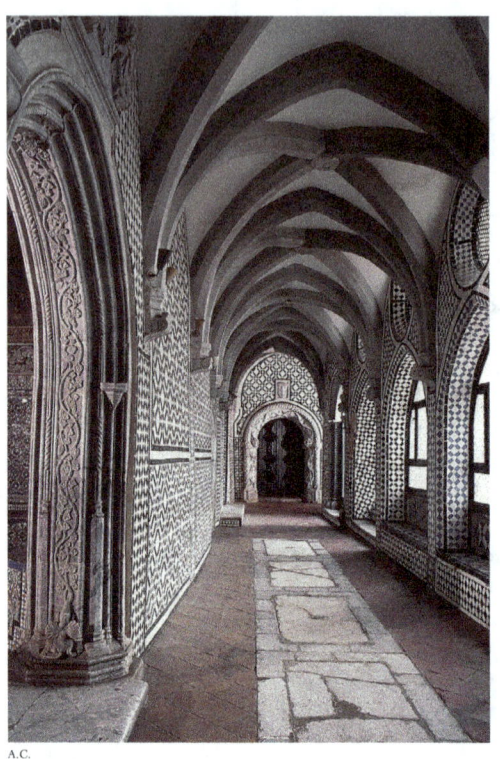
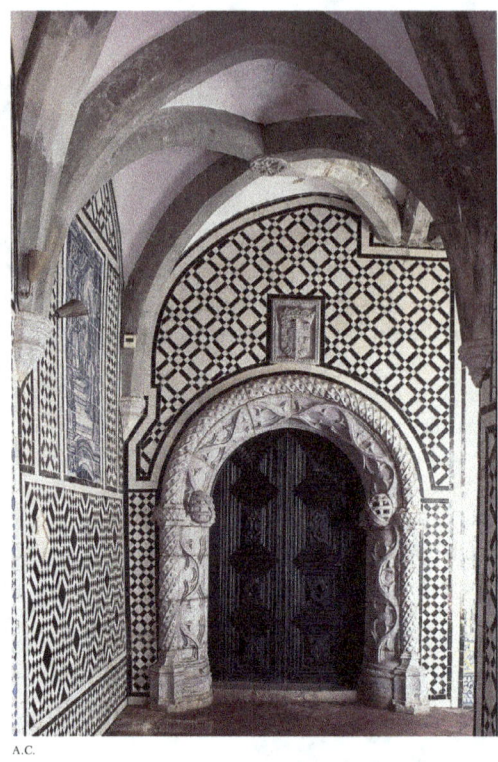

Convento de Nuestra Señora de la Concepción, claustro, Beja.

Convento de Nuestra Señora de la Concepción, puerta del antiguo refectorio, Beja.

1469, pero las obras de construcción definitivas empezaron más tarde, y su momento de apogeo fue a principios del siglo XVI, cuando el hijo de la fundadora ya ocupaba el trono de Portugal. Este patrocinio hizo del Convento una de las instituciones religiosas más ricas de Alentejo, y se conservan aún algunas dependencias de aquella época.

El exterior está profundamente alterado por obras de estilo neogótico, pero incluso así ha quedado la puerta principal de la iglesia, de un hermoso y canónico gótico flamígero en la tradición del de Batalha, y también una ventana de doble arco de trazado *mudéjar* en el balcón de la parte superior.

Hay que destacar el claustro, centro de la vida monástica, obra de gran valor plástico, de cuatro naves con bóvedas diferentes, sólidas y con decoración muy parca; obsérvese la puerta del antiguo refectorio, de un naturalismo exuberante, que ostenta dos esferas armilares en las jambas.

La sala capitular tiene también estructura de la época manuelina, si bien la puerta de entrada es un poco anterior, y su valor radica, sobre todo, en la decoración de azulejos de arista de fabricación sevillana y estilo *mudéjar*.

El Convento alberga el Museo de Beja. Entre algunas interesantes obras pictóricas, principalmente la *Virgen de la leche*, concebida en un minucioso realismo flamenco desvirtuado por repintes posteriores, en la colección de este suntuoso museo destaca un *Ecce Homo*, que sorprende al espectador por su evidente parecido con la tabla de la colección del Museo Nacional de Arte Antiguo de Lisboa. Muy enigmáticas ambas en cuanto a su autor y a las técnicas materiales empleadas, y aunque difieren en la presencia o no de inscripción identificativa, apuntan a que hubiera un prototipo común, asociado a un fenómeno de devoción muy especial, comprendido cronológicamente entre los siglos XV y XVII. Este prototipo habría dado origen a algunas réplicas, concretamente a las obras de Setúbal y de Santa Clara de Funchal.

En la misma colección merece especial referencia, por tratarse de una de las obras emblemáticas del taller quinientista radicado probablemente en Coimbra, la tabla *San Vicente*. Al contrario que en el *Ecce Homo*, el autor de esta tabla, tal vez el pintor Vicente Gil —cuya actividad en Coimbra entre 1498 y 1521 está documentada—, transforma lo accesorio en esencial, revelando un gusto particular por la ejecución pormenorizada con gran densidad material. Hay que señalar la presencia de las armas de la reina D.ª Leonor, que probablemente encargó la pintura, en el cuadrado del alba del santo. En el campo de las artes ornamentales, hay que destacar el conjunto de azulejos de la sala capitular del Convento, también de época manuelina. Ricamente decorada, está revestida de paneles de azulejos hispanoárabes policromados, dispuestos como alfombras. En el Museo es posible admirar también varios conjuntos de patrones de azulejos sevillanos en *cuerda seca* de principios del siglo XVI.

En orfebrería, el Museo posee un cáliz

A.C

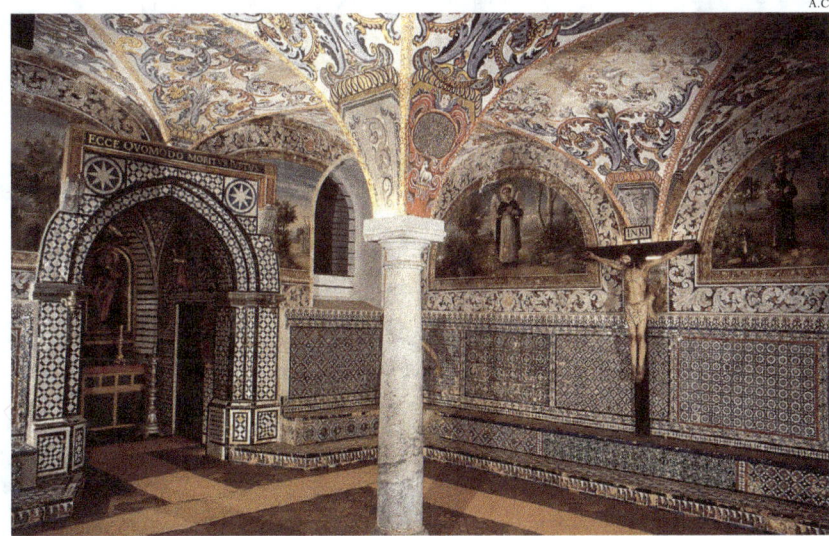

Convento de Nuestra Señora de la Concepción, sala capitular, Beja.

Autor desconocido, "Ecce homo", h. 1500, Museo de Beja.

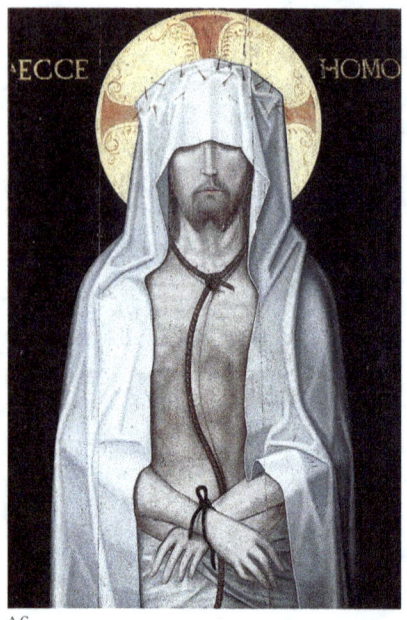

A.C.

turas de devoción del siglo XVI; ambas representan a San Sebastián, pero constituyen dos facetas del panorama artístico durante el periodo manuelino. Hay profundas diferencias entre ellas. Una es de madera policromada y la ejecutó, probablemente, un maestro portugués influido por lo que se hacía en Flandes, como bien se puede deducir por la postura, el tratamiento de los volúmenes e incluso por la policromía; la otra es de piedra, también policromada, y hay que considerarla representativa de la actividad de los talleres manuelinos.

X.4.f Convento de San Francisco

Largo D. Nuno Álvares Pereira. Catalogado como Inmueble de Interés Público.
El edificio conventual ha sido convertido en la Pousada de São Francisco, tel. 284 328441.
Horario: la visita debe hacerse, preferentemente, a partir de las 14 h.

tardogótico en plata y la famosa escribanía en plata, de gran sobriedad, que la tradición asocia a un presente de D. Manuel I a la ciudad de Beja. Es, no obstante, una obra más tardía, realizada posiblemente para sustituir al regalo manuelino, que seguramente se deterioró.

Con todo, es del Lejano Oriente, de China, de donde proviene la obra de arte más famosa del Museo Reina D.ª Leonor. Nos referimos a la escudilla de Pêro de Faria, en porcelana blanquiazul y datada en 1541. La relación de la pieza con este gobernador de Malaca, compañero de Afonso de Albuquerque, consta en el interior del borde. Es una de las primeras obras chinas conocidas encargada expresamente por los portugueses.

El Museo posee, aparte, dos notables escul-

Este convento fundado en 1268, durante el reinado de D. Afonso III, fue objeto de sucesivas obras hasta la época manuelina, cuando alcanzó su mayor esplendor. No obstante, nuevas campañas de obras, sobre todo en el siglo XVIII, deterioraron su aspecto, que se recuperó parcialmente con la reforma para transformarlo en establecimiento hotelero.

De estilo gótico y del tiempo de D. Manuel I han quedado el claustro, el refectorio y la cisterna; destaca también el Panteón de los Frailes de Andrade, de un gótico cuatrocentista de gran nivel, fruto del trabajo de artistas formados en las obras del Monasterio de Batalha.

El claustro es muy elegante, alto, con una

bóveda bien lanzada de nervios cruzados que se asientan en ménsulas. A una de sus naves da la sala capitular, también del siglo XV.

Ya más evolucionada es la bóveda del refectorio, de cinco tramos seguidos con bóvedas de nervios rectos de cinco claves, pero la dependencia más fascinante tal vez sea la cisterna, de tres naves de cinco tramos, obra de carácter funcional, también con poderosa bóveda de arista sobre pilares monocilíndricos.

Para ir a Serpa, tomar la N260 y recorrer 30 km. Para seguir hacia Moura, pasar Serpa y torcer luego a la izquierda para coger la N255, por la que se deben recorrer 28 km.

X.5 SERPA (opción)

Importante villa fronteriza, fue punto fortificado tanto de la corona castellana como de la portuguesa, en cuya órbita entró definitivamente en el siglo XIII. Estuvo ocupada por los musulmanes, pero su desarrollo efectivo no empezó hasta el siglo XV y se acentuó en época manuelina con la construcción de muchas casas nuevas, la reforma del castillo, y la edificación de instituciones religiosas y asistenciales.

X.5.a Castillo

Entrada por la zona de Castelo Velho, junto a la Praça da República. Información: Oficina de Turismo, tel. 284 544727.
Horario: invierno de 9 a 12:30 y de 14 a 17:30; verano de 9 a 12:30 y de 16 a 19:30.

Las primeras obras del periodo portugués datarán del reinado de D. Dinis, finales del siglo XIII, pero, como en todas las villas fronterizas, se hicieron mejoras en el castillo y la muralla a principios del siglo XVI. Las obras elevaron y reforzaron las murallas y las torres, ensancharon sin duda los muros e hicieron de nuevo las puertas, dos de las cuales se conservan, la de Beja y la de Moura.

Las *cortinas* de muralla y las torres muestran el cuidado que pusieron los maestros de obra, entre ellos tal vez uno de los her-

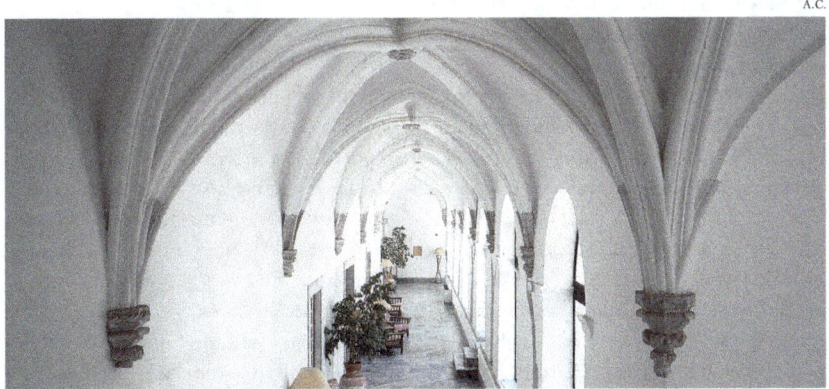

Convento de San Francisco, claustro, Beja.

Castillo de Moura.

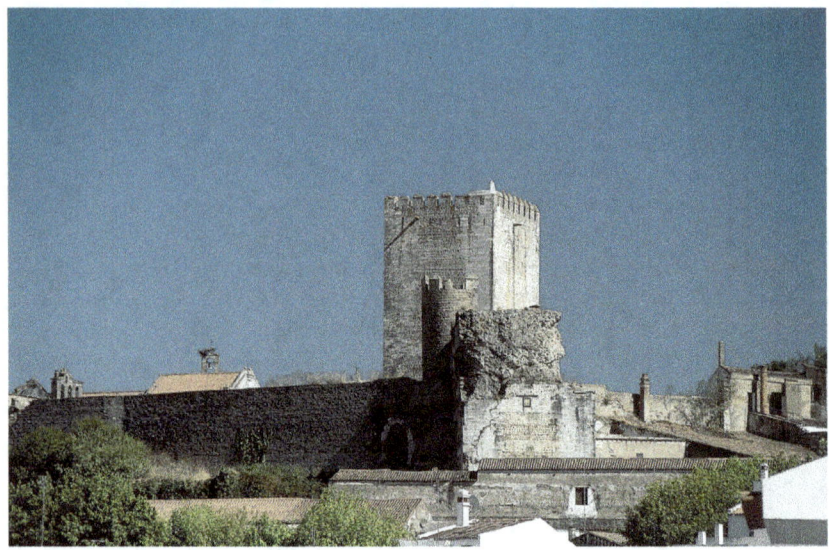

manos Arruda, y por su tipología se puede datar entre 1510 y 1520.

X.6 MOURA

Parece demostrable que Moura existía ya antes de la invasión islámica de 711, pero no fue hasta después cuando cobró cierta importancia. Conquistada por D. Sancho II en 1232, no se incorporó a la Corona portuguesa hasta más tarde; su primer fuero se lo otorgó D. Dinis en 1292. La proximidad de la frontera la convirtió en una plaza fuerte relevante y, al mismo tiempo, en lugar de intercambio comercial. D. Manuel I protegió y trató de desarrollar Moura, dotando a la villa de una nueva iglesia matriz y un nuevo alcázar, y patrocinando obras en otras instituciones, principalmente en el Convento de Carmo.

X.6.a Castillo

Entrada por la Praça Sacadura Cabral. Catalogado como Inmueble de Interés Público. Información: Oficina de Turismo, tel. 285 251354.

El origen del viejo Castillo de Moura se remonta al periodo de dominio islámico, y es más que probable que se hicieran importantes mejoras en él durante el siglo XII. De esta época se conservan todavía algunos restos de muralla en *tapial*, con sus torres cilíndricas o cúbicas. No obstante, hubo nuevas y grandes obras en el reinado de D. Dinis, ya en los últimos años del siglo XIII, de las que han quedado los cimientos de la vieja torre del homenaje de la alcazaba. D. Manuel I mandó reformar todo, y el proyecto y su realización, que pueden datarse entre 1510 y 1520, corrieron a cargo del maestro de obras reales Francisco de Arruda.

X.6.b San Juan Bautista, iglesia matriz

Praça Sacadura Cabral. Catalogada como Monumento Nacional.
Horario: todos los días de 9 a 18.

El edificio primitivo de esta iglesia, consagrada a San Juan Bautista, databa del siglo XV y no pasaba de ser una pequeña ermita, ya que estaba dentro del castillo, pero D. Manuel I hizo construir una nueva igle-

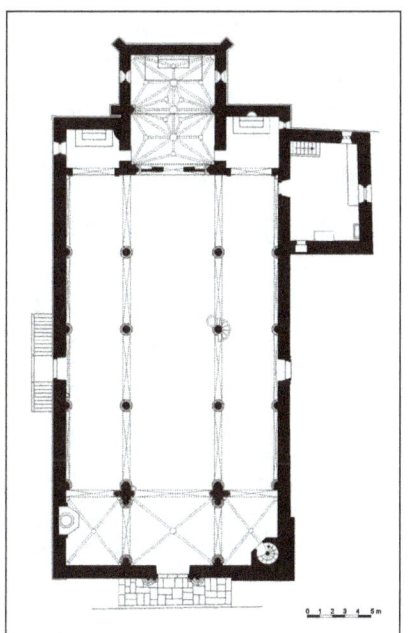

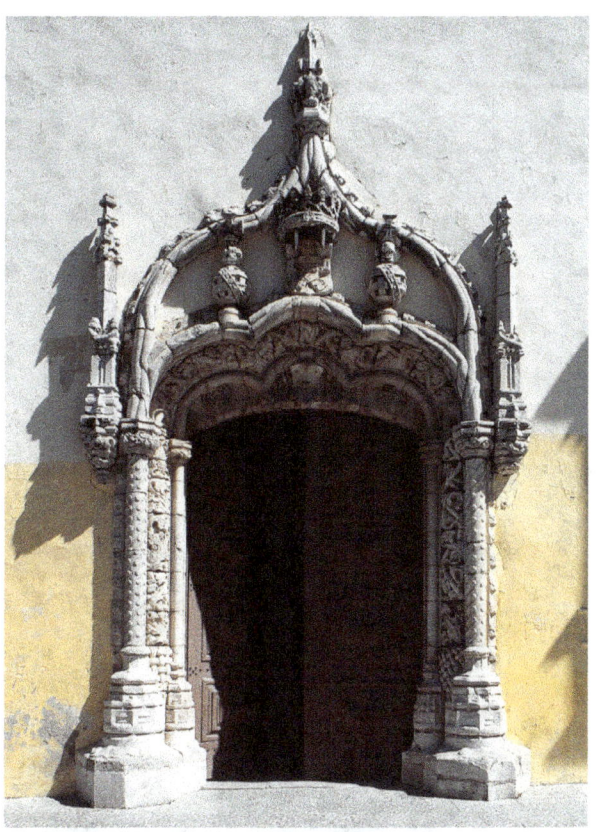

sia desde los cimientos, sin que quedara nada de la original. Se convirtió en uno de los templos más importantes del este alentejano, con semejanzas estructurales con la iglesia matriz de Golegã, otra obra con patrocinio real, al menos en parte. Si el exterior es de aspecto sobrio, con una poderosa torre lateral y donde solo destaca la puerta axial, casi idéntica a la de la iglesia matriz de Viana do Alentejo, el interior es precioso. En él, elegantes arcadas sobre pilares dividen las tres naves de cinco

San Juan Bautista, iglesia matriz de Moura.

San Juan Bautista, iglesia matriz de Moura, planta, Boletim da Direcção-Geral dos Edifícios e Monumentos Nacionais, n.º 45.

RECORRIDO X   *Villas blancas*
Moura

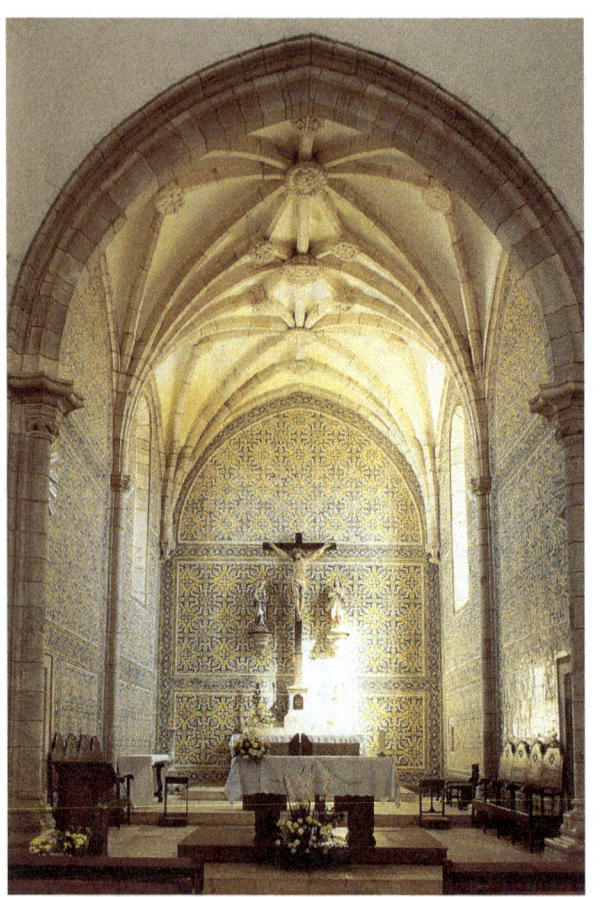

A.C.

San Juan Bautista, iglesia matriz, capilla mayor, Moura.

El Salto del Lobo, la catarata del Guadiana
Entre las villas de Serpa y Mértola forma el río Guadiana una pavorosa catarata que se despeña con horrible estruendo, aturdiendo y aterrorizando a los que a ella se acercan.
Duarte Nunes de Leão, al tratar de esta catarata (Descripção do Reino de Portugal), escribía en 1599: "Allí donde se despeña, [el Guadiana] se llama Assonjo ("catarata, cascada, salto, etcétera") por el gran ruido, y estruendo, que el agua hace; cayendo de lugar tan estrecho, y tan alto, que de ahí al fondo son dieciséis brazas".
En efecto, el río cae en una sima de unos 100 m de ancho y 80 brazas (173 m) de altura, corriendo poco antes por dos canales tan estrechos que cada uno no tiene más de un metro de ancho; y juntándose enseguida, pasan por debajo de un puente de piedra, formado por la naturaleza, y que da paso a una y otra margen del río.
A esta cascada se le da el nombre de Salto del Lobo.

Pinho Leal, Portugal Antigo e Moderno, *vol. IX, Lisboa, 1871.*

tramos y sin transepto saliente; la cabecera es triple, y en ella destaca la bóveda de nervios ojivales de la capilla mayor, de dos tramos, claves de excelente factura y profusa decoración fitomórfica. De época manuelina, y también con decoración naturalista de buen dibujo, son el coro alto, el púlpito y la puerta lateral.

LA REINA Dª LEONOR

Pedro Dias

D.ª Leonor es una de las figuras cruciales de la historia de Portugal de la segunda mitad del siglo XV y el primer cuarto del siglo XVI. Nació en 1458 y era hija de los duques de Beja, Fernando y Beatriz, por ello doblemente descendiente de los reyes de Portugal. Por su matrimonio con D. João II, en 1473, se convirtió en princesa, y llegó al trono en 1482 a causa de la muerte de su suegro, el rey D. Afonso V. Vivió intensamente las peripecias del reinado de su marido, sobre todo la conjura de los duques de Bragança y Viseu, que acabó con la muerte de ambos. No obstante, con ayuda de su madre, consiguió salvaguardar a su hermano D. Manuel, lo que le permitió a este subir al trono en 1495.

De su matrimonio con D. João II tuvo solamente un hijo, el príncipe Afonso, que moriría en un accidente en Santarém. Perfilándose el bastardo de D. João II, D. Jorge de Lencastre, como heredero, hizo todo lo posible para que su marido nombrara sucesor a D. Manuel, lo que al final ocurrió.

Dueña de innumerables bienes y señoríos, regente del reino durante las ausencias de su hermano, se dedicó también a las obras de caridad, y fue durante el viaje de D. Manuel I a Castilla cuando fundó la primera Misericordia. Amante de las artes, compró por toda Europa obras de los mejores artistas y reunió en el Convento de la Madre de Dios de Xabregas (Lisboa) una verdadera colección en que compar-

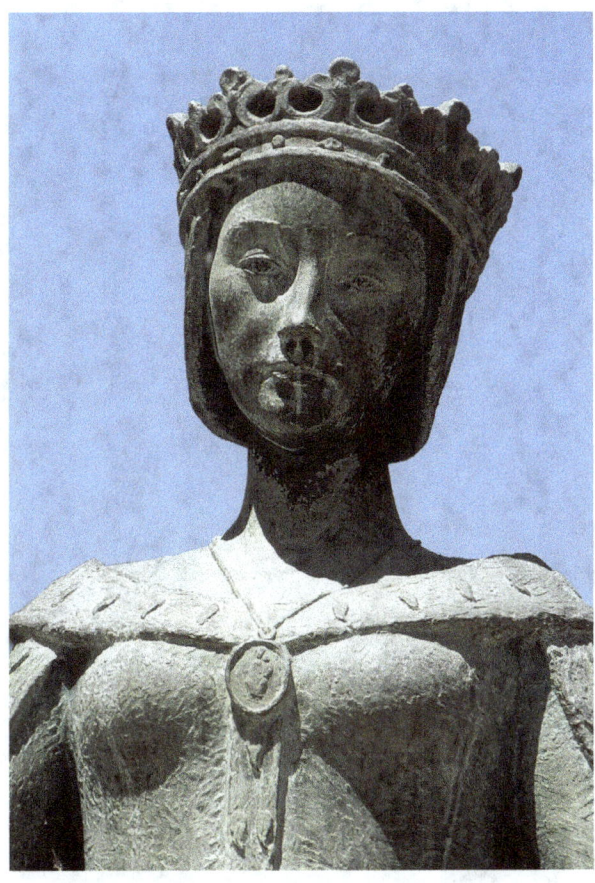

Estatua de la reina D.ª Leonor, Beja.

tían espacio las terracotas vidriadas de Florencia, de los talleres de los Della Robbia, con la mejor pintura flamenca de Quentin Metsys, por no hablar de las joyas y otros objetos preciosos de Oriente.

Murió en 1525, cuando ya reinaba D. João III.

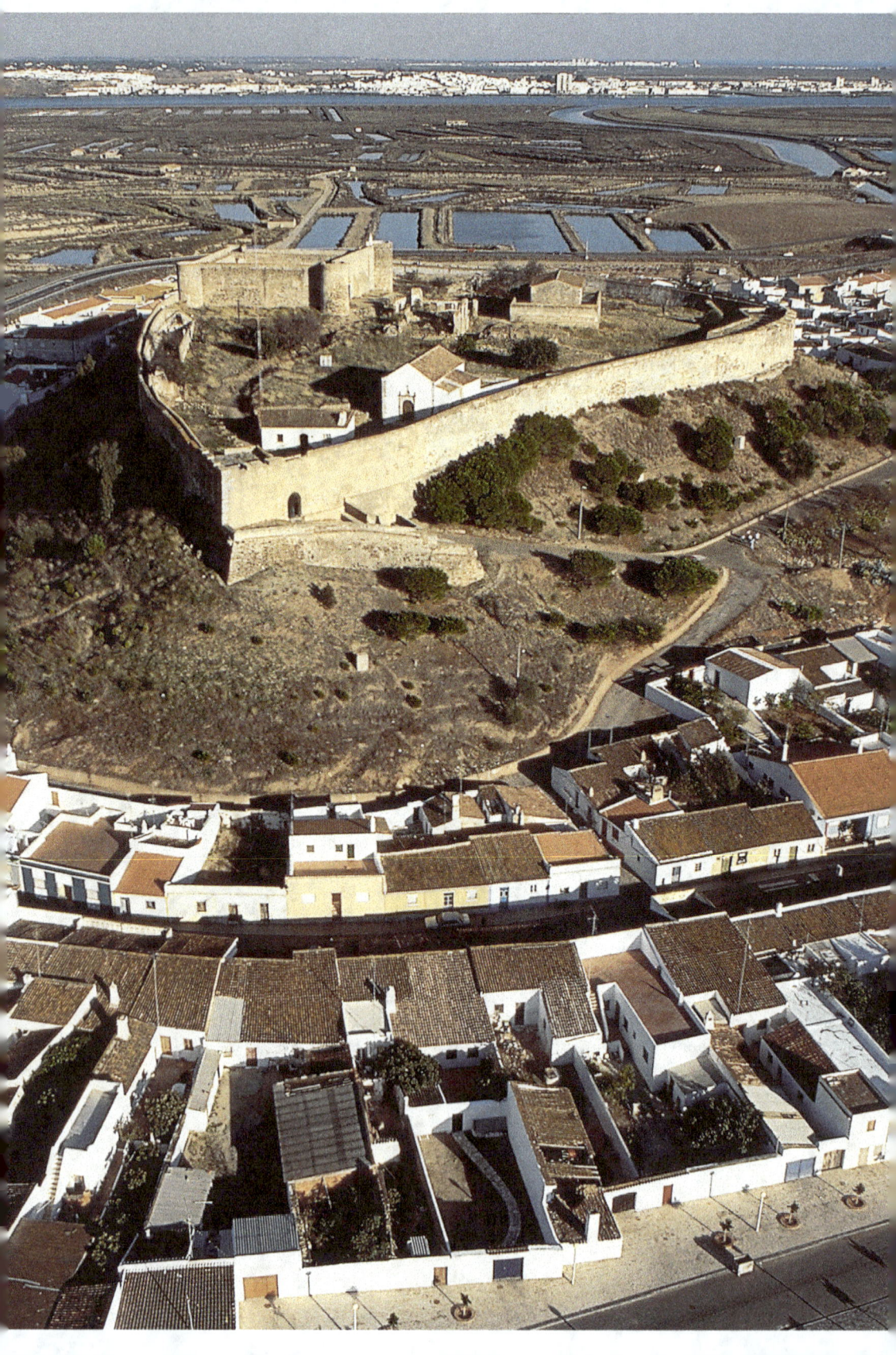

RECORRIDO XI

Algarve

Pedro Dias, Dalila Rodrigues,
Nuno Vassallo e Silva, Fernando Grilo

Primer día

XI.1 CASTRO MARIM
    XI.1.a Castillo

XI.2 TAVIRA
    XI.2.a Iglesia parroquial de Santa María del Castillo
    XI.2.b Iglesia de San José

XI.3 FARO
    XI.3.a Murallas
    XI.3.b Catedral

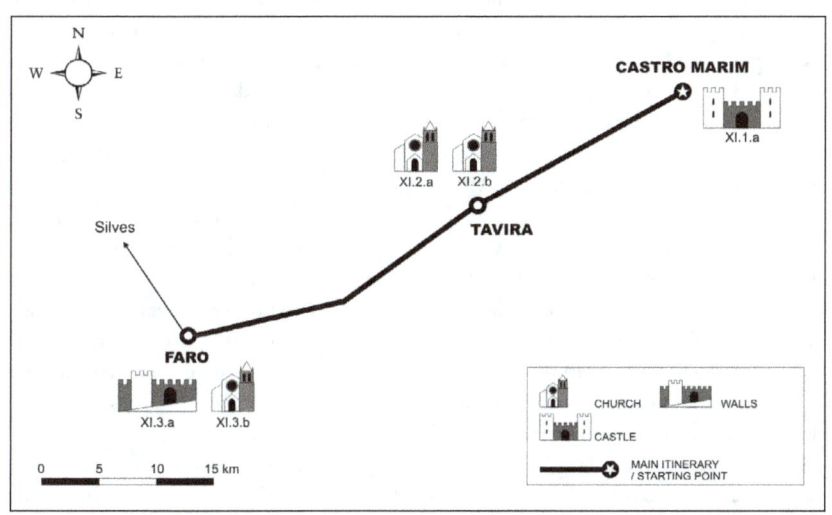

Vista aérea de Castro Marim.

Castro Marim.

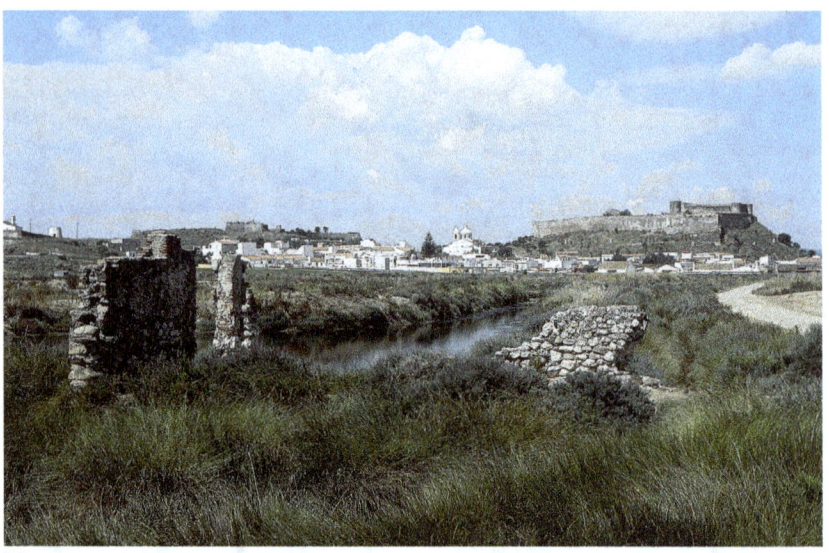

R.C.

La historia de Algarve (del árabe *al-Garb*, "poniente") está profundamente ligada a los descubrimientos marítimos. En realidad, el hecho de ser el extremo sur del país y de la propia Europa, y constituir paso obligado entre el Atlántico norte y el Mediterráneo, viene transformando esta región, desde hace casi tres milenios, en puerta giratoria de pueblos y culturas. Aquí estuvieron fenicios y cartagineses, griegos y romanos, godos, magrebíes y mauritanos, hasta que en el siglo XIII el territorio musulmán de al-Garb se incorporó a la Corona portuguesa. Todavía hoy Algarve tiene características propias, siendo la única región con un rasgo distintivo efectivo en relación con las demás, el que su propia geografía determina.

El infante D. Henrique, verdadero iniciador de la aventura ultramarina, se instaló cerca de Sagres, en cuyas aguas fronterizas se ensayaron nuevos métodos de navegación y nuevos instrumentos náuticos. La larga tradición pesquera y comercial de los algarvios potenció su participación en los descubrimientos y rara fue la familia que no vio embarcarse a sus hijos.

El apoyo de Algarve, con el suministro constante de alimentos, artículos comerciales, materiales de construcción y, sobre todo, hombres de armas, fue fundamental para el mantenimiento del dominio de las plazas de Marruecos y de las islas atlánticas.

Tavira y Lagos, principalmente, pero también Silves, Loulé, Faro y Cacela crecieron y se enriquecieron, ennobleciéndose con edificios que rivalizan en belleza y técnica con los antiguos de tiempos islámicos. Así, hoy podemos recorrer lugares míticos, como Ponta de Sagres, ahora con su Museo, u otros más prosaicos, como Lagos, con las murallas manuelinas y el mercado de los esclavos, o Tavira, la de los canales, excelente puerto y primer refugio de los desventurados de Marruecos.

D. Manuel I sintió por Algarve un cariño excepcional en reconocimiento del papel de sus gentes en la expansión, y favoreció a las villas promoviendo obras públicas, asistenciales y religiosas. Los terremotos que se dieron posteriormente destruyeron muchas de esas obras, pero los recuerdos manuelinos no se borraron.

XI.1 CASTRO MARIM

Esta población entró a formar parte definitivamente del reino portugués en el siglo XIII, en 1242, durante el reinado de D. Afonso III, que le otorgó un fuero más tarde confirmado por D. Dinis en 1282 y por D. Manuel I en 1504.

D. Dinis estableció aquí la sede de la Orden de Cristo cuando esta sustituyó en el territorio nacional, en 1319, a la extinta Orden del Temple, y aquí se mantuvo hasta 1334. En la época manuelina era la principal defensa del río Guadiana y tuvo gran importancia en el apoyo a las plazas portuguesas del norte de África.

XI.1.a Castillo

Situado en el cerro que domina Castro Marim. Catalogado como Monumento Nacional. Información: Oficina de Turismo, tel. 281 531232. Horario: invierno de 9 a 17; de abril a octubre de 9 a 19.

En el lugar donde se levanta el castillo se hallaron vestigios de ocupación que se remontan a la Edad de Hierro. Las primitivas fortificaciones fueron sustituidas a lo largo de la Edad Media, y se conoce bien su aspecto en época manuelina gracias a los dos dibujos hechos por Duarte D'Armas en su *Livro das Fortalezas*. En ese tiempo, además del castillo cuadrangular con torres redondas en las esquinas, que se conservan aún hoy, había una torre del homenaje alta y *barbacanas* de defensa de las puertas, así como una muralla envolvente más baja e irregular.

Para Tavira, seguir la Via do Infante (IP1). La salida está señalizada, como también el acceso a Tavira por la N397.

XI.2 TAVIRA

La reconquista de Tavira, al mando de Paio Correia, se produjo en 1242, y dos años después la villa fue donada a la Orden de Santiago. Por lo que parece, las operaciones militares fueron muy violentas, y en ellas se destruyó la mayor parte

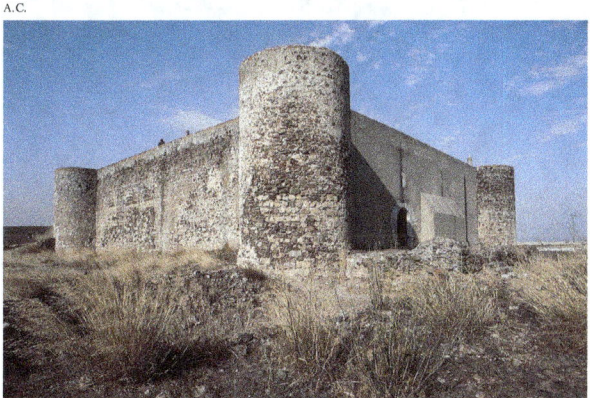

Castillo de Castro Marim.

A.C.

Tavira

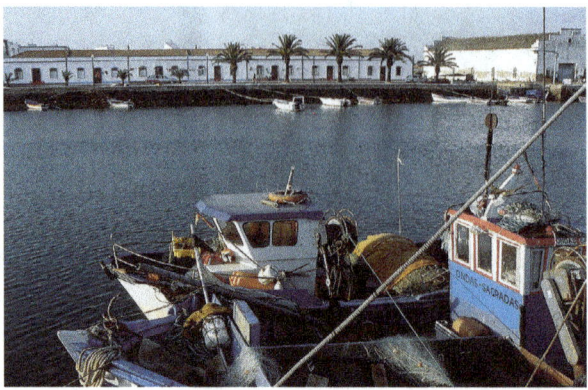

Río Gilão, Tavira.

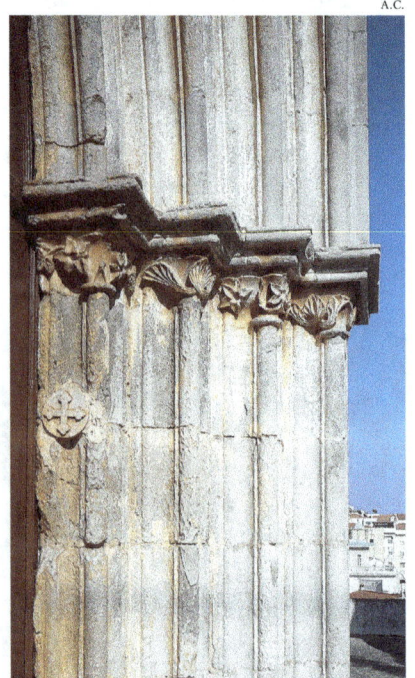

Iglesia de Santa María del Castillo, detalle de la puerta, Tavira.

no solo de las fortificaciones, sino también de las viviendas populares.

La primera reconstrucción del castillo data ya del reinado de D. Afonso III, hacia

1266. Tavira, primera villa de Algarve a la que se otorgó un fuero, se transformó rápidamente en la más importante de las urbes algarvias, importante puerto pesquero y del comercio regional, ancladero casi obligatorio para las embarcaciones que se dirigían a Marruecos. En época manuelina era una tierra próspera, con un constante ir y venir de barcos, y era aquí desde donde salían los navíos para el Magreb, principalmente los que llevaban hombres, municiones y materiales de construcción. Este desarrollo llevó a que D. Manuel I elevase la villa al rango de ciudad en 1520. Las construcciones manuelinas y las de épocas anteriores desaparecieron casi todas, víctimas no solo de diversos seísmos de gran intensidad, sino también del gran progreso que la ciudad experimentó en época moderna, que llevó a la alteración y aumento de sus infraestructuras, sobre todo artesanales, religiosas y administrativas. También sus habitantes, muchos de ellos enriquecidos con la pesca y el comercio, mejoraron sus viviendas, pues las comodidades de los nuevos tiempos exigían espacios y lujos distintos de los comunes a finales de la Edad Media. Incluso así, hay vestigios góticos en iglesias como la de Santa María del Castillo, o manuelinos, como en la iglesia de San José y en algunas casas situadas junto al curso del río Gilão, con ventanas de dintel achaflanado.

XI.2.a Iglesia parroquial de Santa María del Castillo

Alto de Santa María, Largo Dr. Jorge Correia, tel. 281 325707. Catalogada como Monumento Nacional.

Horario: invierno de 10 a 17:30 y verano de 10 a 19.

Se trata, sin ninguna duda, del edificio religioso más antiguo de la ciudad, pues su estructura se remonta al siglo XIII. Conserva elementos góticos tradicionales, sobre todo las bóvedas laterales. De época manuelina es la capilla del Señor de los Pasos, con bóveda de nervios compleja y las armas de los donatarios en las claves, además de las de la Orden de Cristo.

XI.2.b Iglesia de San José

Praça Zacarias Guerreiro. Para visitar el interior, pedir autorización a la Misericordia de Tavira, tel. 281 322268.

En esta iglesia están integrados hoy los restos de la antigua ermita manuelina consagrada a San Blas, en la cual tuvo su sede primitiva la Cofradía de la Misericordia. Son elementos aislados que sirven en nuestros días como dependencias del templo del siglo XVIII, de estilo popular, en el que destacan las bóvedas de dos de las capillas, una de ellas con armas de familias de la nobleza local.

Seguir por la N125 en sentido Olhão y Faro.

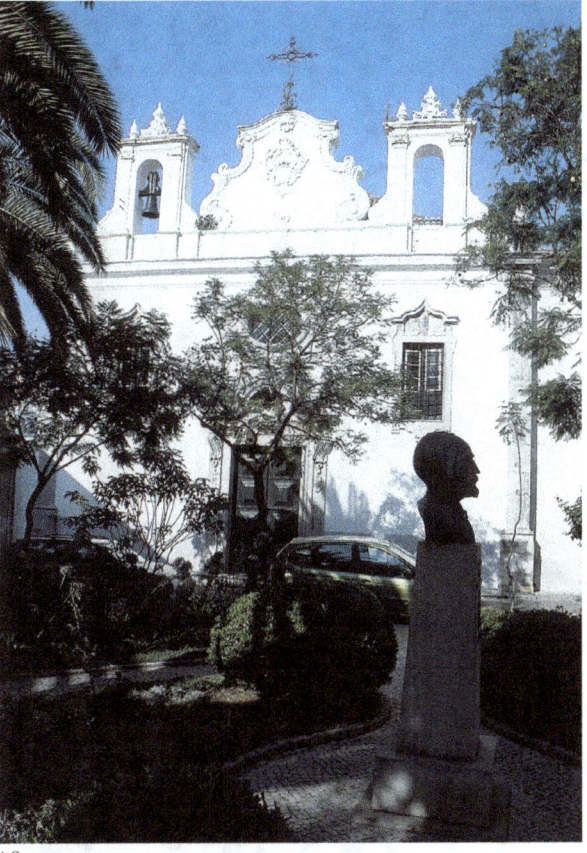

Iglesia de San José, Tavira.

Parque natural de Ría Formosa
El Parque, que se extiende a lo largo de 60 km de la costa de Algarve, ocupa un área de 18 ha; un cordón de islas y penínsulas arenosas protege una laguna en la que se extiende un laberinto de terrenos alagadizos, canales e islitas. Millares de aves nidifican y se alimentan en las dunas. Las diferentes especies botánicas constituyen un gran motivo de interés.

El Parque se puede visitar por cuenta propia o escoger uno de los recorridos guiados en el Centro Ambiental de Castro Marim, o también dar un paseo en barco por la Ría Formosa.
Información: Centro de Educación Ambiental de Castro Marim, 8700 Olhão, tels. 289 704134/5.

Murallas de Faro.

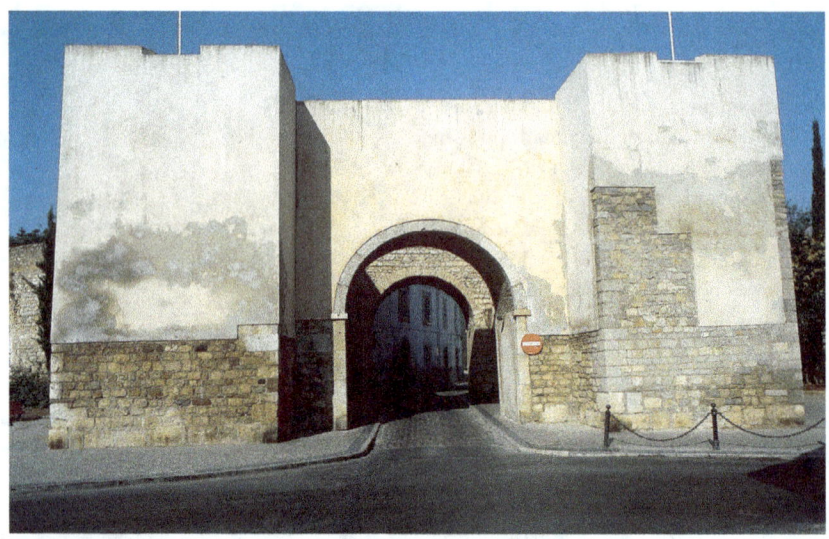

XI.3 **FARO**

La ciudad de Faro fue una de las más importantes de la región musulmana de al-Garb y alcanzó su apogeo como emporio comercial entre el Mediterráneo y el Atlántico en el siglo XII. De trazado claramente debido a los urbanistas del imperio romano y arabizada después del año 713, fue conquistada definitivamente en 1249 por D. Afonso III y recibió su primer fuero en 1266.

Hasta el reinado de D. Manuel I, la estructura urbana se mantuvo sin apenas variaciones, ya que la población perdió importancia, y otras villas como Tavira y Silves la desbancaron. En el siglo XV era relevante la colonia judía que vivía en ella, que llegó incluso a establecer un taller tipográfico en el que se imprimió el *incunable* portugués más antiguo, de 1487. D. Manuel I le otorgó un nuevo fuero en 1504.

Dejar el automóvil en el aparcamiento gratuito del Largo de S. Francisco y visitar a pie las murallas y el recinto amurallado donde se encuentra la Catedral.

XI.3.a **Murallas**

La visita puede empezar en el Largo de S. Francisco. Catalogadas como Inmueble de Interés Público. Información: Oficina de Turismo, tel. 289 800400.

Las murallas que perviven sufrieron una gran reforma en tiempos del reinado de D. Manuel I, pero su origen es muy anterior. La estructura general es musulma-

Algarve
Faro

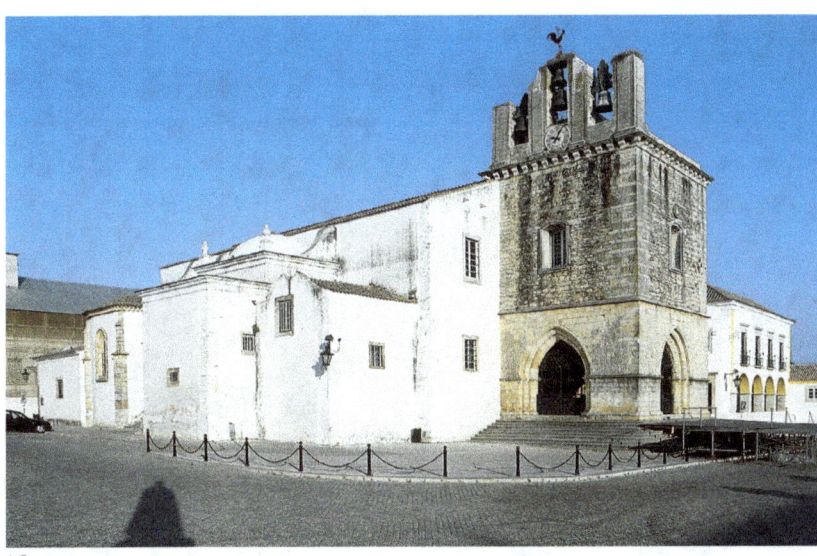

Catedral de Faro.

na, del periodo emiral, como parecen demostrar las bases de algunas de las torres que quedan y también la puerta de la villa, de arco de herradura. Seguramente son de época almohade las estructuras de las dos torres albarranas que hay junto al llamado Arco do Repouso

XI.3.b Catedral

Largo da Sé. Catalogada como Inmueble de Interés Público. Información: tel. 289 806632.

En época manuelina, esta iglesia era solamente iglesia matriz, ya que la única catedral de Algarve era entonces la de Silves. Comenzada en el siglo XIII, lo que hoy vemos de la torre de la fachada frontal y las dos capillas del crucero es ya del siglo XV y principios del XVI. El resto fue destruido por los terremotos y reedificado en otros estilos. El cuerpo de tres naves que existía en tiempos de D. Manuel I también se derrumbó y fue modernizado.

Seguir la N125 hasta Lagoa; allí, tomar la N124-1 hasta Silves.

Algarve

**Pedro Dias, Dalila Rodrigues,
Nuno Vassallo e Silva, Fernando Grilo**

Segundo día

XI.4 SILVES
        XI.4.a Cruz de Portugal
        XI.4.b Catedral

XI.5 ALVOR (opción)
        XI.5.a El Divino Salvador, iglesia matriz

XI.6 LAGOS
        XI.6.a Centro histórico
        XI.6.b Murallas

XI.7 RAPOSEIRA
        XI.7.a Iglesia de Nuestra Señora de Guadalupe

XI.8 SAGRES
        XI.8.a Fortaleza y Promontorio

El infante D. Henrique

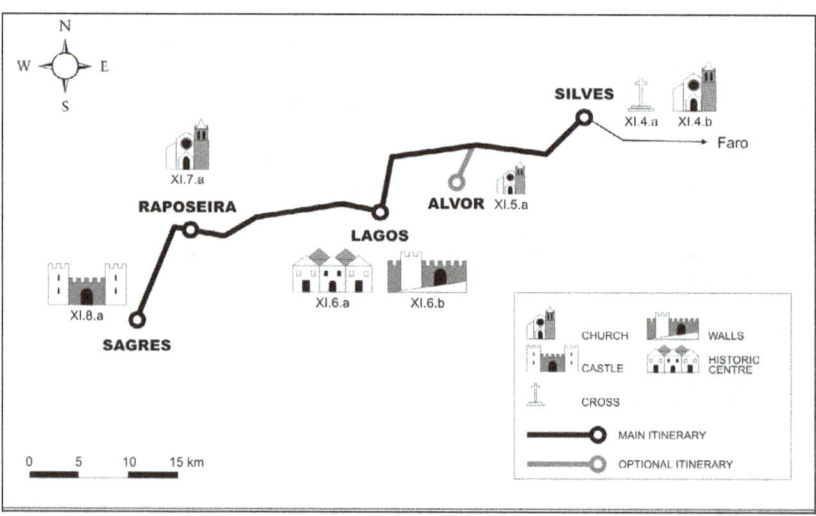

Algarve
Silves

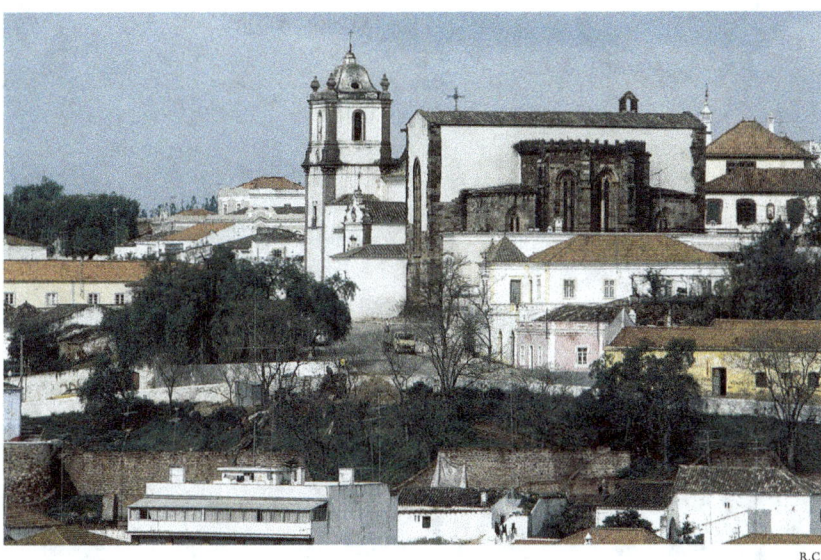

Parte antigua de Silves.

XI.4 **SILVES**

Información: Oficina de Turismo, tel. 282 442255.

Esta fue, sin duda, la ciudad musulmana más importante del sur del actual territorio portugués. Su ocupación se remonta a la Edad de Bronce; en el año 1189 D. Sancho I la conquistó a los musulmanes, aunque se perdió poco tiempo después y no se incorporó al reino cristiano hasta el reinado de D. Afonso III. Luego, perdió importancia en favor de otras poblaciones costeras, pero el hecho de haber sido sede de la diócesis de Algarve y de tener un castillo poderoso hizo que mantuviera cierto esplendor. D. Manuel I lo reconoció mandando levantar una catedral de grandes dimensiones y haciendo otras mejoras, sobre todo en el castillo.

XI.4.a **Cruz de Portugal**

En la zona baja de Silves, junto a la N124. Catalogada como Monumento Nacional.

La Cruz de Portugal es el más bello de los cruceros manuelinos que se conservan. Sabemos, por documentación y escritos antiguos, que era costumbre que los pueblos mandaran hacer cruceros para marcar el suelo sagrado, pero raras veces entre nosotros alcanzaron la belleza de este. Es de piedra calcárea amarillenta, de estilo gótico, con las astas con cogollos vegetales sobre un templete que se apoya en una columna profusamente labrada. Por un lado se representó a Cristo crucificado y, por el otro, la Piedad,

RECORRIDO XI *Algarve*
Silves

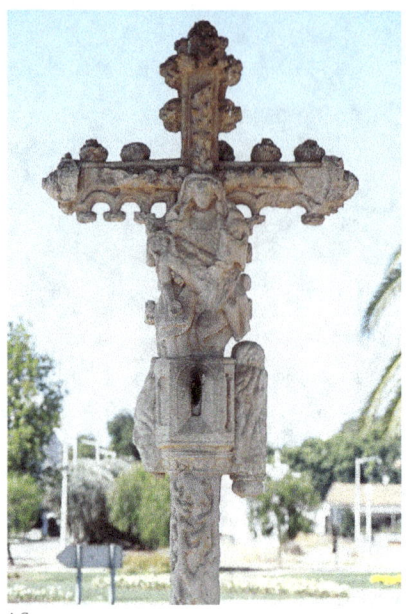

Cruz de Portugal, Silves.

A.C.

con la Virgen sujetando el cuerpo muerto de Jesús.

XI.4.b **Catedral**

Rua da Sé. Catalogada como Monumento Nacional. Información: Casa Parroquial, tel. 282 44472.
Horario: todos los días de 8:30 a 18:30.

La construcción de la Catedral, sobre una anterior del siglo XII, empezó en tiempos de D. Afonso V, pero tardaron muchas décadas en terminarla. Cuando D. Manuel I pasó por la ciudad en 1499 ordenó rehacer todo con mayor grandeza, ya que la iglesia que se estaba levantando le pareció demasiado pequeña. Por lo que hoy vemos, puede concluirse que en ese momento se erigieron los arcos divisorios de las naves, se termi-

A.C.

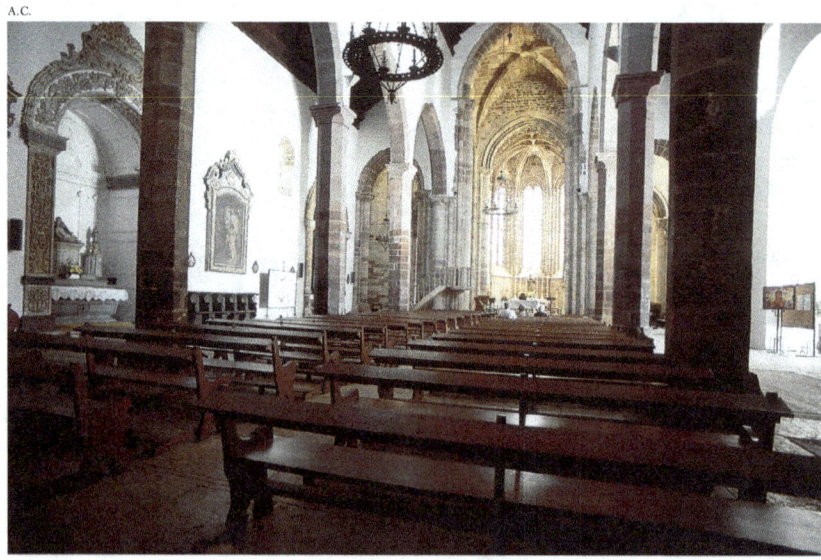

Catedral, interior, Silves.

naron las paredes laterales del cuerpo y la portada y se puso la cubierta de madera que precede al transepto. Es una arquitectura sobria y desnuda, pero de buen trazo, lejos de los tipos decorativos más populares y exuberantes de las iglesias parroquiales de las villas de la región.
Quedó con tres naves divididas por pilares que sostienen el techo de madera y un ancho transepto que une el cuerpo con la cabecera triple todavía de estilo gótico tradicional, cuatrocentista, que sigue el modelo de Batalha.

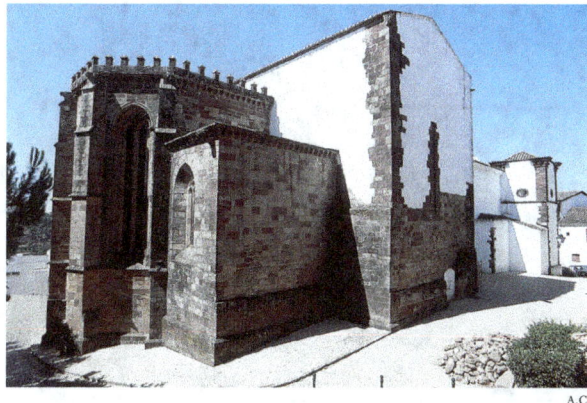

Catedral de Silves.

Retomar la N124-1 hasta Lagoa; allí, continuar por la N125 hasta Portimão. Seguir luego las indicaciones para Alvor.

XI.5 **ALVOR** (opción)

XI.5.a El Divino Salvador, iglesia matriz

Largo da Igreja, tel. 282 459151. Las puertas están catalogadas como Inmueble de Interés Público.
Horario: todos los días de 9 a 21. El sábado se celebra una misa en inglés a las 18.

Es una de las pocas iglesias manuelinas de Algarve que mantienen su estructura casi intacta. La puerta principal es la más bella y también la más compleja de la región. Un tronco ramificado que constituye las columnas exteriores y la *arquivolta* principal envuelve todo el marco, compuesto además por otra *arquivolta* y una columna lisa en medio de un intercolumnio simple con escenas esculpidas por cada lado en seis niveles sobrepuestos. En el interior hay tres naves de cuatro tramos separadas por arcadas de medio punto sostenidas por columnas con grandes bases y capiteles en forma de corona, adornados con follaje y todos diferentes entre sí. De la cabecera manuelina solo queda el *arco triunfal* de la capilla mayor.

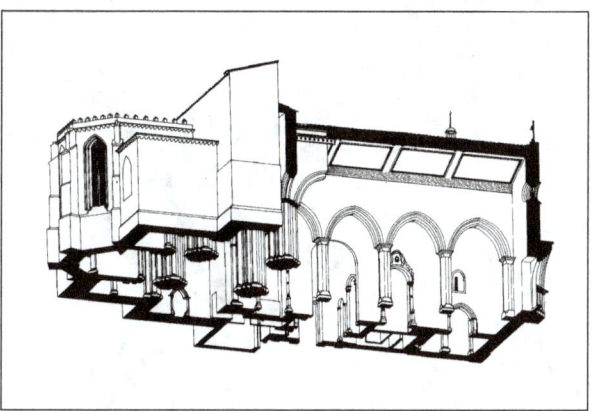

Catedral de Silves, perspectiva axiométrica, Catálogo da XVII Exposição de Arte, Ciência e Cultura "Os Descobrimentos Portugueses e a Europa do Renascimento", Lisboa, 1983.

Retomar la N125 hasta Lagos.

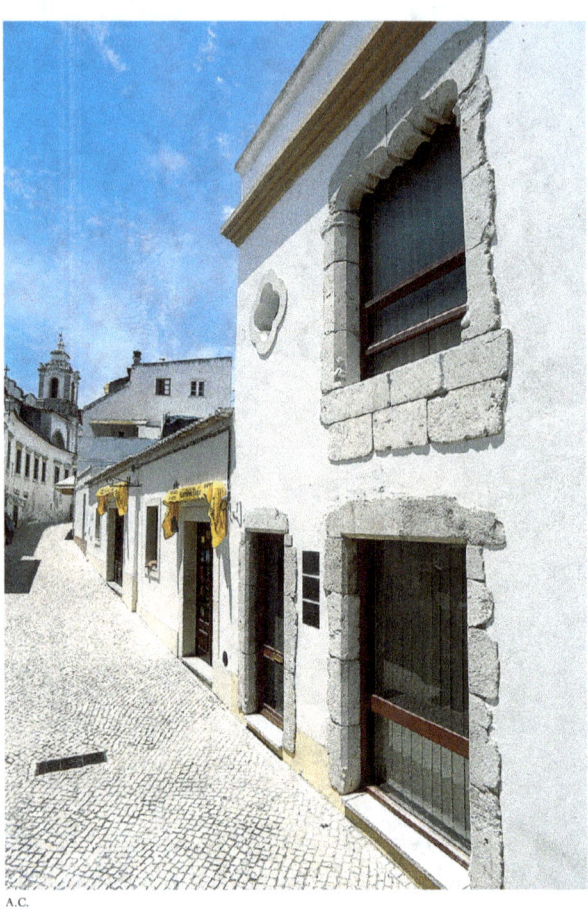

A.C.

Centro histórico de Lagos.

XI.6 LAGOS

El origen de la villa se remonta, como poco, a la época romana. Durante el periodo de dominio musulmán también fue un núcleo urbano importante, pero alcanzó de verdad su auge en la época de los descubrimientos. El infante D. Henrique venía a la ciudad con asiduidad y también desde ella partió D. Sebastião para la infausta jornada de Alcazarquivir (Ksar el-Kebir) en la cual perdería la vida.

En el siglo XV, Lagos fue el centro de los estudios navales portugueses y punto obligado de partida y llegada de los viajes por el Atlántico. De aquí salieron los navíos de la toma de Ceuta y el barco de Gil Eanes que doblaría por primera vez el cabo Bojador. Con la muerte del infante en 1460, Lisboa le robó su protagonismo a la ciudad y, pasados tres años, la factoría para el comercio con Arguim se instaló también en la capital portuguesa.

No obstante, la importancia de Lagos en el apoyo al norte de África fue siempre constante, lo que llevó a D. Manuel I a prestarle gran atención, que se tradujo principalmente en la reconstrucción total de su muralla.

XI.6.a Centro histórico

Se puede concertar una visita guiada en el Ayuntamiento, tel. 282 762055. Información: Oficina de Turismo, tel. 282 763031. La casa con la ventana manuelina se encuentra en la Rua H. Correia da Silva, 2.

El núcleo antiguo de la ciudad mantiene más o menos la estructura viaria del siglo XVI, ya que fue la fortificación manuelina, con sus puertas de comunicación con la costa y el campo, la que determinó las líneas fundamentales, si bien estas, a su vez, no pudieran variar mucho del trazado musulmán. Ante la inutilidad de las defensas manuelinas, las viviendas, almacenes y pequeños talleres fueron ocupando los espacios disponibles y ocultando la muralla, tomando torres y pasajes. A pesar de los tradicionales terremotos de Algar-

RECORRIDO XI *Algarve*
Lagos

ve, nunca ha habido cambios significativos en el tejido urbano intramuros, y solo se han regularizado las plazas de las iglesias parroquiales y de órdenes religiosas.

Hay casas de estructura quinientista y una de ellas muestra incluso una ventana manuelina desde la cual, según la tradición, D. Sebastião se dirigió a las tropas antes de embarcar hacia Marruecos en 1578.

XI.6.b **Murallas**

En los Jardins da Constituição. Catalogadas como Monumento Nacional. Se puede concertar una visita guiada en el Ayuntamiento, tel. 282 762055.

Parece que las primeras murallas importantes hechas después de su reconquista se remontan a los tiempos de D. Afonso IV, por consiguiente a la primera mitad del siglo XIV. Sin embargo, lo que hoy vemos es resultado a todas luces de las obras iniciadas por D. Manuel I, cuyos arquitectos proyectaron un sistema tradicional de amplias *cortinas* altas dotadas de adarve y almenas de cuerpo ancho, entrecortadas por torres de planta cuadrangular y reforzadas en las esquinas y en las puertas. Por el lado de la orilla resalta el frontal largo con dos torres albarranas que defienden la puerta principal o de San Gonzalo, y un macizo en el extremo donde después se construyó un *revellín*.

La muralla orientada al sur alcanza proporciones impresionantes y aquí ya se construyeron baluartes más modernos, de transición, sin duda en una fase adelantada de la obra.

Continuar por la N125 en dirección a Vila do Bispo. Después de pasar Figueira y antes de Raposeira, en el lado derecho, se encuentra la iglesia de Nuestra Señora de Guadalupe.

M.A.

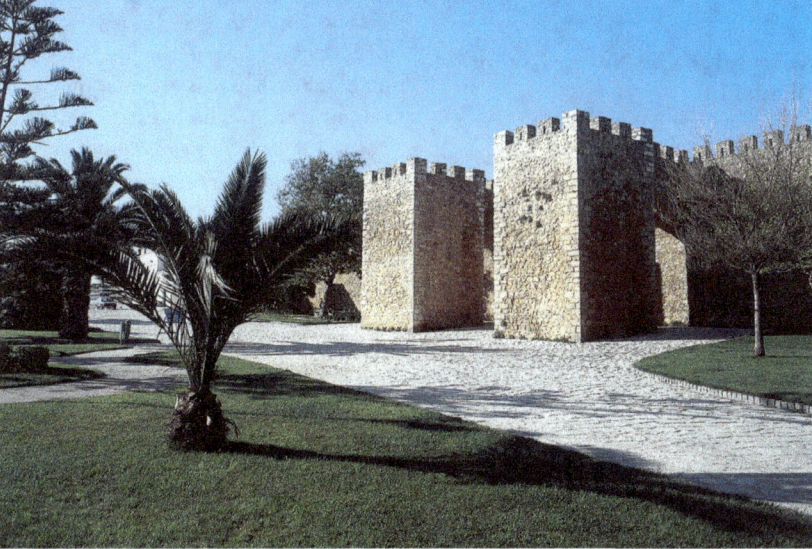

Murallas de Lagos.

277

RECORRIDO XI *Algarve*
Raposeira

Iglesia de Nuestra Señora de Guadalupe, Raposeira.

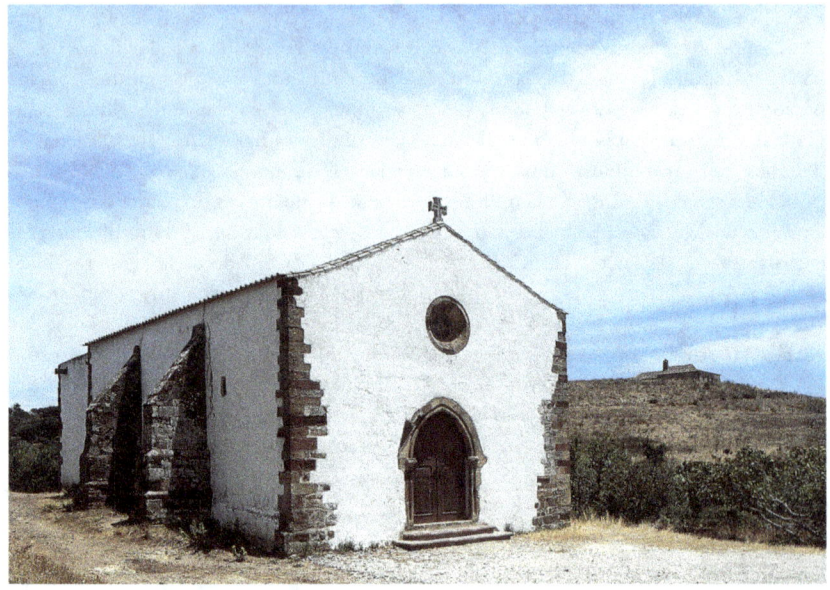

XI.7 RAPOSEIRA

XI.7.a Iglesia de Nuestra Señora de Guadalupe

Quinta de Guadalupe, junto a la N125. Catalogada como Monumento Nacional.
Horario: de 9:30 a 12:30 y de 14 a 17; lunes cerrada.

Esta es la iglesia más arcaizante de cuantas se conservan en Algarve del reinado de D. Manuel I. Este hecho ha llevado a muchos autores a datarla en periodos anteriores, lo que no se corresponde con la realidad. Sabemos, no obstante, que aquí había otro templo, levantado muy probablemente por iniciativa del infante D. Henrique a mediados del siglo XV, ya que pasaba frecuentes temporadas muy cerca, en su palacio o quinta.

El maestro constructor fue, sin duda, un hombre de pocos recursos que seguramente aprovechó la estructura antigua. La decoración es también obra de artesanos populares, lo cual confiere a los motivos eruditos un carácter más rústico.

El exterior es muy simple, con una fachada de una sola puerta, arcaizante, de arco apuntado y con un óculo encima; los lados fueron reforzados con contrafuertes escalonados. En el interior, solo la capilla mayor está abovedada.

Ahora retomar la N125 hasta Vila do Bispo; allí, seguir por la N268 hasta Sagres.

XI.8 SAGRES

Información: Oficina de Turismo, tel. 282 624873.

XI.8.a Fortaleza y Promontorio

Horario: invierno de 10 a 18 y verano (de mayo a septiembre) de 10 a 20:30.
También se puede visitar un núcleo arquitectónico reciente que alberga exposiciones temporales y muestras didácticas sobre el lugar.

Sagres está marcada por el Promontorio, la Fortaleza y, sobre todo, la leyenda. Supuestamente, fue aquí donde el infante D. Henrique estableció la famosa Escuela de Sagres, donde se estudiaba el arte de la navegación y se adiestraba a los marineros. Desmentida la tradición con sólidos argumentos, ni siquiera así dejó de estar vivo el mito. En realidad, el infante D. Henrique estableció una de sus residencias en Algarve no muy lejos, en Raposeira, donde tenía una quinta, y parece ser verdad que en las costas de Sagres y San Vicente se pusieron a prueba técnicas, navíos e instrumentos.

En la época manuelina ya existía aquí un núcleo de población lo bastante importante como para que el rey D. Manuel I lo elevase al rango de parroquia. Había también una fortaleza en el Promontorio, que con el tiempo se rodeó con una muralla que lo aislaba del campo. Tenía en su interior una capilla consagrada a Nuestra Señora de la Gracia, viviendas y cuarteles, entre otras construcciones. La actual fortificación de muros regulares y abaluartada se terminó en 1793.

M.A.

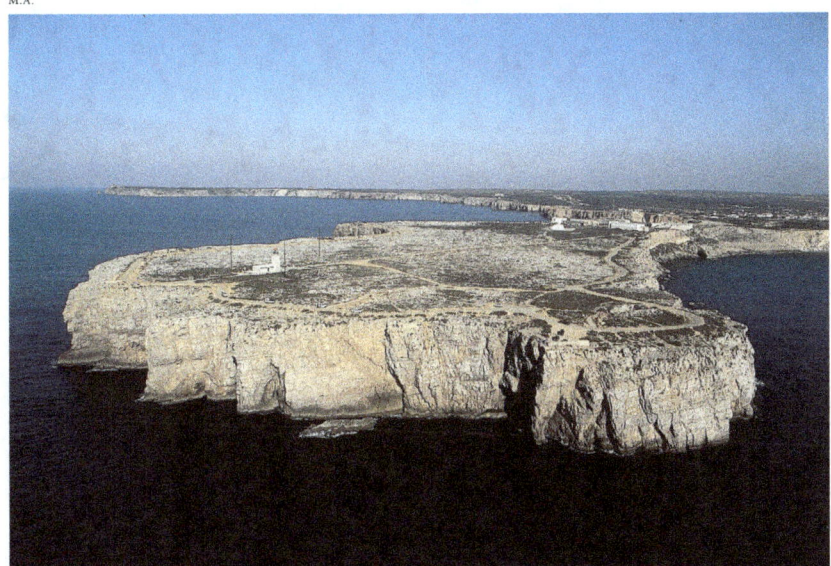

Fortaleza y Promontorio de Sagres.

Sagres

El Promontorium Sacrum
"*En esta punta extrema del continente europeo donde la costa se pliega hacia el norte, sobre esta tierra árida y desierta, delante de este mar espumoso y áspero, se acumulan aún, y desde las más remotas eras, las memorias de los hombres. Pocos lugares, de hecho, se encontrarán en el globo tan aislados del mundo pero a los que estén ligados tan grandiosos recuerdos míticos e históricos. El viajero culto casi se siente inundado por un temor religioso y por una emoción sagrada, tantos son los terrores antiguos, las leyendas maravillosas y las aventuras de los hombres que este sitio evoca con tanta fuerza. Para los griegos y romanos este era el Pro-montorium Sacrum, donde se veía el sol, a la hora de poniente, cien veces mayor que en otras partes de la Tierra y se podía oír el ruido pavoroso del astro al ahogarse en las olas. Era aquí, como dijo Artemidoro, donde los dioses "venían a descansar por la noche de sus trabajos y sus viajes por el mundo". Los cristianos crearon, a su vez, el nuevo mito, el del cuerpo de S. Vicente, que vino a acabar aquí después de su martirio, lo mismo que de aquí salieron más tarde (en 1173) sus reliquias para que se custodiaran en la Catedral de Lisboa.*
Mucho antes de que Portugal fuera un reino independiente, allí irguieron los cristianos el templo del Cuervo, al que se refiere Edrisi [al-Idrisi], y adonde los fieles iban de romería y a llevar ofrendas. "En lo alto del edificio —dice el geógrafo árabe— hay diez cuervos que nunca desamparan aquel sitio; los sacerdotes de la iglesia cuentan de ellos cosas de maravillarse. (…) Es imposible ir allí sin tomar parte en el opíparo banquete que los de la iglesia ofrecen al visitante, usanza antigua que jamás dejan de cumplir."

Sant'Ana Dionisio, Guia de Portugal, *vol. II, Lisboa, 1927.*

EL INFANTE D. HENRIQUE

Pedro Dias

El infante D. Henrique fue el quinto hijo de D. João I y de D.ª Filipa de Lencastre (Lancaster). Nació en la ciudad de Oporto el 4 de marzo de 1394 y falleció en Sagres el 13 de noviembre de 1460. Educado en el cultivado ambiente de la corte portuguesa, donde pontificaba su madre, muy pronto se dedicó a las letras y alcanzó una envidiable cultura, sin descuidar, por supuesto, las actividades caballerescas, tan en boga entre los príncipes de su tiempo.

A los 21 años de edad, en 1415, participó en el primer acto de la expansión portuguesa, la reconquista de la ciudad norteafricana de Ceuta. A él se le encomendó la tarea de gobernar la ciudad y, a partir de entonces, se volvió el principal artífice de la continuación de la presencia portuguesa en Marruecos y también de las exploraciones atlánticas.

Armado caballero, con casa establecida, sus escuderos y criados se adentraron en alta mar y en pocas décadas, con un espíritu indagador sin precedentes, conseguía poner en conocimiento de Europa las tierras ignotas de África y muchas de las islas del Atlántico norte. Reunió a su alrededor a técnicos de varias nacionalidades y credos, absorbió la cultura clásica, que mezcló con las innovaciones que proporcionaba la experiencia, y acabó por abrir camino a una nueva era de la humanidad. Hombre piadoso pero también pragmático, atravesó el mar para combatir en Marruecos, viajaba continuamente entre la corte y Algarve, y administraba la Orden de Cristo, que puso al servicio de la expansión.

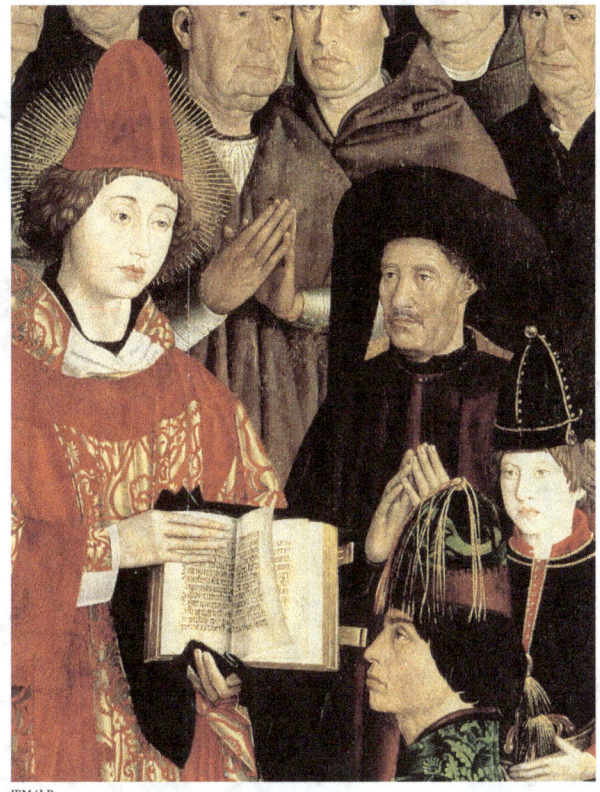

IPM/J.P.

Llamó a gente del norte de Europa para poblar las islas Azores y Madeira; dio privilegios a italianos y catalanes para que lo ayudaran en su aventura y, al morir, cansado de una nueva expedición al norte de África, había conseguido que sus hombres llegasen a Sierra Leona y a un archipiélago más, el de Cabo Verde. Pensó alcanzar las tierras del Preste Juan e incluso la India; no lo hizo, pero dejó el camino abierto para que los príncipes sucesores suyos lo lograran.

Políptico de San Vicente (Panel do Infante), detalle, Museo Nacional de Arte Antiguo, Lisboa.

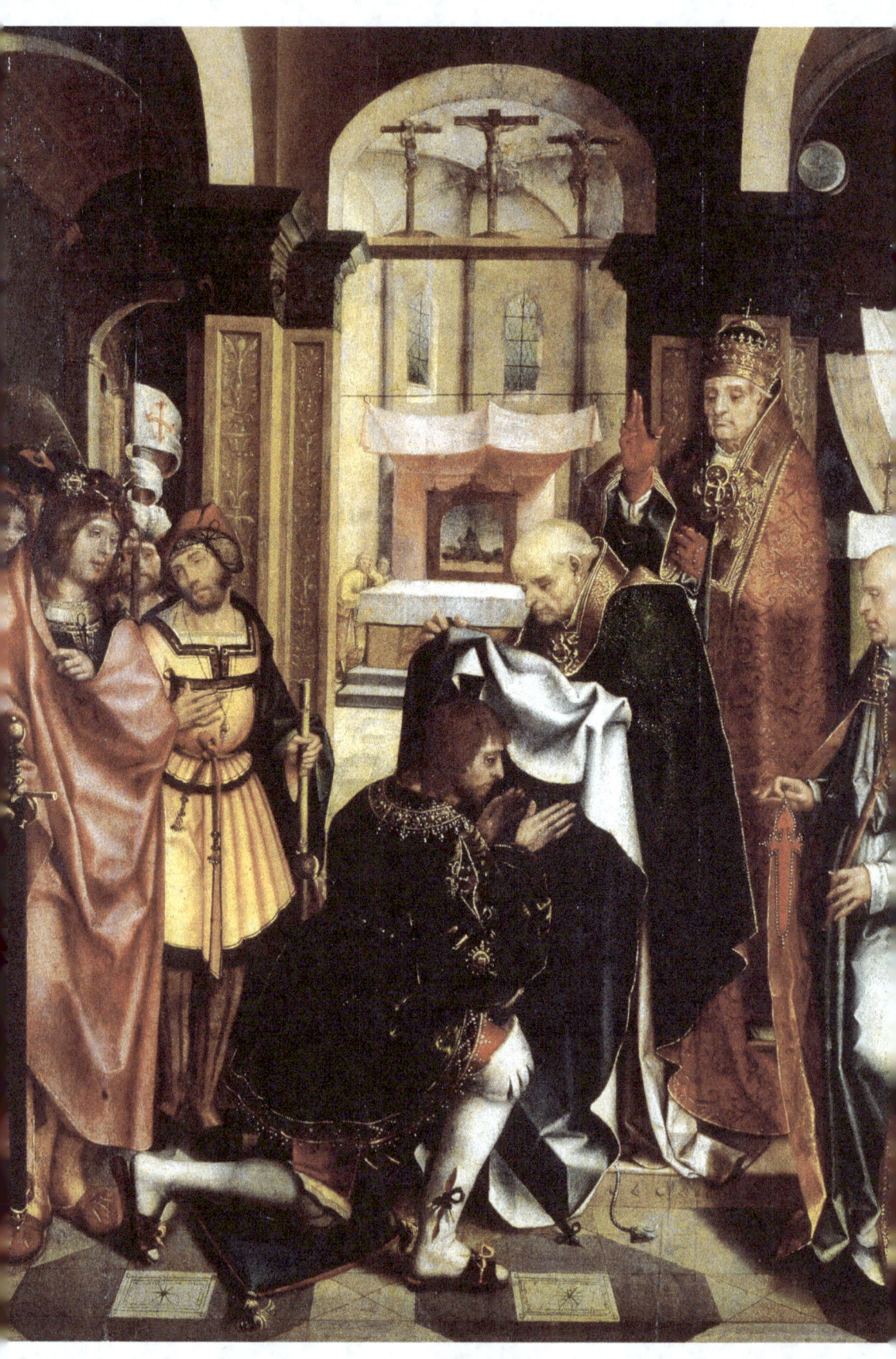

RECORRIDO XII

La Orden de Santiago

Pedro Dias, Dalila Rodrigues,
Nuno Vassallo e Silva, Fernando Grilo

XII.1 SINES
    XII.1.a Castillo
    XII.1.b Capilla de Nuestra Señora de las Salas

XII.2 SANTIAGO DO CACÉM
    XII.2.a Castillo
    XII.2.b Santiago, iglesia matriz

XII.3 ALCÁCER DO SAL
    XII.3.a Castillo

XII.4 SETÚBAL
    XII.4.a Centro histórico
    XII.4.b Convento de Jesús
    XII.4.c Museo Municipal de Setúbal
    XII.4.d San Julián, iglesia matriz

XII.5 PALMELA
    XII.5.a Castillo
    XII.5.b Iglesia de Santiago

XII.6 ALCOCHETE
    XII.6.a San Juan Bautista, iglesia matriz

Vasco da Gama

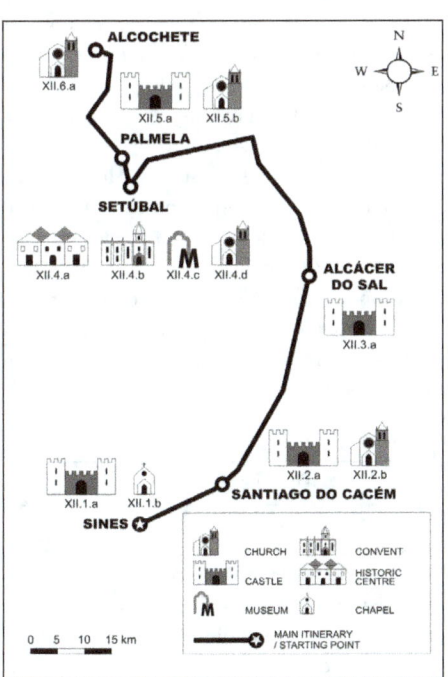

Mestre da Lourinhã, "Investidura de un maestre de la Orden de Santiago", óleo sobre madera, h. 1520-25, Museo Nacional de Arte Antiguo.

La Orden de Santiago fue una de las que más se destacó en la reconquista del territorio peninsular a los musulmanes, y la tradición lleva su origen a los tiempos del rey Ramiro I de León (842-850). No obstante, su estructuración es bastante posterior, de 1160, coincidiendo tanto con el aumento del culto al apóstol Santiago, cuyo cuerpo, presumiblemente, se había encontrado en Compostela, como con los nuevos avances militares hacia el sur. Esta conjunción de hechos llevó a Fernando II de León a oficializar la orden en 1170, concediéndole su primera sede en la ciudad de Cáceres.

En Portugal, tal vez fuera Arruda dos Vinhos la primera villa en poseer una sede de esta orden, en tiempos de D. Afonso Henriques, quien seguidamente aumentó el territorio de la orden otorgándole, principalmente, Alcácer do Sal, Almada y Palmela, donación que confirmó su hijo, el rey D. Sancho I.

La Orden de Santiago o de los Espatarios se escindió en dos, quedándose la rama portuguesa con la sede de Palmela, convertida en cabeza de una vasta región en las márgenes del Sado que se adentraba tanto hacia Alentejo como hacia el estuario del Tajo.

Si a principios del siglo XV otras órdenes militares cobraron relevancia, sobre todo la Orden de Cristo, lo cierto es que en 1491, con la donación del Maestrazgo a D. Jorge, hijo natural de D. João II y presunto heredero suyo después del fallecimiento trágico del príncipe D. Afonso, la orden adquirió importancia y entraron a formar parte de ella poderosos clanes familiares que obtuvieron encomiendas; de estos clanes salieron muchos de los principales autores de la aventura de los descubrimientos, entre los que destacan Vasco da Gama y casi todos los hombres de su familia.

La región pasó a ser tratada casi como un feudo señorial de D. Jorge, cuya importancia en la política nacional se mantuvo incluso después de que su primo D. Manuel, duque de Beja, subiera al trono en 1495. Una sensata administración desarrolló estas villas, de las más prósperas del reino, que vieron nacer nuevos barrios y plazas, conventos, ayuntamientos, prisiones, almacenes y, naturalmente, castillos e iglesias. La marca de D. Jorge está patente por todas partes, empezando por el Castillo de Palmela —en cuya iglesia de Santiago está su tumba—, verdadero emblema dada su elevada y dominante ubicación sobre los fértiles terrenos de aluvión de las márgenes del Sado.

Pero en estas tierras hay vestigios aún más antiguos, de los primeros tiempos de la orden, como las iglesias de Alcácer, pero también de la ocupación islámica, caso de las murallas del Castillo. Curiosamente, fue en este pedazo de tierra portuguesa donde nacieron las dos mayores figuras de la historia de Portugal, el rey D. Manuel I, en Alcochete, y Vasco da Gama, en Sines.

XII.1 SINES

Está documentada la ocupación durante el periodo romano del lugar en que está la villa, pero no adquirió auténtica importancia como puerto pesquero hasta más

RECORRIDO XII   *La Orden de Santiago*
Sines

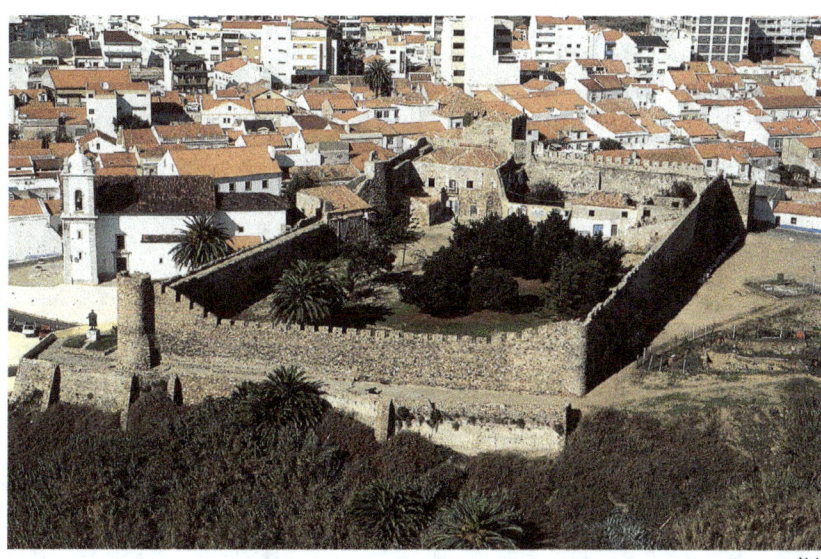

Castillo, vista aérea, Sines.

tarde, durante el periodo musulmán. La reconquista cristiana corrió a cargo de los caballeros del Temple, y entró definitivamente en la Corona portuguesa en 1217, en tiempos de D. Sancho II. En la Edad Media vivió siempre a la sombra de la Orden de Santiago y fue residencia de los Gama, familia en cuyo seno nacería Vasco, el comandante de la primera armada que viajó entre Portugal y la India. D. Manuel I le concedió un nuevo fuero en 1512.

XII.1.a **Castillo**

Entrada por el Largo João de Deus. Catalogado como Inmueble de Interés Público. En el interior del castillo hay una Oficina de Turismo, tel. 269 634472.
Horario: todos los días de 10 a 12 y de 14 a 18:30; de mayo a septiembre abre una hora antes, a las 9; Navidad y 1 de mayo cerrado.

Es probable que el origen del castillo date del periodo de dominio musulmán, pero el examen directo demuestra que se hicieron grandes obras de reforma en el siglo XIV y, por última vez, en época de D. Manuel I, cuando el cuerpo central adquirió la forma actual. De esta época es el núcleo constituido por cuatro *cortinas* que forman un rectángulo poco largo, con refuerzo en las esquinas. También se conserva, en uno de los ángulos, junto a la torre del homenaje, la casa o palacio del alcaide, con sus ventanas geminadas, que fue profundamente alterada. Debió de ser aquí donde nació Vasco da Gama.

Para la construcción se creó parcialmente una plataforma artificial, aprovechada para levantar una *coracha* baja. Las murallas tienen un adarve continuo y almenas, muchas rehechas hace unas décadas.

Capilla de Nuestra Señora de las Salas, Sines.

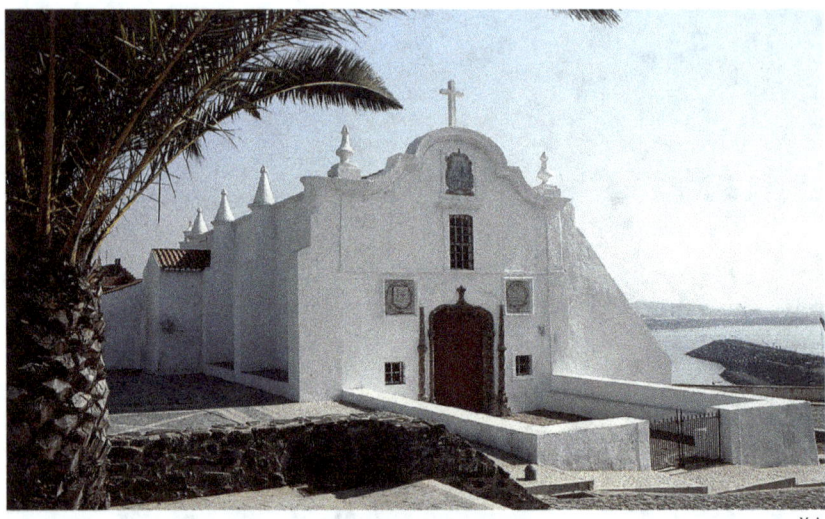

XII.1.b Capilla de Nuestra Señora de las Salas

Rua de Nossa Senhora das Salas. Catalogada como Monumento Nacional.
Horario: abre los viernes a las 19 para la misa y, en verano, los fines de semana está abierta de 12 a 19:30.

Sabemos que hubo una primera construcción del siglo XIV, reconstruida completamente en época manuelina por deseo de Vasco da Gama, y que sus sucesores continuaron las obras, por lo menos hasta 1529. Es una obra modesta, pequeña y de estructura muy sencilla, de una sola nave con una capilla única en la cabecera, pero está completamente abovedada, algo que no es habitual en edificios de este tamaño. La puerta es de carácter naturalista, tardogótica, de *arco conopial* y con las armas reales.

Seguir por la IP8. En la bifurcación con la IC8 y la N120, continuar por esta última hasta Santiago de Cacém.

XII.2 SANTIAGO DO CACÉM

Su origen está íntimamente ligado al desarrollo de la vecina ciudad romana de

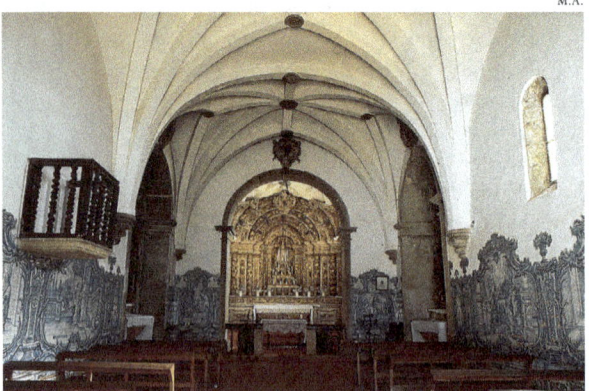

Capilla de Nuestra Señora de las Salas, interior, Sines.

RECORRIDO XII *La Orden de Santiago*
Santiago do Cacém

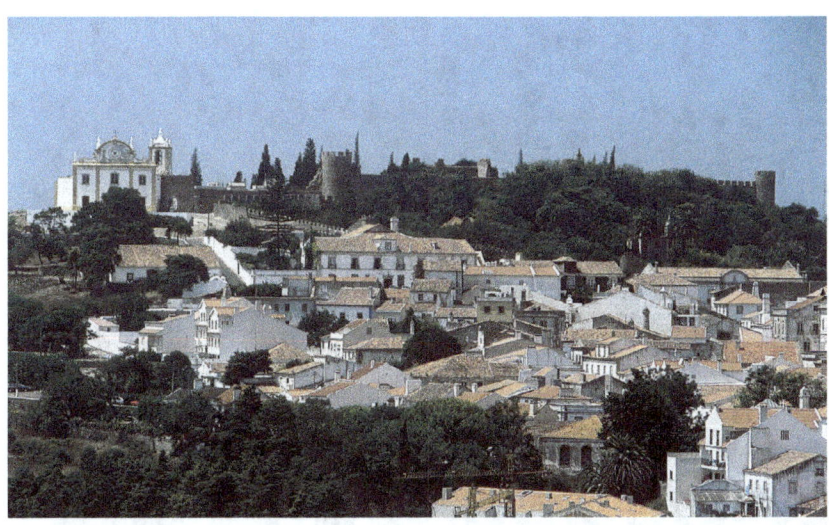

Panorámica de Santiago do Cacém.

Miróbriga, cuyas impresionantes ruinas atestiguan que fue un polo de desarrollo regional muy importante. Fue en la época islámica cuando el lugar que hoy ocupa el centro histórico de la villa adquirió relevancia defensiva al construirse un imponente castillo. La primera reconquista tuvo lugar en 1157, en tiempos de D. Afonso Henriques, pero su paso definitivo a la Corona portuguesa no ocurrió hasta más tarde, en 1217.

Como las demás villas de la región, debió su crecimiento a la Orden de Santiago, de la que era una de sus principales encomiendas; D. Manuel I le otorgó un nuevo fuero en 1512.

XII.2.a Castillo

Catalogado como Monumento Nacional. Solo puede verse por fuera. Información: Oficina de Turismo, tel. 269 826696.

De las obras musulmanas no queda nada visible, y su forma actual, un rectángulo irregular con una muralla de 200 m de largo y poco más de 30 m de ancho, se la dieron las reformas posteriores a su conquista en el siglo XIII. Se hicieron grandes mejoras a finales del siglo XIV y en el XV, conservándose no solo las *cortinas*, sino también muchas de las torres. Finalmente, en época manuelina se volvió a reparar, y esta última reconstrucción fue la

Castillo, vista general, Santiago do Cacém.

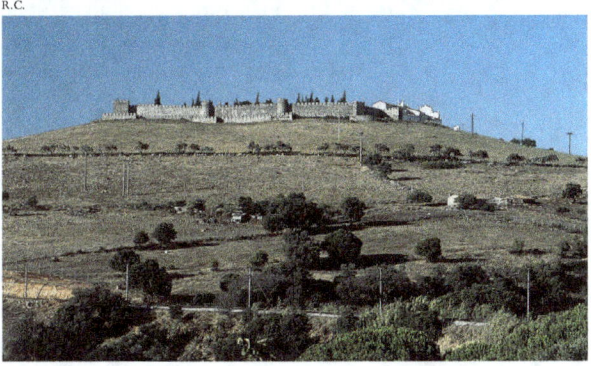

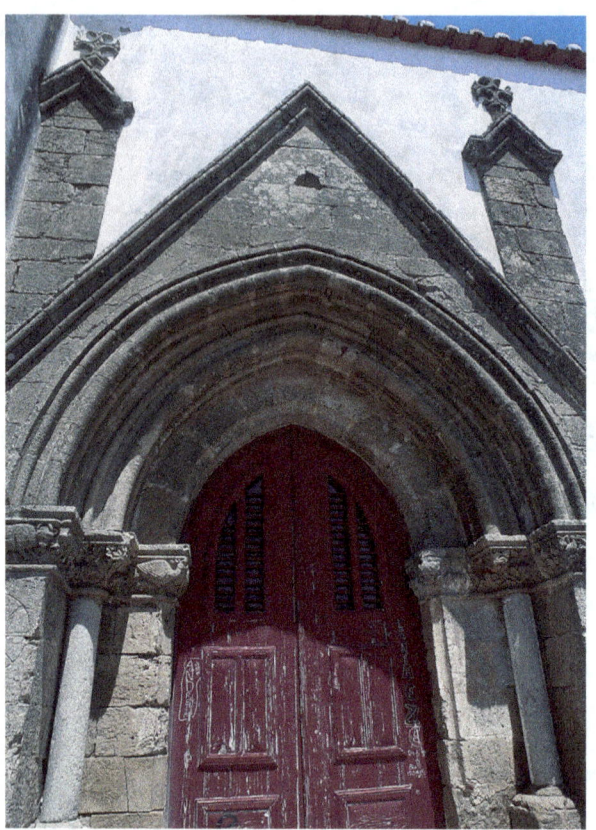

Iglesia matriz, puerta lateral, Santiago do Cacém.

que le confirió el aspecto que hoy muestra. El tiempo, naturalmente, no perdonó la muralla, las puertas ni las *cortinas*, pero así y todo es posible imaginar el aspecto que tendría en tiempos del rey Afortunado.

XII.2.b Santiago, iglesia matriz

Aneja al castillo. Catalogada como Monumento Nacional.

Horario: martes a viernes de 10 a 12 y de 14 a 17; sábados y domingos de 14 a 17; lunes y festivos cerrada.

La iglesia que hoy vemos data, en lo esencial, del siglo XIV, pero sufrió reformas posteriores, sobre todo a principios del siglo XVI. La puerta es de estilo gótico perpendicular, en la tradición de Batalha. El interior tiene tres naves sostenidas por arcadas y pilares también góticos.

Seguir por la N261 hasta la IC33 y continuar luego por la A2; salir en Alcácer do Sal.

XII.3 ALCÁCER DO SAL

Alcácer do Sal es la antigua población romana de Salacia, nombre que se le dio por la producción de sal, fuente principal de su riqueza e importante en el contexto regional. Fue conquistada a los musulmanes por primera vez en 1158, pero perdida a continuación; hasta 1271 no entró a formar parte definitivamente de la Corona portuguesa, y su señorío se donó entonces a la Orden de Santiago. Con el comienzo de los viajes de descubrimiento, la sal se volvió cada vez más importante para la conservación de los alimentos, lo que hizo que la villa se enriqueciera y se formase en ella una pudiente clase burguesa. D. Manuel I le concedió un nuevo fuero en 1516.

Fue aquí, en la vieja iglesia del Espíritu Santo, donde este rey se casó con María de Castilla, hija de los Reyes Católicos, en el año de 1501.

XII.3.a Castillo

Catalogado como Monumento Nacional. Algunas dependencias han sido convertidas en la Pousada D. Afonso II, tel. 265 613072.

El Castillo de Alcácer conserva, en lo fundamental, la planta que tenía al final del periodo islámico, siglos XI y XII, y es también de esa época parte de las murallas y torres que perduran, en *tapial* militar, sobre todo los torreones de los lados sur y norte.
La Orden de Santiago hizo aquí obras profundas, principalmente de consolidación de las *cortinas* y torres, a partir del siglo XIV, y la última gran reforma fue ya del periodo manuelino, cuando seguramente se mejoró y amplió la alcazaba.
En el interior de la muralla hay dos iglesias del siglo XIV de estilo gótico, la de Santa María y la del Señor de los Mártires.

Seguir por la A2. Al llegar al cruce con la A12, continuar por esta autopista hasta Setúbal.
A.C.

XII.4 SETÚBAL

La arqueología ha demostrado que Setúbal tenía una importante actividad pesquera y de salazones en la época de dominación romana, y debió de ser también un puerto de importancia, dadas las favorables condiciones del estuario del Sado. Con la reconquista cristiana, la población adquirió nuevo impulso, aparentemente después de un periodo de estancamiento, y quedó ligada a la Orden de Santiago de la Espada, cuyo maestre le concedió un fuero en 1249.
En 1343, en tiempos de D. Afonso IV, se delimitó el término de la villa, al tiempo que se erguían las murallas, de las que aún quedan algunos vestigios.
A finales del siglo XV, gracias a las rentas del comercio de la sal y de otros productos, Setúbal era una de las poblaciones que más contribuía con sus impuestos al erario de la Corona.

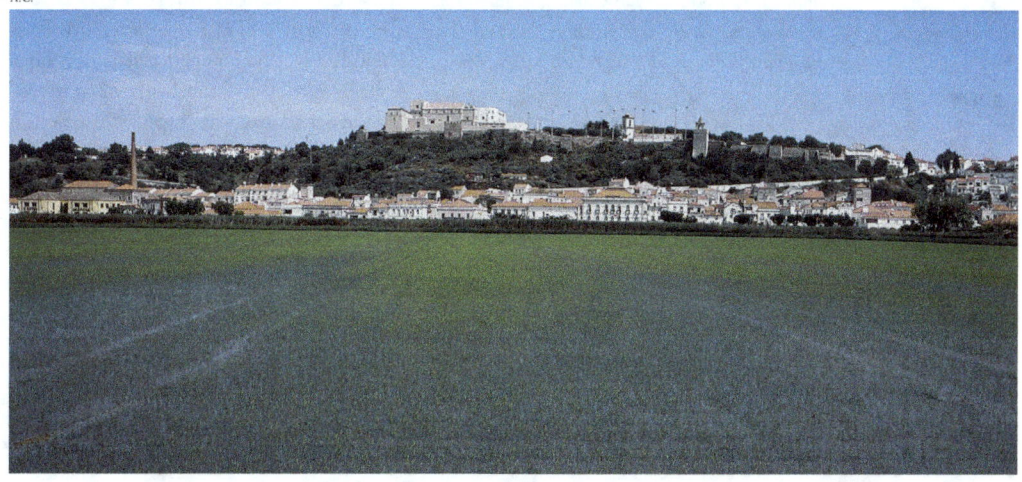

Vista general del pueblo y Castillo de Alcácer do Sal.

Con D. João II, que se casó aquí en 1473 con su prima D.ª Leonor, conoció grandes mejoras: se construyó un acueducto y se regularizó toda el área urbana que, entre tanto, se había extendido más allá de las murallas del siglo XIV.

D. Manuel I mostró también gran interés por la villa y mandó reedificar las dos iglesias parroquiales y la totalidad de los edificios públicos, tanto sociales como administrativos: el ayuntamiento, la cárcel, los mataderos, la leprosería y el silo de trigo. Otro de los grandes patrocinadores de las instituciones ciudadanas, y que también tuvo aquí un palacio, junto a San Julián, fue el maestre de la Orden de Santiago, D. Jorge de Lencastre, hijo natural de D. João II.

XII.4.a. Centro histórico

La Casa de las Cuatro Cabezas está situada en la Rua Fran Pacheco (antigua Rua Direita de Troino), 44; la puerta de la Leprosería (Gafaria), en la Av. Manuel Maria Portela, 17; el Convento de San Juan, en la Rua Almeida Garrett; la iglesia de Santa María, en el Largo de Santa Maria. Información: Oficina de Turismo, tel. 265 539120.

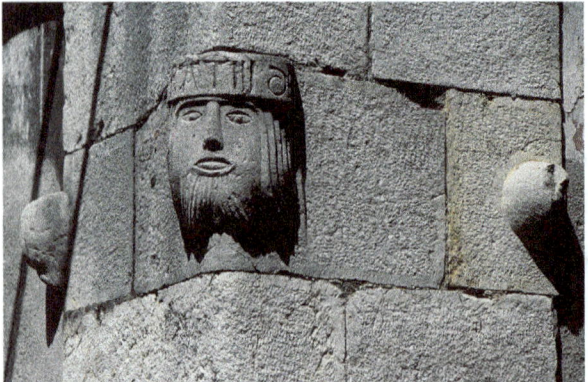

Casa de las Cuatro Cabezas, detalle, centro histórico de Setúbal.

Los vestigios arquitectónicos manuelinos de Setúbal se encuentran fundamentalmente en la colina donde se alza la iglesia de Santa María. De la muralla medieval se aprecia el trazado, un rectángulo imperfecto, y se conserva una de las puertas, la Porta do Sol.

Además de los arcos de Santa María, la puerta del Convento de San Juan, la de la antigua Leprosería y la de la Casa de las Cuatro Cabezas, Setúbal posee varias puertas y ventanas manuelinas en casas que conservan lo esencial de su estructura y que son testimonio del desarrollo de la villa en la época en que fue uno de los principales puntos de sostén de la Marina y del comercio oceánico. Estas calles tienen hoy antropónimos, pero originalmente sus nombres estaban ligados a oficios: Rua Direita dos Mercadores, Rua dos Caldereiros, Rua das Canastras, Rua das Esteiras, etcétera. Desde el trazado sencillo y elegante de dos puertas de dintel polilobulado del número 3 de la Travessa de São José hasta la puerta mucho más decorada del número 45 de la Rua de António Granjo, hay una inmensa variedad de tipos, pero los más comunes son los que presentan las jambas meramente achaflanadas y después un arco trilobulado y rebajado inscrito en el dintel liso.

XII.4.b Convento de Jesús

Praça Miguel Bombarda (antiguo Largo de Jesús). La iglesia, el claustro y la sala capitular están catalogados como Monumento Nacional. Horario: martes a sábado de 9 a 12:30 y de 14 a 17:30; domingos, lunes y festivos cerrado.

RECORRIDO XII La Orden de Santiago
Setúbal

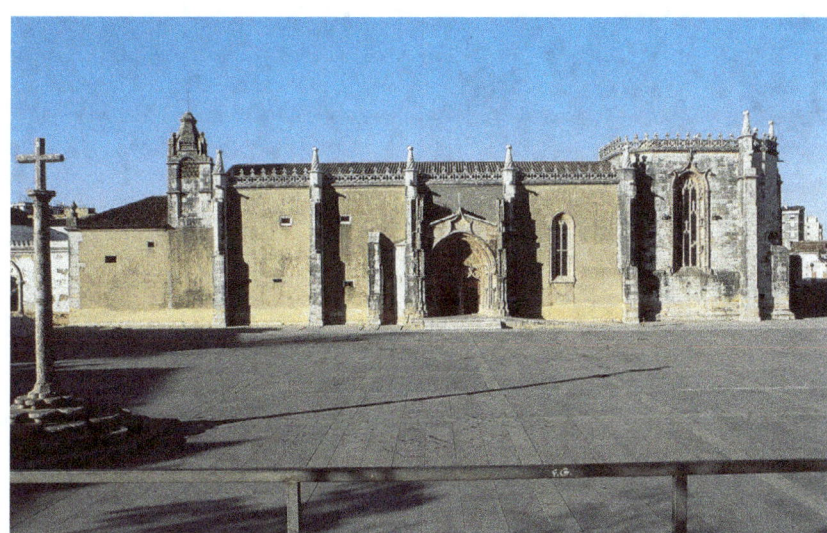

Convento de Jesús, Setúbal.

El Convento de Jesús fue fundado por Justa Rodrigues, ama de cría de D. Manuel I, en 1489, cuando este era solamente duque de Beja y administrador de la Orden de Cristo. La primera piedra del edificio se puso el 17 de agosto de 1490, aunque volvió a repetirse simbólicamente la ceremonia dos años después, aprovechando la presencia en la población del rey D. João II. Sabemos que antes de 1490 trabajó aquí el maestro de obras Boytac, si bien lo que hoy se ve, pese a que seguramente fue suyo el proyecto inicial, no le pertenezca más que en pequeña medida. Con la subida al trono de D. Manuel I, el plano original se modificó, haciéndose una iglesia mayor y dependencias residenciales más amplias. De los primeros tiempos queda la estructura de los muros de la iglesia, la cripta bajo el altar mayor y los coros alto y bajo. Tal vez sea también del siglo XV el trazado del claustro, acabado ya hacia 1520.

La iglesia tiene tres naves que se alzan a idéntica altura separadas por columnas entorchadas en piedra pulida de la sierra de Arrábida, lo que le confiere un aspecto rico y brillante. La capilla mayor es más alta y de mucho mejor construcción. Se empezó, sin duda, hacia 1520, y su construcción corrió a cargo de maestros de las

Iglesia del Convento de Jesús, perspectiva axionométrica, Setúbal, Catálogo de la XVII Exposição Europeia de Arte, Ciência e Cultura "Os Descobrimentos Portugueses e a Europa do Renascimento", Lisboa, 1983.

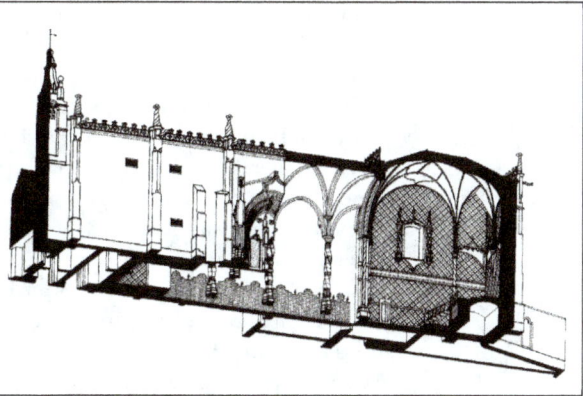

Iglesia del Convento de Jesús, interior, Setúbal.

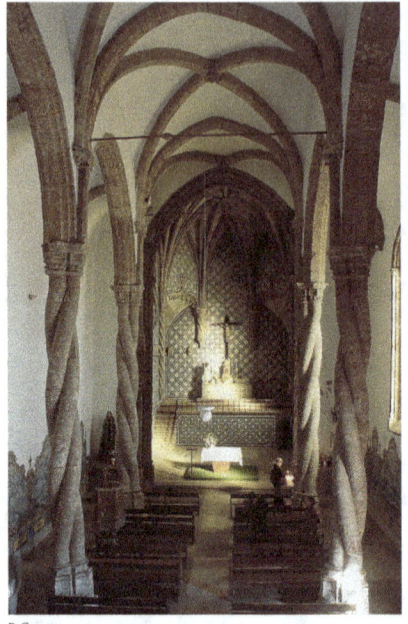

obras del Monasterio de los Jerónimos de Lisboa; posee una bóveda riquísima y muy complicada, de nervios curvos que forman un cuadrifolio. Las obras se demoraron, hasta el punto de que las vidrieras se colocaron en 1539.

El cuerpo del templo no fue obra del mismo arquitecto, seguramente a consecuencia de la decisión de D. João III de terminar la obra de forma rápida y barata. De ahí que sea más bajo que la cabecera y que se mantuvieran en el exterior los contrafuertes de la obra inicial, así como la puerta de traza tardogótica.

En la cripta funeraria destaca el conjunto de azulejos *mudéjares* de fabricación sevillana, con inscripciones que evocan la muerte. Son importantes en toda la iglesia los elementos decorativos hechos con gran complejidad, en un lenguaje tardogótico pero con gusto por el naturalismo exacerbado: es el caso de las trompas angulares de la capilla mayor, de la hornacina del sagrario mural, del nicho-altar de la sacristía y de la ventana ciega del lado izquierdo de la cabecera.

El claustro es de grandes dimensiones, con doble piso y arcadas ojivales corridas, solo interrumpidas por vanos de acceso al patio. En el extremo opuesto a la iglesia queda el lavabo, cubierto, en un avance de planta cuadrangular; en él se encuentran ménsulas de excelente dibujo y con bellas cabezas en altorrelieve.

XII.4.c Museo Municipal de Setúbal

Ocupa unas estancias del Convento de Jesús, con entrada por la Rua do Balneário Dr. Paula Borba, tel. 265 537890.

Relicario de Nuestra Señora de la Anunciada, h. 1520, Museo Municipal de Setúbal.

RECORRIDO XII *La Orden de Santiago*
Setúbal

Horario: martes a sábado de 9 a 12 y de 13:30 a 17:30; lunes, domingos y festivos cerrado.

El Museo Municipal está instalado en las antiguas dependencias del Convento de Jesús y posee varias obras maestras de la época manuelina, de las que vamos a destacar algunas.

Comencemos por el extraordinario conjunto de 14 tablas que formaban el antiguo retablo de la capilla mayor del Convento. Se pueden datar entre 1520 y 1530, y su ejecución debió de dirigirla Jorge Afonso, pintor del rey D. Manuel I. De monumentales dimensiones, el retablo seguía un plan iconográfico organizado en tres hileras, correspondientes a tres ciclos bien definidos: la Pasión, la infancia de Jesús y los santos franciscanos. El eje central, como era habitual, tendría en el centro la *Asunción de la Virgen* y, en lo alto, el magnífico *Calvario*.

El recurso a diversas fuentes de inspiración para su concepción tiene su mejor ejemplo en la tabla *Aparición del ángel a las santas Clara, Inés y Colete*. Reproducción de la obra del mismo tema que se encuentra también en el Museo y cuyo autor fue Quentin Metsys, el pintor cambió el fondo arquitectónico por una construcción manuelina cuya puerta muestra las armas de la reina D.ª Leonor. No obstante, en un juego de ambigüedades que caracteriza las arquitecturas pintadas de este periodo, otros paneles exhiben elementos renacentistas; sirva de ejemplo la *Anunciación*, con su puerta clásica coronada por una concha. La colección de orfebrería reúne algunas obras de gran interés para el conocimiento de la joyería de la época de D. Manuel. Aunque el Convento recibiera ofrendas importantes de obras en plata de D. Manuel I y hasta de los Reyes Católicos, el conjunto más significativo proviene de la Cofradía de Nuestra Señora de la Anunciada, integrada en la Casa de la Misericordia de Setúbal en el siglo XIX. Contemporánea del final del reinado de

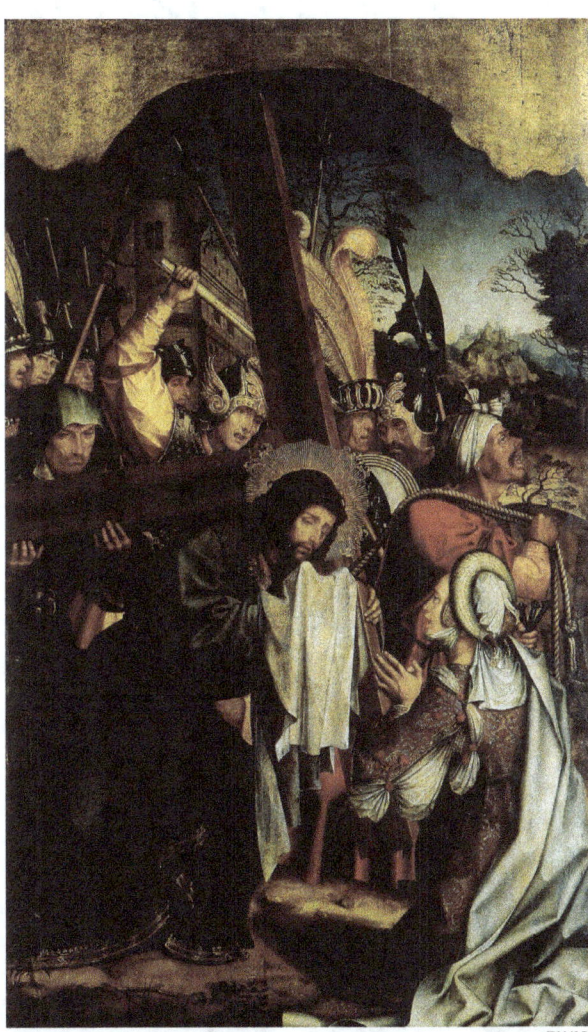

Jorge Afonso, "Cristo y Santa Verónica", del retablo del Convento de Jesús, s. XVI, Museo Municipal de Setúbal.

D. João II, destaca una elegante cruz en cristal de roca, con engastes en plata dorada. Fue una ofrenda de Nuno Gonçalves (no el celebrado pintor de D. Afonso V, sino el canciller de su hijo). De la misma época sobresale un elegante cáliz de plata dorada, adornado con motivos vegetales, nudo de tipo arquitectónico y representaciones de Nuestra Señora, San Pedro y Santiago en la base.

El relicario de Nuestra Señora de la Anunciada es la obra más célebre. Al igual que las demás obras de la época, tiene una estructura de tipo arquitectónico, con la imagen en marfil de Nuestra Señora bajo un baldaquín, dentro de una caja de vidrio y plata. En el nudo del asta, entre vidrios, podemos admirar una reliquia de espino de la corona de Jesucristo. Se trata de una obra de notable calidad ejecutada en un taller de Lisboa. Sorprende por su rareza la pequeña botella de los Santos Óleos, en plata blanca, que data de la primera mitad del siglo XVI y que nos recuerda mucho alguna de las obras de porcelana china que entonces se importaban del Lejano Oriente.

R.C.

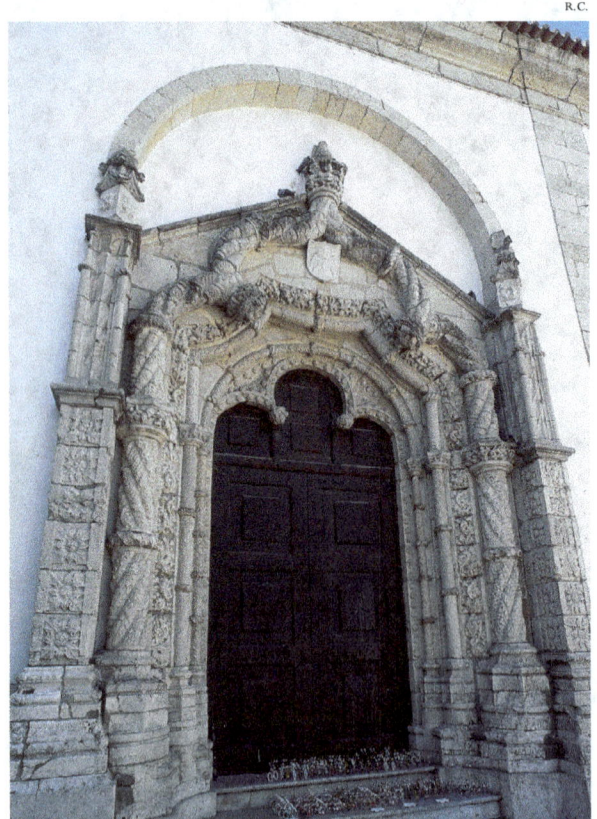

Iglesia matriz, puerta, Setúbal.

XII.4.d San Julián, iglesia matriz

Praça do Bocage, tel. 265 523723. Catalogada como Monumento Nacional.
Horario: todos los días de 8:30 a 12 y de 15 a 18; domingos de 8:30 a 12 y de 17:30 a 18:30.

Esta iglesia parroquial fue profundamente modificada durante el reinado de D. Manuel I; el monarca ordenó su ampliación en 1515 con el fin de que siguiera cumpliendo su función, dado el aumento de población, y también con el de satisfacer su deseo de ennoblecer la villa con edificios majestuosos. El maestro de obras elegido fue João Favacho, ciertamente familiarizado con las obras del Monasterio de los Jerónimos, y los trabajos transcurrieron entre 1516 y 1519.

Los varios terremotos que asolaron la ciudad, particularmente el de 1755, destruyeron casi toda la obra manuelina, de la que solo quedaron las dos puertas exteriores y parte del campanario. La puerta más elaborada es la que da al norte, de una exuberancia extra-

RECORRIDO XII *La Orden de Santiago*
Palmela

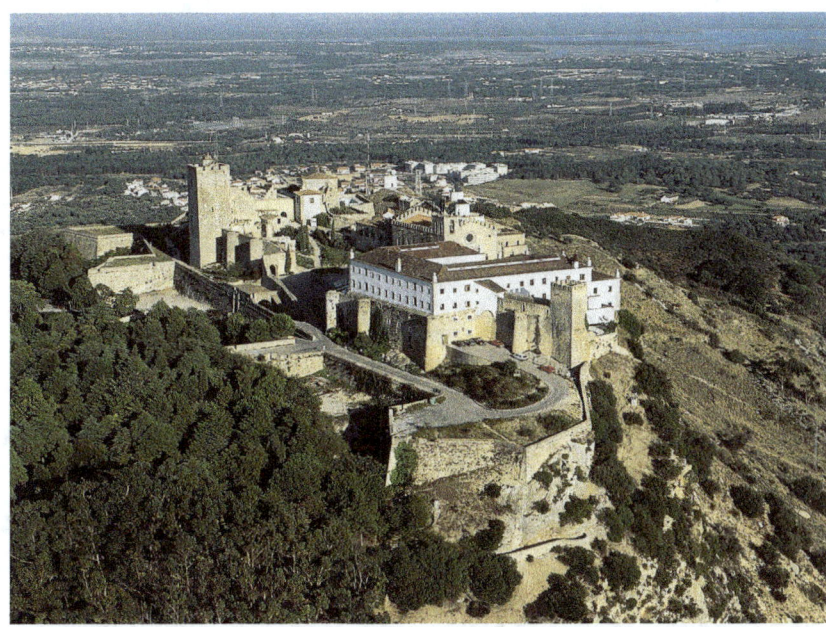

Castillo, vista general, Palmela.

M.A.

ordinaria, que asocia elementos naturalistas sacados del mundo vegetal con otros típicos de la orfebrería y las telas. La otra puerta, la del eje principal, es más sencilla, pero también marcadamente naturalista, con *arcos conopiales entorchados*.

Reserva Natural del Sado
Al sureste de Setúbal se encuentra la Reserva Natural del Sado. De las cerca de 23 ha que constituyen la Reserva, la mayor parte corresponde a zonas húmedas, sobre todo canales, brazos de río y terrenos alagadizos. Mamíferos como la nutria, aves como la cigüeña blanca y el aguilucho lagunero o migratorias como la paloma torcaz forman parte de las innumerables especies que aquí se pueden contemplar. Sus lagunas, el río, una vasta área de pinar y su flora completan los atractivos que ofrece esta zona.
Reserva Natural del Estuario del Sado, Praça da República, 2900 Setúbal, tel. 265 524032.

Seguir ahora por la A2 en dirección a Lisboa y salir en Palmela.

XII.5 **PALMELA**

La villa y el Castillo de Palmela fueron reconquistados a los musulmanes por las tropas de D. Afonso Henriques en 1148, después de que aquéllos los volvieran a ocupar durante un corto periodo. El primer monarca portugués donó la villa a la

RECORRIDO XII   *La Orden de Santiago*
Palmela

Castillo de Palmela.

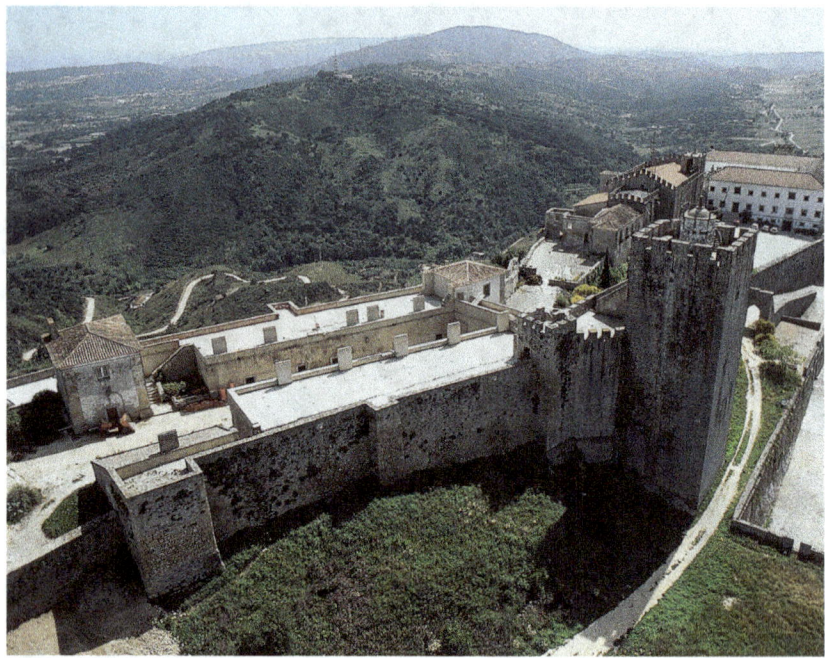

Orden de Santiago de la Espada, cuyo maestre le otorgó su fuero en 1185. Pasó a ser el principal castillo de esta orden en toda la región y gozó, en la segunda mitad del siglo XV y en los primeros años del XVI, de la protección del maestre de Santiago, D. Jorge, hijo natural de D. João II. A él se deben muchas mejoras, como el mantenimiento y ampliación del castillo y la terminación de la construcción de la iglesia de Santiago.

XII.5.a **Castillo**

La entrada al castillo está señalizada. Catalogado como Monumento Nacional. Si se dispone de tiempo, visitar, en la antigua plaza de armas, *el Museo Municipal de Palmela, que presenta en cinco salas los hallazgos de las excavaciones arqueológicas hechas en la alcazaba.*
Información: tels. 21 2331580 y 21 2331669.

Es una construcción típica de finales de la Edad Media, adaptada a la topografía irregular y con altas y poderosas murallas, reforzadas por torres en los ángulos y en las zonas de menor grosor de las *cortinas*. En el interior del castillo propiamente dicho se hallaban el palacio y la iglesia privada de los frailes. La torre del homenaje muestra claramente las adaptaciones introducidas a finales del siglo XV o incluso a principios del siguiente, como las saeteras largas y las almenas de cuerpo ancho.

XII.5.b Iglesia de Santiago

En el recinto del castillo, tels. 21 2331669 y 21 2331580. Catalogada como Monumento Nacional.
Horario: todos los días de 10 a 12:30 y de 14 a 18 (en verano hasta las 20); lunes cerrada.

La construcción de la iglesia y del convento se debió a una iniciativa del infante D. João, hijo de D. João I, en fecha próxima a 1443 o incluso ese mismo año. Las obras se prolongaron largo tiempo y se materializaron en un edificio de un gótico desnudo, muy similar al que se estaba levantando en el Monasterio de Batalha a mediados de siglo. Está bien documentada la última gran obra, ordenada por Jorge de Lencastre en 1508, maestre de la orden que fue enterrado aquí, en un *edículo* mural de gusto manuelino construido antes de su muerte en 1551.

Tomar la A2 en sentido Setúbal y, en el cruce con la A12, seguir por esta en dirección a Lisboa hasta llegar a Alcochete.

XII.6 ALCOCHETE

Su situación en el estuario del Tajo favoreció, desde tiempos remotos, la actividad pesquera y también la del pequeño comercio y transporte entre las dos orillas. En tiempos de dominio árabe ya eran importantes sus hornos de cal, de ahí el nombre de al-Kuxat que dio el topónimo actual. La cal y la leña fueron productos que la villa suministró a Lisboa durante siglos.

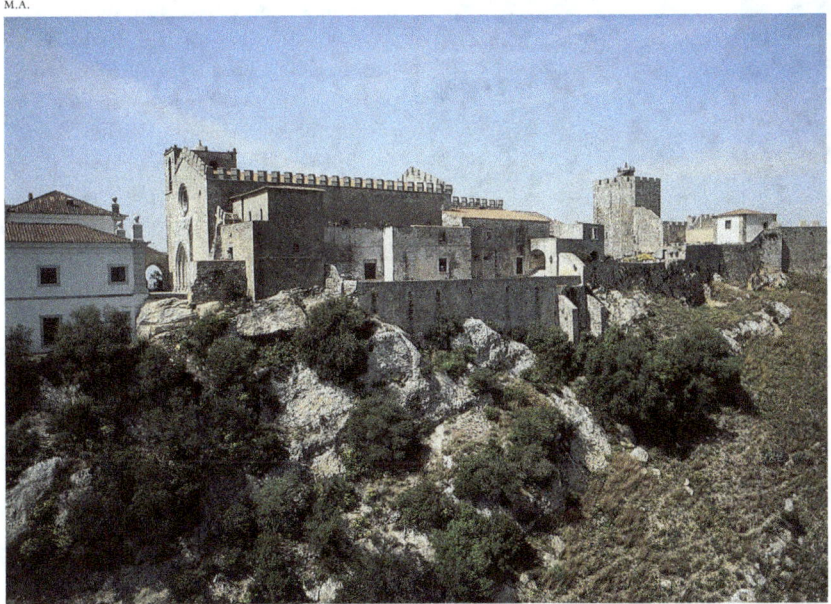

Iglesia de Santiago, Palmela.

RECORRIDO XII *La Orden de Santiago*
Alcochete

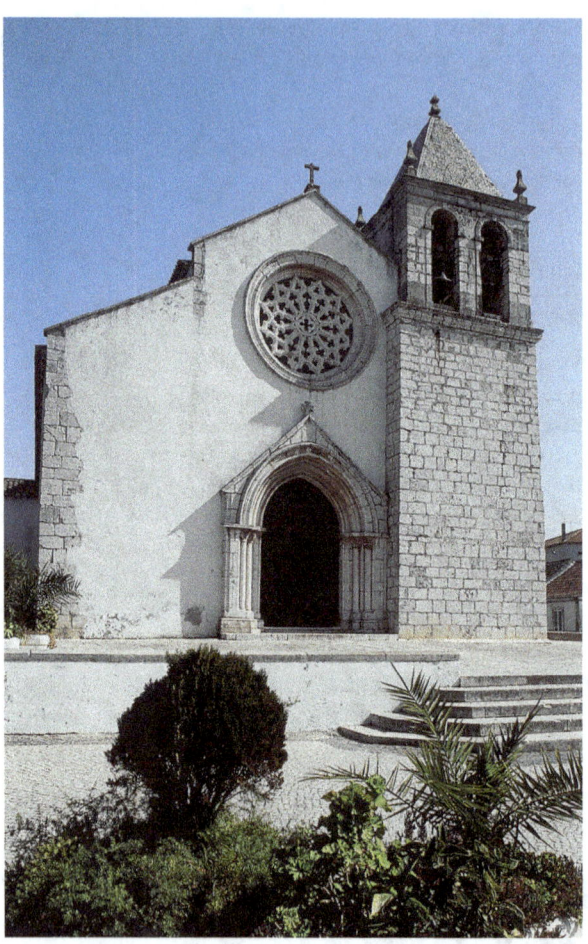

San Juan Bautista, iglesia matriz de Alcochete.

Fue aquí donde nació, el 31 de mayo de 1469, el rey D. Manuel I, en el palacio que se conoció con el nombre de la madre de este monarca, Palacio de D.ª Beatriz, prácticamente destruido por el seísmo de 1755. Además, el infante D. Fernando y su corte privada residieron aquí largas temporadas.

XII.6.a San Juan Bautista, iglesia matriz

Largo de S. João, tel. 21 2340166. Catalogada como Monumento Nacional.
Horario: de 8 a 12:30 y de 15 a 20; sábados de 8 a 12:30 y de 17 a 20; lunes, jueves y domingos cerrada por la tarde.

La iglesia matriz de la villa fue profundamente remodelada en la época manuelina, aunque conserve algunos elementos del siglo XV, como son las puertas axial y lateral. Es una obra arcaizante, con cuerpo de tres naves de cuatro tramos y pilares monocilíndricos que sostienen arcadas ojivales de capiteles ochavados. La cabecera tiene una sola capilla, ya moderna, pero en el lado izquierdo se abre otra capilla cubierta por una bóveda de nervios de perfil muy bajo, perteneciente ya a la fase final del manuelino.

VASCO DA GAMA

Pedro Dias

Vasco da Gama nació en Sines alrededor de 1468. Su padre era Estevão da Gama, y tanto él como la mayor parte de la familia estaban ligados a las navegaciones atlánticas. Es probable que desde muy pronto se aventurara mar adentro, hasta las islas cercanas o el norte de África.

Su prestigio, cuando solo contaba unos 30 años, le valió el mando de la armada que habría de hacer el primer viaje entre Europa y la India. Partió de Lisboa el 8 de julio de 1497, llevando a su hermano Paulo da Gama, que murió en el viaje de vuelta y fue enterrado en la isla Terceira, y a Nicolau Coelho como piloto, siendo como era el mejor navegante de su tiempo.

Llegado a la India al año siguiente, trató de hacer una alianza con el Samorin o rey de Calicut, pero la intriga de los mercaderes musulmanes que tenían intereses allí hizo inviable su propósito. Paró después en la isla de Angediva, a unas decenas de kilómetros al sur de Goa, e inició el viaje de regreso el 5 de octubre de 1498. Desembarcó en Lisboa en agosto de 1499.

Con este viaje comenzó una nueva era de la humanidad, con contactos regulares entre Oriente y Occidente, y por el camino entonces descubierto los portugueses llegaron a Japón en 1543.

Vasco da Gama ganó honores y rentas, le fue concedido el título de Conde de Vidigueira y en 1504 volvió a la India. Murió en Cochin en 1524, ostentando el título de virrey, y su larga descendencia seguiría sobresaliendo durante muchas generaciones.

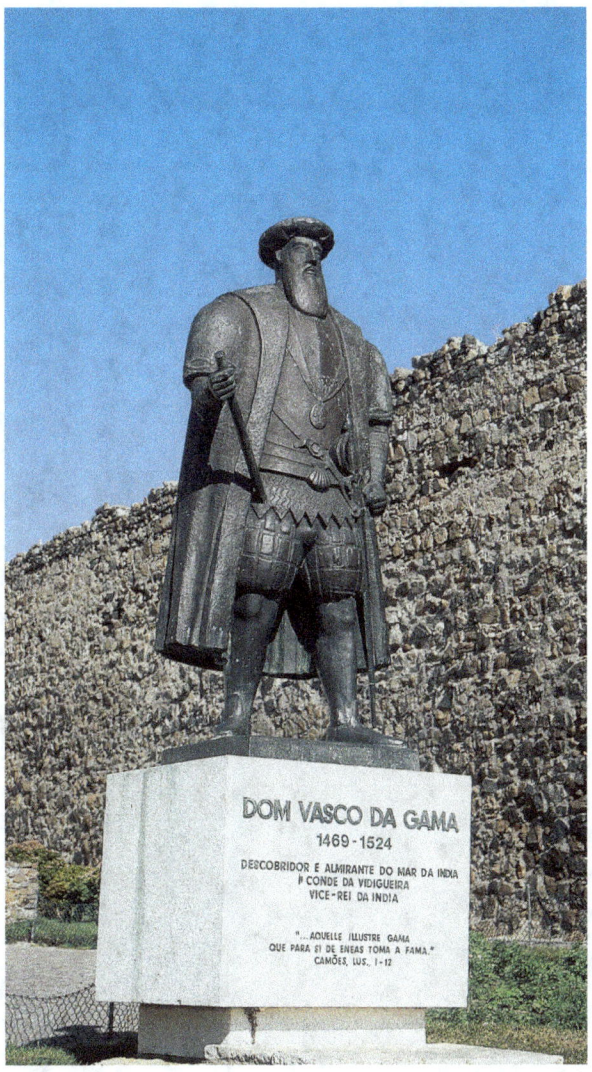

Estatua a Vasco da Gama, junto al Castillo de Sines.

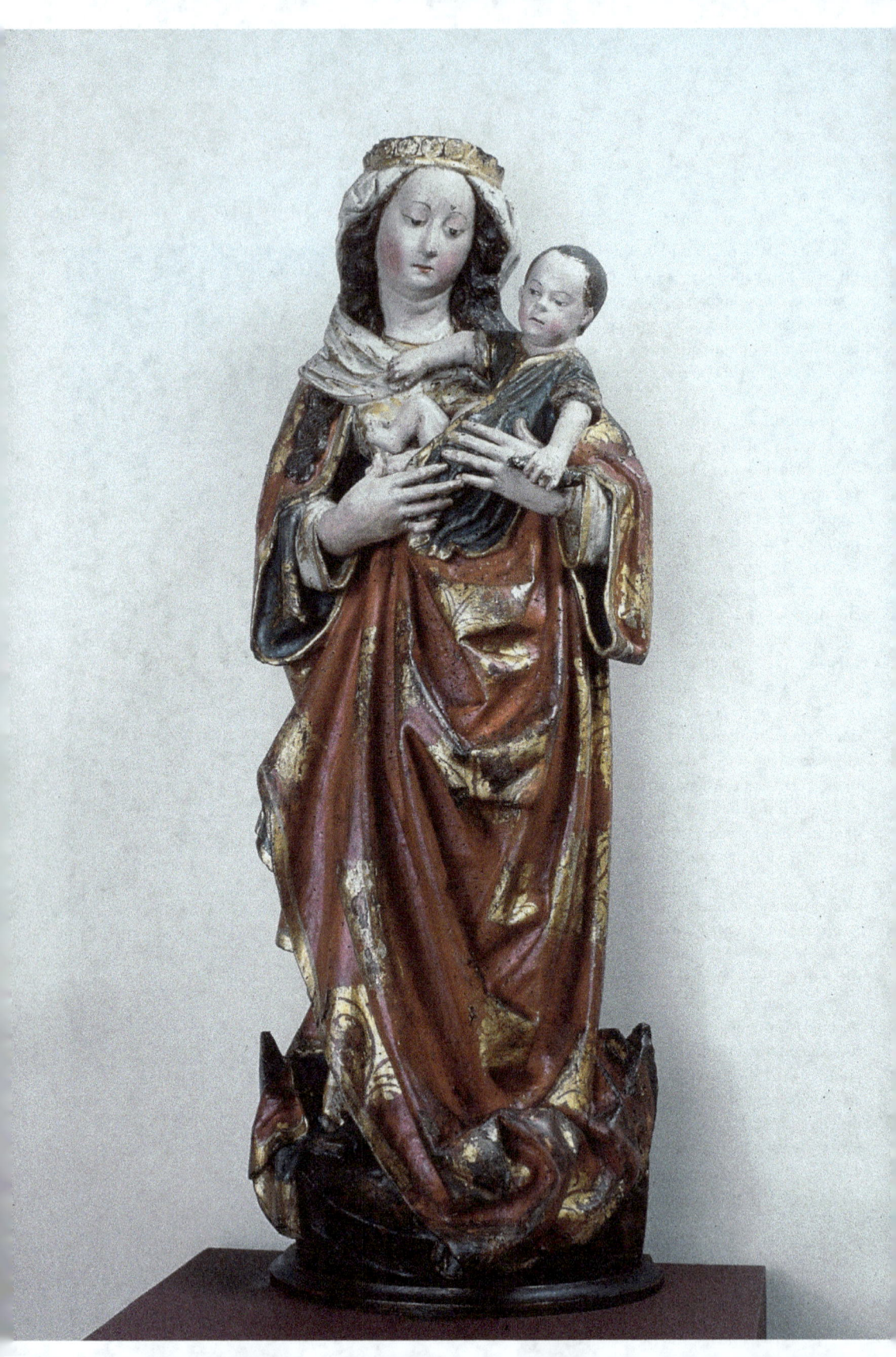

RECORRIDO XIII

Isla de Madeira: entre Portugal y Flandes

Pedro Dias, Dalila Rodrigues,
Nuno Vassallo e Silva, Fernando Grilo

Primer día

XIII.I FUNCHAL
      XIII.1.a Centro histórico
      XIII.1.b Catedral
      XIII.1.c Aduana Vieja (Alfândega Velha)
      XIII.1.d Capilla del Cuerpo Santo
      XIII.1.e Museo de Arte Sacro
      XIII.1.f Iglesia y Convento de Santa Clara

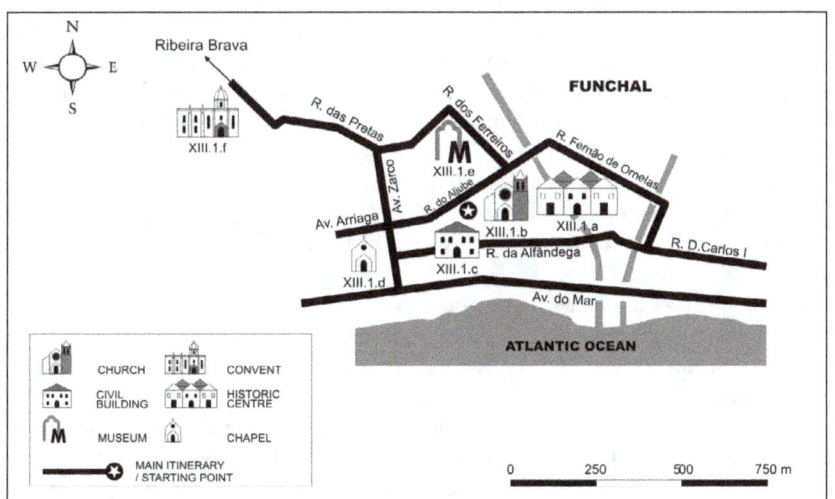

"Nuestra Señora con el Niño", escultura flamenca que perteneció a la iglesia matriz de Machico, h. 1510, Museo de Arte Sacro, Funchal.

La isla de Madeira, de 741 km², la más importante del archipiélago del mismo nombre, queda a solo 1.000 km de Lisboa y más cerca aún de la costa africana, a poco más de 500 km del cabo Djouchi.

Porto Santo es la otra isla de cierto tamaño, a solo 50 km de la mayor pero con apenas 41 km². Selvagens, Desertas y un puñado de roquedos dispersos por la costa de Madeira completan el archipiélago.

El descubrimiento oficial de estas tierras data de 1419 y se debió a João Gonçalves Zarco. Como las islas no estaban habitadas, la colonización fue más fácil que en tierras ya pobladas. El viaje desde el continente era muy fácil para los hombres de mar, por lo que se volvieron extensiones naturales del reino, además de lugar de paso obligado en los viajes hacia el sur y un apoyo para las fortalezas portuguesas de Marruecos.

Entre los primeros habitantes se contaban hombres de la pequeña nobleza y servidores de la casa del infante D. Henrique, que se ennoblecieron con su asentamiento y también con sus hechos de armas en el Magreb. Al pueblo llano lo llevaron de varios puntos del reino y, al poco, muchos alcanzaron una condición privilegiada.

La introducción de la caña de azúcar creó un régimen de monocultivo sólo roto por la plantación de trigo, aunque este era ya escaso a finales del siglo XV. El apetito de Europa por el azúcar de Madeira hizo que se estableciesen en esta isla muchos mercaderes italianos, flamencos y alemanes, algunos de los cuales se volvieron también productores, echaron raíces aquí y dieron origen a nuevas familias que posteriormente se ennoblecieron. La población de origen europeo creció muy deprisa y, a fines del siglo XVI, era de 18.000 personas.

Para el desarrollo del archipiélago fue importante la fundación de la diócesis de Funchal en 1514, gracias a la insistencia de D. Manuel I ante el papa León X. De la nueva sede episcopal pasaron a depender todos los territorios ultramarinos portugueses, los descubiertos y los por descubrir. Por eso, en 1533 se convirtió en archidiócesis.

La época manuelina estuvo marcada por una fortísima influencia flamenca, pues las obras que se colocaron en los altares de iglesias, capillas y oratorios se importaron de Flandes y regiones de alrededor. Este fenómeno tuvo su mayor expresión en la pintura y en la escultura, y hoy se conservan en las iglesias y museos de ambas islas preciadas colecciones de estas dos artes.

Dejando a un lado la soberbia arquitectura manuelina, con sus techos *mudéjares* de tradición hispanomorisca, los cuadros y esculturas importados de Flandes o hechos aquí por flamencos hacen del archipiélago algo único y la mejor prueba de las estrechas relaciones de Portugal con el norte de Europa en la época de los descubrimientos.

XIII.1 FUNCHAL

Funchal es la capital del archipiélago y su centro urbano más importante, y ha sido así prácticamente desde que empezaron a poblarse las islas. Su situación geográfica, la posibilidad de acercarse con facilidad a ella, la tierra y la ensenada protegida

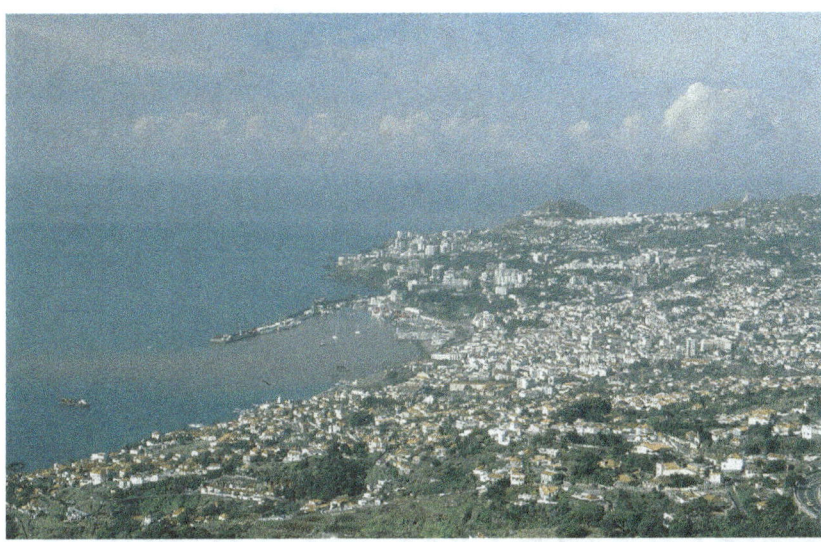

Vista panorámica de Funchal.

determinaron su futuro. Las primeras construcciones que se levantaron, ciertamente no lejos de la línea de la costa, no eran más que modestas cabañas para acoger a los colonos, viviendas paupérrimas, como también lo eran las iglesias, nombre pomposamente dado a algo que no se distinguía de vulgares cobertizos de paja. La primera casa de piedra y cal, una vez construidas las iglesias, fue la de Constança Rodrigues, nieta del propio descubridor João Gonçalves Zarco. En cuanto a la primera casa con más de un piso, la hizo un tal João Manuel, en cedro blanco, y causó gran alboroto, pues su altura fue tomada como una afrenta a los restantes vecinos y a la propia Corona.

Pero la construcción más antigua que ha llegado hasta nuestros días es la llamada Torre del Capitán, situada en el Alto de Santo Amaro (en el barrio de la actual parroquia de Santo António), obra modesta de planta rectangular en cuyas paredes se abren dos saeteras y una puerta con *arco agudo*.

XIII.1.a Centro histórico

Se recomienda empezar la visita por la Catedral y seguir luego por la Aduana Vieja y la Capilla del Cuerpo Santo, para regresar por Largo do Pelourinho y Rua Direita. De esta manera se recorrerán calles y plazas del centro histórico de época manuelina. Delegación de Turismo: tel. 291 211900.

Las primeras obras públicas de consideración se hicieron por iniciativa de los duques administradores de la Orden de Cristo: D. Fernando, D. Diogo, la duquesa D.ª Beatriz durante la minoría de edad de D. Manuel I y, naturalmente, este último. También el ayuntamiento promovió

Funchal

Fortaleza de San Lorenzo, h. 1535, centro histórico de Funchal.

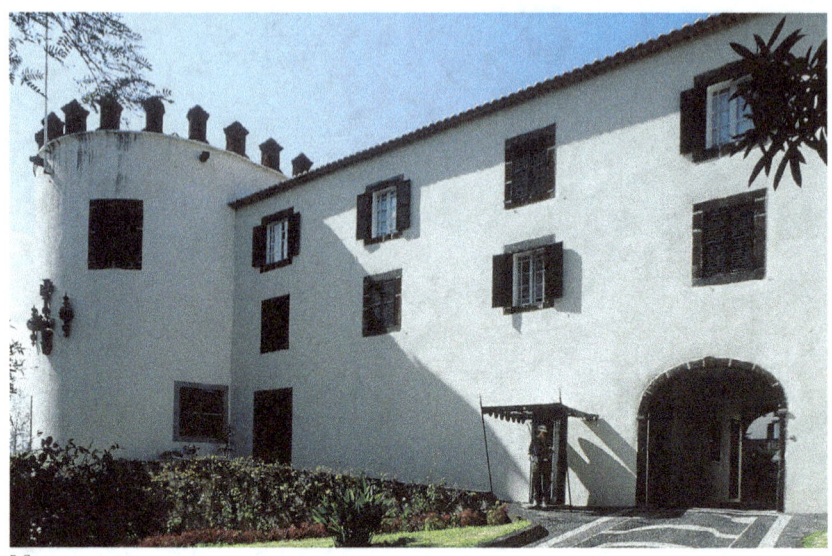

algunas de las obras, recurriendo a esos señores para su financiación. Está documentado que, en junio de 1489, el municipio decidió hacer el puente de Ribeira das Casas, al principio de la calle de Santa Catarina, según el modelo del puente que quedaba junto a la cárcel y que unía las calles Direita y Ferreiros; ambos puentes eran enteramente de madera. En 1495, el oidor del duque D. Manuel decidió pavimentar algunas calzadas en las principales vías y construir los citados puentes en piedra, pero el pueblo de Funchal se opuso en vista de los impuestos previsibles.

Si el asentamiento de los colonos en Funchal debió de obedecer meramente a la disposición natural del terreno, y particularmente de las orillas, con D. Manuel I surgió una preocupación evidente por ordenar el núcleo urbano, que ya contaba con unas decenas de años de existencia. Los primeros intentos de fortificación de la villa y de la isla se remontan al año 1476, periodo de gobierno de la infanta D.ª Beatriz, a quien el segundo capitán-donatario pidió que hiciese una construcción para defender el puerto de Funchal. La madre de D. Manuel, sin embargo, se disculpó alegando falta de fondos para tal proyecto.

En cuanto a la organización del espacio de la villa de Funchal, al poco tiempo elevada a ciudad, D. Manuel pensó en una plaza, en el llamado Campo do Duque, a la que se orientaran los edificios más nobles: la Casa Consitorial, el Palacio de los Tabeliães, la Audiencia, la Misericordia y la Catedral, siendo esta última el único edificio que ha llegado hasta nosotros. A partir de esa plaza se formó la principal red viaria, que en gran parte todavía perdura. Otro espacio privilegiado fue el Largo do Pelourinho.

Las calles principales, no solo en el siglo

XVI sino hasta el presente siglo, eran la Rua Direita y la Rua dos Mercadores. Esta última unía la fortaleza con Santa Maria do Calhau y en ella residían los principales mercaderes, con establecimiento abierto, y también los comerciantes ingleses y flamencos.

XIII.1.b Catedral

Largo da Sé, tel. 291 228155. Catalogada como Monumento Nacional.
Horario: lunes a sábado de 9 a 11 y de 16 a 17:30.

La más importante de las obras del periodo manuelino fue la construcción de la Catedral de Funchal, felizmente casi íntegra, empezada hacia 1493 a instancias de D. Manuel, que nombró a João Gomes como su veedor. No obstante, debido a equívocos constantes y dilaciones poco comprensibles, la obra definitiva no comenzó hasta 1502, hecho al que no fueron extraños el interés y empeño personales del propio D. Manuel. Lo fundamental del edificio de la iglesia matriz, después Catedral, quedó terminado en 1517, y el responsable de los trabajos fue el maestro cantero Pêro Anes, que tuvo como principal ayudante a Gil Eanes, artista cuyo papel ha sido muy discutido y que ha de considerarse como maestro de obras, es decir en segundo lugar en la jerarquía técnica de la construcción.

Los trabajos duraron años, como lo demuestran las contribuciones financieras del rey que se señalan en la documentación de 1517 a 1521. La iglesia quedó muy amplia, si bien su proyecto fuera anticuado, en la línea de los que desde fines del siglo XIII servían para las principales iglesias del continente. Tiene tres naves de cinco tramos, transepto saliente

R.C.

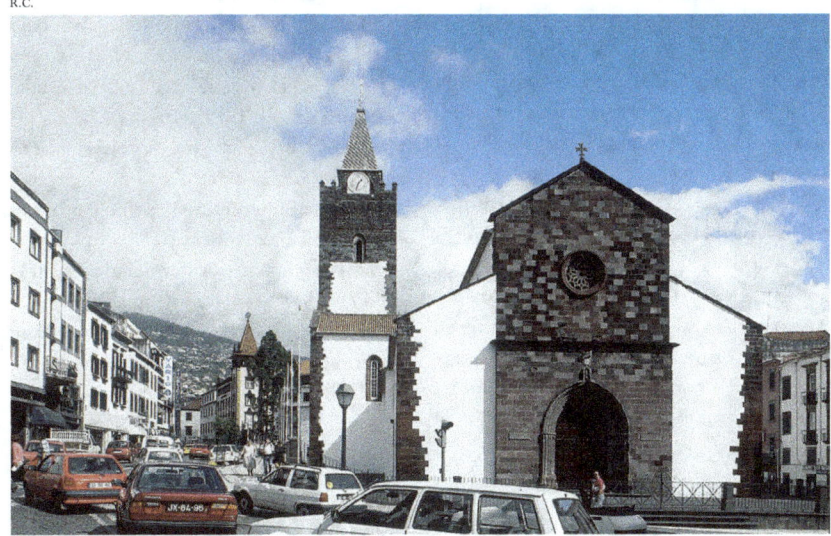

Catedral de Funchal.

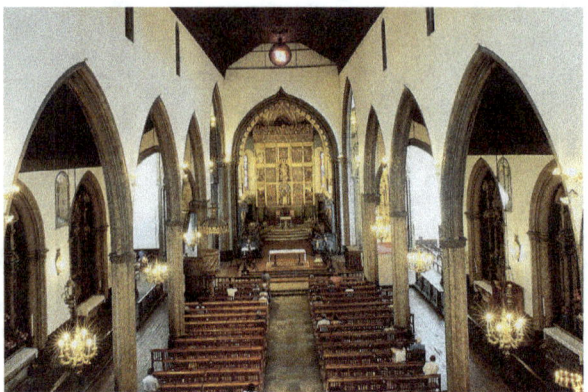

R.C.

Catedral, vista general del interior, Funchal.

y cabecera con tres capillas de ejes paralelos y bóvedas de crucería ojival. Las claves de la bóveda de la capilla mayor están muy bien ejecutadas y muestran las armas reales, la esfera armilar y la cruz de la Orden de Cristo.

El cuerpo se cubrió con un techo *mudéjar* de motivos geométricos entrelazados, rosetas y *mocárabes*, aunque la decoración pictórica siga los modos del Renacimiento centroeuropeo.

La disposición interior se hace patente en los volúmenes exteriores, sobre todo en la fachada de tres partes en que la central se alza muy por encima de las laterales. Al lado de la cabecera se yergue una elegante torre con *chapitel* que servía de campanario y probablemente también de mirador o atalaya. La cubierta de teja de los ábsides se completa con una guirnalda flamígera. La puerta principal tiene la estructura típica del gótico final, de trazado ojival y con siete columnas paralelas que se prolongan después de incipientes capiteles en otras tantas *arquivoltas*, con decoración únicamente en la parte más externa de la penúltima.

El retablo mayor se despliega en tres hileras de paneles unidos por delicadas estructuras talladas y algunas imágenes de bulto; resulta ser, entre otras muchas cosas, el único retablo que se ha conservado prácticamente íntegro y en su ubicación original de los muchos que se hicieron en Portugal en el periodo manuelino. Dejando a un lado las alteraciones en lugares concretos que le fueron introducidas —una de ellas en el nicho central, donde se puede ver una escultura barroca—, solo su mal estado de conservación impide la adecuada percepción de sus originales y suntuosos efectos visuales.

No se tienen datos históricos referentes a la autoría del retablo, que algunos estudiosos entroncan con la producción del pintor de identidad misteriosa que se supone oriundo de los Países Bajos y al que convencionalmente se llama "Mestre da Lourinhã". Para la ejecución de una obra de estas dimensiones solía reunirse a un equipo de pintores que trabajaban bajo la dirección de un maestro. No hay duda de que el maestro de este retablo estaba muy próximo estilísticamente a las técnicas desarrolladas por los pintores flamencos. También es cierto, sin embargo, que los pintores portugueses, principalmente los que alcanzaron mayor notoriedad y sobre todo los que desempeñaron su trabajo en la corte, demuestran haber asimilado esa influencia predominante que correspondía al gusto de la época, que se dejaba llevar por la fascinación provocada por la mimética expresión de lo real en la pintura importada del norte de Europa. Se trata, pues, de una obra que puede fecharse en torno a 1515, de autor desconocido pero directamente asociada a los pintores del círculo de Lisboa.

Del retablo hay que señalar por último el notable trabajo de carpintería, con influencia de Olivier de Gand pero que debió de ejecutar en el lugar un maestro flamenco desplazado hasta allí.

La magnífica sillería de la capilla mayor datará de 1508-1512, y su importancia se ve incrementada por el excelente estado de conservación y por su ubicación, todavía la original. Hay que considerarla obra de un maestro flamenco, cuya identidad se desconoce. Está formada por dos filas de sillas; la más alta tiene sobrecielo y espaldar, mientras que la otra posee solo un friso tallado, ya de gusto renacentista. Muestra relieves de gran calidad con imágenes de los Apóstoles en la fina decoración de cada uno de los *edículos* que limitan los escaños, así como en los frisos decorativos. Según reza la tradición, fue precisamente la calidad plástica de los relieves lo que impidió que se cubriera en seguida de oro para no entorpecer la visión de los volúmenes esculpidos. El dorado no se hizo hasta 1755.

XIII.1.c Aduana Vieja (Alfândega Velha)

Actualmente, el edificio está flanqueado por la Rua da Alfândega, el Largo Dr. António José de Almeida y la Avenida do Mar. Tel. 291 223133. La construcción que hoy se ve es resultado de obras de la época manuelina, así como del periodo de gobierno del Marqués de Pombal y de recientes adaptaciones para acoger la Asamblea Legislativa Regional. Catalogada como Monumento Nacional.

Horario: lunes a viernes de 9 a 12:30 y de 14 a 17:30.

D. Manuel I mandó construir un edificio nuevo en 1508 y el responsable de las obras fue Pêro Anes, el mismo maestro que ya trabajaba en la Catedral y que tenía por ayudante a un tal Bartolomeu.

Un conocido dibujo del siglo XVII muestra la Aduana manuelina como una construcción de dos pisos formada por cuer-

R.C.

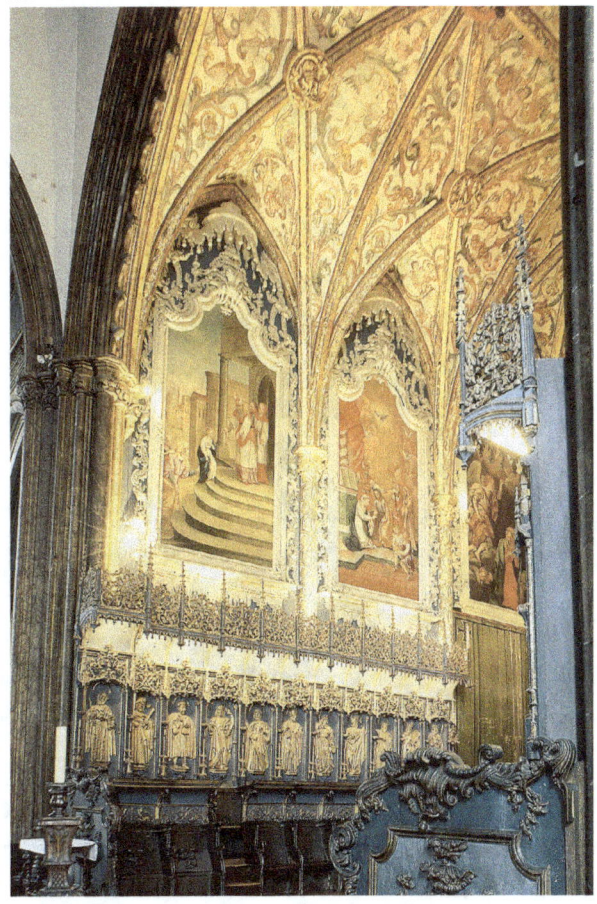

Catedral, capilla mayor, Funchal.

pos paralelos que se diferencian por las líneas de los tejados. Las puertas y las ventanas tenían molduras de cantería y en el piso noble un panel dividía los vanos. La puerta norte tiene un *arco conopial* rebajado y capiteles de follaje. El Despacho, situado en la planta baja, es un amplio salón dividido por arquerías paralelas de tres vanos, de *arcos carpaneles* sobre pilares cilíndricos con capiteles decorados con elementos naturalistas

iguales que los de las ménsulas de los que arrancan en las paredes. Los pilares y los arcos son achaflanados, pero se nota la intención de hacer aquí una obra a la vez sólida e imponente. Este propósito se hace evidente en el techo *mudéjar* de la Contaduría (Casa dos Contos), del mismo estilo que los de las naves y el transepto de la Catedral, con lacería, rosetas y *mocárabes*. Se abría al mar por una gran puerta o ventana saleiza de cerca de 4 m de altura, que comunicaba con una terraza. En el lado oriental, el edificio estaba más compartimentado, con otras dos pequeñas puertas manuelinas, división en espacios relativamente más reducidos que era común a todo el piso superior, en el que los techos eran también de lacería *mudéjar*.

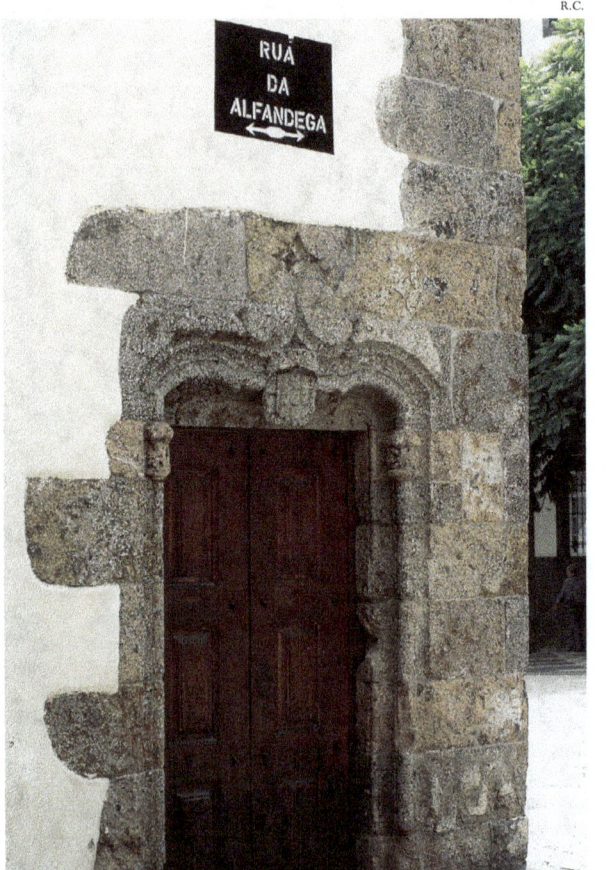

Aduana Vieja, puerta, Funchal.

R.C.

XIII.1.d Capilla del Cuerpo Santo

Largo do Corpo Santo. Para concertar una visita guiada, ponerse en contacto con la Dirección Regional de Cultura, tel. 291 211830. Catalogada como Inmueble de Interés Público. Horario: lunes a viernes de 10 a 12:30 y de 14 a 17:30; festivos cerrada.

La Capilla del Cuerpo Santo data de mediados del siglo XV y su fundación se debió a los hombres de mar. Se levanta en el lugar que marcaba la linde de la población, en el llamado Cabo de Calhau. Es probable que inicialmente fuera de madera y con cubierta de paja, y que a finales del siglo XV se construyera la estructura de albañilería, de la que se conserva lo esencial, particularmente la puerta de arco ojival sin capiteles.

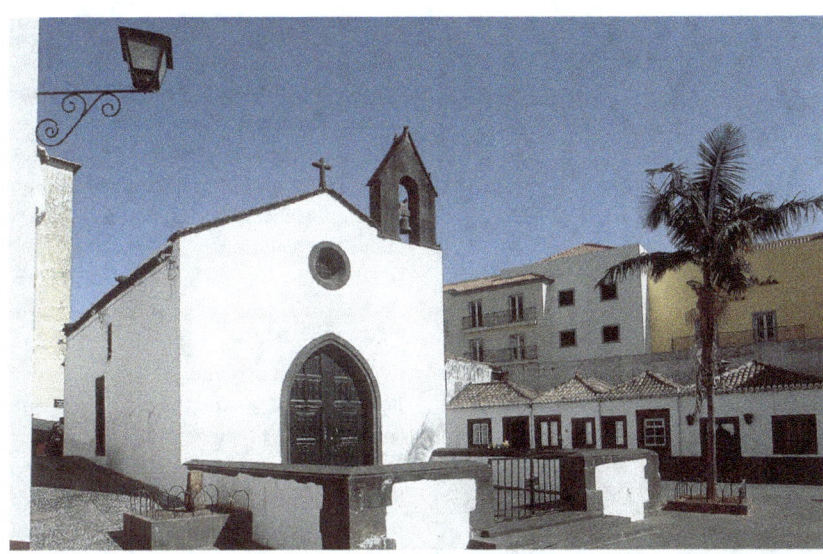

Capilla del Cuerpo Santo, Funchal.

En 1594 se hicieron grandes reformas, como consta en una placa, y la decoración interior muestra que se fue enriqueciendo sucesivamente.

XIII.1.e **Museo de Arte Sacro**

En el antiguo Palacio Episcopal de Funchal, entrada por la Rua do Bispo, 21, tel. 291 228900. El edificio está catalogado como Monumento Nacional.
Acceso con entrada. Horario: martes a sábado de 10 a 12:30 y de 14:30 a 18; domingos de 10 a 13; festivos cerrado.

El Museo de Arte Sacro expone algunas de las piezas más importantes de la orfebrería del periodo manuelino, ineludibles en el estudio de este periodo artístico. Provienen casi todas de una donación póstuma de D. Manuel a la Catedral de Funchal, compuesta por 21 alhajas de plata y que se hizo en 1528, siete años después de la muerte del monarca.

La grandiosa cruz procesional del Museo, la mayor de su género en Portugal, formó parte de una de las ricas donaciones conocidas del rey Afortunado. Al igual que en la celebrada Custodia de Belém hoy conservada en el Museo Nacional de Arte Antiguo de Lisboa, los símbolos del rey o la esfera armilar aparecen de manera destacada para que no se pierda la memoria de su donante.

Regalo asimismo de D. Manuel, el Museo posee un pequeño pero hermoso *portapaz*, indiscutiblemente uno de los más notables en la historia de la orfebrería portuguesa. Reproduce libremente un pórtico renacentista; bajo el *entablamento* sostenido por dos pilastras corintias destacan, en el centro, las armas de Portugal flanqueadas por dos figuras aladas. La

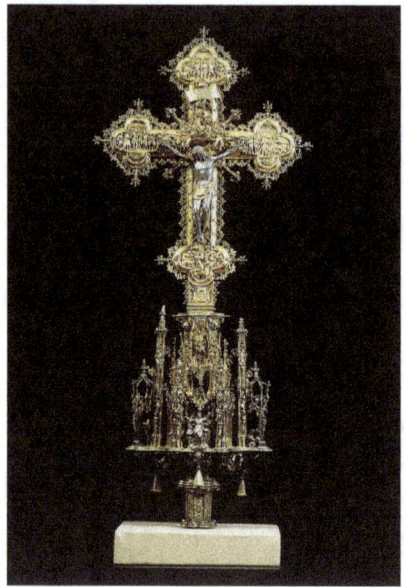

Cruz procesional, h. 1520, Museo de Arte Sacro, Funchal.

IPM/J.P

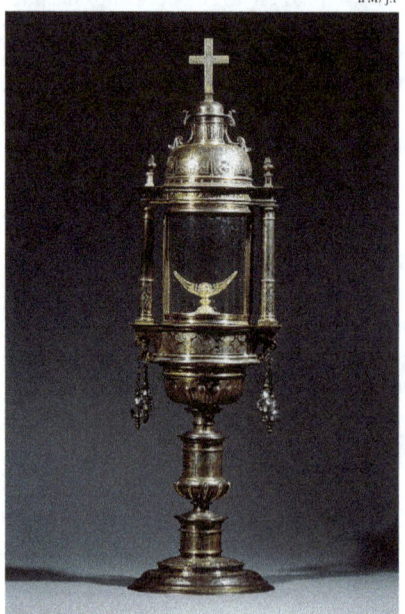

Cáliz-custodia, h. 1600, Museo de Arte Sacro, Funchal.

IPM/J.P

figura de bulto pleno del Padre Eterno, muy dañada, corona la composición, rematada a ambos lados por criaturas fantásticas. En el centro se encuentra, cincelada en relieve, una Adoración de los Reyes Magos. Cinco jacintos de buen color enriquecen la decoración.

Labrada, igualmente, en algún importante taller lisboeta, encontramos la imagen de Nuestra Señora, proveniente de la Cofradía de Nuestra Señora del Rosario de la Catedral de Funchal. Se trata de una pequeña imagen de bulto pleno que representa a la Virgen de pie, con las manos en actitud de rezar y el rostro levantado hacia el cielo, y tanto este como las manos están pintados. Las formas del traje y el ritmo casi musical de los pliegues del manto, que reposa en la base de la imagen moldeada como una rosa, la hacen única dentro de la escultura manuelina en plata.

No menos notable es el gran cáliz de la Catedral de Funchal, también del periodo manuelino, que tiene la peculiaridad de conservar aún todos los esmaltes originales, de gran efecto decorativo, en el asta y el nudo.

La colección de pintura proveniente de diversas instituciones religiosas de la isla es hoy el testimonio más expresivo de la importancia que la pintura de los Países Bajos, especialmente la producida en los talleres flamencos, adquirió en Portugal en el periodo manuelino.

Salvo raras excepciones, la colección está formada por tablas de grandes dimensiones, lo que demuestra que deriva en su mayor parte de encargos y no de su compra en el mercado libre. De hecho, el proceso de importación fue incentivado por las donaciones regias y los encargos particulares, favorecidos por los grandes ingresos que proporcionaban la producción azucarera y su comercio con Flandes. Y si la documentación facilita algunos datos relativos a los encargos privados de la poderosa nobleza terrateniente, principalmente a través de cláusulas testamentarias, es la propia pintura la que certifica la implicación directa de ese sector social.

Así, en el magnífico tríptico *Descendimiento de la cruz*, atribuido al flamenco Gerard David y sus colaboradores, se puede ver en las hojas laterales el retrato de los donantes acompañados de Santiago el Mayor en la de la izquierda y de San Bernardino en la de la derecha. En otro tríptico atribuido a Pieter Coeck van Aeist y en el que aparecen Santiago el Menor y San Felipe en la tabla central, en las laterales se representa a Simão Gonçalves da Câmara y a su hijo João, tercer y cuarto donatarios de Funchal, a sus mujeres e hijos.

La importancia de cada una de las pinturas que forman este impresionante fondo —y prueba de ello es el reciente catálogo del Museo— dificulta toda tentativa de selección. De todos modos, llamamos la atención del visitante hacia el tríptico de San Pedro, San Pablo y San Andrés atribuido al pintor Joos van Cleve, que ofrece al visitante la posibilidad de identificar una serie de estrategias y recursos expresivos usados repetidamente por los llamados "primitivos flamencos". En primer plano, recortados en un extraordinario paisaje, figu-

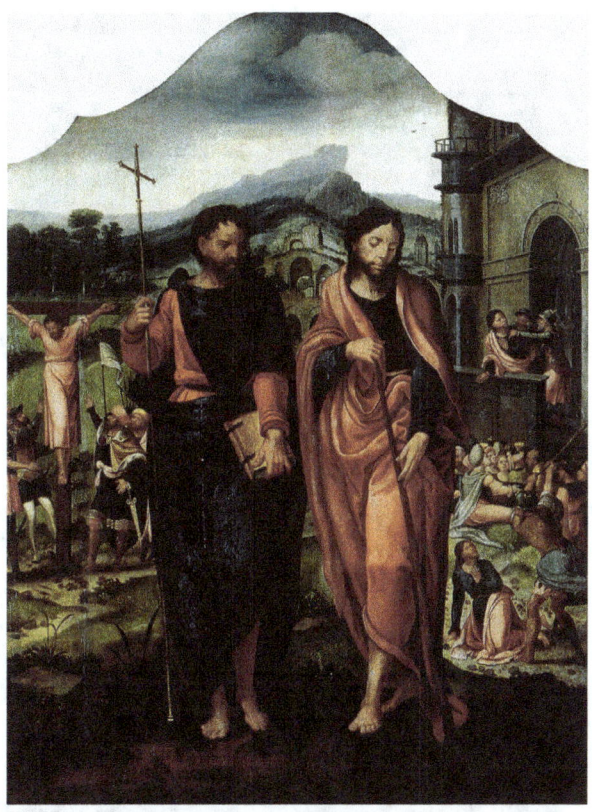

Atribuida a Pieter Coecr Van Aelst, "Santiago, San Felipe y donantes", tabla central del tríptico de Santiago el Menor y San Felipe, proveniente de la iglesia de Socorro, óleo sobre madera de roble, h. 1527-1531, Museo de Arte Sacro, Funchal.

ran los Apóstoles con sus atributos, envueltos en amplias túnicas de opulento colorido. Los efectos caprichosos de los pliegues y los dobleces, modelados mediante una sensible variación tonal, permiten al pintor sugerir volúmenes anatómicos, dejando entrever a veces cuerpos inverosímiles. La tierra sobre la que aparecen, tratada con un impresionante realismo que la hace tangible, va cambiando de color, de los castaños a los azules, mientras que los elementos figurativos van perdiendo también definición y escala. Con esta notable capacidad de manejar la perspectiva aérea y lineal, el pintor sugiere al espectador una inconmensurable profundidad espacial, que utiliza en la tabla central para representar el pasaje de la vocación de Pedro en el mar de Galilea.

Los paisajes y los objetos que se representan en estas pinturas, empleados todavía como escenarios o complementos de temas religiosos, tendrán más tarde un valor autónomo en nuevos géneros de pintura, concretamente en la naturaleza muerta y el paisajismo. Sin embargo, estos objetos y figuraciones secundarias, de apariencia profana y de mero valor decorativo, tienen un significado simbólico que es preciso descifrar.

En este extraordinario tríptico —como sucede, por lo demás, en otros de esta colección—, en el reverso de las hojas laterales, y por tanto solo visible cuando están cerradas, figuran la Virgen y el Ángel de la Anunciación.

La relevancia artística de la isla de Madeira durante el periodo manuelino reside también en la importación sistemática de escultura, desde las casi miniaturas realizadas en los laboriosos y especializados talleres de la región de Amberes hasta la importación de retablos completos, como el notable de los Reyes Magos de una capilla del estrecho de Calheta. Por eso mismo, el Museo de Funchal posee piezas de gran calidad, entre las que pueden destacarse las esculturas de Nuestra Señora con el Niño, provenientes de templos como las iglesias matrices de Ponta do Sol, Machico o Ribeira Brava, o de la Deposición de Cristo, de las que el Museo conserva algunas de gran expresividad. A la isla llegaban también estatuas aisladas como la de San Sebastián que actualmente se guarda en el Museo, pero que perteneció a una capilla consagrada a este santo, o una Nuestra Señora con el Niño proveniente de la capilla de Nuestra Señora de la Ayuda, entre otras.

XIII.1.f Iglesia y Convento de Santa Clara

Entrada por la Calçada de Santa Clara, 15, tel. 291 742602. El conjunto edificado tiene aún fachadas a la Calçada do Pico y a la Rua das Cruzes. Conjunto catalogado como Monumento Nacional.
Horario: todos los días de 10 a 12 y de 15 a 17.

El Convento de Santa Clara de Funchal fue fundado a finales del siglo XV por João Gonçalves da Câmara, y quedó bajo

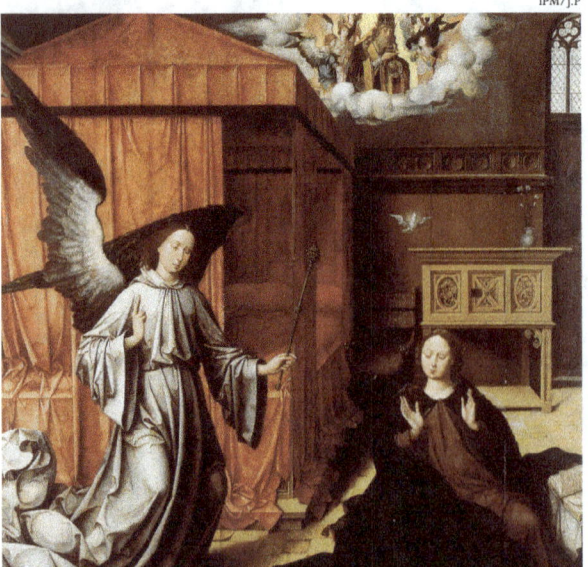

Atribuida a Joos Van Cleve, "Anunciación", tabla del tríptico del Buen Jesús, proveniente de la iglesia del Recogimiento del Buen Jesús de Ribeira, óleo sobre madera de roble, h. 1520, Museo de Arte Sacro, Funchal.

IPM/J.P

la titularidad de su familia. Las obras empezaron en 1492 y al cabo de solo cinco años entraban las primeras religiosas, llegadas de Setúbal. Las construcciones crecieron alrededor de una capillita que ya existía y a la que debía de pertenecer la puerta gótica que hoy da acceso al interior.

Arquitectónicamente, de época gótica queda el excepcional claustro, con sus arcos ojivales de magnífico trazado, aunque de gran desnudez. En el interior de la iglesia privada, bastante alterada con el tiempo, está la tumba de estilo gótico flamígero de Martim Mendes de Vasconcelos, yerno del propio João Gonçalves Zarco.

En el edificio destaca el conjunto de azulejos que, en un uso poco común, cubren casi totalmente los pisos de los coros alto y bajo, nada menos que 90 m^2 y un total de cerca de 4.000 baldosines de arista, con ocho patrones distintos de lacería de raíz geométrica más otros dos de elementos fitomórficos. Son ladrillos simplemente moldeados en barro vidriado con minio, que ha producido diferentes tonalidades de verde. En el centro del coro alto se elaboró una especie de alfombra o medallón de forma cuadrangular con 100 azulejos pero con una policromía común.

El gusto *mudéjar* se hace notar también en la estructura y decoración del techo, de lacería, como lo demuestran los vestigios más antiguos.

Si bien el coro bajo fue muy remodelado en épocas posteriores, principalmente a mediados del siglo XVIII, el suelo de azulejos *mudéjares* sí se ha conservado y recientemente se ha restaurado y se ha dejado completamente al descubierto. Es un conjunto único, manifestación clara del gusto exquisito, el poder económico y la sabia adaptación de los mejores materiales a usos cotidianos.

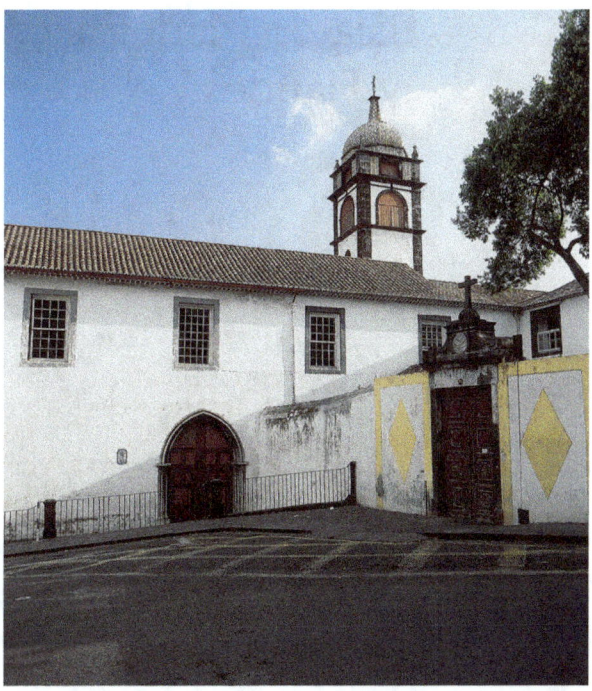
R.C.

Convento de Santa Clara, Funchal.

Salir de Funchal por la R101 en sentido Câmara de Lobos / Estreito de Câmara de Lobos / Campanário hasta Ribeira Brava (21,3 km).

RECORRIDO XIII

Isla de Madeira: entre Portugal y Flandes

Pedro Dias, Dalila Rodrigues,
Nuno Vassallo e Silva, Fernando Grilo

Segundo día

XIII.2 RIBEIRA BRAVA
    XIII.2.a San Benito (São Bento), iglesia matriz

XIII.3 PONTA DO SOL
    XIII.3.a Nuestra Señora de la Luz, iglesia matriz

XIII.4 CALHETA
    XIII.4.a Espíritu Santo, iglesia matriz

XIII.5 SANTA CRUZ
    XIII.5.a San Salvador, iglesia matriz

XIII.6 MACHICO
    XIII.6.a Nuestra Señora de la Concepción, iglesia matriz

Porto Santo

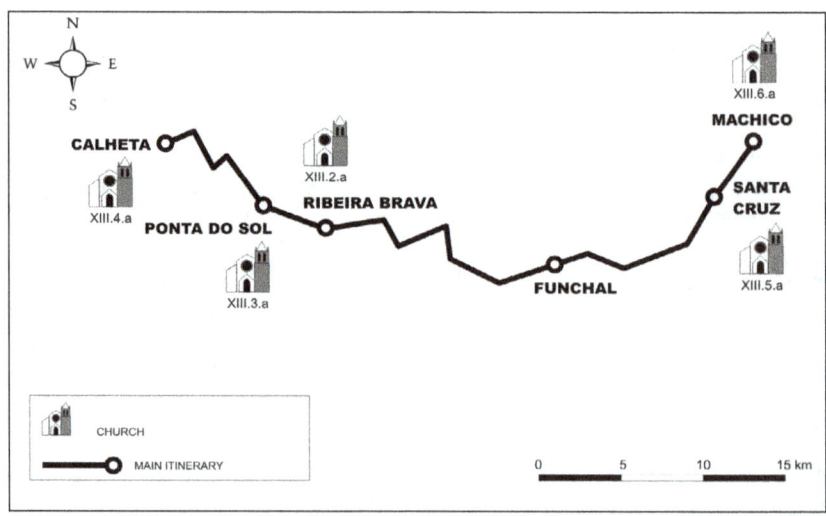

La costa sur de la isla de Madeira

El desarrollo de la isla de Madeira a partir del asentamiento de los primeros colonizadores se dio sobre todo en la zona sur, donde la costa era más propicia para el desembarco y las comunicaciones más fáciles debido a los entrantes y ensenadas, y al régimen de vientos y mareas. También la existencia de algunos valles de menor pendiente permitía el cultivo de diversas plantas, sobre todo de las destinadas al consumo inmediato de los habitantes. Fue en estas lomas donde se inició, asimismo, la plantación de caña y donde, en las respectivas corrientes de agua, se construyeron los indispensables ingenios.

No es de extrañar, pues, que sea en estas tierras donde se hallan los más importantes testimonios del arte de la época de los descubrimientos, particularmente del siglo XVI y del reinado de D. Manuel I.

De Caniçal al estrecho de Calheta son muchas las poblaciones que vale la pena visitar, y hemos escogido aquellas que nos han parecido más significativas en este caso concreto; no es razón, con todo, para desinteresarse del paisaje, el marco urbano o los testimonios de otros tiempos u otros ciclos económicos.

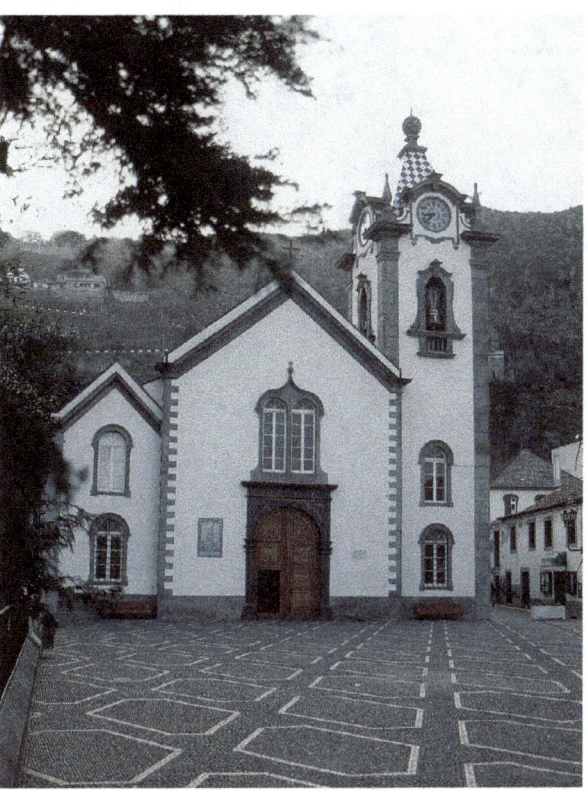

Ribeira Brava, tel. 291 952172. Catalogada como Inmueble de Interés Público.
Horario: lunes a sábado de 7 a 12 y de 15 a 18.

Iglesia matriz de Ribeira Brava.

XIII.2 RIBEIRA BRAVA

XIII.2.a San Benito (São Bento), iglesia matriz

En el centro de la villa, con entrada por el Largo da Matriz y por la Rua do Visconde da

La iglesia matriz de Ribeira Brava tuvo su origen en una pequeña capilla consagrada a San Benito, fundada en tiempos del gobierno del duque de Beja D. Fernando, hermano de D. Afonso V y padre de D. Manuel I. No obstante, los vestigios arquitectónicos más antiguos datan de la época manuelina, periodo en el cual el templo fue completamente modificado para res-

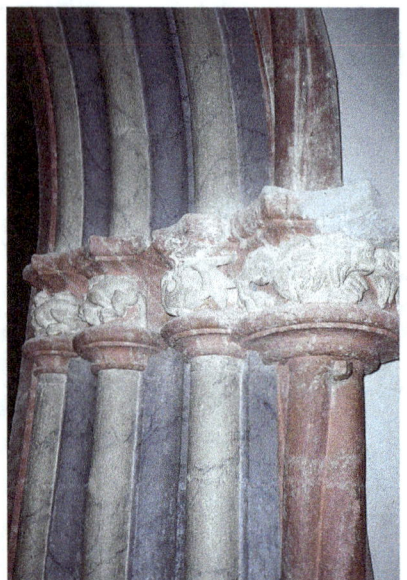

Iglesia matriz de Ribeira Brava, detalle del interior..

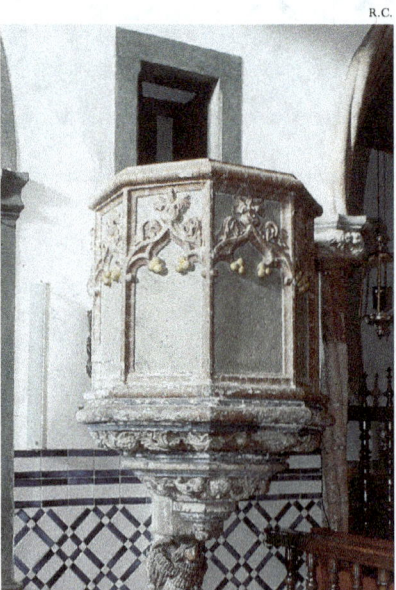

Iglesia matriz, púlpito, Ribeira Brava.

ponder al aumento de población y la riqueza de la villa. Un fuerte aluvión destruyó la iglesia o parte de ella, lo que llevó a nuevas obras que determinaron su volumetría actual, aunque las arcadas de las naves sean neogóticas y la portada todavía más reciente.

El arco de entrada de la actual capilla del Santísimo Sacramento es del periodo manuelino, ciertamente arcaizante pero con elementos naturalistas en los capiteles de las *arquivoltas*, que son raros antes de la primera década del siglo XVI. La estructura es aún la del gótico flamígero que tiene su raíz en Batalha, y a ella se añade el nuevo gusto por lo exótico que marcó Madeira en las primeras décadas del siglo XVI.

A una misma obra pertenecen el púlpito, con su excepcional ménsula del ángel con una *filacteria*, y la pila bautismal, todo muy homogéneo y que habla de un maestro hábil tanto en la construcción como en la escultura decorativa.

Al salir de Ribeira Brava, retomar la R101 hasta Ponta do Sol (3,3 km).

XIII.3 **PONTA DO SOL**

XIII.3.a **Nuestra Señora de la Luz, iglesia matriz**

En el centro de la villa, destacándose de las casas de alrededor. Catalogada como Inmueble de Interés Público.

De la iglesia matriz de Ponta do Sol conocemos su origen, pues está documentado que en 1486 Rodrigues Anes "o Coxo" ("el Cojo") mandó hacer esta iglesia en honor de Santa María con una sepultura en la capilla mayor para que lo enterraran en ella. Lo que hoy se ve es un conjunto resultante de muchas obras, que van desde principios del siglo XVI hasta hoy. La planta es simple, con solo una nave y cabecera formada por la capilla mayor, ambas de planta rectangular. Dos capillas se abren a los lados en la zona del crucero, como si fuesen un transepto, ambas con estructura tardogótica: la de la izquierda con bóveda de crucería y la de la derecha solo con arco de entrada. El mismo gusto y estilo están patentes en el arco de la actual capilla del Santísimo Sacramento, con una delicada talla y una hermosa representación de elementos fitomórficos. Siguiendo con la arquitectura, el techo de lacería *mudéjar* de la capilla mayor, obra hecha ya bien avanzado el siglo XVI, es lo que más impresiona.

Para ir a Calheta, seguir por la R101 en dirección a Madalena do Mar (7 km).

XIII.4 CALHETA

XIII.4.a Espíritu Santo, iglesia matriz

Estrada da Calheta. La explanada frente a ella está vallada y se entra por dos cancelas de hierro forjado. Catalogada como Inmueble de Interés Público.

La iglesia matriz de Calheta conserva su estructura manuelina, aunque sufriera profundas reformas entre 1604 y 1609, lo que plantea problemas a la hora de datar los techos ya mencionados. Estamos convencidos de que el maestro de obras reales Jerónimo Jorge desmontó y adaptó la obra *mudéjar*, mandando, eventualmente, incluir cualquier elemento que faltase o completar zonas nuevas.

La estructura del techo está completa, con el dibujo central octogonal prolongado con un *mocárabe* en dorado y ocho trapecios oblicuos que se apoyan en los

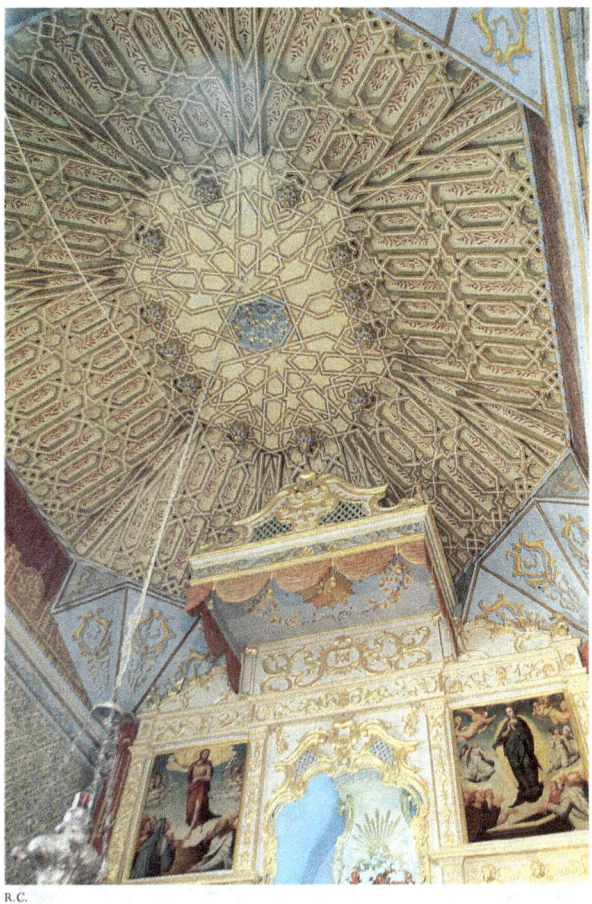

R.C.

Iglesia matriz, techo mudéjar de la capilla mayor, Ponta do Sol.

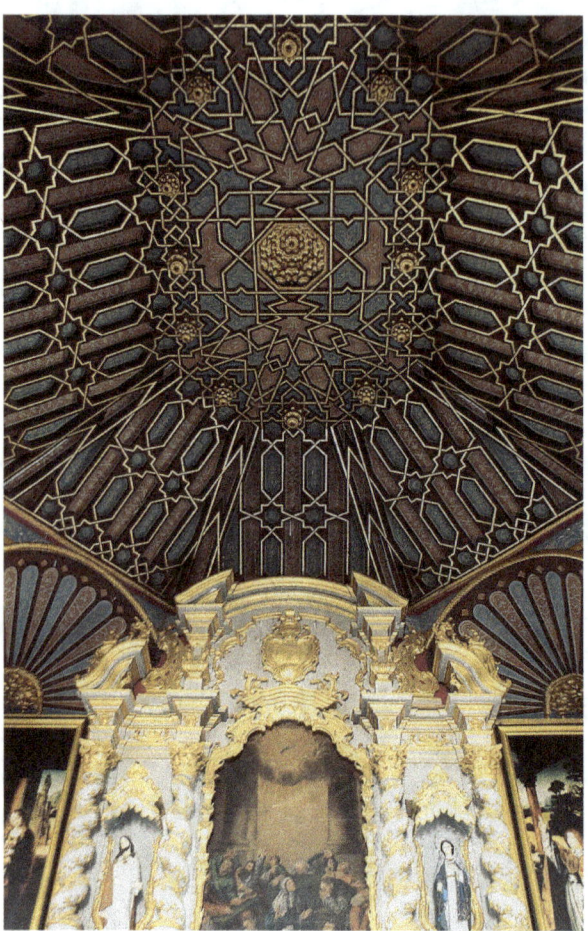

Iglesia matriz, techo mudéjar, Calheta.

Para ir a Santa Cruz, seguir la R204 en dirección a S. Gonçalo / Caniço / Santa Cruz.

XIII.5 SANTA CRUZ

XIII.5.a San Salvador, iglesia matriz

En el centro de la villa, con un parque arbolado al lado. Catalogada como Inmueble de Interés Público.
Horario: todos los días de 8 a 19.

De la iglesia matriz de Santa Cruz se tienen algunos datos. La primera referencia documental parece datar de 1479, cuando Gil Eanes instituyó una capilla consagrada a Jesús en el templo primitivo, que sería sustituido canónicamente por otro denominado "iglesia nueva" por oposición a la "iglesia vieja". Sin embargo, hay datos también sobre las obras de las que resultaría el edificio que ha llegado hasta nuestros días, consagrado al Salvador.

El 25 de enero de 1502, D. Manuel I ordenó a los habitantes del lugar que acabasen el cuerpo del templo y que el almojarife diese inicio a la construcción de la capilla mayor, cuyo coste correspondía al rey, como titular que era, aunque le fue donada a João de Freitas para su tumba. En 1508 estaba al frente de la obra el maestro Fernão Mouseiro, que tenía por primer auxiliar a un tal Diogo. Los trabajos tardaron varios años, por lo menos hasta 1511.

La fachada tiene hoy dos grandes contrafuertes, posteriores a la época manueli-

flancos y en las inevitables trompas angulares, aquí en forma de vieiras invertidas. El diseño demuestra pericia, tanto en el centro como en los bordes, y se basa en el entrelazado de estrellas de ocho puntas y rombos. Las ménsulas y tirantes de la nave son también *mudéjares*, con un dibujo reticulado muy menudo.

RECORRIDO XIII *Isla de Madeira: entre Portugal y Flandes*
Machico

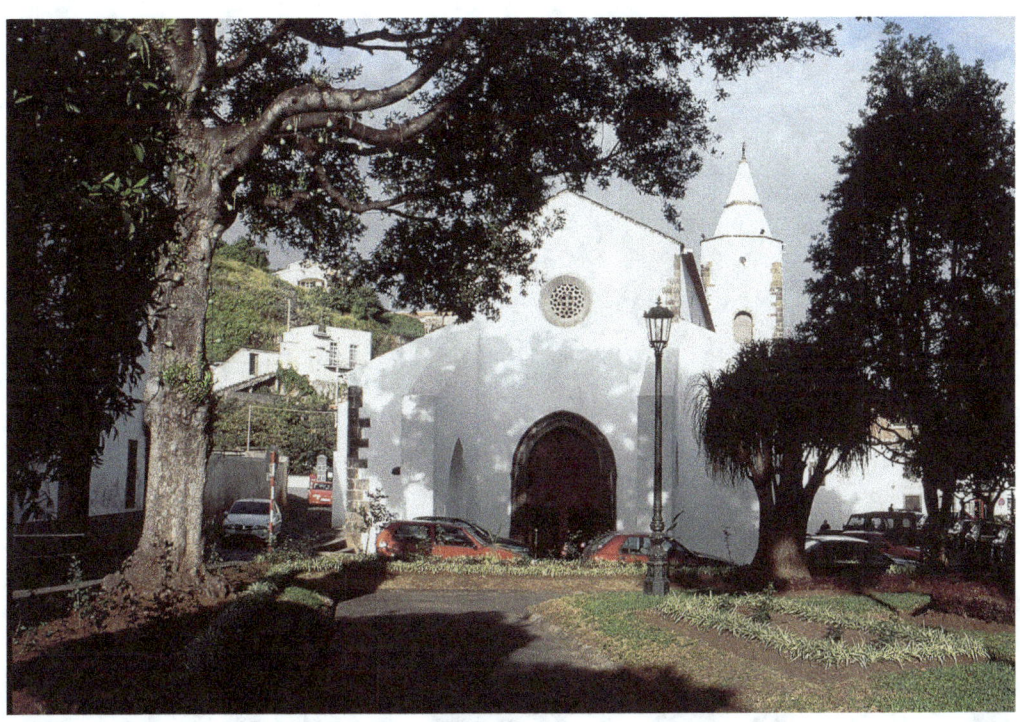

San Salvador, iglesia matriz de Santa Cruz.

na, y en ella se abre una puerta de traza ojival con columnas entrantes y de grosor alterno, de capiteles naturalistas con motivos vegetales. Encima de la puerta se abre un óculo, y el diseño de la portada muestra la diferencia de altura de las tres naves del interior. El campanario, también atalaya, se levanta en la zona de la cabecera y es de época manuelina, con grandes vanos para las campanas y *chapitel* piramidal. Nos sirve para saber cómo eran las torres de las demás iglesias parroquiales de la isla que han desaparecido.

El cuerpo tiene tres naves separadas por arquerías simples, sin adornos. La capilla mayor está cubierta por una bóveda de crucería que forma en el centro un octógono y en cuyas claves están las armas reales, el escudo de Portugal y la cruz de la Orden de Cristo. Es de destacar la puerta de la sacristía, de doble vano con pilar en medio, de trazado y riqueza ornamental fuera de lo común, con elegantes arcos rebajados polilobulados y medias esferas adornando la *arquivolta* general y los consiguientes *pies derechos*. De las capillas laterales destacamos la de Santiago, fundada antes de 1522 por João de Morais, con escudo de armas en la clave del arco de entrada, obra de estilo tardogótico con

XIII.6 MACHICO

XIII.6.a Nuestra Señora de la Concepción, iglesia matriz

En el centro de la villa, en un gran espacio arbolado. Tel. 291 965139. Catalogada como Inmueble de Interés Público.
Horario: todos los días de 9 a 18.

La iglesia matriz de Machico conserva su estructura manuelina y están documentadas diferentes fases de obras. El primer maestro constructor fue Pedro Álvares, a quien se hicieron varios pagos, principalmente en 1511, para completar trabajos. No obstante, más tarde, en 1521, se hicieron pregonar las obras de la capilla mayor. Sabemos que fue necesario traer de fuera de la isla gran parte del material, sobre todo madera de cedro, que vino de Flandes a mediados de 1526. Las obras no se acabaron hasta 1529, después de pregonarse el año anterior y haberse adjudicado al propio Pedro Álvares. En cuanto a la capilla mayor, cuya construcción parecía no tener fin, se repitieron las obras en 1535, pues la levantada antes estaba toda resquebrajada, y era necesario demolerla y levantarla de nuevo.

Grão Fernandes dio por terminada la obra el 28 de abril de 1537, cuando solo faltaban la guarnición exterior y las almenas del tejado, que dos años después todavía estaban por hacer.

Como se puede constatar, la estructura de la iglesia es esencialmente la manuelina. En la fachada se ven la puerta de traza ojival y cinco elegantes columnas dóricas

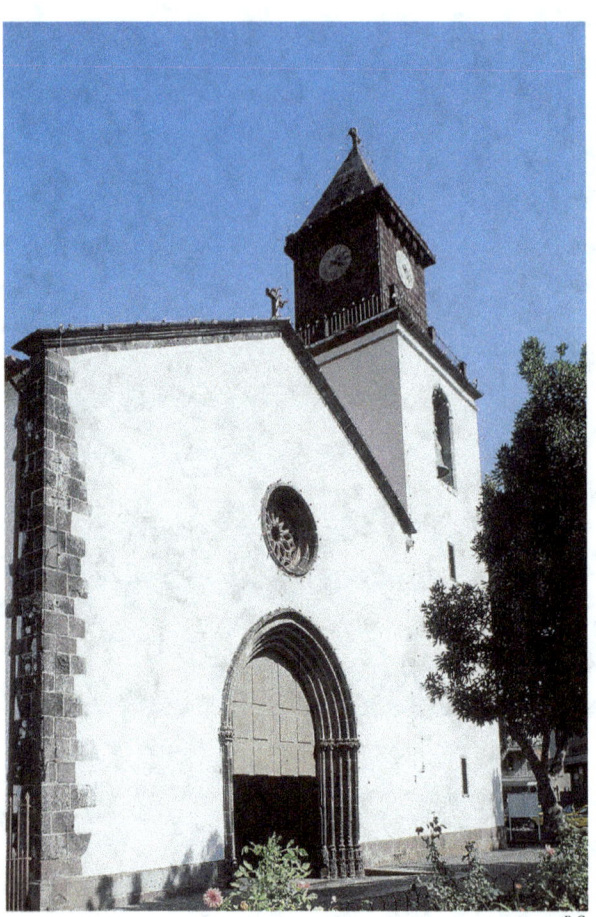

Iglesia matriz de Machico.

capiteles naturalistas y arco de medio punto.

En el mismo estilo, y de 1516, es el *edículo* funerario de Micer Batista, caballero y mercader genovés que vivía en la isla. Sobresale también, en el mejor estilo manuelino, la hornacina abierta junto a la pila bautismal para servir de armario.

con capiteles finamente decorados y de rasgos naturalistas, todo en piedra de la isla. Encima se abre un pequeño óculo de la misma época. A un lado, y orientada a la plaza, hay otra puerta de dos luces con columnas de mármol blanco de importación.

En el interior, el espacio es el mismo que en la época manuelina, aunque a lo largo de los siglos se hayan hecho diversas obras. Del gótico final destacan el arco de la capilla mayor y las tres capillas laterales, dos formando un falso transepto y otra en medio de la pared lateral izquierda. Las primeras están cubiertas con bóvedas de nervios de cinco claves, típicas del manuelino de Batalha, mientras que la tercera tiene una estructura más sencilla, solo con nervios simples cruzados.

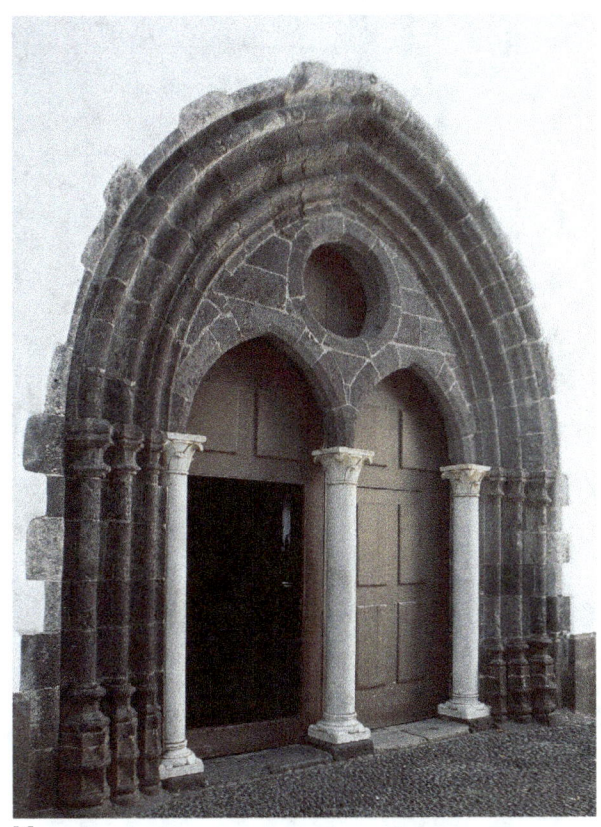

Iglesia matriz, puerta lateral, Machico.

PORTO SANTO

Pedro Dias

"La isla de Porto Santo es pequeña, pero fresca, de buenos aires y saludable, aunque no tenga demasiada agua por ser seca y poco arbolada; los árboles más comunes, quitando los dragos, son la sabina y el brezo. Está en la ruta entre Lisboa y la isla de Madeira, de la cual está a 20 leguas, de puerto a puerto, esto es del puerto de Vila al puerto de Funchal, y de tierra a tierra son 12 leguas. Está a 32 grados de altura, por la parte norte. Es pequeña y casi redonda, de tres leguas de largo y una y media de ancho, o poco más.

En el puerto de Cagarras ["somormujos"], llamado así por criarse muchas de ellas en las rocas que están por la parte oriental, al noreste de la isla, viene a dar al mar de lejos una orilla salada.

Del puerto de Frades, a poco más de media legua yendo para occidente por la misma parte del sur, está un islote grande y redondo, media legua apartado de tierra, norte y sur de ella, de rocas altas todo alrededor, que tiene en la cima un gran campo como de dos moyos, donde hay dragos y por eso lo llaman el islote de los Dragoeiros ["dragos"]; tiene también acebuches y se crían muchas cabras, somormujos y conejos de varios colores.

A media legua al este del islote de los Dragoeiros, por el mismo lado del sur, hay un peñasco grande y redondo, casi un islote, que antiguamente se llamó Penedo do Sono ["peñasco del sueño"] porque (parece) alguien se echó a dormir allí.

Del Penedo do Sono al islote de Boqueirão, distantes cosa de legua y media, está el punto más al oeste de la isla, un lugar de arena blanca sin ninguna piedra, y es bahía no muy curva ni con grandes puntas al mar, porque con cualquier tiempo pueden salir los navíos del puerto de Vila, que está en medio de esta bahía y playa, que por la ya dicha razón del puerto se llama Vila de Porto Santo.

Finalmente, esta isla de Porto Santo es muy saludable, de buenos y frescos aires, aunque pequeña, de tres leguas y media de largo y una y media de ancho, poco más o menos (como ya se ha dicho); y no tiene agua, por ser seca y de pocos árboles, y los principales (quitando los dragos) son la sabina y el brezo. Y en muchas partes de esta isla produjo Naturaleza muchos dragos, del tronco de los cuales se hace mucha loza, y muchos son tan gruesos, que se fabrican de un solo tronco barcos que hoy en día hay, que caben seis, siete hombres, que van a pescar en ellos, y cuencos que llevan un moyo de trigo. Se saca de esta loza buen provecho, de que se paga diezmo al rey, y se aprovechan mucho de la sangre del drago, muy preciada en boticas; crían estos dragos una fruta redonda que, madura, se hace muy amarilla y es muy dulce, y en el tiempo en que había muchos dragos engordaban los puercos con este fruto (que son como avellanas y, así, se llamaban manzanitas); ahora ya hay pocos y van faltando, por el mucho provecho que se hacía para gamellas de ellos, que son muy leves, como son secas, y también para rodelas."

Gaspar Frutuoso, "Da descrição da Ilha de Porto Santo e da abundância e moradores dela", *Saudades da Terra*, 1560.

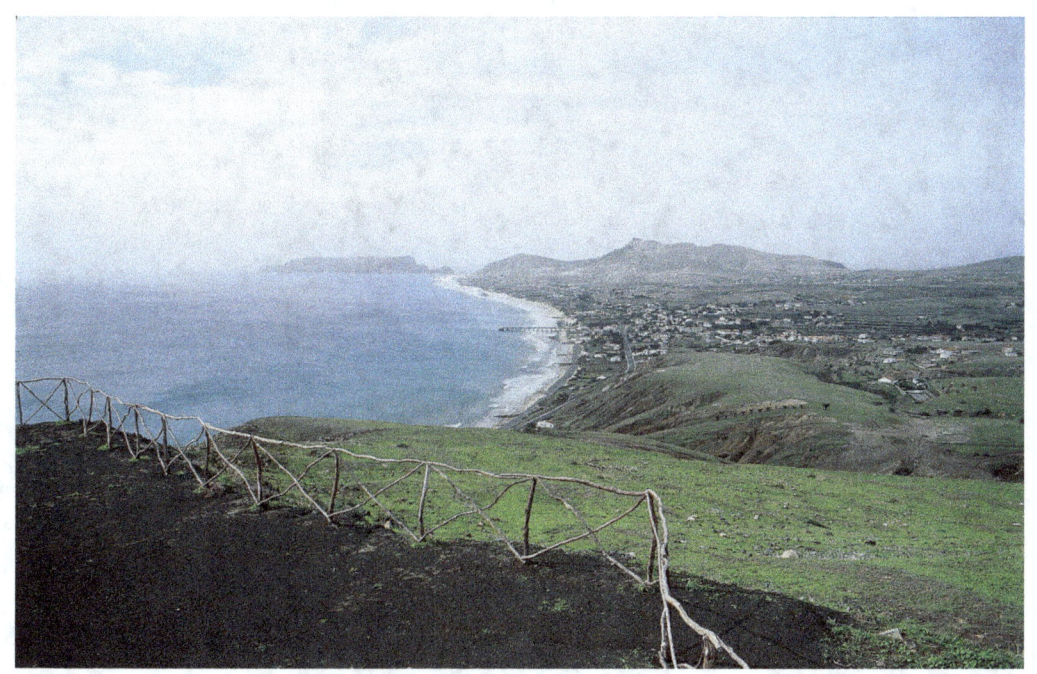

Vista general de Porto Santo.

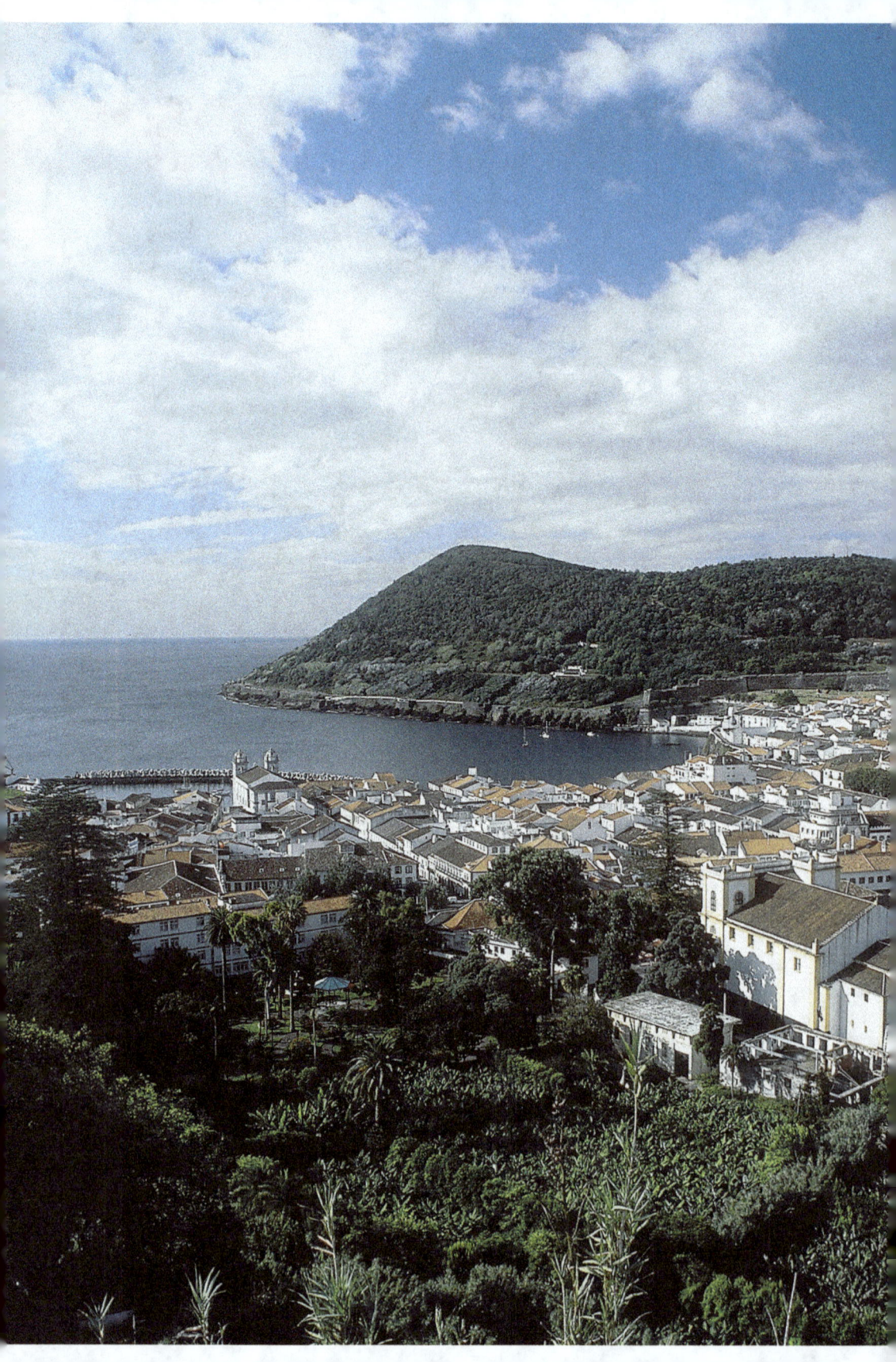

RECORRIDO XIV

Las Azores en las rutas de Occidente y de Oriente

Pedro Dias, Dalila Rodrigues,
Nuno Vassallo e Silva, Fernando Grilo

Primer día

XIV.1 PONTA DELGADA
        XIV.1.a San Sebastián, iglesia matriz
        XIV.1.b Museo Carlos Machado

XIV.2 VILA FRANCA DO CAMPO
        XIV.2.a San Miguel Arcángel, iglesia matriz

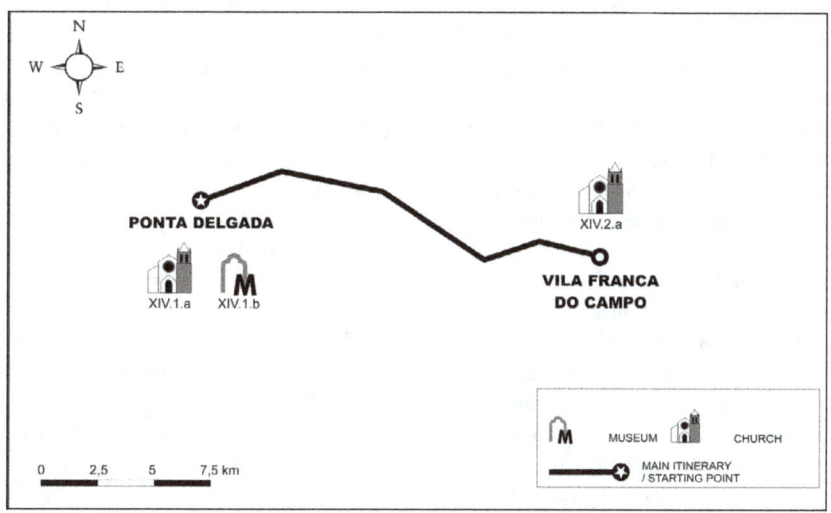

Bahía de Angra do Heroísmo.

Situadas en pleno océano Atlántico, a medio camino entre Europa y América, las nueve islas del archipiélago de las Azores aparecían ya dibujadas con razonable precisión en cartas catalanas e italianas antes de la fecha de su descubrimiento oficial. Fuera lo que fuese lo acontecido antes, lo cierto es que Gonçalo Velho Cabral llegó a la isla de Santa María hacia 1431 y que en los años siguientes pasó a São Miguel, Terceira, Faial y Pico. El primer documento que refiere concretamente este hecho es la carta del infante D. Henrique fechada el 2 de julio de 1439, por la que informaba a su hermano y regente D. Pedro, duque de Coimbra, de que había llevado ovejas a aquellas islas y que, si estaba de acuerdo, iba a mandar poblarlas. Todavía faltaba por descubrir, o redescubrir, Flores y Corvo, islas a las que arribó Diogo de Teive en 1452.

D. Pedro de Coimbra no dejó nunca de interesarse por las Azores, y obtuvo diversas mercedes de su sobrino D. Afonso V para los habitantes y tierras de São Miguel. Así, fue el infante D. Henrique, que había decidido ya poblar Santa María, quien lo sustituyó en esta empresa con el apoyo explícito de su hermana D.ª Isabel, Duquesa de Borgoña, ya que al reino le faltaban medios humanos para tal empresa. De este hecho resultó la intensa presencia de flamencos en las Azores, con particular afluencia a la isla de Faial, lo que se reflejó en la producción y el gusto artísticos. Aquí se oían nombres como Van Aard, Govaert, Groot, Der Haghe, unos de personas distinguidas, otros de simples artesanos, otros más incluso de desterrados. De todos ellos, parece lícito destacar a Jácome de Brujas, que vivía anteriormente en la ciudad de Oporto y que fue a Terceira acompañado de gran número de compatriotas suyos y de hombres del norte del reino.

Las islas de Santa Maria y São Miguel constituyeron la primera capitanía, que en 1474 se escindió en dos. En 1454, el infante D. Henrique instituyó una encomienda y se la otorgó a Gonçalo Velho, delegando en él poderes cuya titularidad correspondía a la Orden de Cristo. El auxilio religioso a las primeras poblaciones estuvo a cargo de esta orden, pero desde muy pronto los padres franciscanos y otras congregaciones se unieron a los pobladores. Podemos concluir que el primer convento azoriano fue instituido en Vila Franca do Campo, en la isla de São Miguel, y estaba situado junto al monte de Nossa Senhora da Paz. Destruido por el gigantesco seísmo de 1522, se volvió a levantar y se consagró a Nuestra Señora del Rosario. Otra de las instituciones que contribuyeron en mucho al desarrollo de las islas y que habitualmente se considera la primera es el Convento de Nuestra Señora de la Guía, ubicado en Angra, que datará de 1452. En cuanto a los conventos de monjas, se cuentan seis solo en el siglo XVI, en Vila da Praia, Vila Franca do Campo, Horta, Ponta Delgada, Ribeira Grande y Angra.

La producción agrícola azoriana era variada, pero desde los primeros tiempos el trigo ocupó un lugar primordial, sobre todo por el hecho de que el reino era crónicamente deficitario y también eran grandes las necesidades de las plazas de Marruecos. No se pueden olvidar tampoco la cría de ganado y, principalmente, el cultivo de la hierba pastel, de gran valor en los mercados del norte de Europa para la industria textil.

Las Azores en las rutas de Occidente y de Oriente
Ponta Delgada

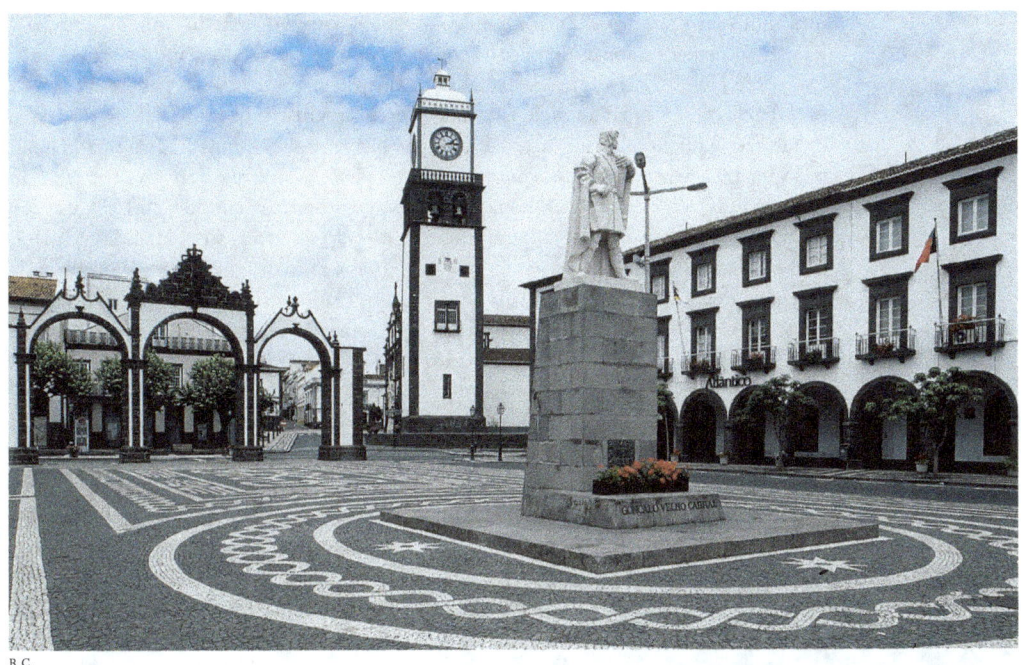

Centro histórico de Ponta Delgada.

El final del siglo XV, con la apertura de las rutas marítimas a América y la India, confirió mayor importancia a las islas, particularmente a Terceira y su capital, la villa de Angra, que al poco, en 1534, fue elevada a ciudad y a sede de una nueva diócesis. A partir de 1518 es creciente el número de escalas en Terceira de camino a las Indias, y entre ese año y 1598 la armada de América fue asistida aquí al menos 42 veces, guardándose en tierra los cofres llenos de oro y plata del Nuevo Mundo. El papel de puente para el tráfico marítimo atlántico se mantuvo, proporcionando a estas islas y su población una actividad importante en el terreno de los servicios para hacer frente a las necesidades de los viajeros.

XIV.I PONTA DELGADA

La isla de São Miguel, o isla Verde, es la mayor del archipiélago, con casi 760 km². Tiene forma oblonga, con una longitud máxima de 65 km y una anchura de 12 km. Sus paisajes son deslumbrantes, con altos picos, varias lagunas en los cráteres de volcanes extinguidos y una flora muy diversa. El descubrimiento de esta isla aconteció entre 1426 y 1439, año en que, podemos afirmarlo con seguridad, se empezó a poblar. La principal urbe es Ponta Delgada, aunque haya otras ciudades y villas notables por su patrimonio artístico, como Ribeira Grande y Vila Franca do Campo, sobre todo de la época barroca,

RECORRIDO XIV *Las Azores en las rutas de Occidente y de Oriente*
Ponta Delgada

que aquí tuvo características muy peculiares. No obstante, los temblores de tierra, como el de 1522, y la modestia de las construcciones del primer siglo azoriano hicieron que pocos edificios de esos tiempos se mantuviesen en pie. Así pues, solo nos detendremos en dos iglesias y algunas obras iconográficas conservadas en museos o colecciones.

La referencia más antigua a constructores y maestros de obras data ya de 1507, y se encuentra en un contrato cerrado entre los hidalgos de la villa de Ribeira Grande y el maestro vizcaíno Juan de la Peña para la edificación de la iglesia

J.B.

local, que no resistió mucho tiempo y tuvo que ser reconstruida algunos años después. En 1520 se construyó en la misma villa un puente de piedra, cuya obra se concedió al portugués Fernão Álvares. Este maestro vivía ya en São Miguel por lo menos desde 1514 y acabó pasando casi toda su vida en las Azores. En época manuelina fue muy intensa la actividad constructora, lo cual no es de extrañar dado el desarrollo económico y social que experimentó el archipiélago. No parece haber un lenguaje arquitectónico único, sino una diversidad que no puede dejar de corresponder a los diferentes orígenes de los maestros y, obviamente, al larguísimo tiempo que perduró el gótico tardío. Las fuertes estructuras de las bóvedas, con nervaduras de una complejidad que no encontramos en ningún otro lugar, solo se pueden explicar como una respuesta a las constantes sacudidas telúricas. Por lo que existe y por lo que sabemos desaparecido, hemos de considerar este como uno de los momentos más altos de la historia de la arquitectura azoriana y uno de los puntos culminantes del gótico final portugués y europeo.

XIV.1.a San Sebastián, iglesia matriz

Largo da Matriz, tel. 295 904554. Entrada por la puerta lateral. Catalogada como Inmueble de Interés Público.
Horario: invierno todos los días de 8:30 a 18; verano de 8:30 a 20.
En esta iglesia hay un pequeño Museo de Arte Sacro de entrada gratuita, que se puede visitar fuera de las horas de culto y solo los días laborables.

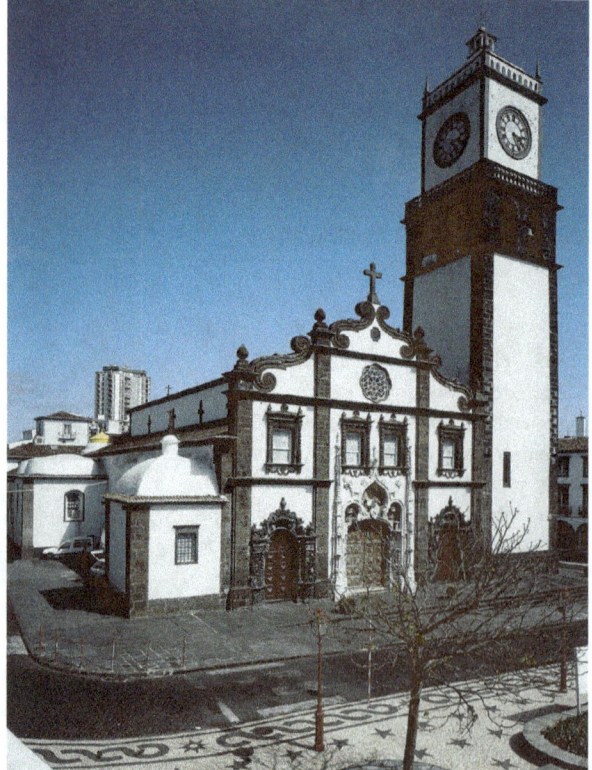

San Sebastián, iglesia matriz de Ponta Delgada.

Sobre esta iglesia matriz, consagrada a San Sebastián, tenemos muchos documentos. Si bien es verdad que posee ya elementos renacentistas, el trazado de las tres puertas exteriores y de las bóvedas de algunas capillas es todavía tardogótico. Hubo un primer edificio levantado antes de 1514, pero las campañas de obras de que resultó el actual se hicieron entre 1533 y 1545. El maestro fue un tal Lúpedo, que contrató la obra por 1.350.000 reales, partida presupuestaria enorme para aquel tiempo, pero, por demorarse en Lisboa, fue sustituido por Afonso Fernandes, que vino expresamente desde la corte. Se envió también piedra para las puertas, que labraron Nicolau Fernandes y André Fernandes. La obra de albañilería corrió a cargo de los hermanos Estêvão da Ponte y Brás da Ponte, y la carpintería, de Diogo Dias, Pêro Fernandes y Diogo Alves.

En las puertas exteriores hay *grutescos* del primer Renacimiento italianizante y capiteles de fantasía. Tienen una estructura muy compleja y se pensaron para hacer ostentación del poder y la capacidad económica de las personas que los encomendaron. Son llamativos y aparatosos, con la intención de impresionar a quien los contemplara.

Del interior nos interesan las bóvedas de crucería de dos de las capillas, ya que presentan un dibujo poco común, pues una es la tradicional de cinco claves y la otra, pese a tener los elementos fundamentales rectos, forma después una circunferencia por la unión de todas las claves secundarias. La bóveda de la capilla mayor es mucho más complicada y se divide en dos zonas, la del coro y la del ábside. Sin dejar de estar bien marcados los arcos cruceros,

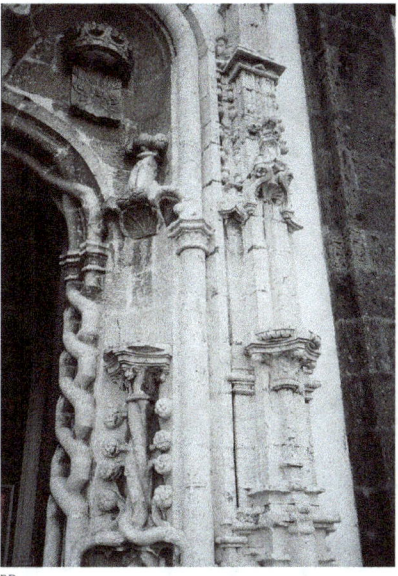

Iglesia matriz de Ponta Delgada, detalle de la puerta.

el maestro que la proyectó creó una trama densa de nervios que, aunque con evidentes efectos decorativos, daba también garantía de seguridad, sobre todo en un templo que ya antes había sido abatido por varios seísmos.

XIV.1.b **Museo Carlos Machado**

Rua João Moreira, en el antiguo Convento de San Andrés, tel. 296 283814. El antiguo Convento de San Andrés está catalogado como Inmueble de Interés Público.
Horario: invierno, de martes a viernes de 10 a 12 y de 14 a 17, fines de semana de 14 a 17:30; verano, de martes a viernes de 9:30 a 12:30 y de 14 a 17:30, fines de semana de 14 a 17:30; lunes cerrado.

RECORRIDO XIV   *Las Azores en las rutas de Occidente y de Oriente*
Ponta Delgada

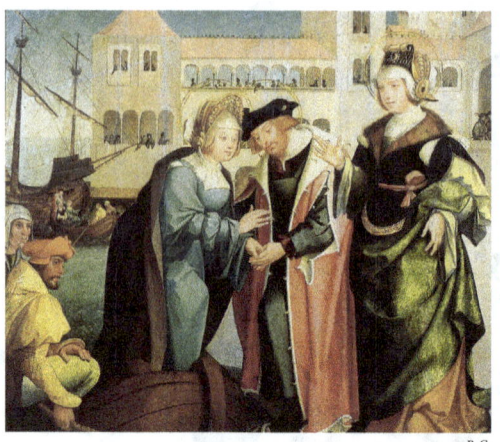

Escuela portuguesa, "Santos Mártires Verísimo, Máxima y Julia – Desembarco en Lisboa", óleo sobre madera, s. XVI, Museo Carlos Machado, Ponta Delgada.

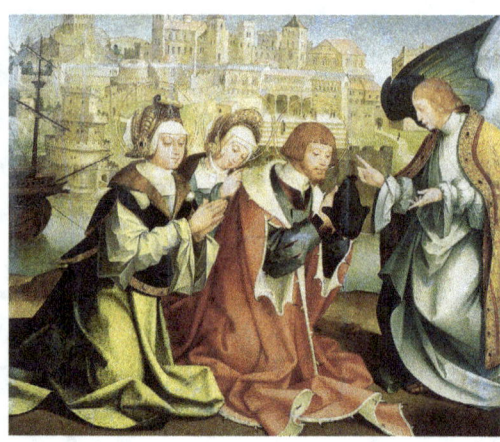

Escuela portuguesa, "Santos Mártires Verísimo, Máxima y Julia – Anunciación del Martírio", óleo sobre madera, s. XVI, Museo Carlos Machado, Ponta Delgada.

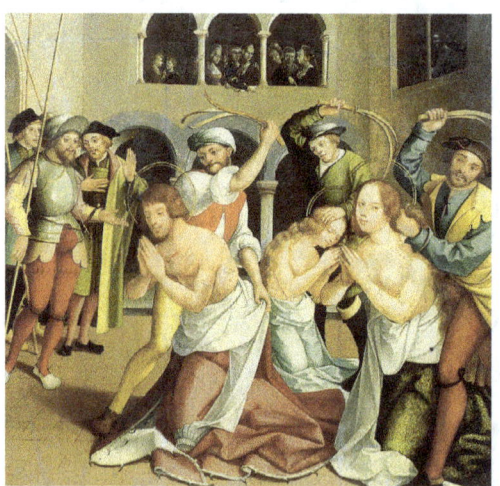

Escuela portuguesa, "Santos Mártires Verísimo, Máxima y Julia – Flagelación", óleo sobre madera, s. XVI, Museo Carlos Machado, Ponta Delgada.

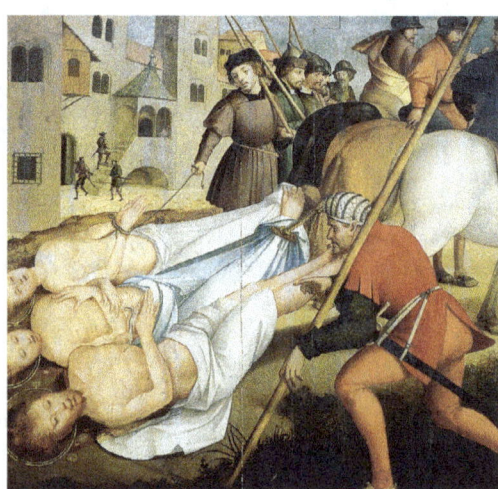

Escuela portuguesa, "Santos Mártires Verísimo, Máxima y Julia – Muerte por arrastramiento", óleo sobre madera, s. XVI, Museo Carlos Machado, Ponta Delgada.

Vila Franco do Campo

El Museo Carlos Machado está instalado en el Convento de San Andrés, cuya estructura barroca se mantiene bastante bien conservada y data, en lo esencial, de los siglos XVII y XVIII. En sus colecciones destacan varias pinturas antiguas de talleres del reino.

Las dos tablas de *predela* que representan, respectivamente, a Santa Catalina y Santa Bárbara y a Santa Margarita y Santa Apolonia fueron donadas al Museo por los herederos de Vasco de Bensaúde. Con las fórmulas inconfundibles de la producción del taller de los "Mestres de Coimbra", las dos pinturas, que pertenecerían a la *predela* de un retablo manuelino, no ofrecen dudas en cuanto a su autoría. Por un lado, se verifica un acentuado esquematismo en el dibujo de las figuras y una ausencia total de caracterización de los rostros, en un proceso de simplificación casi desconcertante; por otro, un eximio trabajo en la indumentaria y los adornos de joyería, una elaboración extraordinariamente paciente.

Otro conjunto importante está formado por cuatro tablas de 73 por 83 cm, que evocan el martirio de los santos Verísimo, Máxima y Julia, y que fueron también una donación de la familia Bensaúde. Hay que atribuirlo a alguno de los mejores talleres de Lisboa de finales del reinado de D. Manuel I, y resulta particularmente relevante el *Desembarco*, pues en él se representa el Palacio de Ribeira de Lisboa, a cuyo muelle atraca una carabela. Por lo demás, las referencias topográficas a la capital portuguesa no se limitan a esta, hay otras indicaciones al palacio manuelino, tanto en la *Flagelación* como en *Muerte por arrastramiento*. No olvidemos que estos santos fueron martirizados en Lisboa en tiempos de la dominación romana, de modo que el artista, ciertamente alguien que aprendió el oficio con Jorge Afonso, resolvió componer un escenario que se aproximase al de su época y que permitiese una clara identificación del lugar de los martirios.

En el Museo hay otros testimonios del arte manuelino y también del encuentro de culturas entre Oriente y Occidente propiciado por los descubrimientos portugueses. Recordemos la piedra calcárea con las armas reales, la esfera armilar y la cruz de la Orden de Cristo, hecha en Lisboa y que perteneció al Palacio de los Condes de Ribeira Grande, el *arco conopial* del antiguo Convento de San Andrés de Ponta Delgada y diversos elementos decorativos de otras construcciones contemporáneas, tanto en traquita como en ignimbrito: una esfera armilar, una gárgola, una pila de agua bendita, una clave de bóveda, entre otras piezas.

En cuanto a las obras luso-orientales, hay que destacar la colección de esculturas de marfil, hechas tanto en Goa como en Ceilán.

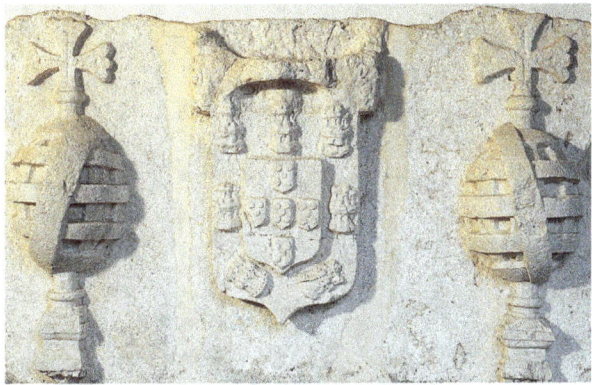

Piedra de armas, piedra calcárea, s. XVI, Museo Carlos Machado, Ponta Delgada.

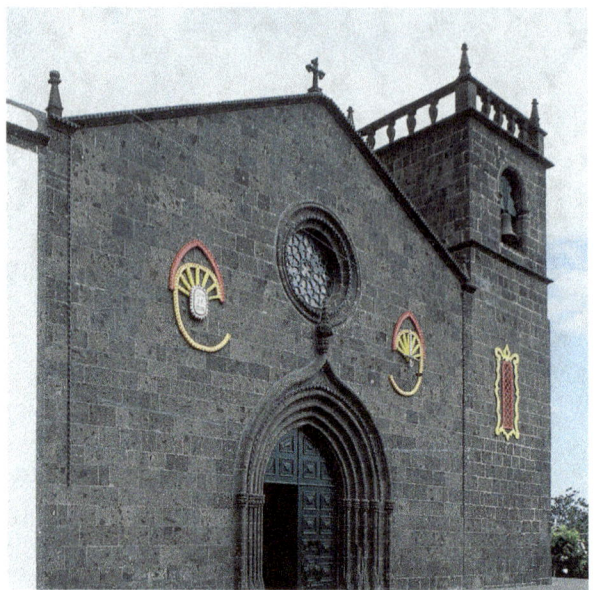

R.C.

San Miguel Arcángel, iglesia matriz de Vila Franca do Campo.

Para ir de Ponta Delgada a Vila Franca do Campo, tomar la ER1-1.ª; pasar por São Roque, Lagoa, Água de Pau, Ribeira Cha, Água do Alto antes de llegar a Vila Franca (20 km).

XIV.2 VILA FRANCA DO CAMPO

Vila Franca do Campo fue la capital de la isla de São Miguel hasta el año 1522, cuando un enorme seísmo la destruyó por completo y mató a la mayoría de sus habitantes. El pueblo llano volvió a levantar sus casas en el mismo lugar y rehízo también las iglesias y capillas desaparecidas. En los siglos siguientes la villa fue creciendo, y es importante su patrimonio de la época manierista y barroca. De las primeras décadas del siglo XVI queda solamente la iglesia matriz consagrada a San Miguel.

XIV.2.a San Miguel Arcángel, iglesia matriz

Rua Teófilo Braga. Información: Ayuntamiento, tel. 296 539100.
Horario: todos los días de 8 a 18, sábados de 8 a 12 y domingos de 8 a 18.

Podemos afirmar con seguridad que, de todos los edificios conservados, el más antiguo es esta iglesia matriz, cuya estructura se remonta a la época de que hablamos, el reinado de D. Manuel I.
Sus características son a todas luces arcaizantes, parece un edificio del gótico tradicional de mediados del Cuatrocientos. La puerta axial tiene forma de *arco conopial* terminado en un cogollo de rasgos naturalistas y con cuatro columnas a los lados que se continúan en las *arquivoltas*. Los capiteles son de anillo, con follaje, y tienen los ábacos muy desarrollados. Las bases son complejas, de tipo flamígero, y hay que señalar que este tipo de puerta estuvo también en boga en la isla de Madeira.

Para ir a Angra do Heroísmo, en la isla Terceira, hay dos opciones: el barco (consultar horarios) de Ponta Delgada (170 km / 5 horas) o el avión, que sale del aeropuerto de la misma ciudad.

RECORRIDO XIV

Las Azores en las rutas de Occidente y de Oriente

Pedro Dias, Dalila Rodrigues,
Nuno Vassallo e Silva, Fernando Grilo

Segundo día

XIV.3 ANGRA DO HEROÍSMO
  XIV.3.a Fortificaciones
  XIV.3.b Museo de Angra do Heroísmo

XIV.4 SÃO SEBASTIÃO
  XIV.4.a San Sebastián, iglesia matriz

XIV.5 PRAIA DA VITÓRIA
  XIV.5.a Santa Cruz, iglesia matriz
  XIV.5.b Iglesia del Señor Santo Cristo de las Misericordias

La fabricación de muebles en la isla Terceira en el siglo XVI

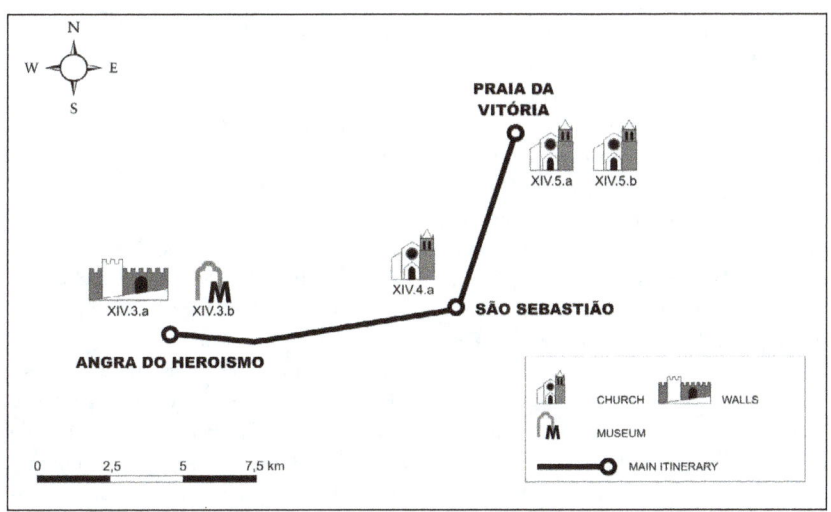

Angra do Heroísmo

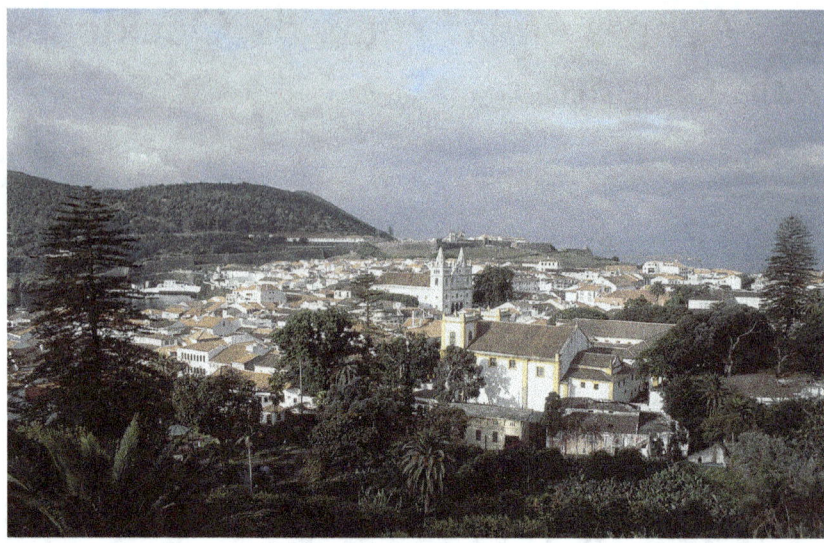

Angra do Heroísmo, isla de Terceira.

R.C.

La isla Terceira tiene una superficie aproximada de 382 km² y es también oblonga; por su parte más larga tiene 29 km y por la más ancha 17,5 km. Parece que en un principio se llamó de Nuestro Señor Jesucristo o del Buen Jesús y que fue colonizada a partir de 1450 por un flamenco llamado Jácome de Bruges.

Su posición privilegiada hizo de ella escala obligada en las navegaciones por el Atlántico norte y lugar de reunión de las armadas que regresaban de Oriente. El propio Vasco da Gama, en su viaje inaugural a la India en 1497-1498, fondeó aquí, y en la entonces villa de Angra falleció su hermano Paulo da Gama, que recibió sepultura en el Convento de San Francisco.

Este intenso movimiento entre Oriente y Occidente dio a las artes de Terceira un cariz único, sobre todo en el mobiliario y la escultura, en los que se mezclan las estéticas de Europa y Asia, a veces manifestadas en materiales venidos de América, como los metales preciosos, la pedrería y las maderas.

XIV.3 ANGRA DO HEROÍSMO

Debido a su extraordinaria riqueza artística, en 1983 la UNESCO declaró Angra Patrimonio de la Humanidad.

Convertida en sede diocesana en 1534, Angra, situada a orillas del mar en la costa sur, creció de forma ordenada, con una distribución racional y ortogonal en cuyos barrios fueron edificándose viviendas de burgueses con negocios y talleres en los bajos. Naturalmente, se creó un complejo defensivo enorme para proteger tanto la ciudad como los otros puntos vulnerables de la isla. Al mismo tiempo, muchas de las órdenes religiosas levantaron iglesias y conventos, y la Compañía de Jesús abrió incluso uno de sus mayores colegios ultramarinos. Como ya decía a finales del siglo XVI el más ilustre historiador insular, Gaspar Frutuoso, "Angra [era] la escala universal del mar de poniente por todo el mundo celebrada, donde reside el corazón de todas las islas". La ciudad tenía entonces entre 5.000 y 6.000 habitantes.

XIV.3.a Fortificaciones

El Fuerte de San Juan Bautista está situado en el monte Brasil. Desde la cima del monte, que se puede visitar durante el día, hay una buena panorámica del Fuerte. El Fuerte de San Sebastián, también conocido como "Castelinho" ("castillito"), se encuentra en Porto das Pipas. Ambos están catalogados como Inmuebles de Interés Público.

A partir de la época manuelina, la importancia de las Azores fue creciendo gracias al incremento de los viajes a Oriente, a la América española y a Brasil. Se dio entonces la construcción de grandes fortificaciones —el Fuerte de San Juan, en el monte Brasil, a un lado, y el Fuerte de San Sebastián, en Porto das Pipas, al otro— para proteger los puertos y poblaciones y para dar cobijo a las armadas que vigilaban los mares. Los navíos cargados de mercancías atraían a los piratas y corsarios, que también buscaban en las islas azorianas apoyo logístico y víveres antes de lanzar sus ataques. En 1542 ya se pensaba en dotar a algunas de las poblaciones de murallas y baluartes de piedra y cal, pero los trabajos aún tardarían tiempo en comenzar. Un año después, Bartolomeu Ferraz aconsejó a D. João III que fortificase las islas a causa de los muchos piratas franceses que andaban por aquellos mares. Más tarde, el proveedor de las armadas tomó a su cargo la preparación de los terrenos más adecuados, tanto en Angra como en Ponta Delgada, y la fortaleza de San Blas estaba ya en obras en 1551.

Los planos de las fortalezas fueron dibujados por el ingeniero y arquitecto Isidoro de Almeida, ayudado por el doctor Manuel Álvares. Tras el ataque de los corsarios franceses a Madeira, se organizó una expedición a las islas formada por técnicos con grandísima competencia, Pompeo Arditi y Tommazo Benedetto de Pesaro, que en la primavera de 1567 estaban en São Miguel y que a continuación visitaron las islas Terceira, São Jorge, Faial y Santa Maria.

En 1577, Pedro de Maeda intentó promover un primer plan general de defensa de las islas, al que siguió otro en 1592, ideado por João de Vilhena. Aunque estas

P.D.

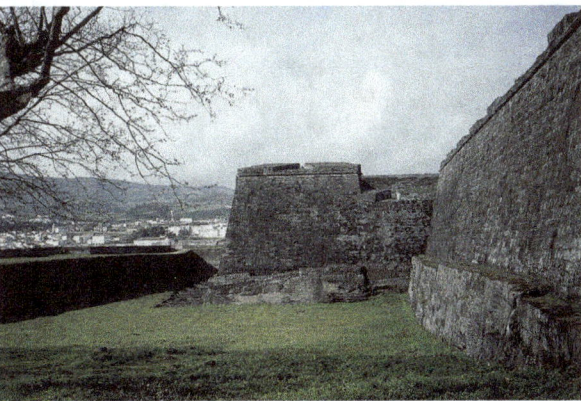

Fuerte de San Juan Bautista, Angra do Heroísmo.

Angra do Heroísmo

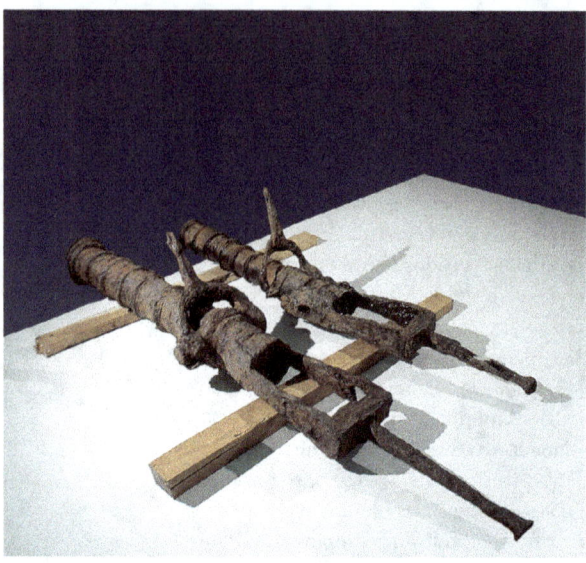

R.C.

Cañón "veuglaire", astillero medieval en la costa portuguesa, hierro forjado en barras y argollas, s. XV, Museo de Angra do Heroísmo.

XIV.3.b Museo de Angra do Heroísmo

Entrada por la Ladeira de São Francisco, tel. 295 213147. El antiguo Convento de San Francisco está catalogado como Inmueble de Interés Público.
Horario: invierno, de martes a viernes de 10 a 12 y de 14 a 17, fines de semana de 14 a 17; verano, de martes a viernes de 9:30 a 12:30 y de 14 a 17:30, fines de semana de 14 a 17:30.

El Museo de Angra do Heroísmo está instalado en el antiguo Convento de San Francisco, una de las primeras instituciones religiosas que los portugueses fundaron en ultramar. Fue aquí donde Vasco da Gama enterró a su hermano Paulo al regreso del viaje inaugural a la India, en 1499.

En su colección, el Museo guarda algunos elementos arquitectónicos de edificios manuelinos, del propio, claro está, pero también de la antigua capilla de Nuestra Señora de la Guía.

edificaciones sobrepasen los límites cronológicos fijados para este libro, es un hecho que son resultado de las navegaciones y los descubrimientos marítimos que aquí nos interesan.

La corte no dejó de pensar en nuevas y más poderosas fortalezas y así, hacia 1590, se hicieron grandiosos proyectos elaborados a partir del plan general de defensa de Antonio de la Puebla, puesto en práctica por João de Vilhena. Por entonces trabajó en Angra otro gran fortificador italiano, el ingeniero Tiburzio Spanochi, y de sus manos salió el proyecto de la Fortaleza de San Felipe en el monte Brasil, cuyas obras se prolongaron durante décadas y concluyeron ya en plena Restauración (1643); fue rebautizada con el nombre de San Juan en homenaje al nuevo rey D. João IV.

La exposición permanente lleva por título "Del mar y de la tierra, una historia del Atlántico", y tiene por objeto ilustrar la vida en las Azores, y en Terceira en particular, desde el descubrimiento y los primeros asentamientos de población hasta fechas recientes. Está organizada en las siguientes secciones: Conocimiento de las islas de las Azores; Angra, las Azores y el Mundo; De la capitanía general al liberalismo y, por último, Formación de la contemporaneidad.

Se pueden admirar réplicas de embarcaciones y aparatos náuticos, bellas fotografías de los siglos XIX y XX, y también inmensas obras de arte y utensilios originales, de armamento a cartografía, de esculturas a pinturas, de alhajas de culto a obras indoportuguesas o a la magnífica producción local de mobiliario y escultura.

Tomar la carretera regional 1-1.ª; pasar por Ladeira Grande, Feteira y Porto Judeu de Cima, en un trayecto paisajístico de gran belleza, de 13 km.

XIV.4 SÃO SEBASTIÃO

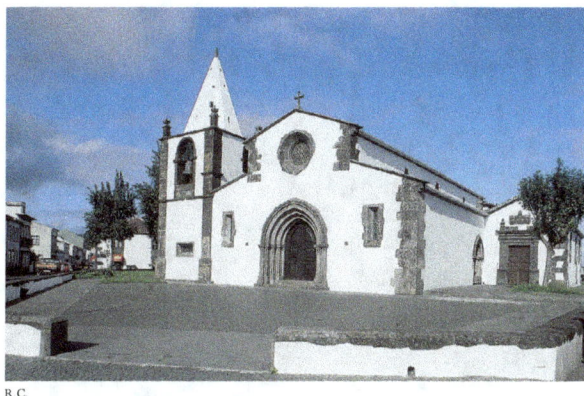

São Sebastião es una de las más importantes villas de la isla de Terceira, y sin duda el primer lugar ocupado por el hombre. Recibió su fuero en 1503 y fue uno de los municipios que mayor desarrollo conoció durante el siglo XVI, entre otras cosas por estar situado entre Angra y Praia, lo que justificó la edificación de una gran iglesia matriz.

XIV.4.a San Sebastián, iglesia matriz

Largo de São Sebastião. Catalogada como Inmueble de Interés Público.

Otro edificio tardogótico que conserva su estructura casi intacta es la iglesia matriz de São Sebastião, en Terceira. Fue objeto de una profunda restauración, en la cual se destruyeron casi todos los añadidos posteriores, algunos de enorme interés histórico y estético, como las tallas.
La estructura interior está formada por tres naves de seis tramos, la central más alta que las laterales. Componen el transepto dos capillas de planta cuadrangular

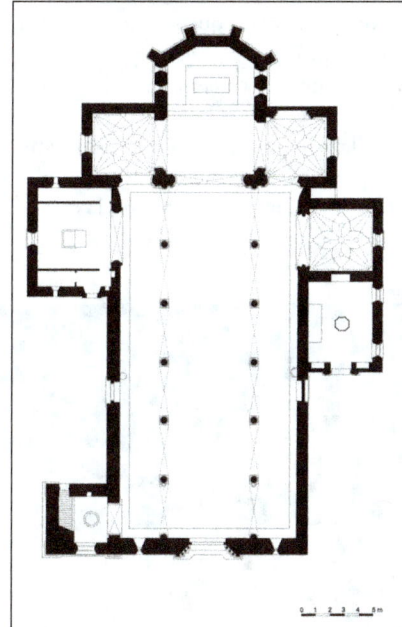

San Sebastián, iglesia matriz de São Sebastião, isla de Terceira.

Iglesia de San Sebastián, planta, Boletim da Direccção-Geral dos Edifícios e Monumentos Nacionais.

de eje perpendicular al cuerpo, pero no alineadas respecto a las naves laterales. Están cubiertas por bóvedas estrelladas de buen trazado, con arcos cruceros, *cadenas* y *terceletes* rectos, pero unidos después por

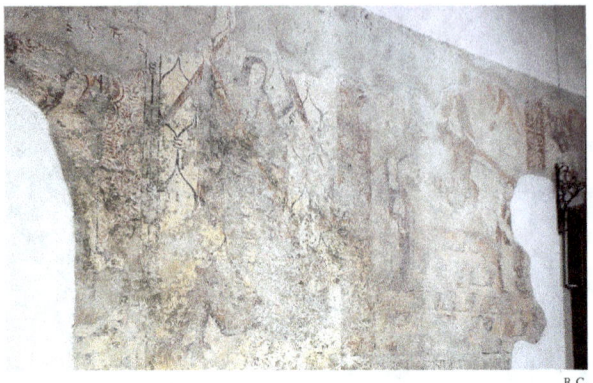

Iglesia matriz, frescos de San Sebastián, São Sebastião, isla de Terceira.

En las paredes laterales se conserva el más importante conjunto de pinturas al fresco de todo el espacio atlántico, obras que, pese a contar con elementos decorativos ya renacentistas, son sin embargo arcaizantes, obra de un maestro y de ayudantes que se habían formado en el tardogótico.

Seguir por la carretera regional núm. 1 hasta Praia da Vitória (8 km).

XIV.5 PRAIA DA VITÓRIA

secciones curvas. Es el mismo tipo de bóveda muy plana que se puede admirar en la capilla del lado derecho. Los nervios, columnas y *arquivoltas*, así como las claves, tienen un dibujo tardogótico. La capilla mayor está abovedada al estilo renacentista, pero su estructura mural es arcaizante o incluso anterior a la cubierta, con contrafuertes resaltados.

Praia da Vitória fue la sede de la primera capitanía de Terceira, entre 1456 y 1474, en el periodo de los primeros asentamientos de población. Conoció un gran desarrollo en las épocas siguientes, a pesar de su atraso respecto a Angra, e incluso fue elevada a ciudad en 1640. Conserva

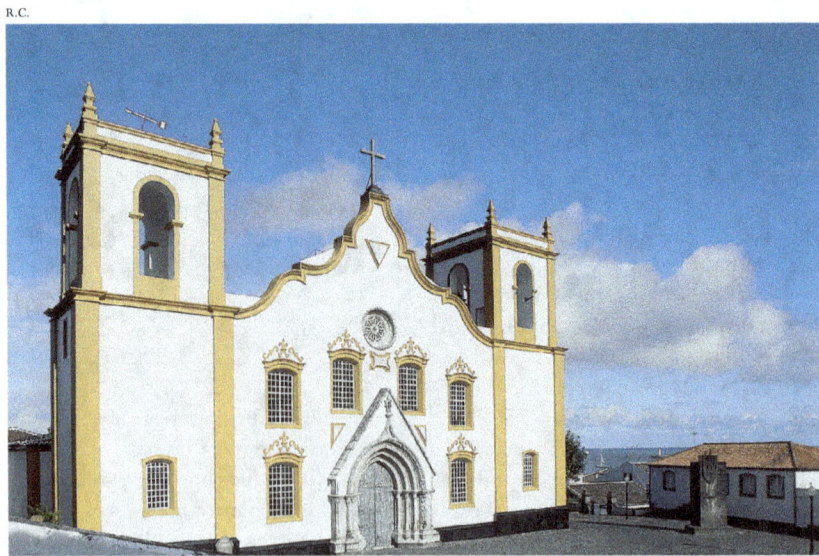

Santa Cruz, iglesia matriz de Praia da Vitória.

un importante conjunto arquitectónico, en el que destacan la iglesia matriz y la del Señor Santo Cristo de las Misericordias. Fue aquí donde tuvo lugar la famosa batalla de Salga en 1581 y donde, al año siguiente, fue proclamado rey de Portugal D. António, entonces en guerra abierta con su primo Felipe II de España, que acabaría por consolidar su posición en el trono portugués.

XIV.5.a Santa Cruz, iglesia matriz

Ladeira de S. Francisco, tel. 295 542100. Catalogada como Inmueble de Interés Público. Horario: martes a viernes de 14 a 19; sábados y domingos de 9 a 12.

La iglesia matriz conserva varias estructuras manuelinas, aunque el edificio en general sea ya del siglo XVIII. Tiene elementos decorativos que no se encuentran en otras partes, de un naturalismo más vigoroso y hasta con figuras antropomórficas. En el interior, a los lados, se abren capillas como la de San Francisco y la del Señor de los Afligidos, con los arcos de entrada adornados por cuerdas y con bóvedas de nervios de perfil muy bajo, con arcos cruceros, *cadenas* y *terceletes* formando cuadrifolios, junto con segmentos curvos.
En la portada se lee la fecha de 1517, que debe de corresponder a las obras de la puerta axial. Esta es de buen trazado, con elementos de corte naturalista pero todavía con un *gablete* dentro de la tradición del Monasterio de Batalha de mediados del siglo XV.

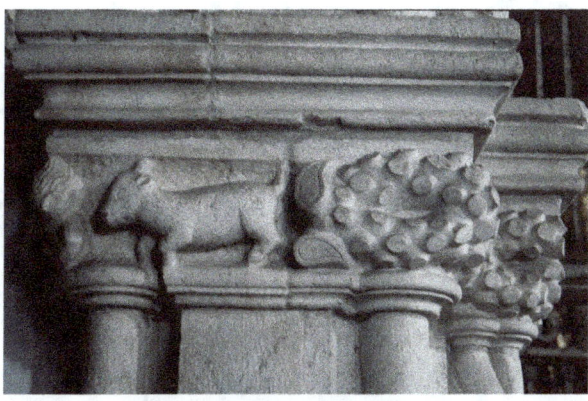

XIV.5.b Iglesia del Señor Santo Cristo de las Misericordias

Adro da Igreja de Santo Cristo. Horario: lunes a viernes de 9 a 17; fines de semana por la tarde.

La iglesia de la Misericordia fue totalmente remodelada en el siglo XVIII, pero conserva obras de arte de la época manuelina y de principios del reinado de D. João III, en cualquier caso tardogóticas. Destacamos las tablas de fuerte influencia flamenca.

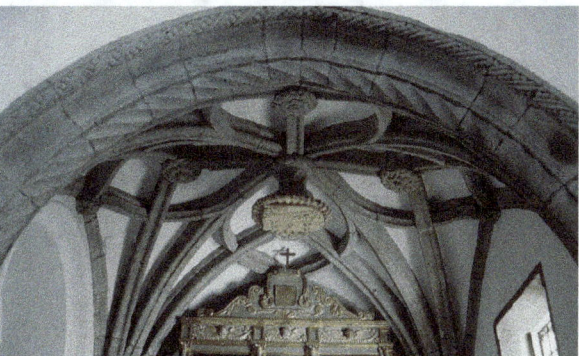

Iglesia matriz de Praia da Vitória, capiteles del interior.

Iglesia matriz de Praia da Vitória, interior.

Praia da Vitória

Santa Cruz, iglesia matriz, fachada lateral, Praia da Vitória.

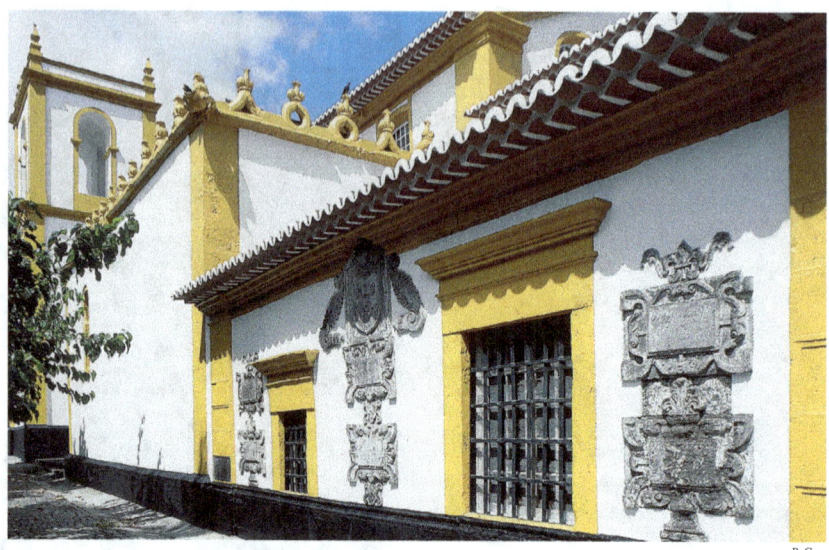

Son obras pintadas al óleo y la témpera sobre madera de cedro, en algunos puntos muy repintadas, lo que dificulta su examen.

En el *Descenso del Espíritu Santo sobre la Virgen y los Apóstoles*, la dañada tabla central casi cuadrangular, todo el ambiente es gótico, al igual que el mobiliario y la arquitectura, y las figuras humanas se basan en modelos quinientistas de los talleres de Gante y Brujas.

Hay cierta capacidad para representar la perspectiva, aunque todavía sea empírica, pero el cuerpo humano está muy mal tratado. Se ve que el pintor conocía buenas obras, que tal vez había sido ayudante, incluso, en cualquier taller flamenco y que, en determinado momento, encaminó sus pasos a las Azores. Es solo una hipótesis de trabajo, entre otras cosas porque no hay ninguna obra idéntica o siquiera parecida.

Las tablas *Aparición de Cristo a la Virgen* y *Subida de Cristo al cielo* están más conseguidas, y también son más estereotipadas, es cierto, pero eso impidió los errores cometidos en la tabla central de este conjunto que originalmente sería un tríptico. En cuanto a la fecha de realización, proponemos un año próximo a 1530.

LA FABRICACIÓN DE MUEBLES EN LA ISLA TERCEIRA EN EL SIGLO XVI

Pedro Dias

Durante muchas décadas, los estudiosos de las artes decorativas se han interrogado sobre el origen de un tipo de muebles con decoración incisa, que mezclaba modelos orientales y occidentales. Estudios recientes han demostrado que se hicieron en la isla de Terceira a partir del siglo XVI. Veamos lo que decía de esta actividad el holandés Huyghen van Linschoten en 1596. "La isla tiene mucha madera excelente, mayormente cedro, que abunda de tal forma que de ella se hacen todas las barcas y carros y otras obras gruesas, y en su mayoría es leña, por lo que está considerada como la madera de menos estimación, y eso por la gran abundancia. Hay otro tipo de madera a la que llaman sangüeño; es muy bonita, de color encarnado. Y otro tipo aún al que llaman madera blanca, pues es tan blanca como la tiza. Existe también otra que es perfectamente amarilla de natural suyo, sin estar teñida. Por esa razón viven en Terceira muchos buenos artesanos ebanistas, que hacen cosas bonitas con gran maestría, como escribanías, alacenas, cajas y mil y otras obras, que son llevadas en cantidad para Portugal y muy estimadas, tanto por la belleza de la madera como por la habilidad de la obra, principalmente por la gente de la armada de la India española, que siempre va allí a hacer sus aprovisionamientos. Se venden muchas de estas piezas, que son de las mejores y más cuidadas que se hacen en España y en Portugal, aunque no tengan comparación con las escribanías y obras artísticas de

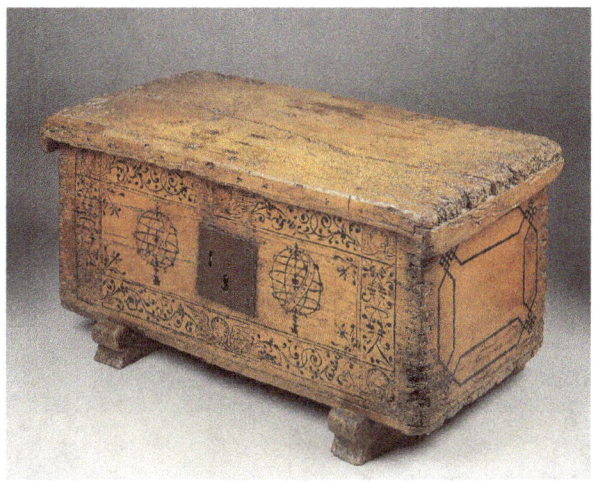

Arca de las Azores fabricada en Angra, s. XVI, colección privada.

Nuremberg y tales regiones. Empero, en cantidad de madera la isla sobrepasa todos los demás lugares, pues las mencionadas armadas españolas traen también, además de las maderas ya dichas, mil y otras variedades de madera, cosa milagrosa de verse, pues vienen en todos los colores que se pueden imaginar, siendo difícil pintarlas más hermosamente. En la isla de Pico, a 12 leguas de Terceira, existe una madera llamada tejo. Es una madera primorosa y real, por lo que su tala está prohibida si no la hiciere el rey o un oficial suyo. Es una madera dura como el hierro, que cuando se trabaja tiene por dentro un color de camelote rojo, con las mismas aguas, y cuanto más vieja y más usada, más bonito queda el color, por lo que es digna de ser estimada, como en verdad también lo es."

GLOSARIO

Albacara	Torreón saliente en las antiguas fortalezas.
Alcatifa	Tapete o alfombra fina.
Alpendre	Cubierta volada de un edificio, a manera de pórtico.
Arco agudo	Arco formado por varias porciones de circunferencia en número par, iguales dos a dos, con distinto centro cada una, y que se encuentran en la clave en forma de ángulo.
Arco carpanel	Arco formado por varias porciones de circunferencia tangentes entre sí y trazadas desde distintos centros.
Arco conopial	Arco apuntado cuya punta está formada por dos arcos de curvatura inversa a la de los arcos que forman el arranque.
Arco diafragma	Arco que divide la nave en tramos con el objeto de contrarrestar los empujes de la cubierta sobre los muros laterales.
Arco toral	Cada uno de los cuatro arcos que sostienen una cúpula; cada uno de los arcos primeros de una bóveda de intersección perpendiculares al eje mayor de la misma.
Arco triunfal	Arco entre la nave de la iglesia y el presbiterio o la capilla mayor.
Arcosolio	Nicho en forma de arco excavado en una pared y destinado a albergar una tumba.
Armorial	Colección de escudos de armas pintados o descritos.
Arquivolta	Conjunto de molduras que decoran el paramento exterior de un arco.
Barbacana	Obra de fortificación, aislada y avanzada, para la defensa de puentes, puertas, etc.
Barra	Acumulación de arena larga y estrecha que se forma en el mar frente a la desembocadura de un río.
Cadena	En una bóveda de crucería, nervio que une la clave mayor con la de los arcos *terceletes* o la de los formeros y perpiaños.
Cairel	Ornamento arquitectónico a modo de fleco o similar.
Carpintería de lo blanco	Arte de ensamblar estructuras de madera, como armaduras, puentes, etc.
Casetón	Lo mismo que "artesón", cada uno de los espacios planos en que está dividido un techo artesonado.
Chapitel	Remate en forma de cono o pirámide de una torre o campanario.
Cloisonné	Técnica de esmaltado en que diminutas aristas de metal trazan el dibujo y separan los distintos esmaltes.
Conventus	Asamblea que convocaba el gobernador de una provincia romana para que impartiera justicia. Más tarde, el nombre se extendió tanto a la ciudad como al distrito donde tenía lugar esa actividad.
Coracha	Muro que se construía fuera de las murallas y más bajo que ellas.
Cortina	Trecho de muralla entre dos torres o baluartes.
Criptopórtico	En la arquitectura clásica, galería o pasadizo semisubterráneo, generalmente cubierto con bóveda, sobre el que se suele construir el pórtico o ambulacro.

Glosario

Cuerda seca	Técnica cerámica consistente en separar los esmaltes de distinto color mediante una línea pintada con un material oleaginoso.
Derrotero	Derrota o línea señalada en la carta de marear para gobierno de los pilotos en las travesías; libro que contiene estas derrotas.
Edículo	Templete o edificio en miniatura que sirve de tabernáculo, relicario, etc.; hornacina.
Entablamento	En los edificios clásicos o construidos a imitación de ellos, conjunto del arquitrabe, el friso y la cornisa, que está encima de las columnas y debajo del frontón.
Filacteria	Banda con inscripciones representada en dibujos, cuadros, esculturas, etc.
Gablete	Remate formado por dos líneas rectas y ápice agudo, a manera de frontón triangular, que se ponía en los edificios de estilo ojival.
Galilea	Construcción cubierta que antecedía a la fachada de las iglesias, yuxtaponiéndose a la puerta en toda su longitud o sobrepasándola. En ella se enterraba a personajes ilustres o poderosos.
Garb al-Andalus	Zona occidental de la Península Ibérica que corresponde, en términos generales, a las actuales regiones del centro y sur de Portugal.
Girola	Lo mismo que "deambulatorio", nave que rodea el altar de una iglesia; en las iglesias de planta central, la nave o espacio que gira en torno al central.
Grisalla	Pintura monocromática en tonos grises, blanco y negro.
Grutesco	Decoración mural caprichosa que mezcla figuras fantásticas, animales, follaje y arabescos.
Iglesia-salón	Iglesia en que la nave central y las laterales tienen la misma altura, dando la impresión de espacio unificado.
Incunable	Libro impreso en los años comprendidos entre 1454 (invención de la imprenta) y 1501.
Mocárabe	Decoración de prismas a modo de estalactitas cuya superficie inferior es cóncava.
Mudéjar	Musulmán a quien se permitía seguir viviendo entre los vencedores cristianos, sin mudar de religión, a cambio de un tributo. El adjetivo *mudéjar* designa también las artes que representan tradiciones artesanales iniciadas bajo el dominio islámico y conti-

	nuadas para clientes cristianos tras la conquista cristiana de una zona.
Namban	Arte japonés de inspiración occidental; se aplica a los objetos japoneses de los siglos XVI y XVII concebidos con formas y funciones europeas.
Naveta	Utensilio en forma de barquilla que se utiliza en las iglesias para incensar.
Nominalista	En la Edad Media, defensor del nominalismo, tendencia filosófica que niega la existencia objetiva de los universales (conceptos o ideas que abarcan todas las cosas del mismo género), considerándolos como meras convenciones o nombres y atribuyendo existencia concreta únicamente a las cosas. V. *realista*.
Olifante	Cuerno de marfil que figura entre los arreos de los caballeros medievales.
Oppidum	En época romana, poblado fortificado.
Par y nudillo	Armadura de parhilera en la cual, para obtener un mayor refuerzo y evitar el pandeo de los pares, se coloca una viga horizontal, llamada "nudillo", entre los correspondientes pares. La sucesión de los nudillos con su tablazón intermedia da lugar a una superficie plana: el almizate o harneruelo.
Parias	Tributo que pagaba un soberano a otro en reconocimiento de vasallaje.
Pelourinho	Picota. (En el texto se ha conservado el término portugués para recalcar más su carácter monumental y artístico que el funcional evocado por el término castellano.)
Pie derecho	Elemento vertical de una estructura que funciona generalmente como soporte.
Pinaza	Barco de remo y vela, estrecho y ligero, que se usó en la marina mercante.
Píxide	Receptáculo en el que se guardan o transportan las hostias consagradas.
Platabanda	Moldura lisa o cualquier adorno con forma de banda.
Portapaz	Placa de metal, madera, marfil, etc., con alguna imagen o signos en relieve que, en las misas solemnes, se besaba en la ceremonia de la paz.
Predela	Parte inferior de un retablo, generalmente dividida en recuadros decorados o pintados, integrados en la composición general o independientes.
Realista	Defensor del realismo, tendencia filosófica que afirma la existencia objetiva de los universales. V. *nominalista*.
Regimiento	Libro en que se daban a los pilotos las reglas y preceptos de su oficio.

Glosario

Revellín	Obra exterior que protege la *cortina* de una fortificación.
Saloio	Aldeano de los alrededores de Lisboa.
Scriptorium	(Pl. *scriptoria*) Lugar de los monasterios donde trabajaban los monjes copistas e iluminadores.
Tapial	Pared hecha con tierra apisonada entre dos tableros paralelos. En las construcciones militares, esta técnica se perfeccionaba introduciendo en el encofrado argamasa de cal.
Tercelete	Arco que en las bóvedas por arista sube por un lado hasta la mitad del arco diagonal.
Tondo	Adorno circular rehundido en el paramento y rodeado de molduras.
Urca	Barco grande, muy ancho por el centro, que se emplea para el transporte de granos y otros géneros.
Viril	Caja de cristal con cerquillo de oro o dorado, que encierra la forma consagrada y se coloca en la custodia para la exposición del Santísimo, o que guarda reliquias y se coloca en un relicario.

REYES DE PORTUGAL

PRIMERA DINASTÍA (1139-1383)

D. Afonso Henriques (n. h. 1109 - r. 1139 - m. 1185)
D. Sancho I (n. 1154 - r. 1185 - m. 1211)
D. Afonso II (n. 1185 - r. 1211 - m. 1223)
D. Sancho II (n. 1209 - r. 1223 - m. 1248)
D. Afonso III (n. 1210 - r. 1248 - m. 1279)
D. Dinis (n. 1261 - r. 1279 - m. 1325)
D. Afonso IV (n. 1291 - r. 1325 - m. 1357)
D. Pedro I (n. 1320 - r. 1357 - m. 1367)
D. Fernando (n. 1345 - r. 1367 - m. 1383)

SEGUNDA DINASTÍA (1385 - 1580)

D. João I (n. 1357 - r. 1385 - m. 1433)
D. Duarte (n. 1391 - r. 1433 - m. 1438)
D. Afonso V (n. 1432 - r. 1438 - m. 1481)
D. João II (n. 1455 - r. 1481 - m. 1495)
D. Manuel I (n. 1469 - r. 1495 - m. 1521)
D. João III (n. 1502 - r. 1521 - m. 1557)
D. Sebastião (n. 1554 - r. 1557 - m. 1578)
D. Henrique (n. 1512 - r. 1578 - m. 1580)

TERCERA DINASTÍA (1580 - 1640)

D. Filipe I (n. 1527 - r. 1580 - m. 1598, Felipe II de España)
D. Filipe II (n. 1578 - r. 1598 - m. 1621, Felipe III de España)
D. Filipe III (n. 1605 - r. 1621-1640 - m. 1665, Felipe IV de España)

CUARTA DINASTÍA (1640 - 1910)

D. João IV (n. 1604 - r. 1640 - m. 1656)
D. Afonso VI (n. 1643 - r. 1656 - m. 1683)
D. Pedro II (n. 1648 - r. 1683 - m. 1706)
D. João V (n. 1689 - r. 1706 - m. 1750)
D. José (n. 1714 - r. 1750 - m. 1777)
D.ª Maria I (n. 1734 - r. 1777 - m. 1816)
D. João VI (n. 1767 - r. 1816 - m. 1826)
D. Pedro IV (n. 1798 - r. 1826 - m. 1834)
D. Miguel (n. 1802 - r. 1828 - m. 1866)
D.ª Maria II (n. 1819 - r. 1826 - m. 1853)
D. Pedro V (n. 1837 - r. 1853 - m. 1861)
D. Luis (n. 1838 - r. 1861 - m. 1889)
D. Carlos (n. 1863 - r. 1889 - m. 1908)
D. Manuel II (n. 1889 - r. 1908-1910 - m. 1932)

CRONOLOGÍA

1415	Reconquista de Ceuta a los musulmanes.	1498	Se fundan las Misericordias. A Boytac se le concede el privilegio de una pensión anual de 8.000 reales por su trabajo en la iglesia de Jesús de Setúbal.
1426	Se hacen obras en la cabecera de la Catedral de Guarda.		
1428	Viaje del pintor Van Eyck a Portugal.		
1433	Muere D. João I y comienza el reinado de D. Duarte.	1499	D. Manuel I manda reedificar la Catedral de Silves. Grandes obras en el Convento de Cristo de Tomar.
1438	Muere D. Duarte y comienza la regencia de D. Pedro en nombre de D. Afonso V.		
		1500	Pedro Álvares Cabral descubre oficialmente Brasil. Empiezan obras importantes en el Palacio de Ribeira de Lisboa. Sancho García dirige las obras de la iglesia de Vila do Conde.
1449	Batalla de Alfarrobeira y muerte de D. Pedro.		
1450	Nuno Gonçalves es nombrado pintor del rey D. Afonso V.		
1460	Muere el infante D. Henrique.		
1471	Toma de Arcila (Asilah), Marruecos. Nuno Gonçalves es nombrado pintor de las obras de Lisboa.	1501	Empiezan las obras de construcción del Monasterio de los Jerónimos.
1481	Muere D. Afonso V y comienza el reinado de D. João II.	1502	Se construye el Convento de San Antonio de Serpa. Comienzan las obras de la iglesia mayor de Funchal dirigidas por Pêro Anes. Obras en el Convento de Santo Domingo de Lisboa. Representación del primer auto de Gil Vicente (*Visitación* o *Monólogo del vaquero*). El auto está escrito en castellano, para celebrar la maternidad de la reina D.ª Maria (madre de D. João III). Nace Damião de Góis, que será cronista de D. Manuel I. Primera referencia al pintor Vasco Fernandes.
1485	Empieza la construcción del Convento de Lóios de Évora.		
1490	El Duque de Beja, D. Manuel, edifica la iglesia de Santiago de Soure.		
1491	Se empieza a construir la iglesia de Lóios de Évora.		
1492	Se funda en Lisboa el Hospital Real de Todos los Santos. En España se expulsa a los judíos. Colón hace su primer viaje.		
1493	Obras de construcción de la iglesia mayor de Funchal.		
1494	Portugal y España firman el Tratado de Tordesillas. Se funda la primera imprenta de Portugal. João Rianho es nombrado maestro de obras de la iglesia de Vila do Conde.	1503	Se establece un acuerdo con los Welser para la venta de mercancías de la India. Nuno Vaz es nombrado maestro de las obras de carpintería de la ciudad de Lisboa. Obras en la iglesia de San Julián de Lisboa. Se concluyen las obras de la iglesia de la Misericordia de Arcila.
1495	Muere D. João II y es proclamado rey D. Manuel I.		
1496	Expulsión de los judíos. D. Manuel I manda reconstruir el Castillo de Alvor.		
1497	Vasco da Gama parte para la India.		

Cronología

1504 Se construye la primera factoría en Cochin, en la Costa de Malabar (India).
Pêro y Filipe Henriques comienzan las obras de acabado de la Catedral de Guarda.
Se termina la capilla mayor de la Colegiata de Barcelos.

1505 Empieza la reconstrucción de la Catedral de Viseu.

1506 Se termina la Custodia de Belém, encargada al taller del maestro Gil Vicente.
Pedro Afonso trabaja en La Laguna, en las islas Canarias.
Fernão Gomes es maestro de obras de la fortaleza de Quíloa.
Tomás Fernandes es maestro de las obras de fortificación en el Índico.
João Vaz dirige las obras de la fortaleza de Sofala, en Mozambique.
Se construye el castillo de la isla de Socotorá (Socotra, en el actual Yemen).

1507 Tomás Fernandes comienza la fortaleza de Ormuz, en el Golfo Pérsico.
Boytac comienza la reconstrucción de la iglesia de Santa Cruz de Coimbra.
Obras en el Convento de la Peña (Pena), en Sintra, dirigidas por Boytac.
Martim Lourenço es maestro de obras del Convento de San Francisco de Évora.
Juan de la Peña empieza la construcción de la iglesia matriz de Ribeira Brava.
Empieza la construcción de la fortaleza de Safi, en Marruecos.

1508 Jorge Afonso es nombrado pintor real de D. Manuel I y examinador y veedor de todas las obras pictóricas del reino.
Francisco Danzilho trabaja en las murallas de Almeida, Castelo Rodrigo e Castelo Bom.
Terminan las obras de la iglesia del Pópulo de Caldas da Rainha.
Diogo de Arruda trabaja en el baluarte del Palacio de Ribeira, en Lisboa.
Obras en el Convento de la Concepción de Beja.
Pêro Anes construye la aduana de Funchal.
Fernão Mouseiro dirige las obras de la iglesia de Santa Cruz, en la isla de Madeira.
Pêro de Carnide es contratado para las obras de ampliación del Palacio de la Villa de Sintra.

1509 Mateus Fernandes termina el arco de las Capillas Imperfectas de Batalha.
Juan del Castillo acaba las obras de la capilla mayor de la Catedral de Braga.
Boytac trabaja en las obras del Monasterio de Batalha.
Lopes Fernandes colabora en la construcción del Hospital de La Laguna, en Canarias.
Comienzan obras en la iglesia de Cochin.

1510 Terminan las obras en la iglesia de San Juan Bautista de Tomar.
Boytac inspecciona obras en Arcila.
Diogo de Arruda comienza las obras en el Convento de Cristo de Tomar.
Francisco de Arruda reedifica las murallas de Moura, Mourão y Portel.
Pêro Galego construye el Convento de Santa Ana en Viana do Castelo.

Obras de reparación en las murallas de Lisboa y Évora.
Construcción del cuerpo manuelino del Palacio Ducal de Vila Viçosa.
Inicio de las obras de las murallas de Goa.
Nace el cronista Fernão Mendes Pinto.

1511 Juan del Castillo es contratado para terminar la iglesia de Vila do Conde.
Francisco Danzilho es maestro de obras en Alcácer Ceguer (Ksar Es-Seghir), Marruecos.
Tomás Fernandes edifica el castillo y la fortaleza de Malaca.

1512 Francisco Henriques viaja a Flandes con una misión relacionada con el comercio de especias.

1513 Boytac cierra un contrato para acabar la iglesia de Santa Cruz de Coimbra.
Juan de Cáceres es nombrado maestro de obras reales de la isla de Madeira.
Se cierra la bóveda de nudos de la Catedral de Viseu.
Diogo Pires-o-Velho construye la Capilla de los Almeida en la iglesia de Vouzela.
Fernão Pires trabaja en las obras del Castillo de Mértola.

1514 Comienzan las obras de la iglesia matriz de la villa de Batalha.
Boytac trabaja en las obras del Monasterio de Batalha.
Francisco y Diogo de Arruda están en Marruecos, trabajando en Ceuta, Safi y Azemmour.
Afonso Gonçalves ejecuta las obras de las tercenas (fábricas, arsenales o graneros de los muelles) y almacenes de Lisboa.
Fernão Álvares trabaja en Ponta Delgada.

Rodrigo Afonso comienza la Capilla de San Jerónimo en Belém (Lisboa).
Empiezan las obras de la fortaleza de Mazagão, la actual al-Jadida marroquí.
Martim Lourenço es el maestro de obras de Alcácer Ceguer.

1515 Juan del Castillo concluye la obra de la llamada "Sala Capitular" del Convento de Cristo de Tomar.
Muere Mateus Fernandes y es sustituido en los cargos que ocupaba por su hijo homónimo.
Boytac está al frente de las obras del Monasterio de los Jerónimos de Lisboa.
Francisco Arruda empieza la construcción de la Torre de Belém (Lisboa).

1516 Juan del Castillo sustituye a Boytac en la dirección de las obras de los Jerónimos.
Pêro y Francisco Henriques terminan la Catedral de Guarda.
André Pires es nombrado medidor de obras de la ciudad de Lisboa.
Brás Martins y Francisco Esteves trabajan en el Palacio de los Estaus de Lisboa.
João Favacho construye la iglesia de San Julián de Setúbal.
Pêro Gomes construye la aduana de Safi.
Francisco del Barco es maestro de obras de los fosos de Arcila.
Se construye el Convento de San Francisco de Arcila.
Gonçalo de Évora es nombrado maestro de obras de la fortaleza de Ormuz, en el Golfo Pérsico.
Tomás Fernandes recibe una pensión vitalicia por los servicios prestados en Oriente.

Cronología

1517   Nicolau Chanterene trabaja en la puerta principal del Monasterio de los Jerónimos.
Marcos Pires supervisa las obras del Monasterio de Santa Cruz y del Palacio Real de Coimbra.
Se reanudan las obras de la iglesia matriz de Azurara.
Brás Rodrigues, Bastião Afonso, João Pires y Luís Gomes trabajan en el Palacio de Ribeira de Lisboa.
Empieza la construcción del Convento de San Juan de Setúbal.
Comienza a levantarse la iglesia de Nuestra Señora de la Asunción de Elvas.
Terminan las obras de la iglesia matriz de Praia da Vitória (Azores).
Obras en el Convento de San Francisco de Safi.
Leonardo Vaz comienza el refectorio del Monasterio de los Jerónimos.

1518   Juan del Castillo es contratado para la obra del Monasterio de Alcobaça, y construye la puerta lateral y el claustro de los Jerónimos.
Diego del Castillo empieza a trabajar en Coimbra.
Diogo de Arruda comienza el Castillo Nuevo de Évora.
Se empieza el Convento de San Bernardo de Portalegre.
Se construye la iglesia matriz de Mazagão (Marruecos).
Cristóvão Fernandes, Álvaro Anes y João Rodrigues edifican el Convento de Santa Clara de Estremoz.

1519   Boytac trabaja en el Monasterio de Batalha.
Se construye la Catedral de Safi.
Cristóvão Martins es maestro de las obras reales de Arcila.
Pedro Nunes es nombrado maestro de obras del Palacio Real de Almeirim.
Se termina la Torre de Belém.
Partida de Fernão de Magalhães en el primer viaje de circunnavegación alrededor del globo.

1520   Brás Rodrigues trabaja en la Armería de Lisboa.
Afonso Rodrigues, Luís Gomes y Gil Fernandes trabajan en el Monasterio de San Francisco de Lisboa.
Se empieza el claustro del Convento de San Bernardo de Portalegre.
Estêvão Lourenço construye el claustro del Convento de San Benito de Cástris de Évora.
Fernão Álvares es contratado para la obra del puente de Ribeira Brava.
Antão Pires es sustituido por Mestre Álvaro en el cargo de maestro de obras de Azemmour.
Gonçalo Mateus es nombrado maestro de obras reales de Alcácer Ceguer.

1521   Muere el arquitecto Marcos Pires.
Se termina el Claustro del Silencio del Monasterio de Santa Cruz de Coimbra.
Se hacen obras en la capilla mayor de la iglesia de Machico (Madeira).
Se construye el Convento de San Francisco de Goa.
Muere D. Manuel I y sube al trono D. João III.

1522   Juan del Castillo empieza la bóveda de la iglesia de los Jerónimos (Lisboa).
Diego del Castillo construye la capilla mayor de la iglesia del Monasterio de San Marcos.

	João Álvaro e Álvaro Anes terminan las obras del claustro del Convento de Espinheiro (Évora).	1527	Diego del Castillo reanuda las obras de ampliación del Monasterio de Santa Cruz de Coimbra.
1523	Se hacen obras en las iglesias de Évora, Alcobaça, Cela, Alvorninha y Aljubarrota.	1528	Diego del Castillo termina la capilla mayor de la iglesia de Atalaia (Ribatejo).
1524	Diego del Castillo es nombrado maestro de obras reales de Coimbra.	1529	Diego del Castillo edifica la capilla mayor de la iglesia de Góis y el Palacio de D. Luís Silveira.
	Duarte Coelho edifica el claustro de la Catedral de Lamego.		João Português construye la iglesia del Convento de Celas de Coimbra.
	Se terminan las obras del Monasterio de Santo Domingo de Lisboa.	1530	Terminan las obras de la iglesia de San Quintín en Sobral de Monte Agraço.
	Pero de Trillo trabaja en el Convento de San Francisco de Lisboa.		Se termina la iglesia del Convento de San Bernardo de Portalegre.
	Diogo Fernandes y Pedro Pexão están contratados para las obras del Palacio de la Villa de Sintra.		Diogo Dias de Lisboa construye el Palacio de la Audiencia en Lima (Perú).
1525	Diogo de Arruda es nombrado maestro de obras de los Palacios Reales de Évora.	1531	Muere Diogo de Arruda, que es sustituido en los cargos que ocupaba por su hermano Francisco.
	Se empieza la Capilla de los Coimbra en Braga.		Se hacen obras de construcción del Castillo de Évora Monte.
	João Marques ejecuta la puerta del Hospital del Espírito Santo de Arraiolos.	1532	Se termina la iglesia matriz de Batalha.
	Se empieza a construir el Castillo de D. Teodósio de Vila Viçosa.	1533	Pêro Garcia trabaja en el Convento de San Antonio de Ferreirim.
	Acaban las obras fundamentales del Castillo de Calicut (India).		Comienzan las obras de la iglesia matriz de Ponta Delgada (Azores).
	Bernardo Anes es maestro de obras del Monasterio de Almoster.	1534	Diego del Castillo construye la capilla mayor de la iglesia de Trofa do Vouga (Aveiro).
1526	Fernando Gil hace en Setúbal, entre otras, las obras del ayuntamiento y los mataderos.	1535	Se edifica la Capilla de D. Fradique en la iglesia de San Francisco de Estremoz.
	Se construye la Capilla de Nuestra Señora de la Concepción en el Convento de Santa Clara de Vila do Conde.	1536	Se construye la Torre de los Azevedos junto a Barcelos.

PERSONAJES HISTÓRICOS

Afonso Domingues (m. 1402)
Arquitecto ligado a las obras del Real Monasterio de Santa María de la Victoria (Monasterio de Batalha) de 1387-1388 a 1402, al que se atribuye la primera planta de este edificio.

Aires Gomes da Silva
Hidalgo de la corte de D. Manuel I, protector de los monjes jerónimos en Coimbra. Está enterrado en el Monasterio de San Marcos (Coimbra). Encargó un monumental retablo a Nicolau Chanterene para la decoración de la capilla mayor de dicho monasterio.

António Carneiro (1460-1545)
En 1482 ejercía el cargo de escribano de cámara de D. João II y, más tarde, D. Manuel I le otorgó el mismo puesto. En 1500 recibió en merced la capitanía de la isla de Príncipe. A partir de 1509 desempeñó las funciones de secretario de Estado, y como tal dirigió los negocios importantes, los registros de la cancillería y la correspondencia diplomática.

Arnau de Carvalho
Escultor de origen norteuropeo que trabajó principalmente en el norte de Portugal y también en Galicia. Su actividad en Portugal es reveladora de la influencia del momento artístico flamenco en el ambiente de la corte de D. Manuel I. Como imaginero, colaboró con el pintor Vasco Fernandes.

Boytac (m. 1525)
Célebre arquitecto que vivió y trabajó en Portugal a finales del siglo XV y principios del XVI. A partir de 1504 fue responsable de un conjunto de obras de iniciativa real. Es uno de los arquitectos más importantes del manuelino; trazó y realizó innumerables obras, entre ellas la segunda iglesia del Monasterio de Santa María de Belém (Lisboa). Está enterrado en el Monasterio de Santa María de la Victoria (Batalha), cuyas obras dirigió al final de su vida.

Brás (o Afonso) de Albuquerque (1501-1581)
Hijo del gobernador de la India Afonso de Albuquerque, fue bautizado como Brás por deseo de D. Manuel I, aunque usó luego el nombre de Afonso para perpetuar la memoria de su padre. Durante el reinado de D. João III fue veedor del tesoro público y presidió el senado de Lisboa. Después de algún tiempo en Italia, y poseedor de una profunda cultura de raíz italianizante, mandó construir la Quinta da Bacalhôa (Azeitão), un palacio a la italiana con belvedere y pabellón de ocio sobre un lago.

Cristóvão de Figueiredo
Pintor del Quinientos, con actividad documentada entre 1515 y 1543, que abarca los reinados de D. Manuel I y de D. João III. Haría su aprendizaje en el taller del pintor Jorge Afonso, a quien se unió por parentesco al casarse con su sobrina. A partir de 1513 fue pintor del cardenal-infante D. Afonso y trabajó conjuntamente con Gregório Lopes y Garcia Fernandes.

Della Robbia
Familia de escultores italianos de los siglos XV y XVI que se hicieron célebres por sus trabajos en mayólica, un proceso de pintura y vitrificación de la terracota. En el Museo de Arte

Antiguo de Lisboa hay varias obras de este taller, como *tondos*, frontales de altar y hasta esculturas de bulto.

Diego del Castillo (h. 1493-1574)
Nacido en Santander, hizo carrera artística en Portugal, al igual que su hermano Juan del Castillo. Participó en obras importantes, como Santa María de Belém. Fijó su residencia en Coimbra; fue nombrado maestro de los palacios reales. Se convirtió en uno de los más importantes arquitectos de la época, junto con João de Ruão, con el que colaboró durante muchos años. En 1527 recibió honras de ciudadano de Oporto y, veinte años más tarde, las de caballero de la casa real. Falleció en Coimbra.

Diego Ortiz de Villegas
Natural de Calzadilla, en el reino de León, vino a Portugal en 1476 como capellán de la reina Juana la Beltraneja. En 1491, D. João II lo nombró obispo de Tánger y, tres años más tarde, capellán mayor. En 1482 presidió la Junta de Matemáticos que rechazó el ofrecimiento de Cristóbal Colón. Fue también obispo de Ceuta a partir de 1500, y fue nombrado obispo de Viseu cuatro años después. En esta ciudad patrocinó la construcción de la bóveda manuelina de la Catedral. Debido a su destacado papel, fue elegido por D. Manuel I como profesor de los infantes. En 1517, el rey lo nombró testamentario suyo. En el campo literario, es autor de una cartilla llamada *Catecismo Pequeno*.

Diogo de Azambuja (1432-1518)
Desde muy joven estuvo ligado a las casas señoriales, en las que su carrera como hidalgo se desenvolvió con éxito. Empezó por servir al hijo del infante D. Pedro, Duque de Coimbra, al que acompañó incluso en su exilio. En 1458 estuvo en Alcácer Ceguer combatiendo a los castellanos al lado de D. Afonso V. Con D. João II, en 1487, fue nombrado veedor mayor de los almacenes militares del reino. En el reinado de D. Manuel I siguió prestando servicios a la corona, en especial en el norte de África, donde mandó edificar varias fortalezas.

Diogo de Arruda (m. h. 1531)
Ingeniero y arquitecto, desarrolló su actividad entre 1508 y 1531. Junto con su hermano Francisco, es uno de los más destacados creadores del arte manuelino. Trabajó en los Palacios Reales de Santarém, pero fue como arquitecto militar como más sobresalió, principalmente en la construcción de fortificaciones en las plazas de África.

Diogo Pires-o-Moço (Diogo Pires el Joven)
Escultor activo en Portugal durante los años 1491 a 1530. Era, probablemente, hijo de Diogo Pires, después llamado "o Velho" ("el Viejo") precisamente para distinguirlos. Una de sus obras más importantes es la tumba de Diogo de Azambuja, en la iglesia de los Ángeles de Montemor-o-Velho. Podemos citar también como obras suyas el frontal del altar de la Catedral Vieja de Coimbra (1491), la losa funeraria del obispo D. Álvaro y su *Ángel custodio del reino*, obras que forman parte del fondo del Museo Machado de Castro (Coimbra). Debió de colaborar con el artista Diogo Mendes en la realización de las tres tumbas que se encuentran en la capilla mayor de la iglesia de S. Marcos.

Diogo Pires-o-Velho (Diogo Pires el Viejo)
Escultor que trabajó en Coimbra en el último cuarto del siglo XV. Son notables varias representaciones de la Virgen, entre las cuales podemos citar la que se encuentra en la iglesia parroquial de Leça da Palmeira y que data de 1481.

Diogo de Sousa (1461-1532)
En el campo de la cultura, está considerado como una de las figuras más importantes en la introducción del humanismo en Portugal. Frecuentó las universidades de Salamanca y París, donde se doctoró. En 1493, D. João II lo envió a Roma a prestar obediencia a Alejandro VI y en 1505 fue D. Manuel I quien lo enviaría, esta vez ante Julio II. En este último año fue nombrado arzobispo de Braga. Sus restos se encuentran en el sarcófago que mandó hacer en la capilla de Jesús de la Catedral de Braga.

Diogo de Torralva
Yerno de Francisco de Arruda, su actividad como arquitecto está documentada entre los años 1520 y 1554. De sus obras más importantes, se pueden destacar la iglesia de la Gracia (Évora) y el claustro de D. João III, en el Convento de Cristo (Tomar).

Egas Moniz (m. 1146)
Se hizo célebre por la leyenda que le atribuye un papel destacado en la liberación del tributo de vasallaje de D. Afonso Henriques al rey Alfonso VII de León durante el cerco de Guimarães. Fue el personaje más relevante en la corte de D. Afonso Henriques, y alcanzó el cargo de mayordomo mayor, el más importante de la curia regia. Está sepultado en el Monasterio de Paço de Sousa, que él enriqueció mucho.

Fernán Muñoz
Cantero y escultor vizcaíno que trabajó en la obra de Juan del Castillo de la iglesia matriz de Caminha. Tal vez sea el mismo maestro que más tarde se hizo cargo de las monumentales esculturas de los profetas que Olivier de Gand dejó inacabadas en la girola del Convento de Cristo (Tomar).

Francesco da Cremona
Arquitecto italiano que Miguel da Silva, obispo de Viseu, llamó a Portugal para encomendarle el claustro de la Catedral de Viseu y otras importantes obras en la desembocadura del río Duero.

Francisco de Arruda (m. 1547)
Arquitecto regio, sabemos que trabajó con su hermano en el Convento de Cristo (Tomar) en 1512. Está documentado que, dos años más tarde, era uno de los maestros que trabajaban en el Monasterio de Santa María de Belém (Lisboa). Entre 1515 y 1519 construyó la famosa Torre de Belém (Lisboa). De sus proyectos, podemos destacar también la iglesia de la Concepción de Elvas y el acueducto de Água de Prata (Évora).

Francisco Henriques (m. 1518)
Pintor de origen flamenco que, según los estudiosos, fijó su residencia en Portugal hacia 1500. Aquí se casó con la hija de Jorge Afonso, otro importante pintor. En tiempos de D.

Manuel I estaba considerado el mejor pintor del reino. Encontramos obras suyas dispersas por diversos lugares del país, desde museos hasta iglesias, como la de S. Francisco de Évora.

Frei Carlos
Pintor de la primera mitad del siglo XVI, de origen flamenco. Se presume que falleció antes de 1553 en el Convento de Espinheiro, en los alrededores de Évora, lugar donde había profesado.

Gaspar Vaz (1490-1569)
Tenemos documentada su actividad como pintor a partir de 1514 y hasta el año 1568. Inicialmente, lo encontramos trabajando en Lisboa, en el taller de Jorge Afonso, donde también había artistas como Vasco Fernandes, Garcia Fernandes y Gregório Lopes. Sabemos que colaboró en diversas obras del taller, pese a que no se conozca ninguna firmada y fechada.

Garcia Fernandes
Pintor activo entre los años 1514 y 1565. Hizo su aprendizaje en el taller de Jorge Afonso, junto con Gregório Lopes y Cristóvão de Figueiredo, con quienes llevó a cabo la pintura del retablo de Ferreirim, por lo que son conocidos hasta nuestros días como los "Mestres de Ferreirim". Son varias las obras que se le atribuyen, dispersas por el país.

Gil Eanes
Navegante que inició la navegación europea hacia el sur del cabo Bojador y consiguió doblar este saliente en 1434 después de 12 años de tentativas consecutivas. Logró navegar 50 leguas a lo largo de la costa occidental de África. D. Henrique lo hizo escudero de su casa.

Gil Vicente (h. 1465- h. 1536)
Orfebre y escritor del siglo XVI. De 1506 data su obra más importante, la famosa Custodia de Belém, una verdadera joya de la orfebrería religiosa portuguesa. Estuvo al servicio de la reina D.ª Leonor, aunque también desempeñara las funciones de maestro de la balanza de la Casa de la Moneda de Lisboa.

Gregório Lopes (m. 1550)
Célebre pintor de la primera mitad del siglo XVI, de quien está documentada su presencia en Lisboa entre 1513 y 1550. Fue pintor real de D. Manuel I y de D. João III, y también caballero de la Orden de Santiago. Ejecutó obras para el Monasterio de San Francisco de Lisboa, el Monasterio de Ferreirim y el Convento de Cristo, entre otros.

Gualdim Pais (1118-1195)
Miembro de la nobleza de Minho, se distinguió en la época de la Reconquista. Gobernó entre 1157 y 1195 la Orden Militar del Temple, de la que fue el primer maestre en Portugal, cargo que ocupó durante 38 años, hasta su muerte. Encargado de la defensa de la frontera del Tajo después de la conquista de Lisboa, recibió muchas tierras en donativo donde los templarios comenzaron a construir, en 1160, el Castillo de Tomar.

João de Ruão (m. 1580)
Escultor francés, llegó a Portugal alrededor de 1517 y aquí se quedó hasta el final de su vida. Fue autor de una obra numerosa, dispersa por el centro y el norte del país y compuesta fundamentalmente por retablos y estatuas, y también uno de los principales responsables de la introducción del lenguaje renacentista en Portugal.

Jorge Afonso (h. 1475-1540)
Nombrado pintor real en 1508, desempeñó las funciones de examinador y veedor de obras pictóricas durante los reinados de D. Manuel I y D. João III. De las obras más importantes que se le atribuyen, podemos destacar los cuadros de la girola del Convento de Cristo (Tomar), así como las escenas de la infancia de Cristo que forman parte del conjunto de la iglesia de Jesús de Setúbal. Fue, sin duda, un pintor de excelente calidad en quien destacan el dibujo, el colorido y el equilibrio compositivo. Influyó en toda una generación de pintores renacentistas a través de una activa escuela lisboeta.

Jorge de Almeida (1458-1543)
Hermano del primer virrey de la India, D. Francisco de Almeida. Fue elegido obispo con apenas 25 años en 1481, cuando sólo era clérigo. En marzo de 1485 recibió la ordenación sacerdotal y, en 1488, la episcopal. Durante su largo pontificado —más de 60 años—, mandó hacer obras arquitectónicas y decorativas, principalmente en la Catedral Vieja de Coimbra, como el monumental retablo de la capilla mayor para el que contrató a Olivier de Gand. Dotó, asimismo, a su Catedral de paramentos y valiosos objetos sagrados. Partícipe del gusto y el fausto del ambiente renacentista, no olvidó sus obligaciones episcopales, e incluso tuvo fama de disciplina eclesiástica. En el campo literario, fue autor de un valioso texto para el estudio de su tiempo, *Constituições del Bispado*, que escribió en 1521.

Juan del Castillo (1490-1551)
Arquitecto español, natural de Santander. Realizó los seis estudios de artes y de arquitectura civil y militar en la ciudad de Nápoles. Sabemos que en 1517 se encontraba ya en Portugal trabajando en el Monasterio de Santa María de Belém, cuyas obras dirigió a partir de 1522. Trabajó también en el Convento de Cristo (Tomar) y en los monasterios de Alcobaça y Santa María de la Victoria. En Mazagão fue responsable de la construcción de un importante bastión.

Luís de Camões (h. 1524-h. 1580)
Uno de los mayores escritores del siglo XVI, autor de *Os Lusíadas*, editada por primera vez en 1572 y considerada una obra maestra de la literatura renacentista, en la que describe la epopeya marítima de los portugueses. De su vida, se sabe que fue apasionante y desafortunada. Desterrado dos veces, recorrió la costa africana y Oriente, donde combatió.

Machim
Escultor flamenco activo en Portugal en la primera mitad del siglo XVI, responsable del frontal de altar de la Catedral de Guarda, donde se revela como un escultor de gran calidad plástica.

Manuel Vicente
Hijo del pintor Vicente Gil, siguió el oficio de su padre. Activo en Coimbra entre 1521 y 1530.

Marcos Pires (m. 1521)
Arquitecto responsable de la campaña de obras en el Monasterio de Santa Cruz de Coimbra y autor del proyecto del Claustro del Silencio de dicho monasterio.

Mateus Fernandes (m. 1515)
Participó en obras en Santarém, en las fortificaciones de Madeira y en el Convento de Alcobaça. Fue uno de los más relevantes maestros de obras reales del Monasterio de Santa María de la Victoria, que dirigió a partir de 1490. Creemos que fue autor de la puerta de entrada a las Capillas Imperfectas (Panteón de D. Duarte), fechada en 1509 y que destaca por su gran calidad estética y plástica.

Mestre da Lourinhã
Pintor anónimo que estuvo activo en la primera mitad del siglo XIV. A partir de su cuadro titulado *San Juan Evangelista*, perteneciente a la Misericordia de Lourinhã, los estudiosos le han atribuido obras del Museo de Arte Antiguo de Lisboa y de otros lugares, lo que no ha sido fácil debido a las afinidades de su obra con la de Frei Carlos.

Miguel da Silva (1480-1556)
Era hijo de los primeros Condes de Portalegre y realizó sus estudios en las universidades de Lisboa, París y Siena. En 1514, D. Manuel I lo nombró embajador ante el Papa. Se quedó a vivir en Roma y se hizo amigo de los papas León X y Clemente VII y del pintor Rafael. De vuelta en Lisboa en 1525, D. João III le otorgó el obispado de Viseu y lo nombró escribano de la corte. En 1541 fue nombrado cardenal en contra de la voluntad del rey, con lo que se vio obligado a huir a Roma, donde se estableció. Gracias a él vino a Portugal el arquitecto Francesco da Cremona, que realizó, entre otras obras, el claustro de la Catedral de Viseu.

Nicolau Chanterene
Escultor francés, activo en Portugal entre 1517 y 1551. Artista notable, amigo de humanistas y pionero de la introducción del Renacimiento en Portugal, esculpió obras en Lisboa (principalmente la puerta frontal de Santa María de Belém), Sintra (retablo del Palacio de la Peña), Coimbra y Évora, que son reveladoras de su estatura artística e intelectual.

Nuno Gonçalves
Pintor activo entre 1450 y 1492. El 20 de julio de 1450 fue nombrado pintor real de D. Afonso V, y fue responsable de diversas e importantes pinturas del siglo XV. En 1470 pasó a ser caballero de la casa real y un año más tarde asumió el cargo de pintor de la ciudad de Lisboa.

Odart
Escultor francés que llegó a Portugal en la primera mitad del siglo XVI procedente de Toledo, donde había esculpido algunas obras. Artista virtuoso en el trabajo con el barro, dejó algunas piezas de relieve, de las cuales se puede destacar la *Última Cena* ejecutada para el Monasterio de Santa Cruz de Coimbra y que actualmente se halla en el Museo Nacional Machado de Castro (Coimbra).

Olivier de Gand
Escultor y tallador flamenco de gran categoría plástica, autor del monumental retablo de la Catedral Vieja de Coimbra, obra singular en el panorama de la escultura flamenca en Portugal. Al servicio de D. Manuel I ejecutó asimismo un extraordinario conjunto de esculturas en madera, de tamaño mayor que el natural, para la girola del Convento de Cristo (Tomar).

Pedro Álvares Cabral (1460/70-1520)
Nacido en Belmonte, era hijo del alcaide mayor de la ciudad y entró pronto en la corte. Se casó con una de las hijas de Afonso de Albuquerque y fue agraciado por D. João II con una pensión vitalicia anual, aunque desconozcamos qué servicios había prestado hasta entonces. Mandó la armada que descubrió Brasil el 22 de abril de 1500, donde echó el ancla dos días después en un lugar que llamó Porto Seguro.

Pedro de Meneses (m. 1437)
Era hijo del primer conde de Viana do Alentejo, quien en 1383, en el momento de la sucesión de D. Fernando, partió con su familia para Castilla. Tomó parte en la conquista de Ceuta, donde fue armado caballero; tuvo el cargo de gobernador de la ciudad, que defendió de los ataques musulmanes durante 22 años. Fue hecho Conde de Vila Real por D. João I. En 1424 se le concedió también el título de segundo Conde de Viana do Alentejo.

Pêro de Alcáçova Carneiro (1515-1593)
Hijo del secretario de Estado António Carneiro, nació en Lisboa. A partir de 1545 fue el mayor privado del reinado de D. João III y, en 1564, D. Sebastião lo apartó de la corte, aunque después volvería a recibir la confianza de este monarca. Acompañó a D. Sebastião a su encuentro con Felipe II en Guadalupe. Más tarde, el cardenal-rey D. Henrique lo desterró a Torres Vedras acusándolo del desastre en la expedición a África. Defendió la política pro española y fue hecho Conde de Idanha-a-Nova en 1582.

Pero Henriques
Era hijo del maestro de obras del Monasterio de Santa María de la Victoria (Batalha), Mateus Fernandes, y hermano de Filipe Henriques. Como nos aclaran inequívocamente los textos de la época, ambos hermanos fueron maestros de las obras de la Catedral de Guarda, que transcurrieron entre 1504 y 1516.

Quentin Metsys (h. 1465-1530)
Pintor de origen flamenco cuya obra fue muy admirada en Portugal. Cuadros suyos se encuentran en Coimbra, en especial en el Monasterio de Santa Cruz y en el Museo Nacional Machado de Castro.

Rodrigo de Pontecilla
Escultor español que trabajó en Santa María de Belém dirigiendo la ejecución de la importante puerta de la sala capitular del Monasterio.

Sesnando
Gobernador de Coimbra en el siglo XI, era hijo de mozárabes que poseían grandes propiedades en la región de Tentúgal (Coimbra). En 1026 fue a Sevilla como prisionero de los musulmanes. En la corte del jefe abbasí ocupó altos cargos como ministro y miembro del Consejo Supremo. Se refugió con Fernando I, rey de León y Castilla, al que aconsejó que conquistara Coimbra. El 9 de julio de 1064, y después de seis meses de cerco, quedó como gobernador de la ciudad y pasó a usar el título de conde. Participó aún en otras conquistas, en las que tuvo un relevante papel.

Tomé Velho
Escultor manierista, discípulo de João de Ruão, con obra importante, principalmente en la ciudad de Coimbra.

Vasco da Gama (h. 1468-1524)
Navegante, almirante de la armada que concluyó el descubrimiento de la ruta marítima a la India. Partió de Lisboa en 1497 llevando tres naos y otra embarcación de apoyo. Su destino era Calicut. Al regresar a la capital, D. Manuel lo nombró almirante mayor del mar de las Indias. Vasco da Gama volvió a realizar el viaje a la India en 1502 y en 1524, esta última vez ya con el título de virrey.

Vicente Gil
Pintor de D. João II y que sabemos activo en Coimbra entre los años 1498 y 1525, padre de Manuel Vicente.

ORIENTACIÓN BIBLIOGRÁFICA

ALMEIDA, Carlos Alberto F. de, *Alto Minho*, Lisboa, 1987.

ALPUIM, Maria Augusta de, y VASCONCELOS, Maria Emília, *Casas de Viana Antiga*, Viana do Castelo, 1983.

ALPUIM, Maria Augusta de, *A Sé Catedral de Viana do Castelo*, Viana do Castelo, 1984.

ÁLVAREZ VILLAR, Julián, "Ecos hispánicos del manuelino", *As relações artísticas entre Portugal e Espanha na época dos descobrimentos*, Coimbra, 1987.

ALVES, Alexandre, "Artistas espanhóis na cidade de Viseu nos séculos XVI e XVII", *As relações artísticas entre Portugal e Espanha na época dos descobrimentos*, Coimbra, 1987.

ALVES, Ana Maria, *Iconografia do poder real no período manuelino*, Lisboa, 1985.

ALVES, Lourenço, "Do gótico ao manuelino no Alto Minho. Monumentos religiosos", *Caminiana*, Caminha, 1984.

ALVES, Lourenço, "Do gótico ao manuelino no Alto Minho, Monumentos religiosos", *Caminiana*, Caminha, 1986.

ARAGÃO, António, *Para a história do Funchal*, Funchal, 1979.

ATHAÍDE, Luís Bernardo Leite d', "Património de arte em S. Miguel", *Insulana*, Ponta Delgada, 1953.

ATHAÍDE, Luís Bernardo Leite d', *Etnografia, arte e vida antiga nos Açores*, Coimbra, 1974.

AVERINI, Ricardo, "Storia dell'arte portoghese", *Estudos italianos em Portugal*, Lisboa, 1970.

AZEVEDO, Carlos de, *Solares Portugueses*, Lisboa, 1969.

BARREIROS, Manuel de Aguiar, *A Egreja de Villar de Frades no Concelho de Barcelos*, Oporto, 1919.

BARREIROS, Manuel de Aguiar, *A Capella dos Coimbras*, Oporto, 1922.

BARREIROS, Manuel de Aguiar, *A Capella de Nossa Senhora da Conceição (Braga)*, Oporto, 1923.

BORGES, Nelson Correia, "Artistas e artífices espanhóis em Portugal durante o barroco e o rococó", *Relaciones artísticas entre Portugal y España*, Salamanca, 1986.

CARITA, Helder, y AMARO, Clementina, "A Casa dos Bicos", *Catálogo da XVII Exposição Europeia de Arte, Ciência e Cultura*, Lisboa, 1983.

CASTILHO, Júlio de, *Lisboa Antiga*, Lisboa, 1935-1966.

CASTILHO, Júlio de, *A Ribeira de Lisboa*, Lisboa, 1941.

CORREIA, José Eduardo Horta, *A arquitectura religiosa do Algarve de 1520 a 1600*, Lisboa, 1987.

CORREIA, Vergílio, *As Obras de Santa Maria de Belém*, Lisboa, 1922.

CORREIA, Vergílio, *Mosteiro da Batalha*, Oporto, 1928.

CORREIA, Vergílio, "A arte no séc. XVI", *História de Portugal*, vol. V, Barcelos, 1933.

CORTEZ, Fernando Russel, "Artistas portugueses que trabalharam na Galiza nos séculos XVI e XVII", *As relações artísticas entre Portugal e Espanha na época dos descobrimentos*, Coimbra, 1987.

DIAS, Pedro, *A arquitectura de Coimbra na Transição do Gótico para a Renascença, 1490-1540*, Coimbra, 1982.

DIAS, Pedro, "O Manuelino", *História da Arte em Portugal*, vol. V, Lisboa, 1986.

ESPANCA, Túlio, *Inventário Artístico de Portugal - Concelho de Évora*, Lisboa, 1966.

ESPANCA, Túlio, *Inventário Artístico de Portugal - Distrito de Évora*, Lisboa, 1966-1978.

ESPANCA, Túlio, *Inventário Artístico de Portugal - Distrito de Évora, Concelho de Arraiolos, Estremoz, Montemor-o-Novo, Moura e Vendas Novas*, Lisboa, 1975.

FERREIRA, Manuel Juvenal Pita, *A Sé do Funchal*, Funchal, 1963.

FREITAS, Eugénio de Andrea da Cunha e, "Os mestres biscainhos na Matriz de Vila do Conde, João Rianho, Sancho Garcia, Rui Garcia, e João de Castilho", *Anais Da Academia Portuguesa da História*, Lisboa, 1951.

FREITAS, Eugénio de Andrea da Cunha e, "Igreja de Nossa Senhora da Oliveira. Notícia histórica", *Boletim da Direcção-Geral dos Edifícios e Monumentos Nacionais*, núm. 128, Lisboa, 1981.

GONÇALVES, António Augusto, *Estatuária Lapidar no Museu Machado de Castro*, Coimbra, 1923.

GONÇALVES, António Nogueira, *Inventário Artístico de Portugal - A cidade de Coimbra*, Lisboa, 1947.

GONÇALVES, António Nogueira, *Inventário Artístico de Portugal - Distrito de Aveiro, Zona Sul*, Lisboa, 1959.

GONÇALVES, António Nogueira, *Estudos de História da Arte da Renascença,* Coimbra, 1979.

GONÇALVES, António Nogueira, "Lamego. Sé Catedral", *Guia de Portugal*, vol. V, tomo II, Lisboa, 1924-1970.

GOULÃO, Maria José, "Alguns problemas ligados ao emprego de azulejos mudéjares em Portugal nos séculos XV e XVI", *As Relações Artísticas entre Portugal e Espanha na Época dos Descobrimentos*, Coimbra, 1987.

GUERRA, Luís Figueiredo da, *Viana e Caminha*, Oporto, 1929.

HAUPT, Albrecht, *A Arquitectura da Renascença em Portugal*, Lisboa, 1924.

HOOYKAAS, R., *Os Descobrimentos e o Humanismo*, Lisboa, 1983.

IRIA, Alberto, *O Algarve e os Descobrimentos*, Lisboa, 1956.

JÚDICE, Pedro Mascarenhas, *A Sé e o Castelo de Silves*, Gaia, 1934.

KARLINGER, Hans, *Arte gótico*, Madrid, 1932.

KEIL, Luís, *Inventário Artístico de Portugal - Distrito de Portalegre*, Lisboa, 1943.

LIMA, Batista de, "A Igreja de S. Sebastião da Terceira", *XVI Congrès International d'Histoire de L'Art*, Lisboa, 1949.

MANIQUE, Luís de Pina, *A arquitectura manuelina de Alvito*, Lisboa, 1949.

"MATRIZ da Batalha", *Boletim da Direcção-Geral dos Edifícios e Monumentos Nacionais*, núm. 13, Lisboa, 1938.

MOREIRA, Rafael, "Arquitectura militar do Renascimento em Portugal", *A Introdução da Arte da Renascença na Península Ibérica*, Coimbra, 1980.

MOREIRA, Rafael, "Arquitectura", *Catálogo da XVII Exposição de Arte, Ciência e Cultura do Conselho da Europa, Museu de Arte Antiga I*, Lisboa, 1983.

MOREIRA, Rafael, *Jerónimos*, Lisboa, 1987.

PEREIRA, Gabriel, *Estudos eborenses. O Mosteiro de Nossa Senhora do Espinheiro*, 2.ª ed., vol. I, Évora, 1947.

RIBEIRO, Bartolomeu, *Convento de Santo António do Varatojo*, Braga, 1956.

SANTOS, Reinaldo dos, *A Torre de Belém. Estudo histórico e arqueológico*, Lisboa, 1922.

SANTOS, Reinaldo dos, *A Torre de Belém*, Coimbra, 1922.

SANTOS, Reinaldo dos, "Madre de Deus", *Guia de Portugal*, vol. I, Lisboa, 1924-1970.

SANTOS, Reinaldo dos, *O Estilo Manuelino,* Lisboa, 1952.

SANTOS, Reinaldo dos, "O Portal da Igreja Matriz de Vila do Conde", *Vila do Conde,* núm. 3, Vila do Conde, 1961.

SANTOS, Reinaldo dos, *Oito séculos de arte portuguesa,* Lisboa, s/f.

SEGURADO, Jorge, *A Igreja de S. João de Moura,* Lisboa, 1929.

SEGURADO, Jorge, "Da génese da Igreja de S. João de Moura", *Belas Artes,* Lisboa, 1975.

SEQUEIRA, Gustavo de Matos, *Inventário Artístico de Portugal - Distrito de Leiria,* Lisboa, 1955.

SOARES, Joaquim, y SILVA, Carlos Tavares da, *Património Construído de Setúbal, Época dos Descobrimentos,* Setúbal, 1983.

SOUSA, A. D. de Castro e, *Memória Histórica sobre a Origem da Fundação do Real Mosteiro de N. S. da Pena, Situado na Serra de Sintra,* Lisboa, 1945.

SOUSA, J. de, *A Torre de Belém, Castelo de Sam Vicente a par de Belém,* Lisboa, 1959.

SOUSA, Nestor de, *A Arquitectura Religiosa de Ponta Delgada nos Séculos XVI a XVIII,* Ponta Delgada, 1986.

TAROUCA, Carlos da Silva y CHICÓ, Mário Tavares, "Igreja do Lóios de Évora", *A Cidade de Évora,* Évora, 1945.

TEIXEIRA, Garcez, "A casa do capítulo incompleta do Convento de Cristo", *Lusitânia,* vol. III, Lisboa, 1925.

VALADARES, Álvaro de, "História das igrejas do Algarve", *O Algarve,* Faro, 1958.

VALADARES, Álvaro de, "A Arte no Algarve", *O Algarve,* Faro, 1958-1959.

VASCONCELOS, Joaquim de, *Da arquitectura manuelina,* Coimbra, 1885.

AUTORES

Pedro Dias
Nacido en Coimbra en 1950, es Catedrático de Historia del Arte de la universidad de esta ciudad. Ha desarrollado trabajos de investigación en España, Italia, Holanda, Alemania, Francia, Brasil y la India como becario del Instituto Nacional de Investigación Científica de la Fundación Calouste Gulbenkian o con el patrocinio de la UNESCO y de la Unión Europea. Ha desempeñado los cargos de Director del Instituto de Historia del Arte de la Universidad de Coimbra, Director del Museo Nacional Machado de Castro, Delegado de la Secretaría de Estado de Cultura para la Zona Centro, Vocal del Consejo Editorial de Imprenta Nacional-Casa de la Moneda, Vocal del Consejo Asesor del Instituto Portugués de Patrimonio Arquitectónico y Arqueológico y Vocal del Consejo Científico de la Comisión Nacional para las Conmemoraciones de los Descubrimientos Portugueses. Es vocal de la Academia Nacional de Bellas Artes, la Real Academia de Bellas Artes de San Fernando de Madrid, la Real Academia de Bellas Artes de la Purísima Concepción de Valladolid y el Comité Internacional de Historia del Arte, cuya Sección Portuguesa preside.
Ha participado en la organización de importantes exposiciones, en algunas en calidad de Comisario Científico, como "O Tempo das Feitorias" (1991), en el Museo Real de Amberes; "A Arte da Época dos Descobrimentos" (1992), en el Museo Nacional de Arte Antiguo de Lisboa; "Álvaro Pires de Évora, um Pintor Português no Quattrocento Italiano" (1994), en la Torre do Tombo de Lisboa; "O Rosto do Infante" (1994), en Tomar y Viseu; "Reflexos: Símbolos e Imagens do Cristianismo na Porcelana Chinesa" (1997), en el Museo de San Roque de Lisboa; y "O Brilho do Norte. Escultura e Escultores do Norte de Europa em Portugal. Época Manuelina" (1997), en el Palacio de Ajuda de Lisboa. En 1983 fue condecorado con la Medalla al Mérito en Bellas Artes – Clase de Oro.
Tres de sus libros han recibido el Premio José de Figueiredo de la Academia Nacional de Bellas Artes: *A Arquitectura de Coimbra na Transição do Gótico para a Renascença*, en 1982, *Nicolau Chanterene escultor da Renascença*, en 1987, y *A Arquitectura Gótica Portuguesa*, en 1994. Fue también coautor del libro *Flandre et Portugal*, que en 1991 recibió el premio Duque d'Arenberg. Entre sus últimas publicaciones destacan: *Os Portais Manuelinos do Mosteiro dos Jerónimos*, Coimbra, 1993; *A Viagem das Formas*, Lisboa, 1995; *A Escultura Maneirista Portuguesa*; *Subsídios para uma Síntese*, Coimbra, 1995; *O Fydias Peregrino*; *Nicolau Chanterene e a Escultura Europeia do Renascimento*, Coimbra, 1996; *História de Arte Portuguesa no Mundo (1415-1822). O Espaço do Índico*, Lisboa, 1998; *História da Arte Portuguesa no Mundo (1415-1822). O Espaço Atlântico*, Lisboa, 1999; *Arquitectura dos Portugueses em Marrocos, 1415 a 1769*, Coimbra, 2000.

Dalila Rodrigues
Nacida en Granja de Penedono en 1960, se doctoró en Historia del Arte por la Universidad de Coimbra. Es Directora del Museo Grão Vasco y profesora del Instituto Superior Politécnico de Viseu. Investigadora especializada en la historia de la pintura portuguesa, ha participado en diversos proyectos de investigación y colabora con varias instituciones nacionales, especialmente el Instituto Portugués de Museos, el Instituto Portugués de Patrimonio Arquitectónico y el Servicio de Apoyo a la Lectura de la Fundación Calouste Gulbenkian. Ha realizado trabajos de investigación en los Estados Unidos, con el respaldo de la Fundación Luso-Americana, y en la India, con el apoyo de la Comisión Nacional para la Conmemoración de los Descubrimientos Portugueses (CNCDP).

Fue comisaria de la exposición "Grão Vasco e a Pintura Europea do Renascimento" (CNCDP, Palacio Nacional de Ajuda, 1992) y de la sección dedicada a los Maestros de Ferreirim en la 3ª Bienal de Arte (Fundación Cupertino de Miranda, Museo de Lamego, 2001).
Ha sido becaria del Servicio de Bellas Artes de la Fundación Calouste Gulbenkian y del PRO-DEP y ha participado en diversos encuentros científicos en Portugal y el extranjero.
Es autora de varias publicaciones, artículos, ensayos y conferencias.

Fernando Jorge Artur Grilo
Nacido en Lisboa en 1962, se doctoró en Historia del Arte por la Universidad de Lisboa. Es docente de la Facultad de Letras de Lisboa en el área Historia del Arte del Renacimiento, Manierismo y Barroco, en la que ha publicado varios trabajos. Ha participado en diversos proyectos de investigación, particularmente del Instituto de Historia del Arte de la Facultad de Letras de la Universidad de Lisboa, entre ellos "Medusa – Pedreiras do Mosteiro da Batalha. História da lavra das pedreiras na construção e no restauro do monumento" y "A Arte do repovoamento em território português. Os testemunhos da actividade cristã no Ocidente peninsular entre os séculos IX e XI". Ha sido becario de la Fundación Calouste Gulbenkian para trabajar en archivos españoles, franceses e italianos.
Fue Vicecomisario Científico de la exposición "O Brilho do Norte. Escultura e Escultores do Norte da Europa em Portugal. Época Manuelina" (1997), en el Palacio de Ajuda de Lisboa. Ha participado en diversos encuentros científicos.
Es autor de varias publicaciones y artículos, entre ellos "O Gosto do Olhar. A colecção de pintura do Banco Mello", "Andrea Sansovino em Portugal no Tempo de D. Manuel" y "Nicolau Chanterene. Um escultor do Renascimento em Évora".

Nuno Vassallo e Silva
Nacido en Lisboa en 1961, se licenció en Historia, especialidad Historia del Arte, por la Facultad de Letras de Lisboa. Es Director Adjunto del Museo Calouste Gulbenkian, cargo que ocupa desde 1999. Actualmente prepara la lectura de su tesis de doctorado "Ourivesaria e Objectos Preciosos Indianos para Portugal", para cuya realización obtuvo una beca de la Fundación Oriente. Sus campos de especialización son la historia de las artes decorativas en Portugal (joyería y orfebrería), la producción de objetos preciosos en la India portuguesa y la historia del coleccionismo. Ha colaborado con varias instituciones culturales, como el Museo Nacional de Arte Antiguo, el Instituto Portugués de Patrimonio Arquitectónico, la Galería de Pintura Rey D. Luís y el Palacio Nacional de Ajuda. Fue conservador del Museo de San Roque/Santa Casa de la Misericordia de Lisboa.
Ha sido comisario de diversas exposiciones, entre ellas: "No caminho do Japão" (1993), "Tesouros Artísticos da Misericórdia do Porto" (1995), "O Púlpito e a Imagem" (1996), "A Herança de Rauluchantim" (1996), "Esplendor e Devoção: Relicários de S. Roque" (1998), "Arte do Retrato: Quotidiano e Circunstância" (1999) y, junto con Helmut Trnek, "Exotica: Portugals Entdeckungen in Spiegel fürstlicher Kunts – und Wunderkammern der Renaissance" (2000).
Es autor de diversas obras, entre ellas *Joalharia Portuguesa/Portuguese Jewellery* (1996) y *Colecção de Ourivesaria do Museu Alberto Sampaio* (1998), y de varios artículos, ensayos y ponencias leídas en Portugal y el extranjero.

www.ingramcontent.com/pod-product-compliance
Lightning Source LLC
Chambersburg PA
CBHW050046230526
45470CB00004B/1426